本书为国家社科基金重大项目"晚明以来吴语白话文献语法研究及数据库建设"（21&ZD301）阶段性成果

本书获得内蒙古大学"双一流"科研专项高端成果培育项目资助

墨江豪尼哈尼语
参考语法

张　鑫◎著

中国社会科学出版社

图书在版编目（CIP）数据

墨江豪尼哈尼语参考语法 / 张鑫著. —北京：中国社会科学出版社，2024.5
ISBN 978-7-5227-3585-6

Ⅰ.①墨… Ⅱ.①张… Ⅲ.①哈尼语–语法–研究–墨江哈尼族自治县
Ⅳ.①H254.4

中国国家版本馆 CIP 数据核字（2024）第 099675 号

出 版 人	赵剑英
责任编辑	宫京蕾
责任校对	郝阳洋
责任印制	郝美娜

出　　版	中国社会科学出版社
社　　址	北京鼓楼西大街甲 158 号
邮　　编	100720
网　　址	http://www.csspw.cn
发 行 部	010-84083685
门 市 部	010-84029450
经　　销	新华书店及其他书店

印刷装订	北京君升印刷有限公司
版　　次	2024 年 5 月第 1 版
印　　次	2024 年 5 月第 1 次印刷

开　　本	710×1000　1/16
印　　张	24
字　　数	443 千字
定　　价	138.00 元

序

戴庆厦

　　张鑫博士毕业已经六年了，这期间她几经修改、充实自己的博士论文，现在认为可以出版了。她嘱我写序，我欣然同意。留下这篇序，可为当年她艰苦攻关留下美好的记忆。

　　《墨江豪尼哈尼语参考语法》一书，是以汉藏语系藏缅语族彝语支的哈尼语豪白方言的豪尼次方言（以下简称豪尼话）为研究对象，根据云南实地调查的第一手语料写成的。书中收集了包括词汇、短语、语法例句和长篇语料等各类材料，有30多万字。收集到的语料主要包括两类：自然话语语料和启发式话语材料。自然话语语料包括自然真实语境下的话语、神话、传说、童话故事等长篇语料。启发式话语材料包括分类词汇、短语结构和语法例句。通常由调查者先行给出一些语法例词，提供相应的语境，然后再由发音人说出相应的词、短语和语法例句。

　　本书借鉴参考语法的描写分析原则，综合运用现代语言学的基本理论，并兼顾传统语法的研究范式，对豪尼话的语法结构及其特点进行了较为全面、系统的共时描写与分析。书中融入现代语言学理论的研究方法，对一些有特点的语法现象及其成因做了分析，从类型学的视角考察豪尼话的因果复句、话题句、存在句等。全书共分九章，从语言社会人文背景、语音系统、词类、短语、句子结构、特殊句式、复句、构词法和词汇特点等方面分析了豪尼话的基本特点。本书的末尾附有长篇语料和分类词汇。

　　作者将豪尼话归纳出以下三个主要特点：

　　第一，豪尼话是以分析性为主的语言。

　　豪尼话表现语法意义主要借助语序和虚词两个手段。其基本语序类型是 SOV 型，即主语—宾语—谓语，这一语序为无标记的语序。但若是将宾语移至主语之前，变为 OSV 型，则需在主语（通常是施事）后添加施事助词，表示对施事者的强调。OSV 型语序是出于语用的需要而出现的，是有标记的语序。书中指出，语序是豪尼话表达语法意义的主要手段之一。

此外，豪尼话还有丰富的虚词，特别是表达各种范畴的助词十分丰富，包括结构助词、格助词、体助词、语气助词、情态助词五大类，涵盖语法、语义、语用等各个方面。

豪尼话中的助词承担了重要的表达语法意义的功能。助词属于语法化程度很高的功能词，一个助词往往具有多种语法功能。这与语言的经济性原则相关。在分析性强的语言中，功能词都属于封闭型的词类，数目往往不多，但承担着丰富复杂的语法功能。

第二，豪尼话的一些重要参项与 SOV 语言类型相和谐。

比如，豪尼话的助词有的后置于中心词。如：格助词后置于名词或代词，话题助词后置于话题成分，语气助词后置于小句等。美国语言学家约瑟·哈罗德·格林伯格在语言共性第 4 条指出：采取 SOV 为常规语序的语言，在远远超过随机频率的多数情况下，使用后置词。又如，豪尼话有的领属语助词前置于名词，这与格林伯格的语言共性第 2 条不同。格林伯格认为，使用前置词的语言中，领属语几乎总是后置于中心名词，而使用后置词的语言，领属语几乎总是前置于中心名词。

第三，一些语法特征符合类型学的语言共性。

如：动词所带的状语全都位于动词之前。格林伯格的语言共性第 7 条指出：在以 SOV 为优势语序的语言中，如果没有或仅有 OSV 为其替换性语序，那么动词所带的一切状语都处于动词之前。豪尼话以 SOV 为优势语序，且替换性语序只有 OSV，从其状语与中心语的语序来看，所有的状语全都位于谓词性中心语之前。又如，豪尼话的差比句，其构成模式是"比较基准+比较标记+比较结果（形容词）"，符合格林伯格的语言共性第 22 条指出的后置词语言的共性。

本书的价值在于：

第一，哈尼语是个方言复杂的语言，过去对哈尼语方言的研究比较薄弱，大量珍贵的语料尚未被发掘出来使用，这部新著能为哈尼语方言比较研究以及哈尼语语法的历时发展提供一个新的个案。

第二，能为藏缅语语法研究提供新语料，有助于藏缅语语法研究的深入。

第三，由于豪尼话在语言接触中受到周边语言广泛、长久、深入的影响，因而对于语言接触的研究，尤其是语言接触背景下语法结构特点的研究具有一定的价值。

该书注重使用了田野调查、描写与统计等研究方法。豪尼话是一种有口语而无文字的语言，因而有必要把主要精力花在实地语言调查与真实的话语记录上。作者重视田野调查并对田野调查有浓厚的兴趣，曾四次到墨江实地进行语料搜集。与当地豪尼同胞建立了深厚的友情，把豪尼人当成自己的亲戚。在调查期间，她与老乡一起上山采茶、回家炒茶，熟悉他们的劳动生活。她已能说一些简单的豪尼话，并对豪尼话有了感性认识。她有幸成为两位豪尼人孩子的干妈，并为孩子起名。正如她所说的："我特喜欢做田野，老想去田野调查。"她把研究豪尼话当成自己的事业，默默追求，勤奋以对，不断积累新的语料和认识，语料的获取与核实都是在逐渐熟悉豪尼话的过程中完成的。

豪尼话是一种受汉语影响比较广泛、长久、深入的语言，本书对语言接触背景下汉借词的数量、义类分布、各类借词所占比例等均进行了统计，对加深豪尼话的描写、分析，以及对接触语言学的研究都有一定的价值。

张鑫是 2010 年我在北京语言大学招收的博士。她的硕士学位是在内蒙古大学获得的，师从李树新教授，打下了较好的专业基础。她性格开朗，厚道朴实，有强烈的事业心。进校后，很快就对少数民族语言的本体研究有了浓厚的兴趣，愿意为少数民族语言的描写研究多做一些事。入学后经过一段时间的考虑，我决定让她主攻哈尼语豪尼话，这是因为豪尼话过去研究的人少，是个空白点，我虽然做过一些研究，但只是初步的研究，认为应该有个年轻人继续做专门研究。商量决定后，她很快就到豪尼人的主要居住地墨江去学习语言、记录语料，我也专程到过墨江听取她的田野调查情况，并帮助她核对了语料。这段美好的历程，至今记忆犹新。

哈尼族是我国原有 150 多万人口的民族，在境外越南、老挝、泰国、缅甸也有分布，属于跨境民族。哈尼族的语言有较大的方言分歧，特点丰富，对于语言学研究有着重要价值，有大量的事要做。但哈尼语的研究成果至今仍较少，有待进一步加强。可喜的是，目前已有几位年轻人都选择哈尼语方言为主攻方向，预计今后的研究会有较大的进展。张鑫 2015 年又获批国家社科基金青年项目"墨江白宏哈尼语参考语法研究"，好事成双，其成果必将成为《墨江豪尼哈尼语参考语法》的姊妹篇。祝张鑫继续坚持田野调查，加强学习，早日成才。

是为序。

2023 年 10 月 18 日
于中央民族大学 507 工作室

目　录

第一章 绪论

第一节 研究缘起

一 研究对象与研究意义

哈尼语属于汉藏语系藏缅语族彝语支（Yi Branch，Tibeto-Burman Group，Sino-Tibetan Family）[①]，是哈尼族使用的一种独立的语言。在同语支的语言中，哈尼语与彝语、拉祜语等比较接近。哈尼语可分为：哈雅、碧卡、豪白三个方言。豪白方言主要分布在云南省普洱市墨江县境内。自称豪尼、白宏、腊米、阿木的人操用豪白方言。过去各支系人中有着各自的土语，方言内部一般可以通话，而持不同方言的哈尼族不能相互通话。现在随着人员频繁流动互相交往，部分人能听懂或会讲不同支系的方言。[②]哈尼语豪白方言有两个代表性次方言，即豪尼次方言和白宏次方言。豪尼次方言有口语而没有文字。

本书以云南省普洱市墨江县龙坝乡的豪尼哈尼语（以下简称"豪尼话"）为研究对象，借鉴参考语法（reference grammar）描写分析原则，综合运用现代语言学基本理论（basic linguistic theory），兼顾传统语法的研究范式，对豪尼话的语法结构及特点进行全面、系统、深入的共时描写与分析。

豪尼话是藏缅语族中一种值得深入研究的语言。对其保留的共时特点的描写与分析的重要意义在于：（1）能够为哈尼语语法进一步的深入研究提供有价值的语料；（2）对于探讨藏缅语语法的历史演变具有重要价值；（3）可以为汉藏语系语法的类型学研究与比较研究提供真实文本和实用信息；（4）由于豪尼话在语言接触中受到周边语言广泛、长久、深入的影响，因而对于语言接触的研究，尤其是对语言接触背景下语法结构特点的探究具有一定的价值。

---

① 彝语支主要包括彝语、哈尼语、傈僳语、怒苏语、基诺语、拉祜语、纳西语等几种语言。

② 哈尼语中，豪白方言与哈雅方言较为接近，与碧卡方言的差别较大。

二　理论框架与研究方法

（一）理论框架

参考语法（reference grammar）是以单一语言的共时语言特征为描写对象，旨在为语法的理论与应用研究提供充足、可靠的文本信息的一套语言描写分析规则。从语法类别来考察，参考语法当属于描写语法（descriptive grammar）的一种，与理论语法（theoretical grammar）、传统语法（traditional grammar）等的差别较为明显。英国语言学家戴维·克里斯特尔在《现代语言学词典》①一书中对描写语法、理论语法、传统语法等几种不同类型的语法加以区分，明确将参考语法归入描写语法。他认为，"对一种语言的句法和形态作全面描写的语法"就是"参考语法"或"语法手册"。

参考语法具有重要的理论价值和应用价值。参考语法的写作不仅能为语法的共时研究和历时的比较、语法演变规律的总结和语言学类型特征的探索等提供扎实可靠的研究基础，而且还能够为各种语言应用学科的研究提供所必需的真实的文本材料和实用信息。②

参考语法的描写分析，要求具有"全面性""系统性""细致性"和"原创性"的特点。所谓"全面性"，是指参考语法所描写、分析的语法事实、语法现象，要能够体现或涵盖目标语言（target language）的全部语法特点，尽量涵盖所有语法现象和语法特征。从语音、词汇、词类、句法以及话语分析等本体内容到语用风格的变体（variant），乃至相关的社会背景介绍等，均应依据该语言的实际情况做出全面的描写、分析与论述。所谓"系统性"，指的是参考语法对语法事实的考察要注重一贯性和相互关联性。比如，词类的研究应该与句法呼应，不能脱节；对同一个语法问题应多角度、多层面地加以考察，同时还要注意其内在的相互关联性。"细致性"是指对语法现象必须进行具体描写和微观分析。比如，在编写体例上，对语言现象的细节要进行深入发掘，即使是那些看起来"不起眼"的语法现象也要尽可能单列标题，尽力予以详尽说明；在术语的使用上，要注重通解度与持久力，对那些"昙花一现"、接受面过窄的术语要尽量避免使用；在语料的注释上，要有详尽细致的对译和意译，必要时还要附上注解。"原创性"则要求研究者以参与者角色（participant role），在一个相对长久的时段内生活于

---

① ［英］戴维·克里斯特尔（David Crystal）编：《现代语言学词典》，沈家煊译，商务印书馆2000年版。

② 戴庆厦、蒋颖：《"参考语法"编写的几个问题》，《云南师范大学学报》（哲学社会科学版）2007年第1期。

该语言的实际生活场景里，在言语活动（speech event）中逐步完成语料收集与核实的工作。

此外，参考语法的写作还应注重针对不同类型的语言，在调查设计、写作框架、材料取舍以及具体的描写分析方面有所侧重。比如，对待屈折特点较为丰富的语言，要重视形态的描写；对待分析特点突出的语言，则要注重考察其词序、虚词的运用。

（二）研究方法

本书主要使用了田野调查（fieldwork）、描写（description）与统计（statistics）等研究方法。田野调查法是语言描写与分析的主要方法。豪尼话是一种有口语而无文字的语言，因而充足的实地语言调查与真实的话语记录就显得尤为重要。笔者在豪尼哈尼族地区生活学习近半年，语料的获取与核实都是在逐渐熟悉目的语的过程中完成的。收集到的语料主要包括两类：自然话语语料（natural data）和启发式话语材料（elicited data）。自然话语语料指长篇语料（神话、传说、童话故事、自然真实语境下的话语等），这类语料是豪尼话有机的组成部分，其真实程度受到调查者的主观影响较小。语料的采集方式是通过发音合作人（consultant）讲述，调查者记录的方式完成的。启发式话语材料主要包括分类词汇、短语结构和语法例句。通常由调查者先行给出一些语法例词，提供相应的语境，然后再由发音人说出相应的词、短语和语法例句。这类语料的针对性比较强，但是在一定程度上会受到调查者"主观闯入"（subjective intrusion）的干扰（interference）。

描写法指的是对语言现象的充分描写与分析，尤其是对典型语法现象的详尽描述与语法规律的总结与提取。本书运用现代语言学基本理论，借鉴参考语法的描写与写作原则，兼顾传统语法描写分析范式，对豪尼话的语法结构特点进行了比较充分、细致、系统的描写和深入的分析，着眼于对词类部分中名词、量词、动词、形容词、代词、助词的语法特征以及句法部分的话题句、存现句、判断句、比较句和受事居前的施事句等进行了重点考察；在对语言进行描写与分析时，对一些细节问题也力求准确、精细。比如，本书对语料中的所有变调一律标出；对译文部分中反映本地、本民族文化、习俗的有关内容均做较详尽的注释。

豪尼话是一种受汉语影响比较广泛、长久、深入的语言，本书对语言接触背景下汉借词的数量、义类分布、各类借词所占比例等均进行了统计，能为描写、分析的准确性提供可靠的论证依据。

三　语料来源

攻读博士期间，为了调查、搜集哈尼语的材料，笔者曾两次到云南省普洱市墨江县龙坝乡石头村措乐组豪尼人聚居村寨进行实地考察。书中所用语料均为笔者实地调查得来的第一手材料。

语料的记录、核实与整理大致分为四个阶段。第一阶段是 2012 年 8 月 6 日至 9 月 30 日，约 56 天，主要是使用藏缅语通用分类词表及简志词汇附录记录词汇、整理并确定音系；第二阶段是 2012 年 10 月 1 日至 2012 年 11 月 30 日，约 60 天，重点是按照语法调查大纲，采集短语、语法例句并整理；第三阶段是 2012 年 12 月 1 日至 2013 年 1 月 19 日，约 50 天，主要任务是记录长篇语料，并对前期所收集的词语、短语、语法例句加以核实、补充；第四阶段是 2013 年 2 月 26 日至 5 月 8 日，约 72 天，进行专题资料搜集、整理。

本书收集到的语料如下：词汇 4000 个左右，整理遴选作为附录"分类词汇"，常用短语 800 余条，语法例句约 1500 条、长篇语料两个、情景对话两个，启发式话语语料约 30 万字。

绝大部分的语料由固定发音人王梦颖（26 岁）和唐晓梅（28 岁）两位女士提供。两位都是土生土长的豪尼话母语人，母语流利。此外，为考察豪尼话的代际性差异与地域性差异，笔者还记录了周凤鸣女士、唐学升先生、唐六芳女士（65 岁）、王智鑫先生（59 岁）四位豪尼话母语人的部分词汇、短语结构和语法材料。本书所有语料由笔者本人采集、整理，戴庆厦教授核实。

四　缩略语

（缀）：	前缀	（叠）：	重叠
（比）：	比较助词	（连）：	连词
（补）：	补语	（语助）：	语气助词
（结助）：	结构助词	（助动）：	助动词
（工助）：	工具助词	（话助）：	话题助词
（施助）：	施事助词	（宾助）：	宾语助词
（状助）：	状语助词	（趋向）：	趋向补语
（方助）：	方位助词		

五　前人研究成果回顾

至今，有关豪尼话语法的研究尚未看到。但是，与本书语言研究有关的资料能够见到一些，是难得的参考资料。主要有以下五个方面。

（一）总体研究

国内哈尼语的研究始于 20 世纪 50 年代。1957 年原中国科学院哲学社会科学部组织的少数民族语言调查队曾对哈尼语进行过调查记录，收集了部分词汇、短语结构和语法例句。当时由于出版困难，加上种种限制，一些成果只停留在油印本上。笔者难得发现了一本《哈尼语语法概要》（油印本 1957 年版），后经核实，该油印本是由戴庆厦撰写的。该册子分为四章，还附有标准音音位系统及字母表示方法和字母表两篇附录，这是目前见到的最早研究哈尼语语法的非正式著作。1986 年李永燧和王尔松两位学者出版了《哈尼语简志》①，全书共 14.5 万字，收录基本词汇 1021 个，该书是哈尼语前期研究中最为系统的一部哈尼语研究专著，不仅详细描写了绿春县大寨话语音、墨江县水癸豪尼话语音和汉语借词语音，也对哈尼语词汇、语法等方面进行了比较系统的描写与分析，以及深入的比较和探究。1987 年李永燧的专著《哈尼语语法》②对哈尼语本体进行了共时的描写。

另外，哈尼语专家戴庆厦、段贶乐在《哈尼语概论》③一书中不仅对哈尼语的结构特点做了描写和研究，并论述了哈尼语在藏缅语族研究中的重要地位，还对哈尼族民间文学、传统诗歌等口头文学做了研究。

此外，哈尼语研究实用的工具书——由戴庆厦等编著的《汉哈尼词典》④，收录了哈尼语条目 17600 余条，包括字、词、词组、成语等，每个条目都按汉语拼音方案注音，并配有释义。它是我国第一部反映哈尼语词语的词典。这部词典对于哈尼语文翻译、教学、研究学习也是不可或缺的。

由哈尼族学者白碧波翻译的澳大利亚拉筹伯大学语言学系教授大卫·布莱德雷的文章《哈尼语豪尼方言》是第一篇专门针对豪尼次方言的研究，但其中并没有详细考察豪尼话的语法特点，这方面有待深入考察研究。

（二）语法方面

2009 年由戴庆厦教授及其团队出版的《西摩洛语研究》⑤是对哈尼语西摩洛支系语言的语音、词汇、语法等角度而进行比较全面的研究的专著。2009 年该团队又将研究视角扩大到境外的哈尼语（即泰国豪尼话），编著了《泰国豪尼话研究》一书。该书主要从语言本体的角度对泰国豪尼话的语法做了全面描写和研究。2011 年赵敏、朱茂云的《墨江哈尼族卡多话参考语法》⑥以云南省墨江县哈尼族卡多人所说的语言——卡多话作为研究对象，

---

① 李永燧、王尔松：《哈尼语简志》，民族出版社 1986 年版。

② 李永燧：《哈尼语语法》，民族出版社 1987 年版。

③ 戴庆厦、段贶乐：《哈尼语概论》，云南民族出版社 1995 年版。

④ 戴庆厦等编著：《汉哈尼词典》，云南民族出版社 2001 年版。

⑤ 戴庆厦、蒋颖等：《西摩洛语研究》，民族出版社 2009 年版。

⑥ 赵敏、朱茂云：《墨江哈尼族卡多话参考语法》，中国社会科学出版社 2011 年版。

采用参考语法的描写分析方法，并吸收传统语法的研究方法，综合运用现代语言学基本理论，对卡多话进行了较为系统、全面的共时描写和分析。该书的研究有助于深化对卡多话共时面貌的认识和了解，有助于深化汉藏语系语法的研究，尤其是汉藏语系藏缅语族不同语言的语法比较研究，同时能为汉藏语系的语言类型学研究提供真实的文本和实用信息，对语言接触的研究，尤其是语言接触背景下语法结构特点的研究具有一定的价值。

关于哈尼语语法研究的期刊论文有：《试论哈尼语汉语动宾词序的异同》①《哈尼语形容词的生动形式》②《哈尼语存在动词初探》③《哈尼语量词研究》④《哈尼语的重叠式》⑤《哈尼语的名词性前缀》⑥《哈尼语的"来、去"》⑦《哈尼语的ne³³》⑧《哈尼语动词的体和貌》⑨《哈尼语的宾语助词》⑩《论哈尼语的话题》⑪等。关于哈尼语语法特点研究的论文有30多篇，其中大多是根据绿春县大寨话标准音点的语料以及绿春县老马村哈尼语语料为基础进行的研究，而对于豪尼支系语言语料的语法研究则没有，因此，这方面有很大的研究空间。

（三）语音方面

20世纪80年代以后，豪尼学者王尔松、李永燧、布莱德雷等学者对哈尼语豪白方言的豪尼次方言进行了较为系统的调查研究。在语音方面，如1994年豪尼学者王尔松教授的论文集《哈尼族文化研究》中收集了作者的14篇文章，其中有两篇关于豪尼话研究的论文，即《哈尼语豪尼话的元音同化作用》和《从方言比较看豪尼话的语音特征》，文章对豪尼话的语音进行了详细的描写，得出豪尼话元音同化作用与元音的松紧有密切关系，当两个相邻的音节连读时，后一个音节的紧类元音影响前一个音节的松类元音，使松类转化为相应的紧类，产生后退同化。此外，戴庆厦的论文《我

① 李永燧：《试论哈尼语汉语动宾词序的异同》，《民族语文》1984年第3期。

② 李永燧：《哈尼语形容词的生动形式》，《民族语文》1986年第4期。

③ 白碧波：《哈尼语存在动词初探》，《民族语文》1991年第5期。

④ 李批然：《哈尼语量词研究》，《民族语文》1992年第5期。

⑤ 傅爱兰、李泽然：《哈尼语的重叠式》，《语言研究》1996年第1期。

⑥ 傅爱兰、李泽然：《哈尼语的名词性前缀》，《中央民族大学学报》1996年语言文化增刊。

⑦ 戴庆厦、李泽然：《哈尼语的"来、去"》，《民族语文》2000年第5期。

⑧ 李泽然：《哈尼语的ne³³》，《中央民族大学学报》2003年第4期。

⑨ 李泽然：《哈尼语动词的体和貌》，《语言研究》2004年第2期。

⑩ 李泽然：《哈尼语的宾语助词》，《语言研究》2005年第3期。

⑪ 李泽然：《论哈尼语的话题》，《中央民族大学学报》（哲学社会科学版）2007年第5期。

国藏缅语族松紧元音来源初探》[①]，以及胡坦、戴庆厦的论文《哈尼语元音的松紧》[②]，都对哈尼语松紧元音的产生和演变进行了比较全面的分析和论述。

　　哈尼族学者李泽然的专著《哈尼语研究》[③]收录了作者及与其他学者合著的共 11 篇文章，除了两篇关于哈尼族祖居文化与半山文化的考察之外，其余都是对于哈尼语本体的研究。其中数篇文章都涉及哈尼语的韵律（Prosody）问题，扩大了哈尼语语音研究的角度，展示了韵律研究在藏缅语族研究中的重要地位。

　　关于哈尼语语音方面的论文还有：《哈尼语的a音节》[④]《哈尼语发声类型声学研究及音质概念的讨论》[⑤]《嘎裂化：哈尼语紧元音》[⑥]《哈尼文字方案中浊声母的表达问题》[⑦]《哈尼语豪尼话的元音同化作用》[⑧]《窝尼语音系》[⑨]《哈尼语实词的双音节化对语义、语法特点的影响》[⑩]《哈尼语名词的双音节化》[⑪]《哈尼语文学语言的双音节化》[⑫]等。

　　（四）词汇方面

　　关于哈尼语词汇方面的研究论文有：《哈尼语中汉语借词的历史层次》[⑬]《哈尼语和汉语的名词修饰语》[⑭]《从语言学解释哈尼族的族称》[⑮]《从哈尼

　　① 戴庆厦：《我国藏缅语族松紧元音来源初探》，《民族语文》1979 年第 1 期。

　　② 胡坦、戴庆厦：《哈尼语元音的松紧》，《中国语文》1964 年第 1 期。

　　③ 李泽然：《哈尼语研究》，民族出版社 2001 年版。

　　④ 傅爱兰、李泽然：《哈尼语的a音节》，《中央民族大学学报》1995 年第 6 期。

　　⑤ 孔江平：《哈尼语发声类型声学研究及音质概念的讨论》，《民族语文》1996 年第 1 期。

　　⑥ 朱晓农、周学文：《嘎裂化：哈尼语紧元音》，《民族语文》2008 年第 4 期。

　　⑦ 段贶乐：《哈尼文字方案中浊声母的表达问题》，《民族语文》1994 年第 3 期。

　　⑧ 王尔松：《哈尼语豪尼话的元音同化作用》，载王尔松《哈尼族文化研究》，中央民族大学出版社 1994 年版。

　　⑨ 袁家骅：《窝尼语音系》，《学原》1947 年第 11 期。

　　⑩ 李泽然：《哈尼语实词的双音节化对语义、语法特点的影响》，载中央民族大学哈尼学研究所编《中国哈尼学》（第一辑），云南民族出版社 2000 年版。

　　⑪ 李泽然：《哈尼语名词的双音节化》，载中央民族大学少数民族语言文学学院、《中国民族语言论丛》编委会《中国民族语言论丛（2）》，云南民族出版社 1997 年版。

　　⑫ 李泽然：《哈尼语文学语言的双音节化》，《中央民族大学学报》2001 年第 2 期。

　　⑬ 沙加尔、徐世璇：《哈尼语中汉语借词的历史层次》，《中国语文》2002 年第 1 期。

　　⑭ 李永燧：《哈尼语和汉语的名词修饰语》，《民族语文》1985 年第 3 期。

　　⑮ 李泽然：《从语言学解释哈尼族的族称》，《中央民族大学学报》2005 年第 3 期。

语方言亲属称谓比较看哈尼族婚姻家庭形态的演变》①《哈尼族称初探》②等等，这些论文从不同角度对哈尼语词汇的特点进行了归纳描写。

　　李泽然副教授的近著《哈尼语词汇学》是一部语料丰富、可靠又有新意的哈尼语词汇研究专著。作者从词的语音特征、语素结合、词义关系、语义分析、词汇与社会文化、借词和传统诗歌词汇特点以及与亲属语言的词源比较等八个方面对哈尼语词汇进行了全方位的考察研究。此外，李泽然还发表了数篇关于哈尼语词汇研究的论文：与傅爱兰合写的有《哈尼语的并列复合名词》《哈尼语名词性前缀》《哈尼语动物名词的语义分析》《哈尼语名词性前缀》《哈尼语名词的双音节化》《哈尼语实词的双音节化对语义、语法特点的影响》《哈尼语文学语言的双音节化》以及《哈尼语形容词修饰名词的词序》等。这些论文从不同侧面阐述和归纳了哈尼语词汇的特点，对彝语支语言的词汇研究及藏缅语族语言的词汇研究都有参考价值。

　　（五）语言使用功能方面

　　值得一提的是，近些年来，一些学者对哈尼语的使用功能做了研究。2009 年出版的《西摩洛语语言使用现状及其演变》③一书，从西摩洛语的社会使用功能角度出发，对哈尼族西摩洛支系的语言进行了全方位的考察研究，是国内外对西摩洛语比较全面、系统的研究。针对哈尼语语言使用功能方面的专著成果还有：《元江县羊街乡语言使用现状及其演变》④《泰国万伟乡阿卡族及其语言使用现状》⑤《元江县因远镇语言使用现状及其演变》⑥。

　　2012 年 12 月出版的《云南绿春县哈尼语使用现状及其演变》⑦一书是由哈尼语专家戴庆厦带领哈尼族学者、当地学者及博士生共同编写的，工作组于 2011 年 7 月至 8 月考察了云南省红河州绿春县哈尼族的语言使用现状及其演变的规律，描写并分析了造成绿春哈尼语使用保留相对完整的内外原因，提出了保护少数民族语言哈尼语的策略和展望。

　　① 王尔松：《从哈尼语方言亲属称谓比较看哈尼族婚姻家庭形态的演变》，载王尔松《哈尼族文化研究》，中央民族大学出版社 1994 年版。

　　② 王尔松：《哈尼族称初探》，《中央民族大学学报》1978 年第 4 期。

　　③ 戴庆厦主编：《西摩洛语语言使用现状及其演变》，商务印书馆 2009 年版。

　　④ 戴庆厦：《元江县羊街乡语言使用现状及其演变》，商务印书馆 2009 年版。

　　⑤ 戴庆厦：《泰国万伟乡阿卡族及其语言使用现状》，中国社会科学出版社 2009 年版。

　　⑥ 白碧波：《元江县因远镇语言使用现状及其演变》，商务印书馆 2010 年版。

　　⑦ 戴庆厦主编：《云南绿春县哈尼族语言使用现状及其演变》，商务印书馆 2012 年版。

第二节 民族概况与语言使用情况①

为了更好地认识豪尼话的特点，以下对分布于云南省墨江县的哈尼族及聚居于"一镇一乡"（联珠镇、龙坝乡）的哈尼族豪尼支系的民族概况及语言使用情况做简单的说明。

一 民族概况

（一）族属

哈尼族源于古代氐羌族系，是我国人口超过百万人的 18 个少数民族之一。据汉文史料记载，氐羌族系原游牧于青藏高原，后逐渐南迁至四川西南及滇北广大地区。公元 7 世纪迁到哀牢山一带，在墨江定居的哈尼族已有一千多年的历史。哈尼族历史上有"叟""乌蛮""和蛮""斡蛮""窝尼"等称谓。1950 年后，根据本民族的意愿统称为哈尼族。

（二）人口

墨江县哈尼族人口为222174人（2010年），占全县总人口的61.63%。墨江县是全国唯一的哈尼族自治县。在墨江境内，哈尼族有白宏、豪尼、碧约、卡多、西摩洛、切弟、腊米、阿木、卡别 9 个支系。人口在万人以上的支系有白宏、豪尼、碧约、卡多、西摩洛，其他支系人口均在万人以下。万人以上支系的分布主要集中在联珠镇、新安乡、龙坝乡、雅邑乡、泗南江、那哈乡、坝溜乡、通关镇、景星乡、新抚乡；万人以下支系的分布主要集中在孟弄乡、团田乡、渔塘乡、龙潭乡、文武乡。哈尼族支系的豪尼人自称xɔ³¹n̠i³¹，他称pu³³tu³¹或ɔ³¹so³³，主要聚居在墨江县的联珠镇和龙坝乡，人口总数为29915人（2000年），其中联珠镇12199人，龙坝乡11165人，其余居于其他乡镇。墨江县是著名的"双胞之家"，据不完全统计，全县 36 万人口中就有 1200 多对双胞胎，仅北回归线穿过的县城附近就有 600 多对双胞胎，在县城西边的河西村，全村 30 多户人家竟然有十多对双胞胎。

（三）地理分布

豪尼哈尼族所处的墨江哈尼族自治县位于云南省南部，地处东经101°08′—102°04′，经度跨度56′；北纬22°51′—23°59′，纬度跨度1°08′，北回归线穿越县城而过，被誉为"太阳转身的地方"，俗称"回归之城"。

---

① 本节材料除笔者本人实地调查搜集的资料外，还参考了《墨江县志》《墨江哈尼族自治县概括》等材料，恕不逐一注明。

县境内居住着哈尼、汉、彝、傣、拉祜、布朗、瑶、回、普米、白、壮等14个民族，其中以哈尼族人口最多，是一个以哈尼族为主体的多民族聚居县，因此墨江县又被冠以"哈尼之乡"的美名。墨江山高箐深，沟河纵横，境内山脉属哀牢山系，河流属红河水系。这样的地理位置与气候条件适宜种植种类丰富的水稻。这里盛产罗平谷、蚂蚱谷、麻线谷、紫谷、红谷等，除了各类水稻外，豪尼哈尼族还种植大麦、小麦、高粱、玉米、小米、荞、蚕豆、黄豆、豌豆、黑豆等。其中的紫谷是墨江的著名特产，用它酿造的紫谷酒也是享誉中外。此外，豪尼哈尼族种植的经济作物种类也很丰富，主要有普洱茶、须立茶、迷帝茶、花生、油菜、向日葵、芝麻、甘蔗、大麻、苎麻、烟草、芭蕉芋、木薯、咖啡等。

（四）宗教

豪尼哈尼族信奉万物有灵，宗教信仰属于多神崇拜的原始宗教。[①]主要信奉的神有 $u^{31}u^{31}ɔ^{55}phi^{31}$ "天神"、$mɛ^{55}tshɔ^{5}ɔ^{31}mɔ^{33}$ "地神"、$pɛ^{33}zaŋ^{35}ɔ^{31}mɔ^{33}$ "竜神"和具有保护性的寨神、家神等。豪尼哈尼族对祖先也十分崇拜，很多农户在堂屋的供桌上或墙上都置有祖先的器物，并称所置器物为 $ɔ^{55}phi^{31}tʃu^{31}xɔ^{31}$。每天上午、下午的开餐时间或逢年过节，豪尼哈尼族要先敬祭祖先以求其保佑家人四季平安、吉祥如意之后才可用餐。豪尼哈尼族还认为人间有鬼神的存在，如影子鬼、吊死鬼、撒土鬼、冤魂鬼、杂捕鬼等。人或牲畜得病，豪尼哈尼族认为是被鬼害的，要杀鸡送鬼。这类原始的迷信活动，现在逐渐减少了。

（五）文化传统

1. 居所

豪尼哈尼族择居时，一般选择山势宏伟、走势趋缓、朝阳、地质结构稳固，依山傍水的半山腰，这样的居住环境便于开垦梯田、上山打猎和下河摸鱼。豪尼人喜欢在村寨周围种植棕榈、芭蕉、桃树、梨树、柿子树和黄果树，在寨脚或箐沟则种植竹子。竹子是豪尼哈尼族编制生产、生活用具、用品的主要材料。村寨山上森林茂密，有常年绿树成荫的"竜林"。哈尼人认为"竜林"是守寨的树神，外人及妇女通常是不可以进入的，进寨的大道还设有"竜巴门"。此外，每个豪尼村寨都有"荡秋千"或"打陀螺"的场地。建筑多为传统的"土掌房"，即土墙土顶的土木结构，户与户间鳞次栉比且紧密相连。土墙有的用土基（土坯）砌垒，有的则用不含杂质的"羊胚土""红浆土"或"黄浆土"春墙。每幢房子一般为两层，每层铺横

---

① 姜汝林：《浅谈哈尼族豪尼人的民俗》，载黄俊勇《墨江哈尼族文化论文选》，云南人民出版社2009年版。

木，横木间隔相距 20—30 厘米，横木上铺木块或竹笆，上铺一层蕨蕨草或松茅，再用不含杂质的沙性红壤土、黄壤土夯实。富庶人家二层均为木板锭钉的楼房，横梁距离比前述宽。豪尼人家的大门一般朝东，楼梯面向西。屋子一体三间，右间为儿子和媳妇居住，左间为老人居住，中间为未婚儿女居住。耳房通常用来堆放农具、关养畜禽或作灶房。"土掌房"具有冬暖夏凉、建造取材方便、防火、便于晾晒和活动、便于防范外敌侵扰等优点。

2. 饮食

豪尼哈尼族的主食以稻米为主，副食品以肉类、鱼类和蔬菜为主，普遍喜食酸辣口味。代表性的食物有：酸汤煮泥鳅或黄鳝、紫米米干（米粉用紫谷磨粉后制成的主食）、烤罗非鱼、炸竹虫或蜂宝宝、炒紫色刺五加及各类蔬菜等。在祭祀活动、谈婚论嫁、红白喜事、待人接物中，男性喜喝家酿小锅米酒，抽水烟筒。此外，豪尼哈尼族也喜欢饮茶，古歌里唱道："在哈尼的房屋里，没有了火塘就不像家，火塘里没有了冒泡的茶水，就像吃肉没有了盐，稻田少了水，就像一个男人没有了婆娘。"由此可以看出"茶"在豪尼哈尼族日常生活中的重要地位。

3. 服饰

豪尼哈尼族的服饰具有鲜明的民族特色。男性服饰多以自织自染的靛青色土布为原料，一般上着右斜开襟衣或对襟衣，用银珠、银币或别致布纽为扣。头缠黑或青色包头，下着打折子的宽裆长裤，以一米左右青蓝布条为腰带，脚穿自织缆皮或棕枇草鞋或赤脚。以前逢年过节或赶集时，小伙子喜穿短白衬衣，外套青或蓝衣，脚穿布鞋或连袢鞋。现在，绝大多数人穿市场上购买的现代服装。女性服饰较为复杂。与癸能乡豪尼妇女只扎两色包头不同，龙坝豪尼妇女着青、绿、蓝三色包头。前额披绿色或蓝色布条，从右至左横包两条青条在其中，布头镶缀着银泡和芝麻铃，刺绣着花纹图案，垂于左耳旁。上衣着靛青色长衣，银币为纽，下身着短裙或短裤至膝上，膝下小腿紧束着靛青色或蓝色绑脚布套，腰间紧束彩带，嵌缀着银鱼、多条银链、玉佩和银铃等饰物。上衣从颈项右肩延伸至腰后有一条黄鳝骨似的大银链斜挂前胸，光彩夺目。豪尼妇女服饰的刺绣图案和纹样以六角形和八角形光芒四射的太阳、山野花朵、旱地蕨类植物等为主，边沿处绣有水纹形和凸凹不平却有规则的丝线刺绣。服饰上的六角形和八角形光芒四射的太阳图案反映出豪尼人崇拜太阳、渴求光明的心愿。

4. 婚恋

豪尼哈尼族实行一夫一妻制的婚姻制度。男女青年通过劳动场所的交流、节日同欢、婚丧歌舞交际互相认识并且相爱后，双方会互赠礼物，然后由男方的父母请媒人到女方家说亲。说亲要由男方的舅父、寨中长老和媒人一起提上酒肉到女方家，向女方家父母介绍男方的人品和家庭情况。如果女方父母同意，两家便共同喝酒订婚并商定彩礼数量，豪尼人称"吃小酒"。姑娘出嫁前，盛行哭婚习俗。婚礼的第二天或第三天，豪尼新娘不与新郎同居，新娘要和送亲的姑娘们挤在新房里，彻夜不眠地窃窃私语，说到动情之处会哭泣，以叙对娘家的恋恋不舍之情。

5. 丧葬

古代的哈尼族盛行火葬，而近代都用木棺土葬。豪尼哈尼族在墓地的选择上要由风水先生支罗盘看风水，或者由死者的儿子手拿鸡蛋，口念咒语，将鸡蛋向后抛掷，以择葬地。蛋壳毁烂之处，便是适宜的葬地。若鸡蛋抛掷不烂，说明死者不愿在此"落户"，要另选葬地。通常出殡前要举行三至五天的丧礼，还要竖"吊线""扎丧堂"，请"唢呐手"昼夜吹奏"哭丧调"。"哭丧调"是丧礼中必不可少的仪式。经济条件较好的人家还要杀牛，办 $ta^{33}mo^{33}tsho^{33}$ "白喜事"。此外，豪尼哈尼族还有办"冷丧"的习俗，即固"土皇天"不动土，是指当时无能力办丧或主孝远在他乡异地不能按时回归的逝者家里，会先将棺木妥存或先安葬，但不举行葬礼，待条件成熟时再举行隆重的葬礼仪式的习俗，有的时隔数月，有的则会时隔数年。

6. 节庆

除了会过汉族的传统节日"春节""清明"和"端午"之外，豪尼哈尼族还会过 $fv^{33}mo^{33}thu^{55}$ "祭竜节（甫玛突）"、$khɣ^{31}tso^{31}tso^{31}$ "农历六月二十四（苦扎扎）"、$mi^{31}so^{33}tʃa^{33}$ "米索扎"[①]这三大本民族最隆重且最有特色的节日。$fv^{33}mo^{33}thu^{55}$ "甫玛突"又称为"祭竜"，这一古朴浓郁的传统祭祀活动都在村寨的竜林（护寨神树）里举行。"祭竜"为的是保佑寨子里的所有人不得病、不遭灾，庄稼长得好，牲畜兴旺。每个豪尼寨子从建寨时起，就会在寨子背后的山上培植一片风景林，称为竜林，即 $fv^{33}mo^{33}o^{55}phi^{31}$ $tʃu^{31}xɔ^{31}$，并在林中认定一棵大树为竜神树。祭祀一般为期三至五天，具体时间各寨不相同，有的在农历二三月间，有的在农历十月间，但不论定在哪个月，日子都必须在属龙、属牛、属马、属猪或属狗日进行。豪尼哈尼族第二大传统节日 $khɣ^{31}tso^{31}tso^{31}$ "苦扎扎"即每年农历的六月二十四。笔者实地了解到，这个节日是为了庆祝即将到来的丰收季。在节日期间，家里最年长的豪尼老人要用新成熟的稻谷穗、青苞谷和青黄豆作为供品敬献祖宗。豪尼哈尼族第三大传统节日 $mi^{31}so^{33}tʃa^{33}$ "米索扎"即所谓的"十月年"，是哈尼历法中的大年。节日期间，亲朋好友互相邀请喝酒吃肉，一顿饭有时从早吃到晚。男女成年人围坐席边 $xa^{31}pa^{33}kha^{31}$ "唱古歌"，内容

---

① 钱红、赵德文：《那雷豪尼文化实证探究》，云南出版集团公司云南美术出版社 2013 年版。

大多是 a^{33}tsɔ^{31}a^{33}tu^{31} "得吃得穿" 的吉利、祥和的祝福词。过节时，zɔ^{31}mi^{31}za^{31}z^{33} "孩子们" 则在寨子的秋千场上玩耍、嬉闹。等节日过完客人临走之时，主人要割一块猪肉，并拿上三块糯米粑粑，用棕榈叶穿成串送给客人带回家，表示对客人的尊重和祝福。

（六）民族关系

由于特殊的地理环境，加之迁徙进入哀牢山脉时的客观和主观因素，哈尼族各支系在墨江县境定居下来后形成了本支系人群体聚居，少有分散，形成了 "大聚居小分散" 的居住态势。支系间的杂居又多以语言相通或相近的群体融合居住。比如那哈乡、龙坝乡、联珠镇等乡镇多为操豪白方言的白宏、豪尼等支系相融合聚居。再比如新抚乡、景星乡、通关镇、文武乡、龙潭乡、渔塘乡、新安乡、孟弄乡、联珠镇等乡镇多为操碧卡方言的碧约、卡多、西摩洛等支系相融合聚居。各支系民族在日常生活中都非常和谐，常常相互通婚。

二　语言使用情况

墨江境内的哈尼语主要为碧卡、豪白两种方言。自称碧约阿里卡多、卡别、西摩洛人操用碧卡方言；自称豪尼、白宏、腊米、阿木的人操用豪白方言。各支系人中又有各自的土语，方言内部一般可以通话，而不同方言的哈尼族就不能相互通话，或听不懂对方的话。现在由于人员频繁流动互相交往，部分人能听懂或会讲不同方言、支系的话。操哈尼族豪白方言的各支系主要分布于县境东南面向县城中心延伸区域。

豪白方言部分元音分松紧。舌音和舌根音没有浊音。音节由声母、韵母和声调构成，有些音节只有韵母和声调。豪尼话有一个清擦音，其他支系语言没有。在豪尼话词汇中，反映山区农业生产活动的词比较丰富，例如区分细致的有表示水稻、紫米等粮食作物，耕耘梯田、山地劳作行为的词。一般说来，哈雅方言与豪白方言同源词比较多，对应关系比较严整。豪白方言吸收了较多的汉语借词，同时也增加了若干复元音韵和鼻音韵尾或鼻化韵。豪尼话以语序和虚词作为表达语法意义的主要手段。句子成分的基本次序是：主语—宾语—谓语；名词修饰语在名词中心语之前，名词和数量词结合时，名词在数量词之前；形容词在被修饰词的名词之后；单数人称代词用语音交替表示 "格" 的意义。

豪尼哈尼语以墨江县的癸能乡、碧溪乡和龙坝乡的语音为主要代表点，其中癸能乡的水癸大寨是之前豪尼话研究的主要发音点。笔者到这里调查后了解到，碧溪乡紧挨着癸能乡，因此两地的豪尼哈尼语在语音上没有太大差别，只在部分生产、生活词汇上有些差异，而龙坝乡的豪尼哈尼语就与癸能乡和碧溪乡的豪尼哈尼语在语音方面存在较大的差异。根据调查可知，这些差异主要体现在声母方面。癸能乡的豪尼哈尼语的双唇送气清塞音ph，在龙坝乡的豪尼哈尼语中读为唇齿清擦音f；癸能乡和碧溪乡的豪尼哈尼语舌面前的清塞擦音声母tɕ、tɕh，在龙坝豪尼哈尼语中则读作舌叶清塞擦音tʃ、tʃh；此外，龙坝豪尼哈尼语还存在辅音n和l的对转现象，比如发音人唐晓梅把"茶叶"lo^{31}khɛ^{55}读为no^{31}khɛ^{55}。词汇方面的差异例如龙坝乡豪尼哈尼语的"竹子"一词是ɔ^{31}xɔ^{31}，而癸能乡则叫"竹子"为xɔ^{31}pu^{55}。在借词方面也有一些差异，龙坝乡的豪尼哈尼语汉语借词数量远多于癸能大寨的汉语借词数量。此外，豪尼哈尼语至今没有文字，在漫长的历史长河中，豪尼人用结绳、刻木记事、口耳相传等方式来传承各类习俗文化。

第二章 语音系统

　　豪尼哈尼语（以下简称"豪尼话"）是云南省普洱市墨江县龙坝乡哈尼族豪尼支系人所使用的语言。它属于哈尼语豪白方言的豪尼次方言。豪尼话的主要语音特点有：（1）塞音、塞擦音声母只有清音，没有浊音；（2）边音分清化和非清化两类；（3）有唇齿音声母；（4）无复辅音声母；（5）元音分松、紧两类，但对立不严整；（6）固有词只有单元音韵母；（7）通过汉语借词吸收了一些复元音韵母和带鼻音尾韵母；（8）声调有五个，其中有两个调一般出现在借词和变调上。现将豪尼话的语音特点分述如下。

第一节　声　母

　　豪尼话的声母共有 28 个。其主要特点是：（1）在塞音、塞擦音声母上，有送气、不送气的对立，没有清、浊对立；（2）在塞擦音上，有舌尖前音、舌叶音和舌面前音三套；（3）在擦音声母上，除了舌尖中音没有清、浊对立外，其余五个擦音声母全部清、浊对立；（4）无复辅音声母。见表 2–1 和表 2–2。

表 2–1　　　　　　　　　　豪尼话声母

发音方法		发音部位						
		双唇	唇齿	舌尖前	舌尖中	舌叶	舌面前	舌根
塞音	不送气	p			t			k
	送气	ph			th			kh
塞擦音	不送气			ts		tʃ	tɕ	
	送气			tsh		tʃh	tɕh	
鼻音		m			n		ȵ	ŋ
边音					l			
擦音	清		f	s	ɭ	ʃ	ç	x
	浊		v	z		ʒ	ʑ	ɣ

说明：

第一，清擦音声母 f 在固有词里出现较少，多出现在汉语借词上。例如：fei³³tɕi³³ "飞机"、fei³¹tsɔ⁵⁵ "肥皂"、ʒɯ³¹ʃui³³fʋ̩³¹ "热水壶" 等。

第二，浊擦音声母 v、ʒ、ɣ 出现较少。

表 2–2　　　　　　　　　　　　　声母例词

声母	例词	汉义	例词	汉义
p	pɔ³¹	黄蜂	pe³¹	裂
ph	ɔ³¹phɔ³¹	父亲	phe̩³¹	呕吐
m	mi³¹tsɔ³¹	柴火	me̩³³	饿
f	fʋ̩³³	看	fɔ³³	面、边
v	va³¹	（渔）网	va̩³¹	瓦
ts	tsɔ³¹	吃	tsʅ³¹	编（竹器）
tsh	tshɯ³¹	跑	tshn̩³¹	掐
s	su³¹	三	sa³¹	蒸
z	zʅ³¹	走	zʅ³¹	揉
t	tɛ⁵⁵	背	tɔ⁵⁵tɔ⁵⁵	筷子
th	the⁵⁵	春	thu⁵⁵	说
n	na̩³³	黑色	nɣ³³	（面粉）细
l	lɛ³¹	追赶	le̩³¹	泡（汤）
l̥	l̥ɔ³³	月份	l̥e̩³³	脱（衣服）
tʃ	tʃʋ⁵⁵	在	tʃe⁵⁵	湿
tʃh	ɯ⁵⁵tʃhɣ³¹	水	a³¹tʃh̩³¹	羊
ʃ	ʃɔ³¹	疼爱	ʃ̩³¹	七
ʒ	ʒɔ³³	这里	ʒa³³	清扫
tɕ	tɕi³¹sʅ⁵⁵	胡椒	tɕe̩³¹	欺骗
tɕh	tɕhi³¹	淘洗	tɕhe̩³¹	会（说）
ȵ	ȵi⁵⁵	小	ȵɔ⁵⁵	玩耍
ɕ	ɕi³¹	还（副词）	ɕe̩³¹	杀
ʑ	ʑe̩³¹	（肥肉）腻	ʑa³¹pa³¹	斜坡
k	kɯ³³	倔强	kɯ̩³³	干燥
kh	khɯ⁵⁵	到达	khɔ⁵⁵	稀疏
ŋ	ŋɯ⁵⁵	是	ŋɔ⁵⁵	我
x	xɔ³¹l̩ɛ̩⁵⁵	灰尘	xɛ̩³¹	八
ɣ	ɣo³¹	（饭）熟	ɣu³¹	九

第二节　韵　母

豪尼话的韵母共有 41 个。其主要特点是：（1）大多数单元音韵母位于固有词中，复合元音韵母和带鼻音韵尾的韵母主要出现在汉语借词中；（2）元音分松、紧，但对应并不完整；（3）鼻音韵尾-ŋ有些人读为鼻化元音；（4）舌尖元音ɿ、ʅ出现在舌叶音tʃ、tʃh、ʃ、ʒ之后是变体ʅ和ɿ。具体情况如下。

一　单元音韵母

豪尼话单元音韵母共有 21 个，分为松元音和紧元音两类：ɿ、i、e、ɛ、a、o、ɯ、ɤ、v、ɔ、u、æ、ɪ、i̠、e̠、ɛ̠、a̠、o̠、ɯ̠、ɤ̠、v̠。其中，单元音韵母ɔ、u和æ松、紧不对称，紧元音消失。见表 2–3。

表 2–3　　　　　　　　　　　单元音韵母例词

单元音韵母	例词	汉义	例词	汉义
ɿ	zɿ³¹	走	ʃɿ³¹ʃɿ³¹	血
ʅ	zʅ³¹	椿	tsʅh³¹	掐
i	ɲi⁵⁵	小	pi³¹ti⁵⁵	蚯蚓
i̠	çi̠³¹	锡	tçi̠³¹	骑
e	tçhe³³	（绳子）断	ɯ⁵⁵the³¹	波浪
e̠	çe̠³³	擤（鼻涕）	tçe̠³³	欺骗
ɛ	tʃhe⁵⁵	酸	xɛ⁵⁵	拿
ɛ̠	xɛ̠³¹	八	lɔ³¹lɛ̠³¹xoŋ³¹	西红柿
a	ḷa³¹	麻（味觉）	pha³¹	拴
a̠	a̠³¹la̠³¹	手	pa̠³¹tha̠³¹	肩膀
o	pa̠³³ɣo³³	窗户	ma³³xo³³	睫毛
o̠	ɣo̠³¹ɣo̠³¹	针	a³¹pho̠³¹	肺
ɯ	tʃɤ³¹pɯ³³	龙坝乡	phɯ³¹	腐朽
ɯ̠	ḷɯ̠³¹	剥开	pɯ̠³¹	爬（树）
ɤ	tvɤ³¹xɤ³¹	草果	phɤ³¹	敢
ɤ̠	phɤ̠³³	烧	mɤ̠³³	吹
v	ɔ⁵⁵fv³¹	饭	tʃhv³¹	蠕动

续表

单元音韵母	例词	汉义	例词	汉义
v̩	fv̩^{33}	看	khv̩^{31}	六
ɔ	zɔ^{31}nɔ^{33}	今天	l̩ɔ^{31}	裤子
u	tu^{33}	穿（衣服）	phu^{33}	开（门）
æ	phæ^{31}	牌（玩具）	xæ^{31}	海

说明：

第一，在实际发音时，唇齿元音v上齿咬下唇的摩擦较重。例如：v^{55}nv^{31} "牛"。

第二，韵母v有时变读为ɯ。例如：nv^{55} "你" 有时变读为nɯ^{55} "你"。

第三，e的实际音值为ie，例如：ɯ^{55}the^{31} "波浪" 实际读作ɯ^{55}thie^{31}。

第四，紧音主要出现在31调和33调上，其他调上不出现。

第五，ɿ和ʅ出现在tʃ、tʃh、ʃ、ʒ声母后读ɻ̩和ʅ。例如：pv^{55}khɔ^{31}tʃm̩^{55}khɔ^{31} "撑着雨伞" 中的 "撑" 实际读作tʃm̩^{55}。

二　双元音韵母

豪尼话的双元音韵母有10个：ia、iɔ、io、iu、ai、ei、ou、ua、ui、uɛ。见表2-4。

表2-4　　　　　　　　　　双元音韵母例词

双元音韵母	例词	汉义	例词	汉义
ia	tɕ（i）a^{55}tsʐ̩^{31}	架子	tɕ（i）a^{33}	假的
iɔ	ʃɯ^{31}piɔ^{31}	手表	ʑou^{31}thiɔ^{31}	油条
io	ta^{55}ɕ（i）o^{31}	大学	tɕ（i）o^{31}	角（货币单位）
iu	liu^{31}	刘（姓）	phi^{31}tɕh（i）u^{31}	球
ai	ma̩^{31}tai^{55}	麻袋	tʃhai^{31}ʑo^{31}	柴油
ei	mei^{31}	煤炭	phei^{31}	赔偿
ou	tou^{55}fv^{31}	豆腐	xou^{55}phi^{31}tshɛ^{55}	厚皮菜
ua	xua^{55}	画	kua^{55}	挂
ui	ʃui^{55}ʃo^{33}	税收	tʃaŋ^{55}tui^{55}	站队
uɛ	khuɛ^{31}	块（元）	luɛ^{31}	铝

说明:

第一,双元音韵母主要用于拼写汉语借词。

第二,双元音韵母中有的读为紧音,但由于未发现对立,所以记为松音。

例如:la^{31}ɲi^{55}pi^{55}kuɛ^{31}记作la^{31}ɲi^{55}pi^{55}kuɛ^{31} "枝指"。

三 鼻音尾韵母

豪尼话共有 10 个鼻音尾韵母,其中辅音尾均为ŋ,即:aŋ、ɛŋ、iŋ、oŋ、uŋ、iaŋ、iɛŋ、ioŋ、uaŋ、uɛŋ。

其中单元音带鼻音尾的韵母有 5 个,双元音带鼻音尾的韵母有 5 个。它们大多数都出现在汉语借词中。见表 2–5。

表 2–5 　　　　　　　　　　鼻音尾韵母例词

带辅音尾韵母	例词	汉义	例词	汉义
aŋ	tɕhaŋ^{33}	枪	mɔ^{31}thaŋ^{33}	毛毯
ɛŋ	mi^{31}ɕɛŋ^{55}	米线	pɛŋ^{31}sɿ^{55}	本事(大)
iŋ	tɕhiŋ^{33}tɕaŋ^{55}	酱油	piŋ^{33}	兵
oŋ	fv^{55}thoŋ^{31}	骨髓	toŋ^{31}tsoŋ^{33}	冬棕(树)
uŋ	li^{31}tʃhuŋ^{33}	立春	kɛ^{31}faŋ^{55}tɕuŋ^{33}	解放军
iaŋ	pa^{31}liaŋ^{31}	门牙	liaŋ^{31}	凉(粉)
iɛŋ	tiɛŋ^{55}taŋ^{33}	床单	miɛŋ^{55}thiɔ^{31}	面条
ioŋ	ʑiŋ^{33}ɕ(i)oŋ^{31}	英雄	ɕ(i)oŋ^{33}	凶
uaŋ	ʃuaŋ^{55}	双	tuaŋ^{55}	段(姓)
uɛŋ	ʃuɛŋ^{55}	顺	uɛŋ^{31}tʃaŋ^{55}	蚊帐

第三节 声 调

豪尼话有 5 个声调,即:高平调 55 调、中平调 33 调、低降调 31 调、高升调 35 调以及高降调 53 调。见表 2–6。

表 2-6　　　　　　　　　　豪尼哈尼语声调表

调类	调值	例词	汉义	例词	汉义
高平调	55	nv^{55}	你	$mɔ^{55}$	个
中平调	33	nv^{33}	（一）天、日	$ɔ^{31}mɔ^{33}$	母亲
低降调	31	nv^{31}	踩	$mɔ^{31}$	不
高升调	35	nv^{35}	你（宾格）	$mɔ^{35}$	多
高降调	53	$mɯ^{55}le^{53}$	很、非常	$mɔ^{53}$	方位助词

说明：

第一，35 调多出现在汉语借词中。例如：$tɕi^{35}$ "急"、$ɕiŋ^{33}tɕhi^{33}sɿ^{35}$ "星期四"。

第二，53 调多出现在连读音变中。例如：$na̠^{33}tɕhi^{31}xuaŋ^{55/53}$ "换药"、$u^{33}lu^{33}tʃuaŋ^{55/53}$ "旋转"。

第三，变调现象多出现在 31 调上，且只变调为 33 调。例如：$kɣ^{31}tʃɯ^{31/33}tɛ^{55}tʃ̩^{33}$ "四脚蛇"、$v^{55}nv^{31/33}nv^{31}phɯ^{55}$ "水牛"。

第四节　音节结构

豪尼话的音节结构共有以下七种类型：

一　元音型结构

元音型结构是指元音单独音节的结构类型，豪尼话中很常见，尤其是在动词方面。例如：v^{55} "买"；u^{31} "卖"。

二　辅音+元音型结构

豪尼话的音节结构中辅音在前、元音在后的结构类型最常见。例如：$tsɛ^{33}$ "扔"；$l̩u^{55}$ "烫"；$xo̠^{31}$ "捧（水）"。

三　元音+元音型结构

豪尼话中的两个元音相连的结构类型也不少。例如：ai^{31} "癌"。

四　辅音+元音+元音型结构

豪尼话中音节结构的第四种类型是辅音在前，双元音在后。例如：tui^{33} "堆"；$tʃua^{33}$ "抓"。

五　辅音+元音+辅音型结构

第五种结构类型是辅音在前后，中间元音的结构类型。例如：$\varsigma in^{55}t\int a\eta^{55}$ "发旋、头旋"；$lia\eta^{33}f\varepsilon\eta^{31}$ "凉粉"。

六　辅音+元音+元音+辅音型结构

比起第五种结构类型，第六种是中间有两个元音，其中前面的元音是介音。例如：$sua\eta^{55}$ "算"；$fv^{55}t\int\!\!\!_{\cdot}{}^{31}tshu\varepsilon\eta^{31}$ "存钱"。

七　元音+元音+辅音型结构

最后一种语音结构类型是两个元音在前，后随辅音尾，例如：$ua\eta^{31}t\varsigma i^{31}$ "蜂王"；$\underset{\sim}{v}{}^{33}u\varepsilon\eta^{33}$ "弯（用火烤弯竹条）"。

根据词表穷尽式考察可知，第二种辅音+元音型结构的出现频率最高。

第三章　词类

词类是词的语法分类，分为实词和虚词两类。所谓"实词"是包含词汇意义，且具有语法功能的词。豪尼话的实词包括名词、代词、数词、量词、形容词、动词和副词7类；虚词是没有词汇意义的词，其功能只是表达语法关系。豪尼话的虚词包括连词、结构助词、语气助词、感叹词和拟声词。

第一节　名　词

名词通常是表示人、事物、时间、地点的词，是豪尼话词汇系统中数量最多、内容最丰富的一类。豪尼话名词的语法特点有：（1）名词的"性"依靠后缀表示。（2）名词的"数"有多种语法表现形式。（3）部分名词通过添加后缀的方式表示"大称"或"小称"。（4）名词的主要句法功能是在句子中作主语、谓语、宾语、定语和状语。（5）在音节数量方面，名词绝大多数是双音节的，单音节和多音节的名词比例较小。

一　名词的类别

豪尼话名词包括具体事物的名称，也有抽象事物的名称。具体事物的名称包括普通名词、专有名词、时间名词、方位名词等类别，具体如下。

（一）普通名词

豪尼话的普通名词表示各种事物和观念的名称，涉及天文、地理、动物、植物、人体官能、食品、衣着服饰、房屋建筑、用品用具、文化娱乐、思想观念、人物称谓等诸多领域。列举如下。

1. 天文、地理、自然物类

nɯ⁵⁵mɔ³³	太阳	pɔ³³l̩ɔ³³	月亮	pɛ³¹kɯ⁵⁵	星星		
u³¹u³¹	天空	tsɔ³¹xu³¹	雾	ȵi⁵⁵	霜		
tʃɔ³¹l̩i⁵⁵	风	u³¹ʑɛ⁵⁵	雨	ɯ⁵⁵tɯ⁵⁵lɯ⁵⁵mɔ³³	彩虹		

2. 动物、植物类

ɔ³³mu³¹	马	a³¹tʃm̩³¹	山羊	a³¹za³¹	猪	

v⁵⁵nv³¹	牛	thɯ³¹l̩ɔ³³	兔子	a³¹xa³³	鸡
ɔ³¹xɔ³¹	竹子	ɕi³¹pa³¹	葡萄	ŋa̠³³ɕi³¹	芭蕉
ɯ⁵⁵tɯ⁵⁵	核桃	pu⁵⁵l̩ɔ³¹	柿子	ɕi³¹u³¹	桃子
thɯ³¹xɣ³¹	南瓜	sɛ⁵⁵pu³¹	葱	tɕhi⁵⁵tɕhi⁵⁵	辣椒

3. 人体官能类

ʒu³³ɣu⁵⁵	脊背	v̩³¹tɯ³¹	头	tshɛ⁵⁵khɯ⁵⁵	头发
xɔ³¹mɛ³³	嘴巴	a³¹la³¹	手	pha³¹tsh̩³¹	膝盖
ɔ³¹tʃɛ⁵⁵	尿	khɯ³¹fv⁵⁵	汗	ma̠³³ɯ⁵⁵	眼泪
mɔ⁵⁵pa³³	疤	ʃ̩³¹ʃ̩³¹	血	nɔ³¹pɛ⁵⁵	鼻涕

4. 食品调料类

tsha³¹tɣ³¹	盐	lɔ³¹khɛ⁵⁵	茶	tsa̠³¹ɕi³¹	花椒
za̠³³xa³¹	烟	tʃ̩⁵⁵pɔ³¹	酒	na̠³³tɕhi⁵⁵	蘑菇
tʃhɛ⁵⁵nɯ³¹	糯米	ɣɔ³¹phe̠³³	蔬菜	a³¹pa̠³¹ᐟ³³pa̠³¹l̩i⁵⁵	面粉

5. 服饰、衣着材料类

ɔ⁵⁵xu³¹	衣服	phi³³ɕi³¹	扣子	ɣo³¹tho³³	包头(男)
l̩ɔ³¹	裤子	tɣ³¹tɕhe³¹	腰带	khɯ⁵⁵tshu³¹	裹腿
tsa³¹me̠³¹	裙子	pha̠³¹nɔ³³	鞋	ɔ⁵⁵pɣ³³	被子
khu⁵⁵phu³¹	线	ʒɛ⁵⁵kɯ⁵⁵	襄衣	nɔ³¹tʃ̩³³	耳环

6. 房屋建筑类

ɔ⁵⁵xu⁵⁵	房屋	kɯ⁵⁵mɔ⁵⁵	仓库	va̠³¹	瓦
xu⁵⁵z̩⁵⁵	柱子	kɯ⁵⁵fɣ³¹	墙	ta⁵⁵tsu³³	台阶
l̩ɛ⁵⁵ka³¹	土坯	l̩ɛ⁵⁵ka³¹ɔ⁵⁵xu⁵⁵	土掌房		

7. 日常生活及生产、劳动用具类

tɔ⁵⁵ts̩³³	桌子	xo³¹xo³³	盒子	u³³u³¹	枕头
phe³¹thu³¹	梳子	za̠³³fv⁵⁵	扫帚	xa̠³³tʃm⁵⁵	背篓(小)
zi³¹mɔ³³	镰刀	xu⁵⁵pha̠³³	瓢	sa̠³¹pu³¹	甑子

8. 文化娱乐、宗教及抽象概念类

su³¹ɣɔ³¹	书	ts̩⁵⁵	字	mo³¹tʃ̩³¹	墨汁
kɯ̠³¹ts̩⁵⁵	鼓	ɛ⁵⁵fv³¹	二胡	ɔ⁵⁵tʃ̩³³	秋千
ɔ⁵⁵l̩ɔ⁵⁵	灵魂	n̠i³¹xɔ³¹	鬼	ɔ³¹phi³¹ɔ³¹pv⁵⁵	祖先
tshɔ³¹tshɔ³¹	谜语	ɔ³³tʃhe³³	事情	pe̠³³ʒv³¹ᐟ³³ɔ³¹pv⁵⁵	龙王
tɕi⁵⁵xɔ⁵⁵	记号	seŋ³³ʒ̩³¹	生日	kɣ³¹tʃɯ³¹ᐟ³³ɔ³¹pv⁵⁵	山神

9. 人物称谓类

ɔ³¹pv⁵⁵	爷爷	ɔ⁵⁵ʒɔ³¹	奶奶	ɔ³¹phɔ³¹	父亲
ɔ³¹mɔ³³	母亲	za̠³¹z̩³³	儿子	zɔ³¹mi³¹	女儿

ɔ⁵⁵tʃɯ³¹	伙伴	ma̠³³pe̠³¹	瞎子	nɔ³¹pv̩³¹	聋子
tɔ³¹xu³³	客人	mu³¹phi⁵⁵	巫师	zɔ³¹mi³¹	女孩子
lu⁵⁵pi³¹	小偷	la̠³¹tɕhe̠³¹	匠人	ʃa³³mv̠³¹	疯子

（二）专有名词

豪尼话的专有名词主要指包括人名、族称及地名的名词。

1. 人名类专有名词

豪尼哈尼人的名字在传统习俗中一般是按照"父子连名制"生成的，即以父辈名字的尾音节作为孩子辈姓名的首音节，代代相传。现在，龙坝豪尼人只有当人去世以后才会使用"父子连名制"起名祭奠。如碧溪村那雷组的赵云德家族的名字，至今共计 43 代：

tsn̩³¹ɕi³¹li⁵⁵→li⁵⁵po³³pi³³→po³³pi³³yu³¹→yu³¹zɔ³³xɔ³³→xɔ³³zɔ³³nu³³→
　词昔利　　　　利博比　　　　博比吾　　　　吾尧好　　　　好尧奴

nu³³yɔ³¹tsɔ³³→tsɔ³³tʃha³¹tha³¹→tʃha³¹tha³¹xɔ³³→xɔ³³mu³¹tshu³³→
　奴奥皂　　　　皂察塔　　　　察塔好　　　　好木醋

tshu³³mu³¹ʑi³¹→mu³¹ʑi³¹tɕi³¹→tɕi³¹tha³¹pho⁵⁵→tha³¹pho⁵⁵mo³¹→
　醋木玉　　　　木玉季　　　　季沓泼　　　　沓泼墨

mo³¹tʃɔ³¹pi³¹→tʃɔ³¹pi³¹xɛ³³→xɛ³³mɔ³¹lu³³→mɔ³¹lu³³na³³→na³³li³³yɯ³¹→
　墨照碧　　　　照碧海　　　海帽鲁　　　　帽鲁那　　　　那里厄

yɯ³¹li³³phi⁵⁵→phi⁵⁵li⁵⁵tʃɯ³³→tʃɯ³³li⁵⁵ky³¹→ky³¹mo³¹ʒu³¹→ʒu³¹tshy³¹→
　厄里批　　　　批哩着　　　　着哩各　　　各莫儒　　　儒策

tshy³¹khy⁵⁵→khy⁵⁵thi³¹→thi³¹nu³³→a³³pɔ³³→pɔ³³pɔ³¹→pɔ³¹pu³³→
　策棵　　　　棵替　　　替奴　　　阿保　　保抱　　　抱补

pu³³sa³³→nu³³ʑi³¹→ʑi³¹tsy³¹→ʑi³¹nu³³→mi³³tʃy³¹→tʃy³¹ly⁵⁵→ɔ³¹tho⁵⁵→
　补萨　　　奴宜　　　宜则　　　宜奴　　　米者　　　　者勒　　　奥托

ɔ³¹tshy³¹→ɔ³¹tɯ³³→yɔ³¹phi³¹ly⁵⁵yɯ³¹→yɔ³¹pu³¹yɔ³¹tsy³¹→
　奥策　　　奥得　　奥皮勒厄　　　　奥布奥则

yɔ³¹pɔ³³yɔ³¹tɯ³³→tʃo⁵⁵ʐuŋ³¹→ʐuŋ³¹tɯ³³
　奥保奥得　　　　忠云　　　云德

2. 族称类专有名词

xɔ³¹ɲi³¹	豪尼	a³¹xa̠³¹	汉族	pi³¹tʃhu³¹	傣族
zɔ³³tɕa³³	瑶族	pi³¹zɔ³¹	碧约	py³¹tsu³¹	白族

3. 地名类专有名词

sɿ³³mo³¹	思茅	xu⁵⁵xu³¹	墨江	nɔ³³ʃɔ³³	元江
ʃu³³u³¹	癸能	pi⁵⁵ʃv̩³¹	碧溪	tʃy³¹pɯ³³	龙坝
khuɛŋ³³miŋ³¹	昆明	py̠³¹tɕiŋ³³	北京	ʐuɛ³³na̠³¹	越南

（三）时间名词

豪尼话中，用来表示时间概念及名称的就是时间名词。例如：

zɔ³¹nv³³	今天	mi⁵⁵nv³³	昨天	ʃu³³mi⁵⁵nv³³	前天
u³¹nv³³	白天	ɣo³¹tɕhɛ³¹	晚上	kɔ³³fv³¹	从前
ʃi³¹tɕɛŋ³³	时间	l̩ɔ³³ti³¹fɔ³³	月初	tʃɛŋ³³zi³³	正月
v³¹zɛ³¹	五月	khɣ³¹l̩ɔ³³	六月	xɣ³¹	年

v³¹zi³³toŋ³³v³¹ 端午节　　　　　　pa³¹zi³³ʃi³¹v³¹中秋节

fv³³mɔ³³thu⁵⁵ 祭竜节　　　　　　xɣ³¹ʃɣ³¹tsɔ³¹ 春节

（四）方位名词

方位名词表示方位、处所的名称。例如：

ɣu⁵⁵tʃhɛ³³	中间	la³¹mɔ⁵⁵	右边	la³¹tʃhɔ⁵⁵	左边
xu⁵⁵lɛ⁵⁵	里	zi⁵⁵tha̩³³	上	kɔ³³fɔ³³fɔ³³	前面
kɔ³³fv³¹	先	nɔ³¹nɯ⁵⁵	后		

豪尼话的名词中，表示具体事物的比较丰富，抽象名词较少，特别是表示新概念的抽象名词大多是借用汉语。例如：

khuɛŋ⁵⁵naŋ³¹	困难	tʃhɛŋ³¹tɕi³¹	成绩	tʃɛŋ⁵⁵tshɯ³¹	政策
phiŋ³¹tʃʅ³¹	品质	ui⁵⁵sɛŋ³³	卫生	faŋ⁵⁵tɕa⁵⁵	放假

二　名词中表示性别的词缀

豪尼话的名词本身没有表示性别的形态变化，区分性别时主要通过附加半实半虚的语素来表示。具体情况如下。

（一）表示人类性别的词缀

豪尼话中表示男性的名词其后加词素phɔ³¹，它来源于ɔ³¹phɔ³¹ “父亲”一词；而表示女性的名词其后则加词素mɔ³³，它来源于ɔ³¹mɔ³³ “母亲”一词。phɔ³¹和mɔ³¹也可以作为词根使用。例如：

ɔ³¹phɔ³¹	父亲	ɔ³¹mɔ³³	母亲
phɔ³¹zɔ³¹	父子	mɔ³³zɔ³¹	母子
ʒɣ³¹phɔ³¹	岳父	ʒɣ³¹mɔ³³	岳母
tsʅ³¹phɔ³¹	傻子、哑巴（男）	tsʅ³¹mɔ³³	傻子、哑巴（女）
tʃɔ⁵⁵l̩ɯ³¹phɔ³¹	公公	tʃɔ⁵⁵l̩ɯ³¹mɔ³³	婆婆
ɔ³³phɔ³¹li⁵⁵li³³	叔父	ɔ³¹mɔ³³li⁵⁵li³³	小姨

另外，词素zɔ³¹也可以用来表示男性，来源于zɔ³¹ “儿子”一词。例如：

zɔ³¹	儿子	zɔ³¹xɔ³¹	男情人
ɔ³¹phi³¹zɔ³¹mu³¹	老爷爷		

词素是mi³¹也可以用来表示女性，来源不详。例如：

ɔ³¹n̠i⁵⁵lɔ³¹xɔ³¹mi³¹ 弟媳　　　　　　mi³¹tʃm̠³¹mɔ³³ 寡妇

mi³¹ni⁵⁵　　　　　妾　　　　　　xɔ³¹mi³¹　　　妻子、老婆、媳妇儿

部分人称名词无明显语素可明辨性别，即无明显的"性"标记。例如：

ɔ⁵⁵u³³　　　　　舅父　　　　　ɔ⁵⁵mɯ³³　　　舅母

a⁵⁵ko³³　　　　　哥哥　　　　　a⁵⁵tsm̠³³　　　嫂嫂

z̠a³¹z̠³³　　　　男人、丈夫　　tʃha³¹n̠i⁵⁵　　　婴儿

还有少数人称名词既可以指男性也可以指女性。例如：

tsm̠⁵⁵xa³³　　成年人　　　　　zɔ³¹nɯ⁵⁵nɯ⁵⁵zɔ³¹ 男女青年

zɔ³¹zi⁵⁵　　　侄子、侄女；孙子、孙女

（二）表示动物性别的词缀

豪尼话动物名词在区分性别时，雄性动物名词加词素phɔ³¹（主要表示家畜）、phi⁵⁵（主要表示家禽）或thu⁵⁵，其中phɔ³¹的来源和表示男性的名词词素一样，也是来自ɔ³¹phɔ³¹ "父亲"一词；而雌性动物名词均加词素mɔ³³来表示，其来源与表示女性的名词词素一样，即源自ɔ³¹mɔ³³ "母亲"一词。豪尼话动物名词在表达性别时，呈现"两两对应"的情况。例如：

v⁵⁵nv³¹′³³nv³¹phɔ³¹　公牛　　　　v⁵⁵nv³¹′³³nv³¹mɔ³³　母牛

xɔ³¹z̠³¹z̠³¹phɔ³¹　　公老虎　　　xɔ³¹z̠³¹z̠³¹mɔ³³　　母老虎

z̠a³¹phɔ³¹　　　　公猪　　　　z̠a³¹mɔ³³　　　　母猪

khɯ³¹phɔ³¹　　　公狗　　　　khɯ³¹mɔ³³　　　母狗

mu³¹phi³¹　　　　公马　　　　mu³¹mɔ³³　　　　母马

xɔ³¹tʃi⁵⁵tʃi⁵⁵phi⁵⁵　雄鸟　　　xɔ³¹tʃi⁵⁵tʃi⁵⁵mɔ³³　雌鸟

xa³³phi⁵⁵　　　　公鸡　　　　xa³³mɔ³³　　　　母鸡

pɛ⁵⁵phi⁵⁵　　　　公鸭　　　　pɛ⁵⁵mɔ³³　　　　母鸭

ŋɔ⁵⁵phi⁵⁵　　　　公鹅　　　　ŋɔ⁵⁵mɔ³³　　　　母鹅

n̠i⁵⁵thu⁵⁵　　　　公猫　　　　n̠i⁵⁵mɔ³³　　　　母猫

tʃm̠³¹thu⁵⁵　　　　公羊　　　　tʃm̠³¹mɔ³³　　　母羊

三　名词中表示数量的词缀

豪尼话的名词本身没有表示数的形态变化。在表达确定数量概念和不定量多数概念时，豪尼话采用后加数量短语、借助度量单位或借用其他名词、动词作计量单位称量、后加词素thu³³ "们"等方式来表达。具体如下。

（一）表示确定数量的词缀

通常而言，豪尼话名词表达确定数量时，在名词后面加数量短语表示，其语序为"名词+数词+量词"。具体可分为可数名词的定量表达和不可数名词的定量表达两类。

1. 可数名词的定量表达

如可数名词a³¹xa̠³³ "鸡"、pa³¹tsu³³ "桥"、lu⁵⁵pɔ³¹ "河"、xu³¹zɔ³¹ "碗"、nɔ³¹pv⁵⁵ "耳朵" 等在表达确定数量时，都在其后面加数量短语。例如：

a³¹xa̠³³su³¹zɔ³¹　　三只鸡　　　　pa³¹tsu³³ɲe̠³¹mɔ⁵⁵ 两座桥
鸡　　三　只　　　　　　　　桥　　两　座

lu⁵⁵pɔ³¹tɕhi³¹khu³³ 一条河　　　xu³¹zɔ³¹ŋɔ³¹mɔ⁵⁵　五个碗
河　　一　条　　　　　　　碗　　五　个

nɔ³¹pv⁵⁵ɲe̠³¹mɔ⁵⁵ 两只耳朵
耳朵　两　只

此外，在人物称谓名词后加词素nɔ³¹表示 "俩"，来源于ɲe̠³¹ɣɔ³¹ "二个"，其中ɣɔ³¹ "个" 是表示人数的专用量词。例如：

ɔ³¹pv⁵⁵ɔ³¹ni⁵⁵nɔ³¹ 爷孙俩　　　　xɔ³¹mi³¹yo³¹su⁵⁵nɔ³¹　夫妻俩
a⁵⁵ʒɣ³¹ɔ³¹ni⁵⁵nɔ³¹ 姐妹（弟）俩　ŋɔ⁵⁵tɯ⁵⁵nɔ³¹　　　我们俩

2. 不可数名词的定量表达

部分事物或物质的名称是不可以计数定量的，如ʒɯ³³tɕhi⁵⁵ "油"、xɔ³¹phɔ⁵⁵ "布" 等不可数名词，它们必须借助度量单位或借用其他名词、动词作计量单位来称量。例如：

xɔ³¹phɔ⁵⁵tɕhi³¹tʃhn̩³¹ 一尺布　　ʒɯ³³tɕhi⁵⁵tɕhi³¹thoŋ³¹ 一桶油
布　　　一　尺　　　　　　油　　一　桶

ɯ⁵⁵tʃhɣ³¹tɕhi³¹xu⁵⁵pha̠³³ 一瓢水　ɯ³³tshɔ⁵⁵tɕhi³¹fv³¹tsha³³ 一勺汤
水　　一　瓢　　　　　　汤　　一　勺子

（二）表示不定量多数的词缀

豪尼话人物称谓名词在表示不定量多数时，采用后面加词素thɯ³³ "们" 来表达，其来源还不清楚，有待研究。例如：

a⁵⁵ko³³thɯ³³ 哥哥们　　　　ço³¹sɛŋ³³thɯ³³　　　学生们
a⁵⁵pe̠³³thɯ³³ 孩子们　　　　phɔ³¹mu⁵⁵ɔ³¹ni⁵⁵thɯ³³ 兄弟们

四　名词中表示大称与小称的词缀

（一）表示大称的词缀

豪尼话名词末尾音节重叠后再加词素mɔ³³，表示体积、规模很大。它来源于ɔ³¹mɔ³³ "母亲" 一词，后来引申为 "大" 义。例如：

tʃɔ³¹l̩i⁵⁵l̩i⁵⁵mɔ³³ 狂风　　　　xɔ³¹mɛ³³mɛ³³mɔ³³ 大嘴巴
风　（叠）大　　　　　　嘴巴　（叠）大

sɔ⁵⁵tsu⁵⁵tsu⁵⁵mɔ³³ 大斧　　　thu³¹tɯ⁵⁵tɯ⁵⁵mɔ³³ 大水塘
斧子　（叠）大　　　　水塘　　（叠）大

l̥u³³mɔ³³mɔ³³mɔ³³ 巨大的石头　　　fv³³tʃha³¹tʃha³¹mɔ³³ 大老鼠
石头　（叠）　大　　　　　　　　老鼠　（叠）　大

kɣ³¹tʃɯ³¹tʃɯ³¹mɔ³³大山　　　ɔ⁵⁵tsɿ⁵⁵tsɿ⁵⁵mɔ³³　　大树
山　（叠）　大　　　　　　　　树木　（叠）　大

zɔ³³mɔ³³mɔ³³mɔ³³ 大象　　　u³³ʑɛ⁵⁵ʑɛ⁵⁵mɔ³³　　暴雨
大象　（叠）　大　　　　　　　雨　（叠）　大

tsɿ⁵⁵zɔ³¹zɔ³¹mɔ³³ 高大的人　　lu⁵⁵pɔ³¹pɔ³¹mɔ³³　　大河
人　（叠）　大　　　　　　　　河流　（叠）　大

（二）表示小称的词缀

豪尼话的名词之后加词素zɔ³¹表示体积、规模小，含有表示"可爱""小巧""灵活"等的感情色彩之义。它来源于名词zɔ³¹"儿子"一词，后来引申为"小"义。例如：

tʃɿ⁵⁵zɔ³¹ 小鸟　　　　　　xa̠³³zɔ³¹ 雏鸡
鸟　小　　　　　　　　　　鸡　小

xu³¹zɔ³¹ 小碗　　　　　　mu³¹zɔ³¹ 马驹
碗　小　　　　　　　　　　马　小

nv³¹zɔ³¹ 牛犊　　　　　　tʃm̠³¹zɔ³¹ 羊羔
牛　小　　　　　　　　　　羊　小

名词末尾音节重叠后再加词素zɔ³¹，则表示体积、规模更小。例如：

lu⁵⁵pɔ³¹pɔ³¹zɔ³¹　小河　　　　ɔ³¹l̥ɔ⁵⁵l̥ɔ⁵⁵zɔ³¹　　　小舌
河流　（叠）　小　　　　　　　舌头　（叠）　小

a³¹tʃm̠³¹tʃm̠³¹zɔ³¹ 羊羔　　　xa³¹tɕhe³³tɕhe³³zɔ³¹ 小鹿
羊　（叠）　小　　　　　　　　鹿　（叠）　小

ʃɛ⁵⁵fv⁵⁵fv⁵⁵zɔ³¹　　蚬子　　　zɔ³³mɔ³³mɔ³³zɔ³¹　　小象
虮子　（叠）　小　　　　　　　大象　（叠）　小

ɔ⁵⁵nɛ³³nɛ³³zɔ³¹ 嫩芽　　　a⁵⁵tʃhɯ³¹tʃhɯ³¹zɔ³¹ 蓓蕾
芽　（叠）　小　　　　　　　　花蕾　（叠）　小

thv³¹l̥ɔ³³l̥ɔ³³zɔ³¹ 小兔子　　zɔ³¹nɯ⁵⁵nɯ⁵⁵zɔ³¹　　青年人
兔子　（叠）　小　　　　　　　青年　（叠）　小

thu³¹tɯ⁵⁵tɯ⁵⁵zɔ³¹ 小池塘　　a⁵⁵pe̠³³pe̠³³zɔ³¹　　　小娃娃
池塘　（叠）　小　　　　　　　孩子　（叠）　小

五　名词中表性状的词缀

豪尼话某些名词的词根能显示事物的不同形状和性质。常见的情况有以下三种。

（一）名词中含有词素 ɕi³¹"颗、粒"

ɕi³¹"颗、粒"来源于名词 ɔ³¹ɕi³¹"果子"一词，表示颗粒状、近似圆形或球形的物体。例如：

tʃhɛ⁵⁵ɕi³¹	谷子	ɕi³¹pa³¹	葡萄
ɕi³¹u³¹	桃子	ɕi³¹tʃhɔ³¹	李子
ɔ³¹ɕi³¹	水果	tsa³¹ɕi³¹	花椒
ɕi³¹xɣ³¹	黄瓜	ŋa³³ɕi³¹	芭蕉果
ɕi³¹ʃo³³	杨梅	khɛ⁵⁵ɕi³¹	茶籽
pɛ³¹ɕi³¹	芋头	ɕi⁵⁵ɕi³¹	砣
tsɿ³¹ɕi³¹	痱子	ɔ⁵⁵ɕi³¹	疙瘩
ɕi³¹fv³¹	膀胱	khɯ³¹ɕi³¹	脖子
phi⁵⁵ɕi³¹	纽扣	tʃha³³ɕi³¹	死结
xɣ⁵⁵ɕi³¹	冰雹	u³¹ɕi³¹nɯ³³mɔ³³	心脏
phɔ³¹ɕi³¹ ⁄ ³³la³¹tɯ³³	河蚌	thu³¹ʃu⁵⁵ʃu⁵⁵ɕi³¹	松子

（二）名词中含有词素 ʒu⁵⁵

名词中若含有词素 ʒu⁵⁵，则表明这个名词是指动物或昆虫的圈、窝、巢，例如：

za³¹ʒu⁵⁵	猪圈	nv³¹ʒu⁵⁵	牛圈	tʃɿ³¹ʒu⁵⁵	羊圈
pɛ⁵⁵ʒu⁵⁵	鸭舍	tʃ⁵⁵ʒu⁵⁵	鸟窝	khɯ³¹ʒu⁵⁵	狗窝
po³¹ʒu⁵⁵	蜂窝	xa³³ʒu⁵⁵	鸡窝	xu³¹ʒu⁵⁵	鸽子窝

（三）名词中含有词素 sa³³

名词中若含有词素 sa³³，则表明是有毛刺状或细小的事物。例如：

pi³¹tʃv³¹ta⁵⁵sa³³	毛毛虫	u³³ʑɛ⁵⁵ʑɛ⁵⁵sa³³	毛毛雨
ta⁵⁵sa³³ɔ⁵⁵tsɿ⁵⁵	毛木树		

六　名词的语法特征

（一）名词的组合功能

1. 名词的前缀

主要有 a⁵⁵ 和 ɔ³¹ 两个。a 有 a³¹ 和 a⁵⁵ 两个不同声调的读音，出现在 a⁵⁵ 上的比 a³¹ 的多。ɔ 有 ɔ³¹、ɔ³³、ɔ⁵⁵ 三个不同声调的读音，ɔ⁵⁵ 最多，ɔ³¹ 次之，ɔ³³ 相对而言很少。例如：

（1）含有前缀 a³¹

a³¹tʃɿ³¹	山羊	a³¹xa³³	鸡	a³¹za³¹	猪
a³¹tʃi³¹	蝉	a³¹ɕɛ³¹	蚂蝗	a³¹pho³¹	肺
a³¹zɛ³¹	樱桃	a³¹xa³¹	汉族	a³¹la³¹	手

（2）含有前缀 a⁵⁵

a⁵⁵ʑɛ³³	花	a⁵⁵mv̩³¹	猴子	a⁵⁵na̩³³	乌鸦
a⁵⁵pha̩³³	蟑螂	a⁵⁵ma̩³¹	牛虻	a⁵⁵kha³³	螃蟹
a⁵⁵la̩³¹	树枝	a⁵⁵xo̩³³	皮、壳	a⁵⁵pha³¹	叶子
a⁵⁵nɯ³³	果核	a⁵⁵tʃha̩³³	绳子	a⁵⁵tʃɯ³³	乳房
a⁵⁵pe̩³³	孩子	a⁵⁵ko³³	哥哥	a⁵⁵ta⁵⁵	姐姐
a⁵⁵tsl̩³³	嫂子	a⁵⁵sa³¹	气味	a⁵⁵ɣo³³	盖子

（3）含有前缀 ɔ³¹

ɔ³¹xo⁵⁵	山地	ɔ³¹khɯ³¹	狗	ɔ³¹pɛ⁵⁵	鸭子
ɔ³¹ŋɔ⁵⁵	鹅	ɔ³¹ʑi³¹	白蚁	ɔ³¹ɕi³¹	水果
ɔ³¹xɔ³¹	竹子	ɔ³¹tʃɯ⁵⁵	牙齿	ɔ³¹l̩o⁵⁵	舌头
ɔ³¹khɯ⁵⁵	脚	ɔ³¹tshu³¹	肝	ɔ³¹v̩⁵⁵	肠子
ɔ³¹tɕhi³¹	屎	ɔ³¹tʃɛ⁵⁵	尿	ɔ³¹pv̩⁵⁵	祖父
ɔ³¹phɔ³¹	父亲	ɔ³¹mɔ³³	母亲	ɔ³¹fv̩⁵⁵	缎子

（4）含有前缀 ɔ⁵⁵

ɔ⁵⁵n̩i⁵⁵	猫	ɔ⁵⁵fv̩³³	蚂蚁	ɔ⁵⁵tɛ⁵⁵	蚱蜢
ɔ⁵⁵tu⁵⁵	翅膀	ɔ⁵⁵tsl̩⁵⁵	树木	ɔ⁵⁵tʃm̩⁵⁵	根
ɔ⁵⁵pi³³	菠果	ɔ⁵⁵xɛ³¹	蒿草	ɔ⁵⁵tʃhɯ³¹	朋友
ɔ⁵⁵xu⁵⁵	家、房子	ɔ⁵⁵xu³¹	衣服	ɔ⁵⁵pv̩³³	棉被
ɔ⁵⁵tɔ⁵⁵	筷子	ɔ⁵⁵l̩ɔ⁵⁵	灵魂	ɔ⁵⁵tʃɔ³¹	疹子
ɔ⁵⁵ɕi³¹	疙瘩	ɔ⁵⁵ti⁵⁵	肉	ɔ⁵⁵fv̩³¹	饭
ɔ⁵⁵pɔ⁵⁵	影子	ɔ⁵⁵ʃi³¹	树荫	ɔ⁵⁵kɯ⁵⁵	果皮

（5）含有前缀 ɔ³¹

ɔ³³mu³¹	马	ɔ³³tɯ³³thɯ⁵⁵	我们

这些前缀发音不同是因为受到词根元音的发音特点制约。前缀与词根结合的紧密度存在差异，结合较松的，在构成其他复合词时，容易与前缀分离，省略前缀；用词根与别的词根组成复合词。结合较紧的，在构词时前缀不能省略。

结合较松的，词根可以作为词素构成其他复合词。例如：

a³¹la̩³¹ 手　　la̩³¹pha³¹ 手掌、la̩³¹xo̩³³ 手背、la̩³¹kho³³ 手纹、
　　　　　　la̩³¹n̩i⁵⁵ 手指、la̩³¹fv̩⁵⁵ 手心、la̩³¹su³¹ 指甲、
　　　　　　la̩³¹mɔ³³ 拇指、la̩³¹thv̩³³ 拳头

ɔ³¹khɯ⁵⁵ 脚　　khɯ⁵⁵tv̩³³ 小腿、khɯ⁵⁵pu³¹ 袜子、khɯ⁵⁵xa̩³¹ 跛子、
　　　　　　l̩ɔ³¹khɯ⁵⁵ 裤脚、khɯ⁵⁵tshu³¹ 裹腿

结合较紧的，词根不能脱离前缀和其他词素构成新词。例如：

a³¹pho³¹ 肺　a⁵⁵pe̩³³ 孩子　ɔ³¹tɕhi³¹ 屎　ɔ⁵⁵pɔ⁵⁵ 影子

2. 名词的重叠

名词不能单独重叠。豪尼话的双音节名词能够重叠后一音节之后再加词缀、形容词、名词等构成四音节的复合词，其格式为 ABBC 式。例如：

a⁵⁵ʑɤ³³ 花	a⁵⁵ʑɤ³³ʑɤ³³n̠i⁵⁵红花 花　（叠）　红	a⁵⁵ʑɤ³³ʑɤ³³fv⁵⁵白花 花　（叠）　白
ɔ⁵⁵tsɿ⁵⁵树木	ɔ⁵⁵tsɿ⁵⁵tsɿ⁵⁵tshu³¹树林 树木　（叠）　丛	ɔ⁵⁵tsɿ⁵⁵tsɿ⁵⁵kɯ⁵⁵树皮 树木　（叠）　皮
v⁵⁵nv³¹牛	v⁵⁵nv³¹nv³¹zɔ³¹牛犊 牛　（叠）　（缀）	v⁵⁵nv³¹nv³¹n̠i⁵⁵黄牛 牛　（叠）　红
l̥u³³mɔ³³石头	l̥u³³mɔ³³mɔ³³l̠i⁵⁵碎石 石头　（叠）　碎	l̥u³³mɔ³³mɔ³³碎石 石头　（叠）　（缀）
lu⁵⁵pɔ³¹河流	lu⁵⁵pɔ³¹pɔ³¹zɔ³¹小河 河流　（叠）　（缀）	lu⁵⁵pɔ³¹pɔ³¹mɔ³³大河 河流　（叠）　（缀）
xɔ⁵⁵fv⁵⁵旱地	xɔ⁵⁵fv⁵⁵fv⁵⁵xa³³旱田 旱地　（叠）　硬	
mɛ⁵⁵tshɔ³¹土	mɛ⁵⁵tshɔ³¹tshɔ³¹n̠i⁵⁵黄土 土　（叠）　红	

名词能够重叠后一音节构成支配结构。例如：

tʃɔ³¹l̠i⁵⁵	风	tʃɔ³¹l̠i⁵⁵l̠i⁵⁵	吹口哨
u³¹tʃhɛ⁵⁵	酸菜	u³¹tʃhɛ⁵⁵tʃhɛ⁵⁵	腌酸菜
pɤ⁵⁵khɔ³¹	雨伞	pɤ⁵⁵khɔ³¹khɔ³¹	打雨伞
ɔ⁵⁵tʃɔ³¹	疹子	ɔ⁵⁵tʃɔ³¹tʃɔ³¹	出疹子
tshɔ³¹tshɔ³¹	谜语	tshɔ³¹tshɔ³¹tshɔ³¹	猜谜语
thɤ³¹fv̠³¹	火罐	thɤ³¹fv̠³¹fv̠³¹	拔火罐
la̠³¹u³¹	手枕	la̠³¹u³¹u³¹	垫手枕
u³¹ʑɛ⁵⁵	雨	u³¹ʑɛ⁵⁵ʑɛ⁵⁵	下雨
ʃɔ³¹pɤ̠³¹	雀斑	ʃɔ³¹pɤ̠³¹pɤ̠³¹	长雀斑
pɤ̠³³sɤ̠³³	扇子	pɤ̠³³sɤ̠³³pɤ̠³³	扇扇子
l̥a̠³¹xo̠³³	斗笠	l̥a̠³¹xo̠³³l̥a̠³¹	戴斗笠
za̠³³fv⁵⁵	扫帚	za̠³³fv⁵⁵za̠³³	扫地
u³³xɛ³¹	门	u³³xɛ³¹u³³	开门
pha̠³¹no̠³³	鞋子	pha̠³¹no̠³³no̠³³	穿鞋
ɤo³¹tsho³¹	帽子	ɤo³¹tsho³¹tsho³¹	戴帽子
phi⁵⁵ɕi³¹	扣子	phi⁵⁵ɕi³¹ɕi³¹	扣扣子
v̠³¹ti⁵⁵	包头（女）	v̠³¹ti⁵⁵ti⁵⁵	戴包头

（二）名词的句法功能

豪尼话的名词在句中主要作主语、宾语和定语，少数也可以作谓语。时间名词和方位名词还可作状语，表示事情发生的时间。

1. 名词作主语

名词作句子的主语时一般居于句首。名词后带施事助词，有助于标明施受关系，不易混淆。通常，名词之后的施动助词可以省略。例如：

xu⁵⁵xu³¹xɔ⁵⁵tɕhi⁵⁵xɣ³¹.　　　墨江很大。

墨江　很　　　大

ɣo³¹ka̠³³pɔ³³l̩ɔ³³khɯ⁵⁵lɔ⁵⁵.　　冬天到了。

冬天　　　　到　来

zɔ³¹nv³³tshɛ⁵⁵nv³³xa̠³¹.　　　今天十号。

今天　十　号

ŋɔ⁵⁵ɔ³¹mɔ³³ɔ⁵⁵xu⁵⁵xɯ³¹zɛ⁵³（= zi⁵⁵ɣɛ³¹）.　　我母亲回家了。

我　母亲　家　回　去了（趋向）（语助）

zi⁵⁵lɔ³¹a⁵⁵ko³³lɔ³¹（ne³³）ɔ⁵⁵fv³¹tʃha̠³¹tsɔ³¹.　他哥哥煮饭。

他　哥哥（话助）（施助）饭　煮　（补）

2. 名词作谓语

名词作句子谓语的情况不太常见，一般是表示某种判断或是说明时间、节令时才会作谓语。作谓语的名词都居于主语之后。例如：

nv⁵⁵nɔ³¹pɣ³¹?　　　你（是）聋子？

你　聋子

zɔ³¹nv³³fv³³mɔ³³thu⁵⁵.　今天（是）祭竜节。

今天　　甫玛突（音译，豪尼人祭祀护寨竜树的节日）

3. 名词作宾语

名词作句子的宾语时，一般居于主语后。位于其后的宾语助词非强制使用，其使用与否取决于施受关系是否容易混淆。例如：

ŋɔ⁵⁵ɔ⁵⁵xu⁵⁵fɣ³³mɔ³¹?　　　　我看家吗？

我　家　看（语助）

ŋɔ⁵⁵zɔ³¹mɯ⁵⁵ɕiŋ⁵⁵tsʰɿ³³.　　　我正在写信。

我　正在　信　写

nv⁵⁵tɔ⁵⁵tsɿ̠³³pi³³tsha̠³¹ʃɯ⁵⁵ɣɛ³¹.　　你把桌子擦干净。

你　桌子　给　擦　干净了

zi⁵⁵lɔ³¹ŋɔ³³ɔ³¹ni̠⁵⁵lɔ³¹ʒɯ⁵⁵pi³³v³¹ɣɛ³¹.　他骂我弟弟了。

他　　我　弟弟　（话助）（宾助）给　骂　（语助）

ʑi⁵⁵thɯ³³ui⁵⁵seŋ³³ʐa̠³³tʃɯ³¹ɣɛ³¹!　　　他们在打扫<u>卫生</u>吧!
他们　　卫生　扫　着　了

4. 名词作定语

名词修饰名词时，修饰性的名词均在前，中心语居后。定语助词ɔ³³
"的"非强制性使用。例如：

ço̠³¹ço⁵⁵ɔ³³ɔ⁵⁵xu⁵⁵tsh̩³³mɯ³¹ɣɛ³¹lɛ³¹?　<u>学校的</u>房子盖好了吗?
学校　的　房子　盖　好 (语助)(语助)
mi⁵⁵nv³³tieŋ⁵⁵ʑiŋ³¹nv⁵⁵fv³³ɣɛ³¹lɛ³¹?　<u>昨天的</u>电影你看了吗?
　昨天　电影　你　看 (语助)(语助)
ʑi⁵⁵lɔ³¹xɔ³¹n̩i³¹tu³¹pɔ³¹mɔ³¹thu⁵⁵tɕe³¹.　他不会说<u>豪尼</u>话。
他　豪尼　话　不　说　会
thɔ³³nv³³a⁵⁵ko³¹ma̠³³ʃa̠³¹thu³³tʃi⁵⁵.　那把是<u>你哥哥的</u>刀。
那　你　哥哥　刀子　那　把
tɔ⁵⁵ts̩³³ɔ³¹khɯ³³thu³³ʑɛ⁵³(=ʑi⁵⁵ɣɛ³¹).　<u>桌子腿</u>断了。
桌子　腿　断　去了 (趋向)(语助)
pv³³lɔ³³ɔ⁵⁵xu⁵⁵tsh̩³³mɯ³³ɣɛ³¹.　　<u>外婆的</u>房子已经盖好了。
外婆　房子　盖　好 (语助)
tshuŋ³³tʃaŋ³¹ɔ³¹zɔ³¹mi³¹lɔ³¹khɛ⁵⁵u³¹.　<u>村长的</u>女儿卖茶叶。
村长　　的 女儿　茶叶　卖
zɔ⁵⁵uaŋ³³lɔ³¹s̩³³lɔ³¹su³¹ɣɔ³¹.　　这是<u>王老师那里的</u>书。
这 王老师 (话助) 书
fv³³çi³¹mɔ⁵³v⁵⁵nv³¹ɣɔ³¹mi⁵⁵nv³³v⁵⁵nv³¹nv³¹zɔ³¹tʃɯ³³ɣɛ³¹.
村寨 (方助) 牛 (话助) 昨天　牛犊　　生 (语助)
<u>村里的</u>牛昨天下小犊了。
ɔ³³tɯ³³thɯ⁵⁵lɔ³¹khɛ⁵⁵tɕa̠³³koŋ³³me⁵⁵tɕi³³tɕhi⁵⁵ʒv³³ʃɣ³¹thɔ⁵⁵xɔ⁵⁵tɕhi⁵⁵
咱们　　茶叶　加工 (状助) 机器 (前缀) 新　那　非常
mɯ³¹ʲ³³.　咱们<u>茶厂的</u>那台新机器真好。
好

5. 名词作状语

豪尼话的时间名词和方位名词可以作状语，通常都居于被修饰动词之
前，表示动作发生的时间和地点。例如：

ŋɔ⁵⁵na̠³³ʃɯ³¹ʑi⁵⁵.　　我<u>明天</u>去。
我　明天　去
ʑi⁵⁵lɔ³¹zɔ³¹mɯ⁵⁵z̩³¹!　　他<u>现在</u>走吧!
他　现在　走

nv^{55}la̱^{31}mɔ^{55}fɔ^{33}zn̩^{31}.　　　　　你从<u>右边</u>走。

你　右边　(方助)　走

nv^{55}zɔ^{31}mɯ^{55}zi^{55}lɔ^{31}!　　　　　你<u>现在</u>去吧!

你　现在　去　(语助)

u^{31}ʑɛ^{55}nɯ^{55}mɔ^{33}tɣ^{33}lɔ$^{55/53}$fɔ^{33}zɛ$^{55/53}$.　　雨在<u>东边</u>下着。

雨　　东边　　　　　　　下

zi^{33}sɛŋ^{33}v^{31}tieŋ^{31}xu^{55}xu^{31}ɣɔ^{31}khɯ^{55}lɔ^{55}.　医生<u>五点</u>到墨江来。

医生　五点　墨江　(语助)　到　来

第二节　代　词

代词是指代替或指称人、事物、动作行为或性质状态的词。依照意义和功能的不同，豪尼话的代词包括人称代词、指示代词和疑问代词三种。其在句法结构中主要作主语、宾语、定语和状语。

一　人称代词

人称代词用于代替人的名称。豪尼话人称代词有"数"和"格"的区别，但没有"性"的区别。豪尼话人称代词分单数、双数和复数。不同的语法意义除了使用不同的形态变化表示外，还使用结构助词nɛ^{33}、宾语助词ʒɯ^{55}及定语助词ɔ^{33}"的"来表示。

人称代词中第一人称双数和复数分包括式和排除式。除第一、二人称复数有声调变化外，第一、二、三人称单数不但有声调变化，而且韵母也有变化。此外，豪尼话人称代词的"格"分为主格、宾格和领格。见表3–1。

表3–1　　　　　　　　　　豪尼话人称代词

人称			格		
			主格	宾格	领格
第一人称	单数		ŋɔ^{55}我 ŋa^{33}（nɛ^{33}）我	ŋɔ^{33}我 ŋɔ^{33}（ʒɯ^{55}）我	ŋa^{33}我的 ŋɔ^{33}（ɔ^{33}）我的
	双数	包括式	ɔ^{33}tɯ^{33}nɔ^{31}咱俩 ɔ^{33}tɯ^{33}liaŋ^{31}ko^{33}咱俩		ɔ^{33}tɯ^{33}nɔ^{31}咱俩的 ɔ^{33}tɯ^{33}liaŋ^{31}ko^{33}咱俩的
		排除式	ŋa^{33}nɔ^{31}我俩		ŋa^{33}nɔ^{31}我俩的
	复数	包括式	ɔ^{33}tɯ^{33}thɯ^{55}咱们		ɔ^{33}tɯ^{33}thɯ^{53}（ɔ^{33}）咱们的
		排除式	ŋɔ^{33}thɯ^{55}我们		ŋɔ^{33}thɯ^{53}（ɔ^{33}）我们的

人称		格		
		主格	宾格	领格
第二人称	单数	nv^{55}你 nuɯ^{33}（nɛ^{33}）你	nv^{35}你	nuɯ^{33}你的 nv^{33}（ɔ^{33}）你的
	双数	nv^{55}ŋɔ^{31}你俩 nv^{55}liaŋ^{31}ko^{33}你俩		nv^{55}ŋɔ^{31}你俩的 nv^{55}liaŋ^{31}ko^{53}你俩的
	复数	nv^{33}thɯ^{55}你们	nv^{33}thɯ^{35} 你们	nv^{33}thɯ^{53}你们的
第三人称	单数	ʑi^{55}lɔ^{31}他	ʑi^{55}lɯ^{33}他	ʑi^{55}lɔ^{31}ɔ^{33}他的
	双数	ʑi^{55}ŋɔ^{31}他俩 ʑi^{55}liaŋ^{31}ko^{33}他俩		ʑi^{55}ŋɔ^{31}他俩的 ʑi^{55}liaŋ^{31}ko^{53}他俩的
	复数	ʑi^{55}thɯ^{35}他们		ʑi^{55}thɯ^{33}他们的

（一）人称代词的数

豪尼话人称代词有单数、双数和复数之分。

1. 单数

第一人称、第二人称单数形式都是单音节的，第三人称单数形式是双音节的。其中，第三人称ʑi^{55}lɔ^{31}中的ʑi^{55}可能源自指示代词"那"，lɔ^{31}则是表人的后缀。例如：

ŋɔ^{55}xɔ^{31}ȵi^{31}tsh^{55}zɔ^{31}mɔ^{31}ŋɯ^{55}. 我不是豪尼人。

我　豪尼　人　　不　是

nv^{55}xɔ^{55}mu^{55}　ʑi^{55}mu^{33}ti^{33}？　　你什么时候去？

你　哪　时候　去 （助）（语助）

ʑi^{55}lɔ^{31}su^{31}ɣɔ^{31}tsɿ$^{55/53}$. 　　　他读书。

他　书　读

2. 双数

第一人称双数分为包括式ɔ^{33}tɯ^{33}ŋɔ^{31}"咱俩"、ɔ^{33}tɯ^{33}liaŋ^{31}ko^{33}"咱俩个"和排除式ŋa^{33}ŋɔ^{31}"我俩"。包括式"咱俩"中的ɔ^{33}tɯ^{33}来源尚不清楚，有待深入研究。排除式"我俩"中的ŋa^{33}则是第一人称单数形式。无论是第一人称还是第二人称的双数形式都是在词根后加ŋɔ^{31}或汉语借词liaŋ^{31}ko^{33}"两个"构成。ŋɔ^{31}"两个"即ȵe^{31}"二"和ɣɔ^{31}"个"的合音。第二人称的双数也是在其单数形式后直接加ŋɔ^{31}或汉语借词liaŋ^{31}ko^{33}"两个"构成。

第三人称的双数则是去掉单数形式中的后缀lɔ³¹之后再加n̩ɔ³¹或汉语借词liaŋ³¹ko³³"两个"构成的。豪尼老人一般多使用n̩ɔ³¹，而现在的年轻人则多使用汉语借词liaŋ³¹ko³³"两个"。例句如：

ɔ³³tɯ³³liaŋ³¹ko³³v⁵⁵zi⁵⁵.　　　　　　　　　　咱俩去买。

咱　　两个　　买　去

nv⁵⁵liaŋ³¹ko³³xɔ³¹thu⁵⁵yɔ³¹!　　　　　　　　你俩别说了！

你　两个　　别　说 (语助)

zi⁵⁵liaŋ³¹ko³³ɕo₃¹sɛŋ³³mɔ³¹ŋɯ?　　　　　　　他俩不是学生？

他　两个　　学生　　不　是

ŋa³³n̩ɔ³¹（=n̩ɛ³¹yɔ³¹）n̩i⁵⁵pɔ⁵⁵yɛ³¹.　　　　我俩忘记了。

我　俩　　　二　个　　忘记　了

zi⁵⁵n̩ɔ³¹（=n̩ɛ³¹yɔ³¹）xɔ⁵⁵tɕhi⁵⁵mɯ³¹.　　　他俩非常好。

他　俩　　　二　个　　非常　　好

ɔ³³tɯ³³n̩ɔ³¹（=n̩ɛ³¹yɔ³¹）ɔ⁵⁵fv³¹tʃha³¹tsɔ³¹.　咱俩煮饭。

咱俩　　　　二　个　　饭　煮　(补)

nv⁵⁵n̩ɔ³¹（=n̩ɛ³¹yɔ³¹）tʃi⁵⁵pɔ³¹tɯ⁵⁵mɔ³¹?　你俩喝酒吗？

你　俩　　　二　个　　酒　喝 (语助)

3. 复数

第一人称复数也有包括式和排除式的区别，即包括式ɔ³³tɯ³³thɯ⁵⁵"咱们"和排除式ŋɔ³³thɯ⁵⁵"我们"的区别。无论包括式还是排除式都要在词根后加复数标记thɯ⁵⁵"们"。第二人称复数在其单数形式上变化声调后再加thɯ⁵⁵。第三人称复数zi⁵⁵thɯ³⁵"他们"是去掉其单数形式zi⁵⁵lɔ³¹中的后缀lɔ³¹之后，再加上由高平调变为中升调的复数标记thɯ³⁵"们"。例句如：

nv³³thɯ⁵⁵ty̠³³zi⁵⁵!　　　　　　　　　　　　你们出去！

你们　　出　去

ŋɔ³³thɯ⁵⁵ɔ⁵⁵xu⁵⁵yɔ³¹xɯ³¹zi⁵⁵?　　　　　　我们回家？

我们　　家　　(语助) 回　去

ɔ³³tɯ³³thɯ⁵⁵xɔ³¹u³¹/³³yɔ³¹!　　　　　　　　咱们别卖了！

咱们　　　　别　卖　(语助)

a⁵⁵ta⁵⁵lɔ³¹nv³³thɯ³⁵ʒɯ⁵⁵tɛ⁵⁵zi³¹zi⁵⁵/⁵³yɔ³¹!　姐姐去找你们了！

姐姐 (话助) 你们　(宾助)　找　去　(语助)

zi⁵⁵thɯ³⁵yo̠³¹tʃa³¹yɛ³¹lɛ³¹, ŋɯ⁵⁵mɔ³¹ŋɯ⁵⁵?　他们睡觉了，是不是？

他们　　睡觉 (语助)(语助)　是　不　是

（二）人称代词的格

豪尼话人称代词的格分为主格、宾格和领格。

ŋɔ³³（ɔ³¹）phɔ³¹　我爸爸　　　　　ŋɔ³³（ɔ³¹）mɔ³³　我妈妈

我　　　爸爸　　　　　　　　　我　　　　妈妈

ŋɔ³³（ɔ³¹）n̠i⁵⁵lɔ³¹　我弟弟　　　　ŋɔ³³（ɔ⁵⁵）ʐɔ³¹　我奶奶

我　　　弟弟　　　　　　　　　我　　　　奶奶

nɯ³³（ɔ³¹）phɔ³¹　你爸爸　　　　　nɯ³³（ɔ³¹）mɔ³³　你妈妈

你　　　爸爸　　　　　　　　　你　　　　妈妈

nɯ³³（ɔ³¹）n̠i⁵⁵lɔ³¹　你弟弟　　　　nɯ³³（ɔ⁵⁵）ʐɔ³¹　你奶奶

你　　　弟弟　　　　　　　　　你　　　　奶奶

此外，当第一、第二人称代词与名词ɔ⁵⁵xu⁵⁵"家"（抽象）或"房子"（实物）发生领属关系时，定语助词ɔ³³"的"可以省略。而与抽象名词tho³¹"家人"或"家庭"发生领属关系时，语音形式用领格时的形式。例如：

ŋɔ³³（ɔ³³）ɔ⁵⁵xu⁵⁵　　　我的家；我的房子

我　（定助）家（房子）

nv³³（ɔ³³）ɔ⁵⁵xu⁵⁵　　　你的家；你的房子

你　（定助）家（房子）

ŋa³³tho³¹　　　　　　　我的家人；我的家庭

我　家人（家庭）

nɯ³³tho³¹　　　　　　　你的家人；你的家庭

你　家（家庭）

（三）泛指人称代词

1. 泛指人称代词tɕi⁵⁵tsɛ³³是"全部""大家"的意思，泛指多数的人或事物。在句中作主语、宾语或定语。还可以加在复数人称代词、指示代词和一般名词之后作复指成分。例如：

tɕi⁵⁵tsɛ³³ɣo̠³¹tʃa³³.　　　　　全部都睡。

全部　　睡觉

tɕi⁵⁵tsɛ³³ɣɔ³¹nɛ³³ɔ³¹ɕi³¹.　　全部是水果。

全部　（话助）（连）水果

ʐi⁵⁵thɯ³⁵tɕi⁵⁵tsɛ³³xɯ³¹lɔ⁵⁵.　　他们全部回来。

他们　　全部　回　来

tɕi⁵⁵tsɛ³³mu³¹n̠i³¹xɔ³¹u⁵⁵.　　别要大家的东西。

大家　　东西　　别　要

ʐi⁵⁵ɣɔ³¹tɕi⁵⁵tsɛ³³ɔ³³sɿ³³tɕhiŋ³¹.　这是大家的事情。

这（话助）大家　（定助）事情

ŋɔ³³thɯ⁵⁵tɕi⁵⁵tsɛ³³tʃi⁵⁵pɔ³¹mɔ³¹tɯ⁵⁵ɣɛ³¹.　我们大家都没喝酒。

我们　　大家　　酒　没　喝（语助）

2. 泛指代词结构"ȝɔ³¹+量+ȝɔ³¹"式，表示"另外的、其他的"之义。如ȝɔ³¹ɣɔ³¹ȝɔ³¹表示"另外的人，其他的人"，ȝɔ³¹mu³¹/³³n̩i³¹ȝɔ³¹表示"另外的东西，其他的东西"。此外，sɔ⁵⁵tʃhɯ³¹thɯ³³和ʑi⁵⁵tɯ³³thɯ³³也表示"别人、人家"，泛指任何人。在句中作主语、宾语或定语。例如：

ȝɔ³¹ɣɔ³¹ȝɔ³¹ma³¹tsɛ⁵⁵tʃv̩⁵⁵mɛ⁵⁵.　　没有别人。

另外的人　不　再　在 (状助)

sɔ⁵⁵tʃhɯ³¹thɯ³³mɔ³¹mv⁵⁵ɣɛ³¹.　　别人没看见。

别人　　　　没 看见 (语助)

ŋɔ⁵⁵ʑi⁵⁵tɕhi³¹zɔ³¹ɔ³¹khɯ³¹ɕaŋ³¹v⁵⁵ɣɛ³¹，ȝɔ³¹mu³¹/³³n̩i³¹ȝɔ³¹tɕi⁵⁵tsɛ³³

我 这 一 条 狗　想 买 (语助)　其他东西　　　都

mɔ³¹u⁵⁵.　　　　　　　　　　　我就想买这条狗，其他的都不要。

不 要

（四）人称代词在句中的功能

人称代词代替名词，在句中可以作句子的主语、宾语或定语。分述如下。

1. 人称代词作主语（下划线标示主语成分）

ŋɔ⁵⁵ɕɔ³¹sɛŋ³³mɔ³¹ŋɯ⁵⁵.　　　　　我不是学生。

我 学生　不 是

ŋɔ³³thɯ⁵⁵z̩³¹ɣɔ³¹!　　　　　　　我们走吧！

我们　　　走 (语助)

ɔ³³tɯ³³thɯ⁵⁵zɔ³¹mɯ⁵⁵ʑi⁵⁵.　　　咱们现在去。

咱们　　　现在　去

ɔ³³tɯ³³thɯ⁵⁵xɔ⁵⁵mi⁵⁵khɛ³³?　　　咱们怎么办？

咱们　　　怎么办

nv⁵⁵ɔ³¹s̩⁵⁵thɔ³¹a⁵⁵pe̩³³mɔ³¹?　　　你是谁家的孩子啊？

你 谁　家 孩子 (语助)

nv⁵⁵n̩ɔ³¹（＝n̩e³¹ɣɔ³¹）kaŋ⁵⁵tɛ³¹mɔ³¹khɛ³³.　你俩不要吵架。

你俩　　二 个　吵架　不 吵

ʑi⁵⁵lɔ³¹ʃu³¹mi⁵⁵na̩³³xɣ³¹z̩³¹.　　　他是前年走的。

他　 前年　　　走

ʑi⁵⁵n̩ɔ³¹（＝n̩e³¹ɣɔ³¹）tɕi⁵⁵tsɛ⁵⁵lɔ³¹khɛ⁵⁵tsh̩³¹ʑi⁵⁵/⁵³ɣɛ³¹.

他俩　　二 个　都　茶叶 摘 去　(语助)

　　　　　　　　　　　　　　　　他俩都去采茶了。

2. 人称代词作宾语（下划线标示宾语成分）

zi⁵⁵lɔ³¹<u>nv³⁵</u>ʐɯ⁵⁵tʃɯ³¹lɔ⁵⁵mu³³ti³³mɔ³¹?　　　他要打你吗？

他　你（宾助）打　来（助动）（状助）（语助）

nv⁵⁵<u>ʑi⁵⁵</u>lɯ³³ʐɯ⁵⁵kɯ⁵⁵.　　　　　　　你叫他。

你　他（宾助）叫

ŋɔ⁵⁵<u>nv³³</u>ʐɯ⁵⁵ɕaŋ³¹.　　　　　　　　我想你。

我　你（宾助）想

ŋɔ³³thɯ⁵⁵ʐɯ⁵⁵xɔ³¹pi³³v³¹ɣɔ³¹.　　　　别骂我们了。

我们　（宾助）别 给 骂（语助）

nv⁵⁵<u>ʑi⁵⁵</u>thɯ³³ʐɯ⁵⁵ɣɔ³¹nɔ⁵⁵xɔ³¹.　　　你问他们。

你　他们　（宾助）（语助）问

nv⁵⁵<u>ŋɔ³³</u>（ʐɯ⁵⁵）mɛ³¹la³¹.　　　　　你教我。

你　我（宾助）教　（趋向）

ŋɔ⁵⁵<u>ʑi⁵⁵nɔ³¹</u>（=n̻ɛ³¹ɣɔ³¹）（ʐɯ⁵⁵）ʃv³³tɣ³³zi⁵⁵⸍⁵³.　我送他俩。

我 他俩　二 个　（宾助）送 出 去

3. 人称代词作定语（下划线标示定语成分）

zi³¹zi⁵⁵pa³¹zi³¹mɔ³³<u>zi⁵⁵lɔ³³</u>（=<u>zi⁵⁵lɔ³³ɔ³³</u>）.　这一把是他的镰刀。

这 一 把 镰刀 他的　　 他　（定助）

<u>zi⁵⁵nɔ³³</u>（=<u>n̻ɛ³¹ɣɔ³¹ɔ³³</u>）ɔ⁵⁵xu⁵⁵pa³¹zɛ⁵³（=zi⁵⁵ɣɛ³¹）. 他俩的房子坏了。

他俩　　 二 个（定助） 房子 坏 掉了　（趋向）（语助）

二者结合紧密的，可省略定语助词ɔ³³ "的"。例如：

<u>zi⁵⁵lɔ³³</u>（ɔ³³）pɔ³¹pɔ³¹lɛ⁵⁵lɯ³³pɔ³³lu³³ɣɛ³¹.　　　　他的脸圆圆的呀。

他的　（定助）脸 圆 （缀助）圆（语助）

<u>ŋɔ³³</u>（ɔ³³）xu³¹zɔ³¹⸍³³pi³³⸍³¹tʃɯ³¹pe³¹ɣɛ³¹.　　　　我的碗被打坏了。

我　（定助）碗　给　打 坏（语助）

<u>zi⁵⁵thɯ³³</u>（ɔ³³）tɛ³³mɔ³³xɯ⁵⁵khuɛ³³（=khɔ³³ɣɛ³¹）. 他们的田也种了。

他们　（定助）田 也 种了 种　（语助）

<u>ŋɔ³³</u>（ɔ³³）ɔ³¹n̻i⁵⁵lɯ³³mi⁵⁵na̻³³xɣ³¹tʃɯ⁵⁵⸍⁵³ɣɛ³¹.　我的弟弟是去年出生的。

我　（定助）弟弟 （宾格）去年　 出生　（语助）

<u>nv³³</u>（ɔ³³）ɣɔ³¹su⁵⁵lɔ³¹a⁵⁵ʐɣ³¹n̻i⁵⁵xɔ⁵⁵tɕhi⁵⁵tʃv⁵⁵.　你的丈夫有许多亲戚。

你　（定助）丈夫 （话助）亲戚　 许多　有

<u>ŋɔ³³</u>zɔ³¹mi³¹lɔ³¹（ɔ³³）tshm̩⁵⁵mu⁵⁵ɣɔ³¹uaŋ³¹liŋ³¹xui⁵⁵ti³³kɯ⁵⁵⸍⁵³.

我 女儿 （话助）（定助）名字　（话助）王玲慧　　　（状助）叫

　　　　　　　　　　　　　　我女儿的名字叫王玲慧。

领格加结构助词ɔ³³的结构，除了作定语外还能构成名物化成分，在句中作主语或话题。例如：

ʑi³¹ʑi⁵⁵pɛŋ³¹su³¹ɣɔ³¹cɔ̱³³, nv̩³³ɔ³³mɔ³¹ŋɯ⁵⁵ɣɛ³¹.
这 一 本 书　我(定助)你(定助)不 是 (语助)

这本书是我的，不是你的。

ŋɔ³³ɔ³³nɛ³³na̱³³ɣɯ³¹ti³³, nv̩³³ɔ³³ɲi⁵⁵tʃhɛ³¹ti³³.　我的是黑的，你的是红的。
我(定助)(施助)黑(缀)(状助)你(定助)红 (缀)(状助)

二　指示代词

指示代词起指示和代替作用。根据所指代对象和作用的不同，豪尼话的指示代词包括指代事物方位、指代事物性状、指代动作的方式与状态三类。

（一）方位指示代词

1. 豪尼话的方位指示代词是指示代词中最常用的一类。这类指示代词因所指事物和说话人、听话人的距离远近不同，可以再进一步划分。单纯方位指示代词有三个，其中的"这里""那里"是复合方位指示代词，是在单纯方位指示代词后加别的词根表示。复合式中有指示方位（加助词fɔ³³）、方式（加状语助词ti³³）、数量词（声调或韵母变化后加 thɯ³³）。见表3-2。

表3-2　　　　　　　　豪尼话方位指示代词

方位指示词	距离		
	近	稍远	更远
单纯方位指示代词	ʐɔ⁵⁵这	thɔ⁵⁵、thɯ³³那	ʑi⁵⁵那
复合方位指示代词	ʐɔ⁵⁵/³³fɔ³³这里	thɔ³³fɔ³³那里	ʑi⁵⁵fɔ³³那里
	ʑi⁵⁵ti³³这样	thi⁵⁵ti³³那样	thi⁵⁵ti³³那样
	ʑi³³thɯ³³这些	thɯ³³thɯ³³那些	ʑi³³thɯ³³那些

豪尼话的指示代词可以直接修饰名词，并且在跟数量词一起修饰名词时，可以放在名词的前边或后边。例如：

thɯ³³tɕhi³¹mɔ⁵⁵ɔ⁵⁵ɲi⁵⁵fv³¹tʃha̱³¹khɔ̱³¹fv³³ɣɛ³¹.　那只猫咬死了老鼠。
那 一 只 猫 老鼠 咬 死 (语助)

ɔ⁵⁵ɲi⁵⁵thɯ³³tɕhi³¹mɔ⁵⁵fv³¹tʃha̱³¹khɔ̱³¹fv³³ɣɛ³¹.　那只猫咬死了老鼠。
猫 那 一 只 老鼠 咬 死 (语助)

ʑi⁵⁵ʑi³¹tɕɛŋ⁵⁵sɿ⁵⁵tɕhin³¹nv⁵⁵ɕaŋ³³ɕiŋ⁵⁵mɔ³¹ɕaŋ³³ɕiŋ⁵⁵?那一件事你相信不相信？
那 一 件 事情 你 相信 不 相信

（二）性状指示代词

性状指示代词是指示和修饰动作行为的方式、状态的代词。豪尼话中的ʑi³³ti³³"这样、这么"、thi⁵⁵ti³³"那样、那么"常位于形容词之前指示或修饰事物的性状。例如：

ʑi³³ti³³xɣ³¹　这么大　　　　thi⁵⁵ti³³xɣ³¹　那么大
这么　大　　　　　　　　　那么　大

ʑi³³ti³³n̩i⁵⁵　这么小　　　　thi⁵⁵ti³³n̩i⁵⁵　那么小
这么　小　　　　　　　　　那么　小

ʑi³³ti³³mɔ³¹　这么多　　　　thi⁵⁵ti³³mɔ³¹　那么多
这么　多　　　　　　　　　那么　多

ʑi³³ti³³mɯ³¹　这么好　　　　thi⁵⁵ti³³mɯ³¹　那么好
这么　好　　　　　　　　　那么　好

ʑi³³ti³³mu⁵⁵　这么远　　　　thi⁵⁵ti³³mu⁵⁵　那么远
这么　远　　　　　　　　　那么　远

ʑi³³ti³³nu⁵⁵　这么短　　　　thi⁵⁵ti³³nu⁵⁵　那么短
这么　短　　　　　　　　　那么　短

ʑi⁵⁵ti³³na̠³³　这么黑　　　　thi⁵⁵ti³³n̩i⁵⁵　那么红
这么　黑　　　　　　　　　那么　红

ʑi³³ti³³"这样、这么"、thi⁵⁵ti³³"那样、那么"在句中与形容词连用时作状语。例如：

ʑi⁵⁵tɕhi³¹zɔ³¹a̠³¹za̠³¹ʑi³³ti³³xɣ³¹ɣɔ³¹.　　　那头猪这么大了。
那　一　头猪　这么　大（语助）

ɔ³¹n̩i⁵⁵lɔ³¹thi⁵⁵ti³³mu⁵⁵ta̠³³lɔ⁵⁵!　　　弟弟那么高了！
弟弟（话助）那么　高（趋向）来了

（三）泛指指示代词

泛指指示代词是用于泛指各种名词的指示代词。豪尼话里只有pɔ⁵⁵tsɛ⁵⁵thɯ³³"其他的"一个泛指指示代词。例如：

pɔ⁵⁵tsɛ⁵⁵thɯ³³ɔ³³paŋ⁵⁵fa̠³¹caŋ³¹!　　　想其他的办法吧！
其他的　（定助）办法　想

nv⁵⁵ɔ³¹tɕi³¹tɕi⁵⁵, pɔ⁵⁵tsɛ⁵⁵thɯ³³tsm̩⁵⁵zɔ³¹pi³³ʑi⁵⁵ɣɛ³¹!
你　累　　其他的　人　给　去（语助）
你累了，让其他人去吧！

（四）指示代词在句中的语法功能

1. 指示代词作主语

zɔ⁵⁵mɯ⁵⁵lɛ⁵³ka̠³³.　　　　这儿很冷。
这　很　冷

例句：

nv⁵⁵ɔ³¹tʃhɯ³³u⁵⁵ɣɛ³¹?　　　　　　　　你要什么？
你　什么　　要 (语助)

ʑi⁵⁵lɔ³¹xɔ⁵⁵ʑi⁵⁵ʹ⁵³mɔ³¹?　　　　　　他去哪了？
他　　哪　　去　　(语助)

ɔ³¹pv⁵⁵lɔ³¹xɔ⁵⁵tʃɯ⁵⁵ʹ⁵³mɔ³¹?　　　　爷爷在哪里？
爷爷(主助) 在哪里　　　(语助)

nv⁵⁵xɔ⁵⁵mu⁵⁵ɣo̥³¹tʃa³³mɔ³¹?　　　　　你什么时候睡觉？
你　什么时候睡觉　(语助)

a³¹xa̠³³xa̠³³zɔ³¹xɔ⁵⁵mɔ⁵⁵v⁵⁵mɔ³¹?　　买了多少鸡崽？
鸡崽　　　多少　　买(语助)

ʑi⁵⁵tho³¹xɔ⁵⁵nɛ³³tshɛ³¹lɔ⁵⁵mɔ³¹?　　他家从哪里来？
他　家　从哪里　　来(语助)

ɣo³¹tsho³¹ʐɔ⁵⁵ɔ³¹sɿ⁵⁵ʹ⁵³ɔ³³mɔ³¹?　　这是谁的帽子？
帽子　　这　谁　　(助)(语助)

ço̠³¹mɛ³¹xɔ⁵⁵mɔ⁵⁵tieŋ³¹lɔ⁵⁵ʹ⁵³mɔ³¹?　晓梅几点来？
晓梅　几点　　　来　(语助)

ɔ³¹mɔ³³li⁵⁵li³³xɔ⁵⁵tɕhi³¹nv³³xɯ³¹ʑi⁵⁵?　小姨哪天回去？
小姨　　哪　一　天　回　去

ɔ⁵⁵ʐɔ³¹lɔ³¹xɔ⁵⁵ʑi³¹ʑaŋ⁵⁵na̠³³tɕhi³¹tsɔ³¹?　奶奶吃哪种药？
奶奶(主助)哪　一　样　药　　吃

thɔ⁵⁵ɔ³¹sɿ⁵⁵ʹ⁵³tɕhɔ³¹（=tɕhi³¹ɣɔ³¹）tʃv⁵⁵mɔ?　谁在那里？
那里谁　　一个　　　一个　　　在 (语助)

a⁵⁵pe̠³³tʃha³¹n̠i⁵⁵lɔ³¹xɔ⁵⁵mi⁵⁵khɛ³³n̠i⁵⁵mɔ³¹?　婴儿为什么哭了？
婴儿　　(话助)为什么　哭 (语助)

nv⁵⁵zɔ³¹nv³³ço̠³¹çɔ³³xɔ⁵⁵mi⁵⁵ti³³khɯ⁵⁵lɔ⁵⁵mɔ³¹?
你　今天　学校　怎么　(状助)到　来 (语助)

　　　　　　　　　　　　　　　你今天是怎么到学校的？

（二）疑问代词在句中的功能

1. 疑问代词作主语

ɔ³¹sɿ⁵⁵ʹ⁵³mɔ³¹u⁵⁵xɛ³¹ti³¹mɔ³¹?　　　　谁在敲门？
谁　(语助)门　敲 (语助)

ɔ³¹sɿ⁵⁵ʹ⁵³mɔ³¹mu³³pɔ³³ʑi⁵⁵ɣɔ³¹?　　　谁不去啊？
谁　　不(助动)(助动)去 (语助)

ɔ³¹tʃɯ³³mɔ³¹kɯ⁵⁵ɣɔ³¹?　　　　　　　什么在叫啊？

什么 （语助）叫 （语助）

xɔ⁵⁵mi⁵⁵khɛ³³mɔ³¹nɔ⁵⁵xɔ³¹?　　　　　为什么不听？

为什么　　不　听

nv⁵⁵（ʒɯ⁵⁵）ɔ³¹sɿ⁵⁵ne³³ʑi⁵⁵ti³³thu⁵⁵la³¹?　谁叫你去的？

你　（宾助）　谁 （施助）去 （状助）说 （趋向）

2. 疑问代词作宾语

ʐa̠³³xɔ³¹xɔ⁵⁵tʃɯ³³ˊ³¹mɔ³¹?　　　　　烟在哪儿？

烟　　哪　在　　（语助）

ʑi⁵⁵lɔ³¹thu⁵⁵ɔ³³ɔ³¹tʃɯ³³mɔ³¹?　　　　他说的什么呀？

他　　说 （定助）什么　　（语助）

thɯ³³pe̠³³ʃa̠³¹ɔ³¹sɿ⁵⁵ˊ⁵³mɔ³¹?　　　　那个挎包是谁的？

那　挎包　谁　　（语助）

nv⁵⁵ȵɔ³¹（＝ȵe̠³¹ɣɔ³¹）xɔ⁵⁵ʑi⁵⁵mu³³ti³³mɔ³¹? 你俩要去哪儿？

你俩　　二个　　　哪 去（助动）（状助）（语助）

nv³³thu⁵⁵tɯ⁵⁵ɔ³³ɔ³¹tʃɯ³³mɔ³¹?　　　　你们喝的是什么啊？

你们　　喝 （定助）什么　　　（语助）

3. 疑问代词作定语

疑问代词作定语时，位于中心语之前。绝大多数疑问代词修饰名词时与定语助词ɔ³³ "的" 结合，个别疑问代词（如ɔ³¹tʃɯ³³ "什么"）作定语时，助词省略。例如：

xɔ⁵⁵mi⁵⁵（ti³³）ma³¹xɔ̠³¹?　　　　　什么不正确？

怎么 （状助）不　正确

ʐɔ⁵⁵ɔ³¹tʃɯ³³ʐa̠³³xɔ³¹mɔ³¹?　　　　这是什么烟？

这 什么　烟　（语助）

ʑi⁵⁵tʃhe⁵⁵na̠³³ɔ³¹sɿ⁵⁵ˊ⁵³mɔ³¹?　　　这是谁的紫米？

这　紫米　谁　　（语助）

ɔ³¹tʃɯ³³ɣɔ³¹phe̠³³tɕi⁵⁵tsɛ³³mɛ⁵⁵.　什么菜都好吃。

什么　菜　　都　　好吃

ʑi⁵⁵thɯ³³toŋ³³ɕi³³ɔ³¹sɿ⁵⁵ˊ⁵³mɔ³¹?　这些是谁的东西？

这　些　东西　谁　　（语助）

以上疑问代词 "谁" "哪、哪个" "哪儿" "怎么、怎样" "什么" 等还有一种特殊的用法：既不是有疑而问，也不用回答，表示泛指或者任指的意思。这样用时，句中常用副词xɯ⁵⁵ "也"、tɕi⁵⁵tsɛ³³ "都"。或者两个同样的疑问代词，前呼后应。前面一个代词表示任指。例如：

$\varphi i^{31} u^{31} \jmath^{31} s\gamma^{55} t sh\gamma^{33} m u^{31} \gamma e^{31}$, $\jmath^{31} s\gamma^{55} p i^{33} n\jmath^{55} x\jmath^{31}$.

桃子 谁 摘 好 (助) 谁 给 问

谁摘桃子摘得好，就问谁。

$z i^{55} l\jmath^{31} \jmath^{31} s\gamma^{55} \jmath u^{55} x u^{55} m\jmath^{31} x\jmath^{55} l u^{31}$. 他谁也不认识。

他 谁 (宾助) 也 不 认识

$n v^{55} x\jmath^{55} t \int o \eta^{31} p i^{33} t\varphi i^{55} t s\varepsilon^{33} kh\varepsilon^{33} \gamma o^{31}$. 你给哪种都可以。

你 哪种 给 都 可以

$\eta\jmath^{55} x\jmath^{55} t \int u^{55} t\varphi i^{55} t s\varepsilon^{33} m\jmath^{31} z i^{55} ko^{33}$. 我哪儿都没去过。

我 哪里 都 没 去 过

$n v^{55} x\jmath^{55} m i^{55} (t i^{33}) t\varphi i^{55} t s\varepsilon^{33} u^{55} kh\varepsilon^{33} \gamma o^{31}$. 你怎么做都可以。

你 怎么 (助) 都 做 可以

$z i^{55} l\jmath^{31} \jmath^{31} t \int h u^{33} m v^{55} n e^{33} t\varphi o^{55} \jmath^{31} t \int h u^{33} v^{55}$. 他看见什么就买什么。

他 什么 看见 (连) 就 什么 买

第三节 数 词

豪尼话的数词分为基数词、序数词、分数词、倍数词和概数词五大类。其中序数词、分数词、倍数词和概数词全部借用当地汉语方言来表达。基数词多数是本语词，只有个别是汉语借词。但在实际使用中，除了"1"和"2"之外，其他数词现在基本上都已经转用汉语借词。

一 基数词

豪尼话的基数词可分为单纯数词和合成数词两种。

（一）单纯基数词

豪尼话数词的计算系统是十进位的。单纯数词包括0、1至9的个位数数词，以及表示百、千、万、亿位数的位数词，个位数数词也叫系数词。所有的单纯基数词都是单音节的。位数词"亿"和个数词"零"是汉语借词。

$t\varphi h i^{31}$	一	γu^{31}	九
ηe^{31}	二	$t sh\varepsilon^{55}$	十
su^{31}	三	$l i \eta^{31}$	零[汉借]
$l i^{31}$	四	$x\jmath^{55}$	百
$\eta\jmath^{31}$	五	$t h u^{55}$	千
$kh\gamma^{31}$	六	φi^{55}	万
$\int i^{31}$	七	$z i^{55}$	亿[汉借]
$x\varepsilon^{31}$	八		

其中，系数词"一"有两种读法，一般读作tɕhi³¹，老人读作thi³¹。"万"以上的数词都是系数词在前、位数词在后复合而成的。例如："一万"可以表达为tɕhi³¹ɕi⁵⁵或tshɛ⁵⁵thu⁵⁵"十千"、tshɛ⁵⁵ɕi⁵⁵"十万"、tɕhi⁵⁵xɔ⁵⁵ɕi⁵⁵"一百万"、tɕhi⁵⁵thu⁵⁵ɕi⁵⁵"一千万"、tɕhi⁵⁵ʑi⁵⁵或ʑi³¹ʑi⁵⁵"一亿"。

（二）合成基数词

合成基数词是由系数词和位数词合成的词，有相加关系的和相乘关系的，均为双音节或多音节。包括以下几种：

1. 表示整"十"、整"百"、整"千"、整"万"、整"亿"等的整数。系数词用在位数词之前是相乘关系，用在其后是相加关系。例如：

tɕhi³¹tshɛ⁵⁵　　　　一十（1×10）　　　tɕhi³xɔ⁵⁵　　　一百（1×100）
一　十　　　　　　　　　　　　　　　　一　百

ŋɛ³¹tshɛ⁵⁵　　　　二十（2×10）　　　ŋɛ³¹xɔ⁵⁵　　　二百（2×100）
二　十　　　　　　　　　　　　　　　　二　百

li³¹tshɛ⁵⁵　　　　四十（4×10）　　　su³¹thu⁵⁵　　　三千（3×1000）
四　十　　　　　　　　　　　　　　　　三　千

ŋɔ³¹tshɛ⁵⁵　　　　五十（5×10）　　　su³¹ɕi⁵⁵　　　三万（3×10000）
五　十　　　　　　　　　　　　　　　　三　万

tshɛ⁵⁵ŋɔ³¹ɕi⁵⁵　　　十五万〔（10＋5）×10000〕
十　五　万

ɣu³¹¹tshɛ⁵⁵ɕi⁵⁵　　　九十万（9×10×10000）
九　十　万

tɕhi³¹xɔ⁵⁵ɕi⁵⁵　　　一百万（1×100×10000）
一　百　万

ŋɛ³¹xɔ⁵⁵ʃ³¹tshɛ⁵⁵ɕi⁵⁵　二百七十万〔（2×100＋7×10）×10000〕
二　百　七　十　万

tɕhi³¹thu⁵⁵ŋɔ³¹xɔ⁵⁵ɕi⁵⁵　一千五百万〔（1×1000＋5×100）×10000〕
一　千　五　百　万

xɛ³¹ʑi⁵⁵　　　　八亿（8×100000000）
八　亿

tshɛ⁵⁵li³¹ʑi⁵⁵　　　十四亿〔（10＋4）×100000000〕
十　四　亿

khɣ³¹tshɛ⁵⁵ʑi⁵⁵　　　六十亿（6×10×100000000）
六　十　亿

su³¹xɔ⁵⁵ʑi⁵⁵　　　三百亿（3×100×100000000）
三　百　亿

2. 表示整数带个数的合成基数词。多位数词相连，不用连词连接。系数词用在位数词之前是相乘关系，用在位数词之后是相加关系。例如：

tshɛ⁵⁵tɕhi³¹　　十一（10＋1）　　　tshɛ⁵⁵ʃ³¹　　　　　　十七（10＋7）
　十　　一　　　　　　　　　　　　　十　　七

tshɛ⁵⁵li³¹　　十四（10＋4）　　　nɛ³¹tshɛ⁵⁵tɕhi³¹　　二十一（2×10＋1）
　十　　四　　　　　　　　　　　　二　十　　一

tshɛ⁵⁵ŋɔ³¹　　十五（10＋5）　　　xɛ³¹tshɛ⁵⁵li³¹　　　八十四（8×10＋4）
　十　　五　　　　　　　　　　　　八　十　　四

tshɛ⁵⁵khʋ³¹　　十六（10＋6）　　　ɣu³¹tshɛ⁵⁵ɣu³¹　　　九十九（9×10＋9）
　十　　六　　　　　　　　　　　　九　十　　九

khʋ³¹tshɛ⁵⁵li³¹ɕi⁵⁵ 六十四万〔（6×10＋4）×10000〕
六　十　　四　万

su³¹ɕi⁵⁵xɛ³¹thu⁵⁵nɛ³¹xɔ⁵⁵ʃ³¹tshɛ⁵⁵ɣu³¹
三　万　八　千　二　百　七　十　　九
三万八千二百七十九（3×10000＋8×1000＋2×100＋7×10＋9）

豪尼话本语没有数词"零"，汉语借词的"零"在本语三位以上的数当中缺位，不读出来。但在实际使用中，当系数词、位数词和零都借用汉语时，"零"则读出来。例如：

tɕhi³¹xɔ⁵⁵tɕhi³¹　　　　　　　一百零一
一　　百　一

ʑi³¹pʋ³¹liŋ³¹ʑi⁵⁵　　　　　　一百零一
一　百　零　一

su³¹thu⁵⁵ŋɔ³¹tshɛ⁵⁵　　　　　三千零五十
三　千　五　十

tshɛ⁵⁵ɕi⁵⁵su³¹thu⁵⁵khʋ³¹xɔ⁵⁵ʃ³¹　十万三千六百零七
十　万　三　千　六　百　七

san³¹tɕhɛŋ³³liŋ³¹lɯ³¹ʃ³¹sɿ⁵⁵　　三千零六十四
三　千　零　六　十　四

豪尼话中"加""减""乘""除"等运算法则也借用汉语的表达法。运算时的数词也借用汉语。例如：

tɕa³³"加"：san³³tɕa³³tɕhɛ³¹ 三加七
　　　　　三　加　七

tɕɛŋ³¹"减"：sɿ⁵⁵tɕɛŋ³¹san³³ 四减三
　　　　　四　减　三

tʃheŋ³¹ "乘"：tɕhe̠³¹tʃheŋ³¹ɛ⁵⁵　七乘二

　　　　　　七　　乘　　二

tʃhu³¹ "除"：sๅ⁵⁵tʃhu³¹ʑi³³　四除一

　　　　　　四　除　　一

"半"有两种表示法：一是用固有词pha̠³³，与本语"一"构成tɕhi³¹pha̠³³ "一半"。例如：

l̥i⁵⁵l̥i⁵⁵tɕhi³¹pha̠³³　一半梨　　　　ɔ⁵⁵xu⁵⁵tɕhi³¹pha̠³³　半间房子

　梨　　一　半　　　　　　　房子　一　　半

另一种是借用汉语的peŋ⁵⁵ "半"，直接用在量词的前边，与数量结构构成表示"半"义的短语；也可以直接用在某些名词的后边。例如：

peŋ⁵⁵thoŋ³¹　半桶　　　　　　　peŋ⁵⁵thieŋ³³　　半天

半　桶　　　　　　　　　　半　天

peŋ⁵⁵tɕiŋ³³　半斤　　　　　　　peŋ⁵⁵khuɛ⁵⁵　　半块

半　斤　　　　　　　　　　半　块

v³¹tieŋ³¹peŋ⁵⁵　五点半　　　　　kɔ⁵⁵mɔ³³peŋ⁵⁵lu⁵⁵　半路

五　点　半　　　　　　　　路　　半　路

za̠³¹peŋ⁵⁵　半头猪　　　　　　　nv³¹peŋ⁵⁵　半头牛

猪　半　　　　　　　　　　牛　半

量词前边接有数词时，peŋ⁵⁵的前边加tɕhi³¹ "一"表示量词的一半，但不再用量词。例如：

tɕhi³¹tɕiŋ³³tɕhi³¹peŋ⁵⁵　一斤半

一　　斤　一　半

n̠e̠³¹mɔ⁵⁵tɕhi³¹peŋ⁵⁵　两个半

两　个　一　半

su³¹khuɛ⁵⁵tɕhi³¹peŋ⁵⁵　三块半

三　块　　一　半

ŋɔ³¹tʃaŋ³³tɕhi³¹peŋ⁵⁵　五张半

五　张　　一　半

二　序数词

序数词表示次序的先后。包括一般次序、时间次序等。

（一）一般次序

用汉语借词ti⁵⁵ "第"加汉语基数词的格式来表示次序。表序数时，数词也全部借用汉语数词。例如：

ti^{55}ʑi^{31}	第一	ti^{55}ɛ^{55}	第二
ti^{55}saŋ^{33}	第三	ti^{55}sʅ^{55}	第四
ti^{55}v^{31}	第五	ti^{55}lɯ^{31}	第六
ti^{55}tɕhe̲^{31}	第七	ti^{55}pa^{31}	第八
ti^{55}tɕo^{31}	第九	ti^{55}ʃʅ^{53}	第十
ti^{55}ʃʅ^{31}ɛ^{55}	第十二	ti^{55}ʃʅ^{31}pa^{31}	第十八

若表示名次，也都使用汉语借词。例如：

ti^{55}ʑi^{31}miŋ^{31}	第一名	ti^{55}ɛ^{55}miŋ^{31}	第二名
ti^{55}saŋ^{33}miŋ^{31}	第三名	ti^{55}sʅ^{55}miŋ^{31}	第四名

若表示"第×个"，有本语和汉语两种表达方式。本语指人的"第×个"结构，表达方式为"名词+数词+那+量词"。例如：

tsʅ^{55}zɔ^{31}tɕhi^{31}thɯ^{33}ɣɔ^{31}　　　　第一个人

人　　　一　　　那　　　个

ɔ^{31}khɯ^{31}ɳe̲^{31}thɯ^{33}zɔ^{31}　　　　第二只狗

狗　　　二　　　那　　　只

pʰa̲^{31}nɔ^{33}su^{31}thɯ^{33}the^{31}　　　　第三只鞋

鞋　　　三　　　那　　　只

本语指物的"第×个"结构，表达方式为"数词+量词+那+量词"，名词不出现。例如：

tɕhi^{31}tsʅ^{55}thɔ^{55}tsʅ^{55}　　　　　　第一棵树

一　　棵　　那　　树

ɳe̲^{31}thɯ^{33}thɔ^{55}ɔ^{31}xɔ^{31}　　　　第二节竹子

二　　节　　那　　竹子

li^{31}lu^{33}thɔ^{55}a^{55}tʃʰa̲^{33}　　　　第四圈绳子

四　圈　那　绳子

但本语的"第×个"表达法很少用，现在一般都用汉语的表达方式，即用"名词+ti^{55}+汉语基数词"的格式来表达。例如：

tsʰɔ^{31}tsʰɔ^{31}ti^{55}ʑi^{31}　　　　　　第一个谜语

谜语　　　第一

ɔ^{55}xu^{55}ti^{55}ʑi^{31}　　　　　　第一个房子

房子　第一

（二）时间次序

1. 一周内各天次序用汉语借词表示

ɕiŋ^{33}tɕhi^{33}ʑi^{31}　　　　　　星期一

ɕiŋ^{33}tɕhi^{33}ɛ^{55}　　　　　　星期二

ɕiŋ³³tɕhi³³saŋ³³	星期三
ɕiŋ³³tɕhi³³sɿ⁵⁵	星期四
ɕiŋ³³tɕhi³³v³¹	星期五
ɕiŋ³³tɕhi³³lɯ³¹	星期六
ɕiŋ³³tɕhi³³thieŋ³³	星期天

2．一年中月份次序

一月用xɤ³¹ʃɤ³¹（新年）的形式来表示；二月用pi³³zɿ³¹来表示；三月至五月用汉语数词+ʑi³³月（汉语借词）的形式来表示；六月至十月用本语数词+l̥ɔ³³（月）的形式来表示；十一月用ʐɯ³¹n̥i⁵⁵表示；十二月用tʃo³³l̥ɔ³³的形式来表示。即：

tʃɛŋ³³ʑi³³	正月	ʃi³¹l̥ɔ³³	七月
xɤ³¹ʃɤ³¹	一月	xɛ³¹l̥ɔ³³	八月
pi³³zɿ³¹	二月	yu³¹l̥ɔ³³	九月
saŋ³³ʑi³³	三月	tshɛ⁵⁵l̥ɔ³³	十月
sɿ⁵⁵ʑi³³	四月	ʐɯ³¹n̥i⁵⁵	十一月
v³¹ʑi³³	五月	tʃo³³l̥ɔ³³	十二月
khɤ³¹l̥ɔ³³	六月		

三个传统季节有特定的表达方法：xɤ³¹（年）ʃɤ³¹（新）pɔ³³l̥ɔ³³（月）"旱季"（相当于汉族的春季）；ɣo³¹l̥u⁵⁵（热）pɔ³³l̥ɔ³³（月）"雨季"（相当于汉族的夏季和初秋）；ɣo³¹ka̱³³（冷）pɔ³³l̥ɔ³³（月）"冷季"（相当于汉族的晚秋和冬季）。

3．"初"的用法

用"tshv³³（初）+汉语基数词"表示"初×"。例如：

tshv³³ʑi³¹	初一	tshv³³ɛ⁵⁵	初二
tshv³³saŋ³³	初三	tshv³³v³¹	初五
tshv³³tɕhi⁵⁵	初七	tshv³³ʃi³¹	初十

三　分数词

豪尼话的分数词使用汉语表达，结构也和汉语的一样。例如：

ɛ⁵⁵feŋ³³tʃʅ³³ʑi³¹ 二分之一		sɿ⁵⁵feŋ³³tʃʅ³³ʑi³¹ 四分之一	
二　分　之　一		四　分　之　一	
ʃi³¹feŋ³³tʃʅ³³saŋ³³ 十分之三		pv³¹feŋ³³tʃʅ³³saŋ³³ 百分之三	
十　分　之　三		百　分　之　三	
pv³¹feŋ³³tʃʅ³³ɛ⁵⁵ʃi³¹ 百分之二十		uaŋ⁵⁵feŋ³³tʃʅ³³ʑi³¹ 万分之一	
百　分　之　二　十		万　分　之　一	

四　倍数词

豪尼话倍数词用"本语基数词+pɛ⁵⁵（汉语的'倍'）"表示"×倍"。例如：

ŋɛ̠³¹pɛ⁵⁵	两倍	su³¹pɛ⁵⁵	三倍
二　倍		三　倍	
tsheʰ⁵⁵pɛ⁵⁵	十倍	ŋɛ̠³¹tsheʰ⁵⁵pɛ⁵⁵	二十倍
十　倍		二　十　倍	

五　概数词

豪尼话概数词用两个或两个以上相邻的数字的组合或xɔ⁵⁵mɔ⁵⁵"几"来表达。

（一）用"一"至"九"中相邻的两个基数词加上"十"/"百"/"千"/"万"等来表示概数

例如：

li³¹ŋɔ³¹tsheʰ⁵⁵	四五十	khɣ³¹ʃ³¹tsheʰ⁵⁵	六七十
四　五　十		六　七　十	
xɛ̠³¹ɣu³¹tsheʰ⁵⁵	八九十	ŋɛ̠³¹su³¹xɔ⁵⁵	两三百
八　九　十		两　三　百	
li³¹ŋɔ³¹xɔ⁵⁵	四五百	ŋɔ³¹khɣ̠³¹thu⁵⁵	五六千
四　五　百		五　六　千	

（二）用"一"至"九"中相邻的两个基数词加上量词来表示概数

例如：

li³¹ŋɔ³¹pɛ⁵⁵	四五倍	tɕhi³¹ŋɛ̠³¹xɔ⁵⁵pɛ⁵⁵	一两百倍
四　五　倍		一　二　百　倍	
xɛ̠³¹ɣu³¹xuɛ³¹	八九回	tɕhi³¹ŋɛ̠³¹tɕhɔ³¹（=tɕhi³¹ɣɔ³¹）	一两个人
八　九　回		一　二　一个人　　一　个	

（三）xɔ⁵⁵mɔ⁵⁵是"几"的意思，可用于表达十以内的概数

例如：

xɔ⁵⁵mɔ⁵⁵mɔ⁵⁵	几个	xɔ⁵⁵mɔ⁵⁵nv³³	几天
几　　个		几　　天	
xɔ⁵⁵mɔ⁵⁵tɔ³¹kɯ⁵⁵	几楼	xɔ⁵⁵mɔ⁵⁵xɣ̠³¹	几年
几　　　楼		几　　年	

六　数词的句法功能

通常，豪尼话数词与量词组成数量短语后在句中作定语、宾语或主语。

（一）数量短语作定语

xɔ³¹n̠i³¹tsʅ⁵⁵zɔ³¹tɕhi³¹mɔ⁵⁵.　　　　一个豪尼人。

豪尼　人　　一　　个

nv⁵⁵za ³³xɔ³¹tɕhi³¹khu⁵⁵u⁵⁵ɕi³¹？　你还要一根烟？

你　烟　　一　　根　要　还

ŋɔ⁵⁵tu³¹pɔ³¹tɕhi³¹xɛ³¹thu⁵⁵ɕi³¹！　我还要说一句话！

我　话　　一　　句　说　还

lɔ³¹sɿ³³ŋɔ³³ʒɯ⁵⁵su³¹ɣɔ³¹khv̩ ³¹mɔ⁵⁵pi³³ɣɔ³¹.　　　老师给我六本书。

老师　我　(宾助)　书　　六　本　给　(语助)

ŋɔ⁵⁵a⁵⁵ta⁵⁵tɕhɔ³¹（＝tɕhi³¹ɣɔ³¹）lɛ⁵³tʃɯ³³.　　　我只有一个姐姐。

我　姐姐　一个　　一　个　只　有

ɔ³¹mu³¹tɕhi³¹khu⁵⁵xɔ⁵⁵sɔ³¹n̠e ³¹tsu³¹pi³³/³¹tsɔ³¹！　　一匹马喂两捆草！

马　　一　匹　草　　二　捆　给　吃

zi⁵⁵lɔ³¹tsʅ⁵⁵zɔ³¹xɛ³¹mɔ⁵⁵ɔ³³ɔ⁵⁵fv̩³¹tʃha ³¹tsɔ³¹.　　　他做了八个人的饭。

他　　人　　八　个　(定助)饭　　煮　(补)

ŋɔ³³ʒɯ⁵⁵u⁵⁵tʃhv̩³¹tɕhi³¹xu⁵⁵pha ³³pi³³tɯ⁵⁵ɣɔ³¹！　　给我一瓢水喝吧！

我　(宾助)　水　　一　瓢　　给　喝　(语助)

ŋɔ⁵⁵ɔ³¹phɔ³¹ɣɔ³¹ɔ⁵⁵xu³¹tɕhi³¹kha³³v⁵⁵pi³³/³¹ɣɔ³¹.　我买了一件衣服给爸爸。

我　爸爸　(话助)衣服　一　件　买给　　(语助)

（二）数量短语作宾语或主语

ŋɔ⁵⁵n̠e ³¹phiŋ³¹tɯ⁵⁵！　　　　　　　我喝两瓶！

我　二　瓶　喝

su³¹ɣo ³¹paŋ⁵⁵li³³ɣɛ³¹.　　　　　　　三户搬走了。

三　户　搬　(趋向)(语助)

ŋɔ³³lɔ³¹ŋɔ³¹tɕiŋ³³xɛ³¹pi³³/³¹.　　　　给我五斤。

我　(话助)　五　斤　拿给

tɕhi³¹tɕiŋ³³lɛ⁵³ma³¹lɯ³¹tsɔ³¹.　　　只一斤不够吃。

一　斤　只　不　够　吃

nv⁵⁵tɕhɔ³¹（＝tɕhi³¹ɣɔ³¹）n̠e ³¹mɔ⁵⁵pi⁵⁵pi³³/³¹mɔ³¹.你分给每人两个吧！

你　一个　　一　个　二　个　分给　(语助)

此外，在一些语境下，数词也可以单独作主语或宾语。例如：

yu³¹li³¹mɔ⁵³tha ³³n̠e³³mɯ³¹.　　　　　九比四好。

九　四　(方助)比　(施助)好

nɯ⁵⁵khɯ³¹tsʰn̩³³, li³¹xɔ³¹tsʰn̩⁵⁵tsʰn̩³³.　　你写六，别写四。

你　六　写　　四别　字　写

ŋɔ⁵⁵xɛ³¹ɣɔ³¹ɕi³¹xua³³, ɲ³¹ ɣɔ³¹mɔ³¹ɕi³¹xua³³. 我喜欢八，不喜欢七。

我　八　(话助)　喜欢　　七　(话助)　不　喜欢

第四节　量　词

量词是表示计算数量时所用的单位。豪尼话属于量词发达型语言，有比较丰富的名量词和相对较少的动量词。本节主要描写豪尼话名量词中的个体量词、集体量词、度量衡量词、时间量词及不定量量词。其中个体量词数量多，部分个体量词有区别名词的类别、性状的作用；有泛化程度很高的通用量词；有一定数量的反响型量词；在名词、动词的称量中，量词的使用是强制性的。豪尼话量词基本都是单音节形式。

一　名量词

名量词是计量实体事物单位的词。豪尼话的名量词主要有个体量词、集体量词、度量衡量词、时间量词和不定量词。名量词中有的来源于名词，有的来源于动词。

（一）个体量词

个体量词是表示人和事物单个量的量词，与集体量词相对而言。个体量词较多，可分为类别量词、性状量词、通用量词和反响型量词四类。

1.类别量词

类别量词用于具有同类属性事物的称量。常见的有：专用于人或人物称谓的量词ɣɔ³¹ "个"、zɔ³¹ "只、条、口"、tsn̩⁵⁵ "棵"、kha³³ "件"等。

ɣɔ³¹表示 "个"，专用于表示人的数量，一般只与数词tɕhi³¹ "一"和ɳe̠³¹ "二"搭配使用。其中，tɕhi³¹ɣɔ³¹ "一个"常连读为tɕhɔ³¹。例如：

a⁵⁵pe̠³³tɕhɔ³¹（＝tɕhi³¹ɣɔ³¹）　　一个婴儿

孩子　一个　　　一　个

piŋ³³tɕhɔ³¹（＝tɕhi³¹ɣɔ³¹）　　　一个兵

兵　一个　　　　一　个

zɔ³¹mi³¹tɕhɔ³¹（＝tɕhi³¹ɣɔ³¹）　　一个妇女

妇女　一个　　　一　个

tsn̩⁵⁵zɔ³¹tɕhɔ³¹（＝tɕhi³¹ɣɔ³¹）　　一个人

人　　一个　　　一　个

zɔ³¹mu³¹tɕhɔ³¹（＝tɕhi³¹ɣɔ³¹）　　一个老人

老人　一个　　　一　个

ɕo³¹seŋ³³tɕho³¹（＝tɕhi³¹ɣɔ³¹） 一个学生

学生 一个 一 个

类别量词zɔ³¹表"只、条、头"，来源于zɔ³¹"儿子"的引申义，表示幼小、崽子等，通常用于表示动物的数量。例如：

a³¹xa̱³³tɕhi³¹zɔ³¹ 一只鸡　　　　a³¹z̥a³¹tɕhi³¹zɔ³¹ 一头猪

鸡 一 只　　　　　　　　猪 一 头

ŋɔ³¹ʃɔ³¹tɕhi³¹zɔ³¹ 一条鱼　　　xɔ³¹z̩³¹thɯ³¹zɔ³¹ 一只老虎

鱼 一 条　　　　　　　老虎 一 只

tsɿ⁵⁵表"棵"，源于ɔ⁵⁵tsɿ⁵⁵"树"，一般用于表示植物的数量。例如：

ɔ⁵⁵tsɿ⁵⁵tɕhi³¹tsɿ⁵⁵ 一棵树　　　xɔ⁵⁵sɔ³¹tɕhi³¹tsɿ⁵⁵ 一棵草

树 一 棵　　　　　　　草 一 棵

thu³¹ʃu⁵⁵tɕhi³¹tsɿ⁵⁵ 一棵松树　　ŋa³³tsɿ⁵⁵tɕhi³¹tsɿ⁵⁵ 一棵芭蕉树

松树 一 棵　　　　　　芭蕉树 一 棵

2. 性状量词

性状量词用于具有同类性质或状态的事物名词上。主要有以下几个。

（1）ɕi³¹表"颗"，用于米、鸡蛋，以及近似圆形、球形的瓜果等事物名词上。例如：

xa̱³³v̥³³tɕhi³¹ɕi³¹ 一个鸡蛋　　　ɕi³¹xɣ³¹tɕhi³¹ɕi³¹ 一根黄瓜

鸡蛋 一 个　　　　　　黄瓜 一 根

pe³¹ku⁵⁵tɕhi³¹ɕi³¹ 一颗星星　　　l̥u³³mɔ³³tɕhi³¹ɕi³¹ 一粒石子

星星 一 颗　　　　　　石子 一 粒

ʃu⁵⁵ŋa³³tɕhi³¹ɕi³¹ 一口铁锅　　　xɣ⁵⁵ɕi³³tɕhi³¹ɕi³¹ 一颗冰雹

铁锅 一 口　　　　　　冰雹 一 颗

（2）kɔ³¹表"坨、滩、堆"，用于堆状类名词上。例如：

mi³¹tsɔ³¹tɕhi³¹kɔ³¹　　一堆柴

柴 一 堆

me⁵⁵tɕhi³¹tɕhi³¹kɔ³¹　　一滩泥

泥巴 一 滩

nv³¹tɕhi³¹tɕhi³¹kɔ³¹　　一坨牛粪

牛粪 一 坨

ɔ³¹tɕhi³¹tɕhi³¹kɔ³¹　　一坨屎

屎 一 坨

（3）keŋ³³表"根、炷"，汉语借词，用于形状长的物体上。例如：

tɔ³¹tɯ⁵⁵tɕhi³¹keŋ³³ 一根棍子　　mi³¹tsɔ³¹tɕhi³¹keŋ³³ 一根柴

棍子 一 根　　　　　　柴 一 根

xɔ⁵⁵sɔ³¹tɕhi³¹kɛŋ³³ 一根草　　　khu⁵⁵phu³¹tɕhi³¹kɛŋ³³　一根线
草　一　根　　　　　　　　线　　　一　　根

ɔ³¹xɔ³¹tɕhi³¹kɛ³¹　一根竹子　　ɕaŋ³³tʃv⁵⁵zi⁵⁵kɛŋ³³　一炷香
竹子　一　根　　　　　　　香　　　一　　根

（4）khuɛ³¹表"块"，汉语借词，用于块状或者片状的名词上。例如：

tou⁵⁵fv³¹tɕhi³¹khuɛ³¹　一块豆腐　　ʃɯ³¹piɔ³¹tɕhi³¹khuɛ³¹　一块手表
豆腐　一　块　　　　　　　手表　　一　　块

xɔ³¹phɔ⁵⁵tɕhi³¹khuɛ³¹　一块布　　fv⁵⁵tʃʅ³¹tɕhi³¹khuɛ³¹　　一元钱
布　一　块　　　　　　　　钱　　　一　　块

su³¹ɣɔ³¹tɕhi³¹khuɛ³¹　一块纸　　ɕaŋ³³tsɔ⁵⁵tɕhi³¹khuɛ³¹　一块香皂
纸　　一　块　　　　　　　香皂　　一　　块

（5）thu³³表示"截、段"。一般用于可以分段的事物名词上。例如：

kɔ⁵⁵mɔ³³tɕhi³¹thu³³　一段路　　a⁵⁵tʃha³³tɕhi³¹thu³³　一段绳子
路　一　段　　　　　　　　绳子　一　段

ɔ³¹xɔ³¹tɕhi³¹thu³³　一截竹子　　pi³¹tʃm̩⁵⁵tɕhi³¹thu³³　一截甘蔗
竹子　一　截　　　　　　　甘蔗　一　　截

l̩u³³pi³³tɕhi³¹thu³³　一截槽管　　ɔ⁵⁵tsʅ⁵⁵tɕhi³¹thu³³　一段木头
槽管　一　截　　　　　　　木头　一　　段

（6）tsn̩³¹表示"节"。通常用于表示本身有节连接的名词上。例如：

ɔ³¹xɔ³¹tɕhi³¹tsn̩³¹　一节竹子　　la̩³¹n̩i⁵⁵tɕhi³¹tsn̩³¹　一节手指
竹子　一　节　　　　　　　手指　一　　节

（7）ʒu⁵⁵表示"间"。通常用于房屋、仓库等房间的数量上。例如：

kɯ⁵⁵mɔ⁵⁵tɕhi³¹ʒu⁵⁵　一间仓库　　l̩ɛ⁵⁵ka³¹tɕhi³¹ʒu⁵⁵　　一间土掌房
仓库　　一　间　　　　　　土掌房 一　间　（土掌房，是豪尼人的典型住宅）

za̩³¹ʒu⁵⁵tɕhi³¹ʒu⁵⁵　一间猪圈　　ɔ⁵⁵xu⁵⁵tɕhi³¹ʒu⁵⁵　　一间房子
猪圈　一　间　　　　　　　房子　一　间

3. 通用量词

通用量词是个体量词中抽象程度高、概括性强、使用频率高、搭配范围最广泛的一类。它是语言经济性要求的产物。豪尼话的通用量词只有一个mɔ⁵⁵，类似于汉语的通用个体量词"个"。它能超越制约其他量词的具体的语义条件限制，用途广泛。具体如下：

（1）mɔ⁵⁵主要用于无生命体以及抽象概念的称量，没有固定量词搭配的名词大多也选用这个量词。例如：

pɔ³³l̩ɔ³³tɕhi³¹mɔ⁵⁵　一个月亮　　pa⁵⁵fa³¹tɕhi³¹mɔ⁵⁵　一个办法
月亮　一　个　　　　　　　办法　一　个

xa³³pe̱³³tɕhi³¹mɔ⁵⁵一个背篓　　　　　tʃm̥³¹khɔ⁵⁵tɕhi³¹mɔ⁵⁵一个粪箕
背篓　　一　个　　　　　　　　粪箕　　　一　个

zi³¹mɔ³³tɕhi³¹mɔ⁵⁵一把镰刀　　　　　phe³¹thu³¹tɕhi³¹mɔ⁵⁵　　一把梳子
镰刀　　一　把　　　　　　　　梳子　　　一　把

xu⁵⁵pha̱³³tɕhi³¹mɔ⁵⁵一把瓢　　　　　pha̱³¹nɔ̠³³tɕhi³¹mɔ⁵⁵　　一只鞋
瓢　　　一　把　　　　　　　　鞋　　　一　只

thu³¹tɯ⁵⁵tɕhi³¹mɔ⁵⁵一个池塘　　　　pɔ³¹ʒu⁵⁵tɕhi³¹mɔ⁵⁵　　一个蜂窝
池塘　　一　个　　　　　　　　蜂窝　　一　个

nɯ⁵⁵mɔ³³tɕhi³¹mɔ⁵⁵一个太阳　　　　lu⁵⁵pɔ³¹tɕhi³¹mɔ⁵⁵　　一条河
太阳　　一　个　　　　　　　　河　　　一　条

（2）通用量词和性状量词有的在同一个名词上有并用现象，既能用通用量词表量，也能用性状量词来表量。例如：

uaŋ³³tou⁵⁵tɕhi³¹mɔ⁵⁵　　一个豌豆 ～ uaŋ³³tou⁵⁵tɕhi³¹ɕi³¹　　一粒豌豆
豌豆　　一　个　　　　　　　　豌豆　　　一　粒

ɣo³¹thɔ³³tɕhi³¹mɔ⁵⁵　　一个包头 ～ ɣo³¹the³³tɕhi³¹khuɛ³¹　　一块包头
包头　　一　个　　　　　　　　包头　　　一　块

va̱³¹tɕhi³¹mɔ⁵⁵　　　　一片瓦　～ va̱³¹tɕhi³¹khuɛ³¹　　一块瓦
瓦　一　个　　　　　　　　　　瓦　一　块

4. 反响型量词

反响型量词是指量词与被限定的名词完全相同或部分相同。也可称为"专用量词""拷贝型量词""反身量词"或"临时量词"。豪尼话中的部分名词能用作反响型量词。

豪尼话的反响型量词大部分反响双音节或多音节名词的后一音节即词根音节，但也有少量反响前一音节的。

（1）反响后一音节的量词。例如：

ɔ⁵⁵tsɿ⁵⁵tɕhi³¹tsɿ⁵⁵　　　一棵树　　za̱³¹ʒu⁵⁵tɕhi³¹ʒu⁵⁵　　一个猪圈
树　　一　棵　　　　　　　　　猪圈　　一　个

ɔ³¹khɯ⁵⁵tɕhi³¹khɯ⁵⁵　　一只脚　　kɔ⁵⁵mɔ³³tɕhi³¹mɔ⁵⁵　　一条路
脚　　一　只　　　　　　　　　路　　　一　条

la̱³¹thɣ³³tɕhi³¹thɣ³³　　一个拳头　ɔ³¹tʃɯ⁵⁵tɕhi³¹tʃɯ⁵⁵　　一颗牙齿
拳头　　一　个　　　　　　　　牙齿　一　　颗

tʃm̥³¹ʒu⁵⁵tɕhi³¹ʒu⁵⁵　　一个羊圈　a⁵⁵ʐɛ³³tɕhi³¹ʐɛ³³　　一朵花
羊圈　　一　个　　　　　　　　花　一　朵

a⁵⁵tʃha̱³³tɕhi³¹tʃha̱³³　　一根绳子　a⁵⁵tʃha̱³³tɕhi³¹tʃha̱³³　　一根藤
绳子　　一　根　　　　　　　　藤　　一　根

ɔ⁵⁵nɯ⁵⁵tɕhi³¹nɯ⁵⁵　　一束谷穗　　　　a³¹la̠³¹tɕhi³¹la̠³¹　　　一只手
谷穗　一　束　　　　　　　　　　　手　一　手
kɣ³¹tʃɯ³¹tɕhi³¹tʃɯ³¹　一座山　　　　　kɯ⁵⁵fv³¹tɕhi³¹fv³¹　　一堵墙
山　　一　座　　　　　　　　　　墙　一　堵

（2）反响前一音节的量词。例如：

fv³³ɕi³¹tɕhi³¹fv³³　　　一个村寨　　　khɯ⁵⁵phu³¹tɕhi³¹khɯ⁵⁵一根线
村寨　一　个　　　　　　　　　　线　一　根
xu³¹zɔ³¹tɕhi³¹xu³¹　　　一个碗
碗　　一　个

（3）少数借自汉语的单音节名词用整个音节来作反响型量词。例如：
tsɿ⁵⁵tɕhi³¹tsɿ⁵⁵　一个字
字　一　个

（二）集体量词

1. 集体量词可分为定量集体量词和不定量集体量词两类。定量集体量词只有一个tsu³³“双、对”。不定量集体量词较多，常见的有kɯ⁵⁵“群”、tshoŋ³¹“丛”、phoŋ³¹“蓬”、kha³³“背、捆”、tʃhuaŋ⁵⁵“串”、pa̠³¹“把”、thiɔ³³“挑、担”等。

（1）定量量词tsu³³表“双、对、副”，表示成双成对物件。例如：

pha̠³¹no̠³³tɕhi³¹tsu³³　一双鞋　　　ɔ⁵⁵tɔ⁵⁵tɕhi³¹tsu³³　　　一双筷子
鞋　　一　双　　　　　　　　　　筷子　一　双
tui⁵⁵lian³¹tɕhi³¹tsu³³　一副对联　　　tɯ³³lɯ³³tɕhi³¹tsu³³　　一副锣
对联　一　副　　　　　　　　　　锣　一　副

（2）不定量量词kɯ⁵⁵表“群，队”，既可用于人也可用于动物。例如：

tʃʰ̩³¹tɕhi³¹kɯ⁵⁵　　一群羊　　　tshɬ̩⁵⁵zɔ³¹tɕhi³¹kɯ⁵⁵　一队人
羊　一　群　　　　　　　　　人　一　队
a³¹za̠³¹tɕhi³¹kɯ⁵⁵　　一群猪　　　a³¹xa³³tɕhi³¹kɯ⁵⁵　　一群鸡
猪　一　群　　　　　　　　　鸡　一　群

（3）tshoŋ³¹“丛”、phoŋ³¹“蓬”、pa̠³¹“把”，借自汉语。一般用于表示植物名词的数量。例如：

ɔ⁵⁵tsɿ⁵⁵tɕhi³¹tshoŋ³¹　一丛树　　　xɔ⁵⁵sɔ³¹tɕhi³¹phoŋ³¹　　一蓬草
树　　一　丛　　　　　　　　草　一　蓬
se⁵⁵pu³¹tɕhi³¹pa̠³¹　　一把菜　　　ɔ³¹xɔ³¹tɕhi³¹tshoŋ³¹　　一丛竹子
菜　一　把　　　　　　　　　竹子　一　丛

（4）kha³³表示“背、捆”。例如：

mi³¹tsɔ³¹tɕhi³¹kha³³　一背柴　　　tʃhe⁵⁵fv⁵⁵tɕhi³¹kha³³　一背米
柴　一　背　　　　　　　　　米　一　背

pe³¹ɕi³¹tɕhi³¹kha³³ 一背芋头 ʃɔ⁵⁵tɯ³³tɕhi³¹kha³³ 一背玉米
芋头 一 背 玉米 一 背

（5）tʃhuaŋ⁵⁵表"串"，借自汉语。例如：

tɕhi⁵⁵tɕhi⁵⁵tɕhi³¹tʃhuaŋ⁵⁵一串辣椒 ɕi³¹pa̠³¹tɕhi³¹tʃhuaŋ⁵⁵一串葡萄
辣椒 一 串 葡萄 一 串

（6）pa̠³¹表"把"，是汉语借词，表示单手抓住的量。例如：

tʃhe⁵⁵na̠³³tɕhi³¹pa̠³¹ 一把紫米 tsha³¹tɣ³¹tɕhi³¹pa̠³¹ 一把盐巴
紫米 一 把 盐巴 一 把

（7）thiɔ³³表"挑、担"，是汉语借词。例如：

tʃhe⁵⁵ɕi³¹tɕhi³¹thiɔ⁵⁵ 一挑米 mi³¹tsɔ³¹tɕhi³¹thiɔ³³ 一担柴
米 一 挑 柴 一 担

2. 以上是豪尼话中各种集体量词及其例子，集体量词的来源主要有两种：

（1）借用有关的器具名词来表量。例如：

thoŋ³¹	（油）桶	ʒɯ³³tɕhi⁵⁵tɕhi³¹thoŋ³¹ 一桶油
		油 一 桶
xu³¹zɔ³¹	（饭）碗	ɔ⁵⁵fv³¹tɕhi³¹xu³¹ 一碗饭
		饭 一 碗
xo³¹	盒（子）	ʐa̠³³xɔ³¹tɕhi³¹xo³¹ 一盒烟
		烟 一 盒
phiŋ³¹	瓶（子）	tʃi⁵⁵pɔ³¹tɕhi³¹phiŋ³¹ 一瓶酒
		酒 一 瓶
pei³³	杯（子）	ɯ⁵⁵tʃhɣ³¹tɕhi³¹pei³³ 一杯水
		水 一 杯
tʃɔ⁵⁵lu⁵⁵	筐（子）	ɔ³¹ɕi³¹tɕhi³¹tʃɔ⁵⁵lu⁵⁵ 一筐水果
		水果 一 筐

（2）借用动词表量。例如：

pɔ³³	包（糖）	tʃm̠⁵⁵tɯ³¹tɕhi³¹pɔ³³ 一包糖
		糖 一 包
tʃa̠³¹	叠（布）	xɔ³¹phɔ⁵⁵tɕhi³¹tʃa̠³¹ 一叠布
		布 一 叠
kɔ³¹	堆（草）	xɔ⁵⁵sɔ³¹tɕhi³¹kɔ³¹ 一堆草
		草 一 堆
lɯ̠³³	卷（席子）	tʃa³³z̠³³tɕhi³¹lɯ̠³³ 一卷席子
		席子 一 卷

tsa̠³³　　　滴（水）　　　ɯ⁵⁵tʃhɣ³¹tɕhi³¹tsa̠³³　　　一滴水
　　　　　　　　　　　　　　　　水　　一　滴

pa̠³¹　　　抱（柴）　　　mi³¹tsɔ³¹tɕhi³¹pa̠³¹　　　一抱柴
　　　　　　　　　　　　　　　柴　　一　抱

（三）度量衡量词

度量衡量词指用于度量衡、货币等单位的量词。根据是否具有严格、统一和规范的标准，豪尼话度量衡量词可分为非标准度量衡量词和标准度量衡量词两类；根据适用的范围，豪尼话度量衡量词可分为表示长度单位、重量单位、面积容量单位、货币单位等的量词。非标准度量衡量词多是长度单位，其测量结果如果用标准度量衡单位来检验，可能会因人而异。度量衡量词大多借自汉语，本族语只有少量非标准度量衡量词。

1. 长度单位

豪尼人经常使用的长度单位有：tʃi³¹“拃”、pv⁵⁵“步”、mi³¹“米”、tʃaŋ⁵⁵“丈”、tʃm̩³¹“尺”、tshuŋ⁵⁵“寸”等。多数都借自汉语。例如：

tʃi³¹“（一）拃”：张开的拇指与中指两端之间的距离

pv⁵⁵“（一）步”：往前自然迈一步的距离

mi³¹“（一）米”（汉）　　　　　tʃm̩³¹“（一）尺”（汉）

tʃaŋ⁵⁵“（一）丈”（汉）　　　　tshuŋ⁵⁵“（一）寸”（汉）

2. 重量单位

tɕiŋ³³“（一）斤”（汉）　　　　lian³¹“（一）两”（汉）

3. 面积、容量单位

mv³¹“（一）亩”（汉）　　　　ʃɛŋ³³“（一）升”（汉）

lo³¹“（一）箩”（汉）　　　　ta̠³¹“（一）担”、“（一）石”（汉）

4. 货币单位

khuɛ³¹“（一）元”（汉）　　　　tɕo³¹“（一）角”（汉）

fɛŋ³³“（一）分”（汉）

（四）时间量词

是用来计算时间的单位。常见的主要有以下几个：

（tɕhi³¹）nv³³　（一）天　　　　（tɕhi³¹）l̩o³³　　（一个）月

（tɕhi³¹）xɣ³¹　（一）年　　　　（tɕhi³¹）ço³¹ʃi³¹　（一）小时

（tɕhi³¹）mi³¹　（一个）晚上　　（tɕhi³¹）u³¹ʃɯ³¹　（一个）早上

（五）不定量量词

不定量量词是表示不定数量的量词，主要有tʃm̩³¹tʃi³¹“些”“点儿”和la̠³¹“会儿”。不定量量词la̠³¹“会儿”只能与基数词tɕhi³¹“一”组合使用。不定量量词可以重叠。例如：

tʃm̩³¹tʃ̩³¹　　一些　　　　　　　　　tʃm̩³¹tʃ̩³¹　　　　　　　　一点儿

tɕhi³¹la̩³¹　　一会儿　　　　　　　tʃm̩³¹tʃ̩³¹tʃm̩³¹tʃ̩³¹　　一点点

二　动量词

动量词是表示动作行为的单位。豪尼话的动量词较少，只有xui³¹、tʃua³¹"次、回、趟"，la̩³¹"趟（往返一次）"，pv⁵⁵"步"，pɛ⁵⁵"遍"等，通常位于动词之前，数词之后。例如：

tɕhi³¹xui³¹zɿ³¹　　走一趟　　　　tɕhi³¹xui³¹zi⁵⁵　　去一次
一　　趟　走　　　　　　　　　　一　　次　去

tɕhi³¹pɛ⁵⁵tsɿ⁵⁵　　读一遍　　　　tɕhi³¹tɕɔ³¹tʃua³¹　　踢一脚
一　　遍　读　　　　　　　　　　一　　脚　踢

tɕhi³¹xui³¹ti³¹　　打一回　　　　ne̩³¹xui³¹fv̩³³　　看两回
一　　回　打　　　　　　　　　　两　　回　看

三　量词的句法功能

量词不能单独作句子成分，常与数词结合在一起后作句子成分。在句中，豪尼话数量组合通常可以作主语、宾语、定语或状语。具体如下。

（一）作主语

ne̩³¹mɔ⁵⁵ma³¹tsɔ³¹lɯ³¹. 两个不够吃。
两　个　不　吃　够

tshe⁵⁵li³¹mu⁵⁵ma³¹mu⁵⁵？十里远不远？
十　里　远　不　远

tɕhi³¹mi³¹lɯ³¹ma³¹lɯ³¹？一米够不够？
一　米　够　不　够

（二）作宾语

ŋɔ⁵⁵tɕhi³¹xɛ³¹thu⁵⁵.　　　　我说一句。
我　一　句　说

ŋɔ⁵⁵paŋ⁵⁵tɕiŋ³³tsɔ³¹ɣɔ³¹.　　我吃了半斤。
我　半斤　吃　（语助）

tsm̩⁵⁵zɔ³¹tɕhɔ³¹（＝tɕhi³¹ɣɔ³¹）su³¹phiŋ³¹tɯ⁵⁵pv̩³³ɣɛ³¹.
人　　一个　　一个　　三瓶　喝　饱（语助）
　　　　　　　　　一个人喝了三瓶。

（三）作定语

ɕaŋ³³tʃv̩⁵⁵tɕhi³¹kɛ³¹tɕɔ⁵⁵xɯ³¹lɔ⁵⁵.　　　　一炷香的工夫就回来。
香　　　一　根　就　回来

ʑi⁵⁵ɔ⁵⁵xu³¹tɕhi³¹kha³³mɯ⁵⁵lɛ³¹fɣ³³sɔ⁵⁵.　　　这一件衣服很好看。

这衣服　一　件　　很　　看 好看

（四）作状语

ŋɔ⁵⁵su³¹mi³¹ɣo³¹tʃa³³.　　　　　　　　　我住了三晚。

我 三　晚　睡觉

ŋɔ³¹ʐɯ⁵⁵tɕhi³¹ma³³pi³³/³¹fɣ³³.　　　　让我看一眼。

我 (宾助) 一　眼　给　看

ɔ³³tɯ³³thɯ⁵⁵ŋe̠³¹nv³³tʃɯ³³sɔ⁵⁵.　　　　大家休息两天。

大家　　　　两 天 在 好

mi⁵⁵na̠³³xɣ³¹ŋɔ⁵⁵ɔ⁵⁵xu⁵⁵mɔ⁵³tɕhi³¹xui³¹lɛ⁵³xɯ³¹ʑi⁵⁵.

去年　　　我 家　(方助)　一 次 只 回 去

　　　　　　　　　　　　　　　　去年我只回了一次家。

第五节　形容词

　　豪尼话的形容词是表示人、事物的性质状态或动作行为状态的词。以单音节居多，多音节的较少。豪尼话的形容词与动词既有相同点，又有不同点。不同点构成了它独立成类的依据。比如，动词不能加前缀，不能重叠构词；而形容词大多能加前缀，又能重叠构成"级"的差异。下面分述形容词的主要特点。

一　动词和形容词的区别

　　豪尼话形容词和动词的关系很密切，二者有许多相同的语法特征，而且有些词是形容词还是动词难以区分，例如，xo³³"合适"既有形容词的一些特征，如能在前面加程度副词mɯ⁵⁵lɛ⁵³"非常"，也有动词的一些特征，比如能带宾语。例如：

ʑi³¹ʑi⁵⁵ʃuaŋ³³pha̠³¹nɔ̠³³mɯ⁵⁵lɛ⁵³xo³³.　　　这双鞋非常适合我。

这 一 双　鞋子　非常　合适

也可以说：

ʑi³¹ʑi⁵⁵ʃuaŋ³³pha̠³¹nɔ̠³³mɯ⁵⁵lɛ⁵³xo³³ŋo³³. 这双鞋非常适合我。

这 一 双　鞋子　非常　合适我

　　这种界限不清的现象，不仅存在于豪尼话，也存在于藏缅语族其他语言，至今未能得到很好的解决。这当中既涉及词类划分标准的理论问题，也跟语言研究者对语料认识的差异有关。本书主要考虑到二者之间在组合能力、句法功能、形态变化乃至概念意义等方面的差异，将形容词与动词分立为两个不同的词类。

（一）动词和形容词的相同点

1. 都能受程度副词的修饰或补充。例如：

（1）ʑi⁵⁵lɔ³¹zɿ³¹ɣɔ³¹mɯ⁵⁵lɛ⁵³khuɛ⁵⁵. 　　　　　　　他走得非常快。
　　他　走(话助)　非常　　快

（2）thɯ³³tɕhi³¹phạ³³a⁵⁵phạ³³n̠i⁵⁵ma³¹mɯ⁵⁵lɛ⁵³ma³¹. 那一片叶子非常绿。
　　那　一　片　叶子　绿色　非常　绿
　　thɯ³³tɕhi³¹phạ³³a⁵⁵phạ³³n̠i⁵⁵ma³¹pa³³mɛ³³. 那一片叶子非常绿。
　　那　一　片　叶子　绿色　(副)　(状)

（3）nv⁵⁵mɯ⁵⁵lɛ⁵³n̠ɔ⁵⁵ᐟ⁵³pɛ³³（khɛ⁵³）. 　　　你非常贪玩。
　　你　非常　玩耍(貌)

（4）ʑi⁵⁵tɕhi³¹zɔ³¹a³¹zạ³¹mɯ⁵⁵lɛ⁵³tsʅ⁵⁵. 　　　这只猪太肥了。
　　这　一　只　猪　非常　肥

（5）ŋɔ⁵⁵mɯ⁵⁵lɛ⁵³tsɔ³¹pɛ³³. 　　　　　　　我非常能吃。
　　我　非常　吃(貌)

（6）thɯ³³a⁵⁵pẹ³¹lɔ³¹xɔ⁵⁵tɕhi⁵⁵fv̩³³sɔ⁵⁵. 　　　那孩子非常好看。
　　那　孩子(话助)　非常　看(补)

（7）ʑi⁵⁵tɕhi³¹khɯ³¹l̠u³³mɔ³³xɔ⁵⁵tɕhi⁵⁵tʃhɯ³³. 　这块石头重极了。
　　这　一　块　石头　极　重

（8）ʑi⁵⁵lɔ³¹tsɔ³¹ɣɔ³¹mɯ⁵⁵lɛ⁵³khuɛ⁵⁵. 　　　他吃得非常快。
　　他　吃(话助)　非常　快

2. 都能受否定副词mɔ³¹"不"和 ma³¹"没"的修饰。例如：

（1）ʑi⁵⁵lɔ³¹mɔ³¹u³¹. 　　　　　　　　　他不卖。
　　他　不　卖

（2）thɯ³³lɔ³¹tɤ³¹khɯ³¹mɔ³¹khɯ³¹. 　　　那个人不瘦。
　　那　(话助)　瘦　不　瘦

（3）n̠aŋ³³n̠aŋ³³lɔ³¹nɔ³¹khɛ⁵⁵ma³¹tsʅ³³ɣɛ³¹. 　姑妈没采茶。
　　姑妈　(话助)　茶叶　没　采(语助)

（4）ʑi³¹ʑi⁵⁵tʃoŋ³¹tʃhɯ⁵⁵tɤ³¹ɣɔ³¹mɔ³¹tʃhɯ⁵⁵. 　这一种糖不甜。
　　这　一　种　糖　(话助)　不　甜

3. 都能通过加结构助词ɔ³³或ti³³"的"的方式构成名物化结构。例如：

（1）tʃv̩⁵⁵kɔ³³tɤ³³ɔ³³ŋɔ³³mɔ³³，ʃɔ³¹ta³³tɤ³³ɣɛ³¹ŋɔ³³a⁵⁵ta⁵⁵.
　　坐(趋向)(趋向)(结助)我妈　　站 上(趋向)(语助) 我 姐姐
　　坐着的是我妈，站着的是我姐。

（2）ɔ⁵⁵fv̩³¹ɣɔ³¹tshɛ³¹ti³³tsɔ³¹mɔ³³. 饭要吃热的。
　　饭菜(话助)　热　(结助)吃　要

（3）ɔ⁵⁵xu⁵⁵ɣɔ³¹xa³³tʃɯ³³ɔ³³xɔ³¹thɔ⁵⁵xɯ⁵⁵tsɔ³¹kuɛ⁵³（=ko⁵⁵ɣɛ³¹）.
　　　房子（话助）　在（结助）都　　　也　吃　过了　　过（语助）
　　　凡是在屋里的，都吃过了。

（4）ɲi⁵⁵tʃhɛ³¹ti³³khɔ³³ɕi³¹ʃo³³ɣɔ³¹xɔ³¹thɔ⁵⁵xɯ⁵⁵mɯ⁵⁵lɛ⁵³me⁵⁵.
　　　红（缀）（结助）（连）杨梅（话助）都　　　也　非常　好吃
　　　所有红的杨梅非常好吃。

4. 都有使动态，使动态都有分析式和屈折式两种形式。例如：

（1）ʑi⁵⁵lɔ³¹la³¹tɔ³¹liaŋ³¹ko³³pi³³tuɛ³³（=tu³³ɣɛ³¹）.
　　　他　手镯　两　个　给　戴了　　戴（语助）
　　　给他戴了两个手镯。

（2）ŋa³³nɛ³³khu⁵⁵phu³¹ɣɔ³¹ɣɯ³³tɕhe³³ɣɛ³¹. 我把线拉断了。
　　　我（施助）线　　　（话助）拉　断（语助）

（3）kɯ⁵⁵fv³¹ɣɔ³¹pa³³kɔ³³lɔ⁵⁵mɔ³¹, tʃa³³tɕhi⁵⁵mɯ³¹ɣɛ³¹!
　　　墙　　（话助）倒　掉　来（语助）　快　砌　好　（语助）
　　　墙就要倒了，快砌好！

5. 都有变化体、起始体、持续体、曾行体等 8 种体范畴。例如：

（1）u³¹ʐɛ⁵⁵ʐɛ⁵⁵kɔ³³la³¹. 　　　　　　　　　下雨了。
　　　雨　下　掉（变化）

（2）tshe⁵⁵khɯ⁵⁵fv⁵⁵kuɛ³¹（=kɔ³³ɣɛ³¹）. 头发白了。
　　　头发　　白　　　来　（变化）

（3）ʐa³¹ko³³mɔ⁵³ɯ⁵⁵tʃhɣ³¹ɣɔ³¹pɯ⁵⁵ta³³lɔ⁵⁵thɯ³³ɣɛ³¹.
　　　锅里（方助）水　　（话助）烧（趋向）来（助）（语助）
　　　锅里的水开始烧起来了。

（4）ɣo³¹tshɔ⁵⁵l̩u⁵⁵tɣ³³la³¹. 　　　天热起来了。
　　　天气　　热　出（趋向）

（5）nv⁵⁵thɯ³³xu³¹zɔ³¹xɛ⁵⁵ᐟ⁵³. 你拿着那个碗。
　　　你　那　碗　拿

（6）ʑɿ³¹ʑi⁵⁵tʃoŋ³¹a⁵⁵zɛ³³ɣɔ³¹ʑi³¹ko³³ɣo³¹ka³³pɔ³³l̩ɔ³³me⁵⁵ɲi⁵⁵tʃhɛ³¹tʃhɛ³¹.
　　　　这　一　种　花（话助）一个　冬天　　　　　（状助）红（持续）（实然）
　　　一个冬天这种花都红着。

（7）ŋɔ⁵⁵su³¹ɣɔ³¹tsɿ⁵⁵ko³³ɣɔ³¹. 　　我读过书。
　　　我　书　读（曾行）（非实然）

（8）ʑɿ³¹ʑi⁵⁵tɔ³¹a⁵⁵zɛ³³ɣɔ³¹kɔ³³fv³¹ɲi⁵⁵tʃhɛ³¹ti³³ɲi⁵⁵ko³³ɣɔ³¹.
　　　这　一　朵　花（话助）曾经　红（缀）（状助）红（曾行）（变化）
　　　这朵花曾经红过。

（9）ŋɔ³³thɯ⁵⁵khueŋ³³miŋ³³ɣɔ³¹ta̠³³ʑi⁵⁵mɔ³¹. 我们就要上昆明了。

我们 昆明 （话助） 上 （趋向）（即行）

（10）a⁵⁵phḁ³³n̠i⁵⁵ma̠³¹ma³³tɣ̠³³lɔ⁵⁵/⁵³mɔ³¹. 叶子就要绿了。

叶子 绿色 （叠）（趋向）来 （将行）

（11）ʑi⁵⁵tɕhi³¹khɯ³¹me⁵⁵tshɔ³¹ɣɔ³¹ɯ⁵⁵tʃhɣ³¹pa̠³³ʃi³³kuɛ⁵³（=kɔ⁵⁵ɣɛ³¹）.

这一 块 地 （话助）水 浇 （补）过了 过 （语助）

这一块地浇过水了。

（12）ɔ³³tɯ³³thɯ⁵⁵ɔ³³fv̠³¹tsɔ³¹pv̠³³ɣɛ³¹tɕɔ⁵⁵ɔ⁵⁵l̠ ɯ³¹tɕhi³¹ʑi⁵⁵mɔ³¹.

咱们 饭 吃 完 （语助）就 洗澡 洗 去 （完成）

咱们吃完饭了就去洗澡吧。

（13）ʑi⁵⁵tieŋ⁵⁵teŋ³³tsɛ⁵⁵tɣ̠³¹ɕi³¹. 这电灯还亮着。

这 电灯 还 亮 还

（14）ʑi⁵⁵lɔ³¹tsɛ⁵⁵khɔ⁵⁵kɔ³³tɣ̠³³ɣɛ³¹ɕi³¹. 他还躺着。

他 还 躺 掉 （趋向）（语助）还

（15）ʑi⁵⁵a⁵⁵ʑɛ̠³³tɕhi³¹ʑɛ̠³³ɣɔ³¹ʒɯ⁵⁵n̠i⁵⁵mɔ³¹n̠i⁵⁵tɣ̠³³ɕi³¹. 这一朵花还没红。

这 花 一 朵 （话助）（宾助）红 不 红 （趋向）还

（16）ʑi⁵⁵lɔ³¹ma³¹ɣo̠³¹tʃa³³ɕi³¹. 他还没睡。

他 没 睡 还

6. 在句中都能作谓语。例如：

（1）ɔ³¹mɔ³³lɔ³¹ɣo³¹phe̠³³mɯ⁵⁵lɛ⁵³mɔ³¹v⁵⁵ɣɛ³¹. 妈妈买了很多菜。

妈妈 （话助）菜 非常 多 买 （语助）

（2）ʑi⁵⁵lɔ³¹ɔ³¹n̠i⁵⁵lɔ³¹fv̠³³sɔ⁵⁵. 她妹妹好看。

她 妹妹 （话助）看 好

（3）a⁵⁵pe̠³³thɯ³³tsɿ⁵⁵tsh̠³³. 孩子们在写字。

孩子们 字 写

（4）ʑi⁵⁵tou⁵⁵fv³¹ɣɔ³¹mɯ⁵⁵lɛ⁵³pe̠³¹nv⁵⁵tɛ³¹. 这豆腐非常臭。

这 豆腐 （话助）非常 臭 （状助）

（二）形容词和动词的不同点

1. 动词前面能加否定副词xa³¹"别、不要"构成祈使句，形容词不能。例如：

（1）xɔ³¹/³³tsh̠³¹. 别跑。 （2）*xɔ³¹n̠i⁵⁵. *别红。

别 跑 别 红

（3）xɔ³¹z̩³¹. 别走。 （4）*xɔ³¹na̠³³. *别黑。

别 走 别 黑

2. 动词只有两种重叠方式，而且重叠受到一定条件的限制；而形容词一般都能重叠，且重叠形式多样。例如：

（1）ŋɔ⁵⁵u³¹u³¹khɔ³³tɕi⁵⁵tsɛ³³mɯ³¹.　凡是我卖的，都是好的。

　　　我　卖（叠）（结助）全部　　好

上例中，动词u³¹重叠后再添加助词khɔ³³，表示遍指，有"凡是……的"之义。而形容词一般都能重叠，且重叠形式多样，重叠式的语法意义丰富。下面仅举几例简单说明：

（2）ʑi⁵⁵xɣ̩³¹xɣ̩³¹ɔ⁵⁵tsɿ⁵⁵tɕhi³¹mɔ⁵⁵.　这是一棵很大的树。

　　　这　大　大　树　　一　棵

上例中，形容词xɣ̩³¹"大"重叠的方式为"AA"式，重叠后表示程度加深。

（3）thɔ⁵⁵tɕhi³¹tsɿ⁵⁵ɔ⁵⁵tsɿ⁵⁵mu⁵⁵mu⁵⁵mɛ⁵⁵.　这棵树确实高。

　　　这　一　棵　树　高　（叠）（实然）

上例中，形容词的重叠方式为"AA"，重叠式表示语气的加强，有"确实、真正的"之义。

3. 动词可以同phɣ³³"敢、舍得"、ʐɛ³³ʑi⁵⁵"愿意"、nɛŋ³¹"能、能够"等表示意愿的能愿助动词结合；形容词不能同这些词结合，但可以与表示可能性的能愿助动词结合，如tɕhe³¹"会"；形容词的使动态则可以与nɛŋ³¹"能、能够"结合。例如：

（1）çɔ³¹mɛ³¹ʐɛ³³ʑi⁵⁵pɣ³¹tɕiŋ³³mɔ⁵³lɔ⁵⁵ɣɛ³¹.　　　　晓梅愿意去北京。

　　　晓梅　愿意　北京　（方助）去（语助）

（2）ɔ³¹ŋi⁵⁵lɔ³¹tʃhaŋ⁵⁵kɔ³³tʃhaŋ⁵⁵tɕhe³¹.　　　　弟弟会唱歌了。

　　　弟弟　　唱歌　　唱　会

（3）*thɔ⁵⁵a⁵⁵ʐɛ³³ʐɛ³³ʑi⁵⁵ŋi⁵⁵tʃhe³¹pɔ³³tʃhe³³mɛ⁵⁵.　*这朵花愿意红。

　　　这　花　愿意　红　　　　　　　　（状助）

4. 修饰名词作定语时，形容词既可以放在名词前也可以放在名词后，而动词只能出现在名词前面。例如：

（1）khu⁵⁵phu³¹mu⁵⁵ 长绳子　　（2）mu⁵⁵ti³³khu⁵⁵phu³¹ 长绳子

　　绳子　　长　　　　　　　　　长　的　绳子

（3）mu⁵⁵ɔ³³tshɿ⁵⁵zɿ³¹ 看的人　　（4）tʃha³¹ɔ³³ɔ⁵⁵fv³¹ 煮的饭

　　　看　的　人　　　　　　　　煮　的　饭

5. 形容词能带重叠式的配音音节，表示程度加深或其他感情色彩，动词则没有这种特征。例如：

（1）na̠³¹ɣɯ³¹na̠³¹ɣɯ³¹ 乌黑乌黑　　（2）ŋi⁵⁵ma̠³¹ma̠³¹ 绿油油

　　（配音）（后缀）黑（后缀）　　　　　（前缀）（配音）绿

6. 动词有进行体和将行体，而形容词没有这两种体。例如：

（1）*a⁵⁵zɛ̱³³zi⁵⁵thɯ³³n̠i⁵⁵tʃhɛ³¹pɔ³³tʃhɛ³³ti³³. 这些花正红。

　花　　这些　　红　　（结助）　　（状助）

（2）ŋa³³n̠ɔ³¹ʃaŋ⁵⁵xɛ³¹zi⁵⁵mɔ³¹. 我们将要去上海。

　我们　　上海　　去（语助）

根据以上的分析和梳理，可以认为，豪尼话动词和形容词的特征大同小异，也就是说，共同点大于不同点。在词类划分中，可以将其合为一类，称"谓词"。但考虑到二者之间还有一些重要的不同特点，如重叠方式、组合能力等，这些相异点也构成不同类别的特征，所以也可以看成不同的词类。这样处理，对豪尼话的语法分析或语法教学会方便一些。但必须说明，形容词和动词在词类中应该处于下一层次的区分，也就是说，它们是跟名词、代词、副词等词类平列的"谓词"下面的两个次类。

二　形容词的前缀

豪尼话形容词词根绝大多数是单音节的，加前缀ʒv³³可以构成双音节形容词，前缀ʒv³³只起陪衬音节的作用。不能加前缀的形容词词根较少。例如：

ʒv³³na̱³³　黑　　　ʒv³³kɯ³³　干燥　　　ʒv³³xɔ³¹　苦
（前缀）黑　　　　（前缀）干　　　　　（前缀）苦

ʒv³³tʃm̩⁵⁵　甜　　ʒv³³tʃhɛ⁵⁵　酸　　　ʒv³³tɕhi⁵⁵　辣
（前缀）甜　　　　（前缀）酸　　　　　（前缀）辣

ʒv³³fv⁵⁵　白　　　ʒv³³n̠i⁵⁵　红　　　ʒv³³phɛ⁵⁵　涩
（前缀）白　　　　（前缀）红　　　　　（前缀）涩

具有构形功能的构词前缀ʒv³³还可以附加在形容词前，使该形容词变为相应的名词。例如：

ʒv³³ʃɣ³¹　新的　　ʒv³³kæ⁵⁵　旧的　　ʒv³³tʃu³¹　生的
（前缀）新　　　　（前缀）旧　　　　　（前缀）生

ʒv³³mu³³　熟的　　ʒv³³ʃv⁵⁵　黄色　　ʒv³³fv⁵⁵　白色
（前缀）熟　　　　（前缀）黄　　　　　（前缀）白

ʒv³³na̱³³　黑色　　ʒv³³n̠i⁵⁵　红色　　ʒv³³phɯ⁵⁵　蓝色；灰色
（前缀）黑　　　　（前缀）红　　　　　（前缀）蓝；灰

由形容词加前缀ʒv³³构成的名词还可以构成并列复合词。例如：

ʒv³³ʃɣ³¹ʒv³³kæ⁵⁵　新的旧的　　　ʒv³³tʃu³¹ʒv³³mu³³　生的熟的
（前缀）新（前缀）旧　　　　　（前缀）生（前缀）熟

三　形容词的重叠

在实词中，豪尼话形容词是形态变化较多的一个词类，它既能加前缀，又能重叠。其形态变化表示性质、状态特征的级别。形容词词根能重叠，重叠后表示程度加深。重叠式主要有 AA 式（词根+词根）和 ABB 式（前缀+词根+词根）两种。

AA 式：

na̱^{31}na̱^{31}（mɛ^{55}）早早（地）　　　　tɕhi^{55}tɕhi^{55}（mɛ^{55}）齐齐（地）

早　早　（状助）　　　　　　　齐　齐　　（状助）

pu^{33}pu^{33}（mɛ^{55}）满满（地）　　　　tha̱^{33}tha̱^{33}（mɛ^{55}）锋利（地）

满　满　（状助）　　　　　　　锋利　　　（状助）

na̱^{31} na̱^{31}mɛ^{55}ʑi^{55} 早早地去

早　早　（状助）去

ABB 式：

ʒv^{33}mu^{55}mu^{55}(ti^{33})　　长长(地)　　　　ʒv^{33}ɲi^{55}ɲi^{55}(ti^{33}) 窄窄(地)

（前缀）长　长　（状助）　　　　　（前缀）窄　窄　（状助）

ʒv^{33}pa̱^{33}pa̱^{33}(ti^{33}) 平平(地)　　　　ʒv^{33}na̱^{33}na̱^{33}(ti^{33}) 黑黑(地)

（前缀）平　平　（状助）　　　　　（前缀）黑　黑　（状助）

u^{31}na̱^{33}thɔ^{55}ʒv^{33}na̱^{33}na̱^{33}ti^{33}.　　乌云黑黑的。

乌云 这 （前缀）黑 黑 的

ʒv^{33}pɔ^{31}pɔ^{31} (ti^{33})ɔ^{33}mɛ^{31}phi^{55}　　薄薄的嘴唇

（前缀）薄 薄 （状助）的 嘴唇

ʒv^{33}na̱^{33}na̱^{33} (ti^{33})ɔ^{33}tshɛ^{55}khɯ^{55}　　黑黑的头发

（前缀）黑 黑 （状助）的 头发

ʒv^{33}ʃɣ^{31}ʃɣ^{31} (ti^{33})ɔ^{33}su^{31}ɣɔ^{31}　　新新的书本

（前缀）新 新 （状助）的 书本

此外，还有少量 AABB 式。这种重叠式是受汉语影响而产生的。此时词根用的是汉语借词。例如：

tɕhiŋ^{31}tɕhiŋ^{31}khuɛ^{31}khuɛ^{31}　　　　勤勤快快

勤 （叠） 快 （叠）

kɔ^{55}kɔ^{55}ɕiŋ^{55}ɕiŋ^{55}　　　　　　高高兴兴

高 （叠） 兴 （叠）

piŋ^{31}piŋ^{31}ɛŋ^{33}ɛŋ^{33}　　　　　　平平安安

平 （叠） 安 （叠）

khɣ^{55}khɣ^{55}tɕhi^{55}tɕhi^{55}　　　　客客气气

客 （叠） 气 （叠）

lɔ^{31}lɔ^{31}sɿ^{31}sɿ^{31}　　　　　　　老老实实

老 （叠） 实 （叠）

ʑi⁵⁵lɔ³¹kɔ⁵⁵kɔ⁵⁵ɕiŋ⁵⁵ɕiŋ⁵⁵mɛ⁵⁵su³¹ɣɔ³¹ts̩⁵⁵ʐɛ⁵³（=ʑi⁵⁵ɣɛ³¹）.

他　　高 (叠) 兴 (叠) (状助)　书　　读 去 了 (趋向)(语助)

他高高兴兴地读书去了。

ɔ³³tɯ³³thɯ⁵⁵xɔ⁵⁵n̠i³¹lɔ³¹lɔ³¹s̩³¹s̩³¹mɛ⁵⁵u⁵⁵ɣɔ³¹. 我们要老老实实地劳动。

我们　　劳动　老 (叠) 实 (叠) (状助) 做 (语助)

形容词重叠式能够嵌入程度副词mɯ⁵⁵lɛ⁵³/xɔ⁵⁵tɕhi⁵⁵"很、非常、多么"，表示程度的进一步加深。例如：

重叠式		嵌入式	
mu⁵⁵mu⁵⁵(ti³³)　长长(地) 长 长 (状助)		mu⁵⁵mɯ⁵⁵lɛ⁵³mu⁵⁵ 长 很 长	很长
n̠i⁵⁵n̠i⁵⁵(ti³³)　窄窄(地) 窄窄 (状助)		n̠i⁵⁵xɔ⁵⁵tɕhi⁵⁵n̠i⁵⁵ 窄 很 窄	很窄
ɣo̠³¹ka̠³³ka̠³³(ti³³)冷冷(地) (前缀) 冷 冷 (状助)		ɣo̠³¹ka̠³³mɯ⁵⁵lɛ⁵³ka̠³³ (前缀) 冷 很 冷	很冷
tʃm̩⁵⁵tʃm̩⁵⁵(ti³³)　甜甜(地) 甜 甜 (状助)		tʃm̩⁵⁵xɔ⁵⁵tɕhi⁵⁵tʃm̩⁵⁵ 甜 很 甜	很甜
tʃhe⁵⁵tʃhe⁵⁵(ti³³)　酸酸(地) 酸 酸 (状助)		tʃhe⁵⁵xɔ⁵⁵tɕhi⁵⁵tʃhe⁵⁵ 酸 很 酸	很酸
tɕhi⁵⁵tɕhi⁵⁵(ti³³)　辣辣(地) 辣 辣 (状助)		tɕhi⁵⁵xɔ⁵⁵tɕhi⁵⁵tɕhi⁵⁵ 辣 很 辣	很辣
xɔ³¹xɔ³¹(ti³³)　苦苦(地) 苦 苦 (状助)		xɔ³¹mɯ⁵⁵lɛ⁵³xɔ³¹ 苦 很 苦	很苦
phe⁵⁵phe⁵⁵(ti³³)　涩涩(地) 涩 涩 (状助)		phe⁵⁵xɔ⁵⁵tɕhi⁵⁵phe⁵⁵ 涩 很 涩	很涩

thɯ³³na̠³³tɕhi³¹xɔ³¹xɔ⁵⁵tɕhi⁵⁵xɔ³¹. 那药很苦。

那 药 苦 很 苦

lu⁵⁵pɔ³¹ʐɔ⁵⁵tɕhi³¹mɔ⁵⁵n̠i⁵⁵xɔ⁵⁵tɕhi⁵⁵n̠i⁵⁵. 这条河很窄。

河 这 一 条 窄 很 窄

ɔ³¹ɕi³¹ʐɔ⁵⁵tɕhi³¹tʃoŋ³¹tʃm̩⁵⁵mɯ⁵⁵lɛ⁵³tʃm̩⁵⁵. 这种果子很甜。

果子 这 一 种 甜 很 甜

ʑi³³ti³³ɔ³³tɕhi⁵⁵tɕhi⁵⁵tɕhi⁵⁵mɯ⁵⁵lɛ⁵³tɕhi⁵⁵. 这样的辣椒很辣。

这样 的 辣椒 辣 很 辣

thɔ³³ʑi⁵⁵ɔ³³mu⁵⁵xɔ⁵⁵tɕhi⁵⁵mu⁵⁵ti³³ɔ³³kɔ⁵⁵mɔ³³z̩³¹ʐɛ⁵³（=ʑi⁵⁵ɣɛ³¹）.

那里 去 的 远 很 远 (状助)的 路 走 (趋向)(语助)

去那里要走很远的路。

四　形容词的名物化

词根形容词能够加定语助词ɔ³³"的"构成名物化。双音节形容词名物化时需重叠后一音节。例如：

xɣ³¹ɔ³³　　　　　　大的　　　　　　　mɯ³¹ɔ³³　　　　　　好的
大　的　　　　　　　　　　　　　　　好　的

ʒv³³kæ⁵⁵kæ⁵⁵ɔ³³　　旧的　　　　　　　ʒv³³tʃu³¹tʃu³¹ɔ³³　　生的
(前缀)旧　旧　的　　　　　　　　　　(前缀)生　生　的

ʒv³³mu³³mu³³ɔ³³　　熟的　　　　　　　le⁵⁵lu³³lu³³ɔ³³　　　圆的
(前缀)熟　熟　的　　　　　　　　　　(前缀)圆　圆的

tʏ³¹ɣ³¹ɣ³¹ɔ³³　　　弯的　　　　　　　tɔ⁵⁵tʃm³³tʃm³³ɔ³³　尖的
(前缀)弯弯的　　　　　　　　　　　(前缀)尖　尖　的

ʒv³³kɯ³³kɯ³³ɔ³³　干的　　　　　　　ʒv³³tʃɛ⁵⁵tʃɛ⁵⁵ɔ³³　　湿的
(前缀)干　干　的　　　　　　　　　　(前缀)湿　湿　的

ʒv³³tʃɛ⁵⁵tʃɛ⁵⁵ɔ³³l̥o³¹kɯ³³ʑɛ⁵³（=ʑi⁵⁵ɣɛ³¹）.　　把湿的晒干。
(前缀)湿　　的晒干　去了(趋向)(语助)

le⁵⁵lu³³lu³³ɔ³³l̥u³³mɔ³³ʑi⁵⁵tɯ³³tɕhi³¹mɔ⁵⁵fɣ³³sɔ⁵⁵.　那块圆的石头好看。
圆　　的石头那　一　个看好

五　形容词的自动态与使动态

部分形容词有自动、使动范畴的区别。由于这些形容词与动词兼类，有动词的用法，所以这些形容词也能构成使动式。

自动态　　　　　　使动态

ʃv⁵⁵　　黄　　　　　ʃv⁵⁵ʑi⁵⁵pi³³　　　弄黄
nu³¹　　软　　　　　nu³¹ʑi⁵⁵pi³³　　　弄软
ȵi⁵⁵　　小　　　　　ȵi⁵⁵ʑi⁵⁵pi³³　　　弄小
pa̱³³　　坏　　　　　pa̱³³ʑi⁵⁵pi³³　　　弄坏

其语法手段主要是在单音节形容词前加pi³³"使"、tʃɛŋ³¹"整、弄"等表示使动。双音节形容词需重叠后一音节后嵌入pi³³"使"、tʃɛŋ³¹"整、弄"来表示使动。例如：

mɯ³¹　　　好　　　　　tʃɛŋ³¹mɯ³¹ᐟ³³　　整好
tsaŋ³³　　脏　　　　　tʃɛŋ³¹tsaŋ³³　　　弄脏
tʃɛ⁵⁵　　湿　　　　　tʃɛ⁵⁵tʃɛŋ³¹tʃɛ⁵⁵　弄湿
ȵi⁵⁵　　红　　　　　ȵi⁵⁵pi³³ȵi⁵⁵　　　使红
ȵi⁵⁵ma̱³¹　绿　　　　ȵi⁵⁵ma̱³¹pi³³ma̱³¹　使绿

te̠³³　　　　　　浑（浊）　　　te̠³³pi³³te̠³³　　　　　使浑

l̥u⁵⁵　　　　　　热　　　　　l̥u⁵⁵pi³³l̥u⁵⁵　　　　　使热

ty̠³¹v̠³¹　　　　弯　　　　　ty̠³¹v̠³³pi³³v̠³³　　　使弯

例句：

ɔ⁵⁵xu³¹tsaŋ³³ɣɛ³¹lɛ³¹.　　　　　衣服脏了。

衣服　脏　（语助）（语助）

ɔ⁵⁵xu³¹tʃɛ⁵⁵pi³³tʃɛ⁵⁵ɣɔ³¹.　　　　衣服湿了。

衣服　湿　使湿（语助）

lu⁵⁵pɔ³¹te̠³³xɔ⁵⁵tɕhi⁵⁵te̠³³.　　　河水很浑浊。

河水　浑　很　　浑

ɔ⁵⁵xu³¹tʃɛ⁵⁵tʃɛŋ³¹tʃɛ⁵⁵ɣɔ³¹.　　　衣服被弄湿了。

衣服　湿　整　湿（语助）

ɔ³¹xɔ³¹ty̠³¹v̠³¹tʃɛŋ³¹v̠³¹ɣɔ³¹.　　　把竹子弄弯了。

竹子　弯　弄　弯（语助）

nv⁵⁵ɯ⁵⁵tʃhɣ³¹tɕe̠³¹kɯ⁵⁵tʃl̥ŋ³¹tʃl̩³¹tʃɛŋ³¹kɯ⁵⁵ɣɛ³¹.

你　水　凉　　　一点　　整　凉　（语助）

你把水整凉一点。

ɯ⁵⁵tʃhɣ³¹tɕe̠³¹kɯ⁵⁵mɯ⁵⁵lɛ⁵³kɯ⁵⁵ɣɔ³¹.　　　水凉了。

水　凉　　　很　　凉　（语助）

ɔ³¹pe⁵⁵lu⁵⁵pɔ³¹te̠³³pi³³te̠³³ɣɛ³¹.　　　鸭子把水弄浑了。

鸭子　河水　浑　弄　浑（语助）

nv⁵⁵tsha³¹v̠³¹tʃɛŋ³¹mɯ³¹ᐟ³³ɣɛ³¹!　　　你把锄头弄好！

你　　锄头　整　好（语助）

a⁵⁵pe̠³³ɔ⁵⁵xu³¹pi³³tʃɛŋ³¹tsaŋ³³ɣɔ³¹.　　　孩子把衣服弄脏了。

孩子　衣服　使弄　脏　（语助）

ɔ³¹xɔ³¹zɔ⁵⁵tɕhi³¹mɔ⁵⁵ty̠³¹v̠³¹mɯ⁵⁵lɛ⁵³v̠³¹.　　　这根竹子很弯。

竹子　这　一　根　弯　很　弯

六　形容词的句法功能

豪尼话形容词可以作定语、谓语、状语和补语等多种句法成分，还有否定形式。

（一）形容词作定语

形容词直接修饰名词时，通常位于名词之后。形容词后加助词ɔ³³ "的" 作名词的定语时，位置在名词前。例如：

ȵi⁵⁵ɔ³³ɔ⁵⁵xu³¹mɔ³¹v⁵⁵.   红的衣服不买。
红 的 衣服 不 买

tʃɔ³¹ʃɛ⁵⁵ɔ³³zɔ³¹mi³¹lɔ³¹lɔ⁵⁵mɔ³¹.   漂亮的女孩子来了。
漂亮 的 女孩子 (话助) 来 (语助)

ʒɣ³³xa̱³³ɔ³³fv⁵⁵tʃɿ³¹xu³¹tsɔ³¹lie³³（=li³³ɣɛ³¹）. 富人的钱被偷了。
富人 的钱 偷 掉 去了 (趋向) (语助)

（二）形容词作谓语

ɣɔ³¹phe̱³³ɣɔ³¹mɯ⁵⁵lɛ⁵³mɛ⁵⁵.   菜非常好吃。
菜 (话助) 非常 好吃

ɯ⁵⁵l̩u⁵⁵zɔ³¹mɯ⁵⁵mɯ⁵⁵lɯ⁵³mɔ³¹l̩u⁵⁵çi³¹.   热水现在还不那么热。
热水 现在 那么 不 热 还

zɔ³¹nv³³tʂʅ⁵⁵zɔ³¹la̱ŋ³³，xɔ⁵⁵ȵi³¹mɔ³¹u⁵⁵kɔ³¹.   今天人懒，不想劳动。
今天 人 懒 劳动 不 做 想

ʑi⁵⁵lɔ³¹ʑu⁵⁵ʃɔ³³ʑu⁵⁵mu³¹，ɔ³¹sɿ⁵⁵ʑi⁵⁵lɔ³¹ʒɯ⁵⁵li³¹u⁵⁵mɔ³¹！
他 又 穷又 老 谁 他 (宾助) 理 要 (语助)

  他又老又穷,谁搭理他啊!

（三）形容词作状语

形容词作状语，一般要在其后加状语助词mɛ⁵⁵。例如：

tʃa³³ʑi⁵⁵ɣɔ³¹lu³³tɣ³³ʑi⁵⁵！   快滚出去!
赶快 (语助) 滚 出去

ʑi³³thɯ³³tɕhi³¹tɕhi³¹mɛ⁵⁵phɛ³¹mu³¹！   把这些整整齐齐放好!
这些 齐 (叠) (状助) 放 好

nv⁵⁵kɔ³³kɔ³³mɛ⁵⁵ti⁵⁵tsɿ³¹ta̱³³，ŋɔ⁵⁵ɣɯ³³la³¹.   你高高跳起来，我拉你。
你 高 (叠)(状助) 跳 (助动) 起 我 拉 (趋向)

（四）形容词作补语

nv⁵⁵ʑi³³thɯ³³tɕhi³¹ʃɯ⁵⁵tsɔ³¹！   你把这些洗干净!
你 这些 洗 净 掉

tshui³¹tshui³¹ti³³to³³lɔ⁵⁵，tsʅ⁵⁵zɔ³¹pi³³ti³¹tʃɛ⁵⁵kɔ³¹lɯ⁵⁵ɣɔ³¹.
快 (叠)(状助) 进来 人 给 淋湿 掉 完 (语助)

  快进来,人都淋湿了。

ʑi⁵⁵tho³¹ɔ³³za̱³¹ŋa³³tho³¹ɔ³³u³³khɯ³¹nu³¹pa̱³³zɛ⁵³（=ʑi⁵⁵ɣɛ³¹）.
他家的猪 我 家 的 地 踩 坏 了 (趋向)(语助)

  他家的猪把我们家的庄
稼踩坏了。

（五）形容词的否定形式

豪尼话的形容词和动词一样，都能受否定副词修饰。不同的是，动词能受mɔ³¹"不、没"、ma³¹"不、没"修饰，还能受mɔ³¹u⁵⁵"不要"修饰。形容词只能受否定副词mɔ³¹"不、没"或ma³¹"不、没"修饰，构成形容词的否定形式。mɔ³¹或ma³¹修饰重叠的双音节形容词时，放在两个重叠音节中间。例如：

mɔ³¹mɯ³¹	不好	mɔ³¹mɔ³¹	不多
不　好		不　多	
mɔ³¹n̠i⁵⁵	不少	ma³¹xa³³	不硬
不　少		不　硬	
mɔ³¹tʃhɯ³³	不重	mɔ³¹nu⁵⁵	不短
不　重		不　短	
tʃɔ³³khɯ³¹mɔ³¹khɯ³¹	不瘦	nu³¹sɔ³¹mɔ³¹sɔ³¹	不软
瘦　　不　瘦		软　　不　软	

否定副词mɔ³¹"不、没"和ma³¹"不、没"加在重叠形容词之间表示选择疑问，但单音节的和多音节的形容词重叠情况不同。对单音节形容词重叠式，否定副词嵌在两个音节之间。否定副词放在两个重叠形式之间。例如：

na̠³¹ma³¹na̠³¹	早不早	fv⁵⁵mɔ³¹fv⁵⁵	白不白
早　不　早		白　不　白	
pu³³mɔ³¹pu³³	满不满	tha̠³³mɔ³¹tha̠³³	锋利不锋利
满　不　满		锋利　不　锋利	
mu⁵⁵mɔ³¹mu⁵⁵	远不远	na̠³¹ma³¹na̠³¹	深不深
远　不　远		深　不　深	

重叠式或非重叠式带前缀的三音节形容词，表示选择疑问时，重叠后一音节，或整体重叠。例如：

ʃɔ³¹pv⁵⁵pv⁵⁵mɔ³¹pv⁵⁵	肥不肥	ʃɔ⁵⁵nɯ⁵⁵mɔ³¹nɯ⁵⁵	腥不腥
肥　　　不肥		腥　　不　腥	
pe̠³¹nɯ⁵⁵mɔ³¹nɯ⁵⁵ （气味）	臭不臭	tʃɔ³¹ʃɛ⁵⁵mɔ³¹tʃɔ³¹ʃɛ⁵⁵	漂亮不漂亮
臭　　不　臭		漂亮　不　漂亮	

例句：

zi⁵⁵a⁵⁵ʑe̠³³tɕhi³¹ʑe̠³³ɕaŋ³³ma³¹ɕaŋ³³？　这朵花香不香？
这花　　一朵香不香

l̠u³³mɔ³³ʑɔ⁵⁵tɕhi³¹ɕi³¹tʃhɯ³³mɔ³¹tʃhɯ³³？　这颗石头重不重？
石头　这一颗重不重

thɯ³³ma̠³³ʃa̠³¹tɕhi³¹pa³¹tha̠³³ma³¹tha³³？那把刀锋利不锋利？
那　刀　　一　把　锋利　不　锋利

za̠³¹thɔ⁵⁵tɕhi³¹mɔ⁵⁵ʃɔ³¹pv⁵⁵pv⁵⁵mɔ³³mɔ³¹pv⁵⁵mɔ³³？那头猪肥不肥？
猪　那　一　只　肥　　　不　肥（语助）

thɯ³³su³¹ɣɔ³¹tɕhi³¹peŋ³¹fv̠³³sɔ⁵⁵mɔ³¹fv̠³³sɔ⁵⁵？那本书好看不好看？
那　书　　一　本　看　好　不　看　好

nɔ⁵⁵xɔ³¹sɔ⁵⁵mɔ³¹nɔ⁵⁵xɔ³¹sɔ⁵⁵/nɔ⁵⁵mɔ³¹nɔ⁵⁵xɔ³¹sɔ⁵⁵？好听不好听？/好不好听？
听　　好　不　听　　好

fv̠³³ʃɔ³¹mɔ³¹fv̠³³ʃɔ³¹/fv̠³³mɔ³¹fv̠³³ʃɔ³¹？　　　难看不难看？/难不难看？
难看　不　难看　　看　不　难看

fv̠³³sɔ⁵⁵mɔ³¹fv̠³³sɔ⁵⁵/fv̠³³mɔ³¹fv̠³³sɔ⁵⁵？　　　好看不好看？/好不好看？
看　好　不　看　好　看　不　看　好

第六节　动　词

　　动词是表示动作行为、思想活动、发展变化、存在等意义的词。动词是豪尼话中数量较多的一类词。其主要特点之一是大多数动词都是单音节的。动词缺少形态变化，不像形容词那样有使用广泛的前缀和重叠变化。基本分为以下几类：

　　表示动作行为的动词。例如：

mɯ³¹u⁵⁵	吞	xoŋ³¹	闻	tsɔ³¹	吃
mv³³the̠³¹	衔；含	u⁵⁵ʃi⁵⁵	笑	tshɨ³¹	跑
tɯ⁵⁵	喝；抽	xɛ⁵⁵	拿	ʃɔ³¹	站

　　表示能愿的动词。例如：

| tɕhe̠³¹ | 会 | phɣ³¹ | 敢 | khe̠⁵⁵ɣo³³ | 可以 |
| ko³¹ | 想 | zɔ³³ | 能 | çaŋ³¹lɯ⁵⁵ | 想念 |

　　表示趋向的动词。例如：

| lɔ⁵⁵ | 来 | zi⁵⁵ | 去 | kɔ³³ | 下；掉下 |
| to³³ | 进 | tɣ̠³³ | 出 | ta̠³³ | 上；起来 |

　　表示存在的动词。例如：

tʃhv⁵⁵	有/在（生命体）	te̠³¹	存在（植物和非生命体）
tʃɯ³³	有/在、存在（一般事物）	tɣ̠³³	有（液体、气体）
tʃo³³	有（掺杂、部分、容器）	tu⁵⁵	有（足迹、道路）
tʃa³³	有（无生命体）	v⁵⁵	有/在（昆虫）

表示联系、判断的动词。例如：

ŋɯ⁵⁵　　是

一　动词的态

豪尼话的动词有自动态和使动态的区别。自动态，就是动词的动作行为是由主动者自己发出的，并非由外力使其产生。使动态，则是指某种动作行为不是主动者发出的，而是由外力引起的。使动态的语法形式是分析式，通过加助词、动词或虚化动词来表示。尚未发现通过音变来表示使动态的例子。分析式主要有以下三种形式：

（一）在自动词前加使动助词pi³³

例如：

自动态		使动态	
l̥ɣ̠³³	动	pi³³l̥ɣ̠³³	使动
pa̠³³	破	pi³³pa̠³³	弄破
tɣ̠³³lɔ⁵⁵	升起	pi³³ta̠³³lɔ⁵⁵	使升起
ɣo̠³¹tʃa³³	睡	pi³³ɣo̠³¹tʃa³³	使睡
l̥i⁵⁵	碎	pi³³l̥i⁵⁵	使碎
ʃi⁵⁵	熄；死	pi³³ʃi⁵⁵	使熄；使死
pa̠³³	坏	pi³³pa̠³³	使坏；弄坏

例句：

（1a）爸爸醒了。（自动）

ɔ³¹phɔ³¹n̩i³¹luɛ⁵³（＝lɯ⁵⁵ɣɛ³¹）.

爸爸　　醒　来了　　来 (语助)

（1b）我把爸爸弄醒。（使动）

ŋa³³nɛ³³ŋɔ³³（＝ŋɔ⁵⁵ɔ³¹）phɔ³¹ʒɯ⁵⁵l̥a̠³³n̩i³¹tɛ³³（＝ta̠³³ɣɛ³¹）.

我 (施助) 我　　我 爸爸 (宾助) 弄 醒 起了 (趋向)(语助)

（2a）鞋掉了。（自动）

pha̠³¹no̠³³kɔ³³tɣ̠³³ɣɛ³¹.

鞋　　　掉 (趋向)(语助)

（2b）你把鞋脱掉吧！（使动）

nv⁵⁵pha̠³¹no̠³³pi³³l̥e̠³³tɣ̠³³ɣɛ³¹!

你 鞋子　 给 脱 (趋向)(语助)

（3a）墙上粘着纸。（自动）

kɯ⁵⁵fv³¹mo̠⁵³su³¹ɣo³¹the̠³¹/³³tɛ³³（＝ta̠³³ɣɛ³¹）.

墙　 (方助) 纸　　粘　　上了 (趋向)(语助)

（3b）不要让屎粘着！（使动）

ɔ³¹tɕhi³¹xɔ³¹pi³³pa ³¹tɛ³³（＝ta̠³³ɣɛ³¹）!

屎　　别　给　粘　上　了　_{（趋向）（语助）}

（4a）我穿衣服。（自动）

ŋɔ⁵⁵ɔ⁵⁵xu³¹tu³³.

我　衣服　穿

（4b）我给妹妹穿衣服。（使动）

ŋɔ⁵⁵ɔ³¹ȵi⁵⁵lɔ³¹ɔ⁵⁵xu³¹pi³³tu³³.

我　妹妹　_{（话助）}衣服　给　穿

（5a）小孩吃饭了。（自动）

a⁵⁵pe̠³³ɔ⁵⁵fv̩³¹tsɔ³¹ɣɔ³¹.

小孩　饭　　吃 _{（语助）}

（5b）喂小孩饭。（使动）

a⁵⁵pe̠³³lɔ³¹ɔ⁵⁵fv̩³¹pi³³tsɔ³¹.

小孩　_{（话助）}饭　给　吃

使动词pi³³有一个致使对象。例如：

li⁵⁵li³³ʐɯ⁵⁵pi³³kɔ⁵⁵ɕiŋ⁵⁵.　　　使姨妈高兴。

姨妈　_{（宾助）}给　高兴

ʑi⁵⁵lɯ³³ʐɯ⁵⁵pi³³ȵi⁵⁵.　　　使他哭泣。

他　_{（宾格）（宾助）}给　哭

（二）在自动词前加动词l̩a ³³ "使"、tʃɛŋ³¹ "整、弄、搞" 或pɛ³¹ "逗" 表示使动

tʃɛŋ³¹原是动词，义为 "整"，虚化后引申为 "弄、搞"，表使动义。部分自动词后先添加虚化动词（主要是ʑi⁵⁵ "去"、lɔ⁵⁵ "来"），再加pi³³表示使动。例如：

自动		使动	
ȵi⁵⁵	哭	l̩a ³³ȵi⁵⁵；tʃɛŋ³¹ȵi⁵⁵	弄哭
ȵi³¹	醒	l̩a ³³ȵi³¹；tʃɛŋ³¹ȵi³¹	弄醒
thu³³	断	tʃɛŋ³¹thu³³	弄断
ʃi⁵⁵	死；灭	tʃɛŋ³¹fv̩ ³³	弄死；弄灭
ti⁵⁵pe̠³¹	裂	tʃɛŋ³¹ti⁵⁵pe̠³¹	弄裂
ŋɔ⁵⁵	玩	pɛ³¹ŋɔ⁵⁵	逗玩

例句：

（1a）婴儿哭了。（自动）

a⁵⁵pe̠³³tʃha ³¹ȵi⁵⁵ȵi⁵⁵ɣɛ³¹.

婴儿　　　　哭 _{（语助）}

（1b）他把婴儿弄哭了。（使动）

ʑi⁵⁵lɔ³¹a⁵⁵pe̠³³tʃha̠³¹n̠i⁵⁵l̥a̠³³（tʃɛŋ³¹）n̠i⁵⁵ɣɛ³¹.

他　　婴儿　　　　使　整　哭（语助）

（2a）洋锅裂了。（自动）

ʐa̠³¹ko³³ti⁵⁵pe̠³¹ɣɛ³¹.

洋锅　　裂　（语助）

（2b）我把锅弄裂了。（使动）

ŋɔ⁵⁵ʐa̠³¹ko³³tʃɛŋ³¹ti⁵⁵pe̠³¹ɣɛ³¹.

我　洋锅　弄　裂　（语助）

（3a）姐姐醒了。（自动）

a⁵⁵ta⁵⁵n̠i³¹ɣɔ³¹.

姐姐　醒（语助）

（3b）他把姐姐弄醒了。（使动）

ʑi⁵⁵lɔ³¹a⁵⁵ta⁵⁵l̥a̠³³n̠i³¹ɣɔ³¹.

他　　姐姐　弄　醒（语助）

（4a）绳子断了。（自动）

a⁵⁵tʃha̠³³thu³¹ʐɛ⁵³（＝ʑi⁵⁵ɣɛ³¹）.

绳子　　断　去了（趋向）（语助）

（4b）我把绳子弄断了。（使动）

ŋɔ⁵⁵a⁵⁵tʃha̠³³tʃɛŋ³¹thu³³ɣɛ³¹.

我　绳子　整　断　（语助）

（5a）扁担断了。（自动）

piɛŋ³¹taŋ⁵⁵thu³³ʐɛ⁵³（＝ʑi⁵⁵ɣɛ³¹）.

扁担　　　断　去了（趋向）（语助）

（5b）他把扁担弄断了。（使动）

ʑi⁵⁵lɔ³¹piɛŋ³¹taŋ⁵⁵tʃɛŋ³¹thu³³ɣɛ³¹.

他　　扁担　　整　断　（语助）

（6a）火灭了。（自动）

mi³¹tsɔ³¹ʃi⁵⁵ʑi⁵⁵.

火　　灭（趋向）

（6b）火被他们搞灭了。（使动）

mi³¹tsɔ³¹pi³³tʃɛŋ³¹fv³³ɣɛ³¹.

火　　给整　死（语助）

mi³¹tsɔ³¹pi³³tʃɛŋ³¹ʃi⁵⁵ɣɛ³¹.

火　　给整　死（语助）

（7a）孩子跌倒了。（自动）

a⁵⁵pe̠³³lɔ³¹kɔ³³tɤ̠³³ɣɛ³¹.

孩子 （话助）掉 （趋向）（语助）

（7b）你把孩子弄跌倒了。（使动）

nv⁵⁵a⁵⁵pe̠³³ʒɯ⁵⁵tʃɛŋ³¹kɔ³³tɤ̠³³ɣɛ³¹.

你 孩子 （宾助）整 掉（趋向）（语助）

（8a）我害怕了。（自动）

ŋɔ⁵⁵kɤ̠³³lɯ⁵⁵ɣɛ³¹.

我 怕 完（语助）

（8b）他吓唬我。（使动）

ʑi⁵⁵lɔ³¹ŋɔ³³ʒɯ⁵⁵l̠a̠³³khɤ̠³³lɔ⁵³（＝lɔ⁵⁵ɣɛ³¹）.

他 我 （宾助）使 怕 来了 来（语助）

（9a）他和小孩玩。（自动）

ʑi⁵⁵lɔ³¹khɛ³³a⁵⁵pe̠³³ŋɔ⁵⁵.

（9b）他逗小孩玩。（使动）

ʑi⁵⁵lɔ³¹a⁵⁵pe̠³³lɔ³¹ne³³pɛ³¹ŋɔ⁵⁵.

他 孩子 （话题）（施助）逗 玩

二　动词的趋向

豪尼话动词有位置高低的趋向概念。最常见的是在动词后加虚化的动词lɔ⁵⁵"来"、ʑi⁵⁵"去"表示趋向。例如：

kɔ³³lɔ⁵⁵（从上到下的）来　　　　ta̠³³lɔ⁵⁵（从下到上的）来

kɔ³³ʑi⁵⁵（从上到下的）去　　　　ta̠³³ʑi⁵⁵（从下到上的）去

lɔ⁵⁵"来"、ʑi⁵⁵"去"还能与ta̠³³"上"、kɔ³³"下"、to³³"进"、tɤ̠³³"出"、xɯ³¹"回"、kɯ³¹"过"和thɯ³³"起"等构成复合趋向动词。

ta̠³³lɔ⁵⁵	上来	ta̠³³ʑi⁵⁵	上去
kɔ³³lɔ⁵⁵	下来	kɔ³³ʑi⁵⁵	下去
to³³lɔ⁵⁵	进来	to³³ʑi⁵⁵	进去
tɤ̠³³ʑi⁵⁵	出去	tɤ̠³³lɔ⁵⁵	出来
xɯ³¹lɔ⁵⁵	回来	xɯ³¹ʑi⁵⁵	回去
kɯ³¹lɔ⁵⁵	过来	kɯ³¹ʑi⁵⁵	过去
thɯ³³ta̠³³lɔ⁵⁵	起来		

趋向动词可以直接在句中作谓语，也可以在句中作谓语的补语，位于核心谓语之后。趋向动词直接作谓语，例如：

nv⁵⁵tʐ̩³³lɔ⁵⁵！　　　你出来！

你　出　来

nv⁵⁵kɔ³³ʑi⁵⁵！　　　你下去！

你　下　去

nv⁵⁵ta̠³³ʑi⁵⁵！　　　你上去！

你　上　去

nv⁵⁵xɯ³¹ʑi⁵⁵！　　　你回去！

你　回　去

nv⁵⁵tʐ̩³³ʑi⁵⁵！　　　你出去！

你　出　去

ʑi⁵⁵lɔ³¹xɯ³¹lɔ⁵⁵！　他回来！

他　　回　来

趋向动词作谓语补语，例如：

nv⁵⁵xɛ⁵⁵ta̠³³lɔ⁵⁵ɣɛ³¹！　　　　你拿上来吧！

你　拿　上　来 （语助）

ʑi⁵⁵lɔ³¹z̩³¹ta̠³³lɔ⁵⁵ŋ³¹！　　　他走上来了！

他　　走　上　来 （语助）

nv⁵⁵ɔ⁵⁵xu⁵⁵ɣɔ³¹xɯ³¹ʑi⁵⁵？　你回家去啊？

你　家 （话助） 回　去

ʑi⁵⁵lɔ³¹ʐuɛ³³na̠³¹ȵe̠³¹xui³¹ʑi⁵⁵kɯ³¹ɣɛ³¹．他去过越南两回了。

他　越南　　二　回　去　过 （语助）

xu³¹xu³¹pu⁵⁵tʐ̩³³ɣɛ³¹ȵe³³xɯ³¹ta̠³³lɔ⁵⁵！　鸽子放了会飞回来！

鸽子　飞 出 （语助）（连） 回　上　来

ʑi⁵⁵lɔ³¹pɣ³¹tɕiŋ³³tɕhi³¹xui³¹z̩³¹kɯ³¹ɣɛ³¹．他去过一次北京了。

他　北京　　一　回　走　过 （语助）

三　动词的否定式

豪尼话的动词能受否定副词的修饰。

（一）动词前加否定副词mɔ³¹ "不" 表示否定

例如：

mɔ³¹ɯ⁵⁵ʃi⁵⁵　不笑　　　mɔ³¹pɯ³¹　不挖　　　mɔ³¹ʑi⁵⁵　　不去

不　笑　　　　　　　不　挖　　　　　　　不　去

mɔ³¹u⁵⁵　不做　　　mɔ³¹thu⁵⁵　不说　　　mɔ³¹tsɔ³¹　不吃

不　做　　　　　　　不　说　　　　　　　不　吃

mɔ³¹fɣ³³　不看　　　mɔ³¹nɔ⁵⁵xɔ³¹　不闻　　mɔ³¹ȵi⁵⁵　　不染

不　看　　　　　　　不　闻　　　　　　　不　染

例句：

ŋɔ⁵⁵mɔ³¹ʑi⁵⁵.　　　　　　　　我不去。

我　不　去

ʑi⁵⁵lɔ³¹mɔ³¹lɔ⁵⁵.　　　　　　他不来。

他　　不　来

ʑi⁵⁵lɔ³¹mɔ³¹zl³¹ɣɔ³¹?　　　　他不走了吗？

他　　不　走₍语助₎

zɔ³¹nv³³uɯ³¹ʑɛ⁵⁵mɔ³¹ʑɛ⁵⁵.　　今天不下雨。

今天　雨　　不　下

（二）动词前还能加xɔ³¹"别"表示否定

例如：

xɔ³¹ɯ⁵⁵ʃi⁵⁵　　别笑　　xɔ³¹pɯ³¹　　别挖　　xɔ³¹ʑi⁵⁵　　　　别去

别笑　　　　　　别挖　　　　　　别去

xɔ³¹u⁵⁵　　　别做　　xɔ³¹thu⁵⁵　　别说　　xɔ³¹tsɔ³¹　　　别吃

别做　　　　　　别说　　　　　　别吃

xɔ³¹fv̩³³　　别看　　xɔ³¹nɔ⁵⁵xɔ³¹　别闻　　xɔ³¹ɲi⁵⁵　　　别染

别看　　　　　　别闻　　　　　　别染

例句：

nv³³thɯ⁵⁵xɔ³¹u⁵⁵ɣɛ³¹!　你们别做了！

你们　　别做₍语助₎

xɔ³¹tshn̩³¹ɣɔ³¹，mɯ³¹mɯ³¹ti³³tʃɯ³³kuɛ³³（=kɔ³³ɣɛ³¹）!

别跑₍语助₎　好好₍状助₎坐下了　₍趋向₎₍语助₎

别跑了，好好地坐着吧！

（三）动词前还能加ma³¹"没"表示否定

例如：

ma³¹u⁵⁵　　　没要　　ma³¹zl³¹　　　没走　　ma³¹ʑi⁵⁵　　　没去

没要　　　　　　没走　　　　　　没去

ma³¹u⁵⁵　　　没做　　ma³¹thu⁵⁵　　没说　　ma³¹tsɔ³¹　　　没吃

没做　　　　　　没说　　　　　　没吃

ma³¹tshn̩³³　没写　　ma³¹tʃa³³　　没有　　ma³¹ɲi⁵⁵　　　没染

没写　　　　　　没有　　　　　　没染

例句：

xa̠³³phi⁵⁵ɣɔ³¹ma³¹kɯ⁵⁵ɣɛ³¹!　公鸡没叫！

公鸡　₍话助₎没　叫₍语助₎

phiŋ³¹ko³¹ɣɔ³¹ma³¹n̪i⁵⁵ɣɛ³¹.　　　苹果没红。
苹果　（话助）没 红（语助）
ŋɔ⁵⁵ɔ⁵⁵fv³¹ma³¹tsɔ³¹ɕi³¹.　　　我还没吃饭。
我 饭 没 吃 还
ʑi⁵⁵lɔ³¹ma³¹ʑi⁵⁵ɣɛ³¹.　　　他没去。
他　没 去（语助）

（四）动词的肯定式与否定式可以连用构成正反疑问式，根据音节的多少，有不同的形式

1. 单音节连用式的否定

连用的形式是："动词+mɔ³¹+动词"和"动词+ma³¹+动词"。例如：

ɕi³¹mɔ³¹ɕi³¹　　　结不结（果）　　　ʃɣ⁵⁵mɔ³¹ʃɣ⁵⁵　　　锯不锯
结 不 结　　　　　　　　　　　锯 不 锯
tʃm̩⁵⁵mɔ³¹tʃm̩⁵⁵　挑不挑　　　n̪i⁵⁵ma³¹n̪i⁵⁵　　哭没哭
挑 不 挑　　　　　　　　　　哭 没 哭
xɛ⁵⁵ma³¹xɛ⁵⁵　　拿不拿　　　tsm̩³¹mɔ³¹tsm̩³¹　跑不跑
拿 没 拿　　　　　　　　　跑 不 跑
tɕi³¹mɔ³¹tɕi³¹　骑不骑　　　za³³ma³¹za³³　扫没扫
骑 不 骑　　　　　　　　　扫 没 扫
ŋɯ⁵⁵mɔ³¹ŋɯ⁵⁵　是不是　　　thu⁵⁵mɔ³¹thu⁵⁵　说不说
是 不 是　　　　　　　　　说 不 说

2. 双音节连用式的否定

有两种否定形式：一是"动词+mɔ³¹+动词"，二是"动词首音节+mɔ³¹+动词"。两种连用式可以互换。例如：

tɣ̩³³ʑi⁵⁵mɔ³¹tɣ̩³³ʑi⁵⁵　　～　　tɣ̩³³mɔ³¹tɣ̩³³ʑi⁵⁵　　出不出去
出 去 不 出 去　　　　　　　出 不 出 去
xɔ⁵⁵lɯ³¹mɔ³¹xɔ⁵⁵lɯ³¹　　～　　xɔ⁵⁵mɔ³¹xɔ⁵⁵lɯ³¹　　懂不懂
懂 不 懂　　　　　　　　　懂 不 懂
tsɔ³¹fa̩³¹mɔ³¹tsɔ³¹fa̩³¹　　～　　tsɔ³¹mɔ³¹tsɔ³¹fa̩³¹　　尝不尝
尝 不 尝　　　　　　　　　尝 不 尝
tʃv⁵⁵tʃhv³³mɔ³¹tʃv⁵⁵tʃhv³³　～　tʃv⁵⁵mɔ³¹tʃv⁵⁵tʃhv³³　生不生（孩子）
生 不 生（孩子）　　　　　　生 不 生 （孩子）
ɣo̩³¹tʃa³³mɔ³¹ɣo̩³¹tʃa³³　　～　　ɣo̩³¹mɔ³¹ɣo̩³¹tʃa³³　　睡不睡
睡 不 睡　　　　　　　　　睡 不 睡

句中若有两个动词，mɔ³¹的位置仍在主要动词之前。有表能愿、心理的动词时，限制的是动词和能愿动词结合的整个结构。例如：

ʑi⁵⁵lɔ³¹mɔ³¹ʑi⁵⁵ɕaŋ³¹. 　　　　　　　　他不想去。
他　　不　去　想

ŋɔ⁵⁵tʃʂɿ⁵⁵ɣɔ³¹mɔ³¹tsɔ³¹ai⁵⁵. 　　　　　我不爱吃甜的。
我　甜　的　不　吃　爱

ʑi⁵⁵lɔ³¹ɯ⁵⁵l̩ɯ⁵⁵mɔ³¹n̠e ³¹phɣ³¹. 　　　　他不敢捉蛇。
他　　蛇　不　捉　敢

ʑi⁵⁵lɔ³¹tʃha⁵⁵ko³³mɔ³¹tʃha⁵⁵tɕɕe ³¹. 　　　他不会唱歌。
他　唱歌　　不　唱　会

四　判断动词

豪尼话中只有一个判断动词ŋɯ⁵⁵ "是"，用于名词、代词、数量短语之后，表示说话者对某一对象或其性质、状态所做的判断，并含有肯定、强调的语气。其一般不出现在肯定句中，而在否定句及正反疑问句中则必须使用。例如：

ʑi⁵⁵lɔ³¹ɕo ³¹sɛŋ³³mɔ³¹ŋɯ⁵⁵. 　　　　　他不是学生。
他　　学生　　不　是

ʑi⁵⁵lɔ³¹mi⁵⁵nv³³lɔ⁵⁵mɔ³¹ŋɯ⁵⁵. 　　　　他不是昨天来的。
他　　昨天　来不　是

ɔ³³tɯ³³thɯ⁵⁵a³¹xa ³¹mɔ³¹ŋɯ⁵⁵. 　　　　我们不是汉族。
我们　　　汉族不　是

tho⁵⁵mu³¹n̠i³¹ʑi⁵⁵lɔ³¹ɣɔ³³mɔ³¹ŋɯ⁵⁵. 　　　这东西不是他的。
这　东西　他　(话助)　不　是

ŋɔ⁵⁵v³¹ɣɔ³¹nɛ³³tʃʂɿ⁵⁵zɔ³¹ʑi⁵⁵lɔ³¹mɔ³¹ŋɯ⁵⁵. 　我骂的人不是他。
我　骂(话助)(施)　人　　他　不　是

zɔ³¹nv³³ɣɔ³¹ŋɔ³³ʒɯ⁵⁵sɛŋ³³ʑɿ³¹mɔ³¹ŋɯ⁵⁵. 　今天不是我的生日。
今天　(话)　我　(宾)　生子　不　是

ʑi⁵⁵lɔ³¹tsʂɿ⁵⁵zɔ³¹tɕɕo³¹（=tɕɕhi³¹ɣɔ³¹）ŋɯ⁵⁵？ 他是一个人？
他　人　　　　　一个　是

na ³³ʃɯ³¹ɣɔ³¹ɕiŋ³³tɕɕhi³³thiɛŋ³³mɔ³¹ŋɯ⁵⁵，ŋɔ⁵⁵ʃɿ³¹tɕɕeŋ³³ma³¹tʃʂa³³.
明天　(话助)　星期天　　　　不　是　　我　时间　　没　有
明天不是星期日，我没有时间。

ŋɔ⁵⁵ɔ³¹n̠i⁵⁵lɔ³¹mi⁵⁵na ³³xɣ ³¹tʃɯ⁵⁵tɣ ³³ɣɛ³¹mɔ³¹ŋɯ⁵⁵. 我弟弟不是去年生的。
我　弟弟(主助)去年　　生　出(语助)　不　是

判断动词ŋɯ⁵⁵ "是" 在肯定式的陈述句中可以省略或隐含。尤其是在有话题助词ɣɔ³¹出现的句式中，ŋɯ⁵⁵ "是" 可以被省略。例如：

zɔ³¹mɯ⁵⁵ɣɔ³¹u³¹ʑɛ⁵⁵nv³³xa̠³¹，tɕhi³¹nv³³lɛ³³u³¹ʑɛ⁵⁵ʑɛ⁵⁵.

现在　(话助) 雨　日子　　　一　天　每　雨　　下

现在是雨季，每天都下雨。

na̠³³ʃɯ³¹ɣɔ³¹xɣ³¹ʃɣ³¹ɔ³¹lɔ³¹thɯ³³fɔ³³tɕhi³¹nv³³. 明天是新年的第一天。

明天　(话助) 新年　　的　前面　(时助) 一　天

在否定句和选择疑问句中ŋɯ⁵⁵ "是"强制出现。例如：

ʑɔ⁵⁵a⁵⁵mɣ̠³¹ŋɯ⁵⁵mɔ³¹?　　　　　　那是猴子吗？

那　猴子　是　(语助)

li³¹lɔ³¹sɿ³³ɔ³¹sɿ⁵⁵ʹ⁵³ŋɯ⁵⁵mɔ³¹?　　　李老师是谁？

李老师　谁　　是　　(语助)

thɔ⁵⁵su³¹ɣɔ³¹ŋɔ³³ɔ³³mɔ³¹ŋɯ⁵⁵.　　　这书不是我的。

这　书　　我　的　不　是

ʑi⁵⁵lɔ³¹xu⁵⁵xu³¹tshɿ⁵⁵zɔ³¹mɔ³¹ŋɯ⁵⁵.　　他不是墨江人。

他　　墨江　人　　不　是

thɔ⁵⁵ɣɔ³¹phe̠³³mɯ⁵⁵lɯ⁵³me⁵⁵mɔ³¹ŋɯ⁵⁵. 这菜不是很好吃。

这　菜　　很　　好吃　不　是

nv⁵⁵mɯ⁵⁵lɛ⁵³kɣ³¹phɣ³¹ŋɯ⁵⁵mɔ³¹ŋɯ⁵⁵? 你是不是很害怕？

你　很　　怕　敢　是　不　是

五　存在动词

豪尼话有八个存在动词，用来表示人、事件、事物等的存在。分述如下。

（一）tʃv⁵⁵ "在，有"，指有生命的人和除动物外的其他生物的存在
例如：

a³¹xa̠³³xa̠³³zɔ³¹xa̠³³ʒu⁵⁵mɔ⁵³tʃv⁵⁵.　　　小鸡在鸡窝里。

小鸡　　　　鸡窝　(方助) 在

xɔ³¹tʃɿ⁵⁵tʃɿ⁵⁵zɔ³¹ɣɔ³³ʒu⁵⁵mɔ⁵³tʃv⁵⁵.　　雏鸟在鸟窝里。

鸟　(叠) 小　(话助) 窝　(方助) 在

ɔ⁵⁵xu⁵⁵ɣɔ³¹tshɿ⁵⁵zɔ³¹mɔ³⁵ti³³tʃv⁵⁵.　　屋里有很多人。

屋　(话助) 人　　很多　有

me⁵⁵tshɔ³¹mɔ⁵³a³¹tʃɿ̠³¹tɕhi³¹kɯ⁵⁵tʃv⁵⁵.　地里有一群羊。

地　　(方助) 羊　一　群　有

（二）tʃɯ³³ "在，有"，指一般事物，即有生命的人和非动物的存在
例如：

ɔ⁵⁵pɣ³³ɣɔ³¹ɣo̠³¹xɔ⁵⁵mɔ⁵³tʃɯ³³.　　　　　被子在床上。

被子　(话助) 床上　(方助) 在

ɔ⁵⁵xu⁵⁵ɣɔ³¹thɯ³¹xɣ ³¹mɔ³⁵ti³³tʃɯ³³.　　　　　　　屋里有一堆南瓜。

屋　(话助) 南瓜　很多　有

kɔ³³liŋ³¹mɔ⁵³khɛ³³la ³¹tɣ ³¹mɔ⁵³a⁵⁵ʒɣ ³³tʃɯ³³ʹ³¹.　高领和袖子上有花。

高领　(方助) 和　袖子　(方助) 花　有

ŋa⁵⁵tho³¹ʑi⁵⁵fɔ³³fɔ³¹kɣ³¹tʃɯ³¹tɕhi³¹mɔ⁵⁵tʃɯ³³ti³³.　我家前面有一座大山。

我家　　前面　(方助) 山　一　座　有　(助动)

tsho³¹lo³¹fɣ ³³ɕi³¹ɣɔ³¹liaŋ³¹pɯ³¹to³³fv⁵⁵tsɱ⁵⁵zɔ³¹tʃɯ³³.

措乐　村　(话助) 两　百　多　户　人　　有

措乐村寨有两百多户人家。

（三）tʃo³³表示群体（或整体）中存在的个体或一部分，有"掺杂"的意思

当tʃo³³出现在句末时，可以变读为tʃo³¹。分为表示"存在"和"所属"的两类，例如：

1. 表示"存在"

ʑi⁵⁵lɔ³¹ma³¹tʃo³³ʹ³¹.　　　　　　　　　　　他不在。

他　　不　在

ʑi⁵⁵lɔ³¹ɔ³¹pv⁵⁵tʃo³³ɕi³¹.　　　　　　　　　他爷爷还在。

他　　爷爷　在　还

xu⁵⁵thạ ³³fɔ³³ɔ³¹khɯ³¹tʃo³³.　　　　　　　外面有狗。

外面　(方助) 狗　有

a⁵⁵ʒɣ ³¹n̻i⁵⁵tɕi⁵⁵tsɛ³³mɛ⁵⁵ɔ⁵⁵xu⁵⁵mɔ⁵³tʃo³³.　　兄弟都在家。

兄弟　　全部　(状助) 家　(方助) 在

2. 表示"所属"

ŋɔ⁵⁵ɣo³¹su⁵⁵a⁵⁵ʒɣ ³¹n̻i⁵⁵mɯ⁵⁵lɛ⁵³mɔ³¹ʹ³⁵ti³¹tʃo³³ʹ³¹.

我　丈夫　亲戚　　很　　多　(状助) 有

我丈夫有许多亲戚。

ŋɔ⁵⁵a⁵⁵pẹ ³³lɔ³¹n̻i³¹ko³³zɔ³¹mɯ⁵⁵lɛ⁵³mɔ³¹ʹ³⁵ti³¹tʃo³³.

我　孩子　(话助) 表兄弟　　很　多　(状助) 有

我的孩子有许多表兄弟。

ʑi⁵⁵lɔ³¹zɔ³¹mi³¹tɕhi³¹ɣɔ³¹lɛ⁵³tʃo³³.　　　　　他只有一个女儿。

他　女儿　一　个　只　有

kɛ³³tsṇ ³¹mɔ⁵³xɔ⁵⁵tɕhi⁵⁵mɔ³¹ʹ³⁵ti³¹tʃo³³.　　街上有许多人。

街子　(方助) 很　多　(状助) 有

3. 表存在的"有"的否定式是在tʃo³³和tʃa³³前加ma³¹"没"。例如：

ʑi⁵⁵thạ ³³fɔ³³pi³¹tʃɱ⁵⁵ma³¹tʃo³³.　　　　　　　上边没有甘蔗。

上边　(方助) 甘蔗　没　有

u³¹u³¹ɣɔ³¹u³¹na̠³³tʃm̠³¹tʃn̠³¹ma³¹tʃa³³.　　　　　天上一朵云也没有。

天　(话助)云　一点　　没　有

ɔ³³tu³³thɯ⁵⁵ɔ³¹sn̠⁵⁵ʹ⁵³su³¹ɣɔ³¹tɕhi³¹mɔ⁵⁵ma³¹tʃa³³.　我们都没有那本书。

我们　　　谁　书　一　本　没　有

（四）tʃa³³ "有，在"，指无生命的存在

例如：

fv⁵⁵tʃn̠³¹tʃa³³ɕi³¹mɔ³¹?　　　　　钱还有吗？

钱　　有　还　(语助)

ʑi⁵⁵lɔ³¹fv⁵⁵tʃn̠³¹mɔ³¹ʹ³⁵ti³³tʃa³³.　　他有钱。

他　钱　多　地　有

ŋɔ⁵⁵ŋɔ³¹mu³¹ɯ⁵⁵pɣ³¹tʃa³³.　　　　我有五亩水田。

我　五　亩　水田　有

ɔ⁵⁵xu³¹ɕaŋ³³tsn̠³¹xu⁵⁵lɛ⁵⁵fɔ³³tʃa³³.　衣服在箱子里。

衣服　箱子　里面　(方助)在

（五）tɕ³¹ "存在"，指植物和非生命体的存在

例如：

kɣ³¹tʃue³¹mɔ⁵³ɔ⁵⁵tsn̠⁵⁵tɕhi³¹ mɔ⁵⁵tɕ³¹.　　山上长着（存在）一棵树。

山　(方助)　树　一　棵　有

（六）表示液体或气体的存在，表示有容积的物品中装有某物或某器具里有某物，用tɣ³³ "有"

例如：

ɯ⁵⁵pu³¹mɔ⁵³ɯ⁵⁵tʃhɣ³¹tɣ³³.　　桶里有水。

桶　(方助)水　　有

ɯ⁵⁵thɔ⁵⁵mɔ⁵³ɯ⁵⁵tʃhɣ³¹tɣ³³.　　水缸里有水。

水缸　(方助)水　　有

phiŋ³¹phiŋ³³mɔ⁵³tʃn̠⁵⁵pɔ³¹tɣ³³.　　瓶子里边有酒。

瓶子　　(方助)酒　有

（七）表示有道路、足迹或其他痕迹，用tu⁵⁵ "有"

例如：

nv⁵⁵ɔ⁵⁵xu³¹mɔ⁵³tɔ⁵⁵khu⁵⁵tɕhi³¹mɔ⁵⁵tu⁵⁵.　　　　　你衣服上有一个洞。

你　衣服　(方助)洞　　一　个　有

v³¹tsh m̠³¹tɕ³³mɔ³¹mɔ⁵³tɔ⁵⁵khu⁵⁵na̠³¹na³¹mɛ⁵⁵tu⁵⁵ʹ⁵³.　　秧田里有深深的坑。

秧田　　　(方助)坑　深　深　(状助)有

ɔ⁵⁵tsn̠⁵⁵tsn̠⁵⁵tshu³¹u⁵⁵tʃhɛ³³mɔ⁵³kɔ⁵⁵mɔ³³tɕhi³¹khu³³tu⁵⁵.　森林中间有条路。

森林　　　　中间　(方助)路　一　条　有

（八）表示蜜蜂、蚂蚁等昆虫群体的存在，用v⁵⁵或tʃɯ³³ "有"

例如：

kɯ⁵⁵fv³¹mɔ⁵³pɔ³¹tʃm̩⁵⁵tɕhi³¹kɯ⁵⁵v⁵⁵.　　　　　　　墙上有一窝蜂。

墙上　（方助）蜜蜂　一　窝　有

ɔ⁵⁵tsน̩⁵⁵tu³¹tʃm̩⁵⁵mɔ⁵³ɔ⁵⁵fv³³fv³³ni⁵⁵tɕhi³¹kɯ⁵⁵tʃɯ³³.　树根处有一窝蚂蚁。

树根　　　　（方助）蚂蚁　　　一　窝　有

存在动词和一般动词不同，可以受 "副词+形容词" 的修饰。

例如：

ɔ³¹sน̩⁵⁵ŋɔ³³ʒɯ⁵⁵fv⁵⁵tʃ̩ʅ³¹mɯ⁵⁵lɛ⁵³mɔ³¹/³⁵ti³¹tʃa³³thu⁵⁵/⁵³?

谁　我　（宾助）钱　很　多　（状助）有　说

谁说我有很多钱？

ʐɔ⁵⁵fɔ³³fɔ³³a³¹xa̱³¹mɯ⁵⁵lɛ⁵³mɔ³¹/³⁵ti³¹tʃo³³.　　　这里有很多汉人。

这里　（方助）汉人　很　多　（状助）有

ɔ⁵⁵xu⁵⁵mɔ⁵³fv⁵⁵tʃha̱³¹mɯ⁵⁵lɛ⁵³mɔ³¹/³⁵ti³³tʃo³³.　　家里有很多老鼠。

家　（方助）老鼠　很　多　（状助）有

ɣɔ³¹phe̱³³mɔ⁵³tɕhi⁵⁵tɕhi³¹mɯ⁵⁵lɛ⁵³mɔ³¹/³⁵ti³³tʃa³³.　菜里有太多辣椒。

菜　（方助）辣椒　很　多　（状助）有

六　动词重叠

豪尼话动词重叠的现象较少。少量单音节动词可以重叠构成四音节连绵动词，表示该动作次数、频率的增加。例如：

ʑi⁵⁵ʑi⁵⁵lɔ⁵⁵lɔ⁵⁵　　来来去去　　nɔ³¹nɔ³¹xɔ⁵⁵xɔ⁵⁵　　摇摇摆摆

来　来　去　去　　　　　　　摇　摇　摆　摆

七　动词的名物化

动词可加名物化后缀ɔ³³构成名词性成分。这是动词名词化的主要手段。例如：

tsɔ³¹ɔ³³	吃的	u⁵⁵ɔ³³	用的
tɯ⁵⁵ɔ³³	喝的	tshn̩³³ɔ³³	写的
ti³¹ɔ³³	打的	thu³¹ɔ³³	舂的
u³¹ɔ³³	卖的	v⁵⁵ɔ³³	买的

八　动词的句法功能

动词因内部种类多，情况复杂，不同的动词在句法功能上往往有一些差异。这里的句法功能以动作动词为主，兼顾其他动词。动词在句中主要作谓语、状语、补语，此外其名物化形式还能作主语、定语等。

（一）作谓语

a⁵⁵ʐɛ³³ʃɿ³¹kɔ³³ʑi⁵⁵. 　　　　　　　　　花谢了。

花　谢　掉去

ɔ⁵⁵xu⁵⁵mɔ⁵³ɔ⁵⁵mɯ³³tɔ³¹xu³³tʃv⁵⁵/⁵³ɣɛ³¹. 　　　家里有客人。

家　(方助)　客人　　　　在　　(语助)

nv³³ʐɯ⁵⁵mɔ³¹mv⁵⁵ɣɔ³¹，ŋɔ⁵⁵ma³¹yo³¹tʃa³³.　　不见到你，我不睡。

你　(宾助)　不见　(话助)　我　不　睡

ʑi³³thɯ³³tsʰɿ⁵⁵zɔ³¹thɯ³³a³¹ʐa³¹tɕhi³¹zɔ³¹pi³³tsɔ³¹kuɛ³¹（＝kɔ³³ɣɛ³¹）.

这些　　人　　　　猪　一　只　给　吃　掉了　(趋向)(语助)

这些人把一头猪都吃了。

（二）作状语

ʑi⁵⁵lɔ³¹zɔ⁵⁵ɕaŋ³¹v⁵⁵ɣɔ³¹. 　　　他又想买了。

他　又　想　买(语助)

ɔ³¹n̠i⁵⁵lɔ³¹tsɿ⁵⁵tsʰ̩³³tɕe³¹. 　　　弟弟会写字了。

弟弟(话助)　字　写　会

（三）动词作补语

ɔ³¹pho³¹ɔ⁵⁵tsɿ⁵⁵tɛ³¹kɔ³³fɣ³³kuɛ³¹（＝kɔ³³ɣɛ³¹）.爸爸把树推倒了。

爸爸　树　推倒　(补)　掉了　掉(语助)

ʑi⁵⁵lɔ³¹ɔ³³tu³¹pɔ³¹ɔ³³tɯ³³thɯ⁵⁵ɯ³³ʃɿ⁵⁵fv³³kɔ³³pi³³/³¹.

他　的　话　谁　笑　死掉　给

他的话让大家笑翻了。

xa̠³³mɔ³³xa̠³³phi⁵⁵nɛ³³thɛ³¹nɛ³³tsʰ̩³¹kuɛ³³（＝kɔ³³ɣɛ³¹）.

母鸡　公鸡　(施助)　踢　(连)　跑　掉了　(趋向)(语助)

公鸡把母鸡踢跑了。

ɕɔ³¹li³¹kɔ³³tɣ³³nɛ³³ɔ³¹tʃɯ⁵⁵kɔ³³ʑi⁵⁵ɣɔ³¹. 小李摔跤把牙磕飞了。

小李　摔跤　(连)　牙齿　磕　(趋向)(语助)

ʑi⁵⁵lɔ³¹kɔ³³tɣ³³ɣɛ³¹. 　　　他滑倒了。

他　　倒　(趋向)(语助)

（四）名物化动词作主语、宾语和定语

u⁵⁵ɔ³³ŋɔ⁵⁵ʑi⁵⁵lɔ³¹ʐɯ⁵⁵pi⁵⁵pi³¹ɔ³³ɣɔ³¹. 　　用的都是我送给他的。

用的我　他　(宾助)　分　给　的(语助)

tsʰ̩³¹ɔ³³zɿ³¹ɔ³³mɔ⁵³tha̠³³mɔ³¹. 　　　跑的人比走的人多。

跑　的　走的　比　　多

v⁵⁵ɔ³³u³¹ɔ³³mɔ⁵³tha̱³³mɔ³¹ku⁵⁵.　　　　　　买的没有卖的精明。
买的　卖的　比　　不　精明

ɔ⁵⁵ti⁵⁵ɣɔ³¹ŋɔ⁵⁵l̠ɯ⁵⁵ɔ³³ai⁵⁵tsɔ³¹.　　　　　肉，我爱吃炒的。
肉　(话助) 我　炒的爱　吃

kua⁵⁵ta̱³³tɤ³³ɔ³³ʑi⁵⁵lɔ³¹xua⁵⁵ɔ³³ɣɤ³¹.　　　挂的是他画的画。
挂　(趋向)(趋向) 的他　画　的(语助)

第七节　副　词

豪尼话的副词是表示动作、行为或性质、状态在程度、范围、时间、频率、语气等方面不同状况的词。主要语法特点有：（1）不受其他词类的限制或修饰；（2）主要句法功能是作状语，能修饰形容词、动词或者整个句子；（3）位置大多放在被修饰语或限制语的前面，时间副词还可以放在句首；（4）有的副词借自汉语；（5）副词不能重叠。根据其意义与其结合功能，豪尼话的副词可分为程度副词、范围副词、时间副词、否定副词、语气副词和情状方式副词 6 类。

一　程度副词

程度副词的作用主要是修饰形容词，表示性质状态的程度；或是修饰动词，表示动作行为的程度。

（一）xɔ⁵⁵tɕhi⁵⁵、mɯ⁵⁵lɛ⁵³“很、非常、多么”，放在形容词前修饰形容词，表示性质、状态的程度
例如：
xɔ⁵⁵tɕhi⁵⁵kaŋ³¹ɕe⁵⁵mɔ³¹!　　非常感谢！
非常　感谢　(语助)

ʑi⁵⁵lɔ³¹ɔ³¹nɔ⁵⁵nɔ⁵⁵ti³³mɯ⁵⁵lɛ⁵³mu⁵⁵，pɔ³¹pɔ³¹fɣ³³fv⁵⁵.
他　病　生(状助)很　长　脸　看　白
他病了很久，脸色苍白。

ɔ³¹n̠i⁵⁵lɔ³¹mɛ³¹mɯ³¹, tu³¹pɔ³¹xɔ⁵⁵tɕhi⁵⁵nɔ⁵⁵xɔ³¹tɕhe̱³¹.
妹妹(主助)教　好　话　很　听　会
妹妹不难教，很听话。

ŋa³³zɔ³¹mi³¹mɯ⁵⁵lɛ⁵³tʃɔ³¹ʃɛ⁵⁵.　　　　　我的女儿长得很漂亮。
我的女儿　很　漂亮

ʑi³¹ʑi⁵⁵ʃuaŋ³³pha̱³¹nɔ̠³³mɯ⁵⁵lɛ⁵³fɣ³³sɔ⁵⁵.　　这双鞋子很好看。
这　一　双　鞋子　很　看　好

ʑi⁵⁵a⁵⁵pe³³lɔ³¹tɕhɔ³¹（＝tɕhi³¹ɣɔ³¹）xɔ⁵⁵tɕhi⁵⁵u³¹ʃɔ³¹ʃɔ³¹/³³lɯ⁵⁵, ʑi⁵⁵lɔ³¹
这　孩子 (主助)　　　　 一　个　很　　可怜　　　　　他
ɔ³¹phɔ³¹ɔ³¹mɔ³³ma³¹tʃɯ³³ɣɛ³¹.　这个孩子很可怜，他父母去世了。
爸爸　妈妈　不　在 (语助)

ŋɔ⁵⁵ŋɔ³³zɔ³¹ʑi⁵⁵ʐɯ⁵⁵mɯ⁵⁵lɛ⁵³ɕi³¹xua³³, kɔ³³tɤ³³ɣɛ³¹ne³³tɕhi³¹xui³¹ma³¹
我　我的孙女 (宾)　很　喜欢　跌倒 (助)(连) 一 次 不
n̠i⁵⁵.　我喜欢我的孙女，她摔倒从来不哭。
哭

（二）xɔ⁵⁵mɔ⁵⁵原义为"多少"，引申为"很、太"

例如：

ŋɔ⁵⁵nɛ³³v̩⁵⁵ɣɔ³³xɔ³³mɔ³³na³¹ɣɛ³¹.　　　　　我买了很久了。
我 (施) 买 的 很　　早了
ʑi⁵⁵lɔ³³ma³³tɕe³³mɯ⁵⁵lɛ⁵³fv̩³³sɔ⁵⁵, xɔ³³mɔ³³xɤ³¹.
他的　眼睛　非常　看　好　很　大
他眼睛非常好看，很大。
zɔ³¹mi⁵⁵pɔ³³l̩ɔ³³xɔ³³mɔ³³lɛ⁵⁵lu³³lu³³ti³³.　今晚月亮很圆。
今晚　月亮　太　圆 (叠)(状)
lɔ³¹thɯ³³fɔ³³ɕiŋ³³tɕhi³³, u³¹ʑɛ⁵⁵xɔ⁵⁵mɔ⁵⁵mɔ³¹/³⁵ti³¹ʑɛ⁵⁵mɔ³¹.
前面 (时) 星期　雨　很 　　(状) 下 (语助)
上个星期，下了很多雨。
tɕhi³¹xɤ³¹nɛ³³xɔ³³mɔ³³tshui³¹tshui³¹ti³³z̩³¹kɔ³³li³³mɔ³¹.
一 年 (话助) 很　　快 (叠)(状) 走 过 去 了
一年很快就过去了。
n̠ɛ³¹ɕɔ³¹ʃi³¹xɔ⁵⁵mɔ⁵⁵tshui³¹ti³³z̩³¹kɔ³³li³³mɔ³¹.　两个小时很快就过去了。
两 小时 很　　快 (状助) 走 过 (趋向)(语助)

（三）tʃm̩³¹tʃ̩³¹"一点点、稍微"、tʃm̩³¹tʃ̩³¹tʃ̩³¹kɔ³¹"差一点"

例如：

tʃm̩³¹tʃ̩³¹pe³¹nɯ⁵⁵.　有点臭。
一点　臭
nv̩⁵⁵tshui³¹tshui³¹ti³³ʑi⁵⁵ɣɛ³¹, ʑi⁵⁵lɔ³¹tʃm̩³¹tʃ̩³¹tʃ̩³¹kɔ³¹z̩³¹ɣɔ³¹.
你　快 (叠)(状) 去 (语助) 他　差一点　　　走 (语助)
你快去，他差一点走了。
ŋɔ⁵⁵xɔ³¹n̠i³¹tu³¹pɔ³¹tʃm̩³¹tʃ̩³¹thu⁵⁵tɕhe³¹.　我只会说一点点豪尼话。
我　豪尼　话　　一点点　说　会

zɔ³¹mɯ⁵⁵tɕhi³¹xui³¹xɯ³¹lɔ⁵⁵nɛ³³mv⁵⁵ɣɔ³¹，kɔ³³fv³¹fɔ³³tʃm̩³¹tʃɲ³¹ma³¹ɕaŋ⁵⁵
现在　　一　次　回　来（连）见（话助）以前　（时）一点　不　像

mɔ³¹．　这次回来看到的，一点也不像以前了。

（语助）

（四）ẓɔ⁵⁵ "更、越"，汉语借词

例如：

zɔ³¹nv³³ẓɔ⁵⁵l̩u⁵⁵ɣɔ³¹．　　　　　　　今天更热了。

今天　　更　热（语助）

mi³¹tsɔ³¹ẓɔ⁵⁵phy̠³³mɔ⁵¹．　　　　　　火烧得更旺了。

火　　　更　燃烧（语助）

thɯ³³kɛ⁵⁵tsɿ̠³¹ẓɔ⁵⁵tɕi³¹ɣɔ³¹！　　　　那条街更挤嘛！

那个　街子　更　挤（语助）

zi⁵⁵tshɔ³¹tshɔ³¹ẓɔ⁵⁵mɯ³¹n̩ɔ⁵⁵．　　　这个谜语更好玩。

这　谜语　　更　好　玩

zi⁵⁵a⁵⁵ʐɛ³³tɕhi³¹tɔ³¹ẓɔ⁵⁵fv̠³³sɔ⁵⁵．　　这朵花更好看。

这花　　一　朵更看好

nv⁵⁵ŋɔ³³mɔ⁵³tha̠³³nɛ³³ẓɔ⁵⁵kɔ³³mɛ⁵⁵．　你比我更高。

你　我（比）　（连）更　高（状助）

nv⁵⁵ɔ³¹mɔ³³ŋɔ³³mɔ³³mɔ⁵³tha̠³³sɿ⁵⁵tɕhiŋ³¹ẓɔ⁵⁵u⁵⁵ai⁵⁵．

你　妈　我妈（比）　　事情　更做爱

你妈比我妈更爱做事。

ɔ³¹sɿ⁵⁵ŋɔ³³ʐɯ⁵⁵mɔ⁵³tha̠³³nɛ³³ẓɔ⁵⁵tshm̩⁵⁵？　谁比我更胖？

谁　我（宾助）（比）　（连）更　胖

（五）ty̠³³、fv³³、lɯ⁵⁵ "极"

ty̠³³原义为 "出"，虚化引申为 "极、得很"；fv³³原义为 "死"，引申为
"极、得很"。lɯ⁵⁵在句中的含义也是 "极"，其来源还有待研究。例如：

ky̠³³lɯ⁵⁵ɣɛ³¹．　　　怕极了。

怕（趋向）（语助）

me̠³³fv³³lɔ⁵⁵mɔ³¹．　饿极了。

饿　死（趋向）（语助）

zɔ³¹nv³³tshm̩⁵⁵zɔ³¹xɯ³¹lɔ⁵⁵ti³³mɔ³¹/³⁵ti³³ty̠³³ɣɛ³¹．

今天　人　　回　来（状助）多　（状助）（趋向）（语助）

今天回来的人多得很。

nv³³ʒɯ⁵⁵pi³³mv⁵⁵, ʑi⁵⁵lɔ³³tu³¹pɔ³¹mɔ³¹ᐟ³⁵ti³³tɤ̠³³ɣɛ³¹.

你 （宾助）给看见 他的 话 多 （状助）（趋向）（语助）

一见你，他的话多极了。

ɔ⁵⁵xu⁵⁵ɣɔ³¹tɕhi³¹nv³¹tsŋ̍³³ɣɛ³¹, a³¹xa̠³³ɔ³¹tɕi⁵⁵tɕi⁵⁵lɯ⁵⁵ɣɔ³¹.

房子 （话助）一 天 盖 （语助）力气累 （叠）（趋向）（语助）

盖了一天房子，累极了。

tsŋ̍⁵⁵tshu³¹mɔ⁵³ɯ̠⁵⁵l̩ ɯ⁵⁵mɔ³¹ᐟ³⁵ti³³tɤ̠³³ɣɛ³¹.　　　林子里蛇多得很。

树林 　（方助）蛇 多 （状助）（趋向）（语助）

tsha³¹na̠³³xɤ̠³¹ɔ³³u³¹ʑɛ⁵⁵mɔ³¹ᐟ³⁵ti³³tɤ̠³³ɣɛ³¹.　　今年的雨水多得很。

今年 　　　的雨 多 （状助）（趋向）（语助）

ŋɔ⁵⁵ɔ³¹nɔ⁵⁵nɔ⁵⁵mɔ³¹, mɔ³¹tʃv⁵⁵sɔ⁵⁵fv³³ɣɛ³¹.　　我生病了，难受死了。

我 病 生 （语助）不 在 好死 （语助）

（六）ʐɔ⁵⁵……ʐɔ⁵⁵…… "越……越……"，汉语借词

例如：

ɕi³¹ʃɔ⁵⁵ʐɔ⁵⁵n̠i⁵⁵ʐɔ⁵⁵tʃhe⁵⁵.　　　杨梅越小越酸。

杨梅 越 小越 酸

ɔ⁵⁵tʃhɯ³¹ʐɔ⁵⁵tʃhɔ³¹ʐɔ⁵⁵mɯ³¹.　　朋友越吵越亲。

朋友 越 吵越 好

ɣɔ³¹su⁵⁵ɔ³³tu³¹pɔ³¹ʐɔ⁵⁵ʃɔ³¹, xɔ³¹mi³¹ʐɔ⁵⁵tʃhɔ³¹.

丈夫 的 话 越 少 妻子 越 吵

老公越话少，老婆越唠叨。

u³¹ʐɛ⁵⁵mɔ³¹ᐟ³⁵ti³³ʐɛ⁵⁵, tʃhe⁵⁵ɕi³¹ʐɔ⁵⁵ti³¹ʐɔ⁵⁵n̠i⁵⁵.

雨 多 （状助）下 谷子 越 打越 少

雨越下得多，谷子越收得少。

a⁵⁵mv̠³¹ʐɔ⁵⁵tshŋ³¹ɣɔ³¹ʐɔ⁵⁵tshui³¹.　　猴子越跑越快。

猴子 越 跑 （话助）越 快

nv⁵⁵ʐɔ⁵⁵u⁵⁵ʃi⁵⁵ɣɔ³¹, ʑi⁵⁵lɔ³¹ʐɔ⁵⁵mɔ³¹thu⁵⁵tɕhe̠³¹. 你越笑，他越不会说。

你 越 笑 （话助）他 越 不 说 会

ɣɔ³¹tshɔ⁵⁵ɣɔ³¹ʐɔ⁵⁵l̩ u⁵⁵ʐɔ⁵⁵l̩ u⁵⁵, tsha³¹fv³¹mɔ⁵³vɔ³³ɯ⁵⁵tʃhɤ̠³¹ʐɔ⁵⁵tɯ⁵⁵

天 （话助）越 热越 热 茶壶 （方助）（趋向）水 越 喝

ʐɔ⁵⁵ʃɔ³¹. 天越来越热，茶壶里的水越喝越少。

越 少

nv⁵⁵tho³¹ɔ³³a³¹xa̠³³ʐɔ⁵⁵tʃɯ⁵⁵tʃhɯ³³ʐɔ⁵⁵xɤ̠³¹! 你家的鸡越养越大啦！

你 家的 鸡 越 养 越 大

二　范围副词

范围副词表示事物或性质状态的范围，主要修饰动词，表示动作、行为的范围。有的范围副词也可以修饰形容词，表示性质、状态的范围。常见的范围副词有以下三类。

（一）tɕhi⁵⁵tsɛ³³或ʑi⁵⁵tsɛ³³ "全、都"

例如：

ɔ⁵⁵fv̩³¹tɕi⁵⁵tsɛ³³tsɔ³¹pv̩³³ɣɛ³¹. 饭吃饱了。

饭　　全　　吃　饱（语助）

tu³¹pɔ³¹tɕi⁵⁵tsɛ³³thu⁵⁵lɯ⁵⁵ɣɛ³¹. 话全说完了。

话　　　全　　说　完（语助）

ɔ³³tɯ³³thɯ⁵⁵fv̩³³ɕi³¹mɔ⁵³zɔ³¹mu³¹tɕi⁵⁵tsɛ³³mɯ³¹.

我们　　　　寨子（方助）老人　　都　　好

我们都对寨子里的老人好。

ʑi⁵⁵lɔ³¹nɛ³³ɔ⁵⁵fv̩³¹tɕi⁵⁵tsɛ³³mɔ³¹tsɔ³¹tɕo⁵⁵z̩³¹ɣɛ³¹.

他　（施助）饭　都　　不　吃　就　走（语助）

他连饭也不吃就走了。

tʃhe⁵⁵ɕi³¹ɣɔ³¹tɕi⁵⁵tsɛ³³pi³³kɯ³³fv̩³³ɣɛ³¹.　　　　稻子全被晒死了。

稻子（话助）全　　给　晒　死　了

ʑi⁵⁵lɔ³¹kv̩³³lɯ⁵⁵pɔ³¹pɔ³¹tɕi⁵⁵tsɛ³³ʒv³³fv̩⁵⁵ɣɛ³¹. 他吓得脸色苍白。

他　　吓　极　脸　都　　　（前缀）白　了

ŋɔ⁵⁵tɕhi³¹nv³³mɔ³³kuɛ³³（＝kɔ³³ɣɛ³¹）a⁵⁵pe̩³³lɔ³¹tɕi⁵⁵tsɛ³³te⁵⁵ta̩³³.

我　一天到晚　　　　　　（趋向）（语助）孩子（话助）都　　背（趋向）

我一天到晚都在背孩子。

nv⁵⁵mɔ⁵³tha³¹nɛ³³a⁵⁵pe̩³³lɔ³¹tɕhɔ³¹（＝tɕhi³¹ɣɔ³¹）a³¹xa̩³³tɕi⁵⁵tsɛ³³mɔ³¹

你　　　（比）（连）孩子（助）　　　　一　个　力气　都　　不

pv³³. 你都不如一个小孩子力气大。

大

a⁵⁵kɔ³³lɔ³¹tʃi⁵⁵pɔ³¹tɯ⁵⁵pv̩³³ɣɛ³¹nɛ³³ɔ⁵⁵xu⁵⁵ɣɔ³¹tɕi⁵⁵tsɛ³³mɔ³¹xɯ³¹ʑi⁵⁵

哥哥（话助）酒　喝　醉（语助）（连）家　　（话助）都　　不　回　去

ɣɔ³¹. 哥哥喝得醉得回不了家了。

（语助）

（二）lɛ⁵³ "只、才"

例如：

ȵe³¹l̩ɔ³³lɛ⁵³tʃa³³.　　　　　　　　只有两个月。
二 月 只 有

xɣ³¹ʃɣ³¹tsɔ³¹lɛ⁵³a³¹ʑa³¹ȶe³¹.　　　过年才杀猪。
过年　　才猪　杀

ŋa̠³³ɕi³¹ɣo³¹lɛ⁵³tsɔ³¹nɛŋ³¹.　　　芭蕉熟了才能吃。
芭蕉　熟才吃 能

ŋɔ⁵⁵tɕhi³¹xui³¹lɛ⁵³u⁵⁵ko³³,　tsɛ⁵⁵ma³¹u⁵⁵ɕaŋ³¹ɣɔ³¹.
我 一 次 只 做 过　再 不 做 想 (语助)
我只做过一次，不想再做了。

nv⁵⁵sɔ⁵⁵tʃhɯ³¹thɯ³³ʒɯ⁵⁵mɯ³¹lɛ⁵³xo̠³¹.　你对别人好才对。
你 别人　　(宾助) 好 才 正确

ŋɔ³³thɯ⁵⁵xɔ³¹ȵi³¹tsh⁵⁵zɔ³¹kɔ³³fv³¹ɣo³³nɛ³³ʑa³¹z̩³³lɛ⁵³ɕi³¹xuɛŋ³³.
我们　　豪尼　人　　过去 (助) (连) 男孩　只 喜欢
我们豪尼人过去只喜欢男孩。

ʑi⁵⁵lɔ³¹zɔ³¹mi³¹tɕhɔ³¹（=tɕhi³¹ɣo³¹）lɛ⁵³tʃo³³. 他只有一个女儿。
他　　女儿　　　　一 个　只 有

（三）xɯ⁵⁵"也"，表示类别相同
例如：

ŋɔ⁵⁵xɯ⁵⁵mo³¹nɔ⁵⁵xɔ³¹.　　　　　　　我也听不见。
我 也 不 听见

nv⁵⁵zɔ³¹nv³³xɔ⁵⁵mu⁵⁵mɔ³¹xɯ⁵⁵ʑi⁵⁵mɔ³¹？今天你也没去？
你 今天　哪　不 也 去 (语助)

ŋɔ⁵⁵tʃɔ⁵⁵l̩ɯ³¹mɔ³³ma̠³³tɕe³³xua³³,　nɔ³¹pɣ³¹/³³xɯ⁵⁵pɣ³¹ɣɛ³¹.
我 婆婆　　　眼睛 花 耳朵　　 也 聋 (语助)
我婆婆的眼睛花了，耳朵也聋了。

三 时间副词

豪尼话的时间副词主要用来修饰动词，表示动作行为发生、进行的时间和频率。大多数用在谓语之前。常见的时间副词有：
（一）ʑa³¹s̩³³"刚才、马上"、ʑa³¹s̩³³s̩³³z̩³¹"刚刚"
例如：

ŋɔ⁵⁵ʑa³¹s̩³³xɯ³¹lɔ⁵⁵ɕi³¹.　　　　　　我刚才才回来。
我 刚才 回 来 还

ŋɔ⁵⁵ʑa³¹s̩³³ɔ⁵⁵fv³¹tsɔ³¹pɣ³³ɣɛ³¹.　我刚才吃饱了。
我 刚才 饭 吃 饱 (语助)

ʑa³¹s̩³³nv⁵⁵nɛ³³ŋɔ³³ʒɯ⁵⁵thu⁵⁵pi³³ʹ³¹, zɔ³¹mɯ⁵⁵ŋɔ⁵⁵n̩i⁵⁵puɛ⁵³
刚才　你₍施助₎我₍宾助₎说给　　　　现在　我　忘记
（＝pɔ⁵⁵ɣɛ³¹）.　　刚才你告诉我的，现在我已经忘了。

　　　　　　₍语助₎
nv⁵⁵tɕhi³¹la̩³¹tʃv⁵⁵, ŋɔ⁵⁵ʑa³¹s̩³³lɔ⁵⁵!　　　你等等，我马上来！
你　一会儿在　我　马上　来
ɔ⁵⁵fv³¹ʑa³¹s̩³³tsɔ³¹u⁵⁵ɣɛ³¹lɛ³¹?　　　　　马上要吃饭了吧？
饭　马上　吃　要　了₍语助₎
xui⁵⁵ʑa³¹s̩³³ma³¹khɛ³³ɕi³¹.　　　　　还不马上开会。
会　马上　不　开　还
ʑi⁵⁵lɔ³¹ʑa³¹s̩³³mu³¹lɔ⁵⁵ti³³mɔ³¹!　　　他马上来了！
他　　马上　₍助₎来₍状₎了
u³¹ʑɛ⁵⁵ʑa³¹s̩³³ʑɛ⁵⁵ʹ⁵³kɔ³³lɔ⁵⁵ʹ⁵³mɔ³³, ɔ⁵⁵xu³¹xɛ⁵⁵tɔ³³liɛ³¹（＝li³³ɣɛ³¹）!
雨　马上　下　　₍助₎来　　₍语助₎衣服　拿　进　　　　去₍语助₎
马上下雨了，收衣服进去啊！
ʑa³¹s̩³³fv³³mɔ³³thu⁵⁵khɯ³³lɔ⁵⁵ti³³mɔ³¹.　　马上就到祭竜节了。
马上　祭竜节　　到　　来₍状₎₍语助₎
ʑi⁵⁵lɔ³¹ʑa³¹s̩³³s̩³³ʑn³¹ʒɔ³³ nɛ³³khɛ³³ʑi⁵⁵.　　他刚刚离开这里。
他　　刚刚　　　这里₍连₎开　去
pɔ³³l̩ɔ³³ʑa³¹s̩³³s̩³³ʑn³¹tɣ³³lɔ⁵⁵ɣɛ³¹.　　　月亮刚刚出来了。
月亮　刚刚　　　　出　来　了
ʑi⁵⁵lɔ³¹ʑa³¹s̩³³s̩³³ʑn³¹ʑn³¹.　　　　　　他刚刚走。
他　　刚刚　　　走
mi⁵⁵nv³³ʑa³¹s̩³³s̩³³ʑn³¹u³¹ʑɛ⁵⁵ʑɛ⁵⁵kɔ³¹.　　昨天刚下过雨。
昨天　刚刚　　　　雨　　下　过
ɔ⁵⁵xu⁵⁵ɣɔ³ɔ⁵⁵n̩i⁵⁵ʑa³¹s̩³³s̩³³ʑn³¹ɔ⁵⁵n̩i⁵⁵n̩i⁵⁵zɔ³¹tʃɯ⁵⁵tʃhɯ³³ɣɛ³¹.
家　的　猫　刚刚　　　猫崽子　生　　　了
家里的猫刚刚生了小猫。

（二）kɔ³³fv³¹ "先"，nɔ³¹nɯ⁵⁵ "后"
例如：
kɔ³³fv³¹ʑi⁵⁵lɔ³¹ɔ³³nɔ⁵⁵xɔ³¹nɛ³³nɔ³¹nɯ⁵⁵nv⁵⁵ɔ³³nɔ⁵⁵xɔ³¹.
先　他　的　听　₍施助₎后　你　的　听
先听他的后听你的。
kɔ³³fv³¹a³¹xa̩³³ɕe³¹nɔ³¹nɯ⁵⁵a³¹ʑa³¹ɕe³¹.　先杀鸡后杀猪。
先　鸡　杀　后　　猪　杀

kɔ³³fv³¹ɔ⁵⁵fv³¹tsɔ³¹nɔ³¹nɯ⁵⁵xɔ⁵⁵n̩i³¹kaŋ⁵⁵.　先吃饭后干活。
先　　饭　吃　后　　劳动　干

nv⁵⁵kɔ³³fv³¹ŋɔ³³ʑɯ⁵⁵thu⁵⁵pi³³/³¹, ŋɔ⁵⁵nɯ³¹mɔ³³tsɿ⁵⁵tɕhe̠³¹ɣɔ³¹?
你　先　我（宾助）说　给　　我　生气　　　会（语助）
你要是先告诉我，我会生气吗？

zɔ³¹mi³¹a⁵⁵ʃɣ³¹khe³³za̠³¹z̩³³a⁵⁵ʃɣ³¹kɔ³³fv³¹ɔ³¹phɔ³¹ɔ³¹mɔ³³ʑɯ⁵⁵tʃɿ⁵⁵
新娘　　　和　新郎　　　　先　爸爸　妈妈（宾助）酒
pɔ³¹tuaŋ³³tɯ⁵⁵pi³³u⁵⁵.　新娘和新郎要先向父母敬酒。
端　　喝　给　要

（三）kaŋ³¹tɕiŋ³¹ "赶紧"，汉语借词
例如：

kaŋ³¹tɕiŋ³¹te⁵⁵ʑi³¹!　赶紧找去！
赶紧　　找　去

kaŋ³¹tɕiŋ³¹ta̠³³lɔ⁵⁵ne³³xɔ⁵⁵n̩i³¹kaŋ⁵⁵le⁵¹.　赶紧起床去干活吧。
赶紧　　起来（连）劳动　干（语助）

ɔ⁵⁵xu⁵⁵mɔ⁵³ɔ⁵⁵mɯ³³tɔ³¹xu³³lɔ⁵⁵mɔ³¹, kaŋ³¹tɕiŋ³¹ɔ⁵⁵xu⁵⁵ɣɔ³¹xɯ³¹zi⁵⁵.
家（方助）客人　　　　来（语助）赶紧　　家　　（话助）回去
家里有客人来了，赶快回家。

ʑi⁵⁵a⁵⁵pe̠³³lɔ³¹mɔ³¹mv⁵⁵mɔ³¹, ʑi⁵⁵lɔ³¹ʑɯ⁵⁵kaŋ³¹tɕiŋ³¹te⁵⁵ʑi³¹.
这　孩子（话助）不　看见（语助）他　（宾助）赶紧　　找　去
这个孩子不见了，赶快去找他。

（四）xɔ³¹mu⁵⁵le³³ "经常、常常"
例如：

a⁵⁵kɔ³³lɔ³¹xɔ³¹mu⁵⁵le³³ɔ³¹n̩i⁵⁵lɔ³¹ʑɯ⁵⁵paŋ³³.　哥哥常常帮弟弟。
哥哥（话助）常常　　弟弟　　（宾助）帮

xɔ³¹mu⁵⁵le³³ŋɔ³¹mɔ⁵⁵tɕhi³¹tui⁵⁵.　　　　　　经常五个一队。
经常　　　五　个　一　队

nv⁵⁵xɔ⁵⁵mi⁵⁵khe³³xɔ³¹mu⁵⁵le³³a⁵⁵pe̠³³ʑɯ⁵⁵ti³¹, ʑi⁵⁵lɔ³¹ʑɯ⁵⁵n̩i⁵⁵pi³³
你　为什么　　常常　　孩子（宾助）打　他　　（宾助）哭　给
ɣe³¹?　你为什么老是打孩子，让他哭呢？
（语助）

ŋɔ⁵⁵za̠³¹z̩³³ɔ⁵⁵xu⁵⁵mɔ⁵³xɔ³¹mu⁵⁵le³³xɔ³¹n̩i³¹tu³¹pɔ³¹thu⁵⁵.
我　儿子　家（方助）经常　　豪尼　话　说
我的儿子在家经常说豪尼话。

ʐɔ³³xɔ³¹mu⁵⁵lɛ³³yu³¹l̥ɔ³³fɔ³³u³¹ʐɛ⁵⁵ʐɛ⁵⁵kɔ³³lɔ⁵⁵ʼ⁵³mɔ³¹.

这里常常　　　九月　(时助)　雨　　下　(助动)(趋向)　(语助)

这里九月份经常下雨。

（五）tsɛ⁵⁵"再、又、另外"，汉语借词

例如：

xɔ³¹ʑ³¹tsɛ⁵⁵ma³¹lɔ⁵⁵. 老虎再没来。

老虎　再　没　来

tsɛ⁵⁵u³¹tʃʅ³¹tʃʅ³¹xɔ⁵⁵mi⁵⁵khɛ³³xɯ⁵⁵u³¹ʐɛ⁵⁵tɕo⁵⁵ʐɛ⁵⁵.

再　雷　打　一定　　　　雨　　就　下

再打雷就肯定下雨了。

xɔ⁵⁵tɕhi⁵⁵mɛ⁵⁵，tsɛ⁵⁵tɕhi³¹xu³¹xɛ⁵⁵la³¹. 真好吃，再来一碗。

非常　　好吃　再　一　碗　拿(趋向)

a⁵⁵pe̥³³tʃha³¹n̥i⁵⁵tʃɯ³³（ɣ）ɯ⁵⁵tsɛ⁵⁵ma³¹pi³³tɯ⁵⁵ʯɛ³¹，tɕo⁵⁵me̥³³fv³³

婴儿　　　　　乳汁　　　再　不　给　喝　(语助)　就　饿　死

tɕhe̥³¹. 孩子再不吃奶，就会饿死了。

　会

（六）ɕi³¹"还"，用于谓语之后

例如：

fv⁵⁵tʃʅ³¹tʃɯ³³ɕi³¹ɣɔ³¹?　　　　　钱还有吗？

钱　　有　还 (语助)

ʑi⁵⁵lɔ³¹nɛ³³ɔ³¹phi³¹tʃv⁵⁵ɕi³¹.　　　他爷爷还在。

他　(连)爷爷　在　还

ʑi⁵⁵lɔ³¹nɛ³³a⁵⁵pe̥³³lɔ³¹ŋɯ⁵⁵ɕi³¹.　　他还是小孩。

他　(连)小孩 (话助)是　还

ʑi⁵⁵thɯ³³su³¹ɣɔ³¹mɔ³¹v⁵⁵ɕi³¹.　　　他们还没买书。

他们　书　没　买还

tsʅ⁵⁵zɔ³¹ma³¹tʃa⁵⁵paŋ⁵⁵to³³li³³ɕi³¹.　人还没有搬进去。

人　　没　有　搬　进　去还

ŋ⁵⁵ʐḁ³¹ʐ̩³³tɕhi³¹xɣ³¹tʃɯ³³mɔ³¹，ʑi⁵⁵lɔ³¹kɔ⁵⁵mɔ³³ma³¹ʑ³¹tʃhe̥³¹ɕi³¹.

我　儿子　一　岁　有　(语助)　他　路　　不　走　会　还

我的儿子刚一岁多，他还不会走路。

（七）tɕo⁵⁵"就"，汉语借词

例如：

tɕhi³¹xɛ³¹nɛ³³tɕo⁵⁵tsɔ³¹ɣɛ³¹.　　　　　　一口就吃了。

一　口 (连) 就　吃 (语助)

ɔ⁵⁵fv³¹mɔ³¹tsɔ³¹nɛ³³tɕo⁵⁵ɣo³¹tʃa³³? 　不吃饭就睡觉？

饭　　不　吃 (话) 就　睡觉

ȵɛ³¹ɕo³¹ʃi³¹xɔ⁵⁵tɕhi⁵⁵tshui³¹ti³³nɛ³³tɕo⁵⁵ma³¹tʃɯ³³ɣɛ³¹.

二　小时　非常　快 (状助)(连) 就　没　有 (语助)

两个小时非常快就没有了。

nv⁵⁵ȵi⁵⁵lɔ³¹ʒɯ⁵⁵thu⁵⁵pi³³ŋɔ⁵⁵ɔ⁵⁵fv³¹tsɔ³¹ko³³ɣɛ³¹tɕo⁵⁵ȵi⁵⁵.

你　他　 (宾) 说　给　我　饭　吃　过 (语助) 就　去

你告诉他我吃完饭马上就去。

ŋɔ⁵⁵zɔ³¹mi³¹ʃi⁵³lɯ³¹sui⁵⁵nɛ³³su³¹ɣo³¹tɕo⁵⁵ma³¹tsɿ⁵⁵ɣɛ³¹.

我　女儿　十六岁 (连) 书　　就　不　读　了

我的女儿十六岁就不读书了。

ʑi⁵⁵lɔ³¹nɛ³³a⁵⁵pe̠³³phe³³ɔ³³ʃi³¹lɔ³³lɛ⁵³tʃa³³nɛ³³tɕo⁵⁵tʃɯ⁵⁵tʃhɯ³³

她　 (施助) 孩子　怀　的　七　月　只　有 (连) 就　出生

mɔ³¹.　她怀的孩子七个月就生下来了。

(语助)

ʑi⁵⁵lɔ³¹ɔ⁵⁵fv³¹mɔ³¹tsɔ³¹tɕo⁵⁵zi³¹ɣɛ³¹lɛ³¹.　　　　他没吃饭就走了。

他　饭　没　吃　就　走 (语助)(语助)

nv⁵⁵ȵi⁵⁵lɔ³¹ʒɯ⁵⁵ti³¹pi³³ɣɛ³¹tɕo⁵⁵ma³¹xo³¹ɣɔ³¹.　你打他就不对了。

你　他　　(宾) 打　给 (助) 就　不　正确 (语助)

ʑi⁵⁵lɔ³¹u³³xɛ³¹mɔ⁵³tɣ̠³³ʑi⁵⁵mu³¹ȵi³¹tɕo⁵⁵tsɛ³³.　他一出门就扔东西。

他　门　　(方) 出去　东西　　就　扔

nv⁵⁵ȵi⁵⁵lɔ³¹ʒɯ⁵⁵thu⁵⁵pi³³, ŋɔ⁵⁵tɕo⁵⁵li³³ɣɛ³¹.　　你告诉他，我就去了。

你　他　　(宾) 说　给　我　就　去　了

四　否定副词

表否定的副词有ma³¹"没"、mɔ³¹"不"和xɔ³¹"别"三个，位于形容词和动词之后。既可以修饰动词，也可以修饰形容词，均置于谓词核心之前。例如：

mɔ³¹xɣ̠³¹　　不大　　mɔ³¹ȵi⁵⁵　　不小　　mɔ³¹lu⁵⁵　　不热

不　大　　　　　　不　小　　　　　　不　热

mɔ³¹ʃɣ̠³¹　　不新　　mɔ³¹nu³¹　　不软　　mɔ³¹tsɣ³¹　　不窄

不　新　　　　　　不　软　　　　　　不　窄

ma³¹u⁵⁵　　没做　　ma³¹thu⁵⁵　　没说　　ma³¹tsɔ³¹　　没吃
没 做　　　　　　没 说　　　　　　　没 吃

xɔ³¹fʋ³³　　别看　　xɔ³¹xoŋ³¹　　别闻　　xɔ³¹zɿ³¹　　别走
别 看　　　　　　别 闻　　　　　　　别 走

例句：

ɔ⁵⁵xu⁵⁵ɣɔ³¹a⁵⁵pẹ³³lɔ³¹mɔ³¹kuɛ³³.　　家里孩子不乖。
家　(话助)小孩 (话助) 不 乖

nv⁵⁵xɔ⁵⁵mi⁵⁵khɛ³³ŋɔ⁵⁵tʃɿ⁵⁵pɔ³¹ma³¹tɯ⁵⁵xɔ⁵⁵lɯ³¹la³¹?
你 怎么　　我 酒　没 喝 知道　　(趋向)
你怎么知道我没喝酒？

nv⁵⁵xɔ³¹n̩i⁵⁵ɣɛ³¹，tse⁵⁵li³³ɣɔ³¹!　　　　你别哭了，再去吧！
你 别 哭(语助) 再 去 (语助)

ʑi⁵⁵fʋ³¹kɔ³³fʋ³¹ɣɔ³¹ɯ⁵⁵tʃhɣ̩³¹ma³¹tʃɯ³³.　　这湖以前没水。
这湖 以前 (话助) 水　　没 有

ŋɔ⁵⁵ʐɔ³⁵ʐo³¹tʃɯ³³tʃhɯ³³mɔ³¹fʋ³³sɔ⁵⁵.　　我自己生得不好看。
我 自己 生　　不 看 好

tsha³¹na̩³³xɣ̩³¹ɔ³³tʃhɛ⁵⁵ɕi³¹u³¹mɔ³¹mɯ³¹.　　今年的稻谷卖得不好。
今年　　的 谷子 卖 不 好

ŋɔ⁵⁵mɯ⁵⁵tsh̩⁵⁵mɯ⁵⁵lɛ⁵³tsh̩⁵⁵ɔ⁵⁵fʋ³¹mɔ³¹/³⁵ti³³mɔ³¹tsɔ³¹nɛŋ³¹.
我 胖　　非常 (叠)饭 多 (状助)不 吃 能
我太胖不能多吃。

nv⁵⁵tʃɔ⁵⁵lu⁵⁵tsɿ̩³¹tɕhẹ³¹mɔ³¹tsɿ̩³¹tɕhẹ³¹mɔ³¹?　　你会不会编箩筐？
你 箩筐　编 会 不 编 会 (语助)

五　语气副词

语气副词主要修饰动词或形容词，表示不同的语气和感情。常见的语气副词有：

（一）xɔ⁵⁵mi⁵⁵khɛ³³xɯ⁵⁵ "一定、必定、无论如何"

xɔ⁵⁵mi⁵⁵khɛ³³原义为 "怎么、为什么"，xɯ⁵⁵原义为 "也"，两者组合后虚化引申为 "一定"。

例如：

nv⁵⁵xɔ⁵⁵mi⁵⁵khɛ³³xɯ⁵⁵xɔ³¹n̩i⁵⁵puɛ⁵³（＝pɔ⁵⁵ɣɛ³¹）!
你 一定　　　　别 忘记　　　(语助)
你一定别忘记啊！

nv⁵⁵mi⁵⁵nv³³xɔ⁵⁵mi⁵⁵khɛ³³xɯ⁵⁵lɔ⁵⁵!　明天你一定来！

你　明天　一定　　　　来

ʑi⁵⁵tɯ³³ɣɔ³¹xɔ⁵⁵mi⁵⁵khɛ³³xɯ⁵⁵ʑi⁵⁵lɔ³³.　那个一定是他的。

那个　(话助)　一定　　　　　他的

nɔ⁵⁵tʃ ɿ⁵⁵pɔ³¹tɯ⁵⁵ʑi⁵⁵ɣɔ³¹xɔ⁵⁵mi⁵⁵khɛ³³xɯ⁵⁵xɔ³¹ti³¹te³³ ⁄ ³¹khɛ³³.

你　酒　　喝　去　(话助) 一定　　　　　别　打架

你出去喝酒，一定不要和别人打架。

nv⁵⁵u⁵⁵nɛ³³ɣɔ³¹xɔ⁵⁵mi⁵⁵khɛ³³xɯ⁵⁵u⁵⁵mɯ³¹!　你做就一定做好！

你　做　(连)(话助)怎么　　　　　做　好

（二）ʑi³¹tɕhi⁵⁵lɔ⁵⁵ "大概、可能"，表推测

例如：

ŋɔ⁵⁵ʑi³¹tɕhi⁵⁵lɔ⁵⁵me̠ ³³mɔ³¹.　　　　　　　　我可能饿了。

我　可能　　　饿　(语助)

a³¹ẕa̠ ³¹ʑi³¹tɕhi⁵⁵lɔ⁵⁵pi³³çe̠ ³¹mɔ³¹.　　　　猪可能杀掉了。

猪　　可能　　　给　杀　(语助)

ʑi⁵⁵lɔ³¹ʑi³¹tɕhi⁵⁵lɔ⁵⁵ɔ⁵⁵nɔ⁵⁵nɔ⁵⁵mɔ³¹.　　　他可能病了。

他　　可能　病　　生　(语助)

ʑi⁵⁵lɔ³¹ʑi³¹tɕhi⁵⁵lɔ⁵⁵ɔ⁵⁵xu⁵⁵mɔ⁵³mɔ³¹tʃv⁵⁵.　他可能不在家。

他　　可能　　　家　(方助)　不　在

ʑi⁵⁵lɔ³¹na̠ ³³ʃɯ³¹ʑi³¹tɕhi⁵⁵lɔ⁵⁵mɔ³¹lɔ⁵⁵ɣɛ³¹.　他明天可能不来了。

他　　明天　可能　　　　不　来　(语助)

六　情状方式副词

情状方式副词表示动作行为的情况和发展变化的状态。常见的表情态、方式的副词有以下两种。

（一）tɕhi³¹kɔ⁵⁵ "一起；同时"

例如：

nv⁵⁵ŋɔ³³khɛ³³tɕhi³¹kɔ⁵⁵ʑi⁵⁵mɔ³¹çi³¹xuaŋ³³mɔ³¹?

你　我　和　一起　去　不　喜欢　　　(语助)

你不喜欢我和你你一起去吗？

ŋɔ³³thɯ⁵⁵tɕhi³¹kɔ⁵⁵ɔ⁵⁵fv³¹tsɔ³¹.　我们一起吃饭。

我们　　一起　饭　吃

ɔ³¹phɔ³¹lɔ³¹ɔ³¹mɔ³³lɔ³¹khɛ³³tɕhi³¹kɔ⁵⁵kɛ⁵⁵tsŋ̍ ³¹kaŋ³¹ʑi⁵⁵.

爸爸　(话助)　妈妈　(话助)　和　一起　街子　赶　去

爸爸妈妈一起去赶集。

thɯ³³n̩ɔ³¹（=n̩ɛ³¹ɣɔ³¹）tshɯ⁵⁵zɔ³¹tɕhi³¹kɔ⁵⁵khɯ³¹lɔ⁵⁵mɔ³¹.
那　两个　二个　人　　一起　　到　来（语助）
那两个人同时到了。

ɔ³¹ŋɔ⁵⁵ɔ³¹pɛ⁵⁵khɛ³³tɕhi³¹kɔ⁵⁵mɯ⁵⁵mɔ³¹.　鹅和鸭一起叫了。
鹅　　鸭　和　一起　叫（语助）

（二）tɛ³⁵ "故意"

例如：

nɯ³³ɔ³¹n̩i⁵⁵lɔ³¹mɔ³¹xɔ⁵⁵lɯ³¹mɔ³¹ŋɯ⁵⁵，tɛ³⁵　u⁵⁵ɣɔ³¹.
你的弟弟（话助）不　知道　不　是　　故意做（语助）
你的弟弟不是不知道，是故意做的。

ʑi⁵⁵lɔ³¹tsn̩³¹phɔ³¹mɔ³¹ŋɯ⁵⁵，tɛ³⁵　mɛ⁵⁵tsn̩³¹phɔ³¹ɕaŋ⁵⁵u⁵⁵.
他　哑巴　不　是　　故意（状助）哑巴　像　做
他不是哑巴，是装哑。

nv⁵⁵xɔ⁵⁵mi⁵⁵khɛ³³tɛ³⁵mɛ⁵⁵ŋɔ³³ʐɯ⁵⁵pi³³v³¹?　你为什么故意骂我？
你　为什么　　故意（状助）我（宾助）给骂

ɔ³¹tʃhɯ³³nɛ³¹tɛ³⁵mɔ³¹ʃi⁵⁵mɔ³¹tɛ³⁵，nv⁵⁵tu³¹pɔ³¹thu⁵⁵ʹ⁵³ɔ³³xɔ⁵⁵tɕhi⁵⁵
什么　（施助）故意还是　不　故意你　话　　说　　的非常
mɔ³¹mɯ³¹nɔ⁵⁵xɔ³¹! 什么故意不故意的，你说话真难听！
不　好　听

七　副词的句法功能

副词的主要语法功能是作状语。它能修饰形容词、动词或者整个句子，大多放在被修饰语、限制语的前面，少数时间副词（如"过""还"）等可放在被修饰语的后面。有的副词（ʐɔ⁵⁵ "越"等）在句中能起关联作用，且常用两个相同的副词分别连接两个动词。例如：

nv⁵⁵tʃa³³tsɔ³¹!　　　　　　　你快吃！
你　快　吃

tʃhɛ⁵⁵nɯ³¹ʐɔ⁵⁵nu³¹ʐɔ⁵⁵mɯ³¹.　　糯米越黏越好。
糯米　　越　黏　越　好

ŋa³³tho³¹ɔ⁵⁵xu⁵⁵xɔ⁵⁵tɕhi⁵⁵mɯ⁵⁵.　我的家相当远。
我的家　房子　非常　　远

ʑi⁵⁵lɔ³³ma̩³³ʃa̩³¹xɔ⁵⁵tɕhi⁵⁵tʃɔ³¹ʃɛ⁵⁵.　他的刀很漂亮。
他的　刀子　非常　　漂亮

ʑi⁵⁵lɔ³¹ʑi⁵⁵ɣɔ³³mɯ⁵⁵lɛ⁵³mu⁵⁵.　他去的是非常远的地方。
他　去　的非常　远

pu⁵⁵l̩ɔ³¹ɔ⁵⁵kɯ⁵⁵ʐɔ⁵⁵xou⁵⁵ʐɔ⁵⁵tʃhe⁵⁵. 柿子的皮越厚越酸。

柿子　皮　　越　厚　越　酸

ʑi⁵⁵lɔ³³ɔ⁵⁵xu³¹ɣɔ³¹xɔ⁵⁵tɕhi⁵⁵fv̩³³sɔ⁵⁵. 他的衣服漂亮极了。

他的　衣服 (话助) 非常　　看好

ʑi⁵⁵u³¹ʑɛ⁵⁵xɔ⁵⁵mi⁵⁵khe³³ʐɔ⁵⁵ʑɛ⁵⁵ʐɔ⁵⁵xɤ³¹！ 这雨怎么越下越大啊！

这雨　　为什么　　越　下　越　大

thi⁵⁵ti³³tʃha³¹tɤ³³ɔ³³xɔ⁵⁵tɕhi⁵⁵me⁵⁵. 　那样煮出来的东西，非常好吃。

那样　煮　出　的 非常　　好吃

ŋɔ⁵⁵a³¹xa³¹ᐟ³³xa³¹tɯ³¹le⁵³thu⁵⁵tɕhe³¹, xɔ³¹ɲi³¹ᐟ³³ɲi³¹tɯ³¹mɔ³¹thu⁵⁵tɕhe³¹.

我　汉话　　　　　只　说　会　　豪尼话　　　　　不　说　会

我只会说汉语，不会说豪尼话。

ʑi⁵⁵lɔ³³tu³¹pɔ³¹ŋɔ⁵⁵ʐɔ⁵⁵nɔ⁵⁵xɔ³¹ʐɔ⁵⁵mɔ³¹tʃv̩⁵⁵sɔ⁵⁵. 他的话，我越听越难过。

他的话　　我越　听　　越　不　在　好

nv³¹ne³³l̩ɯ⁵⁵ɔ³³ɣɔ³¹phe³³ʐɔ⁵⁵tsɔ³¹ʐɔ⁵⁵me⁵⁵.

你 (施助) 炒的菜　　越　吃越　好吃

你炒的菜（让人）越吃越觉得好吃。

a⁵⁵pe³³ʑi⁵⁵su⁵⁵ɣɔ³¹, ʑi⁵⁵lɔ³¹li⁵⁵ʐɔ⁵⁵tɕhiŋ³¹khue⁵⁵. 这三个孩子中，他最勤快。

孩子　这三个　　他　里越　勤快

第八节　连　词

以上七节论述了豪尼话实词的基本情况，本节及下面几节开始描述豪尼话的虚词。豪尼话的连词是起连接作用的词。它可以连接词、短语、分句、句子、句群甚至段落，表示所连接的成分存在着某种语法关系。

一　连词的语法特征

豪尼话的连词具有以下四个特点：

第一，不能单独用来回答问题。

第二，不表示实在的词汇意义，只表示语法意义和语法关系，因此它不能作句子成分。

第三，大多数连词不能重叠使用。

第四，部分连词借自汉语。

豪尼话的连词表示的语法关系有并列、承接、选择、递进、因果、假设、条件、让步、转折等。有的连词可以用于表示多种语法关系，如ne³³

既能表示因果关系的"所以"之义，也能表示承接关系的"之后"之义。

二　常见的连词用法举例

（一）khɛ³³ "和"

用来连接两个并列的成分，包括词与词、词组与词组。位于被连接的成分之间。不能用来连接句子。例如：

ʑi⁵⁵lɔ³¹khɛ³³ɔ³¹sɿ⁵⁵nɛ³³pɔ⁵⁵ ʑi⁵⁵？　谁和他去？

他　和　谁　（施动）（助动）去

zɔ³¹nv³³khɛ³³nḁ³³ʃɯ³¹ɔ³³tɯ³³thɯ⁵⁵tɕhi³¹kɔ³³ʑi⁵⁵.

今天　和　明天　我们　　一　起　去

今天和明天，我们一起去。

a⁵⁵ta⁵⁵ʑɔ⁵⁵xɣ³¹lɔ³¹khɛ³³a⁵⁵ta⁵⁵ti⁵⁵er⁵⁵kɔ⁵⁵lɔ³¹ʑi³¹ʑaŋ⁵⁵kɔ³³.

大姐　　　和　二姐　　　　一样　高

大姐和二姐一样高。

nv⁵⁵ŋɔ³³mḁ³³ʃḁ³¹ʑi⁵⁵pa³¹khɛ³³su⁵⁵tsu⁵⁵ʑi⁵⁵pa³¹xɛ⁵⁵ᐟ⁵³lḁ³¹.

你我　刀　一把　和　斧子　一把　拿　（趋向）

你给我拿一把刀子和一把斧子来。

nɛ̥³³nɛ̥³³xɛ⁵⁵ᐟ⁵³lḁ³¹khɛ³³ŋa³³nɛ̥³³xɛ⁵⁵ᐟ⁵³lḁ³¹tɕhi³¹ʑaŋ⁵⁵mɔ³¹.

你自己拿　（趋向）和　我自己拿　（趋向）一样　多

你拿来的和我拿来的一样多。

ŋɔ⁵⁵tsha³¹tɣ³¹khɛ³³tʃm̩⁵⁵tɣ³¹tʃm̩³¹v⁵⁵ɣe³¹.　我买了一些盐巴和糖。

我　盐巴　和　糖　一些买（语助）

xɔ³¹n̩i³¹thɯ³³khɛ³³pɔ³¹xu³¹thɯ³³lɔ³¹piɔ³¹.　豪尼人和白宏人是兄弟。

豪尼人　　和　白宏人　老表

nv⁵⁵khɛ³³ʑi⁵⁵lɔ³¹ɔ³¹tʃhɯ³³a⁵⁵ʒɣ³¹n̩i⁵⁵z̩³³？　你和他有什么亲戚关系？

你　和　他　什么　亲戚　（语助）

（二）ŋɯ⁵⁵mɔ³¹ti³³khɛ³³、ʑɔ⁵⁵mɯ⁵⁵ "或者、要么"

ŋɯ⁵⁵mɔ³¹ti³³khɛ³³、ʑɔ⁵⁵mɯ⁵⁵是用于表示选择关系的连词。例如：

ʑi⁵⁵lɔ³¹ʑɔ⁵⁵mɯ⁵⁵m̩⁵⁵tʃhɣ³¹tɯ⁵⁵，ʑɔ⁵⁵mɯ⁵⁵lɔ³¹khɛ⁵⁵tɯ⁵⁵.

他　要么　水　喝　要么　茶　喝

他要么喝水要么喝茶。

ŋɯ⁵⁵mɔ³¹ti³³khɛ³³，nv⁵⁵ɕa⁵⁵v³¹fɔ³³tsɛ⁵⁵ʑi⁵⁵.　或者你下午再去。

或者　　　　你　下午（时助）再　去

ŋɯ⁵⁵mɔ³¹ti³³khɛ³³kɣ³¹tʃɯ³¹ɣɔ³¹tʃv⁵⁵，ŋɯ⁵⁵mɔ³¹ti³³khɛ³³fv³³ɕi³¹ɣɔ³¹tʃv⁵⁵.

或者　　　　山　（话助）在　或者　　　　村子（话助）在

在山上或者在村里。

（三）$z\mathfrak{o}^{55}$（$z\mathfrak{u}^{55}$）……$z\mathfrak{o}^{55}$（$z\mathfrak{u}^{55}$）……　"又……又……"

$z\mathfrak{o}^{55}$（$z\mathfrak{u}^{55}$）……$z\mathfrak{o}^{55}$（$z\mathfrak{u}^{55}$）……借自汉语，用来表示并列的语法关系，例如：

$z\mathfrak{i}^{55}l\mathfrak{o}^{31}z\mathfrak{u}^{55}ai^{31}z\mathfrak{u}^{55}ts\mathfrak{m}^{55}.$　　　他又矮又胖。

他　　又　矮　又　胖

$z\mathfrak{i}^{55}l\mathfrak{o}^{31}z\mathfrak{u}^{55}thu^{55}z\mathfrak{u}^{55}\mathfrak{m}^{55}\mathfrak{f}\mathfrak{i}^{55}.$　　他又说又笑。

他　　又　说　又　笑

$\gamma o^{31}ph\underset{.}{e}^{33}z\mathfrak{o}^{55}m\mathfrak{o}^{31}z\mathfrak{o}^{55}m\mathfrak{e}^{55}.$　　菜又多又好吃。

菜　　又　多　又　好吃

$\mathfrak{o}^{55}xu^{55}\gamma o^{33}z\mathfrak{u}^{55}\underset{.}{l}u^{55}z\mathfrak{u}^{55}z\mathfrak{w}^{55}t\mathfrak{f}\varepsilon^{55}t\mathfrak{f}\varepsilon^{55}.$　　屋里又热又潮湿。

屋里（话助）又　热　又（前缀）湿（叠）

$a^{55}p\underset{.}{e}^{33}thu\mathfrak{w}^{33}m\mathfrak{o}^{31/35}ti^{33}z\mathfrak{u}^{55}k\mathfrak{w}^{55}z\mathfrak{u}^{55}\mathfrak{w}^{55}\mathfrak{f}\mathfrak{i}^{55}, z\mathfrak{u}^{55}t\mathfrak{f}ha\mathfrak{y}^{55}z\mathfrak{u}^{55}thi\mathfrak{o}^{55}m\varepsilon^{55}.$

孩子们　多　（状助）又　叫　又　笑　　又　唱　又　跳　（状助）

好多孩子又叫又笑，又唱又跳。

（四）$l\varepsilon^{53}m\mathfrak{o}^{31}t\mathfrak{c}he^{55}……x\mathfrak{w}^{55}……$　"不仅……而且（还）……"

$l\varepsilon^{53}m\mathfrak{o}^{31}t\mathfrak{c}he^{55}{}_{33}x\mathfrak{w}^{55}{}_{33}$表示递进，语序和词汇都受汉语影响，其中$x\mathfrak{w}^{55}$"而且（还）"可以省略。例如：

$z\mathfrak{i}^{55}l\mathfrak{o}^{31}m\mathfrak{o}^{31}\mathfrak{f}\mathfrak{w}^{33/35}\gamma o^{33}l\varepsilon^{53}m\mathfrak{o}^{31}t\mathfrak{c}he^{55}tu^{31}p\mathfrak{o}^{31}x\mathfrak{w}^{55}m\mathfrak{o}^{31}.$

他　　不　舍　（话助）不仅　　　话　　而且　多

他不仅小气而且话多。

$z\mathfrak{i}^{55}t\mathfrak{c}hi^{31}\mathfrak{c}i^{31}\mathfrak{c}i^{33}kua^{33}x\mathfrak{y}^{31}l\varepsilon^{53}m\mathfrak{o}^{31}t\mathfrak{c}he^{55}m\varepsilon^{55}x\mathfrak{w}^{55}m\varepsilon^{55}.$

这　一　颗　西瓜　大　不仅　　好吃而且　好吃

这西瓜不仅大而且好吃。

$z\mathfrak{i}^{55}a^{55}p\underset{.}{e}^{33}l\mathfrak{o}^{31}tu^{31}p\mathfrak{o}^{31}m\mathfrak{w}^{31}l\mathfrak{o}^{55}ti^{33}m\mathfrak{o}^{31}thu^{55}l\varepsilon^{53}m\mathfrak{o}^{31}t\mathfrak{c}he^{55}, lu^{55}pi^{31}p\mathfrak{o}^{55}$

这　孩子　　话　好　（趋向）（状助）不　说　不仅　　　小偷　（助动）

$xu^{31/33}.$　　这孩子不仅爱说谎，还偷东西。

偷

$mi^{55}n\underset{.}{a}^{33}x\mathfrak{y}^{31}\gamma o^{31}k\underset{.}{a}^{33}p\mathfrak{o}^{33}\underset{.}{l}\mathfrak{o}^{33}x\mathfrak{y}^{55}\mathfrak{c}i^{31}k\mathfrak{o}^{33}l\varepsilon^{53}m\mathfrak{o}^{31}t\mathfrak{c}he^{55}, x\mathfrak{o}^{31}\mathfrak{w}^{55}ni^{55}\mathfrak{w}^{55}$

去年　　冬季　　冰雹　下　不仅　　　　雪

$x\mathfrak{w}^{55}k\mathfrak{o}^{33}（=k\mathfrak{o}^{33}\gamma o^{31}）.$　　去年冬天不仅下冰雹还下雪。

还　下了　下　（语助）

（五）$l\varepsilon^{53}ma^{31}t\mathfrak{f}\mathfrak{m}^{55}……x\mathfrak{w}^{55}……$　"不仅……也（又）……"

$l\varepsilon^{53}ma^{31}t\mathfrak{f}\mathfrak{m}^{55}……x\mathfrak{w}^{55}……$同上面的$l\varepsilon^{53}m\mathfrak{o}^{31}t\mathfrak{c}he^{55}……x\mathfrak{w}^{55}……$语音形式略有差异，但同样是表递进的语义关系。例如：

fv⁵⁵tʃ̩³¹ma³¹tʃɯ³³lɛ⁵³ma³¹tʃm̩⁵⁵tsɔ³¹ɣɔ³³xɯ⁵⁵ma³¹tʃɯ³³ɣɛ³¹.
钱　　不　有　_{不仅}　　　吃 的　_也　不　有　（语助）
不仅没钱，连吃的都没有了。

ʑi⁵⁵lɔ³¹ɣo³¹tʃɯ³³tʃɯ³³tɕʰɛ̣³¹lɛ⁵³ma³¹tʃm̩⁵⁵nɯ⁵⁵ʐa³¹xɯ⁵⁵ʐa³¹tɕʰɛ̣³¹.
他　纺线　纺线 会　_{不仅}　　　　织布　_又　织 会
他不仅会纺线，也会织布。

（六）ʑi³¹miɛ⁵⁵……ʑi³¹miɛ⁵⁵……"一边（一面）……一边（一面）……"
表示并列关系。主要用在动词前连接两个动词或动宾短语，表示一个
动作行为同另一个动作行为同时进行。借自汉语。例如：

thɯ³³ʐa³¹ʐ̩³¹zɔ³¹lɔ³¹ʑi³¹miɛ⁵⁵ɯ⁵⁵ʃ̩⁵⁵ʑi³¹miɛ⁵⁵tsʰm̩³¹.
那　男孩儿　_(主助)一面　笑　_{一面}　跑
那个男孩儿一边笑一边跑。

thv³¹l̩ɔ³³xɔ⁵⁵sɔ³¹ʑi³¹miɛ⁵⁵tsɔ³¹ʑi³¹miɛ⁵⁵ɔ³¹zɔ⁵⁵zɔ⁵⁵ti³³ʐ̩³¹.
兔子　草　_{一面}　吃　_{一面}　慢　_{(叠)(状助)}走
兔子一边吃草一边慢慢往前走。

ta⁵⁵tɛ̣³³lɔ³¹nɔ³¹kʰɛ⁵⁵ʑi³¹miɛ⁵⁵tɯ⁵⁵⁄⁵³ʑi³¹miɛ⁵⁵ŋɔ³¹ʃɔ³¹tiɔ⁵³
大伯　_(话助)茶　_{一面}　喝　_{一面}　鱼 钓
（=tiɔ⁵⁵ɣɔ³¹）.　大伯一边喝茶一边钓鱼。
钓　_(语助)

ʑi⁵⁵lɔ³¹ʑi³¹miɛ⁵⁵ɲi⁵⁵⁄⁵³ʑi³¹miɛ⁵⁵tʰu⁵⁵.　　他一边哭一边说。
他　　一面　哭　_{一面}　说

ɔ³¹kʰɯ³¹ɣɔ³³ʑi³¹miɛ⁵⁵lɛ³¹ʑi³¹miɛ⁵⁵kɯ⁵⁵.　狗一边追一边叫。
狗　_(话助)一面　追　_{一面}　叫

ŋa³³（=ŋɔ³³ɔ³¹）mɔ³³a⁵⁵pɛ̣³³ʑi³¹miɛ⁵⁵ʃv³¹ʑi³¹miɛ⁵⁵ɣɔ̣³¹pʰɛ̣³³l̩v⁵⁵⁄⁵³.
我　　　　　妈 孩子　_{一面}　抱　_{一面}　菜　炒
我妈一边抱孩子一边炒菜。

（七）ɣɛ³³nɛ³³（ɣɛ³³可以省略，具体用法见"nɛ³³"）"之后，然后"
表承接关系。表示后一个动作行为紧跟前一个动作行为而发生。例如：
kɔ³³fv³¹v³¹ɣɛ³³nɛ³³nɔ³¹nɯ⁵⁵fɔ³³tʃɯ³¹.　先是骂，然后是打。
先　骂　_{然后}　后面　_(时助)打

nv⁵⁵ɔ⁵⁵xɯ⁵⁵ɣɔ³³ɔ³¹nɔ³¹tɕʰi³¹la̠³¹nɔ³¹xɯ³¹ʑi⁵⁵⁄⁵³nɛ³³tsɛ⁵⁵lɔ⁵⁵!
你 家　_(话助)休息　一会儿　　回去　_{然后}再 来
你回家休息一下然后再来！

ʑi⁵⁵lɔ³¹tʰu⁵⁵lɯ⁵⁵ɣɛ³³nɛ³³, nv⁵⁵tsɛ⁵⁵tʰu⁵⁵.　　等他说完之后，你再说。
他　说 完　_{然后}　　你 再 说

ʑi⁵⁵lɔ³¹kɔ³³fv̩³¹tsh̩³³ɣɛ³³nɛ³³，nv⁵⁵tsɛ⁵⁵tsh̩³³. 她先写，然后你写。

她　先　写　_{然后}　　你　再　写

nɔ³¹khɛ⁵⁵tsh̩³³ɣɛ³³nɛ³³nɔ³¹khɛ⁵⁵tsɛ⁵⁵ḻɣ⁵⁵.　　采了茶叶之后是烤茶叶。

茶叶　摘　_{之后}　茶叶　再　烤

ŋɔ³³thɯ⁵⁵ɔ⁵⁵fv̩³¹tsɔ³¹pv̩³³ɣɛ³³nɛ³³tsɛ⁵⁵ɔ³¹ɕi³¹tsɔ³¹！我们吃饱饭后再吃水果！

我们　饭　吃饱　_{之后}　再　水果　吃

（八）mɔ³¹ŋɯ⁵⁵nɛ³³……"不然（不是的话）……"

表示条件和选择关系。用来连接短语或句子，表示相反结果的话。例如：

pɣ⁵⁵khɔ³¹xɛ⁵⁵∕⁵³，mɔ³¹ŋɯ⁵⁵nɛ³³u³¹ʑɛ⁵⁵ʐɔ³³ti³¹ŋɔ⁵³.

雨伞　拿　_{不是的话}　　雨　这里打_{（语助）}

带伞，不然的话会被雨淋。

mɯ³¹lɔ⁵⁵ti³³tʃa³³thu⁵⁵，mɔ³¹ŋɯ⁵⁵nɛ³³ŋɔ⁵⁵nv³³ʐɯ⁵⁵tʃɯ³¹mɔ³¹∕³³.

好　_{（趋向）（状助）}快　说　_{不是的话}　我　你　_{（宾助）}打　_{（语助）}

赶快说实话，不然我打你。

nv⁵⁵tu³¹pɔ³¹nɔ⁵⁵xɔ³¹！mɔ³¹ŋɯ⁵⁵nɛ³³ŋɔ⁵⁵tɕu⁵⁵nv³³ɣɔ³³fv⁵⁵tʃ̩³¹mɔ³¹xɛ⁵⁵

你　话　听　_{不是的话}　　我　就　你　_{（话助）}钱　不　拿

pi³³∕³¹ɣɔ³¹.　你要听话！不然的话（我就）不给（你）钱。

给　_{（语助）}

tsɔ³¹pv̩³³ɣɛ³³nɛ³³tsɛ⁵⁵z̩³¹，mɔ³¹ŋɯ⁵⁵nɛ³³kɔ⁵⁵mɔ³³me̩³¹lɯ⁵⁵.

吃饱　之后　再　走　_{不然的话}　　路　　饿　完

吃饱了再走，不然路上会饿。

ɔ³¹tʃɯ⁵⁵ɣɔ³³xɔ⁵⁵mi⁵⁵khɛ³³xɯ⁵⁵ɣæ³¹（＝ɣɯ³³ɣɛ³¹），mɔ³¹ŋɯ⁵⁵nɛ³³xɔ³¹mu⁵⁵

牙齿　_{（话助）}一定　　　　　拔　_{（语助）}　不然话　　别　一直

lɛ³³nɔ⁵⁵（＝nɔ⁵⁵ɣɔ³¹）.　　一定要把牙拔出来，不然会一直疼。

　疼　　疼　_{（语助）}

（九）ʐɔ⁵⁵ʃi⁵⁵……ŋɔ³³khɛ³³……"要是……的话……"

用来连接句子，表示事情发生的条件，ʐɔ⁵⁵ʃi⁵⁵的位置可以在句中，也可以在句首。例如：

ʐɔ⁵⁵ʃi⁵⁵nv⁵⁵ʑi⁵⁵lɯ⁵⁵v̩³¹pi³³ŋɔ³³khɛ³³tɕu⁵⁵mɔ³¹mɯ³¹ɣɔ³¹.

_{要是}　你　他_{（宾格）}骂给　_{的话}　就　不　好　_{（语助）}

要是你骂他的话就不好了。

nv⁵⁵ɔ⁵⁵fv³¹mɔ³¹tsɔ³¹ŋɔ³³khɛ³³，tɕu⁵⁵tɣ̩³¹khɯ³¹khɯ³¹kɔ³³ʑi⁵⁵.

你　饭　不　吃　_{的话}　就　瘦　　_{（叠）}　下　_{（趋向）}

你不吃饭的话呢，就会瘦。

tsɛ⁵⁵ʑi⁵⁵liaŋ³¹thiɛŋ⁵⁵ŋɔ³³khɛ³³u³¹ʑɛ⁵⁵ʑi⁵⁵xui³¹ʑɛ⁵⁵ʹ⁵³，ɔ³¹tsɔ⁵⁵tɕu⁵⁵muɯ³¹
再　一　两　天　的话　雨　一　回　下　庄稼　就　好

ta̱³³lɔ⁵⁵ʹ⁵³．过两天雨一下，庄稼就转好了。

上（趋向）

（十）ne³³“（由于）……的原因、因为”

ne³³是豪尼话使用最广泛的连词，可以表因果关系。例如：

nv³³ʐɯ⁵⁵ne³³ŋɔ⁵⁵pi³³ʹ³¹v³¹ʹ³³tʃhe̱³¹！　　由于你的原因，我才会挨骂！
你（宾助）的原因　我　给　骂　会

fv⁵⁵tʃ̩³¹ma³¹tʃɯ³³ne³³，ŋɔ⁵⁵mu⁵⁵lɛ³³khuɛŋ³³miŋ³¹mɔ³¹ʑi⁵⁵phɤ³¹．
钱　不　有　的原因　我　一直　昆明　　没　去　敢

由于没钱，我一直没敢去昆明。

u³¹ʑɛ⁵⁵ʐɛ⁵⁵ʹ⁵³ne³³，ɔ³³tɯ³³thɯ⁵⁵ɔ⁵⁵xu⁵⁵mɔ⁵³tɕi⁵⁵tsɛ³³ɔ³¹nɔ³¹nɔ³¹．
雨　下　的原因　大家　家　（方助）全部　休息（叠）

因为下雨，大家都在家休息。

mi³¹tsɔ³¹xɯ³¹ne³³，ʐɔ³¹xo̱³³kɯ³³ʑi⁵⁵khɔ⁵⁵ta³³kha⁵⁵mɛ⁵⁵phi̱³³ɔ⁵⁵tʃ̩⁵⁵．
火　大（连）他　的　家　都　全部　烧　掉　完

由于火太大，他的整个家都被烧了。

（十一）ɔ⁵⁵khe³³“所以”

ɔ⁵⁵khe³³表示因果的语义关系，例如：

u³¹ʑɛ⁵⁵ʐɛ⁵⁵ʹ⁵³ne³³，ɔ⁵⁵khe³³mɔ³¹lɔ⁵⁵ʹ⁵³！　　因为下雨，所以没来！
雨　下　的原因　所以　　没　来

ŋɔ⁵⁵mɔ³¹tʃ̩v⁵⁵sɔ⁵⁵ne³³，ɔ⁵⁵khe³³ma³¹lɔ⁵⁵tɕhe̱³¹mɔ³¹．
我　不　在　好的原因　所以　不　来　会　（语助）

我因为生病了，所以不会来了。

tɕhi³¹ne³³，ɔ⁵⁵khe³³ʐa̱³³xɔ³¹ma³¹tɯ⁵⁵tɕhe̱³¹mɔ³¹．
咳嗽的原因　所以　烟　不　抽　会　（语助）

因为咳嗽，所以不能抽烟了。

tsɔ³¹mɔ³¹ne³³，ɔ⁵⁵khe³³u³¹mɔ³³nɔ⁵⁵．　　因为吃多了，所以肚子疼。
吃　多　的原因　所以　肚子　疼

a⁵⁵ko³³lɔ³¹ɔ³¹tɕi⁵⁵muɯ⁵⁵lɛ⁵³tɕi⁵⁵ne³³，ɔ⁵⁵khe³³ma³¹fv³¹mɔ³¹tṣ̩³¹tɕu⁵⁵
哥哥（主助）累　很　（叠）的原因　所以　脸　没　洗　就

ɣo̱³¹tʃa³³．哥哥因为太累，所以没洗脸就睡觉。
睡觉

（十二）khɛ³³xɯ⁵⁵ɔ⁵⁵khɛ³³xɯ⁵⁵ "虽然……但是……"

表示转折关系。khɛ³³xɯ⁵⁵ "虽然" 可以省略。例如：

na̱³³tɕhi³¹xɔ⁵⁵tɕhi⁵⁵xɔ³¹，ɔ⁵⁵khɛ³³xɯ⁵⁵ŋɔ⁵⁵tɯ⁵⁵pv̩³³ɣɛ³¹.

药　很　苦　但是　　我　喝　完（语助）

药很苦，但是我还是喝完了。

ŋɔ⁵⁵ʑi⁵⁵ko³³ɣɔ³¹，ɔ⁵⁵khɛ³³xɯ⁵⁵ʑi⁵⁵lɔ³¹ɔ⁵⁵xu⁵⁵ɣɔ³³mɔ³¹tʃv̩⁵⁵.

我　去　过（语助）　但是　　　他　家（话助）不　在

我去了，但是他不在家。

ʑi⁵⁵lɔ³¹u³¹ɕi³³nɯ³³mɔ³³mɯ⁵⁵lɛ⁵³mɔ³¹kɔ⁵⁵ɕiŋ⁵⁵，ɔ⁵⁵khɛ³³xɯ⁵⁵mɔ³¹n̩i⁵⁵.

她　心　　很　不 高兴　但是　　　　没 哭

她很伤心，但是没哭。

ʑi⁵⁵lɔ³¹xɔ³¹n̩i³¹tsh⁵⁵zɔ³¹khɛ³³xɯ⁵⁵，ɔ⁵⁵khɛ³³xɯ⁵⁵xɔ³¹n̩i³¹tu³¹pɔ³¹mɔ³¹

他　豪尼 人　虽然　　　但是　　豪尼 话 不

thu⁵⁵tɕhe̱³¹.　虽然他是豪尼人，但是他不会讲豪尼话。

说　会

ʑi⁵⁵lɔ³¹ɣɔ³¹ɕoŋ³³ᐟ³⁵ɕoŋ³³ᐟ³⁵ɛmɛ⁵⁵zɔ³¹mi³¹，ɔ⁵⁵khɛ³³xɯ⁵⁵ʃɛŋ³³thi³¹mɔ³¹

她（话助）漂亮（叠）（状助）姑娘　但是　　　身体　不

mɯ³¹. 她是个漂亮的姑娘，但是身体不好。

好

（十三）xɔ⁵⁵mi⁵⁵khɛ³³xɯ⁵⁵ "不管（怎么样）……都……"

xɔ⁵⁵mi⁵⁵khɛ³³xɯ⁵⁵表示假设的语义关系。例如：

xɔ⁵⁵mi⁵⁵khɛ³³xɯ⁵⁵，tɕi⁵⁵tsɛ³³ma³¹xɔ̱³¹.　不管怎么样，都是错的。

不管 怎么样　　　全部　不　正确

u³¹zɛ⁵⁵ʒɛ⁵⁵ma³¹ʒɛ⁵⁵xɔ⁵⁵mi⁵⁵khɛ³³xɯ⁵⁵，xɔ⁵⁵mi⁵⁵khɛ³³xɯ⁵⁵tsɛ⁵⁵ʑi⁵⁵.

雨　下 不 下　不管　　怎么样　　一定　　　　也 去

不管下不下雨，都要去。

kui⁵⁵mɔ³¹kui⁵⁵xɔ⁵⁵mi⁵⁵khɛ³³xɯ⁵⁵，tɕi⁵⁵tsɛ³³v̩⁵⁵.　不管贵不贵，都要买。

贵 不 贵　不管　怎么样　都　买

nv̩⁵⁵ɕaŋ³³ɕiŋ⁵⁵ma³¹ɕaŋ³³ɕiŋ⁵⁵xɔ⁵⁵mi⁵⁵khɛ³³xɯ⁵⁵，ŋɔ⁵⁵tɕi⁵⁵tsɛ³³thu⁵⁵.

你　相信　不 相信　不管　怎么样　我 都　说

不管你信不信，我都要说。

（十四）khɛ³³xɯ⁵⁵ "即使……也……"

khɛ³³xɯ⁵⁵表示让步关系，连接两个分句，放在前一个表示让步的分句
后面，引出后一个表示正意的分句。例如：

ɔ⁵⁵fv̩³¹muɯ⁵⁵lɛ⁵³mɔ³¹ ⁄ ³⁵ti³³tsɔ³¹khɛ³³xɯ⁵⁵, ŋɔ⁵⁵ɣɔ³¹ma³¹pv̩ ³³ɣɛ³¹.

饭　很　多　(状助)　吃　即使　　　我　(话助)　不　饱　　(语助)

即使吃很多饭，我也不饱。

u³¹ʑɛ⁵⁵ʑɛ⁵⁵kʰɛ³³xɯ⁵⁵, ŋɔ⁵⁵xɔ⁵⁵mi⁵⁵kʰɛ³³ʑi⁵⁵. 即使下雨，我也要去。

雨　下　即使　　　我　一定　　　去

第九节　结构助词

豪尼话句法结构的组成，除了靠语序外，主要是靠结构助词。结构助词的作用主要是指明前面的实词在句中作什么句子成分，帮助其前后的句子成分组成各种结构关系。它只表示语法意义，没有实在的词汇意义，不能单独使用。豪尼话的结构助词都是单音节的，可以分为宾语助词、施事助词、工具助词、从由格助词、定语助词、方位助词和状语助词等。大部分结构助词都是固有词，只有个别是从汉语借入的，如状语助词ti³³"地"。有的结构助词具有多功能性的特点，即具有相同的语音形式，在句中却具有不同的语法作用。如nɛ³³既可以作施动助词又可以作工具助词。这可能跟他们的认知特点有关，比如他们把工具看作施动的成分。

一　宾语助词

宾语助词只有ʒɯ⁵⁵一个。它位于体词之后，表示该体词是动作行为的受事者。但受事者有的加宾语助词，有的不加。

（一）必须加宾语助词ʒɯ⁵⁵

当施事者与受事者分辨不清时，或是要强调受事者时，必须使用宾语助词ʒɯ⁵⁵。大部分情况是：宾语是表示与人有关的名词、代词时，一般都要加宾语助词。例如：

ɔ³¹pʰɔ³¹ʒɯ⁵⁵kɯ⁵⁵ 叫爸爸　　　　　ɔ³¹n̠i⁵⁵lɔ³¹ʒɯ⁵⁵fv̩ ³³ 看妹妹

爸爸　(宾助)　叫　　　　　　妹妹　(宾助)　看

ɔ³¹pv̩⁵⁵ʒɯ⁵⁵tɛ⁵⁵ 背爷爷　　　　　a⁵⁵pɛ ³³ʒɯ⁵⁵v̩³¹ 骂小孩

爷爷　(宾助)　背　　　　　　小孩　(宾助)　骂

nv³³ʒɯ⁵⁵tɛ⁵⁵ʑi³¹ 找你　　　　　　ʑa ³¹ʐ̩ ³³ʒɯ⁵⁵ti³¹ 打儿子

你　(宾助)　找　　　　　　　儿子　(宾助)　打

nv⁵⁵ɔ³¹sɹ̩⁵⁵ʒɯ⁵⁵ʃu⁵⁵ ⁄ ⁵³mɔ³¹? 你在等谁？

你　谁　(宾助)　等　　(语助)

ʑi⁵⁵lɔ³¹ŋɔ³³ʒɯ⁵⁵ma³¹tʰu⁵⁵. 他不回答我。

他　我　(宾助)　不　说

nv⁵⁵ʑi⁵⁵lɯ³³ʒɯ⁵⁵thu⁵⁵pi³³ŋɔ⁵⁵ɔ⁵⁵fv³¹tsɔ³¹ko³³nɛ³³ʑi⁵⁵.

你　他　（宾助）说　给　我　饭　吃　过　（连）去

你告诉他我吃完饭马上就去。

ŋɔ⁵⁵ɔ³¹n̠i⁵⁵lɔ³¹ʒɯ⁵⁵mɛ³¹pi³³ɣɛ³¹.　　　　　　我教弟弟了。

我　弟弟　　（宾助）教　给　（语助）

nv⁵⁵ʑi⁵⁵lɯ³³ʒɯ⁵⁵thu⁵⁵pi³³，ŋɔ⁵⁵tɕo⁵⁵li³³.　　你告诉他，我就去。

你　他　（宾助）说　给　我　就　去

ʑi⁵⁵lɔ³¹ŋɔ³³ʒɯ⁵⁵ɔ³³mu³¹tɕhi³¹khu⁵⁵tɕi⁵⁵pi³³.　　他借了我一匹马。

他　我　（宾助）马　一　匹　借　给

na̠³³ʃɯ³¹ŋɔ⁵⁵nv³³ʒɯ⁵⁵thu⁵⁵pi³³thu⁵⁵la̠³¹tɕhe̠³¹.　明天我会告诉你的。

明天　我　你　（宾助）说　给　说　（趋向）会

（二）可加可不加宾语助词ʒɯ⁵⁵

ʒɯ⁵⁵用与不用，主要看宾语的具体意义。有的与人有关的名词作宾语时，由于在意念上不会与主语混淆，所以宾语助词可加可不加。例如：

pv³³lɔ³³zɔ³¹ʑi⁵⁵（ʒɯ⁵⁵）ʃv³¹　　外婆抱孙子

外婆　孙子　（宾助）抱

a⁵⁵ta⁵⁵ɔ³¹n̠i⁵⁵lɔ³¹（ʒɯ⁵⁵）pa̠³³　姐姐帮妹妹

姐姐　妹妹　（宾助）帮

ɔ³¹mɔ³³zɔ³¹mi³¹（ʒɯ⁵⁵）mɛ³¹　妈妈教女儿

妈妈　女儿　（宾助）教

动物名词以及各类无生命的名词作宾语时，一般不加宾语助词ʒɯ⁵⁵。但有时为了强调宾语，也可以加。例如：

ɔ⁵⁵n̠i⁵⁵fv³³tʃha̠³¹（ʒɯ⁵⁵）n̠e̠³¹　　猫捉老鼠

猫　老鼠　（宾助）捉

ɔ³¹mu³¹te⁵⁵lɛ⁵⁵a³¹tʃ̠³¹（ʒɯ⁵⁵）n̠e̠³¹　螳螂捕蝉

螳螂　蝉　（宾助）捉

a³¹xa̠³³pi³¹tʃv³¹（ʒɯ⁵⁵）tsɔ³¹　　鸡吃虫子

鸡　虫子　（宾助）吃

ʑi⁵⁵lɔ³¹su³¹ɣɔ³¹（ʒɯ⁵⁵）tsʅ⁵⁵.　　他读书（他上学）。

他　书　（宾助）读

ŋɔ⁵⁵ɕi⁵⁵l̠i⁵⁵mɔ⁵⁵tʃɯ³³（ʒɯ⁵⁵）tsɔ³¹.　我把石榴吃了。

我　石榴　（宾助）吃

nv⁵⁵tshɔ³¹tshɔ³¹（ʒɯ⁵⁵）tshɔ³¹?　你猜到谜语了吗？

你　谜语　（宾助）猜

（三）不加宾语助词ʐɯ⁵⁵

受事者是无生命的名词，且施受关系明显不易混淆的情况下，就可以不加宾语助词。例如：

ʑi⁵⁵lɯ³³ʃɯ³¹ɣɛ³¹nɛ³³tʃʅ⁵⁵pɔ³¹tɯ⁵⁵.　　带他来喝酒。

他 （宾格）带（语助）（连）酒（受事）喝

zɔ³¹mu³¹ẓa³³xɔ³¹nɛ³³tɕhi³¹mɔ⁵⁵tɯ⁵⁵. 老人抽了一口烟。

老人　烟 （受事）一　口　抽

ʑi⁵⁵lɔ³¹tu³¹the⁵⁵nɛ³³tʃv⁵⁵pa³³ʐɛ⁵³（=ʑi⁵⁵ɣɛ³¹）. 他坐坏了凳子。

他　　凳子 （施助）坐 坏　去了 （趋向）（语助）

zɔ³¹mi⁵⁵ŋa³³nɛ³³yɔ³¹phe³³nɛ³¹ʐaŋ⁵⁵tʃhe³³（=tʃhạ³¹ɣɛ³¹），nv³³thɯ⁵⁵pɔ⁵⁵

今晚　我（施助）菜　　两样煮　煮 （语助）　　你们 　　　（助动）

tsɔ³¹lɔ⁵⁵！　今晚你们来吃饭，我煮两样菜！

吃　来

二　施事助词

豪尼话的施事助词是nɛ³³。位于作施事者的名词、代词之后，表示或强调动作行为是由该施事者发出的。例如：

a⁵⁵ta⁵⁵lɔ³¹nɛ³³v⁵⁵lɔ⁵⁵.　　　　　　　　　由姐姐买来。

姐姐 　　（施助）买 来

ɔ³¹pv⁵⁵lɔ³¹nɛ³³thu⁵³ma³¹xọ³¹.　　　　　爷爷说的不对。

爷爷（主助）（施助）说的 不 正确

nv⁵⁵nɛ³³thu⁵³tu³¹pɔ³¹tɕi⁵⁵tsɛ³³ma³¹xọ³¹！ 你说的话全都不对！

你 （施助）说的 话　 全都　 不 正确

汉语的被动句译成豪尼话时，多用带施事助词nɛ³³的结构来表达。所以，许多人常常把豪尼话带施事助词nɛ³³的结构的句子当成是被动句，其实不是。例如：

ʑi⁵⁵lɔ³¹nɛ³³tsɔ³¹fv³³ɣɛ³¹.　被他吃掉了。

他　（施助）吃（补）（语助）

ŋɔ³³ʐɯ⁵⁵nɛ³³pi³³ti³¹ɣɛ³¹！ 我被人打了！

我 （宾助）（施助）给打（语助）

a⁵⁵kɔ³³lɔ³¹nɛ³³ɔ³¹ṇi⁵⁵lɔ³¹ʐɯ⁵⁵tʃɛŋ³¹ṇi³¹luɛ⁵³（=lɔ⁵⁵ɣɛ³¹）.

哥哥 　　（施助）弟弟 　　（宾助）整 醒 来了　 来（语助）

哥哥把弟弟弄醒了。

thɔ⁵⁵ɔ⁵⁵tsɿ⁵⁵tɕhi³¹tsɿ⁵⁵mi³¹tsɔ³¹nɛ³³phɣ̣³³ɣɛ³¹. 那棵树被火烧了。

那　树　一　棵火 　　（施助）烧 　（语助）

nɯ³³tshๅ⁵⁵mu⁵⁵ʑi⁵⁵lɯ³³nɛ³³xɔ⁵⁵lɯ³¹ɣɛ³¹.　　　你的名字被他们知道了。

你　名字　　他们　(施助)　知道　(语助)

ʑi⁵⁵tɕhi³¹tsๅ⁵⁵ɔ⁵⁵tsๅ⁵⁵ŋɔ³³ʒɯ⁵⁵nɛ³³ɕe³¹fv³³ɣɛ³¹.　这棵树被我砍死了。

这　一　　棵树　我　(宾助)(施助)　砍　(补)　(语助)

三　工具助词

nɛ³³用在工具名词的后面，表示动作、行为是凭借该工具名词进行的。例如：

a³¹lạ³¹nɛ³³ti³¹　　　　　　　　　用手打

手　(工助)打

pi³¹nɛ³³tsๅ⁵⁵tshๅ³³　　　　　　　　用笔写字

笔 (工助) 字　写

xɔ³¹mɛ⁵⁵nɛ³³mɣ³³　　　　　　　　用嘴巴吹

嘴　　(工助)　吹

tɔ⁵⁵tɔ⁵⁵nɛ³³ɔ⁵⁵fv³¹tsɔ³¹　　　　　　用筷子吃饭

筷子　(工助)　饭　　吃

lạ³¹tɯ⁵⁵nɛ³³tʃa³³tɕhi³¹　　　　　　用胳膊挡着

胳膊　(工助)　挡　着

xu³¹zɔ³¹nɛ³³ɔ⁵⁵fv³¹ʑɛ³³tạ³³　　　　拿碗盛饭

碗　(工助)饭　盛　(趋向)

su⁵⁵tsu⁵⁵ɔ³³nɛ³³mi³¹tsɔ³¹tɣ³³　　　用斧子砍柴

斧子　(话助)(工助)柴　砍

a⁵⁵ko³³lɔ³¹mạ³³ʃạ³¹nɛ³³ʑi³¹.　　　哥哥用刀割。

哥哥　(主助)　刀子　(工助)　割

nv⁵⁵xu³¹zɔ³¹nɛ³³ɯ⁵⁵tʃhɣ³¹khɯ³¹!　你用碗舀水！

你　碗　(工助)　水　　舀

ʑi⁵⁵lɔ³¹tɕhe³¹tɯ⁵⁵nɛ³³u³³xɛ³¹u³³phu³³.　他用钥匙开门。

他　　钥匙　(工助)　门　开　(趋向)

ʑi⁵⁵lɯ³³ʒɯ⁵⁵ŋɔ³³nɛ³³tɔ³¹tɯ⁵⁵nɛ³³ti³¹.　他被我用棍子打。

他　　(宾助)我　(施助)棍子　(工助)打

四　从由格助词

豪尼话的从由格助词也是nɛ³³。它用在方位名词、时间名词的后面，表示动作、行为发起于某个时间点或时间段、某个地点或某个方位。例如：

ɔ⁵⁵xu⁵⁵nɛ³³tɣ³³zi⁵⁵.　　　　　　　　从家出去。
家　(从助) 出去

ŋɔ⁵⁵ʃu³¹u³¹nɛ³³lɔ⁵⁵.　　　　　　　我从癸能过来。
我 癸能 (从助) 来

zɔ³¹mɯ⁵⁵nɛ³³nu³¹li⁵⁵tsŋ⁵⁵.　　　　从现在起努力学习。
现在　(从助) 努力 学

ŋɔ⁵⁵tʃɣ³¹pɯ³³fv³³ɕi³¹nɛ³³lɔ⁵⁵.　　我从龙坝寨子来。
我 龙坝 寨子 (从助) 来

khuɛŋ³³miŋ³¹mɔ⁵³nɛ³³pɣ̩³¹tɕiŋ³³khɯ⁵⁵.　从昆明到北京。
昆明　(方助)(从助) 北京 到

ʑi⁵⁵lɔ³¹ʐuɛ³³na̠³¹nɛ³³lɔ⁵⁵ti³³tshŋ⁵⁵zɔ³¹.　他是从越南来的人。
他　越南　(从助) 来 的 人

khuɛŋ³³miŋ³¹mɔ⁵³nɛ³³xu⁵⁵xu³¹khɯ⁵⁵lɔ⁵⁵nɛ̠³¹nv³³u⁵⁵mɔ³¹?
昆明　(方助)(从助) 墨江 到 来 两 天 要 吗
从昆明到墨江要走两天吗？

ʑi⁵⁵tɕhi³¹l̩ɔ³³nɛ³³tsɛ⁵⁵tɕhi³¹l̩ɔ³³khɯ⁵⁵ŋɔ⁵⁵xu⁵⁵xu³¹tɕi⁵⁵tsɛ³³tʃv⁵⁵.
这 一 月(从助) 再 一 月 到 我 墨江 都 在
从这个月到下个月我都在墨江。

mɯ³¹mɯ³¹tʃhɣ³³tsŋ̩³¹mɔ⁵³nɛ³³lu³³kɔ³³lɔ⁵⁵/⁵³.　　木薯从车上滚下来。
木薯　　车子　(方助)(从助) 滚 (趋向) 来

ʑi⁵⁵lɔ³¹kɣ³¹tʃɯ³¹mɔ⁵³kɔ³³lɔ⁵⁵/⁵³nɛ³³kɛ⁵⁵tsŋ̩³¹kaŋ³¹.　他下山来赶集。
他　山　(方助)(趋向) 来　(从助)集市 赶

ŋɔ⁵⁵mi⁵⁵nv³³nɛ³³na̠³³ʃɯ³¹tɕi⁵⁵tsɛ³³tʃv⁵⁵/⁵³.　从昨天到今天我都在。
我 昨天 (从助) 今天 都 在

na̠³³ʃɯ³¹nɛ³³ŋɔ⁵⁵ʑi³³sɛŋ³³mɔ³¹ŋɯ⁵⁵mɔ³¹.　从明天起我就不是医生了。
明天　(从助) 我 医生 不 是 (语助)

五　定语助词

豪尼话的定语助词是ɔ³³"的"，通常容易受前一音节的影响发生弱化现象。用在作定语的名词、代词、形容词、动词或动宾词组等后面，表示前面的成分是定语。可以分为以下几类。

（一）ɔ³³表示领属关系

ɔ³³位于名词与名词、代词与名词之间，表示领属关系，相当于汉语的"的"，有的可以省略。例如：

zɔ³¹mu³¹ɔ³³tu³¹pɔ³¹　　　　　　　　老人的话
老人　的 话

tsʅ⁵⁵zɔ³¹ɔ³³tsʅ⁵⁵mu⁵⁵　　　　　　　　　　人的名字

人　　的　名字

a⁵⁵pe̱³³thɯ⁵⁵（ɔ³³）su³¹ɣɔ³¹　　　　　　孩子们的书

孩子们　　　　的　书

ɔ³³tɯ³³thɯ⁵⁵（ɔ³³）ko³¹tɕa³³　　　　　我们的国家

我们　　　　的　国家

pɣ³¹tɕiŋ³³tʃoŋ³³ko̱³¹ɔ³³ʃɯ³¹tv³³ɣɔ³¹.　　北京是中国的首都。

北京　　　中国　　的　首都　（语助）

khuɛŋ³³miŋ³¹ʑuŋ³¹na̱³¹ɔ³³ʃɯ³¹fv³¹ɣɔ³¹.　昆明是云南的首府。

昆明　　　　云南　　的　首府　（语助）

ŋ⁵⁵ŋɔ³³ɔ³³ʃɯ³¹piɔ³¹mɯ⁵⁵le⁵³ɕi³¹xua³³.　我非常喜欢我的手表。

我 我 的　手表　　非常　　喜欢

（二）ɔ³³作定语助词

ɔ³³作定语助词，还表示属于某个地方或时间的领属关系。例如：

pe̱³³ʃa³¹ɔ³³phi⁵⁵ɕi³¹ 书包的扣子　　　tʃha³¹fv³¹ɔ³³kɛ⁵⁵tsɳ³¹　茶壶的盖子

书包　的 扣子　　　　　　　　茶壶　　的　盖子

u³¹nv³³ɔ³³koŋ³³tso⁵⁵ 白天的工作　ʑi⁵⁵fɔ³³fɔ³³ɔ³³kɣ³¹tʃɯ³¹ 对面的山

白天　的 工作　　　　　　　　对面　　的　山

mi⁵⁵na̱³³xɣ³¹ɔ³³tʃhɛ⁵⁵ɕi³¹　去年的谷子

去年　　　的　谷子

tsha³¹na̱³³xɣ³¹ɔ³¹lɔ³¹khɛ⁵⁵　今年的茶叶

今年　　　　的 茶叶

tsha³¹na̱³³xɣ³¹ɔ³³tʃhɛ⁵⁵na̱³³xɔ⁵⁵tɕhi⁵⁵mɔ³¹! 　　今年的紫米很多！

今年　　　　的 紫米　很　　多

ʃu³¹mi⁵⁵na̱³³xɣ³¹ɔ³³u³¹ʑɣ⁵⁵ʑɛ⁵⁵ɯ⁵⁵xɔ⁵⁵tɕhi⁵⁵mɔ³¹ɣɔ³¹. 前年的雨水非常多。

前年　　　　　的 雨水　　　非常　多 （语助）

（三）ɔ³³与人称代词连用

人称代词与ɔ³³连用，修饰名词时，表示所属关系。修饰语均在前。例如：

ŋɔ³³ɔ³³nɔ³¹tʃɳ³³　我的耳环　　ŋɔ³³ɔ³³su³¹ɣɔ³¹　我的书

我 的 耳环　　　　　　　我 的 书

nv³³ɔ³³a⁵⁵ta⁵⁵　你的姐姐　　nv³³ɔ³³ɔ⁵⁵xu⁵⁵　你的家

你 的 姐姐　　　　　　　你 的 家

ʑi⁵⁵thɯ³³ɔ³³ɔ⁵⁵xu⁵⁵他们的房子　ʑi⁵⁵tho³¹ɔ³³ʃɔ⁵⁵tɯ³³他家的玉米

他们　的 房子　　　　　　他家 的 玉米

$ŋa^{33}n̠ɔ^{31}$（$=n̠ȩ^{31}ɣɔ^{31}$）$ɔ^{33}ɔ^{31}n̠i^{55}lɔ^{31}$　我俩的妹妹
我俩　　二个　　的　妹妹

$ʑi^{55}n̠ɔ^{31}$（$=n̠ȩ^{31}ɣɔ^{31}$）$ɔ^{33}fv^{55}tʃɻ̩^{31}$　　他俩的钱
他俩　　　二个　　的　钱

领格代词作名词定语时，定语助词$ɔ^{33}$可加可不加。例如：

$ʑi^{55}lɔ^{31}ɔ^{33}l̩ɔ^{31}=ʑi^{55}lɔ^{31}l̩ɔ^{31}$　　　他的裤子
他　的 裤子 他　裤子

$ŋɔ^{33}ɔ^{33}ɔ^{55}xu^{55}=ŋɔ^{33}ɔ^{55}xu^{55}$　　　我的家
我 的 家　　我　家

$ŋɔ^{33}ɔ^{33}a^{55}pȩ^{33}=ŋɔ^{33}a^{55}pȩ^{33}$　　　我的孩子
我 的 孩子　　我 孩子

$nv^{55}ɔ^{33}ɔ^{31}tʃɯ^{55}=nv^{55}ɔ^{31}tʃɯ^{55}$　　你的牙齿
你 的 牙齿　　你 牙齿

修饰亲属称谓名词时，第一、第二单数可以直接与名词的词根结合，省去前缀$ɔ^{31}$，并发生连读音变。与此同时，不加定语助词$ɔ^{33}$。第三人称单数直接与名词结合，也不加定语助词$ɔ^{33}$。例如：

$ŋɔ^{55}ɔ^{31}phɔ^{31}=ŋɔ^{33}phɔ^{31}$　　我爸　　　$ŋɔ^{55}ɔ^{31}mɔ^{33}=ŋɔ^{31}mɔ^{33}$ 我妈
我 爸爸　　我 爸　　　　　我 妈妈　　我 妈

$nv^{55}ɔ^{31}phɔ^{31}=nv^{33}phɔ^{31}$　　你爸　　　$nv^{55}ɔ^{31}mɔ^{33}=nv^{33}mɔ^{33}$ 你妈
你 爸爸　　你 爸　　　　　你 妈妈　　你 妈

$ʑi^{55}lɔ^{31}ɔ^{31}phɔ^{31}$　　　　　他爸爸　　$ʑi^{55}lɔ^{31}ɔ^{31}mɔ^{33}$　　　　他妈妈
他　爸爸　　　　　　　他　妈妈

（四）$ɔ^{33}$作修饰语标记
短语结构作修饰语时均在名词之前，中间要加$ɔ^{33}$。例如：

$ɔ^{55}xu^{55}fv̠^{33}ɔ^{33}ɔ^{31}khɯ^{31}$　　　　看家的狗
家　看 的 狗

$ʑi^{55}lɔ^{31}nɛ^{33}tʃha^{31}ɔ^{33}ɔ^{55}fv^{31}$　　　他煮的饭
他　(施助)煮 的 饭

$ɔ^{31}mɔ^{33}nɛ^{33}thu^{55}ɔ^{33}tu^{31}pɔ^{31}$　　　妈妈说的话
妈妈　(施助)说 的 话

$tʃha^{31}n̠i^{55}ɔ^{33}nɛ^{33}tɕhi^{31}tɣ^{33}ɔ^{55}tɕhi^{31}$　　婴儿拉的屎
婴儿　的 (从助)拉 出 屎

$ʑ̠a^{31}mɔ^{33}ɔ^{33}nɛ^{33}tʃɯ^{55}tɣ^{33}ʑ̠a^{31}zɔ^{31}$　　母猪下的猪崽
母猪　的 (从助)下 出 猪崽

xɔ³¹n̠i³¹tu³¹pɔ³¹xɔ⁵⁵lɯ³¹tɕhe̠³¹ɔ³³tsn̩⁵⁵zɔ³¹mɔ³¹tʃv⁵⁵.
豪尼　话　　知道　会　的　人　　不　在

懂豪尼话的人不在。

mu³¹n̠i³¹v⁵⁵lɔ⁵⁵ɔ³³ɕɔ³¹sen³³xɯ³¹li³³mɔ³¹.　　来买东西的学生回去了。
东西　买　来　的　学生　　回　去 (语助)

（五）ɔ³³作定中结构的标记

ɔ³³还常用在形容词定语和名词中心语之间。形容词修饰名词时，通常位于名词之后。若形容词提至名词前修饰名词时，则须在形容词后加助词ɔ³³。例如：

xɣ̠³¹ɔ³³ɔ⁵⁵tsn̩⁵⁵　大的树　　　　　mɯ³¹ɔ³³ɔ³³mu³¹　　好的马
大　的　树　　　　　　　　　　好　的　马

fv̠³³sɔ⁵⁵ɔ³³ɔ⁵⁵xu³¹ 好看的衣服　　n̠i⁵⁵tʃhe³¹ɔ³³a⁵⁵z̠ɛ³³　红的花
看　好　的　衣服　　　　　红　　的　花

z̠i³³ti³³tʃhe⁵⁵ɣɔ³³mɔ⁵⁵mv³³.　　这么酸的芒果。
这么　酸　的　芒果

thɯ³³tɕhi⁵⁵mɔ³¹ɣɔ³³tsn̩⁵⁵zɔ³¹！ 那么多的人！
那么　　多　的　人

mɯ³¹ɣɔ³³lɔ³¹khe⁵⁵xɛ⁵⁵ˈ³¹la³¹.　把好的茶叶拿来。
好　的　茶叶　　拿　(趋向)

人称代词加ɔ³³的领格结构，在句中作主语或宾语时可以省略中心成分，起名物化作用。例如：

ŋɔ³³ɣɔ³¹n̠i⁵⁵tʃhe³¹ti³³, nv³³ɔ³³ n̠i⁵⁵ma̠³¹ti³³.　我的是红的，你的是绿的。
我的 (话助) 红色 的　你的　绿色 (状助)

z̠i³¹z̠i⁵⁵pen³¹su³¹ɣɔ³¹ŋɔ³³ɔ³³, z̠i⁵⁵lɔ³³mɔ³¹ŋɯ⁵⁵. 这本书是我的，不是他的。
这 一 本 书　我的 (话助) 他的 不　是

六　方位助词

豪尼话的方位助词有mɔ⁵³和fɔ³³，用在名词、代词之后，表示动作、行为发生的方位。例如：

kɔ⁵⁵mɔ³³mɔ⁵³l̩u³³mɔ³³　　　　　　　路上的石头
路　　(方助) 石头

ŋɔ⁵⁵ʃu³¹u³¹mɔ⁵³tʃv⁵⁵.　　　　　　我住在癸能 (地名)。
我　癸能 (方助)　在

ŋɔ⁵⁵xu⁵⁵xu³¹mɔ⁵³tʃv⁵⁵ˈ⁵³.　　　　　我在墨江 (地名)。
我　墨江　　(方助)　在

ɣo̱³¹xɔ⁵⁵mo⁵³ɣo̱³¹tʃa³³mɔ³¹.　　　　　　　　在床上睡觉。

床　　(方助)　睡觉　　(语助)

nv⁵⁵la̱³¹tʃhɔ⁵⁵fɔ³³ʃo̱³¹tɤ³³ɣɛ³¹.　　　　　　你来左边站着。

你　左边　(方助)站(趋向)(语助)

nv⁵⁵ʑi⁵⁵fɔ³³fɔ³³ʑi⁵⁵mɔ³¹ʑi⁵⁵mɔ³¹?　　　　　你去不去对面？

你　对面　(方助)去　不　去　(语助)

a⁵⁵ʒɤ³¹ɲi⁵⁵tɕi⁵⁵tsɛ³³mɛ⁵⁵ɔ⁵⁵xu⁵⁵mɔ⁵³tʃv⁵⁵.　　兄弟在家。

兄弟　　全部　(状助)家　(方助)在

nv⁵⁵tɔ⁵⁵tṣ̩³¹mɔ⁵³fv⁵⁵tʃ̩³¹xɛ⁵⁵la³¹.　　　　　你去拿桌子上的钱。

你　桌子　(方助)　钱　拿　(趋向)

ɔ³¹ɲi⁵⁵lɔ³¹ne³³ɔ⁵⁵xu⁵⁵mɔ⁵³su³¹ɣɔ³¹tṣ̩⁵⁵.　　弟弟在家读书。

弟弟　　(施助)家　(方助)　书　读

kɛ³³tṣ̩³¹mɔ⁵³xɔ⁵⁵tɕhi⁵⁵mɔ³¹ti³³tsʰ̩⁵⁵zɔ³¹tʃv⁵⁵.　街上有许多人。

街子　(方助)很　多(状助)人　　在

ɔ³³tɯ³³thɯ⁵⁵ʑuŋ³¹na̱³¹mɔ⁵³tio⁵⁵tʃha³¹ɣɔ³¹.　我们在云南调查。

我们　　云南　(方助)调查　　(语助)

ʑi⁵⁵lɔ³¹mi⁵⁵nv³³ɕo̱³¹ɕɔ³³mɔ⁵³su³¹ɣɔ³¹tṣ̩⁵⁵.　他昨天在学校读书。

他　昨天　学校　(方助)书　读

mi⁵⁵nv³³ɔ³¹tɯ³³thɯ⁵⁵xu⁵⁵xu³¹mɔ³¹to³³li³³ɣɔ³¹.　昨天我们进墨江了。

昨天　我们　　墨江　(方助)进(趋向)(语助)

七　状语助词

主要有 mɛ⁵⁵ 和 ti³³，语义相当于汉语的"地"，用在状语和动词之间，表示前面的成分是修饰动词的状语。例如：

nv⁵⁵pɤ³³pɤ³³ti³³tsɔ³¹mɔ³¹!　　　　　　　你饱饱地吃吧！

你　饱(叠)　(状助)吃　吧

kɯ³¹tsŋ̍⁵⁵toŋ³¹toŋ³¹mɛ⁵⁵ti³¹kɯ⁵⁵.　　　　　鼓咚咚地响。

鼓　咚咚　(状助)打　叫

ŋɤ⁵⁵nv³³ʒɯ⁵⁵ɔ³¹tɕhi⁵⁵xɤ³¹ti³³kɯ⁵⁵.　　　　我大声地叫你。

我　你　(宾助)声音　大　(状助)叫

nv⁵⁵pa³³ɣo³³tɕiŋ³¹tɕiŋ³¹mɛ⁵⁵ma³¹phe³³.　　　你没把窗户关严。

你　窗子　紧　(叠)　(状助)　不　关

ʑi⁵⁵lɔ³¹ŋɔ³³ʒɯ⁵⁵tshui³¹tshui³¹ti³³pi³³kɔ³³ʑi⁵⁵.　他让我赶快下去。

他　我　(宾助)快　(叠)　(状助)给　(趋向)去

nv⁵⁵xɔ⁵⁵mi⁵⁵khɛ³³mɯ³¹mɯ³¹mɛ⁵⁵ma³¹u⁵⁵mɔ³¹？　你为什么不好好地做？

你　为什么　　好　（叠）（状助）不　做（语助）

zi⁵⁵lɔ³¹tɕhi³¹nv³³lɔ³¹khɛ⁵⁵xɔ⁵⁵tɕhi⁵⁵mɔ³¹ᐟ³⁵ti³³tʂn̩³³. 他一天摘很多茶叶。

他　一　天　茶叶　很　多　（状助）摘

mɛ⁵⁵和ti³³还可以放在重叠式数量词之后，作状语助词。例如：

u³¹ʑɛ⁵⁵tɕhi³¹la̠³¹tɕhi³¹la̠³¹ti³³ʑɛ⁵⁵ᐟ⁵³. 　　　雨一阵阵地下。

雨　一　阵　一　阵（状助）下

xɔ³¹tʃɿ⁵⁵tɕhi³¹kɯ⁵⁵tɕhi³¹kɯ⁵⁵ti³³pu⁵⁵. 　　鸟成群成群地飞。

鸟　一　群　一　群（状助）飞

ŋɔ³¹ʃɔ³¹tɕhi³¹thiɔ³¹tɕhi³¹thiɔ³¹ti³³tʃa̠³¹. 　鱼一条一条地煮。

鱼　一　条　一　条（状助）煮

xɔ³¹phɔ⁵⁵tɕhi³¹thiɔ⁵⁵tɕhi³¹thiɔ⁵⁵ti³³thiɔ⁵⁵. 青蛙一蹦一跳地跳。

青蛙　一　跳　一　跳（状助）跳

tɕɔ³¹（＝tɕhi³¹ɣɔ³¹）tɕɔ³¹（＝tɕhi³¹ɣɔ³¹）ti³³lɔ⁵⁵.（人）一个一个地来。

一个　一个　一个　一个　（状助）来

xa̠³³v̩³³tɕhi³¹çi³¹tɕhi³¹çi³¹mɛ⁵⁵u³¹sa̠³³ma³¹u³¹. 鸡蛋一个一个称的话不卖。

鸡蛋　一　个　一　个（状助）卖　称　不　卖

第十节　语气助词

豪尼话的语气助词在句子里表示说话的语气、感情色彩，大多位于句末。也可以位于句中，表示停顿。特点是附着性强，只能附着在句子或词语的后面，表达一定的语法意义。大多是单音节的。有的语气助词具有多功能特点，如mɔ³¹，主要表示陈述语气，但也可以表示疑问语气和祈使语气。根据所表示语气的不同，可分为以下四类。

一　表示陈述的语气助词

（一）mɔ³¹

mɔ³¹仅用于句末，表示叙述语气，确定事件的"已然"性（包括将来"已然"和现时"已然"）。相当于汉语的"了"。例如：

tsn̩⁵⁵zɔ³¹lɔ⁵⁵mɔ³¹. 　　　　　人来了。

人　来（语助）

ʃi³¹tɕɛŋ³³khɯ⁵⁵lɔ⁵⁵mɔ³¹. 　　时间到了。

时间　到　来　（语助）

n̥ɛ³¹ɕɔ³¹ʃ¹³¹xɔ⁵⁵tɕhi⁵⁵tshui³¹tshui³¹ti³³ko³³zi⁵⁵mɔ³¹.
两 小时 很　　　快 （叠）（状助）过去 （语助）
两个小时很快就过去了。

nv⁵⁵ma³¹tʃɯ³³tʃhɯ³³nɛ³³zi⁵⁵lɔ³¹ta⁵⁵ɕo̥³¹tsɿ⁵⁵li³¹mɔ³¹.
你 没 出生 （连）他 　大学 　读（趋向）（语助）
你出生以前他就念大学了。

thɯ³³n̥ɔ³¹（=n̥ɛ³¹ɣɔ³¹）tsn̥⁵⁵zɔ³¹tɕhi³¹kɔ³³khɯ⁵⁵lɔ⁵⁵mɔ³¹.
那 俩　 二 个 人 　一 起 到 来（语助）
那两个人一起到了。

nv⁵⁵peŋ⁵⁵ko⁵⁵ɕɔ³¹ʃ¹³¹lɔ⁵⁵phɛ̥³¹mɔ³¹.　　　你来晚了半个小时。
你 半 个 小时 来 晚 （语助）

nɯ⁵⁵mɔ³³kɤ³¹tʃɯ³¹mɔ⁵³kɔ³³zi⁵⁵ᐟ⁵³mɔ³¹.　太阳开始下山了。
太阳　 山 　（方助）（趋向）去 （语助）

ko³³fɔ³³fɔ³³zi³¹ɕiŋ³³tɕhi³³u³¹ʑɛ⁵⁵xɔ⁵⁵tɕhi⁵⁵mɔ³¹ᐟ³⁵ti³³ʑɛ⁵⁵mɔ³¹.
前面 （时助）一 星期 　雨 很　 　多 　（状助）下 （语助）
上个星期下了很多雨。

ŋɔ⁵⁵lɔ⁵⁵ᐟ⁵³nɛ³³zi⁵⁵lɔ³¹zɿ³¹ko³³mɔ³¹.　　　我来的时候他已经走了。
我 来 　（连）他 　走掉 （语助）

ŋɔ³³thɯ⁵⁵fv³³ɕi³¹kɤ³¹tʃɯ³¹mɔ⁵³paŋ³³kɔ³³lɔ⁵⁵nɛ³³xɛ̥³¹xɤ³¹tʃa³³mɔ³¹.
我们 　寨子 山 　　（方助）搬 下 来（从助）八 年 有 （语助）
我们寨子从山上搬来有八年了。

zɔ³¹mi⁵⁵u³¹ʑɛ⁵⁵xɔ⁵⁵tɕhi⁵⁵xɤ³¹ti³³ʑɛ⁵⁵mɔ³¹. 昨天夜里下了大雨。
昨晚 雨 很　 大 （状助）下 （语助）

zɔ³¹mɯ⁵⁵tɕhi³¹xui³¹xɯ³¹lɔ⁵⁵nɛ³³mv⁵⁵ɣɔ³¹lɔ³¹thɯ³³fɔ³³ɕaŋ⁵⁵tʃn̥³¹tʃʃ³¹ma³¹
现在 　一 次 回 来（状助）见 （话助）以前 （时助）像 一点 不
ɕaŋ⁵⁵mɔ³¹.　 这次回来看到的完全不像以前的了。
像 （语助）

tɕhi³¹xɤ³¹ɣɔ³³xɔ⁵⁵tɕhi⁵⁵tshui³¹tshui³¹ti³³ko³³zi⁵⁵mɔ³¹. 一年很快就过去了。
一年 （话助）很　　 快 （叠）（状助）过去 （语助）

（二）ɣɛ³¹

ɣɛ³¹仅用于第一人称的陈述句句末。例如：

ŋɔ⁵⁵li³¹tshɛ⁵⁵xɤ³¹tʃa³³ɣɛ³¹.　　　　　　我四十岁了。
我 四十 岁 有 （语助）

ŋɔ⁵⁵zɔ³¹zi⁵⁵tɕhi³¹ɣɔ³¹tʃɯ³³ɣɛ³¹.　　　　我有一个孙子。
我 孙子 一 个 有 （语助）

ço³¹çi³¹ŋɔ³³nɛ³³thu⁵⁵tɣ̠³³ɣɛ³¹.　　　　　消息被我传出去。
消息　我（施助）　说出（语助）

ŋ⁵⁵　ɣɔ³¹nɔ⁵⁵xɔ³¹tço⁵⁵xɔ⁵⁵lɯ³¹ɣɛ³¹.　　我一听就明白了。
我（话助）听　就　明白（语助）

ŋ⁵⁵ɣɔ³¹lɔ³¹thɯ̠³³fɔ³³nɛ³³tɯ⁵⁵pɣ̠³³ɣɛ³¹.　　我先前喝饱了。
我（话助）前面（时助）（连）喝饱（语助）

ŋ⁵⁵kɣ³¹tʃɯ³¹mɔ⁵³a³¹xa̠³¹tu³¹pɔ³¹mɔ³¹thu⁵⁵tçhe̠³¹，zɔ³¹mɯ⁵⁵thu⁵⁵
我山（方助）汉族话　不　说　会　现在　说
tçhe̠³¹ɣɛ³¹.　我在山上不会说汉话，现在会说了。
会（语助）

ŋ⁵⁵ɣɔ³¹xɔ³¹n̠i³¹tsh⁵⁵zɔ³¹mɔ³¹ŋɯ⁵⁵，xɔ⁵⁵mi⁵⁵khɛ³³tʃɣ³¹pɯ³³su³¹xɣ³¹
我（话助）豪尼人　不　是　可是　龙坝　三　年
tʃv⁵⁵ɣɛ³¹.　我不是豪尼人，可是住在龙坝有三年了。
在（语助）

（三）lɔ⁵⁵ɣɔ³¹（连读为lɔ⁵³）

lɔ⁵⁵ɣɔ³¹（lɔ⁵³）仅用于第一人称的陈述句句末。例如：
ŋɔ³³ɣɔ³³tʃɔ⁵⁵lu⁵⁵tsh⁵⁵zɔ³¹nɛ³³xɛ⁵⁵lɔ⁵³（＝lɔ⁵⁵ɣɔ³¹）.
我　的　背篓　别人（施助）拿（趋向）（语助）
我的背篓被别人拿走了。

ŋ⁵⁵ɔ³¹xɔ⁵⁵tshe³¹kɔ³³lɔ⁵³（＝lɔ⁵⁵ɣɔ³¹）.　　我把地犁完了。
我　地　犁　完（趋向）（语助）

ŋ⁵⁵ʒɯ⁵⁵ʑi⁵⁵lɔ³¹nɛ³³tçe̠³³lɔ⁵³（＝lɔ⁵⁵ɣɔ³¹）.　我被他骗了。
我（宾助）他（施助）骗（趋向）（语助）

ŋ⁵⁵tçhi³¹xui³¹lɛ⁵³u⁵⁵kɔ³¹，tsɛ⁵⁵ma³¹u⁵⁵çaŋ⁵⁵lɔ⁵³（＝lɔ⁵⁵ɣɔ³¹）.
我　一　次　只做过　再　不　做　想（趋向）（语助）
我只做过一次，不想再做了。

ŋɔ³³pa̠³¹tha̠³¹nɔ⁵⁵，xu⁵⁵tsh³¹nɔ⁵⁵，ma³¹tɛ⁵⁵ta̠³³lɔ⁵³（＝lɔ⁵⁵ɣɔ³¹）.
我肩膀　痛　背　酸　不背上（趋向）（语助）
我的肩膀痛，背酸，背不动了。

ŋɔ³³ɣɔ³³xu³¹zɔ³¹ti³¹pi³¹ʑɛ⁵³（＝ʑi⁵⁵ɣɛ³¹）.　　我的碗被打坏了。
我的　碗　打坏（趋向）（语助）

ŋ⁵⁵ʑi⁵⁵lɔ³¹nɛ³³tçhi³¹pɛ⁵⁵v³¹lɔ⁵³（＝lɔ⁵⁵ɣɔ³¹）.　我被他骂了一顿。
我他（施助）一顿骂（趋向）（语助）

zɔ³¹nv³³ɣɔ³¹lɔ³¹tʃɔ⁵⁵ʒɯ⁵⁵mv⁵⁵lɔ⁵³（＝lɔ⁵⁵ɣɔ³¹）.　今天我看见老赵了。
今天（话助）老赵（宾助）看见（趋向）（语助）

ŋa³³tho³¹ɣɔ³³tʃhɛ⁵⁵ɕi³¹ma³¹tʃɯ³³lɔ⁵³（=lɔ⁵⁵ɣɔ³¹）. 我家的谷子没了。
我　家　的　谷子　　不　在　　(趋向)　(语助)

ŋɔ⁵⁵fv⁵⁵tʂi̱³¹xɔ⁵⁵tɕhi⁵⁵mɔ³¹nɛ⁵⁵tʃuaŋ⁵⁵lɔ⁵³（=lɔ⁵⁵ɣɔ³¹）. 我挣了很多钱了。
我　钱　　很　　多 (状助) 赚　　　(趋向) (语助)

za̱³¹sɿ̱³³nv³³nɛ³¹ŋɔ³¹ʒɯ⁵⁵thu⁵⁵pi³³, zɔ³¹mɯ⁵⁵ŋɔ⁵⁵ɲi⁵⁵pɔ³³lɔ⁵³（=lɔ⁵⁵ɣɔ³¹）.
刚才　你 (施助) 我 (宾助) 说　给　现在　　我　忘记　　(趋向)　　(趋向)(语助)
刚才你告诉我的，现在我已经忘了。

二　表示疑问的语气助词

主要有mɔ³¹、ŋa⁵³、ŋɔ³¹三个。分述如下：

（一）mɔ³¹

mɔ³¹多用于句末，表示一般疑问语气，常用于是非问、特指问。也可以用于正反疑问句。mɔ³¹是使用频率较高的疑问语气助词，在口语中也较常用。例如：

su³¹ɣɔ³¹xɔ³³tʃv⁵⁵ᐟ⁵³mɔ³¹?　　　　　　　书在哪儿？
书　　哪　有　　(语助)

ʑi⁵⁵su³¹ɣɔ³¹ɔ³¹sɿ⁵⁵mɔ³¹?　　　　　　这本书谁的？
这　书　　谁　　(语助)

nv⁵⁵a⁵⁵pe̱³³lɔ³¹tʃv⁵⁵sɔ⁵⁵mɔ³¹?　　　　你的孩子好吗？
你　孩子 (主助) 在　好　(语助)

ʑi⁵⁵ɯ⁵⁵tɯ³¹xɔ⁵⁵mɔ⁵⁵na̱³¹mɔ³¹?　　　　这口井有多深？
这　水井　多少　深　(语助)

nv⁵⁵ɔ³¹phɔ³¹ɔ³¹mɔ³³tɕi⁵⁵tsɛ³³mɯ³¹mɔ³¹?　你父母好吗？
你　爸爸　妈妈　都　　好　　(语助)

（二）ŋɯ⁵⁵ɣɔ³¹（连读为ŋa⁵³）

ŋa⁵³义为"是吗"。用于句末，表示对第二人称的提问。例如：

nv⁵⁵ɔ³¹sɿ⁵⁵ʒɯ⁵⁵ʃu⁵⁵ŋa⁵³?　　　　　　你在等谁？
你　谁　(宾助) 等　(语助)

nv⁵⁵ɔ³¹tʃhɯ³³ʃu⁵⁵ŋa⁵³?　　　　　　你在等什么？
你　什么　　等　(语助)

nv⁵⁵xɔ³³tɕhi³¹xɣ̱³¹su³¹ɣɔ³¹tsɿ⁵⁵ŋa⁵¹?　　你哪一年开始上学？
你　哪　一　年　书　读　(语助)

nv⁵⁵ɔ³¹tʃhɯ³³ʃi̱³¹tɕɛŋ³³ɔ⁵⁵xu⁵⁵tsḭ³³ŋa⁵¹? 你什么时候盖的房子？
你　什么　　时间　房子　盖　　(语助)

nv⁵⁵ʑi⁵⁵lɔ³¹khɛ³³ɔ³¹tʃhɯ³³a⁵⁵ʒɣ ³¹n̠i⁵⁵ŋa⁵¹? 你和他有什么亲戚关系？

你 他　 和　 什么　 亲戚　（语助）

（三）ŋɔ³¹

ŋɔ³¹多用于正反疑问句句末。例如：

nv⁵⁵tɕhe̠ ³¹ma³¹tɕhe̠ ³¹ŋɔ³¹?　　　　你会不会？

你 会 不 会 （语助）

ʑi⁵⁵ɔ³¹pɣ³¹l̠ u⁵⁵mɔ³¹l̠ u⁵⁵ŋɔ³¹?　　　　这被子不暖吗？

这 被子　热 不 热 （语助）

nv⁵⁵na̠ ³³ʃɯ³¹lɔ⁵⁵mɔ³¹lɔ⁵⁵ŋɔ³¹?　　　　你明天来不来？

你 明天　来 不 来 （语助）

ʑi⁵⁵sɿ⁵⁵tɕhiŋ³¹nv⁵⁵ɕaŋ³³ɕiŋ⁵⁵ma³¹ɕaŋ³³ɕiŋ⁵⁵ŋɔ³¹?

这 事情　　你 相信　 不 相信　（语助）

这件事你相信不相信？

nv⁵⁵lɔ³¹khɛ⁵⁵tɯ⁵⁵mɔ³¹tɯ⁵⁵ŋɔ³¹?　　　　你喝茶不喝茶？

你 茶　　 喝 不 喝 （语助）

nv⁵⁵ʐɔ⁵⁵fɔ³³fɔ³³ʑi⁵⁵mɔ³¹ʑi⁵⁵ŋɔ³¹?　　　　你去不去那里？

你 那儿 （方助）去 不 去（语助）

ʑi⁵⁵lɔ³¹ʐa̠ ³³xɔ³¹tɯ⁵⁵mɔ³¹tɯ⁵⁵ŋɔ³¹?　　　　他抽烟不抽烟？

他　 烟　　 抽 不 抽 （语助）

ɔ⁵⁵xu⁵⁵xu⁵⁵lɛ⁵⁵fɔ³¹l̠ u⁵⁵ma³¹l̠ u⁵⁵ŋɔ³¹?　　　屋内热不热？

房子 里面 （方助）热 不 热 （语助）

ʑi⁵⁵ɔ⁵⁵ti⁵⁵tɕhi³¹khuɛ⁵⁵tsɔ³¹mɔ³¹tsɔ³¹ŋɔ³¹?　那块肉你吃不吃？

那 肉　 一 块　 吃 不 吃（语助）

三　表示感叹的语气助词

豪尼话有ɣɛ³¹和ɣɔ³¹两个表示感叹的语气助词，分别用来表达以下三种不同的语气。

（一）惊讶、感叹或惊惧的语气

例如：

ʑɨ³³mu⁵⁵mu⁵⁵mu⁵⁵ɣɛ³¹!　　　　这么长啊！

这 长 （叠）长 （语助）

ua³¹! ʑɨ³³tɕhi⁵⁵tɕhi⁵⁵mɔ³¹ɣɛ³¹!　　啊！多极了！

啊 这么 （叠）多 （语助）

ʑɨ³³tɕhi⁵⁵tɕhi⁵⁵mɔ³¹ti³³tshɿ⁵⁵/⁵³ɣɔ³¹!　这么胖啊！

这么　 （叠）多 （状助）胖 （语助）

ɛ³¹, u³¹ʃɔ³¹mɯ⁵⁵lɛ⁵³ʃɔ³¹ lɯ⁵⁵ɣɔ³¹!　　　　　　唉，真可怜！
唉　可怜　很　（叠）　完（语助）

tu³¹pɔ³¹thu⁵⁵ɣɔ³¹mɔ³¹nɔ⁵⁵xɔ³¹sɔ⁵⁵ɣɔ³¹!　　　　话真难听！
话　说（话助）不　听　好（语助）

ʑi⁵⁵xɣ³¹ᐟ³³xɣ³¹ᐟ³³zɔ³¹lɛ⁵³ɕi⁵⁵ḷi⁵⁵ɣɔ³¹!　　　　这么小的梨！
这　大　（叠）　小　只　梨（语助）

ʑi⁵⁵tɕhi³¹thu⁵⁵kɔ⁵⁵mɔ³³mɯ⁵⁵lɛ⁵³mu⁵⁵ɣɔ³¹!　　　这段路很长啊！
这　一　段　路　很　长（语助）

ʑi⁵⁵xɣ³¹ᐟ³³xɣ³¹ᐟ³³ti³³mɛ⁵⁵tsha³³na̲³³pe̲³³ɣɛ³¹!　这么大的花生！
这　大　（叠）　（状助）花生　　（语助）

ua³¹! ɯ⁵⁵ḷɯ⁵⁵tɕhi³¹mɔ⁵⁵tʃ̩³³tɣ³³li³³ɣɔ³¹!　　　啊！一条蛇过去了！
啊　蛇　一　条　爬　出（趋向）（语助）

（二）赞叹、赞赏的语气

例如：

mɯ⁵⁵lɛ⁵³fɣ³³sɔ⁵⁵ɣɔ³¹!　　　　　　　　　　真漂亮！
很　好看（语助）

nv⁵⁵mɯ⁵⁵lɛ⁵³mɯ³¹ᐟ³³ɣɔ³¹!　　　　　　　你真好啊！
你　很　好　（语助）

a³¹la̲³¹mɯ⁵⁵lɛ⁵³ɔ³¹tʃhɯ³³u⁵⁵tɕhe̲³¹ɣɔ³¹!　　手太巧了！
手　很　什么　做　会（语助）

ʑi⁵⁵ɔ⁵⁵xu³¹ɣɔ³¹mɯ⁵⁵lɛ⁵³fɣ³³sɔ⁵⁵ɣɔ³¹!　　　这衣服真好看呀！
这　衣服（话助）很　看　好（语助）

（三）憎恨、厌恶的语气

例如：

nv⁵⁵tsɔ̲³¹ka̲³¹nv⁵⁵ɣɛ³¹!　　　　　　　　　你这个笨蛋！
你　笨蛋　你（语助）

nv⁵⁵ɔ³¹tʃhɯ³³ton³³ɕi³³ɣɔ³¹!　　　　　　　你什么东西！
你　什么　东西（语助）

四　表示祈使的语气助词

（一）mɔ³¹

mɔ³¹仅用于句末，用于对第二人称的请求。例如：

nv⁵⁵u⁵⁵mɔ³¹!　　　　　　　　　　　　　你做吧！
你　做（语助）

nv³³thɯ⁵⁵u⁵⁵mɔ³¹!　　　　　　你们做吧!

你们　做 ₍语助₎

nv⁵⁵tsɔ³¹mɔ³¹!　　　　　　你吃吧!

你　吃 ₍语助₎

nv³³thɯ⁵⁵tsɔ³¹mɔ³¹!　　　　　你们吃吧!

你们　　吃 ₍语助₎

nv³³thɯ⁵⁵to³³lɔ⁵⁵nɛ³³tʃv⁵⁵lɔ⁵⁵mɔ³¹!　　你们进来坐呀!

你们　　进 来 ₍施助₎坐 来 ₍语助₎

nv⁵⁵kɔ³³fɔ³³fɔ³³xɔ³¹n̠i³¹tu³¹pɔ³¹xɔ³¹thɯ⁵⁵mɔ³¹! 你先别讲豪尼话!

你 先 ₍时助₎豪尼 话 别 说 ₍语助₎

（二）ɣɔ³¹

ɣɔ³¹仅用于句末，用于祈使句，语义相当于汉语的"吧"。例如：

tɕhi³¹kɔ³³tsɔ³¹ɣɔ³¹!　　　　　一起吃吧!

一起　吃 吧

tɕhi³¹la̠³¹ɣo³¹tʃa³³ɣɔ³¹!　　　　睡会吧!

一会　睡觉　吧

tɕhi³¹la̠³¹ʃu⁵⁵ɣɔ³¹!　　　　　等一会儿吧!

一会　等 吧

nv⁵⁵xɔ⁵n̠i³¹ɔ³¹tɕi⁵mɯ⁵⁵lɛ⁵³tɕi⁵⁵mɔ³¹, tɕhi³¹la̠³¹ɔ³¹nɔ³¹nɔ³¹ɣɔ³¹.

你 力气 累 很　　累 ₍语助₎一会 休息　吧

你太累了，休息一下吧。

（三）lɛ⁵³

lɛ⁵³仅用于句末。带有命令的语气。例如：

ʑi⁵⁵lɔ³¹ʒɯ⁵⁵z̠a̠³¹l̠i³³u⁵⁵lɛ⁵³!　　压碎它!

它 ₍宾助₎压 碎 做 ₍语助₎

l̠ɔ³¹ pi³³tɕhi³¹kɔ³³lɛ⁵³!　　　把裤子洗了!

裤子 给 洗 掉 ₍语助₎

ʑi⁵⁵lɔ³¹ʒɯ⁵⁵pi³³tʃɯ³¹fv̠³³lɛ⁵³!　　把它打死!

它 ₍宾助₎给 打 死 ₍语助₎

kaŋ³¹tɕiŋ³¹mɛ⁵⁵z̠a³³ʃɣ̠³¹ lɛ⁵³!　　快把地扫干净!

赶紧 ₍状助₎扫 干净 ₍语助₎

kaŋ³¹khuɛ⁵⁵ɣo³¹sɿ⁵⁵thɯ⁵⁵lɔ⁵⁵nɛ³³xɔ⁵⁵n̠i³¹kaŋ⁵⁵ʑi⁵⁵lɛ⁵³!

赶快　起床　　₍连₎劳动 干 去 ₍语助₎

赶快起床去干活!

第十一节　感叹词

豪尼话的感叹词是表示招呼、呼唤或应答的词，通常居于句首。豪尼话的感叹词比较丰富，可以表达喜悦、赞美、悲伤、惊讶等各种情感。

一　感叹词的特征

感叹词是词类中特殊的一类。它具有几个特点：（1）词义上，大多没有比较具体、实在的词汇意义，只表示某种感叹和呼应的声音。同一个感叹词可表达不同的感情。（2）结构上，独立运用，句法位置灵活，既不作句子成分，也不跟其他句子成分发生关系，或单独成句，或作独立成分。（3）感叹词可以根据语用目的的需要，结合句子的语调自由变读，其读音常常突破语音系统，无固定声调。（4）使用上，多用于日常口语。（5）同一个感叹词可以表示不同的感情。例如：$\varepsilon^{53/33}$"哎"，既可以表示应答，也可以表达呼叫、提醒，还可以表达不满。a^{35}"啊"，既可以表示感叹或叹气，又可以表示遗憾、后悔或者不满。（6）少数感叹词可以重叠使用，重叠后表示语气的加重。例如：$t\int a^{35}t\int a^{35}$"咋咋"表示用力呼喊让牲畜停下。

二　感叹词的类别

根据所表达的意义，豪尼话常见的感叹词可分为四类。一些感叹词因语境不同会发生音变现象。

（一）表示应答、呼叫、提醒、催促

1. $\varepsilon^{53/33}$"哎"，表示提醒、呼叫、要求。例如：

ε^{53}, $x\mathfrak{o}^{31}\underset{.}{l}\,\gamma^{33}$!	哎，别动！（提醒）
哎　别　动	
ε^{33}, $3\mathfrak{o}^{33/35}l\mathfrak{o}^{55}$!	来，过来吧！（要求）
哎　这里　来	
ε^{53}, $ma^{31}t\int\!u^{33}\gamma\varepsilon^{31}$!	哎，没有了！（提醒）
哎　没　有　(语助)	
ε^{53}, $\eta\mathfrak{o}^{55}x\mathfrak{o}^{55}mi^{55}khe^{33}zi^{55}$!	哎，我一定去！（提醒）
哎　我　一定　　去	
ε^{33}, $3\mathfrak{o}^{33/35}t\int v^{55}t\gamma^{33}\gamma\varepsilon^{31}$!	来，坐在这儿吧！（要求）
哎　这里　坐 (趋向)(语助)	
$\varepsilon^{53/33}$, $nv^{55}x\mathfrak{o}^{33}ne^{33}l\mathfrak{o}^{55/53}m\mathfrak{o}^{31}$?	哎，从哪来的？（呼叫）
哎　你　哪 (施助)　来　　(语助)	

2. uɛ⁵⁵ "喂" 表示催促、呼叫。例如：

uɛ⁵⁵！喂！（呼喊）

喂

uɛ⁵³，nv⁵⁵ʐɔ³³lɔ⁵⁵！　　　　　　　喂，你过来！（催促）

喂　你　这里来

uɛ⁵⁵，tʃa̠³³xɯ³¹ʑi⁵⁵ɣɔ³¹！　　　　　去，快回去！（催促）

喂　快　回　去　（语助）

uɛ⁵³，nv³³thɯ⁵⁵tʃa̠³³khɛ³³！　　　喂，你们快点！（催促）

喂　你们　　快　（状助）

3. ɔ³³ "噢"，表示应答、停顿，能单独用来回答问题。例如：

ɔ³³！噢！（近处应答声）

噢

ɔ³³ʹ⁵³！噢！（远处应答声）

噢

ɔ³³，ɔ⁵⁵fv³¹ʑɛ³³ta̠³³！噢，盛饭给你！（停顿）

噢　饭　盛　（趋向）

ɔ³³ʹ⁵³！（某人在远处喊：晓梅（人名）！）晓梅答应：噢！（应答）

噢

（二）表示痛楚、提醒、告诫、遗憾、后悔、不满

例如：

1. a³³lo³¹ "哎哟"、a⁵⁵la⁵⁵uɛ³¹ "啊啦喂"，表痛楚、呻吟。例如：

a³³lo³¹，l̩u⁵⁵nɛ³³mɔ³¹ɣɔ³³！哎哟，烫死啦！（痛楚）

哎哟　　热（状助）（语助）（话助）

a⁵⁵la⁵⁵uɛ³¹，mɯ⁵⁵lɛ⁵³nɔ⁵⁵！哎哟，好疼啊！（痛楚）

啊啦喂　很　　疼

a⁵⁵la⁵⁵uɛ³¹，ɔ⁵⁵tɕi⁵⁵mɯ⁵⁵lɛ⁵³tɕi⁵⁵！哎哟，非常累！（痛楚）

啊啦喂　累　非常　累

a³³lo³¹，xu⁵⁵tsh̩³¹mɯ⁵⁵lɛ⁵³nɔ⁵⁵！哎哟，腰疼死了！（痛楚）

哎哟　腰　非常　疼

a³³lo³¹，ŋɔ⁵⁵ɔ³¹tʃɯ⁵⁵nɔ⁵⁵ʹ⁵³nɛ³³mɔ³¹ɣɔ³¹！哎哟，我的牙齿疼！

哎哟　我　牙齿　疼　（施助）（语助）（话助）　　　　　　（痛楚）

2. ua⁵³ "哇"，表感叹、赞叹。例如：

ua⁵³，mɯ⁵⁵lɛ⁵³mɛ⁵⁵！哇，好吃极了！（赞叹）

哇　非常　好吃

ua⁵³, xɔ³¹tɤ⁵⁵mɔ⁵³xɯ⁵⁵tsn̩⁵⁵zɔ³¹tʃv⁵⁵ʹ⁵³！哇，到处都是人！（感叹）

哇　　到处 (方助) 也 人　　在

3. a³³lo³¹ "哎呀"、ɔ³³ "噢"、ɔ³³zu³¹ "噢哟"，表委婉告诫、提醒、不满意。

例如：

ɔ³³, nv⁵⁵tsɛ³³tɤ³³ʑi⁵⁵fa̱³¹nv⁵⁵！呃，你敢走你！（提醒）

噢 你 还 出 去 (助动) 你

a³³lo³¹, thiŋ³³ti³³xɔ³¹u⁵⁵ɣɔ³¹！哎呀，别那么做！（告诫）

哎呀　那么　别 做 (语助)

a³³lo³¹, thiŋ³³ti³³xɔ³¹thu⁵⁵ɣɔ³¹！哎呀，别那么说！（告诫）

哎呀　那么　别 说　(语助)

a³³lo³¹, ʑi⁵⁵lɯ³³xa³¹tʃɯ³¹pi³³ɣɔ³¹！哎，别打他嘛！（提醒）

哎呀　他 (宾格) 别 打 给 (语助)

ɔ³³zu³¹, ʑi⁵⁵tɕhi⁵⁵tɕhi⁵⁵zɔ³¹lɛ⁵³！噢哟，才这么点儿啊！（不满）

噢哟　这么　 (叠) 小 只

a³³lo³¹, ʑa̱³³xɔ³¹lɛ⁵³xɔ³¹tɯ⁵⁵ɣɔ³¹！哎呀，不要再抽烟嘛！（告诫）

哎呀　烟　只 别　喝　(语助)

4. a³³lo³¹ "哎呀"，表遗憾、焦急。

例如：

a³³lo³¹, xu³¹zɔ³¹tʃeŋ³¹ʹ³³pe̱³¹ɣɛ³¹！哎！碗弄坏了！（遗憾）

哎呀　碗　 整　 坏 了

a³³lo³¹, ʑi⁵⁵lɔ³¹xɔ⁵⁵mi⁵⁵ti³³zɔ³¹mɯ⁵⁵mɔ³¹lo⁵³（＝lɔ⁵⁵ɣɔ³¹）？

哎呀　 他　为什么 (状助) 现在　 没　　 来 (语助)

哎呀，他怎么现在还没来呢？（焦急）

5. a³⁵ "啊"、a³³zu³¹ "啊哟"，表遗憾、后悔、不满。例如：

a³⁵, ma³¹tʃɯ³³ɣɛ³¹！啊，没有啦！（遗憾）

啊 没 有 (语助)

a³⁵, pi³³kɔ³³tɤ³³ɣɛ³¹！哎呀，弄丢了！（后悔）

啊 给 下 (趋向)(语助)

a³⁵, tɕhe̱³¹tɯ⁵⁵xɛ⁵⁵mu³³ti³³khɔ³³ɲi⁵⁵puɛ³¹（＝pɔ⁵⁵ɣɛ³¹）！

啊 钥匙 拿 (助动)(状助)(连) 忘记 (助动)(语助)

啊，忘带钥匙了！（遗憾）

a³⁵, pi³³pɤ³³tsuɛ³¹（＝tsɔ³¹ɣɛ³¹）！哎呀，弄丢了！（后悔）

啊 给 满 掉了 掉 (语助)

a³³ʐu³¹，tʃɱ³¹tʃ̣³¹tʃ̣³¹ko³³ɣɔ³¹khɛ³³kɔ³³tɤ³³ɣɛ³¹．啊哟，差点摔跤了。

啊哟　一点点　(叠)　(状助)(话助)　(连)　下　(趋向)(语助)　　　　　　(不满)

6. ɛ⁵³ "唉"、ɛ³³ʑa³¹ "哎呀"，表遗憾、惋惜。例如：

ɛ³³，xɛ⁵⁵tsho⁵⁵ɣɛ³¹! 唉，拿错了！(遗憾)

唉　拿错　(语助)

ɛ³³ʑa³¹，tʃɛŋ³¹tsho⁵⁵ɣɛ³¹．哎呀，弄错了。(惋惜)

哎呀　整　错　(语助)

ɛ³³ʑa³¹，fv⁵⁵tʃ̣³¹xɛ⁵⁵mu³³ti³³khɔ³³ɳi⁵⁵puɛ³¹（=pɔ⁵⁵ɣɛ³¹）!

哎呀　钱　拿　(助动)(状助)(助动)　忘　　　(助动)(语助)

哎呀，忘带钱了！(遗憾)

ɛ⁵³，a⁵⁵ɳi³¹pɤ³¹pɤ³⁵ɣɛ³¹，ɯ⁵⁵tʃhɤ³¹ɣɔ³¹tsa̱³³kuɛ³¹（=kɔ³³ɣɛ³¹）!

唉　闲得慌　(叠)　(语助)　水　　(话助)　滴　下了　　下　(语助)

唉，可惜啊，水漏掉了！(惋惜)

ɛ⁵⁵，ɔ³¹tʃhɯ³³ʃ̣⁵⁵tɕhiɳ³¹tɤ³³ɣɛ³¹mɔ³¹? 哎，出了什么事？(惋惜)

哎　什么　事情　出　(语助)(语助)

ɛ³³，ʑi⁵⁵a⁵⁵pe̱³³lɔ³¹mɯ⁵⁵lɛ⁵³ɤ³¹vɛ⁵⁵! 唉，这小孩太淘气了！(遗憾)

唉　这　孩子　(主助)　很　　淘气

（三）表示惊叹、惊讶

1. ua⁵³ "哇"，表示惊叹。例如：

ua⁵³，xɔ³¹tsɛ⁵⁵tɕhi³¹zɔ³¹pu⁵⁵kɯ³³li³³ɣɔ³¹!

哇　老鹰　一　只　飞　过　去了

哇，一只老鹰飞过去了！(惊叹)

ua⁵³，ɔ⁵⁵fv³¹mu³³ɣɔ³¹! 哇，饭熟了！(惊叹)

哇　饭　熟　(语助)

ua⁵³，mɯ⁵⁵lɛ⁵³fɤ³³sɔ⁵⁵! 哇，好看极了！(惊叹)

哇　漂亮　看　好

ua⁵³，ɣɔ³¹tshɔ⁵⁵ḷu⁵⁵nɛ³³mɔ³¹ɣɔ³¹! 哇，热死了！(惊叹)

哇　阳光　热　(连)　多　(话助)

2. a³⁵ "啊"，表惊讶。例如：

a³⁵，ʑa³³pe̱³³xɔ³¹ʑi⁵⁵/⁵³! 啊，钱包去哪儿了？(惊讶)

啊　钱包　哪　去

a³⁵，thɯ³³ɔ³¹tʃhɯ³³mɔ³¹? 啊，那是什么呀？(惊讶)

啊　那　什么　(语助)

（四）表示羡慕、鼓励、肯定、认定、赞同

例如：

a³⁵, nv⁵⁵tho³¹ɔ⁵⁵xu⁵⁵ɣɔ³¹ʑi⁵⁵tɕhi⁵⁵tɕhi⁵⁵mu³³ɣɛ³¹tsl̩³³kɔ³³

啊，你 家 房子 (话助) 这么 （叠）(助动)(语助) 盖 高

tɛ³¹（＝tɣ̩³³ɣɛ³¹）！啊，你家这房子盖得这么高啦！（羡慕）

　　　　（趋向）(语助)

a³⁵, thɯ³³lɔ³¹z̩⁵⁵ʑi⁵⁵ ⁄ ⁵³lɛ³⁵！啊，就他能去啊！（羡慕）

啊 他 (主助) 要 去 （语助）

ɛ⁵³, ʃo̩³¹ta³³lɔ⁵⁵！哎，起来吧！（鼓励）

哎 站 (趋向) 来

o⁵³, mɯ³¹ʼ³³ɣɔ³¹, mɯ³¹ʼ³³ɣɔ³¹. 噢，好了，好了。（赞同）

噢 好 （语助） 好 （语助）

o⁵³, thiŋ³³ti³³u⁵⁵ɣɔ³¹！噢，就那么做吧！（肯定）

噢 那么 做 (语助)

o³¹, nv⁵⁵ʐɯ⁵⁵xɯ⁵⁵pi³³tʃɯ³¹ɣɛ³¹. 噢，你也被打了。（认定）

噢 你 (宾助) 也 给 打 (语助)

（五）呼喊动物

tʃa³⁵tʃa³⁵！咋咋！（呼喊牲畜停下、让牛停住不走）

咋 (叠)

ʃ³¹, tsɛ⁵⁵tʃv⁵⁵tɣ³³ɣɛ³¹！嗜！（驱赶鸡、鸟、苍蝇、马、牛和羊等）

嗜 还 在 (趋向)(语助)

（六）特殊语域的用词

ʑi⁵⁵ʃɛ³¹！咿赛！（葬礼色尼尼上跳舞的唱词）

咿 赛！

xa³¹ɔ⁵⁵！哈噢！（祭竜节的开口诵用语）

哈 噢

第十二节　拟声词

豪尼话的拟声词是模拟某种声音或音响的词。例如：mio⁵⁵"喵"（猫叫声）、xua³¹xua³¹"哗哗"（下雨声，中小雨）、tsɔ̩³¹tsɔ̩³¹"啧啧"（咂嘴声）。豪尼话拟声词有以下主要特征。

一　语音特征

豪尼话拟声词以双音节和四音节为主，三音节的很少。双音节和四音

节的拟声词在构词上讲究韵律，具有两个音节叠合的叠音韵律特征。例如：

$k\gamma^{31}k\gamma^{31}$ "咕咕"（喝水声）

$p\varepsilon^{55}p\varepsilon^{55}$ "啵啵"（汽车喇叭声）

$phia^{31}phia^{31}$ "噼噼"（吸汤水声）

$ts\varrho^{31}ts\varrho^{31}$ "唲唲"（嚼食声、猪吃食声）

$po\eta^{31}po\eta^{31}$ "嘣嘣"（跑动的脚步声）

$t\int\underset{\square}{m}^{31}t\int\underset{\square}{m}^{31}$ "哧哧"（踩着枯叶等的碎声）

$xua^{31}xua^{31}$ "哗哗"（翻书纸或写字的声音）

$thua^{31}thua^{31}$ "嗒嗒"（不好好穿鞋子的声音）

$xua^{31}xua^{31}$ "哗哗"（在枯叶中动物走动声）

$\int ua^{31}\int ua^{31}$ "唰唰"（东西抛出去在空中飞过的声音）

$thua^{31}thua^{31}$ "噼里啪啦"（密集的枪声、鞭炮声、掌声等）

$ta\eta^{33}ta\eta^{33}ta\eta^{33}$ "当当当"（锤子砸硬物声）

$p\underset{\square}{e}^{31}le^{33}p\underset{\square}{e}^{31}le^{33}$ "哔哩哔哩"（蚊子叫声）

$kho^{31}tho^{31}kho^{31}tho^{31}$ "窸窸窣窣"（老鼠啃玉米的声音）

$phi^{31}li^{31}pha^{31}la^{31}$ "噼里啪啦"（果实等掉落声音）

豪尼话拟声词大多具有自己的语音特点，但有一些与汉语的拟声词语音接近。是否是借用汉语不好判断。如$to\eta^{31}to\eta^{31}$ "咚咚"是借自汉语，还是来自模仿自然的声音，目前还无法做出判断。

二　句法特征

拟声词在句中主要作状语和定语。通常作状语、定语时，须在后面加状语助词ti^{33} "地"或"的"，均借自汉语。

（一）作状语

拟声词后加状语助词ti^{33} "地"（借自汉语）。例如：

1. 侧重表现声音及状貌的状语。例如：

$po\eta^{31}po\eta^{31}ti^{33}phi^{31}t\textctc hu^{31}ti^{31}.$　　　　　　　　　　啪啪地打皮球。

砰砰　（状助）皮球　打

$\textctz i^{55}thu\mu^{33}th\textcommabelowo^{33}ko^{31}lo^{31}ko^{31}lo^{31}ti^{33}\textctz a^{33}x\textcommabelowo^{31}tu\mu^{55/53}.$

他们　那里　咕噜咕噜　（状助）烟　抽

他们在那儿咕噜咕噜地抽烟。

$t\int o^{31}\underset{\textsubring{}}{l}i^{55}\underset{\textsubring{}}{l}i^{55}m\textcommabelowo^{33}uo\eta^{31}uo\eta^{31}ti^{33}mu\mu^{55}l\varepsilon^{53}p\underset{\square}{\gamma}^{33}.$　狂风呼啸。

大风　　嗡嗡　（状助）非常　刮

$o^{31}khu\mu^{31}\gamma o^{33}ko\eta^{35}ko\eta^{35}ti^{33}t\textctc h\underset{\square}{e}^{31}.$　　　　　　狗在外面汪汪地叫着。

狗　（话助）嗡嗡　（状助）叫

ʑi⁵⁵lɔ³¹khua³¹ti³³ma̱³³ʃa̱³¹ɣɯ³³tɤ³³la³¹.　　他唰地拔出刀来。
他　　唰（状助）刀　　拔　　出（趋向）

xɔ³¹tʃ̩⁵⁵tʃ̩⁵⁵zɔ³¹tɕhu⁵³tɕhu⁵³ti³³tɛ⁵⁵′⁵³.　　小鸟在啾啾地叫。
小鸟　　　　啾啾　　（状助）叫

ʑi⁵⁵lɔ³¹xi³¹xi³¹ti³³z̩³¹kɯ³³li³³ɣɛ³¹.　　他嘻嘻哈哈地走过去了。
他　　嘻嘻（状助）走　过（趋向）（语助）

pa̱³³ɣo³³xu⁵⁵tha³³fɔ⁵³u³¹ʑɛ⁵⁵xua³¹xua³¹ti³³ʑɛ⁵⁵′⁵³（=ʑi⁵⁵ɣɛ³¹）.
窗户　外面　（方助）雨　　哗哗　　（状助）下　　　（趋向）（语助）
窗外雨声哗哗地响。

xa̱³³zɔ³¹mɛ⁵⁵tshɔ³¹mɔ⁵³tɕi³⁵tɕi³⁵ti³³mɯ⁵⁵′⁵³.　　小鸡在地里唧唧地叫。
小鸡　　土地　（方助）唧唧（状助）叫

xa̱³³mɔ³³xa̱³³ʒu⁵⁵mɔ⁵³ko³⁵ko³⁵ti³³tɛ⁵⁵′⁵³.　　母鸡在鸡窝里咕咕地叫着。
母鸡　　鸡窝　（方助）咕咕　（状助）叫

ʑi⁵⁵thɯ³³thɔ³³phu³¹phu³¹ti³³za̱³³xɔ³¹tɯ⁵⁵′⁵³.　　他们在那儿噗噗地抽烟。
他们　　那里　噗噗　　（状助）烟　　抽

a³¹tʃ̩m̩³¹ɣɔ³¹xɔ⁵⁵sɔ³¹mɔ⁵³tʃhua³¹tʃhua³¹ti³³z̩³¹.　　羊在草里窸窸窣窣地走着。
羊　（话助）草　　（方助）窸窸窣窣　（状助）走

2. 拟声词作状语时，也可以放在句首。例如：

tiŋ³³liŋ³³liŋ³³, nɔ⁵⁵liŋ³¹mɯ⁵⁵ɣɔ³¹.　　　　丁零零，闹铃响了。
丁零零　　　　闹铃　响（语助）

pe̱³¹le³³pe̱³¹le³³, xɔ⁵⁵ku³¹pɤ³³lɔ⁵⁵ɣɔ³¹!　　哔哩哔哩，蚊子飞来了！
哔哩哔哩　　　　蚊子　飞　来（语助）

（二）作定语

拟声词作定语时，需要加结构助词ti³³，相当于汉语的“的”。例如：

ti³¹ti³¹toŋ³³toŋ³³ti³³u³¹tʃ̩³¹tʃ̩³¹nɛ³³a⁵⁵pe̱³³lɯ³³tʃɛŋ³¹kɤ³³ɣɛ³¹.
叮叮咚咚　　（结助）雷　　响（施助）孩子（宾格）整　吓（语助）
叮叮咚咚的雷声吓坏了孩子。

ço̱³¹ço̱³³xua³¹xua³¹ti³³su³¹ɣo³¹faŋ³³ɔ³¹tɕhi⁵⁵kɔ³³lo⁵³（=lɔ⁵⁵ɣɔ³¹）.
学校　哗哗　　（结助）书　翻　声音　下　来了　（趋向）（语助）
学校里一片哗哗的翻书声。

第四章　短语

根据词和词之间不同的结构关系，豪尼话的短语可分为并列短语、主谓短语、偏正短语、动宾短语、述补短语五类。豪尼话短语的结构关系，有一些不同于其他亲属语言的特点。重点分析短语结构的前项、后项在结构内部中所作的句法成分，考察并列短语的前项与后项受语义规则和语音规则制约的表现。分述如下。

第一节　并列短语

豪尼话有大量的并列短语。其中主要有：名词与名词并列、代词与代词并列、名物化结构与名物化结构并列、动词与动词并列、形容词与形容词并列、数量词与数量词并列。一般情况下，不同的词类不能并列，但名词和代词之间使用连词khɛ^{33}"和"之后也可以并列。

一　并列短语的类型

并列短语的组成成分之间具有平等并列的关系。一般情况下，前后部分可以互换；组成成分可以是两项，也可以是多项；组成成分之间可以加关联词语（连词或副词），常用的有：khɛ^{33}"和"、tɕhi^{31}fɔ^{33}……tɕhi^{31}fɔ^{33}……"一边……一边……"、ʑi^{31}（tɕhi^{31}）mɛ^{55}……ʑi^{31}（tɕhi^{31}）mɛ^{55}……"一面……一面……"、tsɛ^{55}……tsɛ^{55}……"又……又……"和ʐɔ^{55}……ʐɔ^{55}……"越……越……"等。

（一）名词与名词并列

ɔ^{31}pe^{55}a^{31}xa̠^{33}	鸡鸭	v^{33}nv^{31}a^{31}tʃm̠^{31}	牛羊
鸭　鸡		牛　羊	
ɔ^{31}khɯ^{31}a^{31}ʐa̠^{31}	猪狗	u^{31}u^{31}mɛ^{55}tshɔ^{31}	天地
狗　猪		天　地	
ɔ^{55}fv^{31}ɣo^{31}phe̠^{33}	饭菜	mi^{55}nv^{33}ʐɔ^{31}nv^{33}	今天昨天
饭　菜		昨天　今天	

la^{31}tʃhɔ^{55}la^{31}mɔ^{55}　　左右　　　　　xu^{55}thạ^{33}xu^{55}lɛ^{55}　里外

左　　右　　　　　　　　　　　　外　　里

tɕhiŋ^{33}tẹ^{33}tɕhiŋ^{33}mɔ^{33}　干爸干妈　　a^{55}ko^{33}ɔ^{31}ɲi^{55}　　哥哥弟弟

干爸　　　干妈　　　　　　　　哥哥　弟弟

ʒɤ^{31}phɔ^{31}ʒɤ^{31}mɔ^{33}　　公公婆婆　　ɔ^{55}phi^{55}ɔ^{55}mɔ^{33}　公的母的

公公　　婆婆　　　　　　　　　公的　母的

a^{55}ta^{55}ɔ^{31}ɲi^{55}　　　　姐姐妹妹　　ɔ^{31}phɔ^{31}ɔ^{31}mɔ^{33}　爸爸妈妈

姐姐　妹妹　　　　　　　　　　爸爸　妈妈

ɔ^{31}pv^{55}ɔ^{55}ʒɔ^{31}　　　　爷爷奶奶

爷爷　奶奶

名词与名词的并列成分之间一般不用连词，但有些结合不紧密，就用连词khɛ^{33}"和"连接。例如：

u^{33}xɛ^{31}khɛ^{33}pạ^{33}ɣo^{33}　　　　　　　　　　门和窗

门　　和　　窗

a^{31}ʐạ^{31}khɛ^{33}ɔ^{31}khɯ^{31}　　　　　　　　　猪和狗

猪　　和　　狗

lɔ^{31}sɿ^{33}khɛ^{33}ɕọ^{31}sɛŋ^{33}　　　　　　　　老师和学生

老师　和　　学生

a^{55}ko^{33}lɔ^{31}khɛ^{33}ɔ^{31}ɲi^{55}lɔ^{31}　　　　　　哥哥和弟弟

哥哥　(助)和　弟弟　(助)

ɔ^{31}phɔ^{31}lɔ^{31}khɛ^{33}ɔ^{31}mɔ^{33}lɔ^{31}　　　　　　父亲和母亲

父亲　(助)和　　母亲　(助)

ɣo^{31}su^{55}lɔ^{31}khɛ^{33}xɔ^{31}mi^{31}lɔ^{31}　　　　　丈夫和妻子

丈夫　(助)和　妻子　(助)

a^{31}xạ^{33}v^{33}nv^{31}ɣɔ^{33}khɛ^{33}a^{31}tʃm̩^{31}　　　　鸡、牛和羊

鸡　牛　(助)和　羊

zɔ^{31}mu^{31}zɔ^{31}mi^{31}khɛ^{33}a^{55}pẹ^{33}　　　　　老人、妇女和孩子

老人　　妇女　和　孩子

a^{31}xạ^{31}thɯ^{33}khɛ^{33}xɔ^{31}ɲi^{31}thɯ^{33}　　　　汉族人和豪尼人

汉族　(助)和　豪尼　(助)

nụ^{33}pẹ^{33}pẹ^{33}ʃv^{55}khɛ^{33}nụ^{33}pẹ^{33}pẹ^{33}nạ^{33}　黄豆和黑豆

黄豆　　　　和　黑豆

tshạ^{31}v^{31}khɛ^{33}ʑi^{31}mɔ^{33}khɛ^{33}ʃɤ^{55}ʃɤ^{55}　　锄头、镰刀和锯子

锄头　和　镰刀　　和　锯子

（二）代词与代词并列

人称代词并列，并且强调并列关系，则用连词khɛ^{33}"和"连接；若是指示代词并列，必须用连词khɛ^{33}"和"连接。例如：

ŋo^{55}khɛ^{33}nv^{55}　　　　　　　　我和你

我　和　你

nv^{55}khɛ^{33}ʑi^{55}lɔ^{31}　　　　　　你和他

你　和　　他

ʐo^{55}khɛ^{33}ʑi^{55}tɯ^{33}thɯ^{33}thɔ^{55}　　这个和那个

这　和　　那个　　　那

ɔ^{33}tɯ^{33}thɯ^{55}khɛ^{33}ʑi^{55}thɯ^{33}　　我们和他们

我们　　　　和　他们

ʑi^{33}thɯ^{33}khɛ^{33}thɯ^{33}thɯ^{33}　　这些（人）和那些（人）

这些　　和　那些

ʑi^{33}thɯ^{33}khɛ^{33}thɯ^{33}　　　　这些（物）和那些（物）

这些　　和　那些

ŋo^{55}tɯ^{33}ɳo^{31}（=ɳe^{31}ɣɔ^{31}）khɛ^{33}nv^{55}thɯ^{33}ɳɔ^{31}（=ɳe^{31}ɣɔ^{31}）

我们　俩　　二　个　和　你们　　俩　　二　个

我们俩和你们俩

另一种情况，即当人称是一人和多人（两个及两个以上）并列时，并列连词khɛ^{33}"和"可加可不加。例如：

nv^{55}（khɛ^{33}）ʑi^{55}thɯ^{33}　　　　你和他们

你　和　　他们

ʑi^{55}lɔ^{31}（khɛ^{33}）ɔ^{33}tɯ^{33}thɯ^{55}　　他和我们

他　　和　　我们

ɔ^{33}tɯ^{33}thɯ^{55}（khɛ^{33}）ʑi^{55}tɯ^{33}thɯ^{55}　咱们和他们

咱们　　　　和　他们

如果是两个以上的代词或专有名词组成的并列短语，则每个代词或专有名词后都要加连词khɛ^{33}"和"。例如：

a^{31}xa̱^{31}thɯ^{33}khɛ^{33}、xɔ^{31}ni̱^{31}thɯ^{33}khɛ^{33}、kha^{31}tu^{33}thɯ^{33}khɛ^{33}.

汉族　　　　和　豪尼　　　和　卡多　　和

汉族、豪尼族和卡多族。

ŋo^{55}khɛ^{33}nv^{55}khɛ^{33}ʑi^{55}lɔ^{31}khɛ^{33}na̱^{33}ʃɯ^{31}ʑi^{55}. 我、你和他明天去。

我　和　你　和　他　和　明天　去

（三）名词与代词或代词与名词并列

名词和代词同属体词性词语，若具有一定的语义关联性，也可构成并列短语，这种情况必须加并列连词"和"。例如：

ŋɔ⁵⁵khɛ³³li⁵⁵li³³	我和姨妈
我 和　姨妈	
nv⁵⁵ŋɔ⁵⁵khɛ³³ɔ⁵⁵u³³	你、我和舅舅
你 我 和　舅舅	
mu³¹phi⁵⁵lɔ³¹khɛ³³ʑi⁵⁵thɯ³³	莫批和他们
莫批　(助) 和　他们　(神职人员)	
a⁵⁵xɯ ³¹a⁵⁵ɣo³¹khɛ³³ŋɔ³³	姑夫、姑妈和我
姑夫　姑妈 和　我	
ɔ³³tɯ³³thɯ⁵⁵khɛ³³nv⁵⁵a⁵⁵tʂʮ ³³	咱们和你嫂子
咱们　　　和 你　嫂子	
nv⁵⁵thɯ³³khɛ³³a⁵⁵ʒɣ ³¹ȵi⁵⁵thɯ³³	你们和亲戚们
你们　　和　亲戚们	
ɔ³³tɯ³³nɔ³¹（＝ȵe³¹ɣɔ³¹）khɛ³³ɔ⁵⁵ʐɔ³¹	我俩和奶奶
我们 俩　　二 个　　和　奶奶	
ŋɔ³³thɯ³³nv⁵⁵thɯ³³khɛ³³ʑi⁵⁵lɔ³¹za ³¹zʮ³³	我们、你们和他儿子
我们　你们　和　他　儿子	

（四）名物化结构并列

名物化结构并列短语通常要在并列成分之间加并列连词khɛ³³"和"，例如：

çe ³¹ɔ³³khɛ³³ʑi³¹ɔ³³	掰的和切的
掰 的 和　切 的	
lɔ⁵⁵ɔ³³khɛ³³ʑi⁵⁵ɔ³³	来的和去的
来 的 和 去 的	
tsɔ³¹ɔ³³khɛ³³tɯ⁵⁵ɔ³³	吃的和喝的
吃 的 和　喝 的	
nv⁵⁵u³¹ɔ³³khɛ³³ʑi⁵⁵lɔ³¹ne³³u³¹ɔ³³	你卖的和他卖的
你 卖 的 和 他　(助)卖 的	
su³¹ɣɔ³¹tsʮ⁵⁵thɯ³³khɛ³³xɔ⁵⁵ȵi³¹kaŋ³³thɯ³³	上学的和干活的
书　　读 (助) 和　劳动 干 (助)	

有的不仅在并列成分之间加连词khɛ³³"和"，在后一名物化结构之后还要加复现连词khɛ³³"和"。例如：

ŋɔ⁵⁵ɔ³³khɛ³³u⁵⁵ɔ³³khɛ³³	玩的和用的
玩 的 和 用 的 和	

xɣ³¹ɔ³³khɛ³³n̠i⁵⁵ɔ³³khɛ³³　　　　　　大的和小的

大 的 和 小 的 和

tsɔ³¹ɔ³³khɛ³³u⁵⁵ɔ³³khɛ³³tu³³ɔ³³khɛ³³　　吃的、用的和穿的

吃 的 和 用 的 和 穿 的 和

ŋɔ³³ɔ³³khɛ³³nv⁵⁵ɔ³³khɛ³³ʑi⁵⁵lɯ³³khɛ³³　我的、你的和他的

我 的 和 你 的 和 他的 和

形容词名物化结构并列时，必须加连词khɛ³³ "和"，后一词的名物化标记多数情况不能省略，但也有少数例外。例如：

tʃhv³³ɔ³³khɛ³³mɔ³¹tʃhv³³　　　　　　　轻的重的

重 的 和 不 重

pɔ³³lɯ³¹ti³³khɛ³³na̠³³ɣɯ³¹ti³³　　　　白的黑的

白(后缀) 的 和 黑(后缀) 的

mɔ³¹ɔ³³khɛ³³ɔ³¹pi⁵⁵tʃm̠³¹tʃ̠³¹　　　　多的少的

多 的 和 少 一点点

tsm̠⁵⁵ɔ³³khɛ³³tʃɔ³³khɯ³¹khɯ³¹　　　　胖的瘦的

胖 的 和 瘦(后缀)(叠)

n̠i⁵⁵tʃhe³¹ti³³khɛ³³n̠i⁵⁵ma̠³¹ti³³　　　　红的绿的

红 的 和 绿 的

tshui³¹tshui³¹ti³³khɛ³³ɔ³¹zɔ³³zɔ³³ti³³　快的慢的

快 (叠) 的和 慢 (叠)的

（五）动词与动词并列

使用并列连词tɕhi³¹fɔ³³……tɕhi³¹fɔ³³…… "一边……一边……"、ʑi³¹（tɕhi³¹）me⁵⁵……ʑi³¹（tɕhi³¹）me⁵⁵…… "一面……一面……"、tsɛ⁵⁵……tsɛ⁵⁵…… "又……又……"和zɔ⁵⁵……zɔ⁵⁵…… "越……越……"等连接两个动词来表示并列关系。例如：

tsɛ⁵⁵tsɔ³¹tsɛ⁵⁵tɯ⁵⁵　　　　　　　　　又吃又喝

又 吃 又 喝

tsɛ⁵⁵tsm̠³¹tsɛ⁵⁵ti⁵⁵　　　　　　　　　又跑又跳

又 跑 又 跳

zɔ⁵⁵z̩³¹ɔ³¹tɕi⁵⁵zɔ⁵⁵tɕi⁵⁵　　　　　　　越走越累

越 走 累 越 (叠)

zɔ⁵⁵tɯ⁵⁵zɔ⁵⁵kɔ³³ɕiŋ⁵⁵　　　　　　　越喝越高兴

越 喝 越 高兴

tɕhi³¹fɔ³³z̩³¹tɕhi³¹fɔ³³ɕaŋ³¹　　　　　一边走一边想

一 边 走 一 边 想

tɕhi³¹fɔ³³lɛ³¹tɕhi³¹fɔ³³kɯ⁵⁵　　　　　　　　一边赶一边喊

一　边　赶　一　边　喊

tɕhi³¹fɔ³³tʃhv³³，tɕhi³¹fɔ³³mɔ³¹tʃhv³³　　　一面重一面轻

一　面　重　　一　面　不　重

（六）形容词与形容词并列

ʒv³³n̠i⁵⁵ʒv³³ʃv⁵⁵　红黄　　　　　　　　ʒv³³na̠³³ʒv³³fv⁵⁵　黑白

（前缀）红（前缀）黄　　　　　　　　（前缀）黑（前缀）白

xɣ³¹n̠i⁵⁵　大小　　　　　　　　　　　tʃm⁵⁵tʃhɛ⁵⁵　甜酸

大　小　　　　　　　　　　　　　甜　酸

另外，还可以使用并列连词tsɛ⁵⁵……tsɛ⁵⁵……"又……又……"和
z̠ɔ⁵⁵……z̠ɔ⁵⁵……"越……越……"连接。例如：

tsɛ⁵⁵mu⁵⁵tsɛ⁵⁵xɣ³¹　　　　　　　又长又粗

又　长　又　粗

tsɛ⁵⁵nu⁵⁵tsɛ⁵⁵n̠i⁵⁵　　　　　　　又短又小

又　短　又　小

tsɛ⁵⁵xɣ³¹tsɛ⁵⁵pɔ³³　　　　　　　又大又白

又　大　又　白

z̠ɔ⁵⁵xɣ³¹z̠ɔ⁵⁵mɔ³¹　　　　　　　越大越多

越　大　越　多

z̠ɔ⁵⁵n̠i⁵⁵n̠i⁵⁵ma̠³¹z̠ɔ⁵⁵ma̠³¹　　　越小越绿

越　小　绿色　越　绿

（七）数量词与数量词并列

并列成分之间一般不用连词。但强调数量时，则必须使用并列连词khɛ³³
"和"连接。例如：

tɕhi³¹mɔ⁵⁵n̠e̠³¹mɔ⁵⁵　　　　　　　一两个

一　个　二个

n̠e̠³¹xu³¹zɔ³¹su³¹xu³¹zɔ³¹　　　　　两三碗

二　碗　　三　碗

su³¹thu³³li³¹thu³³　　　　　　　三四段

三　段　四　段

khɣ³¹zɔ³¹ʃi³¹zɔ³¹　　　　　　　六七只

六　只　七　只

ŋɔ³¹xɔ⁵⁵khɛ³³ɣɛ̠³¹xɔ⁵⁵　　　　　五百和八百

五　百　和　八　百

tɕhi³¹xu³¹zɔ³¹khɛ³³tɕhi³¹xu⁵⁵pha̱³³　　一碗和一瓢
一　碗　和　一　瓢

二　并列成分的先后顺序

并列成分的顺序受两种规则的制约：一是语音规则；二是语义规则。语音规则是第二音节的元音舌位必须高于第四音节的元音舌位。例如：ɔ³¹pɛ⁵⁵（鸭子）a³¹xa̱³³（鸡）"鸡鸭"由ɔ³¹pɛ⁵⁵"鸭子"和a³¹xa̱³³"鸡"并列构成，第二音节的元音是ɛ，第四音节的元音是a，在舌位上ɛ比a高。根据这条语音规则，这个并列结构ɔ³¹pɛ⁵⁵"鸭子"在a³¹xa̱³³"鸡"之前。受语音规则制约的如：

ɔ³¹khɯ³¹a³¹ẕa̱³¹	猪狗	ɔ³¹khɯ⁵⁵a³¹la̱³¹	手脚
狗　猪		脚　手	
ʒv³³fv⁵⁵ʒv³³na̱³³	黑白	xɣ³¹n̠i⁵⁵	大小
(前缀)白(前缀)黑		大　小	
ɔ³¹v⁵⁵pu³³mɔ³³	肠胃	tʃɔ³¹l̥i⁵⁵u³¹ẕɛ⁵⁵	风雨
肠　胃		风　雨	
ɔ³¹pv⁵⁵ɔ⁵⁵ʒɔ³¹	祖父祖母	tʃm⁵⁵tʃhɛ⁵⁵	酸甜
祖父　祖母		甜　酸	
ɔ³¹tɕhi³¹ɔ³¹tʃɛ⁵⁵	屎尿	mɛ³¹phi⁵⁵mɛ³¹pha̱³¹	上下嘴唇
屎　尿		嘴唇(上) 嘴唇(下)	
la̱³¹fv⁵⁵la̱³¹xo³³	手心手背		
手心　手背			

但并列结构中还有一些词并不受语音规则的限制，而是受语义规则的制约。语义规则是指按语义重要性排列音节，一般是重要的排在前面。例如：ɔ³¹mɔ³³zɔ³¹mi³¹"母女"，由ɔ³¹mɔ³³"母亲"和zɔ³¹mi³¹"女儿"并列构成。由于ɔ³¹mɔ³³"母亲"的辈分比zɔ³¹mi³¹"女儿"高，所以ɔ³¹mɔ³³"母亲"在前。受语义制约规则的如：

ɔ³¹pho³¹ɔ³¹mɔ³³	父母	pa̱³¹no̱³³khɯ⁵⁵pu³¹	鞋袜
父亲　母亲		鞋子　袜子	
po³¹l̥ɔ³³pɛ³¹kɯ⁵⁵	月亮星星	a⁵⁵ʒɣ³¹ɔ³¹n̠i⁵⁵	姐妹兄弟
月亮　星星		(前缀)大(前缀)小	

但是，语音规则和语义规则有时候存在竞争，语音规则要求按语音来排列顺序，语义规则要按语义来排列顺序，于是出现了两读：

语音规则	语义规则
zɔ³¹mi³¹ẕa̱³¹z̠³³ = ẕa̱³¹z̠³³zɔ³¹mi³¹	男女
女人　男人　　男人　女人	

mi³¹pu⁵⁵zɔ³¹xɔ³¹ = zɔ³¹xɔ³¹mi³¹pu⁵⁵　　　　　男女情人

女情人 男情人　　男情人　女情人

a⁵⁵xuɨ³¹a⁵⁵ȵaŋ³³ = a⁵⁵ȵaŋ³³a⁵⁵xuɨ³¹　　　　姑父姑母

姑父　姑母　　　姑母　姑父

khu⁵⁵phu³¹ɣo³¹ɣo³¹ = ɣo³¹ɣo³¹khu⁵⁵phu³¹　　针线

线　　针　　　　针　　线

如果元音舌位相同或相近时，则有的是按语义规则排列，没有强制性。例如：

tsɿ³¹phɔ³¹tsɿ³¹mɔ³³ 男女哑巴　　　　　ʒɣ³¹phɔ³¹ʒɣ³¹mɔ³³ 岳父岳母

哑巴(男) 哑巴(女)　　　　　　　　岳父　岳母

nuɨ⁵⁵mɔ³³pɔ³¹l̩ɔ³³ 太阳月亮　　　　la³¹tʃhɔ⁵⁵la³¹mɔ³³ 左右手

太阳　　月亮　　　　　　　　　左手　右手

不按语义规则顺序排列的如：

tʃɿ⁵⁵pɔ³¹ẓa³³xɔ³¹ 烟酒　　　　　　phɔ³¹ȵi⁵⁵phɔ³¹mɔ³³ 脚趾

酒　　烟　　　　　　　　　　脚趾(小) 脚趾(大)

第二节　主谓短语

豪尼话主谓短语的组成成分之间是陈述与被陈述的关系，由主语和谓语两部分构成。作主语的一般是体词性成分，如名词、代词，作谓语的既有体词性成分，也有谓词性成分，如动词、形容词、数量结构等。

一　名+动

xɔ³¹tʃɿ⁵⁵te⁵⁵　　　　鸟叫　　　　ma³³uɨ⁵⁵tɣ³³　　　流眼泪

鸟　　叫　　　　　　　　　眼泪　流

pi³¹tʃv³¹tʃhu³³　　　虫子爬　　　a⁵⁵ʒɛ³³ʒɛ³³　　　花开

虫　　爬　　　　　　　　　花　开

ʑi⁵⁵lɔ³¹lɔ⁵⁵　　　　他来　　　　nv⁵⁵ʑi⁵⁵　　　　你去

他　　来　　　　　　　　　你　去

nuɨ⁵⁵mɔ³³kɔ³³　　　太阳落　　　u³¹ʒɛ⁵⁵ti³¹　　　冒雨

太阳　掉　　　　　　　　　雨　打

tʃɔ³¹l̩i⁵⁵pv³³　　　刮风　　　　nɔ³¹pv⁵⁵nɔ⁵⁵　　　耳朵疼

风　　刮　　　　　　　　　耳朵　疼

nuɨ⁵⁵mɔ³³tɣ³³　　　出太阳　　　xa³³zɔ³¹tshɿ³¹　　小鸡跑

太阳　出　　　　　　　　　小鸡　跑

二　名+形

ɣ³¹tɯ³¹ku⁵⁵　　　头脑聪明　　　　　　a³¹xa³³pv³³　　　力气大
头　　聪明　　　　　　　　　　　　力气　大

ʃɔ³¹tsl̩⁵⁵na̱³³　　皮肤黑　　　　　　　la̱³¹tsu³³　　　手肿
皮肤　黑　　　　　　　　　　　　手　肿

pi³¹xɔ³¹tʃhɯ³³　　露水重　　　　　　ma³³ʃa³¹tha³³　　刀子快
露水　重　　　　　　　　　　　　刀　锋利

nɯ³³mɔ³³mɯ³¹　　心好　　　　　　　tʃhɛ⁵⁵phe³³khɔ⁵⁵　粥稀
心　　好　　　　　　　　　　　　粥　　稀

三　名+名

na̱³³ʃɯ³¹u³¹na̱³³na̱³³　明天阴天　　zɔ³¹nv³³ɕiŋ³³tɕhi³³sl̩³⁵　今天星期五
明天　天黑黑　　　　　　　　　今天　　　星期五

sɔ⁵⁵phe³¹nv³³kɛ⁵⁵tsl̩³¹　后天逢集　　mi⁵⁵nv³³sɛŋ³³ʐ³¹　昨天生日
后天　　街子　　　　　　　　　昨天　生日

四　名/代+主谓

ɔ⁵⁵xu³¹ʐɛŋ³¹sɣ³¹fɣ³³sɔ⁵⁵　　　衣服颜色好看
衣服　颜色　看好

pv³³lɔ³³ɣ³¹tɯ³¹nɔ⁵⁵　　　　　外婆头疼
外婆　头　疼

zi⁵⁵lɔ³¹ma̱³³tɕɕ³³mɯ³¹　　　　他眼睛好
他　眼睛　好

ŋɔ⁵⁵ɔ³¹khɯ⁵⁵nɔ⁵⁵　　　　　　我腿疼
我　腿　疼

五　名+数量

ŋɔ⁵⁵su³¹ tshɛ⁵⁵xɣ³¹　　　　　我三十岁
我　三　十　岁

ŋɔ³¹khuɛ³¹tɕhi³¹tɕiŋ³³　　　　五元钱一斤
五　块　一　斤

tɕhiɔ³¹（＝tɕhi³¹ɣɔ³¹）tɕhi³¹mɔ⁵⁵　每人一个
一人　　　一　个　一　个

第三节　偏正短语

豪尼话的偏正短语，是由中心语加修饰成分组合而成。能作中心语的成分有名词、动词、形容词、量词等，其中出现频率最高的是名词。修饰成分由名词、动词、形容词、数词、副词、数量短语等充当。偏正短语可以按中心语分为三类：名词作中心语的偏正短语；动词、动量词与疑问代词组合，指示代词与数词组合，疑问代词与数词组合作中心语的偏正短语；形容词作中心语的偏正短语。

一　名词作中心语的偏正短语

能作修饰语的有名词、代词、形容词、动词、数量词以及部分短语等。名词、代词、动词和数量词修饰语在中心语之前，而形容词修饰语则可以在中心语的前面或后面。

（一）名词修饰名词

一般情况下，名词修饰语在中心语之前。二者之间可加可不加结构助词ɔ³³"的"。必须用ɔ³³"的"，例如：

pv³³lɔ³³ɔ³³ʋ³¹ti⁵⁵　外婆的包头　　　lu⁵⁵pi³¹ɔ³³tʃɿ⁵⁵pɔ³¹　小偷的酒
外婆　的　包头　　　　　　　小偷　的　酒

ɔ⁵⁵u³³ɔ³³pɔ³¹pɔ³¹　舅舅的脸　　　a⁵⁵ta⁵⁵ɔ³³a⁵⁵pe̠³³　姐姐的孩子
舅舅　的　脸　　　　　　　姐姐　的　孩子

ɔ⁵⁵n̠i⁵⁵ɔ³³me³¹tʃhe³¹　猫的胡子　　tsha³¹na̠³³xɣ³¹ɔ³³ɔ⁵⁵tsɿ⁵⁵　今年的树木
猫　　的　胡子　　　　　　今年　　　的　树木

zɔ³¹mi⁵⁵ɔ³³pɔ³³l̠ɔ³³　今晚的月亮　mu³¹phi⁵⁵ɔ³³ɔ⁵⁵xu⁵⁵　莫批（神职人员）的家
今晚　　的　月亮　　　　　莫批　　　的　家

不用结构助词ɔ³³"的"，例如：

nv³¹kɯ⁵⁵　　　　牛皮　　　a³¹tʃ n̠³¹tʃha³¹xo³³　羊毛
牛　皮　　　　　　　　　羊　　毛

a³¹xa̠³¹fv⁵⁵ɕi³¹　汉族寨子　　xɔ³¹n̠i³¹tu³¹pɔ³¹　豪尼话
汉族　寨子　　　　　　　豪尼　话

a⁵⁵mʋ³¹tu³¹mɛ³³　猴子屁股　　l̠u³³mɔ³³ɔ⁵⁵xu⁵⁵　石头房子
猴子　屁股　　　　　　　石头　房子

fv⁵⁵tʃɿ³¹la̠³¹tɔ̠³¹　银手镯　　　ɔ³¹xɔ³¹tu³¹the⁵⁵　竹凳子
银子　手镯　　　　　　　竹子　凳子

（二）代词修饰名词

修饰名词的代词有人称代词、指示代词和疑问代词。

1. 人称代词修饰名词时，修饰成分均在前。修饰语和中心语之间通常要加格助词ɔ³³ "的"。例如：

ŋɔ⁵⁵ɔ³³tʃhɤ³³ 我的车   ʑi⁵⁵lɔ³¹ɔ³³fv⁵⁵tʃʃ³¹ 他的钱
我 的 车   他 的 钱

ŋɔ⁵⁵ɔ³³sɔ³¹lɔ³¹ 我的棉花   nv⁵⁵ɔ³³ɣo³¹tsho³¹ 你的帽子
我 的 棉花   你 的 帽子

nv⁵⁵ɔ³³zɔ³¹ʑi⁵⁵ 你的孙子   ŋɔ⁵⁵ɔ³³a⁵⁵ko³³ 我的哥哥
你 的 孙子   我 的 哥哥

ŋɔ⁵⁵ɔ³³nɯ³³mɔ³³ 我的心意   ʑi⁵⁵lɔ³¹ɔ³³mu³¹n̠i³¹ 她的东西
我 的 心意   她 的 东西

不加ɔ³³ "的" 的话要把人称代词的形式改为领有格。例如：

nv³³a⁵⁵pɛ³³ 你孩子   nv³³ɔ³¹n̠i⁵⁵lɔ³¹ 你弟弟
你 孩子   你 弟弟

ʑi⁵⁵lɔ³³pɔ³¹pɔ³¹ 她的脸   ʑi⁵⁵lɔ³³ɔ³¹mɔ³³ 他的妈妈
她 脸   他 妈妈

ŋɔ³³za̠³¹z̠³³ 我的儿子   ʑi⁵⁵lɔ³³a⁵⁵ko³³ 他的哥哥
我 儿子   他 哥哥

2. 指示代词直接修饰名词时，居于名词之前。例如：

thɔ⁵⁵mɛ³¹tʃhɛ⁵⁵ 这酸笋   ʒɔ³¹ɔ³¹pɛ⁵⁵ 那鸭子
这 酸笋   那 鸭子

thɔ⁵⁵xɔ³¹tʃʃ⁵⁵ 这鸟   ʒɔ³¹ɔ⁵⁵xu⁵⁵ 那房子
这 鸟   那 房子

thɔ⁵⁵kɤ³¹tʃɯ³¹ 这山   ʒɔ³¹mi̠³¹ta̠³¹ 那姑娘
这 山   那 姑娘

thɔ⁵⁵nv³³xa̠³¹ 这日子   ʒɔ³¹ɔ³¹tʃɯ⁵⁵ 那牙齿
这 日子   那 牙齿

3. 疑问代词修饰名词时，大部分疑问代词和名词之间加助词ɔ³³，少量疑问代词（如ɔ³¹tʃhɯ⁵⁵ "什么"、xɔ⁵⁵tɕhi⁵⁵ "多少"）修饰名词时，之后的助词ɔ³³可以省略。例如：

xɔ³³ɔ³³tsh⁵⁵zɔ³¹ 哪里的人   ɔ³¹sɿ⁵⁵ɔ³³pɤ⁵⁵khɔ³¹ 谁的伞
哪 的 人   谁 的 伞

ɔ³¹tʃɯ⁵⁵tsh⁵⁵zɔ³¹ 什么人   ɔ³¹tʃhɯ⁵⁵tsh⁵⁵mu⁵⁵ 什么事
什么 人   什么 事

fv⁵⁵tʂɿ³¹xɔ⁵⁵tɕhi⁵⁵　多少钱　　　　　　mu³¹n̩i³¹xɔ⁵⁵tɕhi⁵⁵　多少东西

钱　　多少　　　　　　　　　　　东西　　多少

xɔ³³ɔ³³ne̠³¹xɔ³¹　哪的鬼　　　　　　xɔ³³nv³³ɔ³³ɣo³¹phe̠³¹　哪天的菜

哪　的　鬼　　　　　　　　　　哪　天　的　菜

4. 反身代词修饰名词时，反身代词在前，名词在后，中间要添加助词ɔ³³ "的"。例如：

ŋa⁵⁵ʐɔ³⁵ʐɔ³¹ɔ³³tʃhɣ³³　　　　　　我自己的车

我　自己　的车

ʑi⁵⁵lɔ³¹ʐɔ³⁵ʐɔ³¹ɔ³³su³¹ɣɔ³¹　　　　他自己的书

他　　自己　的书

nv⁵⁵ʐɔ³⁵ʐɔ³¹ɔ³³ɔ⁵⁵xu⁵⁵　　　　　你自己的家

你　自己　的家

ʑi⁵⁵thɯ³⁵ʐɔ³⁵ʐɔ³¹ɔ³³te̠³³mɔ³³　　他们自己的田

他们　　自己　的田

nv³³thɯ⁵⁵ʐɔ³⁵ʐɔ³¹ɔ³³a³¹la̠³¹　　你们自己的手

你们　　自己　的手

ŋɔ³³thɯ⁵⁵ʐɔ³⁵ʐɔ³¹ɔ³³lɔ³¹khe⁵⁵　我们自己的茶叶

我们　　自己　　的茶叶

（三）形容词修饰名词

形容词修饰名词时，位于名词前后的均有。居于名词之后的，例如：

tsɦ⁵⁵mɯ³¹　　好人　　　tsɦ⁵⁵mi⁵⁵　　　坏人

人　好　　　　　　　人坏

ɔ⁵⁵xu⁵⁵ʃɣ³¹　　新房　　　ɔ⁵⁵kɯ⁵⁵mu⁵⁵　　高个子

房　新　　　　　　　个子　高

kɔ⁵⁵mɔ³³v̠³¹　　弯路　　　tsɦ⁵⁵zɔ³¹ʒv³³na̠³³　黑人

路　弯　　　　　　　人　　（前缀）黑色

kɣ³¹tʃɯ³¹mu⁵⁵　　高山　　xɔ⁵⁵sɔ³¹n̩i⁵⁵ma³¹　绿草

山　高　　　　　　　草　　　绿色

若形容词是重叠式，则提至名词前。二者之间要加助词ti³³ "的"，例如：

tɣ³¹v̠³¹v̠³¹ti³³kɔ⁵⁵mɔ³³ 弯弯的路　ɔ³¹pi⁵⁵pi⁵⁵ti³³ɔ³³mu³¹　　小马

（前缀）弯（叠）(状助)路　　　　（前缀）小（叠）(状助)马

ʒv³³na̠³³na̠³³ti³³pɔ³¹pɔ³¹黑黑的脸　tʃɔ³³khɯ³¹khɯ³¹ti³³a⁵⁵pe̠³³瘦瘦的孩子

（前缀）黑（叠）(状助)脸　　　　瘦　（叠）(状助)孩子

二　动词中心词加修饰成分的偏正短语

能作动词中心词的修饰成分有名词、形容词、代词、副词、动词、数量短语、动量词与疑问代词组合等。除个别副词（如 φi^{31} "还"）在动词之后外，大多都在动词之前。例如：

（一）名词修饰动词

包括时间名词、方所名词、工具名词以及源点名词可以修饰动词。

1. 时间名词修饰动词的，时间名词居前，时间名词和动词之间可以加助词 o^{33}，也可以不加。例如：

$mi^{55}nv^{33}lo^{55}$	昨天来	$zo^{31}nv^{33}u^{31}$	今天卖
昨天　来		今天　卖	
$na̠^{33}\int u^{31}thu^{55}$	明天说	$mi^{31}t\varphi h^{31}o^{33}t\gamma^{33}$	晚上砍
明天　说		晚上 (助) 砍	
$\gamma o^{31}t\varphi he̠^{33}o^{33}li^{33}$	晚上去	$mi^{55}na̠^{33}x\gamma^{31}o^{33}t\int v^{55}t\int hv^{33}$	去年生的
晚上 (助) 去		去年 (助) 出生	

2. 方所名词修饰动词的，方所名词在前，动词中心语居后，之间必须使用方位助词 mo^{53}。例如

$to^{55}ts\eta^{33}mo^{53}o^{31}t\int hu^{33}mo^{31}$	桌子里是什么
桌子 (方助) 什么　　(语助)	
$\gamma o̠^{31}xo^{55}mo^{53}\gamma o̠^{31}t\int a^{33}kho^{55}kue^{33}$（$=ko^{33}\gamma e^{31}$）	在床上靠着
床　(方助) 睡觉　靠着　　(趋向)(语助)	
$zi^{55}lo^{31}mi^{55}nv^{33}\varphi o̠^{31}\varphi o^{55}mo^{53}su^{31}\gamma o^{31}ts\eta^{55}$	他昨天在学校读书
他　　昨天　学校 (方助) 书　读	

3. 如果表示动作行为凭借的工具，要在名词后加工具格助词 $n\varepsilon^{33}$。例如：

$to^{55}to^{55}n\varepsilon^{33}o^{55}fv^{31}tso^{31}$	用筷子吃饭
筷子 (工助) 饭　吃	
$t\varphi ha\eta^{33}n\varepsilon^{33}xo^{31}t\int\eta^{55}p\gamma^{33}$	用枪打鸟
枪　(工助) 鸟　打	

4. 源点名词修饰动词时，表示起始地点或时间源点的名词居前，动词中心语在后，中间必须使用助词 $n\varepsilon^{33}$。例如：

$o^{55}xu^{55}n\varepsilon^{33}t\gamma^{33}zi^{55}$	从家里出去
家　(助) 出去	
$p\gamma^{31}t\varphi i\eta^{33}n\varepsilon^{33}lo^{55}$	从北京来
北京　(助) 来	

（二）形容词作动词状语

形容词和动词之间必须加情状助词mɛ⁵⁵。例如：

tshui³¹tshui³¹mɛ⁵⁵tsh³¹　　　　快快地跑
快　　快　（状助）跑

mu⁵⁵mu⁵⁵mɛ⁵⁵fv̩³³　　　　　远远地看
远　　远　（状助）看

mɯ³¹mɯ³¹mɛ⁵⁵u⁵⁵　　　　　好好地做
好　　好　（状助）做

（三）代词修饰动词

主要是疑问代词和指示代词修饰动词。

1.疑问代词修饰动词

表示动作行为的方所和方式。疑问代词在前，动词居后。疑问代词和动词之间一般要加从由格助词、工具格助词和方所格助词。例如：

ɔ³¹sɿ⁵⁵khe³³ne³³zi⁵⁵　　跟谁去　　　ɔ³¹tʃhɯ³³nɛ³³tʃha̱³¹　　用什么煮
谁　和　（助）去　　　　　什么　（工助）煮

xɔ⁵⁵mi⁵⁵khe³³ne³³zi⁵⁵　为什么去　　xɔ³³mɔ⁵³nɛ³³lɔ⁵⁵　　　从哪儿来
为什么　（助）去　　　　　哪　（方助）（助）来

2.指示代词修饰动词

表示动作行为的方所和性状。指示代词在前，动词居后，不使用结构助词。例如：

ʑi³³ti³³thu⁵⁵　　　　这么说　　　thɯ³³tɕhi⁵⁵u⁵⁵　　　那么做
这样　说　　　　　　　那么　做

（四）形容词修饰动词

1.单音节形容词修饰动词

大部分单音节形容词修饰动词时位于动词前，中间嵌入情状助词mɛ⁵⁵或ti³³。例如：

mɔ³¹ʹ³⁵ti³³tsɔ³¹　　　多吃点　　　xɤ³¹mɛ⁵⁵kɯ⁵⁵　　　大声叫
多　（状助）吃　　　　　　大　（状助）叫

2.双音节或多音节形容词修饰动词

双音节或多音节形容词修饰动词时位于动词前，中间一般嵌入情状助词mɛ⁵⁵。例如：

u³¹ʃɔ³¹ʃɔ³¹mɛ⁵⁵thu⁵⁵　可怜地说　　a³¹xa̱³³pv̩³³mɛ⁵⁵tʃhɯ³³　使劲地挖
可怜　（状助）说　　　　力气　大　（状助）挖

3.重叠式形容词修饰动词

形容词重叠式修饰动词时，形容词重叠式在前，动词中心语居后，中间必须加情状助词ti³³。例如：

tshui³¹tshui³¹ti³³tsɿ³¹　快快地跑　　　pɤ³³pɤ³³ti³³tsɔ³¹　饱饱地吃
快　快　（状助）跑　　　　　　饱饱　（状助）吃
mu⁵⁵mu⁵⁵ti³³fɤ³³　　　远远地看　　　mɯ³¹mɯ³¹ti³³tsʅ⁵⁵　好好地读
远　远　（状助）看　　　　　　好好　　（状助）读

（五）副词修饰动词

副词修饰动词时，多数副词要前置于动词中心语，例如：

tɕi⁵⁵tsɛ³³lɔ⁵⁵　都来　　　　tsɛ⁵⁵nɔ⁵⁵xɔ³¹　　　再问
都　来　　　　　　　再　问
mɔ³¹tɯ⁵⁵　不喝　　　　　　xɔ³¹lɯ³¹　　　别闹
不　喝　　　　　　　别　闹

少量副词可以用在动词中心语之后，例如：

fɤ³³ɕi³¹　　　还看　　　　mɔ³¹nɔ⁵⁵xɔ³¹ɕi³¹　还没听
看　还　　　　　　　没　听　还

（六）动词修饰动词

修饰语在前，中心语居后，中间一般要加连词nɛ³³。例如：

mu³¹tʃhu³³tʃhu³³nɛ³³nɔ⁵⁵　　爬着玩
爬行　　　　（连）玩
tshɿ³¹nɛ³³n̠i⁵⁵　　　　　跑着哭
跑（连）哭
tʃɤ⁵⁵kuɛ³³（=kɔ³³ɣɛ³¹）nɛ³³tu³¹pɔ³¹khuɛ³¹　坐着聊天吧
坐下　　　（趋向）（语助）（连）话　侃

（七）能愿动词修饰动词

能愿动词修饰动词的短语，通常动词中心语居前，能愿动词在后。不使用助词。例如：

thu⁵⁵tɕhe̠³¹　会说　　　ɕe̠³¹phɤ³¹　　敢杀
说　会　　　　　　　杀　敢
nɔ⁵⁵xɔ³¹ɕaŋ³¹　想听　　mɯ³¹nɛŋ³¹　　能好
听　想　　　　　　　好　能
tsɔ³¹mu³¹　　想吃　　　tshɿ³³tɕhe̠³¹　会写
吃　想　　　　　　　写　会

与否定副词搭配时，否定副词、助动词和动词中心语的组合语序为"否定副词+动词中心语+助动词"。例如：

mɔ³¹tsʅ³¹tɕhe̠³¹　不会编　　　mɔ³¹fɤ³³phɤ³¹　不敢看
不　编　会　　　　　　不　看　敢

mɔ³¹u⁵⁵ɕaŋ³¹　　　不想做　　　　mɔ³¹tsɔ³¹tɕhe̝³¹　　不会吃

不　做　想　　　　　　　不　吃　会

（八）数量短语修饰动词时，语序为"数词+动量词+动词"

tɕhi³¹xui³¹ʑi⁵⁵　　　去一次　　　　tɕhi³¹pɛ⁵⁵tsɔ³¹　　吃一顿

一　次　去　　　　　　　一　顿　吃

tɕhi³¹xɛ³¹kɯ⁵⁵　　　喊一声　　　　tɕhi³¹la̝³¹ti³¹　　打一下

一　声　喊　　　　　　　一　下　打

tɕhi³¹me³¹khɔ̝³¹　　咬一口　　　　ne̝³¹xui³¹fɣ³³　　看两回

一　口　咬　　　　　　　二　回　看

（九）动量词与疑问代词结合修饰动词时，语序为"疑问代词xɔ⁵⁵tɕhi⁵⁵+
动量词+动词"

例如：

xɔ⁵⁵tɕhi⁵⁵xui³¹ti³¹　打几回　　　xɔ⁵⁵tɕhi⁵⁵xui³¹ʑi⁵⁵　去多少次

多少　回　打　　　　　　　几　　次　去

xɔ⁵⁵ɕthi⁵⁵me³¹tsɔ³¹吃了几口　　xɔ⁵⁵ɕthi⁵⁵me³¹kɯ⁵⁵喊了几声

多少　口　吃　　　　　　多少　　声　喊

三　修饰语加形容词中心词的偏正短语

豪尼话的副词、性状指示代词和数量短语可以修饰形容词中心语。

（一）副词修饰形容词的偏正短语

一些副词修饰形容词的短语中，通常副词在前，形容词中心语居后，
不使用助词。例如：

xɔ⁵⁵tɕhi⁵⁵xɣ³¹　　非常大　　　　mɯ⁵⁵le⁵³ka³³　　　很冷

非常　　大　　　　　　　很　　冷

mɔ³¹mu⁵⁵　　　　不长　　　　　xɔ⁵⁵tɕhi⁵⁵mɯ³¹　　很好

不　长　　　　　　　　　很　　好

（二）性状指示代词修饰形容词的偏正短语

性状指示代词修饰形容词的短语中，主要有ʑi³³ti³³"这么"、thɯ³³tɕhi⁵⁵
"那么"两个性状指示代词，通常位于形容词之前。例如：

ʑi³³ti³³tʃhɯ³³　　这么慢　　　　thɯ³³tɕhi⁵⁵na̝³¹　　那么少

这么　慢　　　　　　　　那么　　少

ʑi³³ti³³kɯ³³　　　这么干燥　　　thɯ³³tɕhi⁵⁵tʃɛ⁵⁵　　那么湿

这么　干　　　　　　　　那么　　湿

（三）数量短语修饰形容词的偏正短语

数量短语修饰形容词时，数量短语在前，形容词中心语居后，不使用
助词。例如：

ȵe³¹tshuŋ⁵⁵kɔ³³　两寸高　　　tɕhi³¹tʃm³¹mu⁵⁵　一尺长
二　寸　高　　　　　一　尺　长

tɕhi³¹tʃa³¹mu⁵⁵　一拃长　　　tɕhi³¹ȵi⁵⁵xɣ³¹　一指粗
一　拃　长　　　　　一　指　粗

四　修饰语加量词中心词的修饰短语

豪尼话还有一类修饰短语是由数词、指示代词与数词组合，数词与疑问代词组合修饰量词中心词构成的。

（一）数词修饰量词中心词

tɕhi³¹mɔ⁵⁵　一个　　　　tɕhi³¹tɕiŋ³³　一斤　　　tɕhi³¹tshuŋ⁵⁵　一寸
一　个　　　　　　一　斤　　　　　　一　寸

tɕhi³¹tɣ³¹　一斗　　　　tɕhi³¹ta³¹　　一升　　　tɕhi³¹mu³¹　　一亩
一　斗　　　　　　一　升　　　　　　一　亩

（二）指示代词和数词共同修饰量词中心词

豪尼话的指示代词不能直接修饰量词，要和数词组合后共同修饰量词。例如：

thɔ⁵⁵tɕhi³¹mɔ⁵⁵　这一个　　　ʒɔ³¹tɕhi³¹tsɿ⁵⁵　　那一棵
这　一　个　　　　　那　一　棵

thɔ⁵⁵tɕhi³¹tsu³¹　这一把　　　ʒɔ³¹tɕhi³¹ɕi³¹　　那一粒
这　一　把　　　　　那　一　粒

thɔ⁵⁵tɕhi³¹phoŋ³¹　这一丛　　　ʒɔ³¹tɕhi³¹thoŋ³¹　那一桶
这　一　丛　　　　　那　一　桶

（三）疑问代词和数词共同修饰量词中心词

疑问代词xɔ³³"哪"与数词的组合可以修饰量词，语序为"xɔ³³+数词+量词"。例如：

xɔ³³tɕhi³¹xɣ³¹　哪一年　　　xɔ³³tɕhi³¹mɔ⁵⁵　　哪一个
哪　一　年　　　　　哪　一　个

xɔ³³tɕhi³¹khu⁵⁵　哪一根　　　xɔ³³tɕhi³¹kha³³　哪一件
哪　一　根　　　　　哪　一　件

第四节　动宾短语

一　动宾短语中宾语的成分类型

（一）代词作宾语

人称代词作宾语时，要加上宾语助词ʒɯ⁵⁵。例如：

ɔ³³tuɯ³³thuɯ⁵⁵ʒuɯ⁵⁵ȵaŋ³¹　想我们　　　nv⁵⁵ʒuɯ⁵⁵ɣuɯ³³　　　拉你

我们　（宾助）想　　　　　　　你（宾助）拉

ʑi⁵⁵thuɯ³³ʒuɯ⁵⁵tɕe³³　欺骗他们　　　nv³³thuɯ⁵⁵ʒuɯ⁵⁵thu⁵⁵告诉你们

他们　（宾助）欺骗　　　　　　你们　　（宾助）告诉

ɔ³¹sɳ⁵⁵ʒuɯ⁵⁵te⁵⁵ʑi³¹　找谁　　　　　ʒɔ³³ʒuɯ⁵⁵lɔ⁵⁵　　　来这里

谁　（宾助）寻找　　　　　　　这里（宾助）来

xɔ³³mɔ³³ʒuɯ⁵⁵tʃuɯ³³　有多少（钱）

多少　（宾助）有

ʑi⁵⁵nɔ³¹（＝ȵe³¹ɣɔ³¹）ʒuɯ⁵⁵fv̩³³　看他俩

他俩　　二个　（宾助）看

（二）数量短语作宾语

豪尼话中数量短语表示动作所涉及的物量。例如：

(a³¹za̠³¹)tɕhi³¹za̠¹v⁵⁵　买一头（猪）　(a⁵⁵ʒɛ³³)ȵe³¹ʑɛ³³tshɳ³³摘两朵（花）

（猪）　一头买　　　　　　　（花）二朵摘

(xɔ³³tʃi⁵⁵)ȵe̠³¹mɔ⁵⁵ȵe̠³¹捉两只（鸟）　(xɔ⁵⁵sɔ³¹)tɕhi³¹tsu³¹phi³³背一捆（草）

（鸟）　二只捉　　　　　　　（草）一捆背

xɔ⁵⁵mɔ³³mɔ⁵⁵u⁵⁵　买几个　　　su³¹kha³³tu³³　　　　穿三件

几　个买　　　　　　　三　件穿

（三）名词性短语作宾语

ɔ⁵⁵xu³¹ʒv³³fv⁵⁵tu³³　　　　　穿白衣服

衣服　（缀）白穿

ʒɔ³⁵ʒɔ³¹fv⁵⁵tʃi³¹xɛ⁵⁵　　　　拿自己的钱

自己　钱　拿

ɔ⁵⁵ʒɔ³¹ɔ³¹pv⁵⁵ne³³paŋ³³　　　帮爷爷和奶奶

奶奶　爷爷　（受助）帮

ɣo³¹phe̠³³l̩uɯ⁵⁵ɔ³³ʒuɯ³³tɕhi⁵⁵v⁵⁵　买炒菜的油

菜　　炒　的油　买

（四）名词化短语作宾语

形容词和动词一般不能直接作宾语。若作宾语时，需要加上结构助词
ɔ³³“的”。例如：

ʒv³³kuɯ³³ɔ³³tsɔ³¹　吃稀的　　　ʒv³³phi³³ɔ³³tuɯ⁵⁵　抽便宜的（烟）

（缀）稀　的吃　　　　　（缀）便宜的抽（烟）

ʒv³³muɯ³¹ɔ³³tshe⁵⁵挑好的　　　ʒv³³kɔ⁵⁵ɔ³³u⁵⁵　　要高的

（缀）好　的　挑　　　　（缀）高 的 要

tʃha̱³¹ɔ³³tsɔ³¹　　　吃煮的　　　tu³³ɔ³³v⁵⁵　　　　　　买穿的
煮　的　吃　　　　　　　　穿　的　买

tɣ³³kɔ³³ɔ³³tʃm̱⁵⁵　抬砍倒的　　ʒv³³thu³³ɔ³³xɛ⁵⁵　拿出断的
砍　倒　的　抬　　　　　　(缀)断　的　拿

（五）动词作宾语

动词只能充当心理动词的宾语。例如：

ɯ⁵⁵ʃ̩⁵⁵ai⁵⁵　　　　爱笑　　　n̩i⁵⁵mɔ³¹ɕi³¹xuaŋ³³　讨厌哭
笑　爱　　　　　　　　　哭　不　喜欢

thiɔ⁵⁵v³¹ɕi³¹xuaŋ³³　喜欢跳舞
跳舞　　喜欢

（六）动宾短语作宾语

动宾短语可充当心理动词的宾语。例如：

lɔ³¹khɛ⁵⁵tsn̩³³ai⁵⁵　爱采茶　　tho³³xɛ³¹ai⁵⁵nɯ³¹　　爱穿拖鞋
茶　采　爱　　　　　　　拖鞋　爱　穿

u³¹ʑɛ⁵⁵ʑɛ⁵⁵taŋ³³ɕiŋ³³担心下雨　ɯ⁵⁵l̩ɯ⁵⁵ʃɔ³¹tsɔ³¹phɣ³¹　敢吃蛇肉
雨　下　担心　　　　　蛇　肉　吃　敢

u⁵⁵la̱³¹u⁵⁵tsɔ³¹u⁵⁵ɕaŋ³¹想做生意　ʃu³¹u³¹zi⁵⁵ɕaŋ³¹　　想去癸能(大寨)
生意　　做　想　　　　　癸能　去　想

（七）双宾语

带双宾语的谓语动词多含"给予"义。例如：

ŋɔ³³ʒɯ⁵⁵v̩³¹n̩i⁵⁵la̱³¹v̩³¹tɕhi³¹ɕi³¹pi³³la³¹　他给我一个红薯
我　(宾助)红薯　　　一　个　给(趋向)

zi⁵⁵lɯ³³ʒɯ⁵⁵ʃɔ⁵⁵tɯ³³ne̱³¹mɔ⁵⁵pi³³nɛ³³　　送他两棒玉米
他　　(受助)玉米　二　棒　给(施助)

ɔ⁵⁵mɯ³³tɔ³¹xu³³xɔ³¹pa̱³¹xɔ³¹mɔ³³mɔ⁵⁵pi³³nɛ³³　给客人几个粑粑
客人　　　　粑粑　几个　　　给(施助)

二　动宾短语中宾语的语义类型

从语义上看，动宾短语的宾语包括受事、结果、凭借、处所、等同、比较、数量等不同的类别。

（一）受事宾语

宾语表示动作或行为直接涉及的人或事物。例如：

ɔ⁵⁵fv³¹tsɔ³¹　　　吃饭　　　ɔ⁵⁵xu³¹tɕhi³¹　　　洗衣服
饭　吃　　　　　　　　　衣服　洗

çi³¹ʃo⁵⁵tsn̩³³　　摘杨梅　　　　tʃhe⁵⁵çi³¹ti³¹　　　打谷子

杨梅　摘　　　　　　　　谷子　打

（二）结果宾语

宾语表示动作产生的结果。例如：

ɔ⁵⁵fv³¹tʃha³¹　　　煮饭　　　　tsn⁵⁵mu⁵⁵mu⁵⁵　　起名

饭　煮　　　　　　　　　名字　起

mi³¹tsɔ³¹tɣ³¹　　　砍柴　　　　tshu⁵⁵phe̤³¹phe̤³¹　编辫子

柴　砍　　　　　　　　　辫子　编

a⁵⁵tʃha³³lɛ³¹　　　搓绳子　　　pe⁵⁵ɣ³³khɔ³³　　　下蛋

绳子　搓　　　　　　　　蛋　下

（三）凭借宾语

宾语表示动作所凭借的事物或材料。例如：

tɣ³¹tɕhe̤³¹pa̤³¹　　系腰带　　　l̥u³³mɔ³³tsɛ³³　　　扔石头

腰带　系　　　　　　　　石头　扔

ɣo³¹tshɔ⁵⁵ka³³tʃɯ⁵⁵晒太阳　　　tɕhaŋ³³pɣ³³　　　　打枪

阳光　晒（补）　　　　　枪　打

tʃɯ³³ɯ⁵⁵pi³³tsɔ³¹　喂奶　　　　ɯ⁵⁵tʃhɣ³¹khɯ³³　　浇水

奶　给吃　　　　　　　　水　浇

（四）处所宾语

宾语表示动作行为发生或涉及的处所。例如：

ɔ⁵⁵xu⁵⁵to³³　　进屋　　　　　lu⁵⁵pɔ³¹kɯ³¹li³³　　过河

房子　进　　　　　　　　河　过（趋向）

to³¹kɯ⁵⁵kɔ³³　下楼　　　　　pi⁵⁵ʃv³¹zi⁵⁵　　　去碧溪乡

楼　下　　　　　　　　　碧溪　去

ʒɔ³³lɔ⁵⁵　　　来这里　　　　ço³¹ço⁵⁵tʃv⁵⁵　　　在学校

这里来　　　　　　　　　学校　在

（五）等同宾语

宾语与主语在意义上等同或大致等同。例如：

ɔ³¹ɲi⁵⁵lɔ³¹sn̩³³taŋ³³　　妹妹当老师

妹妹　老师　当

ŋɔ⁵⁵tɕɛŋ³³tɕhaŋ³¹kɯ⁵⁵　我名叫坚强

我　坚强　叫

（六）比较宾语

宾语表示比较的对象。例如：

ɔ³¹phɔ³¹ʐɯ⁵⁵ɕaŋ⁵⁵　　像父亲　　　　ŋa³³ʐɯ⁵⁵ɕaŋ⁵⁵　　　　　像我
父亲　(宾助)　像　　　　　　　　我　(宾助)　像

ɔ³¹mɔ³³ʐɯ⁵⁵tʃhɔ³³ko⁵⁵　超过妈妈　　a⁵⁵ta⁵⁵ʐɯ⁵⁵mɔ³¹ɕaŋ⁵⁵　不像姐姐
妈妈　(宾助)　超过　　　　　　姐姐　(宾助)　不　像

（七）数量宾语

宾语是行为承受者的数量。例如：

tɕhi³¹xu³¹tsɔ³¹　　　吃一碗　　　　su³¹ʐɛ³³tsh̩³³　　　　摘三朵
一　碗　吃　　　　　　　　　　三　朵　摘

n̥ɛ³¹tu³¹thu⁵⁵　　　说两句　　　　xɔ⁵⁵mɔ³³mɔ⁵⁵khɔ³³　　栽几株
两　句　说　　　　　　　　　　几　株　栽

tɕhi³¹fɛŋ⁵⁵v⁵⁵　　　买一份儿　　　n̥ɛ³¹tshe⁵⁵khuɛ³¹pi³³　给二十元
一　份　买　　　　　　　　　　二　十　块　给

三　动宾短语的句法功能

（一）作谓语

作谓语是动宾短语最重要的句法功能。例如：

ɔ³³tɯ³³thɯ⁵⁵tʃhe⁵⁵ɕi³¹khɔ³³.　　　　　我们种谷子。
我们　　　谷子　　种

ɔ³³tɯ³³thɯ⁵⁵v̥³¹n̥i⁵⁵la̤³¹v̥³¹tsɔ³¹.　　　大家吃红薯。
大家　　　红薯　　　吃

pu³³lɔ³³ɣo³¹phe³³tʃha̤³¹tsɔ³¹ɣɛ³¹.　　　外婆煮菜了。
外婆　菜　　煮　(补)　(语助)

（二）作主语

动宾短语充当主语，要求谓语一般表示评述义，而不表示动作义。
例如：

lɔ⁵⁵khɛ³³tɯ⁵⁵ʃeŋ³³thi³¹ʐɔ⁵⁵mɯ³¹.　　　　　　喝茶对身体好。
茶　　喝　身体　更　好

kɔ⁵⁵mɔ³³ʐ̩³¹ɔ³³ɔ³¹tɕi⁵⁵xɔ⁵⁵tɕhi⁵⁵tɕi⁵⁵lɔ⁵⁵tɕhe³¹.　走路太累了。
路　　　走得累　太　　累(趋向)　会

xɔ³¹n̥i³¹tu³¹pɔ³¹xɔ⁵⁵tɕhi⁵⁵thu⁵⁵tɕhe³¹.　　　很会说豪尼话。
豪尼　话　很　　　说　会

（三）作宾语

动宾短语只充当心理动词的宾语。例如：

ɔ³¹mɔ³³xɔ³¹n̥i³¹ɔ⁵⁵xu³¹xɔ⁵⁵tɕhi⁵⁵tu³¹ai⁵⁵.　　妈妈爱穿豪尼服装。
妈妈　豪尼　衣服　很　　　穿爱

ŋɔ⁵⁵tʃhɣ³³ʒɯ⁵⁵mɔ³¹tʃv⁵⁵phɣ³¹tɕhe³¹.　　　　　　我怕坐车。

我　车　(宾助)不　坐　敢　会

ŋɔ⁵⁵tɕhi⁵⁵tɕhi⁵⁵ai⁵⁵tsɔ³¹.　　　　　　　　我爱吃辣椒。

我　辣椒　　爱吃

（四）作定语

动宾短语作定语时，定语在中心语之前，并且要在定语和中心语之间加上结构助词ɔ³³"的"，对中心语起到限制作用。例如：

ɯ⁵⁵ʃi⁵⁵ɔ³³tsɯ⁵⁵zɔ³¹u³¹ɕi³³nɯ³³mɔ³³zɔ⁵⁵mɯ³¹.　爱笑的人很开心。

笑　的　人　心　　　　　更　好

ʑi⁵⁵lɔ³¹u⁵⁵la³¹u⁵⁵tsɔ³¹u⁵⁵ɔ³³tsɯ⁵⁵zɔ³¹.　　　他是做生意的人。

他　生意　　做的人

四　一种特殊的动宾短语——ABB 型动宾短语

豪尼话的宾动同形短语，无论是在语音形式上，还是在语义特征、语法特征上，都与宾动不同形的短语存在一些差异。具体情况如下。

（一）语音特征

1. 音节数量

豪尼话宾动同形短语均为三音节的，数量很多。例如：

tʃɔ³¹l̩i⁵⁵l̩i⁵⁵　　吹口哨	u³¹tʃhɛ⁵⁵tʃhɛ⁵⁵　　腌酸菜
口　哨　吹	酸菜　腌
pɣ⁵⁵khɔ³¹khɔ³¹　　打雨伞	ɔ⁵⁵tʃɔ³¹tʃɔ³¹　　出疹子
雨伞　打	疹子　出
tshɔ³¹tshɔ³¹tshɔ³¹　猜谜语	za³³fv⁵⁵za³³　　扫地
谜语　　猜	扫帚　扫

2. 语音类型

有 ABB 型、ABA 型和 AAA 型三种，其中以 ABB 型居多。ABB 型宾动同形短语的构成方式是：双音节名词 AB+单音节动词 B。例如：

thɣ³¹fv̥³¹fv̥³¹　　拔火罐	la³¹u³¹u³¹　　墊手枕
火罐　拔	手枕　枕
xa⁵⁵tʃhɯ³¹tʃhɯ³¹　打喷嚏	u³¹zɛ⁵⁵zɛ⁵⁵　　下雨
喷嚏　打	雨　下
xɯ⁵⁵thɣ̥³¹thɣ̥³¹　打饱嗝	ʃɔ³¹pɣ³¹pɣ³¹　　长雀斑
饱嗝　打	雀斑　长

ABA 型宾动同形短语数量较少。其构成形式是：双音节名词 AB+单音节动词 A。例如：

u³³xɛ³¹u³³　　　　开门　　　　　pɣ³³sɣ³³pɣ³³　　扇扇子

门　开　　　　　　　　　　　　扇子　扇

l̪a³¹xo³³l̪a³¹　　戴斗笠　　　　zɛ⁵⁵sa³³zɛ⁵⁵　　下毛毛雨

斗笠　戴　　　　　　　　　　　雨　细　下

AAA 型宾动同形短语数量最少。其构成形式是：双音节名词 AA+单音节动词 A。例如：

tshɔ³¹tshɔ³¹tshɔ³¹　　　　猜谜语

谜语　猜

（二）语义特征

宾动同形短语的宾语的语义类型与非同形的宾动短语有一些差异。宾动不同形短语的宾语有受事、结果、工具和数量四种类型。而宾动同形短语的宾语却只有受事、结果和工具三种类型。例如：

1. 受事宾语

pha̪³¹no̪³³no̪³³　　穿鞋子　　　　ɣo³¹tsho³¹tsho³¹　戴帽子

鞋子　穿　　　　　　　　　　　帽子　戴

phi⁵⁵ɕi³¹ɕi³¹　　扣扣子　　　　ɣ³¹ti⁵⁵ti⁵⁵　　　戴头巾

扣子　扣　　　　　　　　　　　包头　戴

2. 结果宾语

tshu⁵⁵phe̪³¹phe̪³¹　辫辫子　　　u³¹tʃhɛ⁵⁵tʃhɛ⁵⁵　腌酸菜

辫子　辫　　　　　　　　　　　酸菜　腌

nɯ⁵⁵pɣ³¹pɣ³¹　　做豆豉　　　　a³¹pa̪³¹pa̪³¹　　做粑粑

豆豉　做　　　　　　　　　　　粑粑　做

tʃɛ⁵⁵lɛ⁵⁵lɛ⁵⁵　　揉汤圆　　　　tʃhe⁵⁵thu³¹thu³¹　舂米

汤圆　揉　　　　　　　　　　　米　舂　舂

la̪³¹tshu³¹tshu³¹　戴手套　　　　ma̪³³khɔ⁵⁵khɔ⁵⁵　戴眼镜

手套　戴　　　　　　　　　　　眼镜　戴

通常，结果宾语与受事宾语的界限很容易混淆，这是由于豪尼话的语序是 SOV，宾语通常位于动词之前。如"米"既可以当结果，也可以当对象。

3. 工具宾语

nv³¹tshɛ³¹tshɛ³¹　犁地　　　　　pɣ⁵⁵khɔ³¹khɔ³¹　打雨伞

犁　犁　　　　　　　　　　　　雨伞　打

thɣ³¹fɣ³¹fɣ³¹　　拔火罐　　　　ɔ⁵⁵tʃ³³tʃ³³　　　荡秋千

火罐　拔　　　　　　　　　　　秋千　荡

值得注意的是，在宾动非同形短语中，工具名词后要加工具助词 nɛ³³，含义相当于汉语的"用、拿"，其语法地位一般定为状语。如su⁵⁵tsu⁵⁵（斧子）ɣɔ³¹（话助）nɛ³³（工助）mi³¹tsɔ³¹（柴）tʏ³³（砍）"用斧子砍柴"。但是在宾动同形短语中，工具名词后面不必加工具助词，构成了类似于汉语"吃大碗"的工具宾语。如pʏ³³sʏ³³（扇子）sʏ³³（扇）"扇扇子"，工具名词pʏ³³sʏ³³"扇子"后面就不必加工具助词nɛ³³"用、拿"。

（三）语法特征

1. 从宾语的词性角度分析，豪尼话宾动同形短语宾语的名词有"真性名词"和"假性名词"之分。①"真性名词"是指宾语由具有独立使用能力的名词充当；"假性名词"则指宾语本身不是名词，是由动词或动词性短语在宾动同形短语中临时具有名词属性的名词。宾语是"真性名词"的如：

ŋa³³ɕi³¹ɕi³¹	结芭蕉	ɔ³¹ɕi³¹ɕi³¹	结果子
芭蕉　结		果子　结	
u³³xu³¹xu³¹	烟熏	tshɯ⁵⁵mu⁵⁵mu⁵⁵	起名字
烟雾　熏		名字　　起	

"假性名词"的如：

ʏ³¹tshɯ³³tshɯ³³	插秧	tʃhɛ⁵⁵ti³¹ti³¹	打谷子
头+插＝秧苗　插		谷子+打＝打谷子 打	
ʏ³¹thu³¹thu³¹	磕头	ɣo³¹pa³¹pa³¹	趴着
头+断＝磕头　磕		睡+趴＝趴着睡　趴	

这类宾动结构在使用时可以只用宾动式复合词来表达语义，也可以在宾动式复合词之后再加上一个同形动词，构成宾动同形短语来表达，语义上没有区别，如ɯ⁵⁵za̱³³与ɯ⁵⁵za̱³³za̱³³都是"游泳"，但母语人更倾向后者表达。

2. 谓语动词主要来源于动词、形容词和名词。其中，名词作谓语的最多。例如：

（1）动语素作谓语

to³¹pe³¹ʹ³³pe³¹	跛脚	ʏ³¹ti⁵⁵ti⁵⁵	戴包头
缀+跛＝跛子　跛		头+跨＝包头　跨	
ɯ⁵⁵phʏ⁵⁵phʏ⁵⁵	搅浑水	to³³pa̱³³pa̱³³	弄垮田地
水+搅＝浑水　搅		田　坏　坏	
sɛ⁵⁵fʏ³³fʏ³³	反转	ʃɔ³¹pʏ⁵⁵pʏ⁵⁵	肥肉
转　反　反		肉　肥　肥	

---

① 朱艳华：《载瓦语宾动同形短语的特征及形成机制》，《民族语文》2013 年第 3 期。

（2）名语素作谓语

ɔ⁵⁵nɔ⁵⁵nɔ⁵⁵　　　　生病　　　　　ɔ³¹tɕhi³¹tɕhi³¹　　拉屎

(缀) 病 生　　　　　　　　　　　(缀) 屎 拉

u³¹ʐɛ⁵⁵ʐɛ⁵⁵　　　　下雨　　　　　u³¹tʂɿ³¹tʂɿ³¹　　　打雷

天 雨 下　　　　　　　　　　　天 雷 打

3. 宾语对动词的选择性不同。有的宾动同形短语的宾语只能用与之同形的动词；有的则有多种选择，除了用同形的动词外，还可以选择其他动词。只能用同形动词的，如：

ɣo³¹tsho³¹tsho³¹　　戴帽子　　　　mɔ⁵⁵nɔ⁵⁵nɔ⁵⁵　　长疤

帽子　戴　　　　　　　　　　　疤痕　长

na̠³³pɣ³¹pɣ³¹　　　长雀斑　　　　tsʮ³¹ɕi³¹ɕi³¹　　　长瘊子

雀斑　长　　　　　　　　　　　瘊子　长

"戴帽子、长疤、长雀斑、长瘊子"这些宾动同形短语中的动词只能和宾语的后一音节同形。下面是动词有多种选择的，如：

pha̠³¹nɔ̠³³nɔ̠³³　　穿鞋子　　　　pha̠³¹nɔ̠³³nɯ³¹　　穿鞋子

鞋子　穿　　　　　　　　　　　鞋子　　穿

ɔ⁵⁵nɛ³³nɛ³³　　　　发芽　　　　　ɔ⁵⁵nɛ³³tɣ³³　　　　发芽

芽　发　　　　　　　　　　　　芽　出

（四）宾动同形短语的结构特点及成因

根据宾语的构成及动词与宾语的结合关系，宾动同形短语可以分为"黏附性"和"非黏附性"两类。

1. 非黏附性宾动同形短语

（1）宾语一般由复合式合成词和附加式合成词构成。复合式合成词主要有宾动式、主谓式和偏正式三种。其中，以宾动式复合词最常见。例如：

khɯ⁵⁵nɯ³¹nɯ³¹　　踩高跷　　　　ɯ⁵⁵phɣ⁵⁵phɣ⁵⁵　　搅浑水

脚+踩＝高跷　　踩　　　　　　水+搅＝浑水　　搅

主谓式复合词作宾语的较少，如：

la̠³¹xa³³xa³³　　　　掰手腕

手+硬＝手腕　硬

偏正式复合词作宾语的，如：

ma̠³³pe̠³¹pe̠³¹　　　瞎眼　　　　　nɔ³¹pɣ³¹pɣ³¹　　　致聋

眼睛+瞎＝瞎子　瞎　　　　　　耳朵+聋＝聋子　聋

khɯ⁵⁵lu⁵⁵lu⁵⁵　　　绑绑腿

脚+圆＝绑腿　绑

（2）动词的独立性强。主要体现在：①动词可以独立作句子成分。如tʃha³³tsʰ̩³¹tsʰ̩³¹"系疙瘩"中的动词tsʰ̩³¹"系"在短语xɔ⁵⁵ku³¹（蚊子）tsʰ̩³¹（捪）"捪蚊子"中独立充当谓语动词。②动词对宾语的选择具有多向性。根据语义表达的需要，可以选择不同的名词与之搭配，并不一定局限于与之同形的名词。如khɯ⁵⁵nɯ³¹nɯ³¹"踩高跷"中的动词nɯ³¹"踩"还要根据表达需要，与别的名词组合，比如"踩谷子"tʃhe⁵⁵ɕi³¹（谷子）nɯ³¹（踩）。③动词与宾语之间可以插入别的成分。例如在宾语与动词之间插入能愿动词tɕhe³¹"会"的：

ɔ³¹s̩⁵⁵khɯ⁵⁵nɯ³¹tɕhe³¹nɯ³¹mɔ³¹？　谁会踩高跷呀？
谁　　高跷　　会　踩 (语助)

2. 黏附性宾动同形短语

（1）宾语一般由单纯词构成。单纯词既包括固有词，也包括借词。固有词作宾语，例如：

ɔ⁵⁵tʃɿ³³tʃɿ³³　荡秋千　　　　　　　ɔ³¹nɔ³¹nɔ³¹　休息
秋千 荡　　　　　　　　　　　　休息 休息

ɔ⁵⁵nɔ⁵⁵nɔ⁵⁵　生病　　　　　　　ɣo³¹ka³³ka³³　发冷
病　生　　　　　　　　　　　　寒冷 发

在这类单纯词中，有的是其中一个音节能独立使用，另一个音节不能独立使用。如ɔ⁵⁵tʃɿ³³tʃɿ³³"荡秋千"中的ɔ⁵⁵tʃɿ³³是"秋千"，但ɔ⁵⁵或tʃɿ³³没有意义，不能独立充当句子成分。

此外，外来借词多为音译词，因此在借入豪尼话后不管音节数量多少都看作单纯词。例如：

tʃhaŋ⁵⁵ko³³tʃhaŋ⁵⁵　唱歌
唱歌　　　唱

（2）动词对宾语具有黏附性，离开宾语之后不具有独立的语法地位，具有临时性的特点：①动词的使用对宾语具有依赖性，即宾语不同，所用动词就不同。例如，同样是"戴"，在ɣo³¹tsho³¹tsho³¹"戴帽子"中要用与宾语ɣo³¹tsho³¹"帽子"同形的tsho³¹"戴"；而在la³¹to³¹to³¹"戴手镯"中，则要用与宾语la³¹to³¹"手镯"同形的to³¹"戴"。②动词离开前面的宾语后不能独立使用，也没有独立的意义。黏附性宾动同形短语中，动词的语义由宾语而定，脱离了宾语就不能独立使用，没有独立的语法地位，也没有独立的语义，只具有临时的语法单位的性质。如tʃɔ³¹l̩i⁵⁵l̩i⁵⁵"吹口哨"中的l̩i⁵⁵"吹"只能与tʃɔ³¹l̩i⁵⁵"风"结合，离开之后就不能独立使用。类似的黏附性宾动同形短语还有，例如：

na̠³³pv̩³¹pv̩³¹	长雀斑		pha̠³¹no̠³³no̠³³	穿鞋
雀斑　　长			鞋子　　穿	
pv̩⁵⁵khɔ³¹khɔ³¹	打雨伞		ɔ⁵⁵tʃɔ³¹tʃɔ³¹	出疹子
雨伞　　打			疹子　　出	

综上所述，黏附性宾动同形短语中的动词具有黏附性和临时性，其主要语法功能是作谓语，是动宾短语完整度不可或缺的条件。语义则在短语中有具体含义，独立之后就没有任何语义。正如戴庆厦（2009）所说："入句有义，离句无义。"

第五节　述补短语

豪尼话的述补短语由中心语和补语组成。补语位于中心语之后，以说明动作行为的结果、趋向等。能作动词补语的主要是动词、形容词等。

一　动词作补语的述补短语

豪尼话述补短语中，当动词作补语时，通常是为了补充说明动作行为的结果。例如：

fv̩³³lɯ⁵⁵	看完	tsɔ³¹lɯ⁵⁵	吃完	ne̠³¹the̠³¹	抓住
看　完		吃　完		抓　住	
tɛ⁵⁵ʑi³¹mu⁵⁵	找见	ti³¹ʑiŋ³¹	打赢	thu⁵⁵mɯ³¹	说好
找　见		打　赢		说　好	
tsh³¹ʑiŋ³¹	跑赢	tɛ³¹phu³³	推开	tʃɯ³³pa³³	砸坏
跑　赢		推　开		砸　坏	
ti³¹fv̩³³	打死	ȵi³¹luɛ⁵³（=lɔ⁵⁵ɣɛ³¹）提醒		xɛ⁵⁵phu³³	拿开
打　死		说　醒来（趋向）（语助）		拿　开	
the⁵⁵ȵi⁵⁵	踢哭	the⁵⁵ko³¹	踢到	ti³¹saŋ⁵³	打散
踢　哭		踢　到		打　散	
me̠³³fv̩³³	饿死	tɛ³¹ko³³	推倒	tɛ³¹ta³³	推上
饿　死		推　倒		推　上	
tv̩³¹pa³³	捅破	ti³¹pa³³	打破（碗）	ɣɯ³³tɣ³³	拉出
捅　破		打　破（碗）		拉　出	
nɔ⁵⁵xɔ³¹cɔ⁵⁵lɯ³¹	听懂				
听　知道					

"来""去"放在动词后面作补语，补充说明动作行为的趋向。例如：

ty̠³³zi⁵⁵　　出去　　　　kɔ³³lɔ⁵⁵　　下来　　　　ty̠³³lɔ⁵⁵　　出来
出 去　　　　　　　　下 来　　　　　　　　出 来

kɔ³³zi⁵⁵　　下去　　　　xɛ⁵⁵ta̠³³lɔ⁵⁵　拿上来　　thu⁵⁵kɔ³³zi⁵⁵　讲下去
下 去　　　　　　　　拿 上 来　　　　　　讲 下 去

xɯ³¹lɔ⁵⁵　　回来　　　　xɯ³¹zi⁵⁵　　回去　　　　pu⁵⁵lɔ⁵⁵　　飞来
回 来　　　　　　　　回 去　　　　　　　　飞 来

xɛ⁵⁵ta̠³³lɔ⁵⁵　拿起来　　kɔ³³ty̠³³　　流下来　　pu⁵⁵zi⁵⁵　　飞去
拿 起 来　　　　　　下 流　　　　　　　　飞 去

z̩³¹to³³lɔ⁵⁵　走进来　　lɛ³¹ty̠³³zi⁵⁵　追出去　　tʃʰm⁵⁵lɔ⁵⁵　抬来
走 进 来　　　　　　追 出 去　　　　　　抬 来

tsʰm³¹to³³zi⁵⁵　跑进去　xɛ⁵⁵zi⁵⁵　　拿去　　　　xɛ⁵⁵lɔ⁵⁵　　拿来
跑　进　去　　　　　拿 去　　　　　　　　拿 来

二　形容词作补语

（一）形容词作补语时，位于动词之后，且不能插入其他成分
例如：

tsɔ³¹pv̩³³　　吃饱　　　　l̩a³³phiŋ³¹　弄平
吃 饱　　　　　　　　弄 平

tsʰn̩³³ma³¹xo̠³¹　写错　　pi⁵⁵lɯ³¹　　分清（是非）
写　不　对　　　　　分 清楚

kɯ³¹l̩i⁵⁵　　嚼碎　　　　tu³³pa³³　　穿破（衣服）
嚼 碎　　　　　　　　穿 破

l̩o³¹kɯ³³　　晒蔫　　　　ty̠³³lɯ³¹　　砍够（木料）
晒 蔫　　　　　　　　砍 够

tʃʰa̠³¹ɣo³¹　煮熟　　　　phɣ³³tsɔ³¹　烧坏
煮 熟　　　　　　　　烧 坏

z̩³¹ma³¹xo̠³¹　走错（路） çi³¹tʰa³³　　磨快
走　不　对　　　　　磨 快

l̩u⁵⁵　　　　烫伤　　　　kɔ³³ty̠³³　　摔倒
烫 伤　　　　　　　　摔 倒

tɕhi³¹sɔ⁵⁵　洗干净　　　thu⁵⁵mɯ³¹　说对
洗 干净　　　　　　　说 对

tʃɛŋ³¹mɯ³¹ɣɛ³¹　弄好　　tsʰn̩³³sɔ⁵⁵　（房子）盖好
弄 好（语助）　　　　盖 好

（二）形容词作补语时也可以使用重叠式，动词位于重叠音节之间例如：

ʒv³³tʃɛ⁵⁵ti³¹tʃɛ⁵⁵ 淋湿　　　　ʒv³³n̥e³³pha⁵⁵n̥e³³ 绑紧
（缀）湿 打（叠）　　　　　　（缀）紧 绑 （叠）

ʒv³³kɯ̥³³l̥o³¹kɯ̥³³ 晒干　　　　ʒv³³ʃɤ³¹tɕhi³¹ʃɤ³¹ 洗干净（衣服）
（缀）干 晒（叠）　　　　　　（缀）干净洗 （叠）

ʒv³³pɛ³¹z̥a³¹pɛ³¹ 压扁　　　　ʒv³³pḁ³³phɤ³³pḁ³³ 烧烂
（缀）扁 压 （叠）　　　　　　（缀）烂 烧（叠）

ʒv³³pḁ³³kɔ³³pḁ³³ 摔烂　　　　ʒv³³kɯ̥³³phɤ³³kɯ̥³³ 烘干
（缀）烂 掉（叠）　　　　　　（缀）干 烘 （叠）

ʒv³³ʃv⁵⁵l̥o³¹ʃv⁵⁵ （草）晒黄　ʒv³³n̥i⁵⁵tʃha³¹n̥i⁵⁵ 染红
（缀）黄 晒（叠）　　　　　　（缀）红 染 （叠）

第五章　句法成分

豪尼话的句法成分主要有主语、谓语、宾语、定语、状语、补语、独立语和外位语。

第一节　主　语

一　作主语的成分

主语是被陈述的对象，是句子的主干成分，一般位于句首，也有出于表达的需要位于谓语之后的。豪尼话中能作主语的成分主要有名词、代词、名物化结构、数量短语、指量短语和主谓短语等。

（一）名词作主语

包括普通名词、专有名词、时间名词和方所名词作主语。

1. 普通名词作主语

$\text{ɯ}^{55}\text{tʃʰɣ}^{31}\text{ɣɔ}^{31}\text{pɯ}^{55/53}\text{ɣɔ}^{31}$.　　　　水开了。

水　　（话助）开　　（语助）

$\text{ɔ}^{55}\text{fv}^{31}\text{ɣɔ}^{31}\text{mɛ}^{55}$.　　　　　饭好吃。

饭　（话助）好吃

$\text{su}^{31}\text{ɣɔ}^{31}\text{xɔ}^{33}\text{tʃɯ}^{33}$?　　　　书在哪儿？

书　　哪　在

$\text{xa}^{33}\text{mɔ}^{33}\text{mɔ}^{31}\text{tɛ}^{55/53}$.　　　　母鸡不叫了。

母鸡　　不　叫

$\text{ʐa}^{31}\text{ʒu}^{55}\text{ɣɔ}^{31}\text{tsʰɿ}^{31}\text{mɯ}^{31}\text{ɣɛ}^{31}$.　　猪窝盖好了。

猪窝　（话助）盖　好　　（语助）

2. 专有名词作主语

$\text{xu}^{55}\text{xu}^{31}\text{ɣɔ}^{31}\text{ʑi}^{55}\text{fɔ}^{33}$.　　　　墨江在那边。

墨江　（话助）那　（方助）

$\text{tsʰo}^{55}\text{lo}^{33}\text{ɣɔ}^{31}\text{xɔ}^{33}\text{mɔ}^{31}$?　　　措乐村在哪里？

措乐　（话助）哪　（语助）

tʃɣ³¹pɯ³³ɣɔ³¹xɔ³³tʃv⁵⁵ᐟ⁵³mɔ³¹? 　　　龙坝在哪儿?

龙坝　（话助）哪　在　　（语助）

thaŋ³¹ɕɔ³¹mɛ³¹ti³³khɔ³³ɔ³¹sɿ⁵⁵mɔ³¹? 　　唐晓梅是谁?

唐晓梅　　　的话　谁　　（语助）

3. 时间名词作主语

zɔ³¹nv³³ɕiŋ³³tɕhi³³saŋ³³. 　　　　今天星期三。

今天　　星期三

na³³ʃɯ³¹kɛ³³tsɿ³¹mɔ³¹? 　　　明天赶集吧?

明天　　　街子　（语助）

zɔ³¹nv³³xɔ⁵⁵mɔ⁵⁵xɔ⁵⁵mɔ³¹? 　　今天几号?

今天　　多少　　号　（语助）

ɔ³¹mɯ⁵⁵na³³xɣ³¹tʃhɣ³³v⁵⁵. 　　明年买车。

明年　　　　车　买

mi⁵⁵nv³³ŋɔ³³sɛŋ³³ʒ³¹(ŋɯ⁵⁵). 　　昨天是我的生日。

昨天　我　生日　是

ɕiŋ³³tɕhi³³sɿ³⁵ᐟ³¹ɣɔ³¹ʃu³¹u³¹ta³³zi⁵⁵ᐟ⁵³mɔ³¹. 　周四去癸能。

星期四　　（话助）癸能　上　去　　（语助）

4. 方所名词作主语

xɔ³¹ɣɔ³¹xɯ⁵⁵tsʰɿ⁵⁵zɔ³¹tʃv⁵⁵. 　　　到处是人。

哪　（话助）也　人　　在

ʑi⁵⁵ma³³fɔ³³tsʰɿ⁵⁵zɔ³¹tʃv⁵⁵. 　　　下面有人。

下面　（方助）人　　在

ɔ⁵⁵tʃɔ⁵⁵fɔ³³ŋa³³thɔ³¹ɔ⁵⁵xu⁵⁵. 　　左边是我家的房子。

左边　（方助）我　家　房子

xu⁵⁵tha³³tsɔ³¹xu³¹mɔ³⁵ti³³tʃɯ³³. 　　外面都是烟雾。

外面　　雾　多　（状助）有

xu⁵⁵lɛ³³fɔ³³pi³¹tʃʰɿ⁵⁵ma³¹tʃɯ³³. 　　里面没有甘蔗。

里面　（方助）甘蔗　没　有

ʑi⁵⁵ma³³fɔ³³ɔ³¹tʃhɯ³³mɔ³¹? 　　底下是什么?

底下　（方助）什么　　（语助）

（二）代词作主语

包括人称代词、指示代词和疑问代词作主语。

1. 人称代词作主语

ʑi⁵⁵lɔ³¹su³¹ɣɔ³¹tsɿ⁵⁵ᐟ⁵³. 　　　　他读书。

他　　书　　读

ŋɔ⁵⁵ɕo³¹sɛŋ³³mɔ³¹ŋɯ⁵⁵.　　　　　我不是学生。
我　学生　不 是

ɔ³³tɯ³³thɯ⁵⁵zɔ³¹mɯ⁵⁵ʑi⁵⁵.　　　　　我们现在去。
我们　　　现在　　去

nv³⁵nv³¹tsʅ⁵⁵mɔ³¹xiŋ³¹.　　　　　你自己写不行。
你自己 写　不 行

ʑi⁵⁵lɔ³¹ʃu³¹mi⁵⁵na̠³³xy̠³¹zʅ³¹.　　　　　他是前年走的。
他　　前年　　　　　走

nv⁵⁵ɔ³¹sʅ⁵⁵tho³¹a⁵⁵pe̠³³mɔ³¹?　　　　　你是谁家的孩子？
你 谁　家　孩子 (语助)

ʑi⁵⁵nɔ³¹（=n̠e̠³¹ɣɔ³¹）tɕi⁵⁵tsɛ⁵⁵nɔ³¹khɛ⁵⁵tsʅ̠³¹ʑi⁵⁵ᐟ⁵³ɣe³¹.
他俩　　二 个　都　　茶叶　摘 去　 (语助)
他俩都去采茶了。

nv⁵⁵n̠ɔ³¹（=n̠e̠³¹ɣɔ³¹）kaŋ⁵⁵te̠³¹mɔ³¹khɛ³³.　你俩不要吵架。
你 俩　二 个　吵架　不 吵

ɔ³³tɯ³³thɯ⁵⁵xɔ⁵⁵mi⁵⁵khɛ³³?　　　　　我们怎么办呢？
我们　　　怎么办

ɔ³³tɯ³³thɯ⁵⁵zʅ³¹ɣɔ³¹!　　　　　咱们走吧！
我们　　　走 (语助)

2. 指示代词作主语

ʒɔ³³mɯ⁵⁵lɛ⁵³ka̠³³.　　　　　这儿很冷。
这 很　　冷

thɔ⁵⁵a⁵⁵my̠³¹mɔ³¹?　　　　　那是猴子吗？
那　猴子 (语助)

ʒɔ³³ʑi⁵⁵lɔ³¹（ʑi⁵⁵lɯ³³ɣɔ³¹）.　　　　　这是他的。
这 他　　　　　(宾格)(语助)

thɔ⁵⁵nv³³xu³¹ɣɔ³¹mɔ³¹?　　　　　这是你的书吗？
这 你 书　　(语助)

thɔ⁵⁵ɔ³¹tʃhɯ³³ɔ⁵⁵tsʅ⁵⁵mɔ³¹?　　　　　那是什么树？
那　什么　树　　(语助)

ʑi⁵⁵thɯ³³ŋo³³（=ŋɔ³³ɔ³¹）.　　　　　这些是我的。
这些　我的　我 的

ʑi³³thɯ³³ɔ³¹sʅ⁵⁵toŋ³³ɕi³³mɔ³¹?　　　　　这些是谁的东西？
这些　　谁　东西　(语助)

ʐɔ³³ʑi⁵⁵lo³¹（ʑi⁵⁵lɯ³³ɣɔ³¹）mɔ³¹ŋɯ⁵⁵.　　　这不是他的。

这　他　　　　（宾格）（语助）　不　是

ʑi³¹ʑi⁵⁵pɛŋ³¹su³¹ɣɔ³¹ŋɔ³³mɔ³¹ŋɯ⁵⁵.　　　这本书不是我的。

这　一　本　书　　我　不　是

thɯ³³mo̜³¹tho̜³¹ɣɔ³¹ŋɔ³³mɔ³¹ŋɯ⁵⁵.　　　　那不是我的摩托车。

那　摩托　（话助）我　不　是

ʑi⁵⁵tɕhi³¹mɔ⁵⁵ŋɔ³³（＝ŋɔ³³ɔ³¹）mɔ³¹ŋɯ⁵⁵.这一个不是我的。

这　一　个　我的　我　的　不　是

ʑi⁵⁵tho̜⁵⁵khɛ³³thɯ⁵⁵tho̜⁵⁵khɛ³³tɕhi³¹ʐaŋ⁵⁵kuɛ³³.　这个和那个一样乖。

这个　和　那个　和　一　样　乖

ʑi³³thɯ³³thɯ³³thɯ³³mɔ⁵⁵ʹ⁵³tha³¹ʐo³³ɕiŋ³³ɕɛŋ³³.这些比那些新鲜。

这些　　　那些　　（方助）　比　要　新鲜

3. 疑问代词作主语

ɔ³¹sɿ⁵⁵mɔ³¹mu³¹pɔ³³ʑi⁵⁵ɣɔ³¹?　　　　谁不去?

谁　不　（助动）（助动）　去　（语助）

ɔ³¹sɿ⁵⁵mɔ³¹u³³xɛ³¹ti³¹ɣɔ³¹?　　　　谁在敲门?

谁　（语助）　门　敲　（语助）

ɔ³¹tʃhɛ³³mɔ³¹kɯ⁵⁵ɣɔ³¹?　　　　　什么东西在叫?

什么　（语助）　叫　（语助）

ɔ³¹tʃhɯ³³khɛ³³mɔ³¹nɔ⁵⁵xɔ³¹?　　　　为什么不听?

为什么　　　不　听

nv⁵⁵ɔ³¹sɿ⁵⁵nɛ³³ʑi⁵⁵ti³³thɯ⁵⁵la³¹?　谁叫你去的?

你　谁　（施助）去　（状助）说（趋向）

（三）名物化结构作主语

tɯ⁵⁵ʹ⁵³ɔ³³mɔ³¹ŋɯ⁵⁵.　　　　　不是喝的。

喝　的　不　是

v⁵⁵ʹ⁵³ɔ³³la³¹ʹ³³tʃhm⁵⁵.　　　　买来的甜。

买　的　（趋向）甜

tsɔ³¹ɔ³³xɔ³³mɔ³¹?　　　　　吃的在哪里?

吃　的　哪（语助）

zɔ³¹mɯ⁵⁵tɛ⁵⁵ʹ⁵³ɔ³³xu³¹xu³¹.　正在叫着的是斑鸠。

现在　叫　的　斑鸠

n̜i⁵⁵tʃhɛ³¹ti³³khɔ³³tsɔ³¹lɯ⁵⁵,　n̜i⁵⁵ma³¹ti³³khɔ³³mɔ³¹tsɔ³¹lo⁵⁵.

红　（后缀）（状助）（连）吃　能　绿　（后缀）（状助）（连）不　吃　能

红的能吃，绿的不能吃。

tsɿ̩³³ɔ³¹tʃɿ̩⁵⁵zɔ³¹，zɿ³¹ɔ³¹xa³¹tɕhe³³.　跑的是麂子，走的是鹿。
跑　的　麂子　　走　的　鹿

（四）数量短语作主语

pɛŋ⁵⁵tɕiŋ³³khe³³tɕo⁵⁵lɯ³¹ɣɔ³¹.　　半斤就够了。
半斤　（连）就　够（语助）

tɕhe³¹liaŋ³¹ma³¹tʃɯ³³.　　七两不到。
七两　　不　有

ȵe³¹mɔ⁵⁵ne³³mɔ³¹tsɔ³¹lɯ³¹.　　两个不够吃。
两个（施助）不吃　够

liaŋ³¹ko³³ʑɛ³¹ŋɛ³⁵ma³¹tʃɯ³³.　　只有两个月。
二　个　月只　不　有

v³¹khue³¹tɕhɛŋ³¹tɕi⁵⁵la³¹.　　借五块钱。
五　块　钱　借（趋向）

ȵe³¹xui³¹thu⁵⁵ko³³ɣɛ³¹.　　说过两遍。
二　次　说过（语助）

tɕhi³¹l̩ɔ³³ɣɔ³¹sɛŋ³¹ʃ³¹nv³³tʃɯ³³.　　一个月有三十天。
一　月（话助）三　十　天　有

ʑi⁵⁵mi³¹lɛ⁵³lɯ³¹mɔ⁵⁵ʃ⁵⁵ma³¹lɯ³¹?　　一米够不够？
一米（话助）够　还是　不　够

（五）指量短语作主语

thɯ³³ʑi⁵⁵ʃuaŋ³³ʑi⁵⁵lɔ³¹（＝ʑi⁵⁵lɔ³¹ɔ³³）.　　那一双是他的。
那　一　双　他的　　他　的

thɯ³³tɕhi³¹kha³³（ɔ⁵⁵xu³¹ɣɔ³¹）nv⁵⁵／⁵³ɔ³³.　　那一件（衣服）是你的。
那　一　件　衣服（话助）你　的

ʑi³¹ʑi⁵⁵pa³¹（ma³³ʃa³¹）khe³³ʑi⁵⁵tɯ³³ʑi⁵⁵pa³¹tɕhi³¹ʑaŋ⁵⁵ma³¹／³³tu³¹tu³¹.
这　一　把　刀　　和　那　一　把　一　样　钝
这一把（刀）跟那把一样钝。

ʑi³¹ʑi⁵⁵tʃɿ³³ɣɔ³¹ʑi⁵⁵tɯ³³ʑi⁵⁵tʃɿ³³mɔ⁵³tha³¹zɔ⁵⁵fv̩³³sɔ⁵⁵. 这只比那只好看。
这一只（话助）那　一只比　　更　好看

（六）主谓短语作主语

ʑi⁵⁵lɔ³¹ʑi⁵⁵／⁵³ʐɔ⁵⁵mɯ³¹.　　他去更好。
他　去　更　好

nv⁵⁵tɕhe³¹tɕo⁵⁵mɯ³¹ɣɔ³¹.　　你会就好。
你　会　就　好（语助）

ɣo³¹tshɔ⁵⁵tshn̩³¹tɕo⁵⁵mɯ³¹ɣɔ³¹.　　　　　　天晴就好。

阳光　　 出　　就　 好 (语助)

tɕi⁵⁵tsɛ³³ʐo³⁵ʐo³¹suaŋ⁵⁵/⁵³tshɛ³¹ɕiŋ³¹.　　大家自己算才行。

大家　　自己　 算　　 才　 行

二　主语的语义类型

主语的语义类型大体上可分为施事主语、受事主语、描写主语和断事主语四种类型。具体如下。

（一）施事主语

主语表示动作行为的施行者。例如：

ŋɔ⁵⁵thɯ⁵⁵ʐn̩³¹ɣɛ³¹.　　　　　　　　　　我们走了。

我们　　 走 (语助)

ɔ³³tɯ³³thɯ⁵⁵ʐn̩³¹ɣɔ³¹！　　　　　　　　咱们走吧！

我们　　　　 走 (语助)

ɔ³¹pv⁵⁵lɔ³¹ɔ⁵⁵xu⁵⁵ɣɔ³¹tʃv⁵⁵.　　　　　爷爷在家里。

爷爷 (话助)家　 (话助) 在

ʑi⁵⁵thɯ³³luɛ⁵³（＝lɔ⁵⁵ɣɛ³¹）.　　　　　他们来了。

他们　 来了　　 来 (语助)

ʑi⁵⁵lɔ³¹ɔ³¹mu³¹tɕi̩³¹ɣɛ³¹nɛ³³fv̩³³ʑi⁵⁵/⁵³.　他骑马参观。

他　 马　　骑 (语助)(连) 看 去

ŋɔ³³thɯ⁵⁵tʃhɛ⁵⁵ɕi³¹ɣɔ³¹ʐɔ⁵⁵mɯ³¹ɣɛ³¹.　我们簸好米了。

我们　 米　　 (话助) 簸好 (语助)

ɔ³¹pv⁵⁵lɔ³¹nɛ³³mi³¹tsɔ³¹pa̩³³li³³ɣɛ³¹.　爷爷把柴抱走了。

爷爷 (话助)(施动)柴　抱 (趋向)(语助)

ʑi⁵⁵lɔ³¹nɛ³³ŋɔ³³a⁵⁵ko³³ʐɯ⁵⁵tʃɯ³³pi³³.　他打了我的哥哥。

他　 (施动)我 哥哥 (宾助)打 给

ʑi⁵⁵lɔ³¹a⁵⁵pe̩³³lɔ³¹ɔ³¹tʃɛ⁵⁵pa̩³¹tʃɛ⁵⁵pi³³/³¹. 她在给孩子把尿。

她　 孩子 (话助)尿　 把 尿 给

nv³³thɯ⁵⁵thɯ³³ʑi³¹tɕɛŋ⁵⁵ʃi⁵⁵mɯ⁵⁵xa³¹ɕaŋ³¹n̩i⁵⁵pɔ⁵⁵pi³³/³¹ɣɔ³¹.

你们　　 那 一件　 事情　 别 想 忘记 给　　 (语助)

你们把那件事忘了吧。

ʑi⁵⁵lɔ³¹fv⁵⁵tʃi̩³¹ɣɔ³¹ɕɔ̩³¹uaŋ³¹xɛ⁵⁵pi³³/³¹ɣɛ³¹.　　　他把钱拿给小王。

他　 钱　 (话助)小王　 拿 给　 (语助)

lɔ³¹uaŋ³¹lɔ³¹ɣo̩³¹xɔ⁵⁵mɔ⁵⁵/⁵³ɣo̩³¹tʃa³³ta̩³³tɣ̩³³ɣɛ³¹.　　老王躺在床上睡觉。

老王　 (话助)床　　 (方助) 睡觉　 上 (趋向)(语助)

ŋɔ⁵⁵ʑi⁵⁵ʐɛŋ³¹ɔ⁵⁵nɔ⁵⁵nɔ⁵⁵ʼ⁵³thɯ³³fɤ³³ʑi⁵⁵pi³³ʼ³¹.　　我到医院看病人。

我　医院　病人　　　看　去　给

lɔ³¹tʃɔ⁵⁵v⁵⁵nv³¹nɛ³³tshɯ⁵⁵ɯ⁵⁵tʃhɣ³¹tɯ⁵⁵ʑi⁵⁵mɔ³¹.　　老赵牵牛喝水去了。

老赵　牛　（施助）牵　水　　喝　去（语助）

（二）受事主语

主语表示动作行为的承受者。例如：

ŋɔ³³ʐɯ⁵⁵ʑi⁵⁵lɔ³¹nɛ³³pi³³v³¹ɣɛ³¹.　　　　我被他骂了一顿。

我　（受助）他　（施助）给　骂（语助）

nɔ³¹khɛ⁵⁵ʑi⁵⁵lɔ³¹nɛ³³tɯ⁵⁵lɯ⁵⁵ɣɛ³¹.　　　茶叶被他喝光了。

茶叶　他　（施助）喝　掉　了

su³³tsu³³ɣɔ³¹ʑi⁵⁵lɔ³¹nɛ³³xɛ⁵⁵li³³ɣɛ³¹.　　斧头被他拿走了。

斧头　（话助）他　（施助）拿（趋向）（语助）

（三）描写主语

主语表示谓语所描写的对象。例如：

ŋɔ⁵⁵mɛ̥³³ɣɔ³¹.　　　　　　　　　　我饿了。

我　饿（语助）

nv⁵⁵mɛ̥³³mɔ³¹?　　　　　　　　　你饿吗？

你　饿（语助）

ŋɔ⁵⁵v³¹tɯ³¹nɔ⁵⁵.　　　　　　　　我头疼。

我　头　疼

ŋɔ⁵⁵ɣɔ³¹ka³³tʃm̩³¹ka³³.　　　　　我觉得冷。

我　冷　一点冷

zɔ³¹mu³¹lɔ³¹ɔ³¹tɕi⁵⁵tɕi⁵⁵ɣɔ³¹.　　　老人累了。

老人　（话助）累　　　（语助）

nv⁵⁵tiɛŋ⁵⁵ʃi⁵⁵ai⁵⁵fɤ³³mɔ⁵⁵ʃi⁵⁵ma³¹ai⁵⁵fɤ³³?你喜欢不喜欢看电视？

你　电视　爱看　还是　不　爱　看

（四）断事主语

主语表示谓语所断定的对象。表示判断的动词"是"一般只出现在否定句中，而不出现在肯定句中。例如：

ʑi⁵⁵lɔ³¹lɔ³¹sɿ³³mɔ³¹ŋɯ⁵⁵.　　　　　他不是老师。

他　老师　不　是

zɔ³¹nv³³tɕiŋ³³min³¹tɕɛ̥³¹.　　　　　今天是清明节。

今天　清明节

ʑi³¹ʑi⁵⁵pɛŋ³¹su³¹ɣɔ³¹ŋo³³（＝ŋɔ³³ɔ³³）.　这本书是我的。

这　一　本　书　我的　　我　的

第二节 谓 语

谓语是对主语进行陈述、说明的成分，通常不能省略。豪尼话的谓语中心语通常主要由动词或动词短语充当，也可以由形容词、名词等词类或短语充当，一般出现在主语和宾语之后，构成了"主语—宾语—谓语"即SOV 型的基本语序类型。

一 作谓语的成分

豪尼话中能够作谓语的主要有动词或动词短语、形容词或形容词短语、名词、数量短语和主谓短语等。

（一）动词或动词短语作谓语

ŋɔ⁵⁵ẓi⁵⁵ɣɛ³¹.　　　　　　　　　　我去了。

我 去 (语助)

a⁵⁵ẓɛ³³lu⁵⁵ɣɛ³¹.　　　　　　　　　　花谢了。

花　谢 了

u³¹tʃʅ³¹tʃʅ³¹ɣɔ³¹.　　　　　　　　　　打雷了。

雷　打 (语助)

ŋɔ⁵⁵xɔ⁵⁵luɯ³³ɣɔ³¹.　　　　　　　　　我知道。

我 知道 (语助)

ʃi³¹tɕɛŋ³³khuɯ⁵⁵ɣɔ³¹.　　　　　　　　时间到了。

时间　到 (语助)

ɔ³³tuɯ³³thuɯ⁵⁵mi³¹ɕɛŋ⁵⁵tsɔ³¹.　　　　我们吃米线。

我们　　　米线　吃

thuɯ³³a⁵⁵pe³³lɔ³¹kɔ³³tɣ³³ɣɛ³¹.　　　那个孩子摔倒了。

那　孩子 (话助) 摔倒 (语助)

nv³³thuɯ⁵⁵ẓi⁵⁵ma³³fɔ³³kɔ³³lɔ⁵⁵/⁵³.　　你们到下面来吧。

你们　　下面 (方助) 下 来

thuɯ³³ɔ⁵⁵ti⁵⁵tɕhi³¹khuɯ³¹ɣɔ³¹nv⁵⁵tsɔ³¹mɔ⁵⁵ʃi⁵⁵mɔ³¹tsɔ³¹?

那个肉 一 块 (话助) 你 吃 还是 不 吃

那块肉你吃不吃？

zɔ³¹muɯ⁵⁵mi³¹tsɔ³¹zɔ⁵⁵xɣ³¹ŋuɯ⁵⁵ɣɛ³¹.　　　现在火更大了。

现在 火 更 大 是 (语助)

ʒɔ³³v³¹xuaŋ³¹luɯ³¹ẓi⁵⁵khuɯ⁵⁵lɔ⁵⁵mɔ³¹.　　这里的雨季来了。

这里雨水天 去 到 来 (语助)

thɯ³³a³¹xa̠³³xa̠³³phi⁵⁵tɕhi³¹zɔ³¹tɛ⁵⁵/⁵³.　　　　那一只公鸡叫了。

那　公鸡　　　　　一　只　叫

zi⁵⁵lɔ³¹pi⁵⁵ʃv³¹ɤ³¹ne̠³³kɔ⁵⁵mɔ³³z̠³¹la³¹.　　　　他从碧溪走来的。

他　　碧溪 (语助)(连) 路　　走 (趋向)

ɔ³¹phɔ³¹lɔ³¹ʃu³¹u³¹ɤɔ³¹l̠u³³mɔ³¹v⁵⁵zi⁵⁵ɣe³¹.　　爸爸去癸能买石头了。

爸爸 (话助) 癸能 (话助) 石头　买　去 (语助)

（二）形容词或形容词短语作谓语

豪尼话中既可以由一般形容词的重叠形式作谓语，也可以由非重叠式的形容词作谓语。例如：

nv⁵⁵ɔ³¹tɕi⁵⁵tɕi⁵⁵.　　　　　　　　　　　你累了。

你　累

ʑi⁵⁵lɔ³¹nɔ³¹pv̠³¹pv̠³¹.　　　　　　　　　这人聋。

这人　耳聋 (叠)

ŋɔ⁵⁵mu⁵⁵tsʮ⁵⁵tsʮ⁵⁵khe̠³³ti³³.　　　　　我太胖了。

我　身体胖 (叠)(连)(状助)

nv⁵⁵ɔ³¹tɕi⁵⁵mu⁵⁵le³¹tɕi⁵⁵ɤɔ³¹.　　　　　你太累了。

你　力气　非常　累 (语助)

zɔ³¹nv³³ɤɔ³¹ka̠³³mɯ⁵⁵le³¹ka̠³³.　　　　　今天相当冷。

今天　冷　非常　冷

ʑi³¹ʑi⁵⁵tʃoŋ³¹me̠³¹tʃhe⁵⁵me̠⁵⁵ti³³.　　　　这种酸笋好吃。

这　　种　酸笋　好吃 (状助)

zi⁵⁵lɔ³¹ma̠³³tɕe̠³³ɤɔ³¹xɣ̠³¹xɣ̠³¹ti³³.　　　她的眼睛大大的。

她　　眼睛 (话助) 大 (叠)(状助)

ɔ⁵⁵xu⁵⁵ɤɔ³¹ɤo̠³¹tshɔ⁵⁵l̠u⁵⁵mɔ⁵⁵ʃi⁵⁵mɔ³¹l̠u⁵⁵?　　屋里热不热？

房子 (话助) 天气　热　还是　不　热

zi⁵⁵lɔ³¹ɔ³¹tɕi⁵⁵tɕi⁵⁵pi³³ne̠³³khɯ³¹fv³³pɔ³³tʃɯ³³ɣe³¹.　　他累得大汗淋漓。

他　　累　　　给 (施助) 大汗淋漓　　　　(语助)

（三）名词作谓语

名词作谓语的情况在豪尼话中很少见。例如：

zi⁵⁵lɔ³¹a̠³¹xa̠³¹.　　　　　　　　　　　　他是汉族。

他　　汉族

zɔ⁵⁵fɔ³³sɹ̠³³mɔ³¹.　　　　　　　　　　　这边是思茅。

这边　思茅

zi⁵⁵fɔ³³xu̠⁵⁵xu̠³¹.　　　　　　　　　　　那边是墨江。

那边　墨江

ʑi⁵⁵lɔ³¹tʃi⁵⁵pv̩³¹.　　　　　　　　　　他是酒鬼。

他　　酒鬼

zɔ³¹nv³³kɛ⁵⁵tsŋ̍³¹.　　　　　　　　　今天是赶集天。

今天　　赶集

na̠³³ʃɯ³¹ɕiŋ³³tɕhiŋ³³lɯ³¹.　　　　　明天是星期六。

明天　　　星期六

ʃu³³mi⁵⁵nv³³ɕiŋ³³tɕhi³³ɛ⁵⁵.　　　　　前天是星期二。

前天　　　　星期　二

zɔ³¹mɯ⁵⁵u³¹nv³³khɯ⁵⁵ɣɛ³¹.　　　　现在到中午了。

现在　　中午　到　（语助）

zɔ³¹mɯ⁵⁵ɣo³¹ka³¹pɔ³³l̩ɔ³³ŋɯ⁵⁵ɣɛ³¹.　现在是冬天了。

现在　　冬天　　　　是　（语助）

（四）代词作谓语

1. 人称代词与定语助词ɔ³³组合后可以作谓语。

ʑi⁵⁵tɯ³³tɕhi³¹kha³³nv³³ɔ³³.　　　　那一件是你的。

那　　一　件　你的

ʑi⁵⁵ʑi⁵⁵lɔ³¹（＝ʑi⁵⁵lɔ³¹ɔ³³）.　　　这是他的。

这　他的　　他　的

ʑi⁵⁵tɕhi³¹kha³³ɔ⁵⁵xu³¹ɣɔ³¹ʑi⁵⁵lɔ³¹（＝ʑi⁵⁵lɔ³¹ɔ³³）.　这件衣服是他的。

这　一　件　衣服（话助）他的　　他　的

2. 指示代词作谓语

指示代词作谓语的情况在豪尼话中出现较少。例如：

nv⁵⁵thɯ³³thɔ³³.　　　你们那里。

你们　　那里

ŋa³³thɔ³¹ʐɔ⁵⁵fɔ³³.　　我家这边。

我　家　　这边

3. 疑问代词作谓语

ʐɔ⁵⁵ɔ³¹tʃhɯ³³mɔ³¹?　　这是什么？

这　什么　（语助）

ʑi⁵⁵thɯ³³xɔ³¹n̠i³¹n̠i³¹tɯ³¹xɔ⁵⁵mi³³ti³³?　　　他们的豪尼话怎么样？

他们　　豪尼话　　　怎么样

nv⁵⁵n̠e̠³¹（＝n̠e̠³¹ɣɔ³¹）　kuaŋ³³ɕi⁵⁵xɔ⁵⁵mi³³ti³³? 你俩关系怎么样？

你　俩　　二　个　　关系　　怎么样

（五）数量短语作谓语

ʐa³¹z̩³³lɔ³¹n̠e³¹tshɛ⁵⁵xɣ³¹.　　　　儿子二十岁。

儿子　（话助）二　十　岁

zo³¹nv³³ɲe³¹l̩ɔ³³khv³¹xa³¹.　　　　　今天二月六号。
今天　二　月　六　号

ŋo⁵⁵tɕhi³¹mɔ⁵⁵, nv⁵⁵ŋɔ³¹mɔ⁵⁵.　　　我一个，你五个。
我　一　个　　你　五　个

ŋo⁵⁵ʑi³¹ko³³, nv⁵⁵saŋ³³ko³³.　　　　我一个，你三个。
我　一　个　　你　三　个

ŋa³³nɛ³³v⁵⁵ᐟ⁵³la³¹ʑi³¹ʑi⁵⁵thiɔ³¹ɣɔ³¹.　我买来的是这一条。
我（施助）买　（趋向）这　一　条　（语助）

（六）主谓短语作谓语

ŋɔ⁵⁵ɔ³¹tʃɯ⁵⁵nɔ⁵⁵.　　　　　　　我牙齿痛。
我　牙齿　痛

ɔ³¹sɿ⁵⁵ɣɔ³¹v̩³¹tɯ³¹nɔ⁵⁵ᐟ⁵³?　　　谁头疼？
谁　（话助）头　疼

"谓语—主语"这种句式在谓语和主语之间有明显的语音停顿，通常是为了加强和凸显谓语而出现的，因此并不是豪尼话的常用表达式。例如：

tɤ³³lɔ⁵⁵，nv⁵⁵!　　　　　　　　出来，你！
出　来，　你

ɔ³¹tʃhɯ³³tʃɛŋ³¹mɔ³¹，nv⁵⁵?　　　干什么呢，你？
什么　做　（语助）你

tɕhi⁵⁵mi⁵⁵ti³³xɔ³¹thu⁵⁵，nv⁵⁵.　　别那么说，你。
那样　（状助）别　说　你

ɔ³¹tʃhɯ³³tsɔ³¹khɛ³³mɔ³¹，ɔ³³tɯ³³thɯ⁵⁵?　吃什么，我们？
什么　吃（连）（语助）我们

二　谓语的语义类型

根据谓语的语义，豪尼话的谓语可分为叙述性谓语、描写性谓语、判断性谓语和说明性谓语四类。

（一）叙述性谓语

谓语陈述一个事件。大多出现在动词性谓语句中。例如：

mi⁵⁵nv³³ŋɔ⁵⁵su³¹ɣɔ³¹fv̩³³.　　　　昨天我看书了。
昨天　我　书　看

ŋa³³nɛ³³ʑi⁵⁵lɯ³³tɕhi³¹la̩³¹ti³¹pi³³.　我打了他一顿。
我（施助）他（宾格）一　顿　打给

ŋɔ⁵⁵tʃɿ⁵⁵pɔ³¹tɕhi³¹xu³¹tɯ⁵⁵ᐟ⁵³ɣɛ³¹.　我喝了一碗酒。
我　酒　　一　碗　喝　（语助）

zɔ³¹mi⁵⁵tʃĩ⁵⁵pɔ³¹tɯ⁵⁵⁵³ma³¹tʃɯ³³.　　　　　今晚没有酒喝。

今晚　　酒　　喝　　没　有

ʑi⁵⁵xɔ³¹tʃĩ⁵⁵tɕhi³¹zɔ³¹mɔ³¹pu⁵⁵ta̠³³li³³.　　这只鸟没飞上去。

这　鸟　　　一只　　　没　飞　上 (趋向)

nɯ⁵⁵mɔ³³tɕhi³¹nv³³lɛ³³nɯ⁵⁵mɔ³³ta̠³³lɔ⁵⁵/⁵³fɔ³³nɛ³³tɣ³³lɔ⁵⁵/⁵³.

太阳　　　一天　每　东边　　　　　(方助)(施助) 出　来

太阳天天从东边升起。

ŋɔ⁵⁵tɕhi³¹nv³³lɛ³³a⁵⁵pe̠³³tɛ⁵⁵/⁵³ɣɛ³¹nɛ³³kv³¹tʃɯ⁵⁵yɔ³¹ta̠³³ʑi⁵⁵/⁵³.

我　一　天　每　孩子　背 (语助)(连)　山　　(话助) 上 去

我每天都背孩子上山。

ŋa̠³³tsĩ⁵⁵yɔ³¹kɣ³¹pi³¹li³¹ʃɯ⁵⁵thɯ³³nɛ³³pi³³tɣ³³ɣɛ³¹. 芭蕉树被邻居砍了。

芭蕉树 (话助) 邻居　　　(施助) 给　砍 (语助)

（二）描写性谓语

描写性谓语通常是指谓语描写主语，表示主语某一方面的性状。通常出现在形容词性谓语句中。例如：

thɯ³³lɔ³¹nɔ³¹pɣ³¹pɣ³¹.　　　　　这人聋。

这人　　耳朵　聋

ʑi⁵⁵lɔ³¹ma̠³³tɕe̠³³xɣ³¹.　　　　她眼睛大。

她的　　眼睛　　大

ŋɔ⁵⁵mɯ⁵⁵lɛ⁵⁵/⁵³tsĩ⁵⁵.　　　　　我太胖了。

我　太　　　胖

zɔ³¹nv³³mɯ⁵⁵lɛ³¹l̩u⁵⁵yɔ³¹.　　　今天热极了。

今天　非常　　热 (语助)

ʑi⁵⁵ʑi³¹kɔ³³mɔ³¹xɣ³¹mɔ³¹n̠i⁵⁵.　　这个不大不小。

这　一　个　不　大　不　小

ʑi³¹ʑi⁵⁵pa̠³¹ma̠³³ʃa̠³¹mɯ⁵⁵lɛ⁵³tha̠³³. 这把刀子很快。

这　一　把　刀　　很　　锋利

ʑi⁵⁵zɔ³¹mi³¹/³³mi³¹zɔ³¹lɔ³¹fv³³sɔ⁵⁵pɔ⁵⁵suɛ⁵⁵（＝sɔ⁵⁵ɣɛ³¹）.

这 小姑娘　　　(话助) 看 好 (助动) 好了　　好 (语助)

这个小姑娘漂漂亮亮的。

ʑi³¹ʑi⁵⁵ʃuaŋ³³la̠³¹pu³¹yɔ³¹mɯ⁵⁵lɛ⁵³tɕhi⁵⁵. 这副手套结结实实的。

这　一　双　手套 (话助) 非常　　结实

（三）判断性谓语

对主语的类属、情况、性质和状态等做出判定。通常出现在名词谓语句、判断句、存现句中。例如：

ʑi⁵⁵a⁵⁵kha³³mɔ³¹ŋɯ⁵⁵.　　　　　　　　这不是螃蟹。
这　螃蟹　不　是

zɔ⁵⁵tɯ⁵⁵/⁵³ɔ³³mɔ³¹ŋɯ⁵⁵.　　　　　　　这不是喝的。
这　喝　的　不　是

zɔ³¹nv³³ʃuaŋ³³pɔ³³tɕe³¹.　　　　　　　今天是双胞节。
今天　双胞节

ŋɔ⁵⁵phɔ³¹ŋɔ³³mɔ³³xɔ³¹n̩i³¹.　　　　　　我的父母是豪尼族。
我爸　我妈　豪尼

thɔ⁵⁵xɔ³¹n̩i³¹thɯ³³tsa³¹me³¹.　　　　　这是豪尼人的裙子。
这　豪尼　人　裙子

thɯ³³su³¹ɣɔ³¹/³³ɔ³¹s̩⁵⁵/⁵³mɔ³¹?　　　　那本书是谁的？
那　书　谁　（语助）

nv⁵⁵xɔ³¹n̩i³¹tsl̩⁵⁵zɔ³¹mɔ³¹ŋɯ⁵⁵?　　　　你不是豪尼人吧？
你　豪尼　人　不　是

ʑi³³thɯ³³tɕi⁵⁵tsɛ³³mi⁵⁵nv³³v⁵⁵ɣɛ³¹.　　这些都是昨天买的。
这些　都　昨天　买（语助）

kɔ⁵⁵tsɛ⁵⁵n̩i³¹mɛ⁵⁵mɔ⁵³v⁵⁵nv³¹nv³¹n̩i⁵⁵tɕhi³¹zɔ³¹tʃv⁵⁵. 附近有一头黄牛。
附近　（方助）黄牛　　一　头　在

（四）说明性谓语

对主语的存在、所属和情况等做出说明。说明性谓语多出现在存现句
中。例如：

kɣ³¹tʃɯ³¹mɔ⁵³ɔ³¹xɔ³¹xɔ⁵⁵tɕhi⁵⁵mɔ³¹.　　　　山上有很多竹子。
山　（方助）竹子　很多　多

tɔ⁵⁵tsl̩³³mɔ⁵³vɔ³¹ɔ⁵⁵n̩i⁵⁵tɕhi³¹mɔ⁵⁵tʃv⁵⁵.　　桌子下有一只猫。
桌子　（方助）下　猫　一　只　在

xɔ⁵⁵sɔ³¹mɔ⁵³lɔ³¹pɯ³³ɔ⁵⁵tɛ⁵⁵ʃɿ³¹mɔ⁵⁵tʃv⁵⁵.　草里有七只蝗虫。
草　（方助）蝗虫　七　只　有

tɛ³³mɔ³³pɔ⁵⁵tsɛ⁵⁵fɔ³³ɔ³¹khɯ³¹tɕhi³¹zɔ³¹v̩³³tsl̩⁵⁵.　田边蹲着一条狗。
田　旁边　（方助）狗　一　条　蹲着

ɔ⁵⁵tsl̩⁵⁵tsl̩⁵⁵tshu³¹ɣɔ³¹kɣ³¹tʃɯ³¹ɔ⁵⁵n̩i⁵⁵tɕhi³¹zɔ³¹tʃv⁵⁵. 树林里有一只野猫。
树林　（话助）野猫　　一　只　有

第三节　宾　语

宾语在句中属于动作行为的承受对象。豪尼话的宾语一般位于主语之

后，谓语之前。

一　作宾语的成分

豪尼话中能够作宾语的成分主要是名词、代词、数量短语、指量短语、小句和名物化结构。具体如下。

（一）名词作宾语

名词作宾语时，一般位于谓语之前，主语之后。例如：

zɔ³¹mi⁵⁵ɔ⁵⁵fv̩³¹mɔ³¹tsɔ³¹.　　　　　　　今晚不吃饭。

今晚　饭　没　吃

na̠³³ʃɯ³¹ɔ³¹ɕi³¹v̩⁵⁵ʑi⁵⁵.　　　　　　　明天去买水果。

明天　水果　买　去

tɕhiŋ³³te̠³³za̠³³xɔ³¹ʑi⁵⁵khɯ³¹tɯ⁵⁵ᐟ⁵³.　干爹吸了一口烟。

干爹　烟　一　口　吸

a⁵⁵pe̠³³pe̠³³zɔ³¹tiɛŋ⁵⁵ʃĩ⁵⁵xɔ³¹fv̩³³！　小孩子不要看电视！

小孩子　　　电视　别　看

u³¹u³¹ɣɔ³¹pɛ³¹kɯ⁵⁵tɣ̩³³luɛ⁵³（＝lɔ⁵⁵ɣɛ³¹）.　天上出来星星了。

天上（话助）星星　出　来了　来（语助）

ʃv³³mi⁵⁵nv³³ŋɔ³³thɯ⁵⁵fv³³ɕi³¹ɣɔ³¹ʑi⁵⁵ɣɔ³¹.　　前天我们去寨子了。

前天　　　我们　寨子（话助）去（语助）

fv³³mɔ³³thu⁵⁵ɣɔ³¹a³¹xa̠³³ɕe̠³¹mɔ³³（＝mu³³ɣɔ³¹）.　祭竜节要杀鸡。

祭竜节　　（话助）鸡　杀　要　　要（语助）

（二）代词作宾语

1.人称代词作宾语时，也位于谓语之前，主语之后。例如：

ŋɔ⁵⁵nv³³ɕaŋ³¹.　　　　　　　　　　我想你。

我　你　想

nv⁵⁵ŋɔ³³mɛ³¹la³¹.　　　　　　　　你教我。

你　我　教（趋向）

nv⁵⁵ʑi⁵⁵lɯ³³kɯ⁵⁵.　　　　　　　你叫他。

你　他（宾格）叫

ŋɔ³³thɯ⁵⁵ʒɯ⁵⁵xɔ³¹v³¹ɣɔ³¹.　　　　别骂我们了。

我们　　（宾助）别　骂（语助）

ʑi⁵⁵lɔ³¹nv³³tʃɯ³¹lɔ⁵⁵mu³³ti³³mɔ³¹？　他要打你吗？

他　你　打　来　要（状助）（语助）

ŋɔ⁵⁵ʑi⁵⁵nɔ̠³¹（＝ne̠³¹ɣɔ³¹）ʒɯ⁵⁵ʃv³¹tɣ̠³³ʑi⁵⁵ᐟ⁵³.　我送他俩。

我　他俩　　二　个　　（宾助）送　出　去

2. 指示代词作宾语，例如：

ʑi⁵⁵lɔ³¹ʑi⁵⁵fɔ³³tsɔ³¹ko³³.　　　他想在那边吃。

他　　那边　吃　想

a⁵⁵ko³³lɯ³³ʐɔ³³pi³³tʃv⁵⁵.　　　让哥哥坐在这里。

哥哥　(宾格)　这　给　坐

ŋa³³tho³³ɣɔ³¹ɔ⁵⁵xu⁵⁵ɣɔ³¹fv³³ɕi³¹mɔ⁵³nɔ³¹nɯ⁵⁵fɔ³³.

我们家　(话助)　房　(话助)　村寨　(方助)　后面　　(方助)

我们家在村子后面。

ŋɔ³³a⁵⁵ta⁵⁵tho³¹ɔ⁵⁵xu⁵⁵ɣɔ³¹tɕo⁵⁵ʃi⁵⁵ʐɔ³³fɔ³³.　　　我姐姐家就在这边。

我　姐姐　家　房子　(话助)　就是　那边　(方助)

ʑi⁵⁵n̩ɔ³¹（＝ne̩³¹ɣɔ³¹）tho³³mɔ⁵⁵ʃi⁵⁵mɔ³¹ʑi⁵⁵? 他俩去不去那里？

他俩　　　二　个　那里还是　不　去

3. 疑问代词作宾语，例如：

za̩³³xɔ³¹xɔ³³tʃɯ³³/³¹mɔ³¹?　　　　　烟在哪儿？

烟　　哪　在　　(语助)

thɯ³³pe̩³³ʃa̩³¹ɔ³¹s̩⁵⁵/⁵³mɔ³¹?　　　那个挎包是谁的？

那　挎包　谁　　(语助)

nv³³thɯ⁵⁵tɯ⁵⁵ɔ³³ɔ³¹tʃhɯ³³mɔ³¹?　　你们喝的是什么啊？

你们　　喝　的　什么　　(语助)

nv⁵⁵n̩ɔ³¹（＝ne̩³¹ɣɔ³¹）xɔ³¹ʑi⁵⁵mu³³ti³³mɔ³¹? 你俩要去哪儿？

你俩　　　二　个　哪　去　要　(状助)(语助)

（三）数量短语作宾语

ŋɔ⁵⁵ʑi⁵⁵khɯ³¹tɯ⁵⁵/⁵³.　　　　　　我抽一口。

我　一　口　抽

ŋɔ⁵⁵tsɛ⁵⁵tɕhi³¹pei³³tɯ⁵⁵.　　　　　我再喝一杯。

我　再　一　杯　喝

nv⁵⁵tsɛ⁵⁵ʑi⁵⁵xui³¹thu⁵⁵ɕi³¹!　　　你再说一遍！

你　再　一　回　说　还

ŋɔ⁵⁵tɕo⁵⁵saŋ³³xui³¹lɛ⁵³mɔ³¹thu⁵⁵. 我就只说三次！

我　就　三　回　只　不　说

tɕo⁵⁵ŋɔ⁵⁵lɛ⁵³liaŋ³¹xui³¹ʑi⁵⁵ko³¹.　就只有我去过两次。

就　我　只　两　回　去　过

ŋɔ⁵⁵thɯ⁵⁵ʑi⁵⁵ʑi³¹xui³¹lɛ⁵³mɔ³¹ʐɔ³³tu³³.　　　　我们只能穿这一次。

我们　　这　一　回　只　不　能　穿

ŋa³³nɛ³³ʑi⁵⁵lɔ³¹nɛ³³fv̩⁵⁵tʃ̩³¹v̩³¹khuɛ³¹tɕi⁵⁵ᐟ⁵³.　　我向他借了五块（钱）。

我　(施助)　他　　(施助)　钱　　五块　借

（四）指量短语作宾语

thɯ³³lɯ³³xɔ³¹fv̩³³ʑi⁵⁵!　　　　　　别去看那个人！

那个(宾格)别　看　去

ŋɔ³¹ʑi³¹ʑi⁵⁵loŋ³¹v⁵⁵ᐟ⁵³ɣɔ³¹.　　　我买这一笼。

我　这　一　笼　买　　(语助)

ʑi⁵⁵lɔ³¹thɯ³³tɕhi³¹mɔ⁵⁵tsɔ³¹.　　他吃那一颗。

他　　那　一　颗　吃

nv⁵⁵ʑi⁵⁵n̩ɛ³¹kha³³fv̩³³z̩³³mɔ⁵⁵ʃ̩⁵⁵mɔ³¹fv̩³³z̩³³?

你　这　两　件　看　上　还是　没　看　上

你喜欢不喜欢这两件（衣服）？

ʑi⁵⁵thɯ³³ʑi⁵⁵saŋ³³ʃuaŋ³³xɛ⁵⁵mu³³ti³³.　他们也要拿这三双。

他们　　这　三　双　拿　要　(状助)

（五）小句作宾语

ʑi⁵⁵lɔ³¹kɔ³¹nv³³a⁵⁵ko³³za̩³¹s̩³³s̩³³mɔ³¹ʑi⁵⁵ᐟ⁵³ɣɔ³¹ti³³.

他　　听说你哥哥　刚才　思茅　去　　(语助)(状助)

他听说你哥哥刚去思茅了。

ŋɔ⁵⁵ʑi⁵⁵thɯ³³ɔ⁵⁵fv̩³¹tsɔ³¹mv⁵⁵ɣɔ³¹.　　　我看见他们在吃饭。

我　他们　饭　　吃　看见(语助)

ʑi⁵⁵lɔ³¹thu⁵⁵ᐟ⁵³thɯ³³n̩ɛ³¹ta⁵⁵zɔ³¹pɔ³³ʑi⁵⁵.　他说那姐妹俩也会去。

他　说　那　二　姐妹　(助动)去

（六）名物化结构作宾语

nv³³thɯ⁵⁵u⁵⁵ᐟ⁵³ɔ³³xɔ³¹v⁵⁵ɣɔ³¹.　　　　　你们别买用的。

你们　　用　的　别　买(语助)

nv⁵⁵n̩i⁵⁵tʃhɛ³¹khɛ³³n̩i³¹ma̩³¹mɯ³³mɯ⁵⁵lɛ⁵³fv̩³³z̩³³.

你　红色　和　绿色　　(语助)　非常　看　上

你很喜欢红的和绿的。

ʑi⁵⁵thɯ³³tɕi⁵⁵tsɛ³³ʑi⁵⁵lɔ³¹（=ʑi⁵⁵lɔ³¹ɔ³³）.　　这些都是他的。

这些　都　他的　　他　的

ɔ³³tɯ³³thɯ⁵⁵tʃhɛ⁵⁵ᐟ⁵³ɔ³³mɯ³³xɔ³¹tɯ⁵⁵ᐟ⁵³ɣɔ³¹.　咱们别喝酸的。

咱们　　酸　的　(语助)别　喝　　(语助)

ʑi⁵⁵thɯ³³xɣ̩³¹ʃɣ̩³¹tsɔ³¹tu³³ɔ³³v⁵⁵ʑi⁵⁵ᐟ⁵³.　　他们去买过年穿的。

你们　新年　穿　的　买去

二 宾语的语义类型

从语义上，豪尼话的宾语可分为受事宾语、对象宾语、结果宾语、处所宾语、存在宾语、工具宾语和数量短语作宾语。具体如下。

（一）受事宾语

宾语是动作行为承受的对象。例如：

$\textinline{zi}^{55}lo^{31}v^{55}nv^{31}\textctc e^{31}$.　　　　　　他在宰牛。

他　　牛　　宰杀

$nv^{33}thu\textsci^{55}o^{55}fv^{31}ko^{33}fv^{31}tso^{31}$.　　　你们先去吃饭。

你们　　饭　先　　吃

$a^{55}ta^{55}lo^{31}t\textesh\varepsilon\eta^{55}pa^{31}\underset{.}{n}o^{33}t\textctc hi^{31}$.　　姐姐正在洗鞋。

姐姐（话助）正　鞋　洗

$\textinline{zi}^{55}thu\textsci^{33}t\textctc i^{55}ts\varepsilon^{33}po^{31}ph\textgamma^{33}\textinline{zi}^{55/53}$.　他们都去烧马蜂。

他们　都　　马蜂烧　去

$nv^{55}zo^{31}nv^{33}\textgamma^{31}tu\textsci^{31}tsh\varepsilon^{55}khu\textsci^{55}\underset{.}{n}o^{33}\textinline{zi}^{55}$.　你今天去剪头发。

你　今天　头发　剪　去

$pi^{31}t\textesh v^{31}\textgamma o^{31}a^{31}xa^{33}n\varepsilon^{33}pi^{33}t\textesh u\textsci^{33}tso^{31}\textgamma\varepsilon^{31}$.　虫子被小鸡啄着吃了。

虫子（话助）小鸡（施助）给　啄　吃（语助）

（二）对象宾语

宾语是动作行为关涉的对象。例如：

$nv^{55}thu\textsci^{33}o^{31}xo^{31}t\textgamma^{33}$.　　　　　你们砍竹子。

你们　　竹子　砍

$\textinline{zi}^{55}lo^{31}phio^{55}mo^{31}v^{55}\texttheta o^{33}\textctc i^{31}$.　　他还没有买到票。

他　　票　不　买要还

$xo^{55}t\textctc hi^{55}a^{55}p\underset{.}{e}^{33}thu\textsci^{33}xo^{31}\underset{.}{n}i^{3133}\underset{.}{n}i^{31}tu\textsci^{31}mo^{31}thu^{55}$.

很多　孩子们　　豪尼话　　不　说

很多孩子们不说豪尼话。

$\eta o^{55}thu\textsci^{55}t\textctc i^{55}ts\varepsilon^{33}xo^{31}\underset{.}{n}i^{3133}\underset{.}{n}i^{31}tu\textsci^{31}\textctc i^{31}xua\eta^{33}thu^{55}$.

我们　都　　豪尼话　　喜欢　说

我们都喜欢说豪尼话。

$o^{55}\texttheta o^{31}lo^{31}zo^{31}mu\textsci^{55}o^{31}\eta o^{55}\eta o^{55}tso^{55}pi^{33/31}tso^{31}$（$=tso^{31}\textgamma o^{31}$）.

奶奶（话助）现在　鹅食　给　吃　吃（语助）

奶奶现在喂鹅呢。

$\eta o^{55}o^{55}xu^{55}xu^{55}le^{33}fo^{33}u^{31}tshu^{31}mo^{31}tshu^{31}$.　我在屋里不戴帽子。

我　房子　里面（方助）帽子　不　戴

thuɯ³³n̠e̱³¹ko³³zɔ³¹a³¹tʃm̠³¹tɕhi³¹kɔ⁵⁵/⁵³lɛ³¹.　那弟兄俩一起赶羊。
那　二　哥 小羊　一　起　赶

（三）结果宾语

宾语是动作行为的结果。例如：

ɔ³¹n̠i⁵⁵lo³¹tsŋ⁵⁵tshŋ³¹.　　　　　妹妹在写字。
妹妹 （话助）字 写

ʑi⁵⁵thuɯ³³ɔ⁵⁵xu⁵⁵tshŋ³³.　　　大家盖房子呢。
大家　房子 盖

thuɯ³³ʑi³¹tɕeŋ⁵⁵ʃɿ⁵⁵muɯ³³xɔ³¹tʃeŋ³¹!　别做那件事了！
那　一 件 事 （助动）别 整

ŋa³³n̠e̱³¹ɣɔ³¹xɔ³¹n̠i³¹³³n̠i³¹tuɯ³¹ŋe⁵⁵thu⁵⁵tɕhe³³.我俩只会说豪尼话。
我 两 个 豪尼话　　只 说 会

（四）处所宾语

宾语是主语所在的位置、范围，或是主语到达的地点。例如：

nv⁵⁵ʐɔ³³lɔ⁵⁵mɔ³¹lɔ⁵⁵?　　　　　你来不来这里？
你 这 来 不 来

ʑi⁵⁵lɔ³¹thɛ⁵⁵ko̱³¹xuɯ³¹ʑi⁵⁵ɣɛ³¹.　他回泰国了。
他　泰国　回 去（语助）

ʑi⁵⁵lɔ³¹pi⁵⁵ʃv³¹ɣɔ³¹ʑi⁵⁵ɣɔ³¹.　　他去碧溪去了。
他　碧溪 （话助）去（语助）

nv⁵⁵ʐa³¹sŋ³³xɔ⁵⁵ʑi⁵⁵/⁵³mɔ³¹?　你刚才去哪了？
你 刚才　哪 去（语助）

ɔ³³tuɯ³³thuɯ⁵⁵thuɯ³³tɕhi³¹kv³¹tʃuɯ³¹ɣɔ³¹pɣ³³kuɯ³³li³³mu³³.
我们　 那 一 山 （话助）翻 （趋向）要
我们要翻过那座山。

ʑi⁵⁵n̠ɔ³¹（=n̠e̱³¹ɣɔ³¹）zɔ³¹muɯ⁵⁵xɔ⁵⁵tʃv⁵⁵/⁵³? 他俩现在在哪儿？
他俩　二 个 现在 哪 在

（五）存在宾语

宾语表示领有或存在。例如：

su³¹ɣɔ³¹pe̱³³ʃa³¹mɔ⁵³tʃo³³.　　书在书包里。
书 书包 （方助）在

ʐa³¹zɔ³¹ʐa³¹ʒu⁵⁵mɔ⁵³tʃv⁵⁵/⁵³.　猪崽在猪窝里。
猪崽 猪窝 （方助）在

ɔ⁵⁵u³³lɔ³¹ɔ⁵⁵xu⁵⁵ɣɔ³¹mɔ³¹tʃv⁵⁵.　舅舅不在家。
舅舅 （话助）家 （话助）不 在

v⁵⁵nv³¹/³³nv³¹phɯ⁵⁵su³¹mɔ⁵⁵thu³¹tɯ⁵⁵mɔ⁵³tʃv⁵⁵.　三头水牛在水塘里。

水牛　　　　　三 头　水塘　(方助)　在

（六）工具宾语

宾语是动作行为凭借的工具。例如：

nv⁵⁵tɔ⁵⁵tɔ⁵⁵u⁵⁵tɕhe̦³¹mɔ⁵⁵ʃi⁵⁵mɔ³¹u⁵⁵tɕhe̦³¹？　　你会不会用筷子？

你　筷子　用　会　还是　不 用　会

ʑi⁵⁵n̦ɔ³¹（＝n̦e̦³¹ɣɔ³¹）mi⁵⁵nv³³tʃɛŋ³³ti³¹kɔ³³ɣɛ³¹.

他俩　　　　二 个　昨天　针　打过(语助)

他们俩昨天打过针了。

（七）数量短语作宾语

宾语是数量短语。例如：

ŋɔ⁵⁵xɔ⁵⁵mi⁵⁵khe³³tɕhi³¹xu³¹tsɔ³¹.　　　　　　我不管怎样吃一碗。

我 不管怎样　一　碗　吃

ŋɔ³³thɯ⁵⁵tɕhi³¹la̦³¹le̦⁵³ma³¹tʃua³¹.　　　　　我们只踢了一会儿。

我们　　一会儿 只 不　踢

ŋɔ⁵⁵mi⁵⁵tɕhi³¹tshɛ³¹san³³pei³³le̦⁵³tɯ⁵⁵/⁵³.　　昨晚我才喝了三杯。

我 昨晚　才　三　杯 只 喝

第四节　定　语

定语是修饰、限制名词或代词等的成分，表示被修饰语的性质、状态、领属、类别、时间、地点和数量。

一　作定语的成分

豪尼话中能作定语的成分有名词、代词、形容词、动宾短语、数量短语、指量短语、修饰短语和关系化小句。

（一）名词作定语

名词定语和中心语之间非强制使用定语助词ɔ³³ "的"。例如：

thɔ⁵⁵ʑi⁵⁵lɔ³¹（＝ʑi⁵⁵lɔ³¹ɔ³³）l̦ɔ³¹.　　　　那是他的裤子。

那　他的　　　他　的　裤子

fv⁵⁵ʃv⁵⁵la̦³¹tɔ³¹ŋɔ⁵⁵mv⁵⁵kɔ³³ɣɔ³¹.　　　　金的手镯我见过。

金　　手镯　我 看见 过(语助)

fv³³çi³¹mɔ⁵³kɤ³¹tʃɯ³¹ɣɔ³¹mɯ⁵⁵le̦⁵³kɔ³³.　　寨子的山很高。

寨子 (方助) 山　　(话助) 很　　高

ʑi⁵⁵tha³³fɔ³³pi³¹tʃm̩⁵⁵muɯ⁵⁵lɛ⁵³tʃm̩⁵⁵.　　　上面的甘蔗很甜。

上面　(方助)甘蔗　很　　甜

a⁵⁵pe̠³³lɔ³¹ma̠³³tɕe̠³³muɯ⁵⁵lɛ⁵³ɕoŋ³⁵.　　　小孩子的眼睛很美。

孩子　(话助)眼睛　　很　　美

thuɯ³³lɔ³¹ʑiŋ⁵⁵tɕhi⁵⁵muɯ⁵⁵lɛ⁵³muɯ³¹.　　　那个人的运气很好。

那个人　运气　　很　　　好

（二）代词作定语

人称代词、指示代词和疑问代词均可作定语。

1. 人称代词作定语

人称代词作领格，位于名词前，与名词之间可以使用助词ɔ³³ "的"，也可以不用。例如：

ŋɔ³³ɔ³³xu³¹zɔ³¹/³³pi³³/³¹tʃuɯ³³pe̠³¹ɣɛ³¹.　　　　　我的碗被打坏了。

我　的　碗　　　给　　打　坏　(语助)

ʑi³¹ʑi⁵⁵pa̠³¹ʑi³¹mɔ³³　ʑi⁵⁵lo³¹（＝ʑi⁵⁵lɔ³¹ɔ³³）.　这一把是他的镰刀。

这　一　把　镰刀　他的　　　他　的

ʑi⁵⁵thuɯ³³ɣɔ³³tɛ³³mɔ³³xuɯ⁵⁵khue̠³³（＝kho³³ɣɛ³¹）. 他们的田都种了。

他们　　(主)田　　也　种

ʑi⁵⁵ŋɔ³¹（＝ne̠³¹ɣɔ³¹）ɔ⁵⁵xu⁵⁵pa̠³³ʑɛ⁵³（＝ʑi⁵⁵ɣɛ³¹）. 他俩的房子坏了。

他俩　　　　二　个　房子　坏　去了　　(趋向)(语助)

二者结合紧密的，可省略助词 "的"。例如：

ʑi⁵⁵lɔ³³pɔ³¹pɔ³¹lɛ⁵⁵lu³³pɔ³³lu³³ɣɛ³¹.　她的脸圆圆的。

她的　脸　圆　(助动)圆　(语助)

ŋɔ⁵⁵zɔ³¹mi³¹lɔ³¹tsm̩⁵⁵mu⁵⁵ɣɔ³¹uaŋ³¹liŋ³¹xui⁵⁵ti³³kuɯ⁵⁵/⁵³.

我　女儿　(话助)名字　　(话助)王玲慧　　　(状助)叫

我女儿的名字是王玲慧。

ŋɔ³³ɲi⁵⁵luɯ³³mi⁵⁵na̠³³xɣ̠³¹tʃuɯ⁵⁵/⁵³ɣɛ³¹.　　我弟弟是去年生的。

我　弟弟(宾格)去年　　出生　　(语助)

ŋɔ⁵⁵ɣo³¹su⁵⁵lɔ³¹a⁵⁵ʑɣ̠³¹ɲi⁵⁵xɔ⁵⁵thi⁵⁵tʃv̩⁵⁵. 我丈夫有许多亲戚。

我　丈夫　(话助)亲戚　　很　有

2. 指示代词作定语

（1）单数指示代词作定语时，位于名词中心语前。例如：

ʑi⁵⁵lɔ³¹ʃa³³mv̠³³.　　　　　这人是疯子。

这　人　疯子

ʑi⁵⁵a⁵⁵pe̠³³mɔ³¹tʃv̩⁵⁵ɣɔ³¹.　　这孩子不见了。

这　孩子　不　在　了

thɯ^{33}lɔ^{31}sɿ^{33}lɔ^{31}a^{55}pe̱^{33}thɯ^{33}ɣɔ^{31}su^{31}ɣɔ^{31}xɛ^{55}la^{31}pi^{33}ɣɔ^{31}.

那个 老师 (话助) 孩子们 (话助) 书 拿 (趋向) 给 (语助)

那个老师给孩子们送书来了。

thɯ^{55}lɔ^{31}v^{55}nv^{31}ɣɔ^{31}nɛ^{33}tɛ^{33}mɔ^{33}tshɛ^{31}. 那人在赶牛耕田。

那人 牛 (话助)(施助) 田 耕

ʑi^{55}a^{55}pe̱^{33}lɔ^{31}xɔ^{31}ʑi$^{55/53}$ɣɛ^{31}ti^{33}mɔ^{31}xɔ^{55}lɯ^{31}ɣɛ^{31}. 这孩子不知道去哪了。

这 孩子 (话助) 哪 去 (语助)(状助) 不 知道 (语助)

(2)复数指示代词作定语时，将名词中心语嵌入复数指示代词中间。例如：

ʑi^{55}tu^{31}pɔ^{31}thu^{55}ɣɔ^{31}ʑi^{55}lɔ^{31}nɛ^{33}pi$^{33/31}$kuɛ^{33} (=kɔ^{31}ɣɛ^{31}).

这些话 说 (话助) 他 (施助) 给 听见了 听见 (语助)

这些话被他听见了。

ʑi^{55}thɯ^{33}ɔ^{55}xu^{31}ɣɔ^{31}ʑi^{55}lɔ^{31}mɔ^{31}ŋɯ^{55}. 这些衣服不是他的。

这些 衣服 (话助) 他 不 是

ʑi^{55}thɯ^{33}a^{31}ʑa̱^{31}tɕhi^{31}ʑa̱^{31}mɛ^{55}tsɔ^{31}u^{55}ɣɛ^{31}. 这些人把一头猪都吃了。

这些人 猪 一 头 (状助) 吃 (补)(语助)

3. 疑问代词作定语

位于中心语之前。绝大多数疑问代词修饰名词时，可以省略助词ɔ^{33}“的”。例如：

ʒɔ^{33}ɔ^{31}tʃhɯ^{33}ʑa̱^{33}xɔ^{31}mɔ^{31}? 这是什么烟？

这 什么 烟 (语助)

ɔ^{31}tʃhɯ^{33}ɣo̱^{31}phe̱^{33}xɯ^{55}mɛ^{55}. 什么菜都好吃。

什么 菜 也 好吃

ʑi^{55}tʃhɛ^{55}na̱^{33}ɔ^{31}sɿ$^{55/53}$mɔ^{31}? 这是谁的紫米？

这 紫米 谁 (语助)

xɔ^{55}mi^{55}ti^{33}khɛ^{33}ʃɿ^{55}tɕhiŋ^{31}ma^{31}xo̱^{31}? 什么事不对？

什么 (状助) 事情 不 正确

ʑi^{55}thɯ^{33}toŋ^{33}ɕi^{33}ɔ^{31}sɿ$^{55/53}$mɔ^{31}? 这些是谁的东西？

这些 东西 谁 (语助)

(三)形容词作定语

1. 单音节形容词作定语

形容词一般在名词之前。非强制使用定语助词ɔ^{33}“的”。例如：

ʑi^{55}lɔ^{31}fv̱^{33}sɔ$^{55/53}$xɔ^{31}mi^{31}mɔ^{31}ŋɯ^{55}. 她不是漂亮的媳妇。

她 看 好 媳妇 不 是

ʐɔ³³kɤ³¹tʃɯ³¹ɔ³¹pi⁵⁵ti³³（ŋa⁵³）（＝ŋɯ⁵⁵ɣɔ³¹）. 这是很小的山。

这　山　　很小　　　是　　是 (语助)

thɯ³³ʑi⁵⁵thoŋ³¹ɯ⁵⁵tʃhɤ³¹mɯ⁵⁵xɔ³¹tɯ⁵⁵. 　　　别喝那桶水。

那　一　桶　水　　（宾）别　喝

ʑi⁵⁵lɔ³¹a³¹xa̠³³pɤ̠³³ɔ⁵⁵ʒɛ⁵⁵mɯ⁵⁵lɛ⁵³tʃm̠⁵⁵pɛ³³. 他力气大，能挑很重的东西。

他　力气　大　东西　　很　挑 (助动)

ʑi⁵⁵lɔ³¹khuɛ⁵⁵tʃhɤ̠³³tʃv⁵⁵/⁵³. 他坐快车。

他　快车　　坐

tɔ⁵⁵tsl̠³³mɔ⁵³pɔ³³l̩ɯ⁵⁵tɕhi³¹mɔ⁵⁵xɛ⁵⁵tɤ̠³³ɣɛ³¹. 桌上放着一个大碗。

桌子 (方助)大碗　　一　个　放 (趋向)(语助)

2. 形容词重叠式作定语

单音节重叠式形容词（AA式）、带前缀a³¹的单音节重叠式形容词（ABB式）、四音格连绵形容词（AABB式）均可作定语。例如：

xɤ̠³¹xɤ̠³¹ti³³ɕi³³kua³²tʃhɤ̠³³tsl̠³³mɔ⁵³nɛ³³lu⁵⁵kɔ³³la³¹.

大 (叠)(状助)西瓜　车子　　　(方助)(施助)滚　下　(趋向)

大大的西瓜从车上滚下来。

ʑi⁵⁵lɔ³¹zɔ³¹mɯ⁵⁵khɛ³³ɔ⁵⁵xu⁵⁵ʒɯ³³pa̠³³mɔ⁵³tshe³¹li³¹khɛ³³.

他　刚刚　(连)家　破烂　(状助)　才　离开

他刚刚离开了破破烂烂的家。

n̠i⁵⁵tʃhɛ³¹pɔ³³tʃhɛ³³khɔ³³a⁵⁵ze̠³³ɣɔ³¹fɤ̠³³sɔ⁵⁵. 红红的花好看。

红红　　　(状助)　　花　(话助)看　好

n̠i⁵⁵ma̠³¹pa̠³³mɛ⁵⁵tɕhi³³kɤ³¹tʃɯ³¹zl̠³¹zl̠⁵⁵ɣɔ³¹. 走过一座绿绿的山。

绿油油　(状助)一座山　　走过 (语助)

nv⁵⁵na̠³³ʃɯ³¹ŋɔ³³su³¹ɣɔ³¹xou⁵⁵xou⁵⁵mɛ⁵³ʑi⁵⁵pɛŋ³¹pɔ³³xɛ⁵⁵/⁵³la³¹.

你　明天　我　书　　厚厚　(状助)一　本　(助动)拿　(趋向)

你明天给我拿本厚厚的书来。

ŋɔ⁵⁵nv³³ɣɔ³¹ʃɯ⁵⁵ka̠³¹pa̠³³ka̠³³ɣɛ³¹ɔ⁵⁵xu³¹tɕhi³¹kha³³xɛ⁵⁵la³¹ŋɯ⁵⁵.

我　你 (话助)干干净净　　(语助)衣服　一　件　拿 (趋向)(语助)

我给你拿一件干干净净的衣服。

xɔ⁵⁵sɔ³¹sɔ³¹tshu³¹ɣɔ³¹tɕhe̠³¹kɯ³³pɔ³³kɯ³³a³¹xa̠³³ʒɯ⁵⁵ʃi⁵⁵tɕhi³¹zɔ³¹tʃɯ³³.

草丛　　(话助)冷冰冰　　　鸡　　(宾助)死一只有

草丛里有一只冷冰冰的死了的鸡。

pɔ⁵⁵tsɛ⁵⁵fɔ³³ɔ⁵⁵tsl̠⁵⁵tɤ̠³¹v̠³¹pa̠³³v̠³¹ɣɛ³¹ʑi⁵⁵khɔ³³te̠³³.

附近　(方助)树　弯弯　　　(语助)一　棵　有

附近有一棵弯弯的树。

（四）动宾短语作定语

动宾短语可以作定语。通常都省略了关系化标记ɔ³³ "的"。例如：

ɔ⁵⁵fv³¹tʃha³³lɔ³¹mɔ³¹lɔ⁵⁵.　　　　　　　做饭的人没来。

饭　　做　　人　没　来

ɔ⁵⁵xɯ³¹xɯ³¹n̠i⁵⁵tɯ³³ɣe³¹zɔ³¹mi³³lɔ³¹ŋɔ³³n̠i⁵⁵lɔ³¹.

衣服　　　红　穿（语助）女孩　（话助）我妹妹（话助）

穿红衣服的女孩是我妹妹。

v̠⁵⁵la³¹ŋɔ³¹ʃ̠ɔ²⁵⁵ɕiŋ³³ɕɛŋ³³.　　　　　　买来的鱼更新鲜。

买（趋向）鱼　　更　新鲜

tʃɯ³³pe³¹ᐟ³³xɯ³¹zɔ³¹ᐟ³³xɔ⁵⁵tʃɯ⁵⁵ᐟ⁵³?　打破的碗在哪里？

打破　　碗　　哪　在

（五）数量短语作定语

lu⁵⁵pɔ³¹mɔ⁵³ɔ³¹pe⁵⁵tɕhi³¹kɯ⁵⁵ka³³tsɔ³³（＝tsɔ³¹ɔ³³）.

河　　（方助）鸭子　一　群　找　吃的　　吃　的

河里游着一些鸭子在找吃的。

nv⁵⁵thɯ³¹xɣ³¹tɕhi³¹ɕi³¹xɛ⁵⁵ᐟ⁵³la³¹.　　　你去拿一个南瓜来。

你　南瓜　　一　个　拿（趋向）

ŋɔ⁵⁵ɔ³¹n̠i⁵⁵tɕhɔ³¹（＝tɕhi³¹ɣɔ³¹）tʃv⁵⁵.　　我有一个孙子。

我　孙子　一个　　一　个　有

ɔ⁵⁵tsɿ⁵⁵mɔ⁵³tʃhe⁵⁵pa̠³¹su³¹mɔ⁵⁵tʃv⁵⁵.　　　树上有三只喜鹊。

树　　（方助）喜鹊　　三　只　在

（六）指量短语作定语

zi³¹zi⁵⁵khuɛ³¹a⁵⁵ta⁵⁵lɔ³¹ʃɯ³¹piɔ³¹.　　　这一块是姐姐的手表。

这　一　块　姐姐（话助）手表

thɯ³³zi⁵⁵khɯ³¹ɔ⁵⁵ti⁵⁵nv³³tsɔ³¹mɔ⁵⁵ʃ̠i⁵⁵mɔ³¹tsɔ³¹?　那块肉你吃不吃？

那　一　块　肉　你　吃　还是　不　吃

thɯ³³zi⁵⁵ʃuaŋ³³pha̠³¹nɔ³³zi⁵⁵lɔ³¹（＝zi⁵⁵lɔ³¹ɔ³³）.　那一双鞋子是他的。

那　一　双　鞋子　他的　　他　的

thɯ³³zɔ³¹mu³¹ᐟ³³tɕhɔ³¹（＝tɕhi³¹ɣɔ³¹）lɔ³¹ɔ³¹sɿ⁵⁵mɔ³¹?　那一个老人是谁？

那　老人　　一个　　一　个（话助）谁　（语助）

（七）修饰短语作定语

ŋɔ³³thɯ³³fv³¹ɕi³¹mɔ⁵³lɔ³¹tʃaŋ³³thɔ³¹zɔ³¹mi³¹khɯ³¹mɔ³³lɔ³¹lɛ⁵³zɔ⁵⁵

我们　　寨子　（方助）老张家　　媳妇　　　（话助）只　更

fv̠³³sɔ⁵⁵.　我们村里最漂亮的是老张家的媳妇。

看　好

ŋɔ³³（＝ŋɔ⁵⁵ɔ³³）phɔ³¹ɔ³¹n̪i⁵⁵mɯ⁵⁵lɛ⁵³mɔ³¹.　我爸爸有很多的弟弟。
我的　我的　爸爸弟弟 非常　多

（八）关系化小句作定语

fv⁵⁵tʃ̩³¹ɣɔ³¹ɔ³¹phɔ³¹lɔ³¹nɛ³³xɛ⁵⁵pi³³.　钱是父亲给的。
钱　（话助）爸爸（话助）（施助）拿给

nv³³ɕe̠³¹ᐟ³⁵ʃɔ⁵⁵tɯ³³ɣɔ³¹xɔ³¹tʃɯ³³ᐟ³¹?　你掰的玉米在哪里？
你 掰　玉米（话助）哪 在

ŋa³³nɛ³³xɛ⁵⁵tʃhu⁵⁵ɣɛ³¹toŋ³³ɕi³³ɣɔ³¹nv³³thɯ⁵⁵ʂ̩⁵⁵mɔ³¹tɛ⁵⁵zi³¹mu⁵⁵pɛ³³.
我 （施助）藏 （补）（语助）东西 （话助）你们 是 不 寻找 （助动）能
我藏的那东西你们是找不到的。

二 定语的语义类型

可分描写性定语和限制性定语两种。具体如下。

（一）描写性定语

对人、事及物品的性质、状态进行描写与说明，大多由形容词性成分来充当。例如：

kɣ³¹tʃɯ³¹ɣɔ³¹ɔ⁵⁵tsɿ⁵⁵kɔ³³kɔ³³mɛ⁵⁵tɕhi³¹tsɿ⁵⁵ma³¹te̠³¹.
山　　（话助）树 高高 （状助）一 棵 没 有
山上一棵高树也没有。

na̠³³mu³¹xu³³mɛ⁵⁵ᐟ⁵³nv⁵⁵xɔ⁵⁵mi⁵⁵khɛ³³xɔ³¹ʑi⁵⁵ŋɛ⁵⁵ᐟ⁵³!
黑暗 　 （状助）你 一定 　 别 去 （语助）
黑的地方你一定别去啊！

n̪i⁵⁵tʃhɛ³¹pɔ³³tʃhɛ³³khɔ³³a⁵⁵zɣ̠³³ɣɔ³¹fv̠³³sɔ⁵⁵.　红红的花好看。
红 （缀）（助动）（叠）（连）花 （话助）看 好

xu⁵⁵lɛ⁵⁵fɔ³³zɔ³¹mi³¹ɕoŋ³⁵ᐟ³¹ɕoŋ³⁵ᐟ³¹mɛ⁵⁵tɕhi³¹ɣɔ³¹nv³³ʒɯ⁵⁵ʃu⁵⁵ᐟ⁵³.
里面（方助）女生 漂亮的 （状助）一 个 你 （宾助）等待
里面有个漂亮的女生在等你。

（二）限制性定语

限制性定语对人、事物以及物品进行分类或者对范围进行划定，多由名词性、代词性或动词性成分来充当。例如：

ɔ³¹pv⁵⁵lɔ³¹za̠³³ku⁵⁵pɔ³¹l̩u³³zɔ⁵⁵xɣ̠³¹ti³³.　爷爷的水烟筒更大。
爷爷（话助）水烟筒 更 大 （状助）

l̩o̠³¹ta̠³³tɣ̠³³ɣɛ³¹ɔ⁵⁵xu³¹ɣɔ³¹tʃɔ³¹l̩i⁵⁵ɣɔ³¹nɛ³³pɣ̠³³kuɛ³¹（＝kɔ³³ɣɛ³¹）.
晒 上（趋向）（语助）衣服 （话助）风 （话助）（施助）刮 下来 下 （语助）
晾着的衣服被风刮下来了。

zɔ³¹nv³³pi³¹xɔ³¹mi⁵⁵nv³³mɔ⁵⁵/⁵³tha³¹nɛ³³ʐɔ⁵⁵mɔ³¹. 今天的露水比昨天多。
今天　　露水　　昨天　(方助)　比　(施助)更　多

三　复杂定语的语序

名词中心语可被不止一个定语修饰。不同的定语距离名词中心语的远近不同。豪尼话多层定语修饰名词中心语的语序为（包括指示代词、形容词、数词、量词和关系化结构）："关系化结构＋指示代词＋普通形容词＋名词中心词＋属性形容词＋数词＋量词"。例如：

tsɪ³¹tɤ̱³³la³¹thɯ³³thɯ³³fv³³tʃha̱ ³¹/³³tʃha̱ ³¹zɔ³¹nɯ³³xɔ³¹pɔ³³
跑　　出　(趋向)那些　　小老鼠　　　　　脏脏的
xuɛ³³（＝xɔ³³ɤɛ³¹）.　跑出来的那些脏脏的小老鼠。
　　　　　　　　(语助)

zi⁵⁵lɔ³¹nɛ³³tu³¹pɔ³¹nɔ⁵⁵xɔ³¹tɕhe ³¹ɔ³¹khɯ³¹tɕhi³¹zɔ³¹v⁵⁵/⁵³la³¹.
他　(施助)话　听　会　狗　　一　只　买　(趋向)
他买来一只听话的狗。

xɔ³¹n̩i³¹tsɪ⁵⁵zɔ³¹thɯ³³ai⁵⁵tsɔ³¹thɯ³³thɯ³³kɤ³¹tʃɯ³³ɔ³³u³¹xɔ³¹.
豪尼　人　　们　爱　吃　那些　　　山上　　的　野菜。
豪尼人爱吃那山上的野菜。

ʑi³³thɯ³³u³¹tɤ̱ ³³ɔ³³thɯ³³ʑi⁵⁵lɔ³¹ɤɔ³¹tʃɤ³¹pɯ³³n̩i⁵⁵tʃhɛ³¹ti³³khɔ³³
这些　　卖出　的　那　一　筐　(话助)龙坝　　红色　　　(状助)(连)
ɕi⁵⁵l̩i⁵⁵mɔ⁵⁵tʃɯ³³ɤɔ³¹.　　这些是卖出去的那一筐龙坝的红石榴。
石榴　　　　　(语助)

tʃhaŋ⁵⁵kɔ³³tʃhaŋ⁵⁵thɯ³³tɕhɔ³¹（＝tɕhi³¹ɤɔ³¹）lɔ³¹ ʑi³¹tsu³¹ɔ⁵⁵ʐɔ³¹ʐɔ³¹mu³¹.
唱歌　　唱　那　一个　　一　个　　(话助)彝族　老奶奶
唱歌的那一位彝族的老奶奶。

第五节　状　语

状语是修饰、限制谓语的成分，主要说明动作行为的性质、状态、程度、范围、时间、处所、趋向、能愿、数量、方式和来源。

一　作状语的成分

形容词、动词、副词、助动词、名词和数量短语等可以作状语。

（一）形容词作状语
1. 单个形容词作状语
形容词前置于谓语动词，中间要使用状语助词mɛ⁵³、ti³³或nɛ³³"地"。

例如：

ŋɔ⁵⁵nv³³tsn̩⁵⁵ti³³kɯ⁵⁵ᐟ⁵³.　　　　　　　　我大声地叫你。

我　你　大声₍状助₎叫

nv⁵⁵tʃa³¹ti³³zn̩³¹ɣɔ³¹!　　　　　　　　你快快地走吧！

你　快₍状助₎走₍语助₎

nv⁵⁵pv̩³³ti³³tsɔ³¹ma³¹!　　　　　　　　你饱饱地吃吧！

你　饱₍状助₎吃₍语助₎

nv⁵⁵ɔ³¹zɔ³³ti³³tsm̩³¹ɣɔ³¹!　　　　　　　你慢慢地摘吧！

你　慢₍状助₎摘₍语助₎

ʑi⁵⁵zɔ³¹mi³¹ᐟ³³mi³¹zɔ³¹lɯ³³tʃɣɛŋ³¹ɕoŋ³⁵tɣ³³ɣɛ³¹pi³³ᐟ³¹.

这　小女孩　　　　₍宾格₎整　漂亮₍趋向₎₍语助₎给

打扮打扮这个小女孩。

ʑi⁵⁵lɔ³¹kɔ³³kɔ³³mɛ⁵⁵thiɔ⁵⁵ta³³lɔ⁵⁵ᐟ⁵³.　　　他高高地跳起来。

他　　高₍叠₎₍状助₎跳　起来

nv⁵⁵pa³³ɣo³³ɣɔ³¹mɔ³¹ti³¹phe³³ɣɛ³¹ɕi³¹.　　你还没把窗户关住。

你　窗子₍话助₎没关住₍语助₎还

nv⁵⁵ʑi⁵⁵ti³³ɔ³¹zɔ³¹ti³³tʃhɯ³³ɣɛ³¹nɛ³³，ʑi⁵⁵pɯ³¹niɛŋ³¹khe³³xɯ⁵⁵ma³¹

你　这₍状助₎慢₍状助₎挖₍语助₎₍连₎一　百　年　₍连₎也　不

tʃhɯ³³lɯ⁵⁵pɛ³³!　　你这样慢吞吞地挖，一百年也挖不完啊！

挖　完₍助动₎

2. 形容词重叠式作状语

重叠式之后要加状语助词ti³³、mɛ⁵⁵"地"。例如：

nv⁵⁵na³¹na³¹mɛ⁵⁵lɔ⁵⁵!　　　　　你早早地来吧！

你　早早₍状助₎来

nv⁵⁵tshui³¹tshui³¹ti³³zn̩³¹ɣɔ³¹!　　你快快地走吧！

你　快₍叠₎₍状助₎走₍语助₎

thɯ³³thɯ³³mu³¹lɔ⁵⁵pɔ⁵⁵luɛ⁵⁵（＝lɔ⁵⁵ɣɛ³¹）xɛ⁵⁵tɣ³³ɣɛ³¹!

这些　　整整齐齐　来了₍趋向₎₍语助₎　放　出₍语助₎

把这些整整齐齐地放好！

（二）动词作状语

用于动词中心语之前，多使用助词连词nɛ³³。例如：

ʑi⁵⁵thɯ³³tʃɯ³³kɔ³³tɣ³³ɣɛ³¹nɛ³³ɣo³¹tshɔ⁵⁵ka³³tʃv⁵⁵ᐟ⁵³.

他们　　坐着₍趋向₎₍语助₎₍连₎阳光　晒　在

他们坐着在晒太阳呢。

ʑi⁵⁵lɔ³¹ɯ⁵⁵ʃɿ⁵⁵nɛ³³ʐɿ³¹khɛ³³.　　　　　他笑着走开了。

他　笑　(连)　走 开

（三）副词作状语

ŋɔ⁵⁵nv³³mɯ⁵⁵lɛ⁵³ɕaŋ³³ɕiŋ³¹pi³³nɛ³³！　我太相信你了！

我 你 非常　相信　给(连)

thɔ⁵⁵tʃɛŋ³¹ŋɔ⁵⁵tʃɿ̱³¹mɔ³¹xɔ⁵⁵lɯ³¹.　　哪儿做的我一点也不知道。

哪　整 我　一点 不　知道

nv⁵⁵kɯ⁵⁵pi³³nɛ³³ʑi⁵⁵lɔ³¹xɔ⁵⁵mi⁵⁵khɛ³³xɯ⁵⁵lɯ⁵⁵.　你叫他，他一定会来。

你　叫 给(连) 他　一定　　也 来

（四）助动词作状语

nv⁵⁵ʐɔ⁵⁵ɯ⁵⁵ʃɿ⁵⁵ᐟ⁵³，ʑi⁵⁵lɔ³¹kɛŋ⁵⁵mɔ³¹ʐɔ⁵⁵thu⁵⁵phɣ³¹.

你 越 笑　　　他　更　不 越 说 敢

你越笑，他越不敢说。

nv⁵⁵tʃɔ⁵⁵lu⁵⁵tsɿ̱³¹tɕhe³¹mɔ⁵⁵ʃɿ⁵⁵ma³¹tsɿ̱³¹tɕhe³¹？　你会不会编箩筐？

你 背篓　编 会 还是　不 编 会

（五）名词作状语

包括时间名词、方所名词和工具名词作状语。

1. 时间名词作状语

时间名词一般在主语之后，谓语之前，非强制使用状语助词mɛ⁵⁵。强调或凸显"时间"时，时间名词可居于句首。例如：

mi⁵⁵na³³xɣ³¹ŋɔ⁵⁵ɔ⁵⁵xu⁵⁵ɣɔ³¹ʑi⁵⁵xui³¹lɛ⁵³xɯ³¹ʑi⁵⁵ko³³.

去年　　　我家　(话助) 一 次　只 回 去 过

去年我只回了一次家。

kɔ³³fv³¹tɕhi³¹kɛ³³ma³¹ɕaŋ⁵⁵ᐟ⁵³.　完全不像以前了。

以前　一 样 不　像

zɔ³¹nv³³nv⁵⁵pi³³v³¹ɣɛ³¹lɛ³¹？　　今天，你挨骂了吗？

今天　你 给 骂 (语助)(语助)

ŋɔ⁵⁵zɔ³¹mɯ⁵⁵khɛ³¹tshɛ³¹xɯ⁵⁵ᐟ⁵³lo⁵³（=lɔ⁵⁵ɣɔ³¹）.　我刚刚才回来。

我 现在　(状助) 才 回　来了 (趋向)(语助)

ʑi⁵⁵lɔ³¹kaŋ⁵⁵mɛ⁵⁵zɔ³¹mɯ⁵⁵thɯ⁵⁵lo⁵³（=lɔ⁵⁵ɣɔ³¹）.　他现在刚起床。

他　刚 (状助)现在　起 来了　(趋向)(语助)

2. 方所名词作状语

用在主语之后，谓语之前，使用方所格标记mɔ⁵³或fɔ³³。如：

ŋɔ⁵⁵tɔ⁵⁵tsɿ̱³³mɔ⁵³tsɿ̱⁵⁵tshɿ̩³³.　　　　　我在桌子上写字。

我 桌子　(方助) 字 写

pɔ⁵⁵tsɛ⁵⁵fɔ³³v⁵⁵nv³¹tɕhi³¹zɔ³¹tʃv⁵⁵.　　附近有一头牛。

附近　(方助)牛　　一　头　在

tʃɔ⁵⁵lu⁵⁵mɔ⁵³ŋɔ³¹ʃɔ³¹tɕi³¹kɔ³³tʃɔ³³.　　背篓里有几条鱼。

背篓　(方助)鱼　　几　个　有

3. 工具名词作状语

工具名词作状语时通常位于主语之后，谓语之前。使用工具格助词nɛ³³，相当于汉语的"用"。例如：

ŋɔ⁵⁵tɕhɛŋ³³pi³¹ɣɔ³¹nɛ³³tsɳ⁵⁵tshɳ³³.　　我用铅笔写字。

我　铅笔　　(语助)(工助)字　写

nɔ⁵⁵tsha³¹v̩³¹ɣɔ³¹nɛ³³ɔ³¹xɔ⁵⁵tʃhɯ³¹.　　你用锄头挖田地。

你　锄头　　(语助)(工助)田地　挖

（六）代词作状语

主要包括指示代词、疑问代词作状语。

1. 指示代词作状语

（1）方位指示代词作状语，例如：

ŋɔ⁵⁵ʐɔ³³ʃu⁵⁵ta³³tɣ³³ɣɛ³³nɛ³³nɯ⁵⁵za³¹za³¹.　　　　　　我站在这里织布。

我　这　站　起(趋向)(语助)(施助)织布

nv⁵⁵ʐɔ³³tʃɯ³³kuɛ³¹（＝kɔ³³ɣɛ³¹）ɣɛ³¹nɛ³³tsɔ³¹.　　　你坐在这儿吃。

你　这　坐　下了　　(趋向)(语助)　(语助)(施助)吃

（2）性状指示代词作状语，不使用状语助词。例如：

ʑi⁵⁵ti³³xɔ³¹tʃɛŋ³¹.　　不能这样做。

这样　别　做

thiŋ⁵⁵ti³³xɔ³¹tsɔ³¹.　　不要那样吃。

那样　　别　吃

thiŋ⁵⁵ti³³xɔ³¹tʃɿŋ³¹.　　不能这样做。

这样　　别　做

nv⁵⁵thiŋ⁵⁵ti³³xɔ³¹thu⁵⁵/⁵³ɣɔ³¹kɔ³³lɛ³¹.　　你别这样说。

你　这么　不　说　　(语助)(趋向)(语助)

ŋɔ³³thɯ⁵⁵ʑi⁵⁵ti³³u⁵⁵ɣɔ³¹ʃɿ³³ʑiŋ³³kɛ³³.　　我们这样做是应该的。

我们　　这样　做(语助)是　应该

2. 疑问代词作状语

疑问代词作状语，用于中心语之前，其后可以使用状语助词ɔ³³。例如：

thɔ⁵⁵xɔ⁵⁵mi³³khɛ³³ʑi⁵⁵!　　这怎么办呢！

这　怎么　　　(趋向)

zɔ³³thiŋ⁵⁵ti³³mɔ³¹u⁵⁵lɔ⁵⁵pa³¹？　　　　　　　这怎么做不来呢？

这　怎么　　不　做　来 (语助)

nv⁵⁵ɔ⁵⁵xu⁵⁵ɣɔ³¹xɔ⁵⁵mu⁵⁵tsʰ³³tɛ³³（＝ta̠³³ɣɛ³¹）？

你　房子 (话助) 什么　　盖　起了　　(趋向)(语助)

你什么时候盖的房子？

nv⁵⁵zi⁵⁵lɯ³³ɔ³¹tʃʰɯ³³ti³³kɯ⁵⁵pi³³/³¹？　　你管他叫什么？

你　他 (宾格) 什么　　(状助) 叫　给

nv⁵⁵xɔ³¹ne³³lɔ⁵⁵/⁵³，xɔ³¹zi⁵⁵mu³³ti³³？　　你从哪里来，往哪儿去？

你　哪 (施助) 来　　哪　去 要 (状助)

（七）数量短语作状语

1. 数词与时间单位量词短语合作状语。例如：

ŋa³³n̥ɔ³¹（＝n̥e̠³³ɣɔ³¹）feŋ³³ke³³ʃi³¹nieŋ³¹tʃɯ³³ɣɛ³¹.

我　俩　　二　个　分开　十年　有 (语助)

我俩分别十年了。

ŋɔ⁵⁵zi³¹ko⁵⁵ɕa⁵⁵v³¹su³¹ɣɔ³¹mɔ³¹fv̠³³ɣɛ³¹. 我一下午没看书了。

我　一　个　下午　书　　不看 (语助)

ɔ³³tɯ³¹tʰɯ⁵⁵a⁵⁵pe̠³³lɯ³³tɕʰi³¹la³¹pi³³ɣo³¹tʃa³³ɕi³¹. 我们让小孩再睡一会儿。

我们　　孩子 (宾格) 一会儿 给 睡觉　还

2. 数词与动量短语合作状语。例如：

ŋɔ⁵⁵ʒɯ⁵⁵zi⁵⁵lɔ³¹ne³³zi³¹tuŋ⁵⁵pi³³v³¹ɣɛ³¹.　　　　我被他骂了一顿。

我 (宾助) 他　　(施助) 一　顿　给　骂 (语助)

ɔ³¹pv⁵⁵lɯ³³ɯ⁵⁵l̥ɯ⁵⁵tɕʰi³¹tʰɯ³³pi³³kʰo³³ɣɛ³¹. 爷爷被蛇咬了一口。

爷爷 (宾格) 蛇　　一　嘴　给　咬 (语助)

3. 动量词与疑问代词组合修饰动词，语序为"疑问代词+动量词+动词"。例如：

tse⁵⁵xɔ⁵⁵mɔ⁵⁵xui³¹tʰu⁵⁵？　　　　再说多少遍？

再　多少　　回　说

xa̠³³pʰi⁵⁵xɔ³³mɔ³³xui³¹te⁵⁵/⁵³？　公鸡叫了几次了？

公鸡　多少　回　叫

ɔ³¹pʰɔ³¹lɔ³¹ne³³ɔ³¹n̥i⁵⁵lɯ³³xɔ³³mɔ³³xui³¹tʃɯ³³ɣɛ³¹？

爸爸 (话助)(施助) 弟弟 (宾格) 多少　回　打　　(语助)

爸爸打了弟弟几次了？

二　状语的语义类型

豪尼话的状语比较发达，语义类型较为丰富。主要有性状状语、势态

状语、程度状语、否定状语、语气状语、时地状语、数量状语、情态状语
等类型。

1. 性状状语：表示某种性质和状态，一般由形容词或形容词短语来充
当。例如：

ʑi⁵⁵lɔ³¹ɔ³¹zɔ³¹ti³³zɿ³¹ɣɛ³¹.　　　　　　　　他悄悄地走了。

他　　悄悄　地走 (语助)

ʑi⁵⁵lɔ³¹khɯ⁵⁵ti³³la³¹ti³³mɛ⁵⁵lɔ⁵⁵/⁵³.　　　他蹦蹦跳跳地来了。

他　　脚 (状助)手 (状助)(状助)去

2. 势态状语：表示范围、频率、态势、情状、方式等。例如：

ŋɔ⁵⁵ɣɔ³¹lɛ⁵³ɣɔ³¹tʃa³³kɔ³³.　　　　　　　　我只想睡觉。

我　睡 只 睡觉　想

sɔ⁵⁵phɛ³¹nv³³tsɛ⁵⁵ʑi⁵⁵ɣɔ³¹.　　　　　　　明天再去吧。

明天　　　再　去 (语助)

ɔ³³tɯ³³thɯ⁵⁵tɕhi³¹kɔ⁵⁵ʑi⁵⁵ɣɔ³¹.　　　　　咱们一起去吧。

咱们　　一起　去 (语助)

u³¹xu³¹ɣɔ³¹zɔ⁵⁵xu³¹u³¹/⁵⁵xu³¹tɣ³³la³¹.　　　烟越来越熏。

烟　 (话助)越 熏 烟　出 (趋向)

ɕo³¹ɕɔ⁵⁵ɣɔ³¹ɕo³¹sɛŋ³³thɯ³³lɛ⁵³tʃv⁵⁵/⁵³.　　学校里只有学生在。

学校　 (话助)学生　们 只　在

nv⁵⁵xɔ³¹mu⁵⁵lɛ³¹ʑi⁵⁵thɔ³¹ɔ⁵⁵xu⁵⁵ɣɔ³¹ʑi⁵⁵mɔ³¹？　你经常去他家吗？

你　经常　　他家　家　 (话助)去 (语助)

3. 程度状语：表示性状的程度。例如：

ʑi⁵⁵su³¹/³³ɣɔ³¹a⁵⁵pɛ³³mɔ⁵³ɕɔ³¹mɛ³¹lɛ⁵³zɔ⁵⁵ku⁵⁵.

这 三　个 孩子 (方助)晓梅　只 更 聪明

这三个孩子里面，晓梅最聪明。

ʑi⁵⁵ɔ⁵⁵tsɿ⁵⁵tɕhi³¹tsɿ⁵⁵ɣɔ³¹mɯ⁵⁵lɛ⁵³kɔ³³.　　这棵树相当高。

这 树　一　棵 (话助)相当　高

4. 否定状语：表示否定。例如：

ŋɔ⁵⁵ɔ⁵⁵fv³¹mɔ³¹tsɔ³¹ɕi³¹.　　　　　　　　我还没有吃饭。

我 饭 没 吃 还

5. 语气状语：表示商量或绝对的语气。例如：

nv⁵⁵ʃɿ³¹tsɛ⁵³mɔ³¹ʑi⁵⁵kɔ³¹, ŋɔ⁵⁵ʑi⁵⁵/⁵³ɣɔ³¹.

你　实在　不　去 的 话 我 去　 (语助)

你实在不愿意去的话，我去吧。

ŋɔ⁵⁵kɛŋ³³tshui⁵⁵mɔ³¹zi⁵⁵ɣɔ³¹.　　　　　　　　我干脆不去了。

我　干脆　　　不去 (语助)

6.时地状语：表示动作行为发生或关涉的时间方所。例如：

ŋɔ³³thɯ⁵⁵u³¹nv³³fɔ³³zi⁵⁵/⁵³.　　　　　　　我们白天去的。

我们　　　白天 (方助) 去

a⁵⁵pe̞³¹lɔ³¹u³¹xɛ³¹mɛŋ³¹tɛ³³mɔ⁵³tʃv⁵⁵ta̠³³tɤ̠³³ɣɛ³¹.　小孩坐在门槛上。

小孩 (话助) 门槛　　　　　(方向) 坐上 (趋向) (语助)

7.数量状语：表示动作行为的数量。例如：

nv⁵⁵zi⁵⁵lɯ³³tɕhi³¹xɛ³¹kɯ⁵⁵pi³³/³¹.　　　你喊他一声呀。

你　他 (宾格) 一声　喊　给

nv⁵⁵xɔ⁵⁵mɔ⁵⁵xui³¹lɔ⁵⁵kɔ³³ɣɔ³¹?　　　你来过多少回了？

你　多少　回　来过 (语助)

8.情态状语：表示可能性、意愿性、必要性等情态。例如：

a⁵⁵kɔ³³lɔ³¹a³¹za̠³¹ɕe³¹phɤ³¹.　　　　　　哥哥敢杀猪。

哥哥 (话助) 猪　　杀敢

ɔ³¹n̠i⁵⁵lɔ³¹nɯ⁵⁵za̠³¹za̠³¹tɕhe³¹.　　　　妹妹会织布了。

妹妹 (话助) 织布　　　会

三　复杂状语的语序

动词中心语可被不止一个的状语修饰。不同的状语距离动词中心语的远近不同。豪尼话多层状语修饰动词中心语时，副词状语和数量状语离动词中心语较近，时间状语、形容词状语和工具状语离动词中心语稍远，形成多状同现现象。

ŋɔ⁵⁵tɕhi³¹ti³³mɔ³¹lɔ⁵⁵kɔ³¹ɣɔ³¹.　　　　我再不想来了。

我　一 (状助) 不来过 (语助)

zi⁵⁵lɔ³¹ɔ³¹mɔ³³mi⁵⁵nv³³ɕo̞³¹ɕɔ⁵⁵tɕhi³¹la̠³¹fv̠³³lɔ⁵⁵/⁵³.

他　妈妈　昨天　学校　一下　看来

他妈妈昨天到学校来看了一下。

nv³³thɯ⁵⁵na̠³³ʃɯ³¹tɕi⁵⁵tse³³lɯ⁵⁵mɔ³¹?　他们明天全都来吗？

他们　明天　全部　来吗

tɕi⁵⁵tsɛ³³ma̠³³ʃa̠³³ɣɛ³¹nɛ³³, mi³¹tsɔ³¹ma³¹ɕe̞³¹kuɛ³¹ (=kɔ³³ɣɛ³¹).

大家　刀　(语助)(连)　柴　不砍要了

大家又不想用刀砍柴了。

a⁵⁵pe̞³³lɔ³¹na̠³³ʃɯ³¹xɔ⁵⁵mi⁵⁵khɛ³³me̞³³ɣɔ³¹? 孩子明天一定会饿吧？

孩子 (话助) 明天　一定　得饿 (语助)

nv³³thɯ⁵⁵na̠³³ʃɯ³¹nɔ³¹khɛ³³ɔ⁵⁵tsl̩⁵⁵mɔ⁵³ɯ⁵⁵tʃhɣ³¹pa³³ʃ̩³³ʑi⁵⁵ti³³khɔ³³xɔ³¹
你们　　明天　茶　　树 (方助) 水　　浇水　千万 (连) 别
pi³³n̩i⁵⁵pɔ⁵⁵ɣɛ³¹.　你们明天千万别忘了给茶树浇水。
给　　忘记 (语助)

zɔ³¹mi⁵⁵khɯ³¹mɔ³³lɔ³¹kuai³³kuai³³mɛ⁵⁵paŋ⁵⁵thiɛŋ³³fv̠³³luɛ⁵³（=lɔ⁵⁵ɣɛ³¹）.
儿媳妇　　　　(话助) 乖乖　　(状助) 半天　　看来了　来 (趋向)
儿媳妇乖乖地来看了半天。

ŋɔ⁵⁵thɯ⁵⁵xɔ⁵⁵mu⁵⁵khɛ³³（sɛ⁵⁵）ɣɛ³¹nɛ³³tshe³¹tʃhuaŋ³¹tʃv⁵⁵ɣɛ³¹nɛ³³lu⁵⁵pɔ³¹
我们　　什么时候　　(时助)(语助)(连) 才 船　坐 (语助)(连) 河
zɔ⁵⁵kɯ³¹li³³?　我们什么时候才能坐船过河？
要 过 (趋向)

第六节 补 语

补语在谓语中心语之后，对谓语起补充与说明的作用。

一 作补语的成分

动词、形容词、代词、主谓短语、数量结构和象声词可以作豪尼话的补语。

（一）动词（动词短语）作补语

1. 普通动词（动词短语）作补语的既有自动词，也有使动词。例如：
ɕe̠³¹fv̠³³.　　　　　　杀死。
杀 死
xɛ⁵⁵/⁵³la³¹!　　　　　拿来！
拿 来
ʑi⁵⁵lɔ³¹ʃo̠³¹tɣ̠³³ɣɛ³¹.　他站起来。
他　站起 (语助)
ʑi⁵⁵lɔ³¹kɔ⁵⁵tɣ̠³³ɣɛ³¹.　他滑倒了。
他　滑 倒 (语助)
khɯ³¹fv⁵⁵tsɔ³¹tʃɯ̠³³ɣɛ³¹.　吃得出汗。
汗　吃 有 (语助)
tsh̩⁵⁵a⁵⁵pha̠³³lɔ⁵⁵mɔ̠³³ɔ³³thɯ⁵⁵nɛ³³tʃɯ̠³¹fv̠³³ɣɔ³¹pi³³ɣɔ³¹.
跑　蟑螂　　　　我们　(施助) 打 死 (话助) 给 (语助)
跑着的蟑螂被我们打死了。

ɔ⁵⁵tɔ⁵⁵ɔ³¹sɿ⁵⁵nɛ³³pi³³ɕe̱³¹tɕe³³?　筷子是被谁折断的呀?
筷子　谁　(施助)给　折　断

ʑi⁵⁵lɔ³¹a⁵⁵pe̱³³luɯ³¹ʑi⁵⁵thuɯ³³nɛ³³pi³³tʃ̍ɯ³¹nue⁵³（＝nɔ⁵⁵ɣɛ³¹）.
他　孩子　(宾格)别人　(施助)给　打　伤了　病(语助)
他的孩子被人打伤了。

ʑi⁵⁵lɔ³¹mɔ³¹ɕo̱³¹ɕiŋ³³pei³³tsɿ³¹ɣɔ³¹the⁵⁵lu³³kuɛ³¹（＝kɔ³³ɣɛ³¹）.
他　不　小心　杯子　(话助)碰　倒了　(趋向)(语助)
他不小心碰倒了杯子。

ʑi⁵⁵lɔ³¹tʃɿ⁵⁵pɔ³¹tuɯ⁵⁵/⁵³nɛ³³pu³³mɔ³³nɛ³³tuɯ⁵⁵nue⁵³（＝nɔ⁵⁵ɣɛ³¹）.
她　酒　喝　(施助)胃　(施助)喝　疼了　疼(语助)
她喝酒喝得胃疼。

ɣɔ³¹tshɔ⁵⁵nɛ³³te³³mɔ³³phɣ³³pe̱³³tɣ³³ɣɛ³¹.　太阳把田都晒裂了。
太阳　(施助)水田　晒　裂　掉(语助)

zɔ³¹mi³¹a⁵⁵ʃɣ³¹lɔ³¹zɔ³¹mu³¹thuɯ³¹ɣɔ³¹tʃɿ⁵⁵pɔ³¹tuɯ⁵⁵ti³³tʃm̍³¹la³¹pi³³.
新娘　(话助)老人　们　(话助)酒　喝(状助)举　来　给
新娘给老人敬酒。

2. 趋向动词作补语。例如：

nv⁵⁵zɔ³¹nv³³kɣ³¹tʃuɯ³¹ɣɔ³¹nɔ³¹khe⁵⁵tshɿ³³ʑi⁵⁵mu³³mɔ³¹?
你　今天　山　(话助)茶叶　摘　去　(助动)(语助)
你今天上山采茶吗？

ŋɔ⁵⁵kɣ³³ɣɛ³¹nɛ³³tʃha³¹xo³³ɣɔ³¹nɛ³³kv⁵⁵te̱³³（＝ta̱³³ɣɛ³¹）.
我　吓(语助)(施助)汗毛　(语助)(施助)竖　起了　(趋向)(语助)
我吓得汗毛都竖起来。

tsɔ³¹ɣɛ³¹nɛ³³khuɯ³¹fv⁵⁵tɣ³³lue⁵³（＝lɔ⁵⁵ɣɛ³¹）.　吃得出汗。
吃　(语助)(施助)汗　出　来了　(趋向)(语助)

uɯ⁵⁵ʃi⁵⁵nɛ³³ma̱³³uɯ⁵⁵tɣ³³lue⁵³（＝lɔ⁵⁵ɣɛ³¹）.　　笑得流眼泪。
笑　(施助)眼泪　出　来了　(趋向)(语助)

ʑi⁵⁵thuɯ³³zɔ³¹muɯ⁵⁵khe³³ɔ³³nɛ³³tɣ³³ʑi⁵⁵/⁵³.　他们刚刚从这里出去。
他们　刚刚　(连)这里　(施助)出　去

ɔ³¹phɔ³¹lɔ³¹nɛ³³ɔ⁵⁵ɔ³¹luɯ³³ʃv³³xuɯ³¹lɔ⁵⁵.　爸爸把奶奶接回来了。
爸爸　(话助)(施助)奶奶　(宾格)领　回　来

ʑi⁵⁵lɔ³¹kɣ³³ɣɛ³¹nɛ³³sɔ³¹tsɿ³¹/³³tsɿ³¹ze̱⁵³（＝ʑi⁵⁵ɣɛ³¹）.他吓得瑟瑟发抖。
他　害怕(语助)(施助)发抖　去了　(趋向)(语助)

mɛ⁵⁵tshɔ³¹mɔ⁵³pi³³ti⁵⁵tɕhi³¹zɔ³¹tʃhu³³tɣ³³la³¹.　土里爬出一条蚯蚓来。
土　(方助)蚯蚓　一　条　爬　出　来

3. 助动词作补语，主要是状貌助动词和趋向动词。例如：

xɔ⁵⁵mi⁵⁵ᐟ⁵³tsɔ³¹tsɔ³¹ᐟ³³.　　　　　　　　随便吃啊。

随便　　吃　(补)

thɯ³³mi³¹tsɔ³¹tʃm̩⁵⁵ᐟ⁵³la³¹.　　　　　　把柴抬来吧。

那　柴　抬　来

çɔ³¹sɛŋ³³mɔ³⁵ti³³ço̠³¹çɔ³³ɣɔ³¹nɛ³³tɣ³³lɔ⁵⁵ᐟ⁵³.

学生　多(状助)学校(话助)(施助)出　来

很多学生从教室里走出来了。

xɔ³¹tʃ̩⁵⁵ɣɔ³¹pi³³pɣ³³z̩³¹ɣɛ³¹.　　　　　　鸟被打中了。

鸟　(话助)给打中(语助)

nv⁵⁵mɯ³¹lɔ⁵⁵ti³³thu⁵⁵lɯ³¹tɣ³³ɣɛ³¹.　　　你好好地说清楚。

你　好(趋向)(状助)说明白出(语助)

ŋɔ³³thɯ⁵⁵zɔ³¹mɯ⁵⁵toŋ³³çi³³tsaŋ³³mɯ⁵⁵tsha³¹ko³³.

我们　　现在　　东西　脏　(助动)擦　过

我们正在把脏东西擦去。

ʑi⁵⁵lɔ³¹ŋɔ³¹ʃɔ³¹tɕhi³¹zɔ³¹tio⁵⁵tɣ³³ɣɛ³¹.　　他钓到了一条鱼。

他　鱼　一　条　钓(趋向)(语助)

a⁵⁵n̩aŋ³³ɣo̠³¹xɔ⁵⁵mɔ⁵³ɣo̠³¹tʃa³³ta³³tɣ³³ɣɛ³¹.　姑妈躺在床上睡觉。

姑妈　床　(方助)睡觉　上(趋向)(语助)

fv⁵⁵tʃ̩³¹ɣɔ³¹pi³³ᐟ³¹xu³¹tsɔ³¹liɛ³³（＝li³³ɣɛ³¹）.　钱被偷走了。

钱　(话助)给　偷　吃　去了(趋向)(语助)

（二）形容词（形容词短语）作补语

形容词作补语时，通常位于谓语中心语的后面，可分为单个形容词作补语和形容词重叠式作补语两种。

1. 单个形容词作补语。例如：

a⁵⁵ʐɛ³³fv³³sɔ⁵⁵.　　　　　　　　　　花好看。

花　看　好

ʑi⁵⁵lɔ³¹lɔ⁵⁵ᐟ⁵³na³¹.　　　　　　　　　他来得早。

他　来　早

ʑi⁵⁵lɔ³¹nɛ³³tsh̩³³tɣ³³mɯ³¹ᐟ³³!　　　　他写得好！

他　(施助)写　出　好

u³¹ʐɛ⁵⁵ʐɛ⁵⁵ᐟ⁵³ɣɛ³¹mɔ³¹xɣ̠³¹.　　　　　雨下得不大。

雨　下　(语助)不　大

ŋɔ⁵⁵ɣo̠³¹tʃa³³mɯ⁵⁵lɛ⁵³pɣ³³ɣɔ³¹.　　　　我睡得很饱。

我　睡　很　饱　(语助)

nv⁵⁵thɯ⁵⁵ᐟ⁵³ɣɔ³¹mɯ⁵⁵lɛ⁵³mɯ³¹ᐟ³³.　　　　你说得很好。
你　说　(话助)很　　好

ʑi⁵⁵lɔ³¹nɛ³³tu³¹thɛ⁵⁵tʃv⁵⁵pa̠³³ɣɛ³¹.　　　　他坐坏了凳子。
他　(施助)凳子　　坐坏　(语助)

kɛ̠³³tsɿ̠³¹ɣɔ³¹tʃhɣ̠³³tsɿ³¹tɕi³¹pu̠³³to³³ɣɛ³¹.　　　街上挤满了车。
街子　(话助)车子　　挤满　(趋向)(语助)

ʑi⁵⁵kɔ⁵⁵zɔ³¹fɣ̠³³tɣ̠³³ɣɛ³¹fɣ̠³³lɯ³¹ɣɔ³¹.　　　看得很远很清楚。
远　　　看出 (语助)看 清楚 (语助)

tʃv⁵⁵tʃhɯ³³tɣ̠³³ɣɛ³¹zo⁵⁵xɣ̠³¹zo⁵⁵tshɿ̠⁵⁵me⁵⁵.　　养得又大又胖。
养　(补)(趋向)(语助)又 大 又 胖　(状助)

ɔ³³tɯ³³thɯ⁵⁵tshui³¹tshui³¹ti³³khɛ̠³³mu³³!　　我们要加快了!
我们　　　　快　(叠)(状助)(连)　要

nv⁵⁵thɯ³³ɔ⁵⁵xu³¹ɣɔ³¹tɕhi³¹ʃɯ⁵⁵ɣɛ³¹.　　　　你把这些衣服洗干净。
你 这些 衣服 (话助)洗 干净(语助)

tʃɿ̠⁵⁵zɔ³¹ʑi⁵⁵kɔ⁵⁵zɔ³¹tshɿ̠³¹liɛ³¹（= li³³ɣɛ³¹）.　麂子跑得远远的。
麂子　远远　　　跑　去了　(趋向)(语助)

2. 形容词重叠式作补语。例如:

ŋɔ⁵⁵mu³¹lɔ⁵⁵pɔ⁵⁵luɛ³³（=lɔ⁵⁵ɣɛ³¹）fɣ̠³³lɯ⁵⁵ɣɛ³¹.　我看得清清楚楚。
我 清楚　(助动)　　　(叠)(状助)看 (趋向)(语助)

ʑi⁵⁵tɕhi³¹tsɿ̠⁵⁵ɔ⁵⁵tsɿ̠⁵⁵ɣɔ³¹xɣ̠³¹xɣ̠³¹lɯ³³ɣɛ³¹.　　这棵树长得大大的。
这 一　棵树 (话助)大 (叠)(状助)(语助)

ʑi⁵⁵lɔ³¹ɔ⁵⁵kɯ⁵⁵kɔ³¹kɔ³³me⁵⁵.　　　　　他长得高高的。
他　　个子 高(叠)　(状助)

ʑi⁵⁵lɔ³¹po³¹po³¹tɕhi³¹ɣɔ³¹ʃɯ⁵⁵lɯ⁵⁵po⁵⁵lɯ⁵⁵ɣɛ³¹.　他的脸洗得白白净净的。
他　脸　　洗　(话助)白 净 更　(趋向)(语助)

ŋɔ⁵⁵tɕhiŋ³³tɕhiŋ³³tshu³¹tshu³¹ me⁵⁵kɔ³¹.　　我听得清清楚楚的。
我 清　(叠)楚　(叠)　(状助)听

（三）代词作补语

代词作补语。只有疑问代词xɔ⁵⁵mi⁵⁵ti³³ "怎么样" 能作补语,谓语与补语之间不需要助词 "得"。例如:

nv⁵⁵ɣɔ̠³¹tʃa³³xɔ⁵⁵mi⁵⁵ti³³mɔ³¹?　　　　　你睡得怎么样?
你 睡觉　怎么样　　了

ʑi⁵⁵thɯ³³ɔ⁵⁵fv³¹tʃha̠³¹pe̠³³ɣɔ³¹xɔ⁵⁵mi⁵⁵ti³³ŋɔ³¹?
大家　　饭　做　(助动)(话助)怎么样　　(语助)
大家的饭做得怎么样了?

nv⁵⁵tsɔ³¹xɔ⁵⁵mi⁵⁵ti³³mɔ³¹?　　　　　你吃得怎么样？

你　吃　怎么样　（语助）

tʃhɛ⁵⁵thu³¹thu³¹ɣɔ³¹xɔ⁵⁵mi⁵⁵ti³³ŋɔ³¹?　　　谷子春得怎么样？

谷子　春　（叠）（话助）怎么样　（语助）

tʃaŋ⁵⁵kɔ³³tʃhaŋ⁵⁵xɔ⁵⁵mi⁵⁵ti³³mɔ³¹?　　　歌唱得怎么样？

唱歌　唱　怎么样　（语）

（四）主谓短语（小句）作补语

主谓短语和补语之间要使用补语助词nɛ³³"得"。例如：

thu⁵⁵/⁵³ɣɔ³¹mɯ⁵⁵lɛ⁵³mɯ³¹/³³.　　　　　说得很好。

说　（语助）很　好

ɣɔ³¹phe̠³³ɣɔ³¹ɕaŋ³³ɣɛ³¹nɛ³³ŋɔ⁵⁵mɛ³¹（ɣ）ɯ⁵⁵tɣ³³lɔ⁵⁵/⁵³.

饭菜　（话助）香　（语助）（连）我　口水　　出　来

饭菜香得我直流口水。

zi⁵⁵lɔ³¹tʃɿ⁵⁵pɔ³¹tɯ⁵⁵nɛ³³pɔ³¹pɔ³¹nɛ³³tɯ⁵⁵ɲi⁵⁵tɣ³³ɣɛ³¹.

他　酒　喝　（施助）脸　（施助）喝　红　出（语助）

他喝酒喝得脸都红了。

ʃɿ³¹nieŋ³¹tsɿ⁵⁵ɔ³¹tɕi⁵⁵mɯ⁵⁵lɛ⁵³tɕi⁵⁵.　　学十年学得太累。

十　年　学　累　很　累

thu⁵⁵/⁵³ɣɛ³¹nɛ³³tɕi⁵⁵tsɛ³³ɯ⁵⁵ʃɿ⁵⁵tɣ³³ɣɛ³¹.　讲得大家笑了。

讲　（语助）（连）大家　笑　（趋向）（语助）

ŋɔ⁵⁵zɿ³¹nɛ³³ɔ³¹khɯ⁵⁵zɿ³¹nuɛ⁵³（＝nɔ⁵⁵ɣɛ³¹）.　我走得腿疼。

我　走（施助）腿　走痛了　痛（语助）

tʃhɛ⁵⁵ɕi³¹tʃɿ⁵⁵pɔ³¹tɯ⁵⁵⁵³ɣɛ³³nɛ³³ŋɔ⁵⁵ɣ̠³¹tɯ³¹xuŋ³³ma̠³³tɕe̠³³xua³³.

米酒　喝　（助）（连）我　头　昏　眼睛　花

米酒喝得我头晕目眩。

phe⁵⁵/⁵³nɛ³³ɔ³¹l̩⁵⁵nɛ³³ma³¹zɛ⁵³（＝zi⁵⁵ɣɛ³¹）.　涩得舌头都麻了。

涩　（连）舌头　（施助）麻　掉了　（趋向）（语助）

ɲi⁵⁵nɛ³³ma̠³³tɕe̠³³ɣɔ³¹nɛ³³tsu³³te³³（＝ta̠³³ɣɛ³¹）.　哭得眼睛肿了。

哭（施助）眼睛　（语助）（连）肿　起了　（趋向）（语助）

ŋɔ³³thu⁵⁵ɯ⁵⁵ʃɿ⁵⁵ɣɛ³¹nɛ³³ʐɯ³¹u⁵⁵ɣɔ³¹nɛ³³tɯ³¹xɣ³³xɣ³³zɛ⁵³＝zi⁵⁵ɣɛ³¹）.

我们　笑　（语助）（连）腰　（语助）（连）弯弯　去了　（趋向）（语助）

我们笑得腰都弯了。

ŋɔ⁵⁵pi³³tɕhi⁵⁵ɣɛ³¹nɛ³³khɯ³¹fv⁵⁵pɔ⁵⁵tʃɯ⁵⁵ŋɯ⁵⁵.　　我被辣得大汗淋漓。

我　给　辣　（语助）（施助）大汗淋漓　　　　　是

ɔ³¹mɔ³³lɔ³¹a⁵⁵pe̱³³luɯ³³ʃv̩³¹ɣɔ³¹muɯ⁵⁵le⁵³muɯ³¹ᐟ³³.　　妈妈带孩子很好。

妈妈 (话助) 孩子 (宾格) 带 (语助) 很　　　　好

（五）数量结构作补语

数量结构作补语，通常位于谓语中心词的后面。

tʃv̩⁵⁵ᐟ⁵³ɣɔ³¹v̩³¹nien³¹ŋuɯ⁵⁵ɣɛ³¹.　　　住（了）五年。

住　　 (话助) 五 年　 是 (语助)

fv̩³³ɣɔ³¹saŋ³³fen³³tʃoŋ³³.　　　　看（了）三分钟。

看 (话助) 三　分钟

lɔ³¹sɿ³³lɔ³¹cɔ̱³¹uaŋ³¹ʒuɯ⁵⁵phi³³phin³¹saŋ³³xui³¹ŋuɯ⁵⁵ɣɛ³¹.

老师 (话助) 小王　 (宾助) 批评　　三 回 是 (语助)

老师批评小王三回。

ŋɔ⁵⁵pɣ³¹tɕin³³li³³ɣɔ³¹saŋ³³nien³¹ŋuɯ⁵⁵ɣɛ³¹.　　我到北京三年了。

我 北京　　去 (话助) 三　 年　 是 (语助)

（六）象声词作补语

ɔ³¹pe⁵⁵muɯ⁵⁵ɣɔ³¹ka̱³⁵ka̱³⁵ti³³.　　　　　　鸭子叫得嘎嘎的。

鸭子　 叫 (话助) 嘎嘎 (状助)

tʃhe⁵⁵ɕi³¹ti³¹ɣɔ³¹ɕaŋ³¹pon³¹pon³¹ti³³.　　　　谷子打得砰砰响。

谷子　　 打 (话助) 响　呸呸　　　 (状助)

二　补语的语义类型

豪尼话的补语不发达，语义类型较少，只有以下三类。

（一）结果补语

结果补语由动词或形容词来充当，表示动作行为的结果。例如：

ŋɔ⁵⁵tsɔ³¹me̱³³.　　　　　　我吃饱了。

我 吃 饱

ʑi⁵⁵lɔ³¹zɿ³¹tshui³¹ti³³.　　　他走得快。

他　 走 快 (状助)

ʑi⁵⁵lɔ³¹ma̱³³tɕe̱³³ni̱⁵⁵.　　他眼睛哭肿了。

他　 眼　 红

ŋɔ⁵⁵xu³¹zɔ³¹ti³¹pe̱³³ɣɛ³¹.　　我打烂了碗。

我 碗　 打 碎

ʑi⁵⁵lɔ³¹ʑi⁵⁵tɕhi³¹ʒu⁵⁵ɔ⁵⁵xu⁵⁵ɣɔ³¹tʃen³¹muɯ³¹ɣɛ³¹.

他　 这 一 间 房子 (话助) 整　 好　 (语助)

他把这间房子修好了。

phiŋ³¹tsʅ³¹ɣɔ³¹ŋa³³nɛ³³pi³³/³¹pe̱³³ʐɛ⁵³（＝ʑi⁵⁵ɣɛ³¹）.

瓶子　(话助) 我 (施助) 给　打　破　　掉 (语助)

瓶子被我打破了。

ʑi⁵⁵tɕhi³¹khɯ³³kɔ⁵⁵mɔ³³tʃɛŋ³¹mɯ³¹lɔ⁵⁵mɔ³¹.　这条路要修好了。

这　一　段　路　　整　好　来 (语助)

a⁵⁵pe̱³³lɔ³¹ɔ³¹tɕi⁵⁵ʃu⁵⁵/⁵³tɕi⁵⁵kuɛ³¹（＝kɔ³³ɣɛ³¹）.　孩子站累了。

孩子　(话助) 累　站　累 掉了　　　(趋向)(语助)

（二）趋向补语

趋向补语为趋向动词，表示动作行为的趋向。例如：

lɔ³¹sʅ³³lɔ³¹zʅ³¹u̱⁵⁵la³¹.　　　　　　　老师走进来了。

老师　(话助) 走　进 (趋向)

a⁵⁵kɔ³³lɔ³¹ɔ⁵⁵xu⁵⁵ɣɔ³¹nɛ³³tshɿ³¹tɣ³³liɛ³³（＝li³³ɣɛ³¹）.

哥哥　(话助) 家　　(话助)(施助) 跑　出　去了　　(趋向)(语助)

哥哥从屋里跑出去了。

nɯ⁵⁵mɔ³³kɔ³³ʑi⁵⁵/⁵³thɯ⁵⁵ɣɛ³¹.　　　太阳开始下山了。

太阳　　落　去　　　　(语助)

ʑi⁵⁵lɯ³³ʑi⁵⁵lɔ³¹ɔ³¹phɔ³¹nɛ³³pi³³le³¹/³³v³¹tɣ³³ɣɛ³¹.

他 (宾格) 他　　爸爸　　(施助) 给　赶　(助动) 出　(语助)

他被父亲赶出去了。

nɯ⁵⁵mɔ³³tɣ³³lɔ⁵⁵/⁵³.　　　　　　　太阳出来了。

太阳　　出 来

ɔ⁵⁵xu⁵⁵ɣɔ³¹zʅ³¹to³³liɛ³³（＝li³³ɣɛ³¹）. 走进屋里。

房子　(话助) 走　进　　　　(趋向)(语助)

tʃɿ⁵⁵pɔ³¹xɛ⁵⁵tɣ³³la³¹.　　　　　　　拿出酒来。

酒　　拿 出 (趋向)

ʃo̱³¹ta̱³³lɔ⁵⁵.　　　　　　　　　　站起身来。

立 起 (趋向)

tshɿ³¹tɣ³³li³³.　　　　　　　　　　跑出去。

跑 出 (趋向)

第七节　独立语

独立语是地位独立、位置灵活的句法成分。所谓"地位独立"，是指它不与别的句子成分发生结构上的关系；所谓"位置灵活"，是指它在句子的结构配置中可以比较自由地安放，可以出现在句首、句中、句末三个句法位置。例如：

ε^{55}, $\eta o^{55}t\varphi u^{55}lo^{55/53}\eta o^{53}$.　　　　　　哎，我这就来。
哎　我　就　来 (语助)

$\varphi o^{31}m\varepsilon^{31}$, $t\int a^{33}z\textsubring{1}^{31}\gamma\varepsilon^{31}$.　　　　　　晓梅，快走吧。
晓梅　　　快走 (语助)

o^{31}, $tho^{55}nv^{31}\int o^{31}ka\eta^{33}pa\textsubring{}^{33}mo^{31}$?　　哇，是牛肉干巴吗？
哇　那　牛肉干巴　　　(语助)

$po\eta^{31}po\eta^{31}$, $tse^{55}xu\text{ɯ}^{55}lia\eta^{31}t\varphi ha\eta^{33}\eta u\text{ɯ}^{55}\gamma\varepsilon^{31}$.　砰砰，又是两枪。
砰　砰　又　也　两枪　是 (语助)

$\underline{nv^{55}f\gamma\textsubring{}^{33}fa^{31}}$, $thu\text{ɯ}^{33}t\varphi hi^{31}kh\gamma^{31}no^{31}kh\varepsilon^{55}$, $\textipa{n}i^{55}ma\textsubring{}^{31}pa^{33}me^{55}f\gamma\textsubring{}^{33}so^{55}po^{33}$
你看 (助动)　　那　一　片 茶树　　绿绿 (助动)(状助) 看 好 (助动)
$su\varepsilon^{55}$ ($=so^{55}\gamma\varepsilon^{31}$). 你看，那片茶树，绿绿的多好看啊！
好看　　好 (语助)

$thu\text{ɯ}^{33}t\varphi hi^{31}kh\gamma^{31}no^{31}kh\varepsilon^{55}$, $\textipa{n}i^{55}ma\textsubring{}^{31}pa^{33}me^{55}f\gamma\textsubring{}^{33}so^{55}po^{33}su\varepsilon^{55}$
那　一　片 茶树　　绿绿　　(状助) 看 好 (助动) 好看
($=so^{55}\gamma\varepsilon^{31}$), $\underline{nv^{55}f\gamma\textsubring{}^{33}fa^{31}}$. 你看那片茶树，绿绿的多好看啊，你看。
　好 (语助)　　你 看 (补)

$thu\text{ɯ}^{33}t\varphi hi^{31}kh\gamma^{31}no^{31}kh\varepsilon^{55}$, $\underline{nv^{55}f\gamma\textsubring{}^{33}fa^{31}}$, $\textipa{n}i^{55}ma\textsubring{}^{31}pa^{33}me^{55}f\gamma\textsubring{}^{33}so^{55}po^{33}$
那　一　片 茶树　　你 看 (补)　　绿绿　　(状助) 看 好 (助动)
$su\varepsilon^{55}$ ($=so^{55}\gamma\varepsilon^{31}$). 那片茶树，你看，绿绿的多好看啊！
　好　　好 (语助)

$\eta o^{55}\int e\eta^{33}thi^{31}\gamma o^{31}$, $nv^{55}xu\text{ɯ}^{55}xo^{55}lu\text{ɯ}^{33}$, $xo^{55}\textipa{n}i^{31}a^{31}xa^{33}ts\textsubring{}^{33}ti^{31}mo^{31}zo^{33}u^{55}$.
我 身体　(话助)　你 也　知道　　重活　力气　重 (状助) 不　能 做
我这身体，你也知道，不能干重活啊。

$nv^{55}f\gamma\textsubring{}^{33}ta\textsubring{}^{33}n\varepsilon^{33}mu\text{ɯ}^{55}le^{53}ni\varepsilon\eta^{31}t\varphi hi\eta^{33}$, $\varepsilon^{55}\int i^{31}sui^{55}mo^{31}khu\text{ɯ}^{55}\varphi i^{31}pa\textsubring{}^{31}$?
你 看起 (连) 非常 年轻　　　　二十岁　不 到　还 (语助)
你看来还很年轻，不到二十岁吧？

$t\int e\eta^{55}me^{55}thu^{55/53}$, $nv^{55}\textipa{z}i^{55}\textipa{z}i^{31}tsh\text{ɯ}^{55}\textipa{z}i^{55}\textipa{z}i^{31}t\varphi e\eta^{55}\int i^{55}tso^{55}\gamma o^{31}mu\text{ɯ}^{55}le^{53}$
真　(状助) 说　　你 这 一 次 这 一　件　事 做 (话助) 非常
$mu\text{ɯ}^{31/33}$. 说真的，这次你这件事做得很好。
好

第八节 外位语

外位语是位于句外，内有称代的句法成分。主要有以下特点。

一 位于句外

它用在基句之外，跟基句之间有语音停顿。

二 内有称代

它虽然用在基句之外，但在基句内部有一个代词或名词性成分可以称代它。

三 不能居中

有的外位语可以在基句前后自由移动，但不能插入基句之内。外位语有前外位语和后外位语两种类型。例如：

(1) $zi^{55}t\varphi hi^{31}xu^{31}t\int\bar{1}^{55}p\jmath^{31}$, $nv^{55}thu^{33}th\jmath^{55}tu^{55}u^{55}\gamma\varepsilon^{31}$.
　　这　一　碗　酒　　你　　那　喝　进(语助)
　　这碗酒，你把它喝下去嘛。

(2) $zi^{55}n\jmath^{31}$（$=n\underline{e}^{31}\gamma\jmath^{31}$), $t\varphi h\jmath^{31}$（$=t\varphi hi^{31}\gamma\jmath^{31}$) $\int\bar{1}^{55}l\jmath^{31}s\bar{1}^{33}$, $t\varphi h\jmath^{31}$
　　他　两个　二　个　　一　个　　一　个　是 老师　一　个
　　（$=t\varphi hi^{31}\gamma\jmath^{31}$) $\int\bar{1}^{55}zi^{33}seŋ^{33}$. 他俩，一个是老师，一个是医生。
　　　一　　个　　是　医生

(3) $nv^{55}n\jmath^{31}$（$=n\underline{e}^{31}\gamma\jmath^{31}$), $t\varphi hi^{31}m\jmath^{55}tsh\bar{1}^{55}thu^{33}$, $t\varphi hi^{31}m\jmath^{55}m\jmath^{31}tsh\bar{1}^{55}thu^{33}$.
　　你　两个　二　个　一　个 胖人　　一　个 不　胖人
　　你们两个，一个胖子，一个瘦子。

(4) $\jmath^{31}t\int hu^{33}t\int u^{33}$: $\varphi i^{55}\underline{l}i^{55}m\jmath^{55}t\int u^{33}$, $pu^{55}\underline{l}\jmath^{31}$、$m\jmath^{55}mv^{33}$、$\jmath^{55}pi^{33}$……
　　什么　有　石榴　　柿子　芒果　莸果
　　什么都有：石榴、柿子、芒果、莸果……

(5) $k\gamma^{31}t\int u^{31}\gamma\jmath^{31}\jmath^{31}t\int hu^{33}\jmath^{55}ts\bar{1}^{55}xu^{55}t\underline{e}^{33}$: $z\bar{1}^{31}pv^{31}$、$thu^{31}\int u^{55}$、
　　山 (话助)什么　树　也　有　香椿　松树
　　$tshu^{31}ts\bar{1}^{55}$……
　　棕树
　　山上有各种树：香椿树、松树、棕树……

上面五例中，外位语分别是：$zi^{55}t\varphi hi^{31}xu^{31}t\int\bar{1}^{55}p\jmath^{31}$ "这碗酒"，$zi^{55}n\jmath^{31}$ "他俩"，$nv^{55}n\jmath^{31}$（$=n\underline{e}^{31}\gamma\jmath^{31}$) "你们两个"，$\varphi i^{55}\underline{l}i^{55}m\jmath^{55}t\int u^{33}$、$pu^{55}\underline{l}\jmath^{31}$、 mɔ⁵⁵mv̩³³、ɔ⁵⁵pi³³"石榴、柿子、芒果、菠果",以及z̩³¹pv̩³¹、thu³¹ʃu⁵⁵、tshu³¹tsɿ⁵⁵"香椿、松树、棕树",它们在基句中都有与之相呼应的称代成分。例(1)ʑi⁵⁵tɕhi³¹xu³¹tʃɿ⁵⁵pɔ³¹的称代成分是thɔ⁵⁵"那",例(2)和例(3)中两个的称代成分都是tɕhi³¹mɔ⁵⁵……tɕhi³¹mɔ⁵⁵……"一个……一个",例(4)和例(5)中的外位语在句中的称代成分是ɔ³¹tʃhɯ³³"什么"。

第六章 特殊句式

豪尼话的句式可分为基本句式和特殊句式两种。基本句式是指最基本、最简单、最固定的句子结构格式，如"主语+谓语""主语+宾语+谓语"等。但为了表达各种复杂的意义，豪尼话在实际运用中，通过句式的变化，生成各种特殊的句式。下面介绍豪尼话中几个常见的特殊句式。

第一节 判断句

豪尼话的判断句是主谓句中的一种类型，也是一种命题结构。主要用以表达言说者对事件的一种认知判断，倾向于使用话题—说明结构来表达。下面主要从形式分类、意义类型、句式特点三个方面进行描述。

一 形式分类

从形式角度来看，豪尼话的判断句可分为有标记判断句和无标记判断句两类。

（一）有标记判断句

有标记判断句的判断动词有 $\eta\mu^{55}$ "是"和 ηa^{53} "是"两个。ηa^{53} "是"的使用频率较高。可分为以下三种情况：

1. 表示强调的肯定句使用判断动词 $\eta\mu^{55}$ "是"。例如：

$zi^{55}lo^{31}\eta o^{31}$（$=\eta o^{33}o^{33}$）$o^{31}pv^{55}\eta\mu^{55}$.　　　　　他是我的爷爷。
他　　我的　　我的　爷爷　是

$\eta o^{55}zo^{31}m\mu^{55}kh\varepsilon^{33}th\mu^{33}lo^{55/53}$（$=lo^{55}\gamma o^{31}$）$\eta\mu^{55}ci^{31}$.　我现在才刚起床。
我　现在　　才　起来了　来（语助）　是　还

2. 在否定句和选择疑问句中使用 $\eta\mu^{55}$ "是"。例如：

$zo^{33}t\varphi hi^{55/53}o^{33}mo^{31}\eta\mu^{55}$.　　　　这个不是辣的。
这辣　的　不是

$zo^{33}\gamma o^{31}t\mu^{55/53}o^{33}mo^{31}\eta\mu^{55}$.　　　这不是喝的。
这（话助）喝　的　不是

ʑi⁵⁵pɛ³¹tsɛ⁵⁵mɔ³¹ɯ⁵⁵.　　　　　　　这不是虾。

这　虾　　不　是

nv⁵⁵thɯ³³ʑuɛ³³na̠³¹tshɿ⁵⁵zɔ³¹mɔ³¹，ŋɯ⁵⁵/⁵³mɔ⁵⁵ʃɳ⁵⁵mɔ³¹ŋɯ⁵⁵/⁵³？

你们　　越南　人　（语助）　是　　还是　　不　是

你们是不是越南人？

nv⁵⁵ʑi⁵⁵ɣɔ³¹xu⁵⁵xu³¹ŋɯ⁵⁵mɔ⁵⁵ʃɳ⁵⁵mɔ³¹ŋɯ⁵⁵？　　你去的是不是墨江？

你　去　（话题）墨江　是　　还是　　不　是

nv⁵⁵xɔ³¹n̠i³¹tshɿ⁵⁵zɔ³¹ŋɯ⁵⁵mɔ⁵⁵ʃɳ⁵⁵mɔ³¹ŋɯ⁵⁵？　　　　你是不是豪尼人？

你　豪尼人　　　　是　不　是

3.非强调的肯定句使用ŋɯ⁵⁵"是"的变体ŋa⁵³。例如：

ŋɔ⁵⁵zɔ³¹mɯ⁵⁵khe³³thɯ³³lo⁵⁵/⁵³（＝lo⁵⁵ɣɔ³¹）ŋa⁵³.　我现在刚起床。

我 现在　才　起　来　（语助）是

thɯ³³thɔ⁵⁵ɔ³¹phɔ³¹lo³¹/³³（＝lɔ³¹ɔ³³）ʑa̠³³ku⁵⁵pɔ³¹l̠u³³（ŋa⁵³）.

那　那　爸爸　的　　　（宾助）的　水烟筒　　　是

那个是爸爸的水烟筒。

ʑi⁵⁵thɯ³³ŋa³³tho³¹a⁵⁵ʒɣ³¹n̠i⁵⁵（ŋa⁵³）.　　　他们是我家的亲戚。

他们　我　家　亲戚　　　是

ŋɔ⁵⁵khe³³ʑi⁵⁵lɔ³¹ʃu³¹u³¹tshɿ⁵⁵zɔ³¹（ŋa⁵³）.我和他是癸能人。

我　和　他　癸能　人　　　是

（二）无标记判断句

无标记的判断句大多出现在口语对话中，判断的功能由整个句式来承担。可分为以下三种情况。

1.省略了判断动词ŋa⁵³"是"，但ŋa⁵³"是"也可以补出。例如：

zɔ⁵⁵fɔ³³xu⁵⁵xu³¹（ŋa⁵³）.　　　　　这边是墨江。

这边　墨江　（是）

ŋɔ⁵⁵xɔ³¹n̠i³¹tshɿ⁵⁵zɔ³¹（ŋa⁵³）.　　　我是豪尼人。

我　豪尼　人　（是）

thɔ⁵⁵fv⁵⁵ʃv⁵⁵nɔ³¹tʃɳ³³（ŋa⁵³）.　　那是金耳环。

那　金　耳环　是

zɔ³¹nv³³the⁵⁵ʑaŋ³¹tɕe³¹（ŋa⁵³）.　　今天是太阳节。

今天　太阳节　是

ʑi⁵⁵lɔ³¹a⁵⁵ta⁵⁵pɔ³¹xu³¹（ŋa⁵³）.　　他姐姐是白宏人。

他　姐姐　白宏　（是）

lɔ³¹sɿ³³ɔ³¹sɿ⁵⁵/⁵³mɔ³¹？　　　　谁是老师？

老师　谁　（语助）

ŋɔ⁵⁵lɔ³¹sɿ³³（ŋa⁵³）.　　　　　　　　　　我是老师。

我　老师　　是

xɔ³³tɕhɔ³¹（＝tɕhi³¹ɣɔ³¹）lɔ³¹mɔ³¹lɔ³¹sɿ³³ɣɔ³¹?　哪一个是老师？

哪　一个　　　　一个　(主助)(语助)　老师　(语助)

2. 使用话题助词ɣɔ³¹标明句子的判断义。例如：

ʑi⁵⁵tho³¹ɔ⁵⁵xu⁵⁵ɣɔ³¹tʃv⁵⁵/⁵³lɔ³¹ɲɔ³³a⁵⁵ko³³.　　在他家的是我哥。

他家　　家　(话助)在　(主助)我　哥哥

zɔ³¹nv³³ɣɔ³¹kɛ⁵⁵tsɿ³¹thiɛŋ³³.　　　　　　今天赶集。

今天　(话助)　街子天

zɔ³¹nv³³ɣɔ³¹xɔ³¹mɔ³³ʑɛ³¹xɔ³¹mɔ³³xɔ⁵⁵mɔ³¹?　今天是几月几号？

今天　(话助)　几　　月几　　号　(语助)

zɔ³¹nv³³ɣɔ³¹ɣo̠³¹tshɔ⁵⁵ʑɔ⁵⁵mɯ³¹.　　　　今天天气更好。

今天　(话助)天气　　更　好

zɔ³¹nv³³ɣɔ³¹khv̠³¹tsɔ³¹tsɔ³¹.　　　　　　今天是苦扎扎节。

今天　(话助)苦扎扎节(豪尼人的传统节日，农历六月二十四)

zɔ³¹nv⁵⁵ɣɔ³¹ɕiŋ³³tɕhi³³ʑi³¹?　　　　　　今天是星期一吗？

今天　(话助)星期一

使用话题助词ɣɔ³¹标明主语时，句末还可加ŋa⁵³ "是"。例如：

thɔ⁵⁵ɣɔ³¹tsɔ³¹（＝tsɔ³¹ɔ³³）（ŋa⁵³）.　　这是吃的。

这　(话助)吃的　　吃的　　　是

thɔ⁵⁵ɣɔ³¹u³¹ɔ³³（ŋa⁵³）.　　　　　　　那是卖的。

那　(话助)卖的　是

u³¹u³¹ɣɔ³¹phɯ⁵⁵sɿ³¹ti³³（ŋa⁵³）.　　　　天是蓝的。

天　(话助)蓝　(状助)　是

ʑɔ⁵⁵ɣɔ³¹ɔ³¹sɿ⁵⁵tho³¹tʃɛ³³na̠³³mɔ³¹（ŋa⁵³）?　这是谁家的紫米？

这　(话助)谁家　　紫米　　(语助)

thɯ³³ɣɔ³¹tɕhi³¹kha³³ʑi⁵⁵lɔ³³ɔ⁵⁵xu³¹（ŋa⁵³）.　那一件是他的衣服。

那　(话助)一　件　他的　衣服　是

ŋɔ⁵⁵ɣɔ³¹tʃaŋ³³ɕiŋ³³mɔ³¹ŋɯ⁵⁵，ŋɔ⁵⁵ɣɔ³¹uaŋ³¹mɛŋ⁵⁵ʑiŋ³¹（ŋa⁵³）.

我　(话助)张鑫　　不　是　我　(话助)王梦颖　　　(是)

我不是张鑫，我是王梦颖。

tʃhaŋ⁵⁵ko³³tʃhaŋ⁵⁵lɔ³¹ɣɔ³¹ɲɔ³³a⁵⁵tshɿ̠³³（ŋa⁵³）.　唱歌的是我的嫂子。

唱歌　　唱　(主助)(话助)我　嫂子　是

二　意义类型

判断句中主语与谓语的意义关系主要有以下三种。

（一）主语与谓语同指一个事物

这种判断句类型最为常见。例如：

thɔ⁵⁵mo³¹thɔ³¹tʃhɤ̠³³（ŋa⁵³）.　　　　　　　那是摩托车。
那　摩托车　　　　是

na̠³³ʃɯ³¹ʃuaŋ³³pɔ³³tɕɛ³³（ŋa⁵³）.　　　　　明天是双胞节。
明天　双胞节　　　　　是

tʃhaŋ⁵⁵ko³³tʃhaŋ⁵⁵lɔ³¹ŋɔ³³a⁵⁵tsʰn̠³³.　　　　唱歌的是我的嫂子。
唱歌　唱　(主助)我　嫂子

ʒɔ³³tsha³¹na̠³³xɤ³¹tʃhɛ⁵⁵ɕi³¹（ŋa⁵³）.　　　　这是今年的谷子。
这　今年　　　谷子　　是

ʐi⁵⁵thɯ³³ŋɔ³³ʒɯ⁵⁵ti³¹lo⁵⁵ᐟ⁵³（＝lɔ⁵⁵ɣɔ³¹）. 打我的是他们。
他们　我　(宾助)打来　　　来　(语助)

ʐa̠³¹sn̠³³ŋɔ³³tieŋ⁵⁵xua⁵⁵ti³¹la³¹nv⁵⁵mɔ³¹? 刚才打电话给我的是你吗？
刚才　我　电话　　打(趋向)你　(语助)

（二）谓语表明主语的种类、属性

例如：

ŋɔ⁵⁵khɛ³³ʐi⁵⁵lɔ³¹xu⁵⁵xu³¹tsʰn⁵⁵zɔ³¹（ŋa⁵³）ŋɯ⁵⁵ɕi³¹. 我和他是墨江人。
我　和　他　墨江　人　　　　　是

ʐi⁵⁵thɯ³³ŋɔ³³a⁵⁵ta⁵⁵（ŋa⁵³）.　　　　　　她们是我的姐姐。
她们　我　姐姐　是

ʐi⁵⁵lɔ³¹v̠³¹ti⁵⁵ɣɔ³¹ʒv³³ʃɤ̠³¹（ŋa⁵³）.　　　　她的包头是新的。
她　包头　(话助)(前缀)新　是

ʐi⁵⁵lɔ³¹v̠³¹ti⁵⁵ɣɔ³³　ʒv³³ʃɤ̠³¹ŋɯ⁵⁵ɕi³¹. 她的包头还是新的。
她　　包头　(话助)(前缀)新　是　还

ʐi⁵⁵thɯ³³tɕi⁵⁵tsɛ³³mi⁵⁵nv³³v⁵⁵ɣɛ³¹ŋɯ⁵⁵ɕi³¹. 这些都是昨天买的。
这些　都　　昨天　买(语助)是　还

（三）谓语表明主语的时间

例如：

sɔ⁵⁵phɛ³¹nv³³fv³³mɔ³³thu⁵⁵ŋɯ⁵⁵ɣɛ³¹.　　　　后天是祭竜节。
后天　　　祭竜节　　是　(语助)

na̠³³ʃɯ³¹thai⁵⁵ʐaŋ³¹tɕe³¹mɔ³¹ŋɯ⁵⁵.　　　　明天不是太阳节。
明天　太阳节　　　　不　是

na³³ʃɯ³¹tsɛ⁵⁵ɕiŋ³³tɕhi³³sɿ³⁵ŋɯ⁵⁵ɣɛ³¹.　　　　　明天又是星期四了。
明天　　又　星期四　　　　是 (语助)

三　句式特点

（一）判断动词的隐现条件

豪尼话的判断动词ŋɯ⁵⁵"是"在肯定句和一般疑问句中并非强制使用，除非在强调句子的判断意义时才会出现。ŋa⁵³可能是ŋɯ⁵⁵的变体形式，但已发展为两个词。而在否定句中，豪尼话判断句的判断动词ŋɯ⁵⁵"是"在否定副词mɔ³¹"不"之后必须使用。在选择疑问句中，也是必须使用。例如：

mi³¹tsɔ³¹ʒɔ³⁵ʒɔ³¹thɯ³³kɤ³¹tʃɯ³¹mɔ⁵³nɛ³³ɕɛ³¹.　　柴是在自己的山上砍的。
柴　　自己 (结助) 山　 (方助) (连) 砍

taŋ³¹fɛŋ³¹nv⁵⁵zɔ⁵⁵xɣ³¹lɔ³¹mɔ³¹?　　　　　　唐凡是你的长子吗？
唐凡　　你　长子 (结助) 吗

thɔ⁵⁵mɔ³¹thɔ³¹tʃhɣ³³ŋɔ³³ɔ³³mɔ³¹ŋɯ⁵⁵.　　　　那不是我的摩托车。
那　摩托车　　我　的　不　是

nv⁵⁵xɔ³¹n̩i³¹tshɿ⁵⁵zɔ³¹mɔ³¹ŋɯ⁵⁵ɣɛ³¹lɛ³¹?　　　你不是豪尼人吧？
你　豪尼　人　　不　是 (语助)(语助)

zi⁵⁵lɔ³¹nv⁵⁵a⁵⁵ta⁵⁵ŋɯ⁵⁵mɔ⁵⁵ʃi⁵⁵mɔ³¹ŋɯ⁵⁵?　　她是不是你姐姐？
她　　你　姐姐　是　还是　不　是

（二）句式意义

豪尼话判断句句式意义的区别是通过句尾语气助词反映出的。豪尼话表达陈述式、疑问式、测度式、惊讶式等语气的句子，句末语气词都可根据说话者的态度或意图再分为两类。一类称存在式，表示存在的语气，句子意义的重点在于告诉别人存在一件事，谓语说明主语有什么动作行为，有什么性质状态。这类句子相当于汉语"……的"或"是……的"的句式。另一类叫变化式，表示变化的语气，句子的意义着重说明一件事的变化，告诉别人发生了一件什么事，做了一件什么事，或者出现了一种什么动作行为或性质状态，谓语说明主语实现了什么动作行为或性质状态。例如：

nv⁵⁵ɔ⁵⁵xu³¹zi⁵⁵tɕhi³¹kha³³ɣɛ³¹lɛ³¹.　　　　你的衣服是这一件。（陈述式）
你　衣服　这　一　　件 (语助)(语助)

nv⁵⁵ɔ³¹tʃhɯ³³v⁵⁵ɔ³³mv³¹mɔ³¹?　　　　　　你买的是什么？（疑问式）
你　什么　　买　的 (助动)(语助)

nv⁵⁵zi⁵⁵ɣɔ³¹xu⁵⁵xu³¹ŋɯ⁵⁵mɔ⁵⁵ʃi⁵⁵mɔ³¹ŋɯ⁵⁵? 你去的是不是墨江？（测度式）
你　去 (话题) 墨江　是　还是　不　是

nv⁵⁵xɔ³¹n̩i³¹tsʰ̩⁵⁵zɔ³¹ŋɯ⁵⁵mɔ³¹ŋɯ⁵⁵?　　你是不是豪尼人？（测度式）
你　豪尼人　　　　是　不　是
ʑi⁵⁵lɔ³¹ɣɔ³¹lɔ³¹tʃaŋ⁵⁵tʰo³¹ɔ³³zɔ³¹mi³¹ɣɔ³¹!　她是老张家的女儿!（惊讶式）
她　（话助）老张家　　　的 女儿　（语助）

第二节　话题句

豪尼话有话题句，是一种话题凸显的语言。话题句包括话题和述题两部分，通过话题标记ɣɔ³¹来体现话题意义。豪尼话的话题标记是非强制使用的。豪尼话的话题和主语是两个不同层面的概念。主语是从词与词之间的语法结构关系的角度说的，属于句法学概念；话题则是从表达的角度说的，属于语用学概念，二者不能等同。从话题和句子成分的关系来看，由于话题标记的作用，豪尼话话题既可以是主语，也可以是宾语、状语，在句子中都能被强调当话题使用，而定语、补语则不能作话题。下面从话题句的类型、话题与主语的区别两个方面来说明。

一　话题句的类型

依据不同的划分角度，豪尼话话题句的类型不同。从形式角度出发，话题句可以分为有标记话题句和无标记话题句；从话题成分角度出发，豪尼话话题句可以大致分为十种类型。

（一）有标记话题句和无标记话题句

1. 有标记话题句

有标记话题句通常都在话题成分后加话题助词ɣɔ³¹。例如：

xɔ³¹tʃ̩⁵⁵ɣɔ³¹pv⁵⁵/⁵³ɣɛ³¹.　　　　　　　　鸟飞了。
鸟　（话助）飞　（语助）

ɣ̩³¹ti⁵⁵ɣɔ³¹ɣo̩³¹xɔ⁵⁵mɔ⁵³tʃɯ³³.　　　　包头在床上。
包头 （话助）床　（方助）在

ʑi³¹ʑi⁵⁵tʃoŋ³¹na̩³³tɕʰi³¹ɣɔ³¹tsɔ³¹ɔ³³ŋa⁵³.　　这种药是吃的。
这 一 种　药　（话助）吃 的 是

ɔ³¹kʰɯ⁵⁵ɣɔ³¹ʃ̩⁵⁵kɔ⁵⁵mɔ³³z̩³¹mɯ³³ti³³.　　脚是用来走路的。
脚　（话助）是 路　　走（助动）（状助）

ʑi⁵⁵ɣo̩³¹pʰe̩³³ɣɔ³¹mɯ⁵⁵lɛ⁵³ɛ⁵⁵/⁵³mɔ³¹ŋɯ⁵⁵.　这菜不是很好吃。
这 菜　　（话助）很　好吃 不 是

ɣo³¹pʰe̩³³ɣɔ³¹ŋa³³ne³³tsɔ³¹lɯ⁵⁵ɣɛ³¹, ɔ⁵⁵fv³¹ŋɔ⁵⁵mɔ³¹tsɔ³¹lɯ⁵⁵ɕi³¹.
菜　（话助）我（施助）吃 完　（语助）饭 我 没 吃 完 还
菜我吃完了，饭我还没吃完。

2. 无标记话题句

无标记话题句使用语序手段来指明话题。将话题成分提至句首，述题在后。话题与述题之间可以通过语气停顿分开。例如：

ʑi⁵⁵ɔ³¹tʃɯ³³a⁵⁵ʐɛ³³?　　　　　　　　这是什么花？

这　什么　　花

ʑi⁵⁵lɔ³¹fv⁵⁵tʃ̩³¹xɔ⁵⁵tɕhi⁵⁵le⁵³ti³³xɛ⁵⁵/⁵³?　　他赚多少钱？

他　　钱　　多少　　（状语）拿

ʑi⁵⁵lɔ³¹a⁵⁵ko³³lo³¹mɯ⁵⁵le⁵³fv³³sɔ⁵⁵.　　他的哥哥长得很帅。

他　　哥哥　（话助）很　　看　好

ŋɔ⁵⁵a³¹xa̧³¹mɔ³¹ŋɯ⁵⁵, nv⁵⁵ɔ³¹tʃɯ³³mɔ³¹?　我不是汉族，你呢？

我　汉族　不　是　　你　什么　　（语助）

豪尼话的话题标记有逐渐脱落的趋势。许多句子可以不使用话题标记，而是使用语序手段来表现话题，在句首的是话题。

（二）话题成分

豪尼话话题成分的种类大致有十种。普通名词、名物化结构以及受事、时间等名词性成分，代词、名量结构、数量结构以及动词、动词性结构、形容词性结构等都能作话题。副词和虚词不能作话题。

1. 名词话题句

（1）一般名词作话题

tu³¹pɔ³¹ɣɔ³¹mɔ³¹thu⁵⁵lɯ⁵⁵ɣɔ³¹!　　　　话是说不完的！

话　（话助）不　说　完　（语助）

ɔ⁵⁵xu⁵⁵ɣɔ³¹ɔ³¹phɔ³¹lo³¹nɛ³³xɛ⁵⁵pi³³/³¹.　　房子是父亲给的。

房子　（话助）爸爸　（结助）（施助）拿　给

ɔ⁵⁵fv³¹ɣɔ³¹tʃha̧³¹mɯ³¹/³³ma³¹tʃha̧³¹mɯ³¹/³³?　饭做好没做好？

饭　（话助）煮　好　　没　煮　好

tʃi⁵⁵pɔ³¹tɕhi³¹ti³¹mɔ³¹tɯ⁵⁵lɯ⁵⁵ʑi⁵⁵tɕhi³¹.　酒是永远喝不完的。

酒　　永远（状助）不　喝　完　（趋向）

（2）专有名词作话题

uaŋ³¹fɛ³¹ɣɔ³¹xɔ³¹ŋ̩i³¹tsh̩⁵⁵zɔ³¹.　　　　王凡是豪尼人。

王凡　（话助）豪尼　人

uaŋ³¹mɛŋ⁵⁵ʑiŋ³¹ɣɔ³¹xɔ³³/³¹tʃv⁵⁵/⁵³?　　王梦颖在哪里？

王梦颖　　　（话助）哪　　在

uaŋ³¹mɛŋ⁵⁵ʑiŋ³¹ɣɔ³¹ʑi⁵⁵lɔ³³zɔ³¹mi³¹.　　王梦颖是他的女儿。

王梦颖　　　（话助）他　女儿

（3）时间名词作话题

$zɔ^{31}nɣ^{33}ɣɔ^{31}nɣ^{55}pi^{33}v^{31}ɣɛ^{31}lɛ^{31}$.　　　　　　　今天你挨骂了。

今天 （话助） 你 给 骂 （语助）（语助）

$zɔ^{31}nɣ^{55}ɣɔ^{31}ŋa^{33}tho^{31}ɔ^{55}tʃʰɯ^{31}mɔ^{35}ti^{31}lɔ^{55/53}$.

今天 （话助） 我家 朋友 许多 来

今天我家来了许多朋友。

$na̱^{33}ʃɯ^{31}ɣɔ^{31}ɔ^{55}xu^{55}ɣɔ^{31}xɯ^{55/53}ʑi^{55}$.　　　　　明天回家。

明天 （话助） 家 （话助） 回 去

$na̱^{33}ʃɯ^{31}ɣɔ^{313}tɕʰi^{33}tʰieŋ^{33}$，$ŋɔ^{55}tɕʰi^{31}keŋ^{33}mɔ^{31}u^{55}$.

明天 （话助） 星期天 我 一切 不 要

明天是星期日，我有空。

$zɔ^{31}nɣ^{33}ɣɔ^{31}saŋ^{33}zɛ^{31}ʃi^{31}saŋ^{33}xɔ^{55}$.　　　　今天三月十三日。

今天 （话助） 三 月 十 三 日

$sɔ^{55}pʰɛ^{31}nɣ^{33}ɣɔ^{31}ɔ^{55}ʃu^{31}u^{31}ʑi^{55}mu^{33}$.　　　　后天我去癸能。

后天 （话助） 我 癸能 去 （助动）

$ɣɔ^{31}tɕʰe̱^{31}ɣɔ^{31}ʑi^{55}lɔ^{31}lɔ^{55/53}$（＝$lɔ^{55}ɣɔ^{31}$）？　晚上他来了？

晚上 （话助） 他 来了 来 （语助）

$ʑi^{55}lɔ^{31}mi^{55}nɣ^{33}ɣɔ^{31}tʃɣ^{31}pɯ^{33}ʑi^{55/53}ɣɔ^{31}$.　　昨天他去了龙坝乡。

他 昨天 （话助） 龙坝 去 （语助）

$mi^{55}nɣ^{33}ɣɔ^{31}ŋɔ^{55}uaŋ^{31}feŋ^{31}ʒɯ^{55}mv^{55}ɣɔ^{31}$.　　昨天我看见王凡了。

昨天 （话助） 我 王凡 （宾助） 看见（语助）

（4）地点、方位名词作话题

$lɔ^{31}tʰu̱^{33}fɔ^{33}ɣɔ^{31}ŋa^{33}tʰo^{31}$.　　　　　　　前面是我家。

前面 （方助）（话助） 我家

$pɔ^{55}tsɛ^{55}fɔ^{33}ɣɔ^{31}lu^{55}pɔ^{31}tɕʰi^{31}mɔ^{55}$.　　　　旁边是一条小河。

旁边 （方助）（话助） 小河 一 条

$tsʰo^{31}lo^{31}fv̱^{33}ɕi^{31}ɣɔ^{31}xɔ^{55}tʃv^{55/53}mɔ^{31}$？　措乐村在哪里？

措乐村 （话助） 哪 在 （语助）

2. 名物化结构话题句

（1）形容词的名物化结构作话题

$ni̱^{55}tʃʰɛ^{31}ti^{33}kʰɔ^{33}ɣɔ^{31}mɛ^{55/53}$.　　　　　　红的好吃。

红 （后缀）（状助） （话助） 好吃

$ni̱^{55}tʃʰɛ^{31}ti^{33}kʰɔ^{33}ɣɔ^{31}mɔ^{31}mɯ^{31}$.　　　　　红的不好。

红 （后缀）（状助） （话助）不 好

na^{33}ɣɯ^{31}ti^{33}khɔ^{33}ɣɔ^{31}ŋɔ^{55}mɔ^{31}u^{55}.　　　　　　　黑的我不要。

黑 （后缀）（状助）　（话助）我 不 要

ȵi^{55}tʃhɛ^{31}ti^{33}khɔ^{33}ɣɔ^{31}mɛ$^{55/53}$ti^{31}lɛ^{53}ma^{31}tʃɯ^{33}. 红的不一定就好吃。

红 （后缀）（状助）　（话助）好吃 （状助）只 不 有

（2）动词的名物化结构作话题

zɔ^{31}nv^{33}ʑi^{55}ɣɔ^{31}ŋɔ^{55}.　　　　　　　　　今天去的是我。

今天 　去（话助）我

su^{31}ɣɔ^{31}tsʅ^{55}ɔ^{33}ɣɔ^{31}nɛ^{33}nv^{33}zɔ^{31}mi^{31}lɔ^{31}? 读书的是你女儿？

书 　读 的（话助）（施助）你 女儿 （话助）

ʐa^{31}sʅ^{33}tsɔ^{31}ɣɔ^{31}ɔ^{31}tʃhɯ^{33}ɔ^{31}ɕi^{31}mɔ^{31}?　 刚才吃的是什么水果？

刚才 吃（话助）什么 　水果 （语助）

3. 代词话题句

（1）人称代词作话题

nv^{55}ɣɔ^{31}lɔ^{31}sʅ^{33}mɔ^{31}?　　　　　　　　　你是老师吗？

你 （话助）老师 吗

ŋɔ^{55}ɣɔ^{31}zɔ^{31}mi^{31}ʐɔ^{55}xɣ^{31}lɔ^{31}.　　　　　我女儿更大。

我 （话助）女儿 更 大（结助）

nv^{55}ɣɔ^{31}zʅ^{31}ɣɛ^{31}ti^{33}khe^{33}u^{33}xɣ^{31}ȵe^{33}phe^{33}tʃha^{31}.

你 （话助）走 （语助）（状助）（时助）门 　锁 （结助）（助动）

你走的时候把门锁上。

ɔ^{33}tɯ^{33}thɯ^{55}ɣɔ^{31}ʑi^{55}thɔ^{31}ɣɔ^{31}kɔ^{55}mɔ^{33}zʅ^{31}li^{33}ɣɔ^{31}.

我们 　　　（话助）他家 （话助）路 　走去（语助）

我们走着去他家吧。

ʑi^{55}lɔ^{31}ɣɔ^{31}ʑuŋ^{31}naŋ^{31}xu^{55}xu^{31}xɔ^{31}ȵi^{31}tsʅ^{55}zɔ^{31}.

他 　（话助）云南 　墨江 　豪尼 人

他是云南墨江豪尼人。

nv^{55}ɣɔ^{31}ɔ^{31}sʅ^{55}ti^{33}ŋɔ^{33}mɔ^{31}xɔ^{55}lɯ^{31}.　　　你是谁我都不知道。

你 （话助）谁 （状助）我 不 知道

nv^{33}thɯ^{55}ɣɔ^{31}xɔ^{31}ȵi^{31}tsʅ^{55}zɔ^{31}mɔ^{31}?　　你们是豪尼人吗？

你们 　　（话助）豪尼 人 　　　（语助）

nv^{55}ɣɔ^{31}ɔ^{55}xu^{31}mɔ^{35}ti^{31}tue^{33}（＝tu^{33}ɣe^{31}）.　你多穿件衣服。

你 （话助）衣服 多（状助）穿 　　穿（语助）

ʑi^{55}lɔ^{31}ɣɔ^{31}a^{55}ta^{55}lɔ^{31}, nv^{55}xɔ^{33}tɕhɔ^{31}（＝tɕhi^{31}ɣɔ^{31}）lɔ^{31}mɔ^{31}?

她 　（话助）姐姐（话助）你 哪 一个 　一 个 （话助）（语助）

她是姐姐，你呢？

（2）人称代词加"的"构成"的字结构"作话题

ʑi⁵⁵lɔ³³ɣɔ³¹tʃi⁵⁵pɔ³¹！　　　　　　　他的是酒！

他的 （话助）酒

ŋɔ⁵⁵ɔ³³ɣɔ³¹muɯ³¹mɔ⁵⁵ʃi⁵⁵mɔ³¹muɯ³¹？　我的好还是坏？

我 的（话助）好 还是　不 好

ʑi⁵⁵lɔ³³ɣɔ³¹nv⁵⁵liaŋ³¹pɛŋ⁵⁵mɔ⁵³tha³¹nɛ³³zɔ⁵⁵mɔ³¹.

他的 （话助）你 两倍 比 　（施助）更 多

他的是你的两倍还多。

（3）指示代词作话题

thɔ⁵⁵ɣɔ³¹ɔ³¹tʃhuɯ³³a⁵⁵zɛ³³？　　　　　这是什么花？

这 （话助）什么 花

thɔ⁵⁵ɣɔ³¹fv̩³³çi³¹thuɯ³³a³¹tʃh̩³¹.　　　　那是村子里的羊。

那 （话助）村子 （结助）羊

thuɯ³³thuɯ³³ɣɔ³¹tɕi⁵⁵tsɛ³³mi⁵⁵nv³³khɛ³³v̩⁵⁵ɔ³¹ŋuɯ⁵⁵çi³¹.

那些 　（话助）都 昨天 （时助）买（结助）是 还

那些都是昨天才买的。

thuɯ⁵⁵thuɯ³³ɣɔ³¹tɕhi³¹muɯ³¹ɣɛ³¹lɛ³¹.　那些是洗好了的。

那些 　（话助）洗 好 （语助）（语助）

thuɯ³³thuɯ³³ɣɔ³¹ɔ³¹pi⁵⁵ti³³nɔ³¹khɛ⁵⁵khɛ⁵⁵çi³¹.　那些是很小的茶籽。

那些 　（话助）小 （状助）茶籽

thuɯ³³thuɯ³³ɣɔ³¹tɕi³¹ts̩³¹ɣɔ³¹v̩³¹khuɛ³¹ʑi⁵⁵tɕiŋ⁵⁵.那些橘子，一斤五元。

那些 　（话助）橘子 （话助）五块 一 斤

4. 受事话题句

kɛ³³thu⁵⁵ɣɔ³¹tɕi⁵⁵tsɛ³³thu⁵⁵ɣɛ³¹.　　　　　　该说的都说了。

该 说（话助）都 　说 （语助）

ŋa³³çi³¹ɣɔ³¹ŋɔ³³thuɯ⁵⁵nɛ³³xu³¹tsɔ³¹luɯ⁵⁵ɣɛ³¹！芭蕉被我们偷吃完了！

芭蕉 （话助）我们 　（施助）偷 吃 完 （语助）

a⁵⁵pha̩³³lɔ⁵⁵mɔ³³ɣɔ³¹ʑi⁵⁵lɔ³¹nɛ³³tʃuɯ³¹fv̩³³pi³³ɣɔ³¹.　蟑螂被他打死了。

蟑螂 　　（话助）他 （施助）打 死 给（语助）

lu⁵⁵pi³¹luɯ³³（＝lɔ³¹ɣɔ³¹）pi³³nɛ̩³¹liɛ³¹（＝li³³ɣɛ³¹）. 小偷被抓去了。

小偷 　　（结助）（话助）给 抓 去了 （趋向）（语助）

ɔ³³l̩³³a⁵⁵zɛ³³ɣɔ³¹ɔ³³thuɯ⁵⁵nɛ³³xu³¹tsɔ³¹pi³³/³¹ɣɔ³¹.瓜子被我们偷吃掉了。

瓜子 　　　（话助）我们 （施助）偷 吃 给 　（语助）

5. 指量名结构话题句

ʑi³¹ʑi⁵⁵kɛŋ³³ʑi⁵⁵lɔ³¹（lɔ³¹ɔ³³）. 这一根是他的。

这 一 根 他 　　（结助）的

thɯ³³ʑi⁵⁵tʃaŋ³³pɔ⁵⁵tʃɿ³¹ɣɔ³¹mi⁵⁵nv̩³³ŋa⁵³. 　　　那张报纸是昨天的。
那 一 张 报纸 (话助) 昨天 是

ʑi⁵⁵tɕhi³¹tsṇ⁵⁵ɔ⁵⁵tsṇ⁵⁵mɔ⁵³a⁵⁵pha̠³¹ma³¹pha³¹. 　这棵树没有叶子。
这 一 棵 树 (方助) 叶子 没 有

thɯ³³tɕhi³¹kha³³ɔ⁵⁵xu³¹ɣɔ³¹ʑi⁵⁵lo³¹ （lo³¹ɔ³³）.那件衣服是他的。
那 一 件 衣服 (话助) 他 (结助) 的

thɯ³³zɔ³¹mu³¹n̠ɔ³¹ （＝n̠e̠³¹ɣɔ³¹）ɔ³¹sṇ⁵⁵mɔ³¹? 那两位老人是谁?
那 老人 两 个 谁 (语助)

6. 数量结构话题句

ʑi³¹ko³³ɣɔ³¹fv⁵⁵ʃv⁵⁵, ʑi³¹ko³³ɣɔ³¹fv⁵⁵tʃɿ³¹. 　　 一个金的，一个银的。
一个 (话助) 金 一 个 (话助) 银

n̠ɔ³¹ （＝n̠e̠³¹ɣɔ³¹）ɣɔ³¹tɣ̠³¹khɯ³¹khɯ³¹, su³¹ɣɔ³¹mɯ⁵⁵tshɿ⁵⁵tshɿ⁵⁵.
两个 两 个 (话助) 瘦的 三 个 胖的

两个（人）瘦的，三个（人）胖的。

ʑi³¹ko³³ɣɔ³¹tʃm̠³¹tʃɿ³¹pe̠³¹zɛ⁵³ （＝ʑi⁵⁵ɣɛ³¹）, ʑi³¹ko³³ɣɔ³¹pa³¹zɛ⁵³
一 个 (话助) 一点 破 (趋向)(语助) 一 个 (话助) 坏

（＝ʑi⁵⁵ɣɛ³¹）. 一个破的，一个坏的。
(趋向)(语助)

7. 定中结构话题句

nv⁵⁵su³¹ɣɔ³¹xɔ⁵⁵tɕhi⁵⁵pe̠ŋ³¹tʃɯ³³? 　　　你的书有几本?
你 书 (话助) 多少 本 有

ŋɔ³³tu³¹the⁵⁵ʑi⁵⁵thɯ³³ne³³ma³¹pa³³li³³. 　我的凳子没被人搬走。
我 凳子 别人 (施助) 没 搬 (趋向)

ɔ⁵⁵fv³¹tʃha³¹lo³¹ŋɔ³³ （＝ŋɔ³³ɔ³¹）n̠i⁵⁵lo³¹. 做饭的是我的妹妹。
饭 做 (结助)我 我 妹妹 (结助)

8. 形容词话题句

n̠i⁵⁵ma̠³¹za⁵⁵ma̠³¹zɔ⁵⁵phe⁵⁵. 越青越涩。
青色 更 绿 更 涩

za̠³¹pa̠³³za̠⁵⁵pa̠³³zɔ⁵⁵zṇ³¹ʃɔ³¹. 越陡越难走。
陡 更 陡 更 走 (助动)

ɔ³¹phi³¹ko³³ʃɿ⁵⁵ko³³, ɔ⁵⁵khe³³mɯ⁵⁵le⁵³fv̠³³sɔ⁵⁵.
价格 高 是 高 但是 很 好看

贵倒是贵，但是很好看。

ɔ³¹tɕi⁵⁵tɕi⁵⁵khe³³xɯ⁵⁵, ŋɔ⁵⁵u⁵⁵pe̠³¹ɕi³¹. 累倒是累，但我还能坚持。
累 虽然 我 做 (助动) 还

xɣ³¹ɣɔ³¹ʃĩ⁵⁵xɣ³¹, tɕɔ⁵⁵ʃĩ⁵⁵mɔ³¹fɤ³³sɔ⁵⁵.　　大倒是大，就是不好看。

大 (话助) 是 大　　就是　不 好看

9. 动词或动词性结构话题句

a³¹ʐa³¹tʃv⁵⁵tʃɯ³³ɣɔ³¹mɯ³¹/³³.　　　　　　养猪有好处。

猪　 养 (助动) (话题) 好

ɔ⁵⁵ti⁵⁵lɛ⁵³tsɔ³¹ɣɔ³³nɛ³³mɔ³¹mɯ³¹.　　　　　只吃肉不好。

肉　 只 吃 (话助) (连) 不　好

nɔ⁵⁵xɔ³¹mɔ³⁵ti³¹nɔ⁵⁵xɔ³¹lɯ³¹ɣɛ³¹.　　　　　听就要听明白。

听　　 多 (状助) 听 明白　　 (语助)

tsɔ³¹ɣɔ³¹ʃĩ⁵⁵tsɔ³¹, ɔ⁵⁵khɛ³³mɔ³¹tsɔ³¹pɤ³³. 吃倒是吃了，但没吃饱。

吃 (话助) 是 吃　　但是　 不 吃 饱

10. 复句话题句

（1）条件复句中分句是话题

nv⁵⁵ɔ⁵⁵ɯ⁵⁵ʃĩ⁵⁵, ʑi⁵⁵lɔ³¹mɔ³¹ʐɔ⁵⁵thu⁵⁵phɤ³³. 你越笑，他越不敢说。

你 越 笑　　 他　　 不 越 说 敢

（2）解说复句中分句是话题

ŋa³³nɛ³³tʃha³¹ʑɛ³³taŋ⁵⁵v³¹kɔ³³v⁵⁵ɣɔ³¹, ʑi⁵⁵kɔ³³ʐa³¹pieŋ³¹.

我 (施助) 茶叶蛋　　 五个买 (话助)　 一 个 压 扁

我买了五个茶叶蛋，有一个压扁了。

（3）因果复句中分句是话题

nv⁵⁵ɔ⁵⁵nɔ⁵⁵nɔ⁵⁵lɔ⁵⁵/⁵³ti³³khɛ³³, tʃa³³fɤ³³ʑi⁵⁵.

你 病　 生 来　 (状助) (连)　　 快 看 去

你如果病了的话，就去看病。

nv⁵⁵ɔ⁵⁵nɔ⁵⁵nɔ⁵⁵lɔ⁵⁵/⁵³ti³³khɛ³³, na³³tɕhi³¹tʃa³³tsɔ³¹.

你 病　 生 来　 的话　　 药　 快 吃

你如果病了的话，就赶紧吃药。

nv⁵⁵tsɔ³¹mu³³ti³³khɛ³³mɯ³¹lɔ⁵⁵ti³³tsɔ⁵⁵mɯ³¹ɣɛ³¹!

你 做 (助动) (状助) (连)　好 (趋向)(状助)做 好　　 (语助)

你如果想做的话就一定要做好！

nv⁵⁵ʑi⁵⁵lɯ³³mɔ³¹kɯ⁵⁵pi³³, ʑi⁵⁵lɔ³¹mɔ³¹lɔ⁵⁵. 如果你不叫他，他不来。

你 他 (宾助)不 叫 给　 他　 不 来

（4）假设复句中分句是话题

nɔ³¹khɛ⁵⁵ɣɔ³¹mɔ³¹u³¹ʑi⁵⁵mɔ³¹, xɔ³¹khɔ³³.

茶叶　 (话助) 不 卖 去 (语助)　 别 种

假如不想卖茶叶，可以不种。

$ʐo^{55}ʃi^{55}ko^{55}mo^{33}mo^{31}mu^{55}$, $zi^{55}lo^{31}ʐo^{35}ʐo^{31}z̩^{31}li^{33}$.

要是　路　　不远　　他　自己　　走　去

要是路不远，他会自己走去的。

$ʐo^{55}ʃi^{55}zi^{55}lo^{31}xo^{55}luɯ^{31}nɛ^{33}$, $zi^{55}lo^{31}xo^{33}mu^{33}nɛ^{33}nv^{33}ɣo^{31}$

要是　他　　知道　(连)　他　　几时　　(连)　你　(话助)

$thu^{55}pi^{33/31}ɣo^{31}$. 要是他知道，他什么时候都会告诉你。

说　给　(语助)

$nv^{55}xo^{55}mi^{55}fv^{55}tʃi^{31}xɛ^{55}la^{31}nɛ^{33}xuɯ^{55}$, $ŋo^{55}xuɯ^{55}mo^{31}zi^{55}$.

你　即使　钱　拿　(趋向)的话　　　　我　也　不　去

即使你给钱，我也不去。

$nv^{55}ɣo^{31}tʃi^{55}po^{31}tuɯ^{55}zi^{55/53}ŋo^{33}khɛ^{33}$, $xo^{55}mi^{55}khɛ^{33}a^{55}ko^{33}ʐo^{55}$

你　(话助)酒　喝　去　假如　　一定　　　哥哥　更

$xɣ^{31}lo^{31}tʃo^{33}fv^{33}tɕhi^{31}la^{31}ti^{31/33}pi^{33}$.

大　(结助)招呼　一　下　打　给

假如你去喝酒，一定要和大哥打声招呼。

（5）目的复句中分句是话题

$tso^{31}pɣ^{33}mo^{33}mo^{53}nɛ^{33}$, $tɕhi^{31}nv^{33}lɛ^{31/33}xo^{55}n̩i^{31}kaŋ^{55/53}$.

吃　饱　要　(方助)(话助)　一　天　每　劳动　干

为了吃饱，要天天干活。

$zi^{55}luɯ^{33}su^{31}ɣo^{31}pi^{33}tsn̩^{55}mo^{33}mo^{53}nɛ^{33}$, $o^{55}ʐo^{31}lo^{31}nv^{31}phuɯ^{55}ɣo^{31}u^{31/33}$

他　(宾助)书　给　读　(助动)(方助)(连)　奶奶　(结助)水牛　(话助)卖

$tsuɛ^{33}$（$=tso^{31}ɣɛ^{31}$）. 为了他能上学，奶奶把水牛卖了。

掉了　　掉　了

二　话题与主语的区别

　　"由于话题是一句话的主题，陈述的对象与主语有某些相同的特点，因而话题助词很容易被认为是主语助词。但在实际上，话题和主语无论是在语义上还是在语法上都各有自己的特点，应视为不同的语法范畴。"[1] 豪尼话的话题也是这样，和主语是不同的，它们属于两个不同的语法范畴。

　　从有无标记来区分，话题有自己的语法标记，主语却没有自己的语法标记。话题的语法标记是后加$ɣo^{31}$，表明前面的部分是句子的主题；而主语是靠语序手段来辨识的。

　　从范围的大小来看，话题和主语的范围不同。相比较而言，话题的范

---

[1] 戴庆厦：《景颇语的话题》，《语言研究》2001 年第 1 期。

围大，主语的范围小。因为句子成分中能够作话题的有主语、宾语和状语，所以话题与主语并不相等。而主语只有当它需要突出成为话题时，才具有话题身份，这时它既是主语又是话题。

从能否省略来看，话题和主语也是不同的。在句子中主语能省略，而话题则不能省略。这是因为话题是一句中强调的对象，如果把它省略了，就没有了要强调的对象，也就不称其为话题句了，所以话题在句中必须有，缺了不行；主语则可以省略。而根据上下文或语境，省略了主语并不影响句子所要表达的意思。豪尼话句子中当人称代词作主语时，可以省略，而且常常省略主语。"主语—谓语"的结构也较为简单，在一个句子中一般只有一个主语，即使有分句，也一定有关联词语，其功能相当于一个结构成分，其中的主语仅仅是分句的主语；而话题即"话题—述"的结构则比较复杂，在一个句子中，有时有一个话题，有时则有两个话题，甚至有三个话题，而且都有话题的标记。

具体而言，两者的区别主要有以下几点。

（一）主语不一定都是话题

话题成分属于语用概念，而主语是句法成分的概念。

例如：

pa̱^{33}ʑɤ^{53}（＝ʑi^{55}ɣɛ^{31}）ɣɔ^{31}，ŋɔ^{33}mɔ^{31}u^{55}.　　坏的我不要。（话题）
坏　　　　（趋向）（语助）（话助）　我　不　要

mi^{55}nv^{33}，nv^{55}xɔ^{31}ʑi$^{55/53}$mɔ^{31}？　　昨天你去哪了？（主语）
昨天　　你　哪　去　　（语助）

（二）话题与主语的位置

话题的位置固定，居于句首，后接述题；主语的位置既可以在句首也可以在其他位置。只有当话题本身也是主语时，二者才重合。

1. 话题位置与主语位置不一致

例如：

thɯ^{33}ʑi^{55}ʃuaŋ^{33}pha^{31}nɔ^{33}ɣɔ^{31}，ʑi^{55}lɔ^{31}nɯ^{31}mɔ^{55}ʃi^{55}mɔ^{31}nɯ^{31}？
那　一　双　鞋子　（话助）　他　穿　还是　不　穿
那双鞋，他穿不穿？

ʑi^{55}ʑi^{31}tɕɛŋ^{33}ʃi^{55}tɕhiŋ^{31}ɣɔ^{31}，nv^{55}ɕaŋ^{33}ɕiŋ^{55}mɔ^{55}ʃi^{55}mɔ^{31}ɕaŋ^{33}ɕiŋ^{55}？
这　一　件　事情　（话助）　你　相信　还是　不　相信
这件事，你相信不相信？

2. 话题位置与主语位置一致

例如：

ɔ⁵⁵ti⁵⁵ɣɔ³¹v⁵⁵/⁵³la³¹.　　　　　　　肉是买来的。

肉　（话助）买　（趋向）

ʑi⁵⁵tʃhɛ⁵⁵na̱³³liaŋ³¹tɕi⁵⁵tʃɯ³³.　这紫米有两斤重。

这　紫米　　两　斤　有

（三）话题与主语的构成成分

话题可以是施事、受事，也可以是时间，主语大多数都是施事。

例如：

nv⁵⁵thɔ⁵⁵/⁵³xɔ⁵⁵mi⁵⁵ʑi⁵⁵/⁵³mɔ³¹?　　　你是怎么去那里的呀？

你　那　怎么　去　（语助）　　　（话题是施事）

nɯ³³pe̱³³nɯ³³tʃm̩³³ɣɔ³¹ŋɔ⁵⁵mɔ³¹ai⁵⁵tsɔ³¹.　豆芽我不喜欢吃。

豆芽　　　（语助）我 不 爱 吃　　（话题是受事）

sɔ⁵⁵phɛ³¹nv³³thai⁵⁵zaŋ³¹tɕe³¹mɔ³¹ŋɯ⁵⁵ɕi³¹.　后天不是太阳节。

后天　　　太阳节　　不 是 还　　（话题是时间）

nv⁵⁵ʑi⁵⁵ti³³u⁵⁵/⁵³mu³³ti³³mɔ³¹?　　　你就这样做吗？

你 这样 做　（助动）（状助）（语助）　　（主语是施事）

（四）话题与主语的成分范围

可以作话题的成分多，可以作主语的成分范围小。只有当主语处在话题的位置时，主语与话题才是重合的。

例如：

ʑi⁵⁵thɯ³³xɔ³¹n̩i³¹tsh̩⁵⁵zɔ³¹mɔ³¹?　　他们是豪尼人吗？

他们　　豪尼　人　　（语助）

nv⁵⁵mɔ³¹z̩³¹ɣɔ³¹, ŋɔ⁵⁵xɯ⁵⁵mɔ³¹z̩³¹.　你不走的话，我也不走。

你 不 走 （话助）　我 也　不　走

（五）话题与主语在句中的数量

一个句子只能有一个主语，但可以有不止一个话题。

例如：

nv⁵⁵tɯ⁵⁵mɔ⁵⁵ʃi⁵⁵mɔ³¹tɯ⁵⁵?　　　　你想不想喝？

你 喝 还是　不　喝　　（主语）

ŋɔ⁵⁵ɣɔ³¹zɔ⁵⁵xɤ³¹lɔ³¹, ʑi⁵⁵lɔ³¹zɔ⁵⁵n̩i⁵⁵.　我更大，他更小。

我 （话助）更 大 （结助）　他　更 小　（一个话题）

thɔ⁵⁵ɣɔ³¹ŋa³³thɔ³¹, ʒɔ³¹ɣɔ³¹ʑi⁵⁵thɔ³¹.　这是我家，那是他家。

这 （话助）我家　那 （话助）他家　　（两个话题）

ʑi⁵⁵tɯ³³ɣɔ³¹mɯ³¹, thɯ³³ɣɔ³¹mɔ³¹mɯ³¹, nv⁵⁵ɣɔ³¹v⁵⁵ɕi³¹?

这些　（话助）好　那　（话助）不　好　　你 （话助）买 还

这些好，那些不好，你还买吗？　　（三个话题）

第三节　存现句

豪尼话的存现句，包括存在句和隐现句两类，是指由表示存在意义的动词作谓语而构成的句子，表示人或事物的存在、出现和消失，也表示某人或某物所处的位置。其基本格式是"处所词+存在主体+存现动词"和"存在主体+处所词+存现动词"。豪尼话存在句的存在动词呈现出部分"有/在"同形的情况，可以表示不同的语义和范围。具有动物和植物、有生命和无生命、固体和液体、可移动和不可移动等类别差异。

一　存在句的结构模式

存在句是表示存在的存现句。基本结构模式是"A 段+ C 段+B 段"和"C 段+ A 段+ B 段"。前者表示某处存在着某人/某物，后者表示某人/某物在某处。

（一）某处存在着或有某人/某物

1. 基式是"处所词+存在主体+存现动词"，这是最常见的存在句句式。例如：

tho⁵⁵mɔ⁵³ɔ³¹tʃhɯ³³tʃo³³mɔ³¹?　　　　　　　这里边有什么？

这 （方助）什么　有 （语助）

a⁵⁵la̠ ³¹mɔ⁵³xɔ³¹tʃi⁵⁵ɲe̠ ³¹zɔ³¹tʃv⁵⁵.　　　　　树枝上有两只鸟。

树枝 （方助）鸟　　两只　有

tʃɔ⁵⁵lu⁵⁵mɔ⁵³ŋɔ³¹ʃɔ³¹liu³¹thiɔ³¹tʃo³³.　　　背篓里有六条鱼。

背篓 （方助）鱼　　六条　　有

sʅ ³³tshu³¹ɣɤ³³ɔ⁵⁵ɲi⁵⁵tɕhi³¹zɔ³¹tʃv⁵⁵.　　　灌木丛里有一只野猫。

灌木丛 （方助）野猫　一 只　有

kɤ³¹tʃɯ³¹ɤ̠³¹tɯ³¹mɔ⁵³xɔ³¹ɯ⁵⁵ni⁵⁵ɯ⁵⁵tʃɯ³³.　　山顶上有雪。

山顶　　　　（方助）雪　　　　在

ɔ³¹khɯ⁵⁵mɔ⁵³a³¹ɕe̠ ³¹tɕhi³¹zɔ³¹tʃhu³³.　　　腿上爬着一只蚂蝗。

腿上 （方助）蚂蝗　一 只　爬

ɣɔ ³¹xɔ⁵⁵mɔ⁵³vɔ³¹ɣɔ³³pha̠ ³¹nɔ̠ ³³tɕhi³¹the³³lɛ⁵³tʃɯ³³ （tʃo³³）.

床 　（方助）下（话助）鞋 　　一 只 只 在

床下只有一只鞋。

nv³¹ʒu⁵⁵mɔ⁵³v⁵⁵nv³¹tɕhi³¹zɔ³¹lɛ⁵³tʃv⁵⁵/⁵³.　　牛圈里只有一头牛。

牛 圈 （方助）牛　一 头 只 在

xu³¹zɔ³¹mɔ⁵³thu³¹ʃu⁵⁵ʃu⁵⁵ɕi³¹mɯ⁵⁵lɛ⁵³tʃɔ³³.　　碗里有很多松子。

碗　（方助）　松子　　　　很多　　有

v⁵⁵nv³¹l̩u³³pu³³mɔ⁵³nv³¹phɯ⁵⁵tɕhi³¹zɔ³¹tʃv⁵⁵.　水塘里有一头水牛。

水塘　　　（方助）水牛　　一　头　在

kɯ⁵⁵fv³¹tu³¹phe³¹mɔ⁵³l̩u³³mɔ³³zi⁵⁵tui³³xɛ⁵⁵tɤ³³ɣɛ³¹.　墙角放着一堆石头。

墙角　　　　（方助）石头　　一　堆　放　着　（语助）

2. 变式。"处所词+存在主体"或"存在主体+存现动词"。在双方已知的情况下，存现动词或短语和处所词可以省略。例如：

xɔ⁵⁵sɔ³¹mɔ⁵³ɯ⁵⁵l̩ɯ⁵⁵tɕhi³¹mɔ⁵⁵.　　　草里有一条蛇。

草　（方助）　蛇　　一　条

tshɿ⁵⁵zɔ³¹tɕhɔ³¹（＝tɕhi³¹ɣɔ³¹）mɔ³¹tʃv⁵⁵，tieŋ⁵⁵teŋ³³lɛ⁵³tɤ³³.

人　一个　　一　个　　没　有　　电灯　　只　出

家里没有人，亮着灯。

"存在主体+处所词+存现动词"。为了强调凸显存在主体，将存在主体移至处所词之前。试比较下组例句：

（1）ɔ⁵⁵tsɿ⁵⁵mɔ⁵³vɔ³¹tshɿ⁵⁵zɔ³¹tɕhɔ³¹（＝tɕhi³¹ɣɔ³¹）tʃɯ³³.　树下有一个人。

树　（方助）下　人　一个　　一　个　　有

（2）tshɿ⁵⁵zɔ³¹tɕhɔ³¹（＝tɕhi³¹ɣɔ³¹）ɔ⁵⁵tsɿ⁵⁵mɔ⁵³vɔ³¹ʃo̩³¹ta³³tɤ³³ɣɛ³¹.

人　一个　　一　个　树　（方助）下　站　（趋向）出　（语助）

一个人站在树下。

例句（1）是基式，说明某处有某物。例句（2）是变式，存在主体居句首，强调存在主体"一个人"。

（二）某人/某物在某处

1. 基式是"存在主体+处所词+存现动词"。三段都在句中出现，明确表示某物存在于某处。例如：

ɔ³¹pv⁵⁵ɔ⁵⁵xu⁵⁵tʃv⁵⁵.　　　　　　　爷爷在家里。

爷爷　家　在

ɔ⁵⁵pɤ³³ɣɔ³¹ɣo̩³¹xɔ⁵⁵mɔ⁵³tʃɯ³³.　　　被子在床上。

被子　（话助）床上　（方助）在

ɕɔ³¹me³¹zi⁵⁵thɯ³³zɤŋ⁵⁵tsɿ̩³¹mɔ⁵³tʃɯ³³.　　晓梅他们在院子里。

晓梅　　他们　院子　（方助）有

nv⁵⁵za⁵⁵xɔ³¹ɔ⁵⁵ʒu⁵⁵tɔ⁵⁵tsɿ̩³³mɔ⁵³tha³¹tʃɯ³³.　　你的烟盒在桌子上。

你　烟盒　　桌子　（方助）上　在

2. 变式有"存在主体+处所词"。例如：

zi⁵⁵thɯ³³lu⁵⁵pɔ³¹mɔ⁵³ɔ⁵⁵l̩ɯ³¹tsɿ̩³¹.　　他们在河里洗澡。

他们　　河　　（方助）洗澡　洗

ʑi⁵⁵thɯ³³ɔ⁵⁵xu³¹l̩ɔ³¹mɔ³¹tu³³ɣe³¹lu⁵⁵pɔ³¹mɔ⁵³ɔ⁵⁵l̩ ɯ³¹tɕhi³¹.

他们　　衣服　裤子没　穿（语助）小河　（方助）洗澡　洗

他们没穿衣服就在小河里洗澡。

二　存在动词

（一）存在动词

指"有/在"类存在动词，是单纯表存在的动词，有不同的类别范畴。豪尼话"有/在"类存在动词有 8 个，分别用 8 个不同的存在动词表示不同的存在意义和存在范围。以上 8 个动词中，最常用的是tʃv⁵⁵、tʃɯ³³、tʃa³³、tʃo³³。具体如下。

1. 表示一般事物的存在、某物上有文字、图画或绣花等，用tʃɯ³³ "有/在"。例如：

tsho³¹lo³¹fv̩³³ɕi³¹ɣɔ³¹liaŋ³¹pɯ³¹to³³fv⁵⁵tsŋ̍⁵⁵zɔ³¹tʃɯ³³.

措乐　　村　（话助）两　百　多　户　人　　　有

措乐村寨有两百多户人家。

ŋa⁵⁵tho³¹ʑi⁵⁵fɔ³³fɔ³³kɣ³¹tʃɯ³¹tɕhi³¹mɔ⁵⁵tʃɯ³³ti³³. 我家前面有一座大山。

我家　　前面（方助）山　　　一　座　有（助动）

ɔ⁵⁵pɣ³³ɣɔ³¹ɣo³¹xɔ⁵⁵mɔ⁵³tʃɯ³³.　　　　　被子在床上。

被子（话助）床上（方助）在

ɔ⁵⁵xu⁵⁵ɣɔ³¹thɯ³¹xɣ³¹mɔ³⁵ti³³tʃɯ³³.　　　屋里有一堆南瓜。

屋（话助）南瓜　很多　有

kɔ³³liŋ³¹mɔ⁵³khɛ³¹la³¹tɣ³¹mɔ⁵³a⁵⁵ʑɣ³³tʃɯ³³/³¹.　高领和袖子上有花。

高领（方助）和　袖子（方助）花　有

2. 表示人及其他生物的存在，用tʃv⁵⁵ "有/在"。例如：

a³¹xạ³³xạ³³zɔ³¹xạ³³ʒu⁵⁵mɔ⁵³tʃv⁵⁵.　　　　小鸡在鸡窝里。

小鸡　　　　鸡窝（方助）在

xɔ³¹tʃi⁵⁵tʃi⁵⁵zɔ³¹ɣɔ³³ʒu⁵⁵mɔ⁵³tʃv⁵⁵.　　　雏鸟在鸟窝里。

鸟　（叠）小（话助）窝（方助）在

ɔ⁵⁵xu⁵⁵ɣɔ³¹tsŋ̍⁵⁵zɔ³¹mɔ³⁵ti³³tʃv⁵⁵.　　　屋里有很多人。

屋（话助）人　　很多　有

mɛ⁵⁵tsho³¹mɔ⁵³a³¹tʃŋ̩³¹tɕhi³¹kɯ⁵⁵tʃv⁵⁵.　　地里有一群羊。

地　（方助）羊　　一　群　有

3. 表示无生命的存在，用tʃa³³ "有"。例如：

u³¹u³¹mɔ⁵³u³¹tu⁵⁵tʃa³³（tʃɯ³³）.　　　　　天上有云。

天　（方助）云　有

kɤ³¹tʃɯ³¹mɔ⁵³ɔ⁵⁵tsŋ⁵⁵ma³¹te̯³³，tɕhi³¹kɛ³³xɯ⁵⁵ma³¹tʃa³³.

山　（方助）　树　没　有　什么都　没　有

山上没有树，光秃秃的。

ŋɔ³³thɯ⁵⁵fɤ³³ɕi³¹ɣɔ³³tieŋ⁵⁵tʃa³³（tʃɯ³³）.我们村寨有电。

我们　　村寨　（话助）　电　有

4. 表示液体或气体的存在，用tɤ³³"有"。例如：

ɯ⁵⁵pu³¹mɔ⁵³ɯ⁵⁵tʃhɤ³¹tɤ³³.　　　　桶里有水。

桶　（方助）　水　有

ɯ⁵⁵thɔ⁵⁵mɔ⁵³ɯ⁵⁵tʃhɤ³¹tɤ³³.　　　　水缸里有水。

水缸　（方助）　水　　有

phiŋ³¹phiŋ³³mɔ⁵³tʃŋ⁵⁵pɔ³¹tɤ³³.　　　瓶子里边有酒。

瓶子　　（方助）　酒　有

5. 表示植物的生长或存在，用te̯³³"有"。例如：

tʃhɛ⁵⁵ɕi³¹mɔ⁵³ʃu⁵⁵mɔ³³mɯ⁵⁵lɛ⁵³te̯³³. 稻谷中间有许多稗子。

稻谷　　（方助）　稗子　许多　有

kɔ⁵⁵mɔ³³pɔ⁵⁵tsɛ⁵⁵fɔ³³ɔ⁵⁵tsŋ⁵⁵tʃheŋ⁵⁵ʃɯ³¹pa⁵⁵ʃɯ³¹′³³ɣɛ³¹tɕhi³¹mɔ⁵⁵te̯³³.

路　　旁边　（方助）　树　直直的　　　　（语助）一　棵　有

路边有一棵直直的树。

ɔ⁵⁵xu⁵⁵nɔ³¹nɯ⁵⁵fɔ³³ɕi³¹u³¹ɔ⁵⁵tsŋ⁵⁵tɕhi³¹tsŋ⁵⁵te̯³³. 房子后面有一棵桃树。

房子　后面　（方助）　桃子　树　　一　棵　有

thɯ³¹tɯ⁵⁵pɔ⁵⁵tsɛ⁵⁵fɔ³³ɯ⁵⁵mu³¹mɯ⁵⁵lɛ⁵³te̯³³.池塘周围长着许多垂杨柳树。

池塘　　周围　（方助）　垂杨柳　很多　有

6. 表示群体（或整体）中存在的个体或一部分，有"掺杂"的意思；表示有容积的物品中装有某物或某器具里有某物；表示某物体中含有某种成分，都用tʃo³³"有"。例如：

sa̯³¹pu³¹mɔ⁵³ɔ⁵⁵fv³¹tʃo³³.　　　　　甑子里边有饭。

甑子　（方助）　饭　有

ɣo̯³¹xɔ⁵⁵mɔ⁵³pha̯³¹nɔ̯³³tɕhi³¹mɔ⁵⁵tʃo³³.　床底下有一双鞋。

床　　（方助）　鞋　一　双　有

ɔ³¹ɕi³¹mɔ⁵³ɯ⁵⁵tʃhɤ³¹khe³³tʃhŋ⁵⁵tɤ³¹tʃo³³.　水果里含有水和糖。

水果　（方助）　水　　和　糖　有

7. 表示有道路、足迹或其他痕迹，用tu⁵⁵"有"。例如：

nv⁵⁵ɔ⁵⁵xu³¹mɔ⁵³tɔ⁵⁵khu⁵⁵tɕhi³¹mɔ⁵⁵tu⁵⁵.　你衣服上有一个洞。

你　衣服　（方助）　洞　　一　个　有

ɣ³¹tsʮ³¹tɕ³³mɔ³³mɔ⁵³tɔ⁵⁵khu⁵⁵na̱³¹na³¹mɛ⁵⁵tu⁵⁵ᐟ⁵³. 秧田里有深深的坑。

秧田　　　　(方助)　坑　　深　深 (状助) 有

ɔ⁵⁵tsʅ⁵⁵tsʅ⁵⁵tshu³¹u⁵⁵tʃhɛ³³mɔ⁵³kɔ⁵⁵mɔ³³tɕhi³¹khu³³tu⁵⁵. 森林中间有路。

森林　　　　　　中间 (方助) 路　　一　条　有

8. 表示蜜蜂、蚂蚁等昆虫群体的存在，用v⁵⁵或tʃɯ³³ "有"。例如：

kɯ⁵⁵fv³¹mɔ⁵³pɔ³¹tʃʮ⁵⁵tɕhi³¹kɯ⁵⁵v⁵⁵. 墙上有一窝蜜蜂。

墙上　　(方助)　蜜蜂　　一　窝　有

ɔ⁵⁵tsʅ⁵⁵tu³¹tʃʮ⁵⁵mɔ⁵³ɔ⁵⁵fv³³fv³³ni⁵⁵tɕhi³¹kɯ⁵⁵tʃɯ³³. 树根处有一窝蚂蚁。

树根　　　　(方助)　蚂蚁　　　一　窝　有

（二）兼表存在义的动词

兼表存在义的动词是指不用 "有/在" 类的动词表示存在。在豪尼话里，表示人或事物的运动变化、人对物体安放处置的动作等动词也表示客观存在的意义，构成一系列的存在句。这类动词包括：不及物动词如 "睡、躺、卧、坐、飘、跪" 等，及物不及物两用动词如 "放、挂、摆、堆、排、贴、插、装" 等，及物动词如 "写、画、绣、刻、印、雕" 等。非存在性存在动词的语法特点有以下方面。

1. 动词后能加持续标记ta̱³³ "着"，强调存在主体的存在方式及动作行为的持续状态。例如：

ɔ⁵⁵fv³¹tsɔ³¹mɛ³¹kɯ⁵⁵fv̱³¹mɔ⁵³thv̱³¹xua⁵⁵ʑi⁵⁵fv³¹kua⁵⁵ta̱³³tɣ̱³³ɣɛ³¹.

客厅　　　　墙　图 (方助) 图画　　一 幅 挂　上 (趋向)(语助)

客厅的墙上挂着一幅画。

po³³li³¹mɔ⁵³su³¹ɣɔ³¹tʃaŋ⁵⁵ta̱³³tɛ⁵³（＝tɣ̱³³ɣɛ³¹）. 玻璃上贴着纸。

玻璃 (方助) 纸　　张 贴 着 起　　　起 (语助)

xɣ̱³¹paŋ³¹mɔ⁵³ta⁵⁵tsʅ³¹ʑi³¹phɛ³¹tsʮ³³ta̱³³tɣ̱³³ɣɛ³¹.黑板上写着一排大字。

黑板 (方助) 大字 一 排　写　着 起 (语助)

2. 有的存在动词后带的持续体标记ta̱³³可加可不加，不影响句义。例如：

u³¹u³¹ɣɔ³¹u³¹tu⁵⁵pu⁵⁵ᐟ⁵³.　　天空上飘着白云。

天空 (话助) 白云 飘

te³³mɔ³³mɔ⁵³ʃɔ⁵⁵tɯ³³te̱³³.　　田里长着玉米。

田 (方助) 玉米 长着

ʑi⁵⁵fɔ³³fɔ³³thu³¹ʃu⁵⁵ʃu⁵⁵tsʅ⁵⁵tu³¹phɛ³¹mɔ⁵³ɔ³¹khɯ³¹tɕhi³¹mɔ⁵⁵ẕ³¹.

对面 (方助) 松树　　　　下 (方助) 狗　　一　条　走

对面松树下走着一条狗。

3. 动词后能加句尾助词ɣɛ³¹ "了"，陈述或强调存在主体的存在状态或存在动词的结果、程度等。例如：

kɔ⁵⁵mɔ³³pɔ⁵⁵tsɛ⁵⁵fɔ³³ɣɔ³¹phe̠³³u³¹tʃɯ³³tɣ̠³³ɣɛ³¹. 路边有卖菜的了。

路　　　旁边　(方助)蔬菜　卖　有　出 (语助)

ʑi⁵⁵lɔ³¹ma̠³³tɕe̠³³mɔ⁵³tɕi⁵⁵tsɛ³³ma̠³³ɯ⁵⁵tɣ̠³³ɣɛ³¹. 他眼里充满了泪水。

他　　眼睛　(方助)全部　眼泪　出 (语助)

kɔ⁵⁵mɔ³³mɔ⁵³xɔ⁵⁵sɔ³¹ti³¹ta̠³³tʃhɯ̠³¹ɣɛ³¹，kɔ⁵⁵mɔ³³mɔ⁵³mu³¹lɔ⁵⁵tɕhe³¹ɣɛ³¹.

路　(方助)草　地上　生长 (语助)　路　(方助)盖 (趋向)(助动)(语助)

路上长满野草，把路盖住了。

4. 有的动词后可加pu³³"满"，补充说明"尽是、都是"的意思。例如：

kɣ³¹tʃɯ³¹ɣɔ³³xɣ³¹ʃɣ³¹ʴ³¹/³³ma̠³³ʒɣ̠³³mɔ⁵³ti³³ʐe̠³³pu³³ɣɛ³¹. 山上开满杜鹃花。

山　　　杜鹃花　　　　(方助)(状助)开　满 (语助)

 za̠³³ku⁵⁵pɔ³¹l̩u³³mɔ⁵³za̠³³tɕhi³¹tʃɔ³³/³¹pu³³tu³³ɣɛ³¹.

水烟筒　(方助)烟屎　有　满 (助动)(语助)

水烟筒里渍满了烟油子。

（三）存在动词与兼表存在义的动词的关系

由存在动词或兼表存在义的动词构成的存在句，意义有相似之处，但表达语法意义各有侧重，句式的变式条件也不相同。由存在动词构成的"有"类存在句，除了隐含语法成分，存在主体与处所词的位置关系不能改变。由存在动词"在"类构成的存在句和非存在动词构成的存在句，其基式有变式，即存在主体与处所词的位置可以变换，位于句首的成分，是存在句强调的焦点，与无标记的话题是一致的。以下面两组例句为例：

（1）ɔ⁵⁵tsɿ⁵⁵mɔ⁵³tshɿ⁵⁵zɔ³¹tɕhɔ³¹（＝tɕhi³¹ɣɔ³¹）tʃv⁵⁵/⁵³. 树下有一个人。

　　树下　(方助)人　一个　一　个　有

（2）（a）ɔ⁵⁵tsɿ⁵⁵tu³¹phe³¹mɔ⁵³tshɿ⁵⁵zɔ³¹tɕhɔ³¹（＝tɕhi³¹ɣɔ³¹）ʃɔ³¹ta̠³³tɣ̠³³ɣɛ³¹.

　　　树　下面　(方助)人　一个　一　个　站　着(状助)(语助)

树下站着一个人。

（b）tshɿ⁵⁵zɔ³¹tɕhɔ³¹（＝tɕhi³¹ɣɔ³¹）ɔ⁵⁵tsɿ⁵⁵tu³¹phe³¹mɔ⁵³ʃɔ³¹.

　　人　一个　一　个　树　下面　(方助)站

一个人站在树下。

（四）存在动词的语法特点

1. 豪尼话的存在动词在句子中主要作谓语，不能重叠，能受副词、时体词修饰。例如：

za̠³¹kɔ³³mɔ⁵³ɔ⁵⁵fv³¹tʃɔ³³ɕi³¹，nv⁵⁵sa̠³¹tshɛ³³ɣɛ³³ne³³tsɔ³¹.

洋锅　(方助)饭　有　还　你　蒸　热 (语助)(连)　吃

锅里还有饭，你热了吃。

ɔ⁵⁵xu⁵⁵ɣɔ³¹ʐa̠³¹ẕa̠³³zɔ³¹tɕhɔ³¹（＝tɕhi³¹ɣɔ³¹）lɛ⁵³tʃv⁵⁵ᐟ⁵³.
家　（话助）男孩子　　一个　　　一　　个　　只　在
家里只有一个男孩子在（其他人外出）。

mɛ⁵⁵tshɔ³¹mɔ⁵³kɔ³³fv³¹ɯ⁵⁵kɔ⁵⁵xɯ⁵⁵ti³³xɔ⁵⁵mɔ⁵⁵mɔ⁵⁵tʃɯ³³.
地　　（方助）以前　沟　　也（状助）几　条　有
地上以前有过几条大沟。

2. 存在动词有否定形式，表示否定的存在。其语法形式是在存在动词前加否定副词 mɔ³¹ "不/没"、ma³¹ "没"。例如：

ʑi⁵⁵thɔ³¹tshɿ⁵⁵zɔ³¹mɔ³¹tʃɯ³³. 他家没人。
他家　　人　　没　有

ʑi⁵⁵thɔ³¹tshɿ⁵⁵zɔ³¹tɕhɔ³¹（＝tɕhi³¹ɣɔ³¹）xɯ⁵⁵mɔ³¹tʃv⁵⁵.
他家　　人　　一个　　一　个　　也　不　在
他一家人都不在。

tɛ³³mɔ³³ɯ⁵⁵pv̩³¹mɔ⁵³ɯ⁵⁵tʃɣ³¹mɔ³¹tɣ³³ɣɛ³³nɛ³³，ŋɔ⁵⁵ɯ⁵⁵tʃhɣ³¹pɛ³¹
水田　　（方助）水　　没　出（语助）（连）我　水　　放

ʑi⁵⁵ɣɛ³¹. 水田没有水了，我去放水。
去（语助）

ŋɔ⁵⁵pv̩³¹tʃhɯ⁵⁵mɔ⁵³u³¹tʃhɛ⁵⁵ma³¹tʃɔ³³ᐟ³¹. 我的坛子里没有酸菜。
我　坛子　　（方助）酸菜　　没　有

三　存在句的类别

（一）根据存在句的语义特点分类

1. "有/在" 字句

tʃv⁵⁵、tʃɯ³³、tʃo³³、tʃa³³都是存在动词，但tʃɯ³³ "有" 除了表示 "存在" 外，还能表示某物的所属。tʃv⁵⁵ "在/有" 只表示 "存在"，属于存在动词。"有""在" 类存在动词主要构成叙述类存在句。例如：

kɣ³¹tʃɯ³¹ɔ⁵⁵tsɿ⁵⁵tɕhi³¹mɔ⁵⁵tʃɯ³³. 山上有一棵树。
山　树　一　棵　有

ɯ⁵⁵tʃhɣ³¹mɔ⁵³ŋɔ³¹ʃɔ³¹mɔ³⁵ti³¹tʃɯ³³. 水里有很多鱼。
水　（方助）鱼　很多　有

thɯ³³thɯ³³mi³¹ta̠³¹lɔ³¹pɔ³¹pɔ³¹mɔ⁵³pɔ³³ɕɛ³¹ɕɛ³¹tʃɯ³³.
那个　　姑娘　（主助）脸（方助）酒窝　　　有
那个小姑娘的脸上有酒窝。

ʐa̠³¹kɔ³³mɔ⁵³ɔ⁵⁵fv³¹tʃo³³ɕi³¹，nv⁵⁵sa̠³¹tshɛ³³ɣɛ³³nɛ³³tsɔ³¹.
洋锅　（房助）饭　有　还　你　蒸　热　（语助）（连）吃
锅里还有饭，你热了吃。

ʑi⁵⁵fɔ³³fɔ³³thu³¹ʃu⁵⁵ʃu⁵⁵tsŋ⁵⁵tu³¹phɛ³¹mɔ⁵³ɔ³¹khɯ³¹tɕhi³¹mɔ⁵⁵tʃɯ³³ .

对面　(方助)松树　　　　　角落　(方助)狗　　一　条　有

对面松树下有一条狗。

ʑi⁵⁵tho³¹tshŋ⁵⁵zɔ³¹tɕhɔ³¹(＝tɕhi³¹ɣɔ³¹)xɯ⁵⁵mɔ³¹tʃv⁵⁵ . 他一家人都不在。

他家　人　　　一个　　一　个　也　不　在

2. 判断式存在句

有的判断句也可以构成判断式存在句，表示存在。例如：

zɔ³¹mu³¹lɔ³¹pɔ³¹pɔ³¹mɔ⁵³pɔ³¹pɛ⁵⁵pa³³tʃɯ³¹ŋɯ⁵⁵ɣɛ³¹ .

老人　(主助)脸　(方助)皱纹　(结助)皱　是　(语助)

老人的脸上有深深的皱纹。

kɣ³¹tʃɯ³¹mɔ⁵³vɔ³¹tɛ³³mɔ³³ʑi³¹phɛŋ⁵⁵tʃɯ³³ .　　山下面是一片稻田。

山　(方助)下　田　一　片　有

3. 摆、放等类存在句

摆、放、贴、挂、站等及物动词作存在动词。例如：

pɛ³³ʃa³¹tu³¹thɛ⁵⁵mɔ⁵³xɛ⁵⁵tɣ³³ɣɛ³¹ .　　　　　　把包放在椅子上。

包　椅子　(方助)放　上　(语助)

v⁵⁵nv³¹nv³¹ʒu⁵⁵mɔ⁵³kuɛŋ⁵⁵u³³ɣɛ³¹ .　　　　　　把牛关进牛圈。

牛　(叠)圈　(方助)关　进　(语助)

ʑi⁵⁵lɔ³¹mɛ³¹tɯ³¹mɔ⁵³mɛ³¹tʃhɛ³¹tshŋ³¹ .　　　　他的下巴上长着胡子。

他　下巴　(方助)胡子　长

nv⁵⁵za⁵⁵xɔ³¹ɔ⁵⁵ʒu⁵⁵tɔ⁵⁵tsŋ³³mɔ⁵³tha³¹tʃɯ³³ .　　你的烟盒在桌子上。

你　烟盒　　　桌子　(方助)上　在

4. khɔ⁵⁵ "躺"、tʃv⁵⁵ "坐"、pɣ³¹ "漂"等类存在句

这几个不及物动词作存在动词。例如：

ɯ⁵⁵tʃhɣ³¹mɔ⁵³tha³¹tɕhi³¹khuɛ³¹tɕhi³¹khuɛ³¹mɛ⁵⁵tshɔ³¹pɣ³¹ .

水　(方助)上　一　块　一　块　的　土　漂浮

水面上漂浮着一块一块的泥土。

ɣɔ³¹xɔ⁵⁵mɔ⁵³tshŋ⁵⁵zɔ³¹tɕhɔ³¹(＝tɕhi³¹ɣɔ³¹)khɔ⁵⁵kuɛ³³(＝kɔ³³ɣɛ³¹) .

床　(方助)人　　一个　一　个　睡觉

床上躺着一个人。

kuaŋ³¹tʃhaŋ³¹mɔ⁵³tshŋ⁵⁵zɔ³¹ʑi⁵⁵pɯ³¹tɔ³³kɔ³³tʃv⁵⁵ . 广场上坐着一百多人。

广场　　　(方助)人　一　百　多个　坐

u³³xɛ³¹mɔ⁵³tɕhi³¹pa̠³¹ .　　门上粘着油漆。

门　(方助)漆　粘

（二）根据存在动词的状态特点分类

根据存在动词的动态和静态之别，豪尼话存在句分为动态存在句和静态存在句。二者的划分是相对的。

1. 动态存在句

存在动词具有动态意义，表示动作行为的变化过程，或所处的某种动作状态。例如：

u³¹u³¹xɔ³¹tʃʅ⁵⁵pu⁵⁵.　　　　　　　　　　天上飞着小鸟。

天　　小鸟　　飞

lu⁵⁵pɔ³¹mɔ⁵³ɔ³¹pe⁵⁵tɕhi³¹mɔ⁵⁵ka⁵⁵tʃo³³.　　河里游着一只鸭子。

河　　（方助）鸭子　一　只　游　有

tɔ³¹kɯ³³mɔ⁵³fɤ³³tʃha³¹n̥e̠³¹zɔ³¹tsʅ̩³³.　　屋顶上跑着两只老鼠。

屋　　（方助）老鼠　两　只　跑

xɤ³¹paŋ³¹mɔ⁵³ta⁵⁵tsʅ⁵⁵zi³¹phe³¹tsʅ̩³³ta̠³³tɤ̠³³ɣɛ³¹.黑板上写着一排大字。

黑板　　（方助）大字　一排　写　着　出（语助）

2. 静态存在句

存在动词表示所处的静止状态。例如：

pɔ³¹pɔ³¹mɔ⁵³ma̠³³khɔ⁵⁵to̠³¹.　　　　脸上戴着眼镜。

脸　　（方助）眼镜　戴

ɔ⁵⁵pɤ³³ɣɔ³¹ɣo̠³¹xɔ⁵⁵mɔ⁵³tʃɯ³³.　　被子在床上。

被子（话助）床上　（方助）在

kɤ³¹tʃɯ³¹ɔ⁵⁵tsʅ⁵⁵tsʅ⁵⁵tshu³¹tʃɯ³³.　山上有树林。

山　　树林　　　　有

ɤ̠³¹tsʅ̩³¹tɛ³³mɔ³³mɔ⁵³phe³¹phe³¹zi⁵⁵kɔ³³tʃha³¹u⁵⁵tɤ̠³³ɣɛ³¹.

秧田　　　　（方助）牌子　　一个　插　进（趋向）（语助）

秧田里插着一块牌子。

（三）根据存在动词的时体特点分类

依据存在动词在存在句中的时体状况及是否表现存在主体的存在方式，豪尼话的存在句分为普通体存在句、进行体存在句、持续体存在句和完成体存在句四类。

1. 普通体存在句

存在动词没有任何动作行为的时体特点，不表示任何动作状态，只表示存在主体的客观存在。如"有/在"等动词（或省略）所构成的存在句：

kɔ⁵⁵mɔ³³mɔ⁵³ɯ⁵⁵ɕe̠³³tʃɯ³³.　　　　路上有青苔。

路　　（方助）青苔　有

phiŋ³¹phiŋ³³mɔ⁵³tʃ̩⁵⁵pɔ³¹tɤ³³.　　　　　瓶子里边有酒。

瓶子　　　(方助)　酒　有

kɯ⁵⁵fv³¹mɔ⁵³pɔ³¹tʃm̩⁵⁵ʑi⁵⁵wo³³ɤ³³.　　　　墙上有一窝蜜蜂。

墙上　　　(方助)　蜜蜂　　一　窝　有

2. 进行体存在句

存在动词表示存在主体的存在状态是动态的，是正在进行的动作行为，并且这种动作行为具有持续性的动态特点。如由"跑""飘""游""飞"等动词所构成的存在句：

ɯ⁵⁵tʃhɤ³¹mɔ⁵³ŋɔ³¹ʃɔ³¹mɔ³⁵ti³³tsm̩³¹.　　　　水里游着很多鱼。

水　　　(方助)　鱼　很多　游

kɛ⁵⁵tsŋ³¹mɔ⁵³tʃhɤ³³tsŋ³¹ʑi⁵⁵tʃaŋ³³tsm̩³¹.　　　大街上跑着一辆车。

大街　　(方助)　车子　　一　辆　跑

u³¹u³¹ɤɔ³¹xɔ³¹tʃ̩⁵⁵tʃ̩⁵⁵zɔ³¹pu⁵⁵.　　　　　天上飞着小鸟。

天　(话助)　小鸟　　　　　飞

3. 持续体存在句

表示持续存在状态是曾经瞬时产生的。这种状态是存在主体的存在方式。句中的存在动词具有瞬时的动作行为和持续的状态特点。如由"开""站""沾""挎""夹""贴""戴""拴""挂""放"等动词所构成的存在句：

pɔ³¹pɔ³¹mɔ⁵³ma̧³³khɔ⁵⁵to̧³¹.　　　　脸上戴着眼镜。

脸　　　(方助)　眼镜　戴

ʑi⁵⁵lɔ³¹la̧³¹ɤ³³tu³¹xu³¹mɔ⁵³su³¹ɤɔ³¹ʑi⁵⁵pɛŋ³¹tɕa̧³¹thɛ³¹tɤ³³ɤe³¹.

他　　腋下　　　　(方助)　书　一　本　夹　(补)　出　(语助)

他腋下夹着一本书。

ɕi³¹xɤ³¹ɔ⁵⁵tsŋ⁵⁵mɔ⁵³ɕi³¹xɤ³¹mɔ³⁵ti³³ɕi³¹.　　黄瓜树上结了许多黄瓜。

黄瓜　树　　　(方助)　黄瓜　多　(状助)　结

u³³xɛ³¹lɔ³¹thu̧³³fɔ³³ɔ³¹khɯ³¹tɕhi³¹mɔ⁵⁵pha³³thu³¹ti³³.　门前拴着一只狗。

门　　前面　　(方助)　狗　　一　只　拴着　　(状助)

4. 完成体存在句

表示存在主体的存在结果是由曾经的动作行为产生的。这种结果是一种持续的存在状态，不表示其存在方式，其存在方式处于无定状态。常与句尾助词ɤe³¹"了"等连用。如"掉""下""栽""倒"等动词所构成的存在句。例如：

thɯ³³a⁵⁵mɤ³¹ɔ⁵⁵tsŋ⁵⁵a⁵⁵la̧³¹mɔ⁵³phɔ⁵⁵tʃhɯ³³kɔ³³tɤ³³ɤe³¹.

那只　猴子　树　枝　(方助)　挂　(助动)　倒　(趋向)　(语助)

那只猴子倒挂在树枝上。

ko⁵⁵mɔ³³pɔ⁵⁵tsɛ⁵⁵fɔ³³ɣo³¹phɛ̣³³u³¹tʃɯ³³tɣ̍³³ɣɛ³¹.　　路边有卖菜的了。

路　　　旁边　(方助) 蔬菜　卖　有　出　了

ko⁵⁵mɔ³³mɔ⁵³ɔ⁵⁵tsɿ⁵⁵tɕhi³¹mɔ⁵⁵ko³³fɣ̩³³kuɛ³¹（＝ko³³ɣɛ³¹）.

路　　(方助) 树　一　棵　倒　(助动) 掉了　　掉　了

路上一棵树倒了。

有的存在句，存在动词后既能加持续体标记ṭa³³，又能加句尾助词ɣɛ³¹。二者都加的与只加其中之一的句子比较，句义略有不同。都加的强调动作行为的持续状态和存在主体的存在方式，ɣɛ³¹是一般的句尾助词。如果不加持续体词ṭa³³，ɣɛ³¹则是陈述语气词，强调该句陈述存在主体的存在状态或存在动词的结果、程度。试比较下组例句：

to⁵⁵fɣ̩³¹mɔ⁵³fɣ̍⁵⁵tɣ̍³¹tɣ̍³¹te³³（＝ṭa³³ɣɛ³¹）.　　豆腐上有霉菌。

豆腐　(方助) 霉菌　有　　　　上　(语助)

a⁵⁵tʃha³³cɔ⁵³a⁵⁵ʒ̍ɛ³³ʒ̍ɛ³³n̩i⁵⁵ʒ̍ɛ³³ṭa³³tɣ̩³³ɣɛ³¹.　　藤上开着红花。

藤　　(方助) 红花　　　　　　开　着 (趋向)(语助)

四　存在句的句法结构

作存在主体和处所词的各种语法成分，其特点如下。

（一）处所词作的句子成分

从结构上说，处所词在"某处存在某人或某物"中居句子前段作主语；在"某人或某物在某处"中居句子后段作宾语。从句法角度看，处所词的句法成分以表示处所的名词性短语为主。这类名词性短语包括方位短语、代词以及偏正短语等。

1. 方位短语作处所词

由"普通名词+方位词"构成，是处所词最主要、最常见的格式。作处所词的名词，主要有方所、身体部位和天文地理类等普通名词。例如：

mɛ⁵⁵tshɔ³¹mɔ⁵³xɔ³¹ɯ⁵⁵ni⁵⁵ɯ⁵⁵tʃɯ³³.　　　　地面上有雪。

地　　(方助) 雪　　　有

ɔ⁵⁵fɣ̩³¹mɔ⁵³fɣ̩³³tʃha³¹tʃha³¹tɕhi³¹tʃo³³.　　　饭里有耗子屎。

饭　　(方助) 老鼠　(叠) 屎　有

nv⁵⁵ɣ̩³¹tɯ³¹mɔ⁵³mɔ⁵⁵pa³¹tɕhi³¹mɔ⁵⁵pa³¹.　　　你的头上有个疤。

你　头　(方助) 疤　一　个　有

lu⁵⁵pɔ³¹mɔ⁵³xɔ⁵⁵sɔ³¹pu⁵⁵.　　　　　　　　河里漂着水草。

河　　(方助) 草　漂

2. 方位词在存在句中能单独使用，表示存在主体所在的位置。这些方位词有"前面""后面""侧面""附近"等，其位置是不定的，但具有明确的方向性。例如：

lɔ³¹thuɯ̠³³fɔ³³ŋa³³tho³¹.　　　　　　　　前面是我家。

前面　(方助)我的家

ʐɔ³¹tɯ³³mɔ⁵³ço̠³¹çɔ⁵⁵ʑi⁵⁵suo³¹tʃɯ³³.　　　那儿（旁边）有一所学校。

那儿　(方助)学校　一　所　有

3. 指示代词也可以作存在句的处所词，表示存在主体所在的位置。这些指示代词主要包括"这里""那里"等，其范围虽然无定，但具有明确的方向性。例如：

ʐo⁵⁵fv³³tʃha̠³¹tɕhi³¹mɔ⁵⁵tsh̠³¹tɣ̠³³la³¹.　　这里跑出来一只老鼠。

这里老鼠　一　只　跑　出　(趋向)

ʐɔ³¹tɯ³³mɔ⁵³ço̠³¹çɔ⁵⁵ʑi⁵⁵suo³¹tʃɯ³³.　　那儿有一所学校。

那儿　(方助)学校　一　所　有

ʐɔ³¹fɔ³³ɔ⁵⁵ts̠⁵⁵ts̠⁵⁵tshu³¹mɔ⁵³lu⁵⁵pɔ³¹tɕhi³¹mɔ⁵⁵tʃɯ³³.　那树林里有一条河。

那　(方助)树林　(方助)河　一　条　有

4. 由"人称代词/指示代词+普通名词"或"普通名词+指量短语"构成的偏正短语，在存在句中可以表示存在处所。普通名词主要是处所名词和身体部位名词。人称代词和指示代词都位于普通名词之前，指量短语位于普通名词之后。例如：

ʐɔ³¹ʑi⁵⁵fɔ³³fɔ³³ɔ⁵⁵ts̠⁵⁵ts̠⁵⁵tshu³¹mɔ⁵³lu⁵⁵pɔ³¹tɕhi³¹mɔ⁵⁵tʃɯ³³.

那 对面 (方助)　树林　　　(方助)河　一　　条　有

那对面树林里有一条河。

ʐɔ³¹tɯ³³mɔ⁵³ço̠³¹çɔ⁵⁵ʑi⁵⁵suo³¹tʃɯ³³.　　　那儿（旁边）有一所学校。

那儿　(方助)学校　一　所　有

ʑi⁵⁵tʃoŋ³¹ŋɔ³¹ʃɔ³¹mɔ⁵³ɔ⁵⁵ti⁵⁵mɯ⁵⁵lɛ⁵³tʃo³³.　这种鱼身上有许多肉。

这种　鱼　(方助)肉　许多　有

（二）存在主体作的句子成分

从结构上说，存在主体在"某处存在着某人或某物"中居句子中段，作宾语；在"某人或某物在某处"中居句子前段，作主语。从句法角度看，存在主体的句法成分主要为名词、代词、联合短语和偏正短语等。

1. 一些物质名词能够构成存在句的存在主体，这些物质名词既可以是有生命的，也可以是无生命的。例如：

ʑi⁵⁵tho³¹xɔ³³mu⁵⁵lɛ³³ɔ⁵⁵ti⁵⁵ʐɔ⁵⁵tsɔ³¹.　　　　　他的家里经常有肉吃。

他 家 经常　　　肉　要　吃

ʑi⁵⁵lɔ³¹a³¹la̠³¹mɔ⁵³a³¹pa̠³³pa̠³³/³¹l̠i⁵⁵pa̠³³.　　　他的手上粘着面粉。

他　手　(方助)面粉　　粘

u³¹çi³³nɯ³³mɔ³³mɔ⁵³a⁵⁵pe̲ ³³le³¹çaŋ³¹tɣ ³³ɣɛ³¹.　　心里惦记着孩子。

心　　　（方助）孩子（宾助）想　　（趋向）（语助）

ʑi⁵⁵lɔ³¹y̲ ³¹tɯ³¹mɔ⁵³tshe⁵⁵khɯ⁵⁵khɯ⁵⁵fv⁵⁵tʃo³³ʹ³¹.　　他的头上长着白发。

他　头　（方助）白发　　　　　长

su³¹ɣɔ³¹mɔ⁵³tsɿ⁵⁵xɯ⁵⁵tʃɯ³³a⁵⁵ʑe̲ ³³xua⁵⁵ta̲ ³³tɣ ³³ɣɛ³¹.　　书上有文字也有图片。

书　（方助）字　也　有　图片　　上　出（语助）

2. 表实物名词构成的联合短语构成存在主体。例如：

a⁵⁵xua³¹tho³¹ɔ⁵⁵xu⁵⁵ɣɔ³¹tʃhɔ³⁵mɔ³¹tʃv⁵⁵.　　　　阿华一家人都不在。

阿华　家　房子　　都　不　在

tɔ⁵⁵tsɿ³³mɔ⁵³vɔ³¹ɔ³¹khɯ³¹khɯ³¹zɔ³¹tɕhi³¹zɔ³¹tʃɯ³³.　　饭桌下面有一只小狗。

桌子　（方助）下　狗　　（叠）　小　一　只　有

3. 人称代词在"某人或某物在某处"中才能构成存在主体，位于句首，作主语。例如：

ɔ³¹pv⁵⁵ɔ⁵⁵xu⁵⁵tʃv⁵⁵.　　　　　　　　　　爷爷在家里。

爷爷　家　　在

nv⁵⁵zɔ³¹mɯ⁵⁵mɔ⁵³xɔ³³tʃu³³ʹ³¹?　　　　　你现在在哪里？

你　现在　（方助）哪　在

nv⁵⁵y̲ ³¹tɯ³¹mɔ⁵³mɔ⁵⁵pa̲ ³¹tɕhi³¹mɔ⁵⁵pa̲ ³¹.　　你的头上有个疤。

你　头　（方助）疤　　　一　个　有

nv⁵⁵ẕa⁵⁵xɔ³¹ɔ⁵⁵ʒu⁵⁵tɔ⁵⁵tsɿ̲ ³³mɔ⁵³tha³¹tʃɯ³³.　　你的烟盒在桌子上。

你　烟盒　　　桌子　（方助）上　在

4. 疑问代词在"某处有某人或某物"中构成存在主体，构成存在句的疑问式，作宾语；在"某人或某物在某处"中，构成存在主体，作主语。例如：

fv³³tv³¹mɔ⁵³ɔ³¹tʃhɯ³³tʃo³³?　　　　　　灶台里有什么？

灶台　（方助）什么　　有

nv⁵⁵zɔ³¹mɯ⁵⁵mɔ⁵³xɔ³³tʃu³³ʹ³¹?　　　　　你现在在哪里？

你　现在　（方助）哪　在

5. 存在主体的主要形式是由偏正短语构成的。普通名词的前后加上限制性的词语构成偏正短语，主体由无定的客观事物，变为具体的事物。例如：

ʑi⁵⁵fɔ³³fɔ³³ɔ⁵⁵tsɿ⁵⁵tsɿ⁵⁵tshu³¹mɔ⁵³ɯ⁵⁵kɔ⁵⁵tɕhi³¹mɔ⁵⁵tʃɯ³³.

对面　（方助）森林　　（方助）沟　一　条　有

对面森林里有一条沟。

kɣ³¹tʃɯ³¹mɔ⁵³vɔ³¹tɛ³³mɔ³³zi³¹pheŋ⁵⁵tʃɯ³³.　　　山下面是一片稻田。

山　(方助)　下　田　一　片　有

ɔ⁵⁵xu⁵⁵nɔ³¹nɯ⁵⁵fɔ³³ɕi³¹u³¹ɔ⁵⁵tsɿ⁵⁵tɕhi³¹tsɿ⁵⁵te̱³³.　房子后面有一棵桃树。

房子　后面　(方助)　桃子　树　一　棵　有

由疑问代词构成的偏正短语作存在句的存在主体，居句子中段。例如：

tu³¹phe³¹mɔ⁵³ɔ³¹tʃhɯ³³mu³¹n̩i³¹mɯ⁵⁵mɔ³¹？

角落　(方助)　什么　东西　叫　(语助)

角落里什么东西在叫？

五　存在句的类型学特征

豪尼话属 SOV 型语言，分析性较强。从构式语法角度看，其存在句与其他亲属语言一样，主要由处所词、存在动词和存在主体三部分构成。在一定条件下，个别语法成分能省略或隐含。从语序类型看，有两种不同的语序类型，处所词和存在主体都位于存在动词的一侧："处所词+存在主体+存在动词"和"存在主体+处所词+存在动词"，分别表示"某处存在着某人或某物"和"某人或某物在某处"。

据余成林考察，"藏缅语的大多数语言'有'类存在动词有多个，一般的都在3—4个，最多的哈尼语达到10个"。[1]与其他亲属语言相比，豪尼话的存在动词不仅有类别范畴，而且"有/在"类存在动词形式较为丰富，有8个。豪尼话存在句的否定形式具有分析性特点，即在肯定式的存在动词前，添加否定副词表示否定意义。

此外，豪尼话存在句中还有一种表示出现或消失的句子，分为出现句（表示某处、某时出现某人或某物）和消失句（表示某处、某时消失某人或某物）两类。例如：

la̱³¹pha³³mɔ⁵³khɯ³¹fv⁵⁵tɣ³³lɔ⁵⁵ᐟ⁵³.　　手心里出汗了。

手心　(方助)　汗　出　来

u³¹u³¹ɣɔ³¹pɛ³¹kɯ⁵⁵a³³pa̱³³la̱³³pɛ³³tɣ³³lo⁵³（=lɔ⁵⁵ɣɔ³¹）.

天　(话助)　星星　密密麻麻　出　来了　来(语助)

（天上）出来了密密麻麻的星星。

li⁵⁵li⁵⁵ʑi⁵⁵ma³³fɔ³³ʑi⁵⁵lɔ³¹cɔ³¹lɯ⁵⁵te⁵⁵ʑi³¹ʑɛ⁵³（=ʑi⁵⁵ɣɛ³¹）.

阿姨　下面　(方助)　她　孩子　寻找　去(语助)

阿姨到下边那儿找她孩子去了。

ʑɔ⁵⁵fv³³tʃha̱³¹tɕhi³¹mɔ⁵⁵tsh̩³¹tɣ³³la³¹.　　　这里跑出来一只老鼠。

这里　老鼠　一　只　跑　出　(趋向)

---

[1] 余成林：《汉藏语系语言存在句研究》，博士学位论文，中央民族大学，2011年。

me⁵⁵tshɔ³¹mɔ⁵³xɔ³¹ɯ⁵⁵ni⁵⁵ɯ⁵⁵tui³³ta̠³³lɔ⁵⁵ɣɛ³¹. 地面上开始积雪了。

地　　（方助）雪　　　　　堆 上 来（语助）

te³³mɔ³³ɯ⁵⁵pv̩³¹mɔ⁵³ɯ⁵⁵tʃɣ³¹mɔ³¹tɣ³³ɣɛ³¹nɛ³³,ŋɔ⁵⁵ɯ⁵⁵tʃhɣ³¹pɛ³¹zi⁵⁵ɣɛ³¹.

水田　　　（方助）水　 没 出（语助）（连） 我 水　　 放去（语助）

水田没有水了，我去放水。

在一些研究藏缅语的语法书里，把这类句子独立出来与存在句并列。本书只在存现句后说明有此种现象，并没有将其独立成类。

第四节　强调施事句

豪尼话中没有类似于汉语的被动句，但是豪尼话有一种强调施事的句子，可以称之为强调施事句。因此，豪尼人常用这种强调施事句翻译汉语的被动句，所以容易造成一种误解，以为豪尼话也有被动句。这种强调施事句的被动意义不仅有被动标记的语言语气那么强烈，而且是豪尼话一种特殊的语法范畴。这种特殊的语法范畴在豪尼话的亲属语言中也有一些。其意义主要是借助主语和宾语之间的施受关系来表现句子的强调施事意义。下面从语法特点和语义特征两个方面来分析强调施事句的特点。

一　强调施事句的语法特点

豪尼话强调施事句的基本格式是：受事主语+施事宾语+nɛ³³（施事助词）+pi³³（让）+动词。例如：

xu³¹zɔ³¹ɔ³¹n̠i⁵⁵lɔ³¹nɛ³³pi³¹ti³¹pe̠³¹ɣɛ³¹. 碗被妹妹打破了。

碗　　 妹妹（话助）（施助）让 打 破 （语助）

上一例句中，xu³¹zɔ³¹"碗"是句子的主语，其语义角色是受事。ɔ³¹n̠i⁵⁵"妹妹"是句子的宾语，其语义角色是施事，它的后面带上施事助词nɛ³³，以指明其施事角色。使役动词pi³³"让"，在句法结构上与后面的动词ti³¹pe̠³¹"打破"发生关系，构成使动结构。在语义指向上，既指向主语xu³¹zɔ³¹"碗"，指明它是受事角色，又指向句子的核心动词ti³¹pe̠³¹"打破"，指明pi³³"让"是使役性动作。

虽然强调施事句与非强调施事句一样，在格式上都是"主语+宾语+动词"，但在语义结构上却存在重要差别。强调施事句的语义结构是"受事+施事+nɛ³³（施事助词）+pi³³（让）+动作"；而非强调施事句的语义结构是"施事+受事+动作"。二者有三点不同：

一是主语和宾语的语义角色不同，强调施事句的主语是受事，宾语是施事；非强调施事句则相反。

　　二是强调施事句的施事宾语后带有施事助词nɛ³³，而非强调施事句一般不带，除非在处置句里。因为nɛ³³的功能是标记施事。在非强调施事句里，句子的结构是"施事主语+受事宾语+动作"，与话题结构"话题+述题"相一致，是无标记语序，不需要添加施助标记nɛ³³。而在强调施事句中，本应处于宾语位置上的受事前移到句首作主语、作话题。这就导致了句法结构、语义结构和话题结构之间的矛盾。要解决这个矛盾，不同的语言就要选用不同的方法。豪尼话选用nɛ³³来标记施事，以明确主语、宾语与施事、受事之间的关系。

　　三是强调施事句多加上pi³³"让"，以强调主语的受事角色和动作的使役性。pi³³是由实义动词pi³³"给"语法化而来。主要用于强调施事句和兼语句中表示使役义，在非强调施事句则一般不带pi³³"让"。

　　"受事主语+施事宾语+nɛ³³（施事助词）+pi³³（让）+动词"是强调施事句中使用频率最高的一种格式。受事主语对生命度没有要求，而施事宾语则要求是有生命的人或动物。例如：

zi⁵⁵lɔ³¹ɔ³¹n̩i⁵⁵lɔ³¹nɛ³³pi³³ti³¹n̩i⁵⁵ɣɛ³¹.　　　　她被弟弟打哭了。

她　　弟弟 (话助)(施助) 让 打 哭 (语助)

fv³³tʃha̠³¹ɔ⁵⁵n̩i⁵⁵nɛ³³pi³³khɔ̠³¹fv³³ɣɛ³¹.　　　　老鼠被猫咬死了。

老鼠　　猫　 (施助) 让 咬 死 (语助)

ɕi³¹tʃhɔ³¹tshɯ⁵⁵zɔ³¹nɛ³³pi³³xu³¹tsɔ³¹lɯ⁵⁵ɣɛ³¹.　　李子被人偷光了。

李子　　人　　 (施助) 让 偷 掉 完 (语助)

xɔ⁵⁵phi³¹ɣɔ³¹xɔ³¹n̩i³¹tshɯ⁵⁵zɔ³¹nɛ³³pi³³khɛ³³xuaŋ³³lɯ⁵⁵ɣɛ³¹.

荒地 (话助) 豪尼 人 　　(施助) 让 开垦 　　完 (语助)

荒地被豪尼人开垦完了。

ʃɔ⁵⁵tɯ³³pi³¹tʃv³¹nɛ³³pi³³tsɔ³¹lɯ⁵⁵mɔ³¹?　　玉米都被虫子吃光了吗？

玉米　　虫子　 (施助) 让 吃 完 (语助)

a³³pa̠³³ɔ³¹phɔ³¹lɔ³¹pi³³tsɔ³¹lɯ⁵⁵ɣɛ³¹.　　　　粑粑被爸爸吃完了。

粑粑　　爸爸 (话助) 给 吃 完 (语助)

　　基本句式中的施事和施助nɛ³³、pi³³"让"和受事都不是强制性的，在一定条件下可以省略。省略的句式有以下几种：

　　（一）受事主语+施事宾语+nɛ³³（施助）+动词

　　省略使役动词pi³³"让"。因为nɛ³³标记宾语的施事身份，主语和宾语的施受关系已经明确，省略pi³³"让"不会引起歧义。但省略后，句子的被动意义不及加上pi³³"让"重。如上面的8个例句中的pi³³"让"都可以省略，但省略后只体现主语和宾语的施事关系，主语的承受义减弱，受事成为句中的话题，还可以加上话题标记。试看下列例句：

fv³³tʃhạ³¹（ɣɔ³¹）ɔ⁵⁵n̩i⁵⁵nɛ³³khọ³¹fv³³ɣɛ³¹.　　　老鼠被猫咬死了。

老鼠（话助）　猫（施助）咬　死（语助）

çi³¹tʃhɔ³¹（ɣɔ³¹）tshn⁵⁵zɔ³¹nɛ³³xu³¹tsɔ³¹lɯ⁵⁵ɣɛ³¹.　李子被别人偷光了。

李子（话助）　人（施助）偷　掉　完（语助）

（二）受事主语+pi³³（让）+动词

当施事无法指明或无须指明时，可以省略施事和施助nɛ³³。句子的被动意义借助使役动词pi³³"让"来体现。主语对生命度没有要求。例如：

zi⁵⁵lɔ³¹pi³³tɕɛ³³ɣɛ³¹.　　　　他们被骗了。

他们　让　骗（语助）

u³³xɛ³¹pi³³tɛ³¹phu³³ɣɛ³¹.　　　门被推开了。

门　　让推开（语助）

a⁵⁵kɔ³³pi³³kɔ³³tɣ³³ɣɛ³¹.　　　哥哥摔了一跤。

哥哥　让　摔跤（语助）

a³³pạ³³pi³³tsɔ³¹lɯ⁵⁵ɣɛ³¹.　　　粑粑被吃完了。

粑粑　让吃　完（语助）

ɔ⁵⁵n̩i⁵⁵pi³³lɛ³¹tshn³¹ɣɛ³¹.　　　小猫被赶跑了。

小猫　让　赶跑（语助）

fv⁵⁵tʃi³¹pi³³xu³¹tsɔ³¹lɯ⁵⁵ɣɛ³¹.　　钱被偷完了。

钱　　让偷掉完（语助）

ɔ³¹khɯ³¹su³¹mɔ⁵⁵pi³³ti³¹fv³³ɣɛ³¹.　　狗被打死了三只。

狗　　三只　让打杀（语助）

lɔ³¹li³¹ɔ⁵⁵xu⁵⁵ɔ³³mi³¹tsɔ³¹pi³³phɣ³³tsɔ³¹lɯ⁵⁵ɣɛ³¹.老李家的柴被烧完了。

老李家　的柴　让烧掉完（语助）

（三）受事主语+动词

当无法指明或无须指明施事，受事主语又是非生命体时，施事和施助nɛ³³、pi³³"让"都可以省略。因为无生命物体本身不具有施动性，省略pi³³"让"，主语的受事角色也很明确。但省略以后，被动意义不及加上pi³³"让"强。如上例的"粑粑……、钱……、门……"三句省略了pi³³"让"以后，被动义减弱，句子体现的仅仅是一种非主语自身所为的变化：

u³³xɛ³¹tɛ³¹phu³³ɣɛ³¹.　　　门推开了。

门　推开（语助）

a³³pạ³³tsɔ³¹lɯ⁵⁵ɣɛ³¹.　　　粑粑吃完了。

粑粑　吃掉（语助）

fv⁵⁵tʃi³¹xu³¹tsɔ³¹lɯ⁵⁵ɣɛ³¹.　　钱偷完了。

钱　　偷掉完（语助）

其实这样的句子被动意义是很弱的，主语的遭受意义已经得不到体现，仅仅体现了主语的受事性和话题性。又如：

ɔ⁵⁵xu³¹pv³³tsɔ³¹ɣɛ³¹.　　　　　　　　衣服吹掉了。

衣服　吹　掉 (语助)

tɔ⁵⁵tsɹ³³thu³¹tsɔ³¹ɣɛ³¹.　　　　　　　凳子撞倒了。

凳子　撞　掉 (语助)

zi⁵⁵lɔ³¹/³³ɔ³³ɔ³¹khɯ⁵⁵l̩u³³mɔ³³tʃɛŋ³¹nɔ⁵⁵ɣɛ³¹.　他的脚被石头打伤了。

他　　的脚　　石头　整　痛 (语助)

（四）施事宾语+nɛ³³（施助）+pi³³+动词

省略受事主语。这种结构对话语环境依赖性强，多用于答话中。受事主语作为话题，成为交际双方所共知的旧信息，因而被省略。例如：

zi⁵⁵lɔ³¹nɛ³³pi³³tsɔ³¹u⁵⁵ɣɛ³¹.　　　　　被他吃掉了。

他 (施助) 给 吃 进 (语助)

a⁵⁵pe̩³³lɔ³¹nɛ³³pi³³u³¹lɯ⁵⁵ɣɛ³¹.　　　　被小孩花光了。

小孩 (话助)(施助) 让 用 完 (语助)

ɔ³¹n̩i⁵⁵lɔ³¹nɛ³³（pi³³）tʃɯ³³pe̩³¹.　　　被妹妹打破了。

妹妹 (话助)(施助) 给 打 破

tʃɔ³¹l̩ i⁵⁵ɣɔ³¹nɛ³³（pi³³）pv³³lu³³ɣɛ³¹.　被风吹倒了。

风 (话助)(施助) 给 吹 倒 (语助)

（五）否定形式

强调施动句具体否定形式，即在动词性成分之前加否定副词mɔ³¹ "没"，否定的辖域包括整个动词短语。例如：

tʃi⁵⁵pɔ³¹zi⁵⁵lɔ³¹nɛ³³mɔ³¹pi³³tɯ⁵⁵lɯ⁵⁵çi³¹.　　酒没被他喝完。

酒　他 (施助) 没 让 喝 完 还

nv³³ʒɯ⁵⁵ŋa³³nɛ³³mɔ³¹pi³³v³¹ko³³çi³¹.　　你还没被我骂过呢。

你 (宾助) 我 (施助) 没 让 骂 过 还

nv³³ʒɯ⁵⁵ŋa³³nɛ³³mɔ³¹v³¹ko³³pi³³çi³¹.　　你还没被我骂过呢。

你 (宾助) 我 (施助) 没 骂 过 让 还

tʃhɛ⁵⁵fv⁵⁵ɣɔ³¹xa̩³³mɔ³³nɛ³³mɔ³¹pi³³tʃhɯ³³tsɔ³¹.　米没被母鸡啄吃。

米 (话助) 母鸡 (施助) 没 让 啄 吃

二　强调施事句的语义特征

（一）表示强调施动意义

豪尼话的强调施动意义主要体现为主语和宾语的施受关系。无论是强调施事句的基本格式"受事主语+施事宾语+nɛ³³（施事助词）+pi³³（让）+动词"结构，还是其他三种省略形式，实际上都是一个施受关系的语义结构体。不同的只是施受关系的隐现程度不同、施动意义的轻重不同。下面是豪尼话强调施事句五种类型的例句：

ɔ³¹ni⁵⁵lɔ³¹nɛ³³pi³³ti³¹pe ³³. 被妹妹打破了。

妹妹 (结助) (施助) 让 打 破

kɯ⁵⁵fv̩ ³¹fv³³tʃha ³¹nɛ³³ tɔ⁵⁵khu⁵⁵tɕhi³¹mɔ⁵⁵khɔ̩ ³¹ɣɛ³¹.

墙　　老鼠　　(施助) 洞　　　一　　个　咬 (语助)

墙被老鼠咬了一个洞。

kɯ⁵⁵fv̩ ³¹tɔ⁵⁵khu⁵⁵tɕhi³¹mɔ⁵⁵khɔ̩ ³¹ɣɛ³¹. 墙被咬了一个洞。

墙　　洞　　　一　　个　咬 (语助)

kɯ⁵⁵fv̩ ³¹fv³³tʃha ³¹nɛ³³tɔ⁵⁵khu⁵⁵tɕhi³¹mɔ⁵⁵pi³³khɔ̩ ³¹ɣɛ³¹.

墙　　老鼠　　(施助) 洞　　　一　　个　让 咬 (语助)

墙被老鼠咬了一个洞。

kɯ⁵⁵fv̩ ³¹fv³³tʃha ³¹tɔ⁵⁵khu⁵⁵tɕhi³¹mɔ⁵⁵pi³³khɔ̩ ³¹ɣɛ³¹. 墙被老鼠咬了一个洞。

墙　　老鼠　洞　　　一　　个 让 咬 (语助)

上例中的第一句施事和受事都出现，除了借助nɛ³³指明施受关系以外，还用pi³³"让"强调主语的受事性和事件的遭受性，强调施动的意义最重。第二句则省略了pi³³"让"，仅体现主语和宾语的施受关系，强调施动意义比第一句轻。第三句则是省略了施事成分，但借助pi³³"让"明确主语的受事性。第四句省略了施事和pi³³"让"，使得主语的受事性通过主语自身无生命性、无施动性等语义特点体现出来，被动意义最弱。仅仅是描述了一个事件，而事件的涉及者本身无施动能力。最后一句是因为主语具有施动能力，因此，必须加上pi³³"让"以指明主语是受事者。因此，可以说，豪尼话的强调施事句在遭受意义和强调施动意义两个方面，更多的是强调施动意义。但与有被动标记的语言相比，强调施动的意义较弱。

（二）表示完结意义

豪尼话强调施事句表示完结意义与受事格作主语有关。因为受事者居于句首，本身就具有认知上的"凸显"性和较强的话题性。而受事意义得以实现必然是动作已经完成。所以在强调施事句的谓语动词后通常带上结果补语，使强调施事句隐含的完结意义形式化、显性化。例如：

za̱ ³¹the³³ɔ³¹phɔ³¹lɔ³¹nɛ³³pi³³pɣ̩ ³³z̩³³ɣɛ³¹. 野猪被爸爸打中了。

野猪　爸爸　(结助)(施助) 给 打 中 (语助)

thɯ³³fv⁵⁵tʃ̩ ³¹v³¹khuɛ³¹tɔ⁵⁵ts̩ ³³mɔ⁵³ɔ³¹sɿ⁵⁵nɛ³³xɛ⁵⁵ta ³³tɣ̩ ³³ɣɛ³¹?

那　钱　五块　桌子 (方助) 谁　(施助) 放 上 (趋向)(语助)

那五块钱是谁放在桌子上的？

te³³mɔ³³thɔ⁵⁵tɕhi³¹khɣ³¹su³¹mɔ⁵⁵（pi³³）tʃhɯ³³. 这块地被挖了三次。

地　　　这一　块　三　次　　让　挖

za³¹z̩³³ɔ³¹phɔ³¹lɔ³¹nɛ³³tɕhi³¹thɯ³³pi³³ti³¹ɣe³¹. 儿子被爸爸打了一拳。

儿子　爸爸　（结助）（施助）一　拳　　让　打　（语助）

fv³³tʃha̠³¹ɔ⁵⁵n̩i⁵⁵ɣɔ³¹nɛ³³pi³³pa³³tsue³³（＝tsɔ³¹ɣe³¹）. 老鼠被猫吃掉了。

老鼠　　猫　（话助）（施助）给　（助动）吃掉　　掉　（语助）

（三）强调施事句在语义表达上具有多功能性

它以表示消极义的用法居多，此外还能表示中性义或积极义。例如：

zi⁵⁵lɔ³¹ŋɔ³³nɛ³³pi³³tʃeŋ³¹n̩i⁵⁵ɣe³¹. 他被我弄哭了。

他　　我　（施助）让　整　哭　（语助）　　　　　　（消极义）

zi⁵⁵lɔ³¹nɛ³³ɔ⁵⁵xu³¹l̩a̠³³khu³³ɣe³¹. 衣服被他弄破了。

他　　（施助）衣服　弄　破　（语助）　　　　　　（消极义）

zi⁵⁵lɔ³³（＝lɔ³¹ɔ³³）fv⁵⁵tʃi̠³¹tsɯ⁵⁵zɔ³¹nɛ³³tɕi⁵⁵zi⁵⁵ɣe³¹.

他的　　　　的　钱　人　　（施助）借　去（语助）

他的钱被别人借走了。　　　　　　　　　　（中性义）

ɔ³¹n̩i⁵⁵lɔ³¹s̩³³lɔ³¹nɛ³³pi³³v³¹ɣe³¹. 小妹被校长批评了。

小妹　校长　（结助）（施助）让　骂　（语助）　　　　（消极义）

ɔ⁵⁵mɯ³³tɔ³¹xu³³a⁵⁵pe̠³³lɔ³¹nɛ³³ʑɔ³³mɔ⁵³pi³³liŋ³¹la̠³¹.

客人　　　　　　小孩（结助）（施助）这里（方助）让　领　（趋向）

客人被小孩领到这里来了。　　　　　　　　（中性义）

ɔ³¹n̩i⁵⁵lɔ³¹ɔ³¹mɔ³³nɛ³³pi³³khua³¹ɣe³¹. 妹妹被妈妈夸了。

妹妹　（结助）妈妈　（施助）让　夸　　（语助）　　　（积极义）

第五节　差比句

　　差比句是一种语义句法结构，其句法实现在不同的语言中有很大的区别，但也存在一些共性。从基本构成成分的语序来看，最常见的语序有两种："比较主体＋比较基准＋比较标记＋比较结果"和"比较主体＋比较结果＋比较标记＋比较基准"；从比较标记的使用情况来看，有无标记型和有标记型两类，两种类型内部又有若干次类。语言类型学的研究发现，差比句各结构要素的语序与动宾语序、介词类型（前置词/后置词）密切相关，这就使得差比句的句法表现成为语法调查中一个不可缺少的项目。然而，相对于汉语而言，少数民族语言的差比句研究还很薄弱，甚至有些语言差比句的研究还处于空白状态。豪尼话的差比句前人尚未做过，有深入研究的空间。本节主要描写、分析豪尼话差比句的结构模式要素、结构形式以及结构要素的隐含、省略、移位情况，以及比较标记的来源等问题。

一　豪尼话差比句的结构要素

豪尼话差比句的结构要素主要有：比较主体（SJ）、比较基准（ST）、比较本体（O）、比较标记（M）、比较结果（R）和比较点（P）/比较专项（I）等 6 项。

（一）比较主体（SJ）、比较基准（ST）、比较本体（O）

比较主体和比较基准是差比句中进行比较的不同对象，一般为名词/名词短语、代词、主谓短语、数量短语、名物化结构。如果由人称代词作差比句的比较基准，一般要使用人称代词的领属格形式。例如：

（1）n̠i⁵⁵tʃhe³¹ti³³khɔ³³na̠³³ɣɯ³¹ti³³khe³³mɔ⁵³tha̠³³ʐɔ⁵⁵mɯ³¹.
　　　红的　　　　黑的　　　　　比　更　好
　　　SJ　　　　　　ST
　　红的比黑的更好。

（2）xɔ³¹n̠i³¹tu³¹pɔ³¹thu⁵⁵tɕhe³¹thɯ³³xɔ³¹n̠i³¹tu³¹pɔ³¹mɔ³¹thu⁵⁵tɕhe³¹
　　　豪尼　话　说　会　(结助)　豪尼　话　不　说　会
　　　　SJ　　　　　　　　　　　　ST
thɯ³³mɔ⁵³tha̠³³ne³³sui⁵⁵sɿ⁵⁵ʐɔ⁵⁵xɣ̠³¹.
　(结助)　比　(施助)　岁数　更　大
　　会豪尼话的人比不会豪尼话的年纪大。

（3）z̠i⁵⁵lɔ³¹nv̠³³tha̠³³ʐɔ⁵⁵xɣ̠³¹.　　他比你大。
　　　他　你　比　更　大
　　　SJ　ST

（4）nv̠⁵⁵tʃɿ⁵⁵pɔ³¹tɯ⁵⁵ɣɔ³¹ŋɔ⁵⁵mɔ⁵³tha̠³³ʐɔ⁵⁵mɔ³¹.　　你喝酒比我多。
　　　你　酒　　喝　(话助)　我　比　　更　多
　　　SJ　　　　　　　　　ST

（5）ʃi³¹khuɛ⁵⁵lian̠³¹khuɛ⁵⁵mɔ⁵³tha̠³³li³¹fen³³mɔ³¹.　　十块比两块多了四倍。
　　　十块　　两块　　比　　四倍　多
　　　SJ　　　ST

（6）tshɿ³¹ɣɔ³¹z̠i³¹mɔ⁵³tha̠³³ʐɔ⁵⁵tshɿ³¹tɣ³³z̠i⁵⁵pɛ³³.　　跑比走快。
　　　跑　(话助)走　比　　更　跑　起　去　(语助)
　　　SJ　　ST

（7）tʃhɣ³³tsɿ³¹tɕi³¹ɣɔ³¹kɔ⁵⁵mɔ³³z̠i³¹mɔ⁵³tha̠³³ʐɔ⁵⁵khuɛ⁵⁵.
　　　车子　　骑　(话助)　路　　走　比　　更　快
　　　骑自行车比走路快。
　　　SJ　　　　　　　　ST

　　动词和动词短语作比较主体时，一般要在其后添加话题助词ɣɔ³¹"的话"，可以由动词、动词短语直接作比较基准。如例（6）、例（7）。

　　如果是对同一个对象的不同方面（如属性特征、动作发生的时间或地点等）进行比较，则这个对象就是"比较本体（O）"。例如：

（8）ʑi⁵⁵lɔ³¹zɔ³¹nv³³mi⁵⁵nv³³tha̠³³thɯ⁵⁵lɔ⁵⁵/⁵³ʑa⁵⁵na̠³¹.

　　　他　　今天　昨天　比　起　来　　要　早

　　　他今天比昨天起得早。

　　　O　　SJ　　ST

　　例（8）是就同一对象"他"在不同时间里（"今天""前天"）发生"起床"这一动作的早晚进行比较。故"他"是比较本体，而"今天"和"前天"分别是"比较主体"和"比较基准"。

（二）比较标记（M）

　　比较标记是差比句的形式标记。龙坝豪尼差比句的比较标记主要是mɔ⁵³tha̠³³"上面"和tha̠³³"上"，句中记作"比"，肯定式、否定式均适用。在差比句的否定式中，还可以使用tɕhi⁵⁵"如"，使用这个标记的差比句，如果由人称代词作比较基准，一般使用主格形式。为了加强强调意义，还可以在mɔ⁵³tha̠³¹后面加nɛ³³。例如：

（1）ʑi⁵⁵tɕhi³¹ʑɛ̠³³a⁵⁵ʑɛ̠³³ɣɔ³¹ʑi⁵⁵tɕhi³¹ʑɛ̠³³mɔ⁵³tha̠³³nɛ³³ʑɔ⁵⁵n̠i⁵⁵.

　　　这　一　朵花　(话助)　那　一　朵　比　　(施助)　更　红

　　　　　　　　　　　　　　　　　　　　M

　　　这朵花比那朵花红。

（2）tsha³¹na̠³³xɣ³¹mi⁵⁵na̠³³xɣ³¹mɔ⁵³tha̠³³nɛ³³ʑɔ⁵⁵ka̠³³. 今年比去年冷得多。

　　　今年　　　　去年　　　比　　(施助)　要　冷

　　　　　　　　　　　　　　　M

（3）lɔ³¹sɿ³³thɯ³³ɔ³¹phɔ³¹lɔ³¹tha̠³³nɛ³³nv⁵⁵kuɛ³¹ʑɔ⁵⁵mɯ³¹.

　　　老师　(结助)　爸爸　(话助)　比　(施助)　你　管　更　好

　　　　　　　　　　　　　　M

　　　老师比爸爸更管得好你。

（4）ʑi⁵⁵lɔ³¹ŋɔ³³/³⁵tɕhi⁵⁵mɔ³¹kɔ³³. 他不如我高。

　　　他　　我　　如　不　高

　　　　　　　　M

（5）ŋɔ⁵⁵nv³³/³⁵tɕhi⁵⁵mɔ³¹na̠³³. 我不如你黑。

　　　我　你　　如　不　黑

　　　　　　　M

（三）比较结果（R）

比较结果是差比句中显示性状、数量、程度等方面差别的部分，一般为形容词/形容词短语。表示差异或变化的助动词，以及动词短语的补语、状语，也能作比较结果。例如：

（1）$ɔ^{31}ŋi^{55}lɔ^{31}a^{55}ta^{55}lɔ^{31}tha̠^{33}ʐɔ^{55}\underline{ku^{55}}$. 弟弟比姐姐聪明。

　　　弟弟　(话助)　姐姐　(话助)　比　更　聪明

　　　　　　　　　　　　　　　　　　R

（2）$khuŋ^{55}miŋ^{33}ɣɔ^{31}xu^{55}xu^{31}mɔ^{53}tha̠^{33}nɛ^{33}ɣɔ^{31}tshɔ^{55}ʐɔ^{55}\underline{l̠u^{55}}$.

　　　昆明　　　　(话助)　墨江　比　　(施助)　天气　更　热

　　　　　　　　　　　　　　　　　　　　　R

　　　昆明比墨江热。

（3）$a^{55}ko^{33}lɔ^{31}ɔ^{31}ŋi^{55}lɔ^{31}tha̠^{33}nɛ^{33}$（$fv^{55}tʃ̩^{31}$）$tsɛ^{55}ʐɔ^{55}\underline{mɔ^{31}}$.

　　　哥哥　(话助)　弟弟　(话助)　比　(施助)　（钱）　挣　更　多

　　　　　　　　　　　　　　　　　　　　　　　　　R

　　　哥哥比弟弟挣得多。

（4）$ɕɔ^{31}mɛ^{31}ɔ^{31}sɹ̩^{55}thɯ^{33}tha̠^{33}nɛ^{33}tsʰ̩^{31}xɯ^{33}ʐɔ^{55}\underline{khuɛ^{55}}$.

　　　晓梅　谁　(结助)　比　(施助)　跑　(助动)　要　快

　　　　　　　　　　　　　R

　　　晓梅跑得比谁都快。

（5）$nɯ^{55}mɔ^{33}tɣ̩^{33}lɔ^{55/53}fɔ^{33}kɣ^{31}tʃɯ^{31}ɣɔ^{31}nɯ^{55}mɔ^{33}kɔ^{33}zi^{55/53}fɔ^{33}tha̠^{33}nɛ^{33}$

　　　东边　　　　　　山　(话助)　西边　　　　　　　　比　(施助)

　　　$ʐɔ^{55}kɔ^{33}$. 东边的山比西边的山高。

　　　要　高

　　　　R

（6）$ɔ^{31}ŋi^{55}lɔ^{31}a^{55}ko^{33}lɔ^{31}tha̠^{33}nɛ^{33}a^{31}xa̠^{33}ʐɔ^{55}\underline{tɣ^{33}}$. 弟弟比哥哥努力。

　　　弟弟　(话助)　哥哥　(话助)　比　(施助)　力气　越　出

　　　　　　　　　　　　　　　　R

（四）比较点（P）/比较专项（I）

比较点是不同对象之间进行比较的具体内容。例如：

（1）$ɔ^{31}phi^{31}khɛ^{33}$, $ʃɔ^{31}pv^{55}ʃa^{31}nɯ̠^{31}mɔ^{53}tha̠^{33}nɛ^{33}ʐɔ^{55}ɕaŋ^{33}ziŋ^{33}$.

　　　价钱　的话　肥肉　瘦肉　比　(施助)　要　便宜

　　　　　　P

　　　肥肉的价格比瘦肉的价格还更便宜。

这个句子中，双方进行比较的内容是"价钱高低"，因此比较点就是 $ɔ^{31}phi^{31}khɛ^{33}$ "价钱的话"。

比较点还包含若干不同方面的属性。如果是就某一方面的属性进行比较，则所比较的内容可以叫"比较专项"。例如：

（2）ʑi⁵⁵lɔ³¹pɔ³¹pɔ³¹ʑi⁵⁵lɔ³³ɔ³¹phɔ³¹tha³³nɛ³³ʐɔ⁵⁵na̠³¹. 他的脸比他爸爸的黑。

他　　脸　　他的　爸爸　比　(施助)更　黑

　　　　　　P

这个句子的比较点是pɔ³¹pɔ³¹"脸"。但是pɔ³¹pɔ³¹有若干属性，如大小、方圆、黑白、胖瘦等，这里只是就肤色黑白进行比较，因此，比较专项就是"黑白"，但在句中并没有显现。

上述 6 项结构要素中，比较基准、比较标记和比较结果是必有的结构要素，比较主体、比较本体、比较点/比较专项则是可选的结构要素。

二　豪尼话差比句的结构模式

豪尼话差比句肯定式的结构模式可分为典型结构模式和非典型结构模式两种。

（一）典型结构模式

典型的结构模式是"比较主体+比较基准+比较标记+比较结果"（SJ+ST+M+R），语法标记是mɔ⁵³tha³³"上面"和tha³³"上"，句中记作"比"。例如：

ʑi⁵⁵lɔ³¹ŋɔ³³mɔ⁵³tha³³ʐɔ⁵⁵nu⁵⁵.　　他比我矮。（SJ+ST+M +R）

他　　我　比　　　更矮

SJ　　ST　M　　　　R

（二）非典型结构模式

非典型的结构模式除了比较基准、比较标记、比较结果是必有要素外，其他要素可以根据交际需要增减，语序也比较灵活。例如：

ʑi⁵⁵lɔ³¹ɔ⁵⁵fv³¹tsɔ³¹ŋɔ³³tha³³ʐɔ⁵⁵khuɛ⁵⁵. 他吃饭比我快。（SJ+P+ST+M+R）

他　　饭　　吃　我　比　更快

SJ　　P　　　ST　M　　R

ʑi⁵⁵lɔ³¹tsl̩⁵⁵tʂʰn̩³³ɣɔ³¹nv⁵⁵tha³³ʐɔ⁵⁵mɯ³¹. 他字写得比你好。（O+ST+M+R）

他　　字　写　(话助)你　比　更　好

O　　ST　　　　　　M　　R

ʑi⁵⁵lɔ³¹xɔ⁵⁵lɯ³¹tha̠³³ŋɔ⁵⁵ʐɔ⁵⁵mɔ³¹.　　他知道的比我多。（ST+M+SJ+R）

他　　知道　比　我　更　多

ST　　　　　M　SJ　R

（三）否定的结构模式

否定式的结构模式是在肯定式的基础上，在比较结果上（具体地说是在形容词前）增加否定副词 mɔ³¹"不"，否定式中的比较标记只能用tɕhi⁵⁵"如"。例如：

$\text{ʑi}^{55}\text{lɔ}^{31}\text{ŋɔ}^{55}\text{tɕhi}^{55}\text{mɔ}^{31}\text{tsɪ}^{55}$. 他不比我胖。

他	我	如	不	胖
SJ	ST	M	R	

$\text{a}^{55}\text{ta}^{55}\text{lɔ}^{31}\text{ɔ}^{31}\text{ni}^{55}\text{lɔ}^{31}\text{tɕhi}^{55}\text{mɔ}^{31}\text{fʋ}^{33}\text{sɔ}^{55}$. 姐姐不如妹妹漂亮。

姐姐 (话助)	妹妹 (话助)	如	不	看	好
SJ		ST		M	R

$\text{ɯ}^{55}\text{l̩}\text{u}^{55}\text{ɣɔ}^{31}\text{lɔ}^{31}\text{khe}^{55}\text{mɔ}^{31}\text{tɕhi}^{55}\text{mɔ}^{31}\text{tɯ}^{55}\text{sɔ}^{55}$. 开水不如茶好喝。

开水 (话助)	茶水 (语助)	如	不	喝	好
SJ		ST		M	R

总之，豪尼话差比句的结构模式呈现出以下几个特点：

1. 从语序上看，不管是典型的结构形式，还是非典型的结构形式，比较基准、比较标记、比较结果这三个必有结构要素的相对语序都是 ST+M+R，符合 SOV 型语言的共性。

2. 从比较标记的使用上看，标记总是位于比较基准之后。肯定句中可以使用两个标记mɔ^{53}tha^{33}"上面"或tha^{33}"上"，但在否定句中，比较标记则只能使用tɕhi^{55}"如"。

3. 差比句的否定式是在比较结果（一般是形容词）前加否定副词mɔ^{31}"不"。

三 差比句结构要素的隐含、省略和移位

豪尼话差比句的比较主体、比较基准、比较点/比较专项这三项并不是都要同时出现在同一个差比句中，它们可以在一定的条件下隐含或省略，同时各结构要素在句中的位置也并不固定，有时可以移位。①

（一）比较主体的隐含

在对同一对象的不同方面进行比较时，比较主体有时可以隐含。比较主体的隐含包括以下三种类型。

1. 即时隐含

比较主体是表示当前时间的名词（即说话人当时所处的时间点）。如例（1）—（3）的比较主体都已隐含，如果补出，则分别是"今天""今年""现

---

① 本书所用"隐含"和"省略"的概念采用邓凤民《汉藏语系语言差比句研究》（博士学位论文，昆明理工大学，2010 年）中的定义。即："隐含"和"省略"是两种相关但不相同的现象，二者在句子表层结构中都不出现。"省略"是指因上文语境中已经出现过，避免下文再出现相同成分而删略；"隐含"是指一个成分的缺省是以另一成分的出现为条件的，是交际双方默认的，从认知角度讲，通过缺省推理（reasoning by default），"隐含"的成分是可以找回（recover）的。

在"。例如：

（1）ʑi⁵⁵lɔ³¹ʃu³³mi⁵⁵nv³³tʰa̠³³nɛ³³ʐa⁵⁵na̠³¹.　他比前天起得早。

　　他　　前天　　比 ₍施助₎ 更 早

（2）lɔ³¹uaŋ³¹ʃɛŋ³³tʰi³¹ɣɔ³¹kɔ³³fv³¹mɔ⁵³tʰa̠³³nɛ³³ʐɔ⁵⁵tʃv⁵⁵sɔ⁵⁵.

　　老王　身体 ₍话助₎ 过去　比 ₍施助₎ 更 在 好

　　老王比过去身体好。

（3）ʑi⁵⁵lɔ³¹kɔ³³fv³¹tʰa̠³³nɛ³³ʐɔ⁵⁵fv̠³³sɔ⁵⁵.　他比以前漂亮了。

　　　他　 以前　比 ₍施助₎ 更 看 好

2. 即地隐含

比较主体是表示当时所处场所的名词（即说话人当时所处的地点）。如例（4）、例（5）的比较主体虽已隐含，但是可以补出。例（4）的比较主体应该是与"在家"相对的地点，如"在外"；例（5）应是与"在家"相对的地点，如"在学校"。

（4）ŋɔ⁵⁵ɔ⁵⁵xu⁵⁵ɣɔ³¹tʃɯ³³mɔ⁵³tʰa̠³³nɛ³³ʃi³¹tɕi⁵⁵sou⁵⁵kuɛ³³（＝kɔ³³ɣɛ³¹）.

　　我 家 ₍话助₎ 在　比 ₍连₎ 十 斤 瘦 掉了 ₍趋向₎₍语助₎

　　我比在家瘦了十斤。

（5）ŋɔ⁵⁵a⁵⁵pe̠³³lɔ³¹ɔ⁵⁵xu⁵⁵ɣɔ³¹tʃɯ³³mɔ⁵³tʰa̠³³nɛ³³ʐa⁵⁵kuɛ⁵⁵.

　　我 孩子 ₍结助₎ 家 ₍话助₎ 在 比 ₍连₎ 更 乖

　　我的孩子比在家乖。

3. 近指隐含

比较主体是表示近指的指示代词。如例（6）的比较主体应该是"这次"。

（6）ʑi⁵⁵lɔ³¹ʃaŋ⁵⁵xui³¹mɔ⁵³tʰa̠³³kʰɔ³¹ʐɔ⁵⁵mɯ³¹.　他比上次考得更好。

　　　他　 上次　比　　考 更 好

从人类的认知规律来看，显著度高的概念在话语交际中容易得到交际双方的默认成为默认值，即使缺省也能得到交际双方的理解。如在"他的鞋"这一认知框架里，"鞋"的显著度高于"他"，在一定的语境中可以省略，构成的字结构"他的"。一般说来，即时、即地、近指的场景都是与说话者更密切、更容易感知到的场景，在认知框架里具有很高的显著度。对差比句来说，比较的双方应具有可比性，这就要求比较主体和比较基准在语义上具有对应性。而比较基准是差比句的必有要素，当比较基准是显著度低的非即时、非即场、非近指的概念时，它能激活隐含的作为默认值的比较主体，使交际双方都能理解。由于这种表达更加经济、高效，因而在话语交际中使用的频率更高。

上述例句的比较主体如果不是现时、现场、近指的概念，则不能隐含。

例如：

（7）ŋɔ⁵⁵mi⁵⁵nv³³ɣo̠³¹sɿ⁵⁵thɯ⁵⁵lo⁵⁵ʃu³³mi⁵⁵nv³³mɔ⁵³tha̠³³ʑɔ⁵⁵na̠³¹.
　　　我　昨天　起床　　　前天　　比　更早
　　　我昨天比前天起得早。

（8）ʑi⁵⁵lo³¹pi³¹ɣo̠³¹ŋɔ⁵⁵mɔ⁵³tha̠³³xɔ⁵⁵ti⁵⁵ʑɔ⁵⁵u⁵⁵sɔ⁵⁵.
　　　他　笔（话助）我　比　　非常　更用好
　　　他的笔比我的笔要好使得多。

（二）比较点/比较专项的隐含

比较点/比较专项是差比句中比较的具体内容，应该是不可或缺的成分。但由于在差比句这个构式中，其他结构要素有时能够将比较点/比较专项的语义体现出来，所以比较点/比较专项很多时候可以隐含。比较点隐含的差比句，一般是由名词/名词短语作比较对象（比较主体和比较基准），或由性质形容词来作比较结果。隐含的比较点/比较专项通常是比较对象某一方面的属性。

在差比句中，能体现比较点/比较专项的语义的是比较对象（比较主体、比较基准）和比较结果之间的语义匹配关系。作为比较结果的性质形容词和作为比较主体、比较基准的名词之间，在语义上具有相互依存的关系。一个独立的性质形容词往往有若干义项，一个独立的名词也包含了各种不同的属性。但当它们同处于某一个构式之中时，其体现出来的义项或属性就必然要受到这个构式的结构形式及其他结构要素的制约。例如："深"有"从上到下或从外到里的距离大""深度""深奥""深刻""深入""（感情）厚；（关系）密切""（颜色）浓""距离开始的时间很久""很；十分"等义项，但在"这里的河水只有三尺深。"这个句子里，只可能是"深度"的意思。在"这里的河水比那里深。"这个句子里，则是"从上到下或从外到里的距离大"之义。名词所指称的事物体现出的是哪一方面的属性，同样要受到构式的制约。例如："头发"有若干属性，包括长度、颜色、疏密、多少等。但是在一个具体的构式里面，只能体现一个方面的属性。如在"她的头发很黑"这个句子里，体现的是"头发"的"颜色"这方面的属性。在"她的头发很长"这个句子里，体现的是"头发"的"长度"这方面的属性。差比句的结构形式和结构要素对形容词的义项及名词的属性都有制约作用。下面对豪尼话差比句的结构形式和结构要素如何制约比较对象和比较结果之间的匹配关系进行具体的分析、说明。

先看以下例句：

（1）ço̠³¹seŋ³³thɯ³³ɣo̠³¹lo³¹sɿ³³thɯ³³mɔ⁵³tha̠³³ʑɔ⁵⁵mu⁵⁵. 学生比老师高。
　　　学生　　（结助）（话助）老师　　（结助）比　更高
　　　SJ　　　　　　　　　　ST　　　　　　M　R

在这个句子中，比较对象是"学生"（比较主体）和"老师"（比较基准），其属性有多方面；比较结果是性质形容词"高"，其义项也有多个。但在差比句这个构式中，二者能匹配的只有一对，即：比较对象在"身高"方面的属性与形容词"高"表示"从下向上距离大"的义项。这种匹配关系在长期的语言使用中不断固化，并逐渐形成一种认知模式。而一旦形成认知模式后，性质形容词所体现出的属性就能弥补名词属性的缺省，使之不至于造成交际障碍。因此，例（1）中的比较点"身高"在这个构式中可以隐含而不影响表达效果。

差比句

比较对象的属性 $\left\{\begin{array}{ll}身高 & 从下向上距离大 \\ 体重 & 高度 \\ 年龄 & 在一般标准或平均程度上面 \\ 肤色 & 等级在上的 \\ \cdots\cdots & \cdots\cdots\end{array}\right\}$ 形容词的义项

如果比较对象的属性与比较结果之间在语义上不能形成一种自然的匹配关系，则比较点不能隐含。如：

（2）ɕo̠³¹sɛŋ³³thɯ³³ʃui³¹piŋ³¹lo³¹sɿ³³tha̠³³ʐɔ⁵⁵ko³³. 学生比老师水平高。

　　学生　（结助）　水平　　老师　比　更　高

　　SJ　　　　　P　　　ST　M　R

比较对象与比较结果之间在语义上的匹配关系还表现在，同一个性质的形容词可以根据不同的比较对象确定不同的属性。例如：

（3）ɕo³¹uaŋ³¹ɕo³¹li³¹mɔ⁵³tha̠³³ʐɔ⁵⁵xɣ³¹. 小王比小李大。

　　小王　小李　比　　更　大

　　SJ　　ST　M　　　R

（4）thɔ⁵⁵o̠⁵⁵xu⁵⁵ʑi⁵⁵tɯ³³o̠⁵⁵xu⁵⁵mɔ⁵³tha̠³³ʐɔ⁵⁵xɣ³¹. 这房子比那房子大。

　　这　房子　那　　房子　比　　更　大

　　SJ　　　　ST　　　　M　　　R

例（2）至例（4）的比较结果都是性质形容词xɣ³¹"大"，但因比较对象不同，xɣ³¹"大"的义项也不一样。在例（3）中，比较对象是"小李""小王"，二者处于差比句这个构式中，与"大"匹配的属性（即比较点）只能是"年龄"；例（4）的比较对象是"这房子""那房子"，在这个具体的语境中，与"大"匹配的属性（即比较点）只能是"面积"；由于比较对象与比较结果之间在语义上存在匹配关系，比较点是什么，交际双方不言自明，因而可以隐含。

（三）比较基准的省略

比较基准是比较得以进行的参照点，在句中必须出现，属差比句的必有要素。

因此，这里所说的"比较基准的省略"，严格地说是比较基准中某些成分的省略。比较基准的省略主要有以下三种情况：①

1. 名词短语的中心语省略。例如：

（1）tsha³¹na ³³xɣ ³¹tʃheɛ⁵⁵çi³¹mi⁵⁵na ³³xɣ ³¹（tʃheɛ⁵⁵çi³¹）mɔ⁵³thḁ ³³ʐɔ⁵⁵mɯ³¹.

　　　今年　　　稻子　　去年　　　　（稻子）　　比　　　更　好

　　　SJ　　　　　　　　ST　　　　　　　　　　　　M　　　　R

　　　今年的稻子比去年的（稻子）好。

（2）tʃhɔ⁵⁵kuɛ³³（＝kɔ³³ɣɛ³¹）u³¹tʃheɛ⁵⁵⁄⁵³zɔ³¹mɯ⁵⁵paŋ⁵³（u³¹tʃheɛ⁵⁵⁄⁵³）

　　　腌　掉了 (状助)(语助)　　酸菜　　刚刚　　拌

　　　SJ　　　　　　　　　　　　　　　　　　　　　ST

　　　mɔ⁵³thḁ ³³nɛ³³ʐɔ⁵⁵tʃheɛ⁵⁵.　腌的酸菜比现拌的（酸菜）酸多了。

　　　比　 (施助)更　酸

　　　M　　　　R

（3）ɔ⁵⁵fv³¹sḁ ³¹ɣɔ³¹（ɔ⁵⁵fv³¹）tʃhḁ ³¹mɔ⁵³thḁ ³³nɛ³³ʐɔ⁵⁵mɛ⁵⁵.

　　　饭　蒸 (话助)（饭）　煮　　比　 (施助)更　好吃

　　　SJ　　　　　　ST　　　M　　　　　R

　　　蒸的饭比煮的饭好吃。

2. 主谓短语的谓语省略。例如：

（4）ʑi⁵⁵lɔ³¹ɔ⁵⁵fv³¹tsɔ³¹ŋɔ³³（ɔ⁵⁵fv³¹tsɔ³¹）mɔ⁵³thḁ ³³ʐɔ⁵⁵khuɛ⁵⁵.

　　　他　饭　吃　我的　　饭　吃　　比　　更　快

　　　SJ　　　　ST　　　　　　　　　M　　　R

　　　他吃饭比我（吃饭）快。

（5）ɔ³¹ɳi⁵⁵lɔ³¹su³¹ɣɔ³¹tsɿ⁵⁵a⁵⁵ta⁵⁵lɔ³¹（su³¹ɣɔ³¹tsɿ⁵⁵）mɔ⁵³thḁ ³³ʐɔ⁵⁵mɯ³¹.

　　　妹妹 (结助)书　　读　姐姐 (结助)书　读　比　　更　好

　　　SJ　　　　　　　ST　　　　　　　　　M　　　R

　　　妹妹学习比姐姐（学习）好。

例（4）省略主谓短语的谓语ɔ⁵⁵fv³¹tsɔ³¹"吃饭"后，前面的主语要由主格变为领属格，即ŋɔ⁵⁵"我"变成ŋɔ³³"我的"。

3. 主谓短语的主语省略。例如：

---

① 例句中带（ ）的是可以省略的成分。

（6）zi⁵⁵lɔ³¹ɔ⁵⁵fv³¹tsɔ³¹（zi⁵⁵lɔ³¹）ɣo³¹phe̱³³tsɔ³¹mɔ⁵³thạ³³ʑɔ⁵⁵mɔ³¹.

 他 饭 吃 他 菜 吃 比 更 多

 SJ   ST   M   R

 他吃饭比（他）吃菜多。

上述例句中，比较主体和比较基准都是短语结构，其构成既有相同成分，也有相异成分。在差比句中，比较的焦点不是相同的成分，而是相异的成分。相同的成分因在比较主体中已经出现，在比较基准中就可以承前省略。省略后的表达方式不仅更简洁，而且能使比较的对象更突出，是一种优选的表达方式。

（四）比较基准的移位

豪尼话差比句中，比较基准和比较标记都是必有要素，而且比较标记总是位于比较基准之后，标明其前面的成分是比较基准。由于有比较标记的彰显作用，比较基准可以移位，其句法位置比较灵活。例如：

（1）我比他大。

（1a）ŋɔ⁵⁵zi⁵⁵lɔ³³mɔ⁵³thạ³³ʑɔ⁵⁵xɣ³¹.

 我 他的 比 更大

 SJ ST M   R

（1b）zi⁵⁵lɔ³³mɔ⁵³thạ³³ŋɔ⁵⁵ʑɔ⁵⁵xɣ³¹.

 他的 比 我 更大

 ST M SJ R

（2）妹妹比姐姐学习好。

（2a）ɔ³¹ṇi⁵⁵lɔ³¹su³¹ɣo³¹tsɿ⁵⁵a⁵⁵ta⁵⁵lɔ³¹mɔ⁵³thạ³³ʑɔ⁵⁵muɯ³¹.

 妹妹₍话助₎书 读 姐姐₍话助₎比 更好

 SJ   P   ST   M   R

（2b）ɔ³¹ṇi⁵⁵lɔ³¹a⁵⁵ta⁵⁵lɔ³¹mɔ⁵³thạ³³su³¹ɣo³¹tsɿ⁵⁵ʑɔ⁵⁵muɯ³¹.

 妹妹₍话助₎ 姐姐₍话助₎ 比 书   读 更好

 SJ   ST   M P   R

（2c）a⁵⁵ta⁵⁵lɔ³¹mɔ⁵³thạ³³ɔ³¹ṇi⁵⁵lɔ³¹su³¹ɣo³¹tsɿ⁵⁵ʑɔ⁵⁵muɯ³¹.

 姐姐₍话助₎比   妹妹₍话助₎书 读更好

 ST M   SJ   P   R

四 比较标记 mɔ⁵³thạ³³ 的来源

比较标记是差比句的形式标记，是最能体现差比句特点的成分。豪尼话差比句最主要的比较标记是mɔ⁵³thạ³³，它为什么能成为比较标记？它成为比较标记大致出现在汉藏语分化的哪个阶段？这两个问题可以分别通过考察 mɔ⁵³thạ³³ 在豪尼话中的不同用法，以及通过亲属语言的词源比较来寻求线索。

（一）mɔ⁵³thạ³³ 为什么能成为比较标记——语法化的结果

在豪尼话中，mɔ⁵³thạ³³ 是一个有多种用法的词。我们可以通过 mɔ⁵³thạ³³ 的句法位置、组合功能以及词义的引申演变等方面来探讨它的语法化过程，从而梳理出一条由"实"到"半实半虚"，再到"虚"的语法化链。mɔ⁵³thạ³³ 在豪尼话里原是方位助词"上面"，具有方位名词的用法。例如：

kɤ³¹tʃɯ³¹mɔ⁵³thạ³³nɛ³³ɔ⁵⁵tsɿ⁵⁵tɕhi³¹tsɿ⁵⁵tɛ³³．　山上有棵树。

山　（方助）上（施助）树　一　棵　有

tɔ³¹kɯ³³mɔ⁵³thạ³³nɛ³³a⁵⁵ʒɛ³³tɕhi³¹ʒɛ³³tʃɯ³³．晒谷台上面有朵花。

晒谷台（方助）上（施助）花　一　朵　有

mɔ⁵³thạ³³ 的比较助词（比较标记）用法。mɔ⁵³thạ³³ 用于差比句，位于比较基准之后。其前带方位助词 mɔ⁵³，也可以不带。方位助词 mɔ⁵³ 的用与不用，反映了 thạ³³ 正处于由方位名词向比较助词演变的过程中。带 mɔ⁵³ 的，还有方位词的痕迹，可以视为与比较基准一起构成方位短语；不带 mɔ⁵³ 的，已经发展为比较助词，走完了由实词变为虚词的语法化历程。例如：

ʑi⁵⁵lɔ³¹kɔ³³fɤ³¹mɔ⁵³thạ³³nɛ³³ʐɔ⁵⁵fɤ³³sɔ⁵⁵．　　他比过去漂亮多了。

他　以前　（方助）上（施助）更 看 好

kaŋ³³pi³¹mɔ³¹pi³¹thạ³³nɛ³³tsɿ⁵⁵tsḥ³³ʐɔ⁵⁵khuɛ⁵⁵．用钢笔比用毛笔写得快。

钢笔　毛笔　上（施助）字　写　更　快

语法化要遵循"语义先决性原则"，即哪些词语能够发展成哪些语法标记不是随意的，必须要具有与该语法标记相适宜的语义特征。豪尼话的处所名词 mɔ⁵³thạ³³"上面"之所以能语法化为比较标记，是因为它具有"上"这一语义特征，并且在语法化的整个过程中，都没有偏离"上"这个语义特征。比较标记 mɔ⁵³thạ³³ 和 thạ³³ 附着在比较基准之后，实际也是表示比较主体在某一属性方面处于比较基准的"上面"。

邓凤民对汉藏语系语言的比较标记进行了研究，发现汉藏语系各语族差比句的比较标记在语义来源上存在一些共性，苗瑶语、壮侗语的比较标记有"多/过"和"比"两个系列；而藏缅语的比较标记在语义来源上主要有"上面/下面""不止""看的话"三类。豪尼话的比较标记 mɔ⁵³thạ³³ 从源头上看，来自处所名词 mɔ⁵³thạ³³"上面"义的用法是其语法化进程中的一个阶段，而不是源头，但上面所分析的 thạ³³ 的语法化路径与多数藏缅语是一致的。

（二）从词源比较看比较标记mɔ⁵³tha³³——语族分化后产生的语法成分

亲属语言的词源比较显示，比较标记在亲缘关系近的语言间有同源关系，在亲缘关系远的语言间没有同源关系。[①]例如：壮侗语族的比较标记多有两个系列，"比"系列比较标记一般是pi或pei；"多/过"系列比较标记一般是tɔ或ta。苗瑶语族除苗语外，只有"比"系列比较标记，语音形式一般是pi或pei。而藏缅语族诸语言的比较标记没有这两类语音形式，内部也不像壮侗、苗瑶语族这么整齐划一。有的语支内部能看出有同源关系，如缅语支语言中，载瓦语的thɔ⁵⁵、浪速语的thɔ⁵⁵、波拉语的tha⁵⁵、勒期语的thɔ⁵⁵、缅语的thɛ³¹存在语音对应关系，应属同源词；有的即使在语支内部也不存在同源关系，如羌语支中，羌语（桃坪）的sɔ³³、嘉戎语的-kɐi、贵琼语的wɛ³³不存在语音对应关系，不同源。从词源比较来看，比较标记不是原始汉藏语中的一个语法成分，而是后起的，当产生于语族分化之后。

第六节　连动句

连动句就是包含了连动结构的句子。连动结构是指在一个单句中，谓语是几个连用的动词，这几个连用的动词所表示的动作必须是由同一个主语发出的。从语义上看，几个连续的动作，不但是有先后时间顺序或逻辑顺序，而且是相关的动作行为。本书不包括表示修饰关系的动词连用的结构，如前一个动词表示状态或方式状语的结构和后一动词作结果补语的结构；也不包括几个动词所指的动作同时进行的情形。

豪尼话属 SOV 型语言，动词都聚合在主语、宾语之后，动词连用构成连动结构。豪尼话的连动结构使用频率很高，含有丰富的语法、语义内容。豪尼话动词连用的数量一般是两个，三个连用的情况一般是两个实义动词和一个趋向动词的连用。下面从连动句的结构类别、否定式及特点来说明。

一　连动结构的类别

（一）豪尼话连动结构的成分类别

豪尼话的连动结构可以分为如下三类：几个相关的实义动词连用；第一个动词为实义动词，第二个动词为趋向动词；第一个动词为实义动词，

---

① 邓凤民《汉藏语差比句研究》（博士学位论文，昆明理工大学，2010 年）辟专章讨论了汉藏语差比句的比较标记，对各语族若干语言的比较标记进行了梳理。

第二个为能愿动词。

1. 实义动词连用。几个相关的实义动词连用，按动作的时序排列。这种情形分为两类：一类是两个动词之间用连接词 nɛ³³ 连接，另一类是不用连接词的。

（1）两个动词之间用连接助词 nɛ³³ 连接

pʏ³³ko³³lɔ⁵⁵nɛ³³tsɔ³¹.　　　　　　　　　　　打下来吃。

打　下　来 (施助) 吃

nv⁵⁵ɕaŋ³¹mɯ³¹ʏɛ³¹nɛ³³thu⁵⁵ᐟ⁵³!　　　　　　你想好了说！

你　想　好 (语助)(施助) 说

ʑi⁵⁵lɔ³¹ɔ⁵⁵xu⁵⁵tɕhi³¹kha³³kʏ³¹nɛ³³tu³¹ʏɔ³¹.　他缝了件衣服穿。

他　　衣服　一　件　缝 (施助) 穿 (语助)

nv⁵⁵ɔ⁵⁵xu³¹thɔ⁵⁵kha³³xɛ⁵⁵ᐟ⁵³nɛ³³tu³¹ʏɔ³¹.　你拿那件衣服穿吧。

你 衣服 那　件　拿 (施助) 穿 (语助)

ŋɔ³³thɯ⁵⁵a̱³¹xa̱³³tɕhi³¹mɔ⁵⁵ɕe̱³¹nɛ³³ɔ⁵⁵mɯ³³tɔ³¹xu³³pi³³tsɔ³¹ʏɔ³¹.

我们　　鸡　一　只　杀 (施助) 客人　　给　吃 (语助)

我们杀了一只鸡给客人吃。

nv⁵⁵tʃhɛ⁵⁵ɕi³¹tɕhi³¹nɛ³³ɔ⁵⁵fv³¹tʃha̱³¹tsɔ³¹ʏɛ³¹!　你淘米煮饭吧！

你 米　　淘洗 (施助) 饭　煮　(补)(语助)

ʑi⁵⁵lɔ³¹ʏɔ³¹phe̱³³tʃha̱³¹nɛ³³ŋɔ³³thɯ⁵⁵pi³³tsɔ³¹.　他做菜给我们吃。

他　菜　做 (施助) 我们　给 吃

（2）两个或三个动词之间不用连接助词连接

pʏ³³kɔ³³la³¹tsɔ³¹.　　　　　　　　　　　　　打下吃。

打　下　来 吃

ʑi⁵⁵lɔ³¹ɔ⁵⁵tɯ³³phʏ³³tsɔ³¹.　　　　　　　　他在烧玉米吃。

他　玉米　烧　吃

nv⁵⁵lɔ⁵⁵khe⁵⁵tɕhi³¹pei³³ʃ̩³³tɯ⁵⁵ʏɔ³¹.　　你倒一杯茶喝吧。

你 茶　　一　杯 倒 喝 (语助)

ʑi⁵⁵lɔ³¹ɕi³¹ʃɔ⁵⁵tɕhi³¹mɔ⁵⁵tsh̩³³tsɔ³¹ɕaŋ³¹.　他想要摘一个杨梅吃。

他　杨梅　一　颗　摘 吃 想

me̱³³ti³³khe³³, nv³³thɯ⁵⁵ɔ⁵⁵fv³¹tʃha̱³¹tsɔ³¹ʏɔ³¹!　饿了的话，你们煮饭吧！

饿 (状助)(连)　你们　饭　煮　吃 (语助)

2. 第一个动词为实义动词，第二个动词为趋向动词，二者之间不用连接助词连接。

ŋɔ⁵⁵tsha³¹v̩³¹v⁵⁵li³³.　　　　　　　　　　我去买锄头。

我　锄头 买 去

nv⁵⁵ʑi⁵⁵lɔ³¹kɯ⁵⁵la³¹.　　　　　　你把他叫来。

你　他　叫（趋向）

ʑi⁵⁵thɯ³³ʑi⁵⁵lɔ³¹mɛ³¹ʑi⁵⁵ᐟ⁵³.　　　他们去教他了。

他们　他　教　去

ʑi⁵⁵lɔ³¹nv³¹phɯ⁵⁵tɛ⁵⁵ʑi³¹ʑi⁵⁵ᐟ⁵³.　　他去找水牛了。

他　水牛　寻找　去

ŋɔ⁵⁵xɔ³¹n̪i³¹tu³¹pɔ³¹tsn̩⁵⁵la³¹.　　　我来学习豪尼话。

我　豪尼　话　学（趋向）

3. 第一个动词为实义动词，第二个为能愿动词，二者之间没有连接助词。

ŋɔ⁵⁵ʑi⁵⁵ɕaŋ³¹.　　　　　　　　　我想去。

我　去　想

ʒɔ⁵⁵mɔ³³xɛ⁵⁵la³¹ʒɔ⁵⁵!　　　　　　拿簸箕来簸吧！

簸箕　拿（趋向）簸

thu⁵⁵ɕaŋ³¹tsɛ⁵⁵mɔ³¹thu⁵⁵phɤ³¹.　　想说又不敢说。

说　想　又　不　说　敢

（二）豪尼话连动句的标记类别

连动句有不同的分类方式，还可以按标记的使用与否来分。根据标记的使用与否，连动句可以分为两种类型：

1. 无标记的连动句：连动项之间不用任何连接成分，直接组合。例如：

ɔ³³tɯ³³thɯ⁵⁵tʃi⁵⁵pɔ³¹sa ³¹tɯ⁵⁵mɔ³¹.　咱们烤酒喝吧。

咱们　酒　烤喝（语助）

ɔ³¹n̪i⁵⁵lɔ³¹kɤ³¹tʃɯ³¹ɤɔ³¹nɔ³¹khɛ⁵⁵tshn̩ ³³ʑɛ⁵³（＝ʑi⁵⁵ɤɛ³¹）.

妹妹（话助）山　（话助）茶　摘　去了　去（语助）

妹妹到山上采茶去了。

ɔ³¹phɔ³¹lɔ³¹tʃɤ³¹pɯ³³ɤɔ³¹l̩ u³mɔ³³v⁵⁵liɛ³¹（＝li³³ɤɛ³¹）.

爸爸（话助）龙坝　（话助）石头　买去了　去（语助）

爸爸去龙坝买石头了。

nv⁵⁵ʑi⁵⁵thɔ³¹ɔ⁵⁵fv³¹pɔ⁵⁵tsɔ³¹ʑi⁵⁵. 你去他家吃饭。

你　他　家　饭　（助动）吃去

2. 有标记的连动短语：连动项之间要使用连词nɛ³³。例如：

ʑi⁵⁵thɯ³³ɔ⁵⁵l̩ ɯ³¹tɕhi³¹ɤɛ³¹nɛ³³tɤ ³³ʑi⁵⁵ɤɛ³¹. 他们洗澡后出去了。

他们　洗澡　（语助）（连）出去　（语助）

nv⁵⁵na̠ ³³tɕhi³¹tsuɛ³¹（＝tsɔ³¹ɤɛ³¹）ɤɛ³¹nɛ³³ɤɔ³¹tʃa ³³ʑi⁵⁵ɤɔ³¹.

你　药　吃了　吃（语助）（语助）（连）睡觉　去（语助）

你吃了药去睡吧。

ɔ³³tɯ³³thɯ⁵⁵tʃv⁵⁵kuɛ³³（=kɔ³³ɣɛ³¹）ɣɛ³¹nɛ³³ɔ⁵⁵fv³¹tsɔ³¹.

我们　　　坐　下了　（状助）（语助）（语助）（连）　饭　　吃

我们坐下吃饭。

thɯ³³a⁵⁵pe̩³³lɔ³¹ɯ⁵⁵ɯ⁵⁵ʃi⁵⁵me⁵⁵thu⁵⁵/⁵³.　那孩子笑着说。

那　孩子　（话助）笑　（叠）　（状助）说

nv⁵⁵n̩i⁵⁵n̩i⁵⁵me⁵⁵ŋɔ³³thu⁵⁵/⁵³la³¹.　　　　你哭着对我说。

你　哭　（叠）　（状助）我　说　　（趋向）

zi⁵⁵thɯ³³v⁵⁵nv³¹tɕhi³¹zɔ³¹v⁵⁵ɣɛ³¹nɛ³³xɔ⁵⁵n̩i³¹kaŋ⁵⁵tsɔ³¹（=tsɔ³¹ɣɔ³¹）.

他们　牛　一　头　买（语助）（连）劳动　干　吃了　　吃（语助）

他们买了一头牛种地。

（三）豪尼话连动句带宾语的类别

根据连动项的动词是否共用同一个宾语，可以分为两种类型：

1. 共用宾语型

连动句中不同的动词共用同一个宾语，宾语置于第一个动词之前。宾语共用型的连动句，不同连动项的结合比较紧密，通常中间不加连词。例如：

（1）zi⁵⁵thɯ³³tʃi⁵⁵pɔ³¹sa̩³¹tɯ⁵⁵/⁵³.　他们烤酒喝。

　　　他们　　酒　　烤　喝

→　zi⁵⁵thɯ³³tʃi⁵⁵pɔ³¹sa̩³¹+zi⁵⁵thɯ³³tʃi⁵⁵pɔ³¹tɯ⁵⁵/⁵³.

　　　他们　　酒　　烤　他们　酒　　喝

（2）xa̩³³mɔ³³tʃhɛ⁵⁵fv³³tʃhɯ³³tsɔ³¹（=tsɔ³¹ɣɔ³¹）.　母鸡把米啄着吃了。

　　　母鸡　米　　啄　吃了　吃　（语助）

→　xa̩³³mɔ³³tʃhɛ⁵⁵fv³³tʃhɯ³³+xa̩³³mɔ³³tʃhɛ⁵⁵ɕi³¹tsɔ³¹.

　　　母鸡　米　　啄　母鸡　米　　吃

（3）ɔ³³tɯ³³thɯ⁵⁵ɔ⁵⁵fv³¹tʃha̩³¹tsɔ³¹mɔ³¹.　　咱们做饭吃吧。

　　　咱们　　饭　煮　吃　（语助）

→　ɔ³³tɯ³³thɯ⁵⁵ɔ⁵⁵fv³¹tʃha̩³¹+ɔ³³tɯ³³thɯ⁵⁵ɔ⁵⁵fv³¹tsɔ³¹.

　　　咱们　　饭　煮　咱们　　饭　吃

（4）thɯ³³tsh̩⁵⁵nɯ³³ti³³khɛ³³lɔ³¹tsh̩³¹tɣ³³li³³nɛ³³kɯ⁵⁵/⁵³.

　　　那　胖子　　　　　跑　出　去　（连）叫

　　　那胖子跑出去叫。

→　thɯ³³tsh̩⁵⁵nɯ³³ti³³khɛ³³lɔ³¹tsh̩³¹tɣ³³li³³ ∨ thɯ³³tsh̩⁵⁵nɯ³³ti³³khɛ³³

　　　那　胖子　　　　　　　跑　出　去　那　胖子

　　　lɔ³¹kɯ⁵⁵/⁵³.

　　　叫

这种类型的连动句是 SOV 型语言的共性，其形成机制在于宾语居于动词之前的语序特点。共用的宾语总是位于连动项的不同动词之前，这就使得宾语与各个动词都保持"宾语—动词"的语序，这一语序与 SOV 型语言的基本语序特征一致，因而能够进入该语言系统。

2. 不共用宾语型

连动句中的不同动词或各带不同的宾语，或都不带宾语，或其中一个带宾语，另外一个不带宾语。不共用宾语型的连动句，连动项的结合较为松散，中间通常要加连词nɛ³³。例如：

（1）ʑi⁵⁵thɯ³³su³¹ɣɔ³¹tɕi³¹peŋ³¹v⁵⁵ɣɛ³¹nɛ³³ɔ⁵⁵xu⁵⁵ɣɔ³¹xɛ⁵⁵xɯ³¹li³³ʹ³¹.
　　　他们　书　几本　买（语助）（连）　家（话助）拿　回　去

→　ʑi⁵⁵thɯ³³su³¹ɣɔ³¹tɕi³¹peŋ³¹v⁵⁵+ʑi⁵⁵thɯ³³xɛ⁵⁵+ʑi⁵⁵thɯ³³xɯ³¹li³³ʹ³¹.
　　　他们　书　几本　买　他们　拿　他们　回去
　　　他们买了几本书拿回家。

（2）nv³³thɯ⁵⁵pha̠³¹no̠³³v⁵⁵ɣɛ³¹nɛ³³tʃi⁵⁵pɔ³¹tɯ⁵⁵lɔ⁵⁵. 你们买完鞋来喝酒。
　　　你们　鞋子　买（语助）（连）　酒　喝　来

→　nv³³thɯ⁵⁵pha̠³¹no̠³³v⁵⁵+ nv³³thɯ⁵⁵tʃi⁵⁵pɔ³¹tɯ⁵⁵+ nv³³thɯ⁵⁵lɔ⁵⁵.
　　　你们　鞋子　买　他们　酒　喝　你们　来

（3）nv³³thɯ⁵⁵ɯ⁵⁵tshɔ⁵⁵tɯ⁵⁵ɣɛ³³nɛ³³ɔ⁵⁵fv³¹tsɔ³¹.　你们喝完汤吃饭。
　　　你们　汤　喝（语助）（连）　饭　吃

→　nv³³thɯ⁵⁵ɯ⁵⁵tshɔ⁵⁵tɯ⁵⁵+nv³³thɯ⁵⁵ɔ⁵⁵fv³¹tsɔ³¹.
　　　你们　汤　喝　你们　饭　吃

不共用宾语型的连动句中还有一种特殊情况，那就是，宾语本来与第二个动词构成宾动关系，但却被与其不构成宾动关系的第一个动词隔开，而与第二个动词形成分离的格局。例如：

（1）ɔ³¹n̠i⁵⁵lɔ³¹lu⁵⁵pɔ³¹mɔ⁵³ŋɔ³¹ʃɔ³¹n̠e̠³¹ʑi⁵⁵ɣɔ³¹. 弟弟到河里捉鱼去了。
　　　弟弟（话助）河（方助）鱼　捉　去（语助）

ɔ³¹n̠i⁵⁵lɔ³¹lu⁵⁵pɔ³¹ŋɔ³¹ʃɔ³¹n̠e̠³¹ʑi⁵⁵ɣɛ³¹.　　　弟弟到河里捉鱼去了。
弟弟（话助）河　鱼　捉　去（语助）

（2）nv⁵⁵ŋa³³tho³¹ɔ⁵⁵fv³¹pɔ⁵⁵tsɔ³¹lɔ⁵⁵.　　　你来我家吃饭。
　　　你　我家　饭（助动）吃　来

二　连动句的否定式

豪尼话连动句中的动词能受否定副词的修饰。能修饰连动句中动词的否定副词主要有两个：一是mɔ³¹ "不、没"；二是xɔ³¹ "别、不要"。xɔ³¹ "别、不要"多用于祈使句。连动句的否定式也是如此。连动结构受否定时，不管是哪种结构关系，都位于连动结构之前。例如：

nv⁵⁵mɔ³¹tsŋ⁵⁵tɕhe̠³¹.　　　　　　　　　　你不会写。

你　不　写　会

xɔ³¹thu⁵⁵ɣɛ³¹ne³³mɔ³¹u⁵⁵!　　　　　　　　别说了不做!

别说　(语助)(连)　不　做

ʑi⁵⁵lɔ³¹mɔ³¹ʑi⁵⁵mɔ³¹thoŋ³¹ʑi⁵⁵.　　　　　他不同意不去。

他　　不　去　不　同意

ʑi⁵⁵lɔ³¹ɯ⁵⁵l̩ ɯ⁵⁵mɔ³¹tʃua³³phɣ³¹yɔ³¹.　　　他不敢抓蛇。

他　蛇　不　抓　敢　(语助)

ɔ³¹n̠i⁵⁵lɔ³¹xɔ³¹n̠i³¹ɔ⁵⁵xu³¹mɔ³¹kɣ̠³¹tɕhe̠³¹.　妹妹不会缝豪尼衣服。

妹妹　(话助)豪尼　衣服　不　缝　会

三　连动句的特点

（一）所有的连动项在语义上都指向同一主语

例如：

ŋɔ⁵⁵ɔ⁵⁵fv³¹tsɔ³¹ɣɛ³¹ne³³mo³¹tho³¹tɕi³¹ɣɛ³¹ne³³a⁵⁵ko³³tho³¹yɔ³¹ʑi⁵⁵ᐟ⁵³.

我　饭　吃 (语助)(连)　摩托　骑 (语助)(连)　哥哥　家 (话助)去

我吃完饭骑摩托车去哥哥家。

→　ŋɔ⁵⁵ɔ⁵⁵fv³¹tsɔ³¹ ∨ ŋɔ⁵⁵mo³¹tho³¹tɕi³¹ ∨ a⁵⁵ko³³tho³¹yɔ³¹ʑi⁵⁵ᐟ⁵³.

　　我　饭　吃　我　摩托　骑　哥哥　家 (话助)去

nv⁵⁵yo³¹phe̠³³nɔ̠³³tsɔ³¹. 你夹菜吃吧。

你　菜　夹　吃

→　nv⁵⁵yo³¹phe̠³³nɔ̠³³ ∨ nv⁵⁵tsɔ³¹.

　　你　菜　　夹　你　吃

ʑi⁵⁵lɔ³¹khɔ⁵⁵ta̠³³tɣ̠³³ɣɛ³¹ne³³su³¹yɔ³¹fv̠³³. 他躺着看书。

他　躺　上 (趋向)(语助)(施助)书　看

→　ʑi⁵⁵lɔ³¹khɔ⁵⁵ta̠³³tɣ̠³³ɣɛ³¹ne³³ ∨ ʑi⁵⁵lɔ³¹su³¹yɔ³¹fv̠³³.

　　他　躺　上 (趋向)(语助)(施助)　他　书　看

（二）构成连动短语的连动项可以是两项，也可以是三项或更多

例如：

ŋɔ⁵⁵na̠³³ʃɯ³¹ɯ⁵⁵ʑa̠³³ʑa̠³³ʑi⁵⁵mu³³.　　　　　　　　　我明天去游泳。

我　明天　游泳　去 (助动)

(ɯ⁵⁵ʑa̠³³ʑa̠³³+ʑi⁵⁵)

ʑi⁵⁵lɔ³¹tʃv⁵⁵kuɛ³³（=ko³³ɣɛ³¹）ɣɛ³³ne³³su³¹yɔ³¹fv̠³³.　他坐着看书。

他　坐　下了 (状助)(语助)　(语助)(连)书　看

(tʃv⁵⁵+su³¹yɔ³¹fv̠³³)

nv⁵⁵ʐɔ³³tʃv⁵⁵kuɛ³³（＝kɔ³³ɣɛ³¹）ɣɛ³¹nɛ³³su³¹ɣɔ³¹fv̩³³ŋɔ³³ʒɯ⁵⁵tɕhi³¹la̠³¹

你　这里坐　下了　（状助）（语助）　（语助）（连）　书　　看　我　（宾助）　一会儿

ʃu⁵⁵la³¹！你坐在这里看看书等我一会儿吧！

等（趋向）

（tʃv⁵⁵kuɛ³³＋su³¹ɣɔ³¹fv̩³³＋ŋɔ⁵⁵ʒɯ³³tɕhi³¹la̠³¹ʃu⁵⁵la̠³¹）

ʑi⁵⁵lɔ³¹ʑi⁵⁵lɔ³¹a⁵⁵ta⁵⁵ʒɯ⁵⁵ɔ⁵⁵fv³¹tʃha̠³¹xɯ³¹lɔ⁵⁵pi³³ʃu⁵⁵ᐟ⁵³.

他　他　姐姐　（宾助）饭　　煮　回　来　让　等

他等他姐姐回来煮饭。

（tʃha̠³¹＋xɯ³³lɔ⁵⁵＋ʃu⁵⁵ᐟ⁵³）

第七章　句子的语气类型

句子的语气是从语用角度对句子做出的分类。从语用平面来看，人们的言语交际总有一定的语用目的，如叙述事件、询问问题、提出要求、抒发情感等。这些语用目的通常需要借助语气来体现。语气是句子语用目的的外在表现，并通过语调或语气词表现出来。根据表达的语气，豪尼话的句子可分为陈述句、疑问句、祈使句和感叹句四类。这些不同的语气类别，都可以用语调表示，也可以兼用语气词。而且不同的语气词有时可以表示相类似的语气，同一个语气词也可以表示不同的语气。下面以句子的语气为序来分类叙述。

第一节　陈述句

豪尼话的陈述句是指叙述或说明事实的具有陈述语调的句子。句末不强制使用语气助词 γo^{31} "了"。豪尼话的陈述句是思维的最一般的表现形式，也是使用得最为广泛的一种句子。分为肯定形式、否定形式和双重否定形式三类。

一　肯定形式陈述句

从语义角度出发，豪尼话肯定陈述句可再分为判断性陈述句、评述性陈述句和叙述性陈述句。判断性陈述句与评述性陈述句的区别在于在语义中是否含有判断之义。具体如下。

（一）判断性陈述句

判断性陈述句是指以判断系词作为核心动词的陈述句，表达对事物或现象客观的判断，但通常句中都省略了判断系词 ηw^{55} "是"。例如：

$zi^{55}lo^{31}\eta o^{33}o^{55}u^{33}$ （γo^{31}）.　他是我的舅舅。

他　　我　舅舅　（语助）

$zo^{31}mw^{55}\gamma o^{31}ka^{33}po^{33}\underset{.}{l}o^{33}$ （γo^{31}）.　现在已经是冬天了。

现在　　冷　　月　　　　（语助）

ŋɔ⁵⁵a⁵⁵ko³³xɔ³¹n̩i³¹tsʮ⁵⁵zɔ³¹（ɣɔ³¹）.　我的哥哥是豪尼人。
我　哥哥　豪尼　人　　　　（语助）

（二）评述性陈述句

评述性陈述句则表达了对事物或现象的感想。例如：

ʑi⁵⁵lɔ³¹ɔ³¹n̩i⁵⁵lɔ³¹tʃʮ³¹tʃ̩³¹mɔ³¹fʮ³³sɔ⁵⁵（ɣɔ³¹）.
他　妹妹　　一点也　不　看　好　　（语助）
他的妹妹一点也不漂亮。

ɔ³³tu³³tʰu⁵⁵zɔ³¹mɯ⁵⁵tʃʮ³¹tʃ̩³¹mɔ³¹me̩³³（ɣɔ³¹）.
我　　　现在　　　一点　不　饿　　（语助）
我们现在一点也不饿。

lu⁵⁵pɔ³¹mɔ⁵³pɛ³¹tsɛ⁵⁵mɛ⁵⁵（ɣɔ³¹）.　河里的虾好吃。
河　（方）虾　　好吃　　（语助）

s̩³³mɔ³¹zɔ⁵⁵l̩u⁵⁵zɔ⁵⁵tʃɛ⁵⁵（ɣɔ³¹）.　　思茅又热又潮湿。
思茅　又热　又湿　　（语助）

zɔ⁵⁵mɯ⁵⁵lɛ⁵³n̩i⁵⁵kɣ³¹tʃɯ³¹（ɣɔ³¹）.　这是很小的山。
这　很　　小　山　　（语助）

（三）叙述性陈述句

叙述性陈述句则是对客观事实的如实陈述。例如：

zɔ³¹nv³³ŋɔ⁵⁵su³¹ɣɔ³¹fʮ³³（ɣɔ³¹）.　今天我看书了。
今天　我书　看　（语助）

ŋɔ⁵⁵na̩³³ʃɯ³¹ʃu³¹u³¹ɣɔ³³xɔ⁵⁵mi⁵⁵kʰɛ³³xɯ⁵⁵li³³（ɣɔ³¹）.
我　明天　　癸能（宾助）一定　　　　　去　　（语助）
我明天一定去癸能。

tʰɔ³³xɔ³¹tʃ̩⁵⁵pu⁵⁵′⁵³ta̩³³lɔ⁵⁵′⁵³（ɣɔ³¹）.　那只鸟飞来了。
那　鸟　飞　（趋向）来　　　（语助）

ʑi⁵⁵lɔ³¹kʰɛ³³ŋɔ³³ʃu³¹u³¹tɕʰi³¹kɔ⁵⁵ʑi⁵⁵.　他和我一起去癸能。
他　和　我　癸能　一起　去

二　否定形式陈述句

豪尼话陈述句的否定形式体现在：句中的核心动词之前使用否定标记 mɔ³¹、ma³¹ "不、没"，使得句子含有否定意义。豪尼话否定形式陈述句从语义角度考察也可以分为判断性、评述性和叙述性否定陈述句三类。例如：

（一）判断性否定陈述句

ʑi⁵⁵lɔ³¹ŋɔ³³ɔ³¹mɔ³³mɔ³¹ŋɯ⁵⁵.　　　　　　她不是我妈妈。
她　我　妈妈　不　是

na̱³³ʃɯ³¹fv̩³³mɔ³³thu⁵⁵mɔ³¹ŋɯ⁵⁵.　　　　明天不是祭竜节。

明天　　祭竜节　　　不　是

nv⁵⁵zɔ³¹nv³³za̱³³xɔ³¹mɔ³¹tɯ⁵⁵tɕe̱³¹.　　你今天不能吸烟。

你　今天　　烟　不　吸　会

（二）评述性否定陈述句

zi⁵⁵lɔ³¹ŋɔ³³mɔ³¹fv̩³³.　　　　　　他不看我。

他　　我　不　看

zi⁵⁵lɔ³¹tʃi⁵⁵pɔ³¹ma³¹tɯ⁵⁵.　　　　他没喝酒。

他　　酒　　不　喝

zi⁵⁵lɔ³¹tʃm̩³¹tʃi̱³¹mɔ³¹mɯ³¹.　　　他一点也不好。

他　　一点　　不　好

ŋɔ⁵⁵zɔ³¹nv³³ɔ⁵⁵xu³¹ɣɔ³¹ma³¹tʃɯ³³.　　我今天不在家。

我　今天　　家　（话助）不　在

（三）叙述性否定陈述句

zɔ³¹nv³³ŋɔ⁵⁵su³¹ɣɔ³¹ma³¹fv̩³³（ɣɔ³¹）.　　　　今天我没看书。

今天　　我书　　没　看　　　（语助）

zi⁵⁵lɔ³¹khɛ³³ŋɔ³³ʃu³¹u³¹ma³¹zi⁵⁵（ɣɔ³¹）.　　他和我没去癸能。

他　　和　我　癸能　没　去　　（语助）

zɔ⁵⁵xɔ³¹tʃi⁵⁵ma³¹pu⁵⁵ᐟ⁵³ta̱³³lɔ⁵⁵ᐟ⁵³（ɣɔ³¹）.　　这只鸟没飞上去。

这　鸟　　没　飞　上　来　　　（语助）

ŋɔ⁵⁵na̱³³ʃɯ³¹ʃu³¹u³¹ɣɔ³³li³³mɔ³¹li³³ti³³mɔ³¹xɔ⁵⁵lɯ³¹ɕi³¹（ɣɔ³¹）.

我　明天　　癸能　（宾助）去　不　去　地　不　知道　还　　（语助）

我明天不一定去癸能。

三　双重否定表示肯定

豪尼话中，还有用双重否定的形式来表示肯定的语气。例如：

（1）zi⁵⁵lɔ³¹xɔ⁵⁵mi⁵⁵khɛ³³xɯ⁵⁵ŋɔ³³mu³¹paŋ⁵⁵pa³³la³¹mɛ⁵⁵mɔ³¹tʃɛŋ³¹tɕe̱³¹.

他　不管怎样　　　我　（助动）帮　（助动）（趋向）（状助）不　整　会

他不会不帮助我的。（＝他会帮助我的。）

（2）zi⁵⁵lɔ³¹mɔ³¹zi⁵⁵ᐟ⁵³mɔ³¹ɕiŋ³¹.　他不能不去。（≠他能去。＝他必须去。）

他　　不　去　　不　行

（3）ŋɔ⁵⁵mɔ³¹lɔ⁵⁵kɯ³³lɯ⁵⁵.　我不敢不来。（≠我敢来。＝我只好来。）

我　不　来　害怕（助动）

例（1）跟表示肯定的句子"他会帮助我的"意思差不多，只是双重否定句比较委婉些。例（2）和例（3）两个双重否定句跟表示肯定的句子的差别：例（2）的意思不等于"他能去"，而相当于"他必须去"；例（3）的意思不是"我敢来"，而是表示"我没有不来的胆量"的意思，略像"我只好来"。例（2）、例（3）多少带有"情势迫使"的意思。

（4）ʑi⁵⁵lɯ³³ma³¹ku³³tɕʰɔ³¹（=tɕʰi³¹ɣɔ³¹）mɔ³¹tʃɯ³³.

他（宾格）没 害怕一个　　一　个　　不　有

没有一个人不怕他。（=人人都怕他。）

（5）tɕʰi⁵⁵tɕʰi⁵⁵ma³¹ai⁵⁵tsɔ³¹/³³tɕʰɔ³¹（=tɕʰi³¹ɣɔ³¹）mɔ³¹tʃɯ³³.

辣椒　　没爱吃 一个　　一　个　　不　有

没有不爱吃辣椒的。（=都爱吃辣椒。）

（6）ma³¹zɔ⁵⁵tsɔ⁵⁵tɕʰi³¹kɛ³³mɔ³¹tʃɯ³³.　没有什么不能做 （=能做。）

没　能　做 一切　　不　有

第二节　疑问句

豪尼话的疑问句通常表示提问的句子，包括询问句和反问句。有疑而问的就是询问句，无疑而问的叫反问句。表达疑问的手段主要有语调、句末语气助词、疑问代词等。其中确定一个句子是否是疑问句的主要依据是语调。比如无疑而问的句子虽然并不表示疑问，但它使用了疑问语调，所以还是属于疑问句。根据问答的情况和结构特点，疑问句可以分为是非疑问句、特指问句、选择疑问句、正反疑问句、反问句五类。下面从形式和语义两个角度分类进行描述。

一　形式分类

从形式上看，豪尼话的疑问句可以分为以下三种形式。

（一）使用疑问语气助词mɔ³¹来表示疑问

nv⁵⁵ɔ³¹tɕi⁵⁵tɕi⁵⁵mɔ³¹？　你累吗？

你累　（叠）（语助）

pʰa̱³¹no̱³³xɔ³³tʃɯ³³mɔ³¹？　鞋在哪儿？

鞋　　哪　在 （语助）

nv⁵⁵ɔ⁵⁵ʐɔ³¹tʃɯ⁵⁵sɔ⁵⁵mɔ³¹？　你奶奶好吧？

你 奶奶 在　好 （语助）

ʑi⁵⁵lɔ³¹a⁵⁵pe̱³³lɔ³¹ɔ⁵⁵nɔ⁵⁵nɔ⁵⁵pi³³/³¹mɔ³¹？　他的孩子病了吗？

他　孩子 （结助）病　生 给　　　（语助）

（二）使用疑问代词xɔ⁵⁵mu⁵⁵ "何时"、xɔ⁵⁵mi⁵⁵khɛ³³ "为什么"、xɔ⁵⁵mi⁵⁵ "怎么"表示疑问

ɔ⁵⁵xu⁵⁵ɣɔ³¹xɔ⁵⁵mi⁵⁵/⁵³xɯ³¹zi⁵⁵/⁵³？　　　　　怎么回家？

家　(话助)怎么　　　回　去

xɔ⁵⁵mi⁵⁵khɛ³³mɔ³¹nɔ⁵⁵xɔ³¹（＝xɔ³¹ɣɔ³¹）？　为什么不听？

为什么　　　不　听　(语助)

zi⁵⁵lɔ³¹xɔ³³mɯ³³xɯ³¹lo⁵⁵/⁵³（＝lɔ⁵⁵ɣɔ³¹）？　他何时回来？

他　何时　回　　　　来 (语助)

（三）同时使用疑问代词和语气助词表示疑问

pe̱³³ʃa̱³¹xɔ̱³³tʃɯ³³mɔ³¹？　　　　　　　书包在哪儿？

书包　哪 有　(语助)

v⁵⁵nv³¹xɔ³³mi⁵⁵/⁵³ʃi³¹ɣɛ³¹mɔ³¹？　　　　牛怎么杀的啊？

牛　怎么　杀 (语助)(语助)

thɯ³³pha̱³¹no̱³³tɕhi³¹the³³ɔ³¹sɿ⁵⁵/⁵³mɔ³¹？　那只鞋是谁的？

那　鞋　一　只　谁　　(语助)

zi̱³¹zi⁵⁵thiɔ³¹lu⁵⁵pɔ³¹xɔ⁵⁵tɕhi⁵⁵le⁵³ti³³na̱³¹？　这条河有多深？

这 一 条　河　多么　只地深

nv⁵⁵ṇɔ³¹（＝ṇɛ³¹ɣɔ³¹）xɔ⁵⁵mi⁵⁵khɛ³³？　你俩怎么办呢？

你　俩　　两　个　怎么办

二　语义分类

依据表达意义分类，豪尼话的疑问句主要有以下五种形式。

（一）是非疑问句

豪尼话的是非疑问句是指问话人说明一种情况或提出一种看法，要求听者作出肯定或者否定回答的疑问句。是非疑问句的结构是在陈述句之后，加上句末疑问语气助词。根据句中是否包含否定副词的情况，豪尼话是非疑问句分为肯定式和否定式两类。具体如下。

1. 肯定式是非疑问句

肯定式是非疑问句是表达肯定含义的问句，相对于否定式是非疑问句而言，肯定式是非疑问句句中不含否定副词。一般使用句末语气词mɔ³¹或lɛ³¹，相当于普通话的 "吗"。例如：

nv⁵⁵ɯ⁵⁵tʃhɣ³¹me̱³³mɔ³¹？　　　　　　　你渴吗？

你　水　渴　(语助)

xɔ⁵⁵ku³¹ɣɔ³¹tʃɯ³¹fv³³ɣɛ³¹lɛ³¹？　　　　蚊子打死了吗？

蚊子　(话助)打　死 (语助)(语助)

nɔ³¹khɛ⁵⁵tsʰn̩³³lɯ⁵⁵ɣɛ³¹lɛ³¹?　　　　　　茶叶采完了吗？

茶叶　采　完　(语助)(语助)

nv⁵⁵zɔ³¹nv³³kɤ³¹tʃɯ³¹xɔ⁵⁵n̩i³¹kaŋ⁵⁵ʑi⁵⁵mu³³mɔ³¹?　你今天上山干活吗？

你 今天　山　　劳动　干 去 (助动) (语助)

2. 否定式是非疑问句

豪尼话否定式疑问句句中含有否定副词mɔ³¹ "不"。句末通常使用ɣɛ³¹lɛ³¹、lɛ³¹、mɔ³¹等语气助词。例如：

nv⁵⁵mɔ³¹u⁵⁵ɣɛ³¹lɛ³¹?　　　　　　你不要了吗？

你　不　要(语助)(语助)

ʑi⁵⁵lɔ³¹mɔ³¹lɔ⁵⁵/⁵³lɛ³¹?　　　　　　他不来吗？

他　　不　来　(语助)

tʰɔ⁵⁵nv³³l̩ɔ³¹mɔ³¹ŋɯ⁵⁵/⁵³mɔ³¹?　这不是你的裤子吗？

这 你 裤子 不 是　(语助)

（二）特指疑问句

豪尼话特指疑问句使用疑问代词xɔ⁵⁵mɔ⁵⁵ "多少"、ɔ³¹tʃʰɯ³³ "什么"、ɔ³¹sɿ⁵⁵ "谁"、xɔ³³ "哪" 等对话语所关注的焦点进行提问，说话者希望听者就疑问焦点作出开放性回答。同时，在句末常用语气助词mɔ³¹来加强疑问语气，相当于普通话的 "呢、呀"。例如：

xɔ⁵⁵mi⁵⁵khɛ³³mɔ³¹v⁵⁵/⁵³ɣɔ³¹?　　　　为什么不买？

为什么　　不 买 (语助)

na̱³³ʃɯ³¹xɔ⁵⁵mɔ⁵⁵xɔ⁵⁵mɔ³¹?　　　　明天几号呢？

明天　多少　号 (语助)

ʑi⁵⁵ɔ⁵⁵xu⁵⁵ɣɔ³¹ɔ³¹sɿ⁵⁵/⁵³mɔ³¹?　　　这房子是谁的？

这 房子 (话助) 谁　　(语助)

ʑi⁵⁵lɔ³¹tɯ⁵⁵/⁵³ɔ³¹ɣɔ³¹ɔ³¹tʃʰɯ³³mɔ³¹?　他喝的是什么？

他　喝　的(话助)什么　(语助)

ʑi⁵⁵lɔ³¹ɔ³¹tʃʰɯ³³tɯ⁵⁵/⁵³ɔ³¹ɣɔ³¹mɔ³¹?　他喝的是什么呢？

他　什么　喝　的(话助)(语助)

nv⁵⁵nɔ³¹khɛ⁵⁵xɔ³³u³¹ʑi⁵⁵mu³³ti³³?　你要去哪儿卖茶叶？

你 茶叶　哪 卖去 (助动) (状助)

ʑi⁵⁵lɔ³¹xɔ⁵⁵mi⁵⁵tʃɿ⁵⁵pɔ³¹mɔ³¹tɯ⁵⁵ɣɛ³¹?　他怎么不喝酒了呀？

他 怎么 酒 不 喝 (语助)

（三）选择疑问句

选择疑问句是用复句的结构提出不止一种看法供对方选择，句中一般使用汉语借词 mɔ⁵⁵ʃi⁵⁵"是、还是"来连接分句，语气助词用 mɔ³¹，相当于汉语的"吗"。例如：

xa³³phi⁵⁵ɕe³¹，mɔ⁵⁵ʃi⁵⁵xa³³mɔ³³ɕe³¹?　　　　　杀公鸡，还是杀母鸡？
公鸡　杀　还是　母鸡　杀

nv⁵⁵tʃi⁵⁵pɔ³¹tɯ⁵⁵，mɔ⁵⁵ʃi⁵⁵nɔ³¹khɛ⁵⁵tɯ⁵⁵ᐟ⁵³?　你是喝酒，还是喝茶？
你酒　喝　还是　茶　喝

ʑi⁵⁵tʃʰɣ̠³³tsl̩³¹ɣɔ³¹tshui³¹tshui³¹ti³³，mɔ⁵⁵ʃi⁵⁵ɔ³¹zɔ³³ti³³?　这车快，还是慢？
这　车子　(话助)　快　(叠)　(状助)　还是　慢　(状助)

ʑi⁵⁵lɔ³¹a⁵⁵kɔ³³zɔ⁵⁵xɣ̠³¹lɔ³¹，mɔ⁵⁵ʃi⁵⁵ti⁵⁵er⁵⁵kɔ³³lɔ³¹mɔ³¹?
他　大哥　更大　(结助)　还是　第二个　(结助)(语助)
他是大哥，还是二哥？

（四）正反疑问句

正反疑问句是由谓语的肯定形式和否定形式并列构成的。大概分为三种句式：（1）X 不 X（去不去）；（2）X 不（去不），省去后一谓词；（3）先把一句话说出，再后加"是不是、行不行、好不好"一类问话形式。其中 X 通常由动词或形容词充当。例如：

ɣɔ³¹tshɔ⁵⁵l̩u⁵⁵mɔ⁵⁵ʃi⁵⁵mɔ³¹l̩u⁵⁵?　　　　　天气热不热？
天气　热还是　不　热

nv⁵⁵thɔ⁵⁵ɣɔ³¹ʑi⁵⁵mɔ⁵⁵ʃi⁵⁵mɔ³¹ʑi⁵⁵?　　　　你去不去那里？
你那　(话助)　去还是　不　去

nv⁵⁵ɯ⁵⁵tʃɣ³¹tɯ⁵⁵mɔ⁵⁵ʃi⁵⁵mɔ³¹tɯ⁵⁵?　　　你喝水不喝水？
你　水　喝还是　不　喝

ʑi⁵⁵lɔ³¹za³³xɔ³¹tɯ⁵⁵mɔ⁵⁵ʃi⁵⁵mɔ³¹tɯ⁵⁵?　　　他抽烟不抽烟？
他　烟　抽还是　不　抽

（五）反义疑问句

豪尼话有反义疑问句，简称反问句。反问句是一种特殊的疑问句，可以采用疑问句的任何一种形式。反问句是没有疑问意义的疑问句，是一种强调的陈述。常用的表达反问的语气助词有 ɣɔ³¹、lɛ³¹ 和 mɔ³¹，有时语气助词根据语境的不同会发生变调现象。例如：

ʑi⁵⁵lɔ³¹mɔ³¹lɔ⁵⁵ɣɔ³¹lɛ³¹?　　　他不来吗？
他　不　来　(语助)(语助)

nv⁵⁵mɔ³¹thoŋ³¹ʑi⁵⁵lɛ³¹?　　　你不同意吗？
你　不　同意　(语助)

nv⁵⁵mɔ³¹zl̩³¹ɣɔ³¹ti³³mɔ³¹?　　　你难道不走了吗？
你　不　走　(话助)(状助)(语助)

zɔ³¹nv³³ʑi⁵⁵lɔ³¹xɔ³³ʑi⁵⁵ᐟ⁵³mɔ³¹？　今天他去哪儿？

今天　他　　哪　去　(语助)

ʑi⁵⁵lɔ³¹ɔ⁵⁵xu⁵⁵ɣɔ³¹tʃv⁵⁵ᐟ⁵³mɔ³¹ŋɯ⁵⁵ᐟ⁵³mɔ³¹ᐟ³⁵？　他难道不是在家吗？

他　　家　(话助)　在　不　是　(语助)

第三节　祈使句

豪尼话的祈使句表示祈使、请求、建议、命令和告诫等语气。一般使用降调，句末的几个音节在语流中都加重读音。句子可以带主语，也可以不带。通常情况下，祈使句句末要加用语气助词ɣɔ³¹"吧"和ɣɛ³¹"了"。根据语气的不同，豪尼话的祈使句有以下五类。

一　表示请求

句尾通常使用表示祈使语气的助词ɣɔ³¹"吧"，有时也可以省略。例如：

nv⁵⁵tsɔ³¹ɣɔ³¹！　　　　　你吃吧！

你　吃　(语助)

tʃa³³xɯ³¹ʑi⁵⁵ɣɔ³¹！　　　快点回吧！

快　回　去　(语助)

tɕhi³¹la̠³¹ʒaŋ⁵⁵la̠³¹！　　让一下吧！

一　下　让　(趋向)

nv⁵⁵ŋɔ³³ʒɯ⁵⁵pɔ⁵⁵mɛ³¹la̠³¹！　你教我吧！

你　我　(宾助)　(结助)　教　(趋向)

二　表示建议

语气中含有商量、请求的意思。根据句子的语气及语境，若使用语气助词的话，通常是ɣɔ³¹"吧"。例如：

tɕi⁵⁵tsɛ³³tɯ⁵⁵！　　　　　大家喝！

大家　喝

tʃi⁵⁵pɔ³¹tɯ⁵⁵ɣɔ³¹！　　　喝酒吧！

酒　　喝　(语助)

na̠³¹na̠³¹ɣo̠³¹tʃa³³！　　　早点睡吧！

早　(叠)　睡

tsɛ⁵⁵tɕhi³¹xui³¹thu⁵⁵ɕi³¹！　再说一遍吧！

都　一　回　说　再

tɕhi³¹la̠³¹pɔ⁵⁵tʃv⁵⁵lɔ⁵⁵ɕi³¹！　　　　进来坐一下吧！

一　下（结助）坐　来　再

ɔ³¹tɯ³³n̠ɔ³¹（=n̠e̠³¹ɣɔ³¹）ʑi⁵⁵ɣɔ³¹！我俩去吧！

我　　俩　　二　个　　去（语助）

ʑi⁵⁵thɯ³³ʒɯ⁵⁵tʃi⁵⁵pɔ³¹pɔ⁵⁵tɯ⁵⁵lɔ⁵⁵ti³³thɯ⁵⁵pi³³！请他们来喝酒吧！

他们　　（宾助）酒　　（结助）喝　来（状助）说　给

三　表示命令

语气坚决、果断。根据句子的语气及语境，若句末使用语气助词的话，通常是 ɣɛ³¹ "了"。例如：

saŋ³³xui³¹tsɿ⁵⁵！　　　　念三次！

三　回　读

thɔ⁵⁵ʑa̠³¹l̠i⁵⁵ɣɛ³¹！　　　　压碎它！

那　压　碎（语助）

xa³¹ma³¹ɕi³¹！　　　　稍等一会儿！

别　不　再

tɕhi³¹la̠³¹ʃu⁵⁵la̠³¹ɕi³¹！　　　　等一会儿！

一　下　等（叠）再

thɯ³³ʑi⁵⁵lɯ³³ti³¹xuŋ³³！　　　　把它打晕！

把　它（宾助）打　晕

thɯ³³l̠ɔ³¹ɣɔ³¹tɕhi³¹ɣɛ³¹！　　　　把裤子洗了！

把　裤子（话助）洗　（语助）

四　表示告诫

语气严肃，一般不使用句末语气助词。根据句子的语气及语境，若使用语气助词的话，通常是 ɣɛ³¹ "了"。例如：

ɔ⁵⁵fv³¹mɔ³⁵ti³¹xɔ³¹tsɔ³¹！　少吃点饭！

饭　多（状助）别　吃

ɔ⁵⁵fv³¹tʃl̠ŋ̠³¹ti³³tsɔ³¹！　　　　少吃点饭！

饭　一点（状助）吃

xɔ³¹pi³³n̠i⁵⁵pue⁵³（=pɔ⁵⁵ɣɛ³¹)！别忘记！

别　给　忘记　　　（结助）（语助）

五　表示叮嘱

语气和缓，句末一般不使用句末语气助词。根据句子的语气及语境，若使用语气助词的话，通常是ɣɛ³¹"了"。例如：

mɯ³¹lɔ⁵⁵ti³³xɛ⁵⁵ʹ⁵³！　　　　好好拿着！

好　(趋向)(状助)　拿

ʐa̠³³xɔ³¹tʃɦ̩³¹tʃʅ³¹ti³³tɯ⁵⁵！少抽烟！

烟　一点点　地　抽

na̠³³tɕhi³¹tsɔ³¹ʹ³³xɔ³¹pi³³ɳi⁵⁵puɜ⁵³（＝pɔ⁵⁵ɣɛ³¹）！记住吃药！

药　　吃　　别　给　忘记　　　(结助)(语助)

第四节　感叹句

豪尼话的感叹句，是指抒发惊讶、喜爱、厌恶、愤怒、惧怕等强烈感情的句子。句首可以使用表示各种强烈感情的感叹词，比如ua³¹"哇、啊"、ɛ³¹"哎"等，句中或句末也可以用表达感叹的语气助词ɣɛ³¹或ɣɔ³¹，但非强制使用。

依据语义特点，豪尼话中的感叹句可以分为"表惊讶、感叹或惊惧"类感叹句、"表赞叹、赞赏"类感叹句和"表憎恨、厌恶"类感叹句。

一　表示"惊讶、感叹或惊惧"类感叹句

ʑi³³mu⁵⁵mu⁵⁵mu⁵⁵ɣɛ³¹！　　　　这么长啊！

这么　　长　(叠)(语助)

ua³¹！ʑi³³tɕhi⁵⁵tɕhi⁵⁵mɔ³¹ɣɛ³¹！　　哇！多极了！

哇　　这么　(叠)　多　(语助)

ʑi³³tɕhi⁵⁵tɕhi⁵⁵mɔ³¹ɣɛ³¹tsh⁵⁵ʹ⁵³！　　这么胖啊！

这么　(叠)　多　(语助)胖

ɛ³¹，u³¹ʃɔ³¹mɯ⁵⁵lɜ⁵³ʃɔ³¹lɯ⁵⁵！　　唉，真可怜！

唉　可怜　很　(叠)　完

tu³¹pɔ³¹thu⁵⁵ɣɔ³¹mɔ³¹nɔ⁵⁵xɔ³¹sɔ⁵⁵！　　　　话真难听！

话　　说　(话助)不　听　　好

ʑi⁵⁵xɣ̠³¹ʹ³³xɣ̠³¹ʹ³³zɔ³¹lɜ⁵³ɕi̥⁵⁵ i⁵⁵！　　这么小的梨！

这　大　(叠)　小　只　梨

ʑi⁵⁵tɕhi³¹thu⁵⁵kɔ⁵⁵mɔ³³mɯ⁵⁵lɜ⁵³mu⁵⁵！　　这段路真长啊！

这　一　段　路　很　　长

ʑi⁵⁵xɣ̠³¹ʹ³³xɣ̠³¹ʹ³³mɔ³³ɣɛ³¹me⁵⁵tsha³³na̠³³pe̠³³！　这么大的花生！

这　大　　(叠)　大　(语助)花生

ua³¹！ ɯ⁵⁵l̩ ɯ⁵⁵tɕhi³¹mɔ⁵⁵tʃʅ³³tɣ̍³³li³³ɣɔ³¹！　　　啊！一条蛇过去了！

啊　　蛇　　一　条　爬　出　(趋向)(语助)

二　表示"赞叹、赞赏"类感叹句

mɯ⁵⁵lɛ⁵³fɣ̍³³sɔ⁵⁵！　　　　　　　真漂亮！

很　　　好看

nv⁵⁵mɯ⁵⁵lɛ⁵³mɯ³¹ᐟ³³（ɣɔ³¹）！　　　你真好啊！

你 很　　　好　　　　(语)

a³¹la̠³¹mɯ⁵⁵lɛ⁵³ɔ³¹tʃhɯ³³u⁵⁵tɕe³¹！　手太巧了！

手　很　　什么　做　会

ʑi⁵⁵ɔ⁵⁵xu³¹ɣɔ³¹mɯ⁵⁵lɛ⁵³fɣ̍³³sɔ⁵⁵！　　这衣服真好看呀！

这 衣服 (话助)很　　好　看

三　表示"憎恨、厌恶"类感叹句

nv⁵⁵tsɔ̠³¹ka̠³¹nv⁵⁵！　　　　你这个笨蛋！

你 笨蛋　　你

nv⁵⁵ɔ³¹tʃhɯ³³toŋ³³ɕi³³！　　你什么东西！

你 什么　　东西

第八章　复句

除了单句外，豪尼话还存在大量的复句。豪尼话的复句都是由两个或两个以上的分句构成，使用关联标记或语序来表示语法意义。它包括联合复句和偏正复句两类，每一类中又包括具体的复句类型。

第一节　复句的基本特征

豪尼话的复句总体上有以下四个特征。

第一，从意义上说，分句与分句之间互相关联，表达的是有关系的事情。例如：

（1）$\zi^{55}lo^{31}thu^{55}t\chi e^{33}l\epsilon^{53}mo^{31}t\chi e^{33}$, $u^{55}u^{55}t\chi e^{31}$.

　　　他　　说　会　不仅　　　　　做　（叠）会

　　他不仅会说，也会做。

（2）$thu^{55}l\u^{33}n\u^{31}t\int i^{33}\gamma e^{31}ne^{33}$, $ko^{33}t\gamma^{33}\gamma \epsilon^{31}$.　那个人滑了一下，摔倒了。

　　那人（宾格）滑　　（语助）之后　下（趋向）（语助）

例（1）是递进关系复句，例（2）是承接关系复句。

第二，在语法形式上，有的是零标记，即不使用关联标记，靠分句的意念显示分句之间的关系。例如：

$u^{31}n\v^{33}\gamma o^{31}tsho^{55}l u^{55}$, $\gamma o^{31}t\chi e^{31}\gamma o^{31}ka^{33}ka^{33}$.　白天热，晚上凉快。

白天　阳光　热　　晚上　冷　　　（叠）

上句没有使用关联词语，也能体现出分句间有对照的并列关系。

但大多数句子靠关联词语（连词、副词）连接和关照。关联词语的位置在两个分句之间，有的在前一个分句句末，有的在后一分句句首。

第三，关联词语有的是复合词，有的是单纯词。

如下例（1）递进关系复句中的关联词语$l\epsilon^{53}mo^{31}t\chi e^{33}x\u^{55}$……"不但（不仅、不只）……而且（还、也）……"就是复合词，是由副词$l\epsilon^{53}$ "只"、否定副词mo^{31} "不"、能愿动词$t\chi e^{31}$ "会"以及副词$x\u^{55}$ "也"复合而成。例（2）承接关系复句中的关联词语ne^{33}就是单纯词。

（1）ŋɔ⁵⁵lɛ⁵³ɔ⁵⁵ʃɔ⁵⁵lɔ⁵⁵nɯ⁵⁵ɣɛ³¹tsɔ³¹mɔ³¹tɕhe³³，ŋɔ³³（＝ŋɔ³³ɔ³¹）n̩i⁵⁵lɔ³¹

我　鱼腥草　_{（语助）}吃 _{不仅}　　我　　我　弟弟　_{（主助）}

xɯ⁵⁵xɔ⁵⁵tɕhi⁵⁵ai⁵⁵tsɔ³¹. 不仅我爱吃鱼腥草，我弟弟也很爱吃。

_也　很　爱 吃

（2）zi⁵⁵lɔ³¹tsɔ³¹zɛ³³ɣɔ³¹tsɔ³¹lɯ⁵⁵ɣɛ³¹nɛ³³，tshɔ³³tʃhaŋ³¹zi⁵⁵/⁵³.

他　作业　_{（话助）}做　完　_{（语助）}之后　　操场　　去

他做完作业之后，去操场了。

第四，复句存在类别差异，其分类主要根据分句之间意义上的关系和结构形式上的异同。豪尼话的复句分为联合复句和偏正复句两类，两类之下又可分为一些小类。

第二节　联合复句

一　联合复句的特点

第一，关联词语中有部分连词是汉语借词。

第二，在有的句子中借用的连词与固有连词并用。但也有不使用关联词语的复句，靠分句的意念体现分句的意义关系。

第三，复句的分句关系平等，不分主次。根据分句之间的语义关系，又可以分为并列、承接、递进、选择和解说五种类型。

二　并列复句

并列复句叙述或描写有关联的几件事情或同一事物的几个方面，前后分句没有主次之分。并列复句还可以分为平列式、对照式两个次类。

（一）平列式

几个分句分别表示相互关联的几件事、几个人或同一人、同一事的几个方面。并列复句的关联词语分为两类，一类是连词，另一类是副词，二者经常配合使用。常用的关联词语主要有：zi³¹mɛ⁵⁵ "一面……"、tɕhi³¹fɔ³³ "一边……"、xɯ⁵⁵ "也（又、还）"等。也有不使用关联词语的情况。例如：

a⁵⁵pɛ³³lɔ³¹zi³¹mɛ⁵⁵n̩i⁵⁵，ɔ³¹mɔ³³lɔ³¹zi³¹mɛ⁵⁵tʃu³³mu³³.

孩子 _{（话助）}一面　哭　妈妈 _{（话助）}一面　　哄 _{（助动）}

孩子一面哭，妈妈一面哄他。

zi⁵⁵thɯ³³tʃi⁵⁵pɔ³¹zi³¹mɛ⁵⁵tɯ⁵⁵，tu³¹pɔ³¹zi³¹mɛ⁵⁵thɯ⁵⁵/⁵³.

他们　酒　　一面　喝　话　一面　说

他们一面喝酒，一面说话。

ʑi⁵⁵lɔ³¹tɕhi³¹fɔ³³nɯ⁵⁵ʐa³¹ʐa³¹, tɕhi³¹fɔ³³tʃhaŋ⁵⁵ko³³tʃhaŋ⁵⁵.
他 一边 织布 织 一边 唱歌 唱
他一边织布一边唱歌。

tʃɔ³¹l̩i⁵⁵ʑi³¹mɛ⁵⁵pv³³, u³¹ʐɛ⁵⁵ʑi³¹mɛ⁵⁵ʑɛ⁵⁵. 风吹着，雨下着。
风 一面 吹 雨 一面 下

tʃɔ³¹l̩i⁵⁵ʑi³¹mɛ⁵⁵pv³³, mɔ³¹mv³³ʑi³¹mɛ⁵⁵kɔ³³ty̥³³ɣɛ³¹.
风 一面 吹 芒果 一面 掉 (趋向)(语助)
风一面吹，芒果一面落。

ʑi⁵⁵lɔ³¹tɕhi³¹fɔ³³ɔ⁵⁵fv³¹tsɔ³¹, tɕhi³¹fɔ³³su³¹ɣɔ³¹tsŋ̍⁵⁵.
他 一边 饭 吃 一边 书 看
他一边吃饭，一边看书。

ʑi⁵⁵lɔ³¹tʃɿ⁵⁵pɔ³¹mɔ³¹tɯ⁵⁵, ʐa³³xɔ³¹xɯ⁵⁵mɔ³¹tɯ⁵⁵. 他既不喝酒，又不吸烟。
他 酒 不 喝 烟 也 不 抽

ʑi⁵⁵lɔ³¹tʃhaŋ⁵⁵ko³³ma³¹tʃhaŋ⁵⁵tɕhe³¹, thiɔ⁵⁵v³¹xɯ⁵⁵mɔ³¹thiɔ⁵⁵tɕhe³¹, kv³¹tɕiŋ⁵⁵
他 唱歌 不 唱 会 跳舞 也 不 跳 会 故事
ʐɔ⁵⁵mɔ³¹ɣɔ³³thu⁵⁵tɕhe³¹. 他既不会唱歌，也不会跳舞，更不会讲故事。
更 不 (话助) 说 会

（二）对照式

前后分句之间语义相反或相对，形成对照。常用的关联词语
ŋɯ⁵⁵mɔ³¹ŋɯ⁵⁵ "不是……（而）是……"。也有对照式不用关联词语，而是
一个分句用肯定句式，另一个分句用否定句式来形成对照。还有依靠语序
来形成对照关系的。例如：

ɣɔ³¹phe³³mɔ⁵⁵ᐟ⁵³tɕhi⁵⁵tɕhi⁵⁵tʃɔ³³ᐟ³¹, ɣɯ⁵⁵tshɔ⁵⁵mɔ⁵⁵ᐟ⁵³tɕhi⁵⁵tɕhi⁵⁵ma³¹
菜 (方助) 辣椒 有 汤 (方助) 辣椒 没
tʃɔ³³ᐟ³¹, nv⁵⁵tsɔ³¹fv̩³³fa̩³¹, mɛ⁵⁵ᐟ⁵³mɔ⁵⁵ʃ̍⁵⁵mɔ³¹mɛ⁵⁵, tɯ⁵⁵mɔ³¹tɯ⁵⁵sɔ⁵⁵?
有 你 吃 (助动)(语助) 好吃 还是 不 好吃 喝 不 喝 好
菜里有辣子，汤里没有辣子。你尝尝看，好不好吃，好不好喝？

a⁵⁵xua³³ɣɔ³³ŋa³³ɲe̩³³ɔ⁵⁵xu³¹tɕhi³¹kha³³xɛ⁵⁵pi̩³¹; a⁵⁵xu³¹ɣɔ³³ŋa³³ɲe̩³³fv⁵⁵tʃ̍³¹
阿花 (话助) 我 (主助) 衣服 一 件 拿 给 阿虎 (话助) 我 (主助) 钱
ʃ̩³¹khuɛ³¹xɛ⁵⁵pi̩³¹. 阿花，我给了她一件衣服；阿虎，我给了他十元钱。
十块 拿 给

ɔ³¹ɕi³¹ʑi³¹kɔ⁵⁵saŋ³³feŋ⁵⁵pi⁵⁵ty̩³³ɣɛ³¹, ŋɔ⁵⁵ʑi⁵⁵khuɛ³¹, nv⁵⁵ʑi⁵⁵khuɛ³¹, ʑi⁵⁵lɔ³¹
水果 一个 三 分 给 (趋向)(语助) 我 一块 你 一块 他
ʑi⁵⁵khuɛ³¹, tɕhɔ³¹（=tɕhi³¹ɣɔ³¹）lɔ³¹ʑi⁵⁵khuɛ³¹.
一块 一个 一 个 (主助) 一 块
把一个水果分成三块，我一块，你一块，他一块，一个人吃一块。

ço³¹me³¹lɛ⁵³xa̠³¹tɯ³¹thu⁵⁵tɕhe̠³¹mɔ³¹ŋɯ⁵⁵, than̠³¹faŋ³¹xɯ⁵⁵thu⁵⁵tɕhe̠³¹.
晓梅　不仅　汉语　说　会　不　是　唐凡　也　说　会
不仅晓梅会说汉语，唐凡也会说汉语。

ço³¹me³¹a³¹xa̠³¹ʹ³³xa̠³¹tɯ³¹thu⁵⁵tɕhe³¹, than̠³¹faŋ³¹xɯ⁵⁵thu⁵⁵tɕhe³¹.
晓梅　汉语　　　　说　会　唐凡　也　说　会
晓梅会说汉语，唐凡也会说汉语。

ʑi⁵⁵lɔ³¹mɔ³¹lɔ⁵⁵ʹ⁵³mɔ³¹ŋɯ⁵⁵, ŋɔ⁵⁵mɔ³¹lɔ⁵⁵ʹ⁵³ŋa⁵³.
他　不　来　不　是　我　不　来　(语助)
并不是他不来，而是我不来。

ʑi⁵⁵lɔ³¹mɔ³¹ŋɯ⁵⁵, ŋɔ³³ŋa⁵³.　　　　不是他，是我。
他　不　是　我　是

ŋɔ⁵⁵xɔ³¹n̠i³¹ŋa⁵³, ŋɔ⁵⁵a³¹xa̠³¹ŋa⁵³.　我是豪尼人，我是汉族。
我　豪尼　(语助)　我　汉人　(语助)

三　承接复句

前后分句按照一定的时空顺序或逻辑事理次序对连续发生或存在的动作行为、状态等进行表述。分句间的先后次序是固定的，不能颠倒。常用的关联词语是nɛ³³"之后"、tɕo⁵⁵"就"（汉语借词）。例如：

tsɔ³¹lɯ⁵⁵ɣɛ³³nɛ³³tsɛ⁵⁵v⁵⁵ʑi⁵⁵!　　　吃完了再去买！
吃　完　(语助)(连)　再　买去

ʑi⁵⁵lɔ³¹pi³¹xɛ⁵⁵ɣɛ³³nɛ³³tshɨ³³.　　　他拿了笔之后，才写。
他　笔　拿　(语助)　之后　写

ɔ⁵⁵fv³¹tsɔ³¹pv̠³³ɣɛ³³nɛ³³, tsɛ⁵⁵z̩³¹!　先吃完饭，再走！
饭　吃　饱　(语助)　之后　再　走

ʑi⁵⁵lɔ³¹za̠³³xɔ³¹v⁵⁵ɣɛ³³nɛ³³, tɕo⁵⁵z̩³¹ɣɛ³¹. 他买了烟之后就走了。
他　烟　买　(语助)　之后　就　走　(语助)

ɔ⁵⁵xu³¹ɣɔ³³tu³³me³¹tɕo⁵⁵kɛ⁵⁵tṣ̩³¹ɣɔ³³ta̠³³ʑi⁵⁵mɔ³¹. 穿好衣服就上街去。
衣服　(话助)穿　(助动)　就　街子　(话助)(趋向)去　(语助)

na̠³³tɕhi³¹tsɔ³¹u⁵⁵ɣɛ³¹ti³³khɛ³¹, ŋɔ⁵⁵ɣ³¹tɯ³¹mɔ³¹nɔ⁵⁵ɣɛ³¹. 吃药后我头不疼了。
药　吃　要　(语助)(状助)(连)　我　头　不　疼　(语助)

ɔ⁵⁵xu³¹tu³³mɯ³¹ɣɛ³³nɛ³³, kɛ⁵⁵tṣ̩³¹kaŋ³¹li³³mɔ³¹! 穿好衣服之后，上街去！
衣服　穿好　(语助)　之后　街子　赶　(趋向)(语助)

nv⁵⁵ʑi⁵⁵lɯ³³kɔ³³fv³¹v̠³¹pi³³nɛ³³, ʑi⁵⁵lɔ³¹nv⁵⁵tshɛ³¹v³¹.
你　他　(宾格)先　　骂　给　之后　他　你　才　骂
你先骂他的，他才骂你。

a⁵⁵pe³³thɯ³³ɯ⁵⁵tʃɣɣ³¹ɣɔ³¹ɯ⁵⁵tɛ̱³³tʃɛŋ³¹tɛ̱³³ɣɛ³¹nɛ³³, tshɛ³¹ŋɔ³¹ʃɔ³¹nɛ³¹ᐟ³³the³¹.
孩子们　　水　（话助）浑水整浑（语助）之后　才鱼捉　（助动）
孩子们把水弄浑后，才捉到鱼。

ʑi⁵⁵thɯ³³ʑi⁵⁵lɔ³³ɔ³¹mɔ³³ʒɯ⁵⁵thu⁵⁵, ʑi⁵⁵lɔ³¹tɕɔ⁵⁵n̠i⁵⁵.
别人　　她的　母亲　（宾助）说　她　就　哭
别人一说到她妈妈，她就哭。

a⁵⁵ko³³lɔ³¹xɔ³¹mi³¹ʃɯ³¹ɣɛ³³nɛ³³, tɕɔ⁵⁵s̩³³mɔ³¹ʑi⁵⁵ɣɛ³¹.
哥哥（主助）媳妇　娶（语助）之后　就思茅　去（语助）
哥哥娶了媳妇之后，就去思茅了。

nv⁵⁵ʐɔ⁵⁵to³³lɔ⁵⁵tɕhi³¹la̱³¹ɔ³¹nɔ³¹nɔ³¹ɣɛ³³nɛ³³, tsɛ⁵⁵ʑi⁵⁵.
你这进来一会儿休息　　　（语助）之后　再走
你进来休息一下，再走。

tsɔ³¹pv̱³³tɯ⁵⁵pv̱³³ɣɛ³¹mɛ⁵⁵khɛ³³, pha̱³¹no̱³³v³¹lɔ³¹xɯ⁵⁵ʐ̩³¹ɣɛ³¹.
吃饱喝饱（语助）（状助）（连）　鞋　卖（主助）也走（语助）
吃过喝过之后，卖鞋的也走了。

ɔ³¹phɔ³¹lɔ³¹thu⁵⁵lɯ⁵⁵ɣɛ³³nɛ³³, ɔ³¹mɔ³³lɔ³¹tsɛ⁵⁵ʑi⁵⁵xui³¹thu⁵⁵ᐟ⁵³.
爸爸　（主助）说完（语助）之后　妈妈（主助）又一回说
爸爸说完后，妈妈又说了一遍。

tsɔ³¹ko⁵⁵ɣɛ³¹mɛ⁵⁵khɛ³³, ŋa³³tho³¹ɣɔ³³lɔ⁵⁵. 吃过后，来我家。
吃过（语助）（状助）（连）　我家（话助）来

ɔ⁵⁵fv³¹tsɔ³¹ɣɛ³³nɛ³³tsɛ⁵⁵ʐ̩³¹, fv̱³³lɯ⁵⁵ɣɛ³³nɛ³³tsɛ⁵⁵ʐ̩³¹!
饭　吃（语助）（连）再走　看完（语助）（连）再去
吃完饭再走，看完了再去！

nv⁵⁵ʑi⁵⁵lɔ³¹thu⁵⁵pi³³ᐟ³¹, ŋɔ⁵⁵ɔ⁵⁵fv³¹tsɔ³¹ɣɛ³³nɛ³³, tshui³¹ti³³ʑi⁵⁵ŋɔ³¹.
你他　说给　我饭　吃（语助）之后　快　（状助）去（语助）
你告诉他，我吃完饭之后，马上就去。

a⁵⁵ta⁵⁵lɔ³¹ɔ⁵⁵xu⁵⁵ɣɔ³³xɯ³¹ʑi⁵⁵ɣɛ³³nɛ³³, a⁵⁵n̠aŋ³³ŋɔ³³thɯ³³nɔ³¹khɛ⁵⁵tsh̩³¹.
姐姐（主助）家　（话助）回去（语助）之后　姑妈我们茶叶摘
姐姐回家后，姑妈带着我们采茶。

tʃhui³¹ts̩³¹ɣɔ³³ʃu⁵⁵ʃu⁵⁵mɔ³³ti³¹tɛ̱³³（=ta̱³³ɣɛ³¹）, xo³¹xua³³mɔ³¹³³ti³¹tɣ̱³³
锤子　（话助）铁　（方助）打上　（趋向）（语助）火花　多　打出
lue⁵³（=lɔ⁵⁵ɣɛ³¹）.　锤子打在铁上，迸出了很多火星。
来　　来（语助）

ɔ⁵⁵mɯ³³tɔ³¹xu³³thu³³ɣo³¹tɕhe̱³³tɕhe̱³³kue³¹（=kɔ³³ɣɛ³¹）ɣɛ³³nɛ³³, xɯ³¹ʑi⁵⁵
客人　　　夜晚　黑　　掉（语助）（语助）之后　回去

ŋɯ⁵⁵çi³¹. 客人一直等到天黑之后，才回去。
是　还

thɯ⁵⁵lɯ³³nɯ³¹tʃɿ³³ɣɛ³³nɛ³³，kɔ³³tɣ³³ɣɛ³¹. 那个人滑了一下，摔倒了。
那人 (宾格) 滑　　　(语助) 之后　　下 (趋向)(语助)

ʑi⁵⁵lɔ³¹tsɔ³¹ʐɛ³³ɣɔ³³tsɔ³³lɯ⁵⁵ɣɛ³¹nɛ³³，tshɔ³³tʃhaŋ³¹ʑi⁵⁵ᐟ⁵³.
他　作业 (话助) 做 完 (语助) 之后　操场　　去
他做完作业之后，去球场了。

表示环环相扣的语义关系。豪尼话的连锁关系复句使用关联词语 tɕo⁵⁵
"就"（汉语借词）。例如：

ʑi⁵⁵lɔ³¹za̱³³xɔ³¹y̠⁵⁵ɣɛ³¹nɛ³³，tɕu⁵⁵ʑ̱³¹ɣɛ³¹. 他买了烟之后就走了。
他　烟 买之后　　就走了

ɔ³¹tʃhɯ⁵⁵mu⁵⁵lɔ⁵⁵ᐟ⁵³，tɕo⁵⁵ɔ³¹tʃhɯ⁵⁵tsɔ³¹. 看见什么，就吃什么。
什么　看见来　就什么 吃

ʑi⁵⁵thɯ³³ʑi⁵⁵lɔ³¹ɔ³¹mɔ³³ʐɯ⁵⁵thɯ⁵⁵ʑi⁵⁵lɔ³¹n̩i⁵⁵. 别人一说到她妈妈，她就哭。
别人　她的 母亲 (宾助) 说 她 哭

ʑi⁵⁵thɯ³³ŋɔ³³ʐɯ⁵⁵nv³³pi³³thɯ⁵⁵nɛ³³lɔ⁵⁵la̱³¹. 他们让我来跟你说。
他们　我 (宾助) 你 给 说 (连) 来 (趋向)

ɔ⁵⁵fv³¹kɔ³³fv³¹tsɔ³¹，nɔ³¹nɯ⁵⁵fɔ³³tsɛ⁵⁵thɯ⁵⁵！ 先吃饭，然后再说！
饭 先 吃 然后 (时助) 再 说

四　递进复句

分句间有更进一层关系的复句是递进复句。一般后一分句在程度、数量、范围等方面比前一分句更进一层。常用的关联词语有：lɛ⁵³mɔ³¹tɕhe³³xɯ⁵⁵……"不但（不仅、不只）……而且（还、也）……"，在实际使用中，lɛ⁵³的位置不固定，xɯ⁵⁵可以省略。同时在句中兼用动词或形容词重叠的手段来表示句义的进一步加深。例如：

ʑi⁵⁵lɔ³¹nɔ³¹khɛ⁵⁵tsʰ̩³³tɕhe³³lɛ⁵³mɔ³¹tɕhe³³，l̩ɯ⁵⁵l̩ɯ⁵⁵tɕhe³³.
他　茶叶 采 会 不仅　　　　炒 炒 会
他不仅会采茶叶，还会炒茶叶。

ʑi⁵⁵lɔ³¹a⁵⁵pe̱³³lɔ³¹lɔ³¹sɿ³³lɛ⁵³mɔ³¹tɕhe³³mɛ⁵⁵，ʑi⁵⁵lɔ³³ɔ³¹mɔ³³xɯ⁵⁵ŋɯ⁵⁵.
她　孩子 (主助) 老师 不仅　　　　(状助) 她的 妈妈 也 是
她不仅是孩子的老师，而且还是孩子的母亲。

ʑi⁵⁵lɔ³¹fɣ³³sɔ⁵⁵lɛ⁵³mɔ³¹tɕhe³³，tsh⁵⁵zɔ³¹xɯ⁵⁵mɯ³¹. 她不但好看，人也好。
她　看 好 不仅　　　人 也 好

ȵi⁵⁵ɕi³¹u³¹ɣɔ³¹xɯ⁵⁵lɛ⁵³mɔ³¹tɕhe³³, mɛ⁵⁵xɯ⁵⁵mɛ⁵⁵. 这桃子不仅大而且好吃。
这　桃子（话助）也　不仅　　　　好吃 也 好吃

ŋɔ⁵⁵lɛ⁵⁵/⁵³ɔ⁵⁵ʃɔ⁵⁵lɔ⁵⁵nɯ⁵⁵ɣɛ³¹tsɔ³¹mɔ³¹tɕhe³³, ŋɔ⁵⁵ȵi⁵⁵lɔ³¹xɯ⁵⁵mu⁵⁵lɛ⁵⁵/⁵³
我　只　鱼腥草　　　（语助）吃　不仅　　我 弟弟　也　很

ai⁵⁵tsɔ³¹. 不仅我爱吃鱼腥草，我弟弟也很爱吃。
爱 吃

ȵi⁵⁵lɔ³¹thu⁵⁵tɕhe ³¹lɛ⁵³mɔ³¹tɕhe³³, u⁵⁵u⁵⁵tɕhe ³¹. 他不仅会说，也会做。
他　说 会 不仅　　　　做 做 会

五　选择复句

选择复句是分句间具有选择关系的复句。表示从几种情况中进行择选。
从语气上可分为直陈选择句和询问选择句两种类型。

（一）直陈选择句

两个或两个以上的分句分别列出几个选择项，从中作出选择或取舍。
整个复句是陈述语气。直陈选择句根据选择项之间的关系，可再分为以下
两类。

1. 已定选择

对于所列出的选择项，说话人已经有所取舍，选择结果已定。常用的
关联词语有mɔ⁵³tha³¹nɛ³³“与其……的话，不如……”、nɛ³³xɯ⁵⁵……
mu³¹pɔ⁵⁵……“宁可……也不……”，表示选定其中的一种。例如：

thɔ⁵⁵mɯ⁵⁵tsɔ³¹pi³³mɔ⁵³tha³¹nɛ³³, pe³³xɯ³¹/³³ɣɛ³³pi³³ɣɔ³¹.
它们　吃 给 与其　 的话　放 回　（语助）给 （语助）
与其吃它们（鱼），不如放了吧。

nv⁵⁵nɔ³¹khɛ⁵⁵khɔ³³tsɔ³¹mɔ⁵³tha³¹nɛ³³, su³¹ɣɔ³¹tsɿ⁵⁵ɣɔ³³ʐɔ⁵⁵mɯ³¹.
你　茶　　种 掉 与其　 的话　书　读 （话助）更 好
你与其种茶，不如读书。

nv⁵⁵xu⁵⁵xu³¹ɣɔ³³ȵi⁵⁵mɔ⁵³tha³¹nɛ³³, khuɛŋ³³miŋ³¹ɣɔ³³ta ³³ȵi⁵⁵ʐɔ⁵⁵mɯ³¹.
你　墨江 （话助）去 与其　 的话　昆明　 （话助）上 去 更 好
你与其去墨江，不如去昆明。

ŋɔ⁵⁵tɕhiŋ³¹ʑɛ⁵⁵ɔ⁵⁵xu⁵⁵ɣɔ³³u³¹ɣɛ³³nɛ³³xɯ⁵⁵, a⁵⁵pe ³³lɯ³³su³¹ɣɔ³¹pi³³tsɿ⁵⁵
我 情愿　房子 （话助）卖（语助）宁可　 孩子 （宾格）书 给 读
mu³¹/³³! 我宁可把房子卖了，也要让孩子读书！
也不

ŋɔ⁵⁵tɕhiŋ³¹ʑɛ⁵⁵xu⁵⁵tha ³³ka ³³fv ³³nɛ³³xɯ⁵⁵, nv⁵⁵thɔ³¹ɣɔ³³mu³¹pɔ⁵⁵tʃv⁵⁵ȵi⁵⁵!
我 情愿　外面　冷 死 宁可　　你 家　 （话助）也不　　在 （趋向）
我宁愿在外面冻死，也不去你家住！

ŋɔ⁵⁵tɕhiŋ³¹ʑɛ⁵⁵me̠³³fv̠³³ɣe³³ne³³xɯ⁵⁵, nv⁵⁵tho³¹ɣɔ³³ɔ⁵⁵fv³¹mu³¹pɔ⁵⁵tsɔ³¹ʑi⁵⁵!

我 情愿 饿死 (语助)宁可 你家 (话助)饭 也不 吃 (趋向)

我宁可饿死，也不去你家吃饭！

2. 未定选择

常用的关联词语有ʑɔ⁵⁵mɔ⁵⁵"要么"（借自汉语）或ŋɯ⁵⁵mɔ³¹（ti³³khɛ³³）"或者"、ŋɔ³³khɛ³³……tɕo⁵⁵ʃɿ⁵⁵……"如果（不是）……就是……"。例如：

nv⁵⁵ʑɔ⁵⁵mɔ⁵⁵nɔ³¹khɛ⁵⁵tɯ⁵⁵, ʑɔ⁵⁵mɔ⁵⁵tʃɿ⁵⁵pɔ³¹tɯ⁵⁵. 你要么喝茶，要么喝酒。

你 要么 茶 喝 要么 酒 喝

ʑɔ⁵⁵mɔ⁵⁵nv⁵⁵, ʑɔ⁵⁵mɔ⁵⁵ʑi⁵⁵lɔ³¹, ɔ³¹sɿ⁵⁵ʑi⁵⁵xɯ⁵⁵mɯ³¹.

要么 你 要么 他 谁 去 也 好

要么你，要么他，谁去都好。

ŋɔ⁵⁵ʑɔ⁵⁵mɔ⁵⁵ʃaŋ⁵⁵paŋ³³khɛ³³, ʑɔ⁵⁵mɔ⁵⁵su³¹ɣɔ³¹tsɿ⁵⁵.

我 要么 上班 (连) 要么 书 读

我要么上班，要么读书。

ŋɯ⁵⁵mɔ³¹（ti³³khɛ³³）xa̠³³ʃɔ³¹tsɔ³¹, ŋɯ⁵⁵mɔ³¹（ti³³khɛ³³）nv³¹ʃɔ³¹tsɔ³¹.

或者 鸡肉 吃 或者 牛肉 吃

或者吃鸡肉，或者吃牛肉。

ŋɯ⁵⁵mɔ³¹ti³³khɛ³³ʑi⁵⁵lɯ³³ŋɔ³³ʐɯ⁵⁵te⁵⁵ʑi³¹lɔ³⁵ti³³thu⁵⁵pi³³, ŋɯ⁵⁵mɔ³¹ti³³khɛ³³

或者 他 (宾助)我 (宾助)找 (趋向)来 (状助)说 给 或者

ŋɔ⁵⁵ʑi⁵⁵lɯ³³te⁵⁵ʑi³¹ʑi⁵⁵. 或者叫他来找我，或者我去找他。

我 他 (宾格)找 (趋向)去

ŋɔ⁵⁵ŋɯ⁵⁵mɔ³¹ti³³khɛ³³ɔ⁵⁵fv³¹tsɔ³¹, ŋɯ⁵⁵mɔ³¹ti³³khɛ³³mi³¹kaŋ³³tsɔ³¹.

我 或者 饭 吃 或者 米干 吃

我或者吃饭，或者吃米干。

ʑi⁵⁵lɔ³¹ŋɯ⁵⁵mɔ³¹ti³³khɛ³³ʃu³¹u³¹ɣɔ³³tʃv⁵⁵, nv⁵⁵ŋɯ⁵⁵mɔ³¹ti³³khɛ³³pi⁵⁵ʃv³¹ɣɔ³³

他 或者 癸能 (话助)在 你 或者 碧溪 (话助)

tʃv⁵⁵. 他或者在癸能，或者在碧溪。

在

nv⁵⁵ŋɯ⁵⁵mɔ³¹ti³³khɛ³³u³¹ʃɯ³¹fɔ³³ʑi⁵⁵, nv⁵⁵ça⁵⁵v³¹fɔ³³tsɛ⁵⁵ʑi⁵⁵!

你 或者 上午 (时助)去 你 下午 (时助)再 去

或者你上午去，或者你下午再去！

thɯ³³a̠³¹xa̠³¹tɕhi³¹zɔ³¹ŋɯ⁵⁵mɔ³¹ti³³khɛ³³ʃi⁵⁵ɣɛ³¹, ŋɯ⁵⁵mɔ³¹ti³³khɛ³³

那 鸡 一 只 或者 死 (语助)或者

ʑi⁵⁵thɯ³³ne³³xu³¹tsɔ³¹le³³. 那只鸡不是死了，就是被人家偷了。

别人 (施助)偷 掉 (语助)

zi⁵⁵lɔ³¹zi⁵⁵lɯ³³a⁵⁵ŋaŋ³³tho³¹ɣɔ³³mɔ³¹tʃv⁵⁵/⁵³ŋɔ³³khɛ³³，tɕo⁵⁵ʃi⁵⁵zi⁵⁵lɔ³¹
他　他(宾格)　姑姑　家(话助)不　在　　　　不是　　　　　就是　　　他

ɔ⁵⁵u³³tho³¹ɣɔ³³tʃv⁵⁵/⁵³ŋɔ³¹.　他不是在他姑姑家，就是在他舅舅家。
舅舅　家(话助)在　(语助)

（二）询问选择句

两个或两个以上的分句分别列出几个选择项，从中作出选择或取舍。
整个复句是疑问语气。常用关联词语是mɔ⁵⁵ʃi⁵⁵"还是、或是"。例如：

zi⁵⁵lɔ³¹mu³¹phi⁵⁵，mɔ⁵⁵ʃi⁵⁵zi³³sɛŋ³³mɔ³¹？　这个人是莫批(哈尼族巫师)还是医生？
这　莫批　　还是　医生　(语助)

nv⁵⁵ɔ⁵⁵fv³¹tsɔ³¹zi⁵⁵，mɔ⁵⁵ʃi⁵⁵ɣɔ³¹tʃa³³zi⁵⁵/⁵³？　你是去吃饭还是去睡觉？
你　饭　吃　去　还是　睡觉　去

zɔ³¹nv³³tshv³³zi³¹，mɔ⁵⁵ʃi⁵⁵tshv³³ɛ⁵⁵mɔ³¹？　今天是初一，还是初二呢？
今天　初一　　还是　　初二　(语助)

nv⁵⁵tshɿ⁵⁵zɔ³¹，mɔ⁵⁵ʃi⁵⁵ȵi³¹xɔ³¹mɔ³¹？　你是人，还是鬼啊？
你　人　　还是　鬼　(语助)

nv⁵⁵ʑi⁵⁵，zi⁵⁵lɔ³¹ʑi⁵⁵，mɔ⁵⁵ʃi⁵⁵nv⁵⁵thɯ³³tɕhi³¹kɔ³³ʑi⁵⁵？
你　去　他　去　还是　你们　一起　去
你去，他去，还是你们一起去？

六　解说复句

解说复句是指分句之间具有解释、说明关系的复句。一般始发句总说，后
续句分解说明。解说复句实则是多层复句，总说句与分说句之间是解说关系，
但分说句与分说句之间则是并列关系。解说复句一般不使用关联词语。例如：

thɯ³³a³¹xa³³ȵe³¹zɔ³¹，xa³³na³³tɕhi³¹zɔ³¹，xa³³fv⁵⁵tɕhi³¹zɔ³¹.
这　鸡　两只　鸡黑　一只　鸡白　一只
这两只鸡，一只黑，一只白。

ʑi⁵⁵lɔ³¹a⁵⁵ta⁵⁵liaŋ³¹kɔ³³tʃv⁵⁵，tɕhɔ³¹（=tɕhi³¹ɣɔ³¹）xu⁵⁵xu³¹tʃv⁵⁵/⁵³，
他　姐姐　两个　在　一个　　一个　墨江　在

tɕhɔ³¹（=tɕhi³¹ɣɔ³¹）tʃɤ³¹pɯ³³tʃv⁵⁵/⁵³.
一个　　一个　龙坝　在
他有两个姐姐：一个在墨江，一个在龙坝。

ɔ³³tɯ³³thɯ⁵⁵nɔ³¹khɛ⁵⁵tshɿ³³zi⁵⁵mɔ³¹，nv⁵⁵ʐɔ³³fɔ³³tshɿ³³，ŋɔ⁵⁵zi⁵⁵fɔ³³tshɿ³³.
我们　茶　采去　(语助)你　这(方助)采　我　那(方助)采
我们去采茶，你去这边采，我去那边采。

thɯ³³ɔ⁵⁵tsʅ⁵⁵tsʅ⁵⁵thɯ³³ŋ̣e ³¹thɯ³³, tɕhi³¹mɔ⁵⁵ʐɔ⁵⁵mu⁵⁵, tɕhi³¹mɔ⁵⁵ʐɔ⁵⁵nu⁵⁵.
那　木头　　　　　两根　一　根越长　一　根越短
那两根木头，一根长，一根短。

tʃʅ⁵⁵pɔ³¹tɕhi³¹mi³¹tɯ⁵⁵ʹ⁵³, xu⁵⁵tha ³³fɔ³³tɕhi³¹mi³¹tɯ⁵⁵, xu⁵⁵lɛ⁵⁵fɔ³³tɕhi³¹mi³¹
酒　一　群喝　　外面（方助）一　群　喝　里面（方助）一　群
tɯ⁵⁵. 一群人在喝酒，一些在屋外喝，一些在屋内喝。
喝

tʃɤ³¹pɯ³³ʑi⁵⁵ɣɔ³³kɔ⁵⁵mɔ³³ŋ̣e ³¹khu⁵⁵tu⁵⁵, tɕhi³¹khu⁵⁵ɣɔ³³pạ ³¹tsu³³zʅ³¹zʅ³³,
龙坝　去（结助）路　　两条通着一　条　（话助）桥　　走　（助动）
tɕhi³¹khu⁵⁵ɣɔ³³lu⁵⁵pɔ³¹zʅ³¹zʅ³³. 去龙坝有两条路：一条要过桥，一条要过河。
一　条　（话助）小河　走（助动）

thɯ³³ŋ̣e ³¹kɔ³³zɔ³¹, tɕhɔ³¹（=tɕhi³¹ɣɔ³¹）ɣɔ³³tsʰ⁵⁵, tɕhɔ³¹（=tɕhi³¹ɣɔ³¹）
那　两个兄弟一个　　一　个　（话助）胖　一个　　一　个
mɔ³¹tsʰ⁵⁵. 那兄弟俩，一个胖，一个瘦。
不　胖

tsʰ⁵⁵zɔ³¹tɕhɔ³¹（=tɕhi³¹ɣɔ³¹）khɛ³³tɕhɔ³¹（=tɕhi³¹ɣɔ³¹）mɔ³¹ʑi³¹ʑaŋ⁵⁵, tɕhi³¹
人　一个　一　个　和　一个　一　个　不一样　一
mi³¹mɯ³¹, tɕhi³¹mi³¹mɔ³¹mɯ³¹.
群　好　一　群　不　好。
人和人是不一样的，有的人好，有的人不好。

第三节　偏正复句

偏正复句是由偏句和正句构成的。

一　偏正复句的主要特点

第一，正句是全句要表达的语义重心，偏句从各种关系上去说明、限制正句。一般是偏句在前，正句在后。

第二，分句之间大多有专用的关联词语——连词或副词连接。偏正复句主要靠连词或副词连接。连词有单连词和双连词两种。单连词的位置有的在前一分句句末，有的在后一分句句首。双连词的位置大概有三种：一是一个出现在前一分句的句末，另一个出现在后一分句的句首；二是两个都出现在分句句首；三是一个出现前一分句的句中，另一个出现在后一分句的句首。

第三，根据偏句和正句间的语义关系，豪尼话偏正复句分为因果、条件、转折、假设、目的五种类型。

二　因果复句

从句表示原因，主句表示结果。通常是表示原因的分句在前，表示结果的分句在后。常用的关联词语有ne³³"因为"、nɛ³³（khɛ³³）……ɔ⁵⁵khɛ³³……"因为……所以……"。例如：

na̠³³mu³¹xu³¹mɛ⁵⁵kɤ³³ɣɛ³³nɛ³³, ʑi⁵⁵thɯ³³ma³¹tɤ³³ʑi⁵⁵phɤ³¹.
黑漆漆　　（状助）害怕（语助）因为　　他们　　不　出　去　敢
因为怕天黑，他们不敢出去。

tsɔ³¹tshe³¹khɛ³³nɛ³³, ŋɔ⁵⁵a̠⁵⁵pe̠³³phe³³ɣɔ³³tɕhe³¹kɔ³³ʑɛ³¹lɛ⁵³, tɕɔ⁵⁵tʃv⁵⁵ɣɛ³¹,
早产　　　（状助）因为　我　孩子　怀着（话助）七　个　月　只　就　有　（语助）
ɔ⁵⁵khɛ³³ʃɛŋ³¹thi³¹mɔ³¹mɯ³¹.
所以　　　身体　不　好
我怀的孩子七个月就生下来了，因为早产，所以身体不好。

ʑi⁵⁵lɔ³¹pa̠³¹nɔ̠³³ʒv³³ʃɤ³¹ʑi⁵⁵ʃuaŋ³³nɯ³¹ɣɛ³³nɛ³³khɛ³³, ɔ⁵⁵khɛ³³ʑi⁵⁵lɔ³¹
他　　鞋子（前缀）新　一　双　穿（语助）因为　　　　所以　　他
mɯ⁵⁵lɛ⁵³kɔ⁵⁵ɕiŋ⁵⁵.　因为他穿了一双新鞋，所以他很高兴。
非常　　高兴

fv⁵⁵tʃ̩³¹ma³¹tʃɯ³³nɛ³³khɛ³³, ɔ⁵⁵khɛ³³su³¹ɣɔ³¹mɯ³¹pɔ⁵⁵tsɿ⁵⁵ᐟ⁵³ɣɛ³¹.
钱　　不　有　因为　　　所以　书　绝　不　读　了
因为没有钱，所以就上不了学。

ʑi⁵⁵lɔ³¹fv⁵⁵tʃ̩³¹ma³¹tʃɯ³³ɣɛ³³nɛ³³, ɔ⁵⁵khɛ³³ʑi⁵⁵tɕhi³¹kha³³ɔ⁵⁵xu³¹mɯ³³mɔ³¹
他　钱　不　有（语助）因为　所以　这　一　件　衣服（语助）没
v⁵⁵tɕhi³¹pɛ⁵⁵.　他因为没钱，所以买不起这件衣服。
买（补）（助动）

u³¹ʑɛ⁵⁵ʑɛ⁵⁵nɛ³³khɛ³³, ɔ⁵⁵khɛ³³ti³³tʃɛ⁵⁵ᐟ⁵³ɣɛ³¹.　因为下雨了，所以淋湿了。
雨　下　因为　　　所以　打　湿　（语助）

ʑi⁵⁵lɔ³¹ɔ⁵⁵nɔ⁵⁵nɔ⁵⁵ᐟ⁵³nɛ³³, ɔ⁵⁵khɛ³³mɔ³¹lɔ⁵⁵.　他因为生病，所以没来。
他　病　生　因为　所以　　没来

ŋɔ⁵⁵thɯ³³nɔ³¹khɛ⁵⁵mɔ³¹fɤ³³tɕhe̠³¹, ɔ⁵⁵khɛ³³mɔ³¹v⁵⁵tɕhe̠³¹.
我们　茶叶　不　看　会　　所以　　不　买　会
因为我们不懂茶叶，所以不会买。

u³¹ʑɛ⁵⁵ʑɛ⁵⁵nɛ³³, ɔ⁵⁵khɛ³³ɣɔ³¹ka̠³³tʃm̩³¹ka̠³³.　因为下雨，所以有点冷。
雨　下　因为　　所以　　冷　　一点冷

nv⁵⁵pɔ³¹tɔ⁵³ɣɛ³¹nɛ³³, ŋɔ³³ʐɯ⁵⁵pi³³v³¹ɣɛ³¹. 由于你的原因，我挨骂了。
你　为了 (语助) 因为　我 (宾助)给 骂 (语助)

tɕhi³¹nɛ³³, ɔ⁵⁵khɛ³³ʑa³³xɔ³¹mɔ³¹tɯ⁵⁵ɣɛ³¹. 因为咳嗽，所以不能抽烟了。
咳嗽 因为　　所以　烟　不 吸 (语助)

ŋɔ⁵⁵tɕhi³¹nɔ⁵⁵nɔ⁵⁵/⁵³nɛ³³, khɯ³¹mɔ³³mɯ⁵⁵lɛ⁵³nɔ⁵⁵.
我　感冒　得　　因为　喉咙　非常　疼
我由于得感冒，嗓子很疼。

ɔ³¹ɕi³¹tsɔ³¹mɔ³¹khɛ³³nɛ³³, ɔ⁵⁵khɛ³³u³¹mɔ³³nɔ⁵⁵.
水果　吃多 (连) 原因　所以　肚子　疼
由于水果吃多了，所以肚子疼。

phi³¹ʐɛ³¹ɣɛ³¹/³³nɛ³³khɛ³³, ɔ⁵⁵khɛ³³toŋ³³ɕi³³u³¹thɯ³³tɕi⁵⁵tsɛ³³u³³xɛ³¹ti³³
夜深　(语助)　(连) 因为　　所以　　东西 卖些 都　门　(状助)
phi³¹lɯ⁵⁵ɣɛ³¹. 因为夜深了，所以商店都关门了。
关 (趋向)(语助)

ʑi⁵⁵lɔ³¹ɔ⁵⁵xu³¹mɯ⁵⁵tɕhi³¹ʃɯ⁵⁵mu³¹pɔ³¹tɔ⁵³ɣɛ³¹nɛ³³, ʑi⁵⁵lɔ³¹a³¹la̠³¹phɔ⁵⁵
他　　衣服　(助动) 洗 干净(助动) 为了　(语助) 因为　　他　手 泡
phɔ⁵⁵ tɕhi³¹tɣ³³ɣɛ³¹. 为了搓干净他的衣服，他磨破了手。
泡　搓洗 (趋向)(语助)

因果复句是说明事物间因果联系的复句。因果关系根据原因的性质，可以分为说明性因果关系和推断性因果关系两种类型。

1. 说明性因果句

根据既定的事实来说明其中的因果关系。常用关联词语有：nɛ³³khɛ³³……ɔ⁵⁵khɛ³³……“因为（由于）……所以（因此、因而）……”。标示原因的连词nɛ³³khɛ³³（nɛ³³）和标示结果的连词ɔ⁵⁵khɛ³³可以同时出现，也可以只出现其中的一个。同时出现，是为了强调前后所说的事情互为因果关系；只出现其中一个时，或者偏重于强调事情的原因，或者偏重于强调事情的结果。例如：

ʑi⁵⁵lɔ³¹zɔ³¹mɯ⁵⁵ɔ⁵⁵nɔ⁵⁵nɔ⁵⁵nɛ³³khɛ³³, ɔ⁵⁵khɛ³³tɕhi⁵⁵tɕhi⁵⁵mɔ³¹ʒɔ⁵⁵tsɔ³¹.
他　最近 病　(叠) 因为　　所以　辣椒　不 能 吃
他最近生病了，所以不能吃辣椒。

ʑi⁵⁵lɔ³¹mɔ³¹lɔ⁵⁵/⁵³nɛ³³khɛ³³, ɔ⁵⁵khɛ³³ʑi⁵⁵thu³³tɕi⁵⁵tsɛ³³nɯ³³mɔ³³tshɿ⁵⁵ʑi⁵⁵/⁵³
他　没来 因为　　所以　大家　全部　生气　　(趋向)
ɣɛ³¹. 因为他没来，所以大家都生气了。
(语助)

ʑi⁵⁵lɔ³¹fv⁵⁵tʂ̩³¹ma³¹tʃɯ³³ɣɛ³¹nɛ³³, ɔ⁵⁵khɛ³³ʑi⁵⁵tɕhi³¹kha³³ɔ⁵⁵xu³¹mɯ³³mɔ³¹
他　钱　不 有 (语助) 因为　　所以　这一 件 衣服 (语助) 没

v⁵⁵tɕhi³¹pɛ⁵⁵. 他因为没钱，所以买不起这件衣服。

买 (补) (助动)

zi⁵⁵lɔ³¹zi⁵⁵thɯ³³ɔ⁵⁵xu³¹ɣɔ³¹tu³³ɣɛ³¹nɛ³³khɛ³³，ɔ⁵⁵khɛ³³ŋɔ³³thɯ⁵⁵zi⁵⁵lɯ³³

他 别人 衣服(话助) 穿(语助) 因为 所以 我们 他 (宾格)

zɔ³¹mɯ⁵⁵mɔ³¹fʋ̩³³tʏ̩³³ɕi³¹.

现在 没 看 出 还

他穿了别人的衣服，所以我们现在还没看出来。

说明性因果关系复句，一般是因句在前，果句在后，即按"由因到果"的顺序排列，但有时也可以"由果溯因"。例如：

zi⁵⁵ɔ⁵⁵ʒɔ³¹ʒɔ³¹mu³¹lɔ³¹sui⁵⁵sɿ⁵⁵xɣ̩³¹ɣɛ³¹nɛ³³，ɔ⁵⁵khɛ³³thiɔ⁵⁵v³¹mu³¹pɔ³³

他 老奶奶 (话助) 岁数 大(语助) 因为 所以 跳舞 绝不

thiɔ⁵⁵luɛ⁵³（＝lɔ⁵⁵ɣɛ³¹）. 这位老奶奶因为年纪大，所以她不来跳舞。

跳 来 了 (趋向)(语助)

zi⁵⁵zi³¹tɕɛŋ⁵⁵ʃi⁵⁵ɣɔ³¹mɯ⁵⁵lɛ⁵³tʃoŋ³³ʒo³³，ɔ⁵⁵khɛ³³ŋɔ⁵⁵nv³³ɣɔ³¹tshui³¹ti³³mɔ³¹

这 一 件事(话助) 很 重要 所以 我 你(话助) 快 (状助)不

xui³¹ta̩³¹pi³³tɕhɛ̩³¹. 这件事情很重要，因此我不能马上回答你。

回答 给 会

ŋɔ⁵⁵zɔ³¹nv³³khɛ³³tshɛ³¹khɯ³³lɔ⁵⁵/⁵³，kɔ⁵⁵mɔ³³mɔ³¹zɿ³¹sɔ⁵⁵/³¹nɛ³³khɛ³³.

我 今天 (连) 才 到 来 路 不 走 好 因为

我之所以今天才到，是因为路不好走。

zi⁵⁵lɔ³¹tshui³¹ti³³ɔ⁵⁵xu⁵⁵ɣɔ³¹xɯ³³zi⁵⁵ɣɔ³¹，zi⁵⁵lɔ³¹ɔ³¹mɔ³³nɔ⁵⁵pi³³/³¹

他 快 (状助)家 (话助)回 去 (语助) 他 妈妈 病 给

nɛ³³khɛ³³. 他之所以马上回家，是因为他妈妈病了。

因为

2. 推断性因果句

就一定的依据来推论出因果关系。常用的关联词语是ŋɔ⁵⁵khɛ³³、nɛ³³、mɛ⁵⁵khɯ⁵³"既然"、tɕo⁵⁵"就"等。例如：

zi⁵⁵lɔ³¹lɔ⁵⁵/⁵³ŋɔ³³khɛ³³，ŋɔ⁵⁵tɕo⁵⁵mɔ³¹zi⁵⁵ɣɔ³¹. 既然他来了，我就不去了。

他 来 既然 我 就 不 去 (语助)

ŋɔ⁵⁵tʃu³³ɣɛ³¹nɛ³³，ŋɔ⁵⁵tɕo⁵⁵mɔ³¹u⁵⁵ɣɔ³¹. 既然我有了，我就不要了。

我 有 (语助)既然 我 就 不 要 (语助)

lɔ³¹sɿ³³ʃi⁵⁵tɕhiŋ³¹tʃɯ³³ŋɔ³³khɛ³³，ɕa⁵⁵v³¹fɔ³³ŋɔ³³thɯ⁵⁵ʒo³⁵ʒo³¹tsɿ⁵⁵ɣɔ³¹.

老师 事情 有 既然 下午 (时助)我们 自己 读 (语助)

既然老师有事，下午我们自学。

nv⁵⁵ɣɔ³¹tʃɯ³³ɣɛ³³me⁵⁵khɯ⁵³, ŋɔ⁵⁵tɕɔ⁵⁵nv³³ɣɔ³¹mɔ³¹xɛ⁵⁵pi³³ɣɔ³¹
你 (话助) 有 (语助) 既然　　　　我 就 你 (话助) 不 拿 给 (语助)
既然你有了，我就不给你了。

ʑi⁵⁵lɔ³¹tʃɯ³³ɣɛ³¹me⁵⁵khɯ⁵³, tɕɔ⁵⁵ŋɔ³³xɛ⁵⁵xɯ³³la̠³¹lɔ⁵³（＝lɔ⁵⁵ɣɔ³¹）!
他 有 (语助) 既然　　　就 我 拿 回 (趋向) 来了　　(趋向)(语助)
既然他有了，就退还给我吧！

ʑi⁵⁵lɔ³¹khɯ³³lue⁵³（＝lu⁵⁵ɣɛ³¹）ŋɔ³³khe³³, nv⁵⁵tɕɔ⁵⁵xɔ³¹z̩³¹ɣɔ³¹.
他 到 来了 (趋向)(语助) 既然　　　　你 就 别 走 (语助)

ʑi⁵⁵lɔ³¹lu⁵⁵ɣɛ³¹me⁵⁵khɯ⁵³, nv⁵⁵tɕɔ⁵⁵xɔ³¹z̩³¹ɣɔ³¹.
他 来 (语助) 既然　　　　你 就 别 走 (语助)
既然他来了，你就别走了。

三　条件复句

条件复句是从条件推论结果的复句。根据条件的性质，可以分为以下三种类型。

（一）充分条件句

所提的条件是充足的，强调"有此条件即可"。一般在前一分句句首使用连词tʃʅ³¹ʐɔ⁵⁵"只要"，在后一分句句中使用副词tɕɔ⁵⁵"就"，均借自汉语。例如：

tʃʅ³¹ʐɔ⁵⁵mu³¹lɔ⁵⁵ti³³ŋɔ³³khe³³, tɕɔ⁵⁵ma³¹tsho⁵⁵ʑi⁵⁵.
只要　　认真 (状助) 的话　　就 不 错 去
只要认真的话，就不会错。

ʑi³¹ʑi⁵⁵tʃoŋ³¹su³¹ɣɔ³¹, tʃʅ³¹ʐɔ⁵⁵fv̩³³ɣɛ³¹tɕɔ⁵⁵xɔ⁵⁵lɯ³¹.
这 一 种 书　　只要　　看 (语助) 就 知道
这种书，只要一看就懂。

ʑi⁵⁵lɔ³¹tʃʅ³¹ʐɔ⁵⁵tʃʅ⁵⁵pɔ³¹tʃm̩³¹tɯ⁵⁵ɣɛ³¹, tɕɔ⁵⁵tɯ⁵⁵pv̩³³.
他 只要 酒 一点 喝 (语助) 就 喝醉
他只要一喝酒，就醉。

tʃʅ³¹ʐɔ⁵⁵ŋɔ³³ma³¹ɣɔ³¹ʃi⁵⁵′⁵³, ŋɔ⁵⁵tɕɔ⁵⁵ʑi⁵⁵lɯ³³ʃu⁵⁵pi³³.
只要 我 不 困倦 我 就 他 等 给
只要我不困，我就会等他。

tʃʅ³¹ʐɔ⁵⁵ʃi³¹tɕɛŋ³³tʃɯ³¹, ŋɔ⁵⁵tɕɔ⁵⁵nv³³te⁵⁵ʑi³¹lɔ⁵⁵′⁵³ŋɔ³¹!
只要 时间 有 我 就 你 找 (助动) 来 (语助)
只要有空，我就去找你！

tʃɿ³¹ʒɔ⁵⁵ʑi⁵⁵lɯ³³thu⁵⁵ᐟ⁵³ŋɔ³³khɛ³³，ŋɔ³³tɕo⁵⁵n̩i⁵⁵ʃi⁵⁵lɯ⁵⁵.

只要　　他（宾格）　说　　　的话　　　我　就　哭　完

只要一说起他，我就想哭。

tɕhi³¹nv³³lɛ⁵³u³¹pɔ³³pɔ³³ta̠³³lɔ⁵⁵ᐟ⁵³，ŋɔ⁵⁵tɕo⁵⁵thv̠³³lɔ⁵⁵ᐟ⁵³.

一　天只天亮（叠）（趋向）来　我　就　起来

每天只要天一亮，我就起来。

tʃɿ³¹ʒɔ⁵⁵tʃɔ³¹l̩i⁵⁵pv̠³³ti³³khɛ³³，tɕo⁵⁵yɔ³¹tshɔ⁵⁵mɔ³¹l̩u⁵⁵yɔ³¹.

只要　风　刮（状助）的话　就　阳光　不热（语助）

只要刮风的话，天气就凉快了。

tʃɿ³¹ʒɔ⁵⁵fv⁵⁵tʃɿ³¹tʃɯ³¹tɕo⁵⁵xɛ⁵⁵xɯ³¹la̠³¹ŋɯ⁵⁵，nv⁵⁵xɔ³¹thu⁵⁵yɔ³¹!

只要　钱　有　就　拿回（趋向）是　你　别　说（语助）

只要有钱就还给你，你不要说了！

tʃɿ³¹ʒɔ⁵⁵u³¹ʑɛ⁵⁵mɔ³¹ʑɛ⁵⁵ᐟ⁵³，ɔ³³tɯ³³thɯ⁵⁵tɕo⁵⁵ky³¹tʃɯ³¹yɔ³³ʑi⁵⁵.

只要　雨　不　下　我们　就　山（话助）去

只要天晴，我们就上山。

tʃɿ³¹ʒɔ⁵⁵nv⁵⁵pɔ³¹ʑi⁵⁵ᐟ⁵³，ʑi⁵⁵lɔ³¹tɕo⁵⁵pɔ³³ʑi⁵⁵. 只要你去，他就去。

只要　你（助动）去　他　就（助动）去

nv⁵⁵tʃɿ³¹ʒɔ⁵⁵xɔ³¹n̩i³¹tu³¹pɔ³¹thu⁵⁵tɕhe̠³³tsh⁵⁵zɔ³¹ty̠³³fv³³yɛ³¹ŋɔ³³khɛ³³，

你只要　豪尼　话　说会　人　（趋向）看　（语助）的话

tɕo⁵⁵ʑi⁵⁵thɯ³³yɔ³¹n̩ɛ³³xɔ³¹n̩i³¹tu³¹pɔ³¹thu⁵⁵tʃhv³¹.

就　他们　（话助）（连）豪尼　话　说　（补）

你只要遇到会豪尼话的人，就跟他们说豪尼话。

（二）必要条件句

所提的条件是必要条件，强调"无此条件不行"。一般在前一分句句末使用连词nɛ³³khɛ³³"的话"，并在后一分句中使用借自汉语的关联副词tshe³¹"才"，还有关联词语mɔ³¹ŋɯ⁵⁵"否则"。例如：

nv⁵⁵ʑi⁵⁵ʑi³¹tɕɛŋ⁵⁵ʃi⁵⁵yɔ³³tsɔ⁵⁵mɯ³¹yɛ³³nɛ³³，tshe³¹ɔ⁵⁵fv³³ʒɔ³³tsɔ³¹.

你　这一件事（话助）做　好（语助）（连）才　饭（助动）吃

你做好这件事，才能吃饭。

ʑi⁵⁵lɯ³³tɛ⁵⁵ʑi³¹mv⁵⁵yɛ³³nɛ³³khɛ³³，tshe³¹ɔ³¹n̩i⁵⁵lɯ³³tɛ⁵⁵ʑi³¹mv⁵⁵pɛ³³.

他　找（补）看见（语助）的话　才　妹妹（宾格）找（补）看见（助动）

找到他的话，才能找到妹妹。

nv⁵⁵tʃhe⁵⁵na̠³³tsh̩³¹tɛ⁵⁵（=ta̠³³yɛ³¹）khɯ⁵⁵ᐟ⁵³，mɔ³¹ŋɯ⁵⁵nɛ³³ɔ⁵⁵fv³¹mɔ³¹

你　紫米　种　上（趋向）（语助）到　否则　（施动）饭　没

ʑɔ⁵⁵tsɔ³¹ᐟ³³. 你应该种紫米，否则没有饭吃。

越　吃

nv⁵⁵ʑi⁵⁵pei³³tʃi⁵⁵pɔ³¹tɯ⁵⁵u⁵⁵ɣɛ³³nɛ³³khe³³，ʑi⁵⁵lɔ³¹tshe³¹nv³³ɣɔ³³ʑi⁵⁵ʑi³¹

你　一　杯　酒　　喝掉(语助)的话　　他　才　你 (话助)这 一

tɕeŋ⁵⁵ʃi⁵⁵mɯ³³paŋ³³pa³³la̠³¹.　只有你把这杯酒喝掉，他才帮你办这件事。

件 事(助动)帮 办(语助)

（三）无条件句

表示结果不以条件为转移，即在任何条件下都有同样的结果。一般在前一分句末尾加连词nɛ³³xɯ⁵⁵"无论、不管"。例如：

ɔ³¹sɿ⁵⁵lɔ⁵⁵ᐟ⁵³nɛ³³xɯ⁵⁵，mu³¹pi³³u⁵⁵lɔ⁵⁵.　　不管哪个来，都不给进。

谁　来　不管　　　不 给 进来

ɔ³¹sɿ⁵⁵lɔ⁵⁵ᐟ⁵³nɛ³³xɯ⁵⁵，ʑi⁵⁵lɔ³¹mɯ⁵⁵lɛ⁵³kɔ⁵⁵ɕiŋ⁵⁵.　　不管谁来，他都很高兴。

谁　来　不管　他　非常　高兴

u³¹ʑɛ⁵⁵ʑɛ⁵⁵mɔ³¹ʑɛ⁵⁵(nɛ³³)xɯ⁵⁵，ʑi⁵⁵lɔ³¹xɔ⁵⁵mi⁵⁵khe³³xɯ⁵⁵xɔ⁵⁵n̩i³¹kaŋ⁵⁵ʑi⁵⁵.

雨　下 不下 不管　他　都　　　劳动 干 去

不管下不下雨，他都去干活儿。

ɔ³¹sɿ⁵⁵lɔ⁵⁵ᐟ⁵³nɛ³³xɯ⁵⁵lɯ⁵⁵，nv⁵⁵u³³xɛ³¹xɔ³¹u⁵⁵phu³³ŋɛ⁵³（＝ŋɯ⁵⁵ɣɛ³¹）!

谁　来 不管 完 你 们 别 要 开(语助)　是 (语助)

不管谁来了，你都不要开门啊！

kɔ⁵⁵mɔ³³xɔ⁵⁵mi⁵⁵ti³³zɿ³¹ʃɔ³¹（nɛ³³）xɯ⁵⁵，zɔ³¹nv³³xɔ⁵⁵mi⁵⁵khe³³xɯ⁵⁵

路　多少 (状助)走 难 不管　　今天 都

khɯ⁵⁵ʑi⁵⁵pɛ³³.不管路多难走，今天都能赶到。

到　去(助动)

四　转折复句

转折复句中，前面的分句（主句）表达一个意思，后面的分句（从句）不是顺着前一分句的意思说下去，而是转到与前一分句相反、相对或部分相反的意思上去。根据前后分句对立的程度，可以分为轻转句和重转句两种类型。

（一）重转句

转折语气较重，语气强烈。前后两个分句在语义上有明显的对立，使用"让步—转折"配对的关联词语 khe³³xɯ⁵⁵、nɛ³³xɯ⁵⁵……ɔ⁵⁵khe³³……"虽然……但是（可是、不过、却）……"、ɔ⁵⁵khɛ³³"但是"。例如：

tʃɿ⁵⁵ɔ⁵⁵ʃɿ⁵⁵tʃɿ⁵⁵, ɔ⁵⁵khɛ³³ɔ³¹ɯ⁵⁵mɔ³⁵ti³³mɔ³¹tɣ̱³³.
甜　（倒是）　甜　　（但是）　果汁　多　（状助）　没　出
甜倒是甜，但没有多少汁。

ʑi⁵⁵lɔ³¹mɯ⁵⁵lɛ⁵³n̩i⁵⁵ʃɿ⁵⁵pi³³³¹, ɔ⁵⁵khɛ³³mɔ³¹n̩i⁵⁵tɣ̱³³.
她　　很　　哭（补）　给　　（但是）　　没　哭　出
她很伤心，但是没哭。

ʑi⁵⁵lɔ³¹tsɿ⁵⁵ʃɿ⁵⁵tsɿ⁵⁵, ɔ⁵⁵khɛ³³ɔ⁵⁵nɔ⁵⁵mɔ³¹nɔ⁵⁵. 他胖是胖，但是不生病。
他　胖　是　胖　　（但是）　病　不　生

ʑi⁵⁵lɔ³¹thu⁵⁵kɔ³³, ɔ⁵⁵khɛ³³mɔ³¹thu⁵⁵phɣ³¹. 他想说，但是又不敢说。
他　说　想　　（但是）　不　说　敢

tsɔ³¹ɣɔ³³ʃɿ⁵⁵tsɔ³¹, ɔ⁵⁵khɛ³³mɔ³¹tsɔ³¹pɣ̱³³. 吃倒是吃了，但没吃饱。
吃（话助）是　吃　　（但是）　　没　吃　饱

ŋɔ⁵⁵pha³¹nɔ̱³³ʒv³³ʃɣ³¹ʑi⁵⁵ʃuaŋ⁵⁵tʃɯ³³, ɔ⁵⁵khɛ³³khɯ⁵⁵pu³¹ma³¹tʃɯ³³.
我　鞋子　　（前缀）新　一　双　有　　（但是）　　袜子　　不　有
我有一双新鞋，但是没有袜子。

xɣ³¹ɣɔ³³ʃɿ⁵⁵xɣ³¹/³³, ɔ⁵⁵khɛ³³mɔ³¹mɛ⁵⁵. 大倒是大，但不好吃。
大（话助）是　大　　（但是）　　不　好吃

ŋɔ⁵⁵a³¹xa̱³¹khɛ³³xɯ⁵⁵, ɔ⁵⁵khɛ³³xɯ⁵⁵xɔ³¹n̩i³¹tu³¹pɔ³¹thu⁵⁵tɕhe̱³¹.
我　汉族　（虽然）　　（可是）　　　豪尼　话　　说　会
我虽然是汉族，可是会说豪尼语。

ʑi⁵⁵lɔ³¹tsɔ³¹kɔ³³, ɔ⁵⁵khɛ³³ʑi⁵⁵lɔ³¹mɔ³¹tsɔ³¹phɣ³¹.
他　吃　想　　（但是）　他　不　吃　敢
他想吃，但是他又不敢吃。

ŋɔ⁵⁵mɔ³¹ŋɯ⁵⁵khɛ³³xɯ⁵⁵, ɔ⁵⁵khɛ³³ŋɔ⁵⁵nv³³ɣɔ³¹khɣ³¹ʑi³¹xɛ⁵⁵pi³³.
我　不　是　（虽然）　　（但是）　我　你（话助）可以　　拿　给
虽然不是我的，但是我可以给你。

ŋɔ⁵⁵mɔ³¹ʃuɛŋ⁵⁵/⁵³ʃɿ⁵⁵phoŋ⁵⁵ʒu³³ɣɛ³¹ne³³xɯ⁵⁵, ɔ⁵⁵khɛ³³ŋɔ⁵⁵ma³¹kɣ³³.
我　不　顺　事　碰　　（补）（语助）虽然　　可是　我　不　怕
我虽然遇到困难，可是我不怕。

ʑi³¹ʑi⁵⁵tʃoŋ³¹a⁵⁵ʑɛ³³ɔ³¹pi⁵⁵pi⁵⁵/⁵³khɛ³³xɯ⁵⁵, ɔ⁵⁵khɛ³³mɯ⁵⁵lɛ⁵³fv̱³³sɔ⁵⁵.
这　一　种　花　小　　（虽然）　（但是）　非常　　看　好
这种花虽然很小，但很好看。

ɔ³¹pv⁵⁵lɔ³¹zɔ³¹mu³¹mu³¹ku³³ɣɛ³³khɛ³³xɯ⁵⁵, ʃɛŋ³³thi³¹ɣɔ³¹mɯ⁵⁵lɛ⁵³mɯ³¹.
爷爷（主助）老人　（叠）　老（话助）虽然　　　身体　（话助）非常　　好
爷爷虽然老了，但身体很好。

ʑi⁵⁵lɔ³¹ɔ³¹pi³¹pi³¹khɛ³³xɯ⁵⁵, ɔ⁵⁵khɛ³³xɔ⁵⁵n̠i³¹kaŋ⁵⁵/⁵³mɯ⁵⁵lɛ³¹a³¹xa³³
他　　瘦小　　虽然　　　　不过　　劳动　干　非常　　力气

tʐ̩³³ŋɯ⁵⁵ɕi³¹.　他虽然瘦小，不过干活很卖力。
出　是　还

lu⁵⁵pɔ³¹mɔ⁵³ŋɔ³¹ʃɔ³¹mɔ³⁵ti³³mɔ³¹tʃɯ³³, ɔ⁵⁵khɛ³³xɯ⁵⁵ŋɔ³¹ʃɔ³¹n̠ɛ̠³³tsɿ⁵⁵
河　（方助）鱼　多（状助）没　有　　可是　　鱼　捉

zɔ³¹mɯ⁵⁵lɛ⁵³mɔ³¹/³³.　河里的鱼很少，可是捉鱼的人很多。
人　非常　多

（二）轻转句

前后两个分句之间转折意义不明显、不对立，也不强调这种不一致，语气较轻。一般只在后一分句中使用表示转折关系的连词ŋɯ⁵⁵ɕi³¹、ɔ⁵⁵khɛ³³、mɔ³¹ŋɯ⁵⁵nɛ³³表转折，语义相当于汉语的"但是、可是、不过、却、不然（的话）"。例如：

tʃa³³ʐ̩³¹ɣɛ³³, mɔ³¹ŋɯ⁵⁵nɛ³³phi̠³¹ʑi⁵⁵/⁵³mɔ³¹.　快点走吧，不然要迟到了。
快　走（语助）　不然　　　迟　去（语助）

u³¹zɛ⁵⁵zɛ⁵⁵xɯ⁵⁵, ʑi⁵⁵lɔ³¹xɛ³¹ʃ⁵⁵xu⁵⁵tha³¹tʐ̩³³ʑi⁵⁵ɣɛ³¹.
雨　下　尽管　他　还是　　外面　出　去（语助）
尽管下雨，他还是出门去了。

ʑi⁵⁵lɔ³¹ɔ³¹pi³¹pi³¹khɛ³³xɯ⁵⁵, a³¹xa³³mɯ⁵⁵lɛ⁵³pɣ̠³³ŋɯ⁵⁵ɕi³¹.
他　年纪小　　虽然　　　力气　很　大　是　还
他的年纪虽小，力气却很大。

ʑi⁵⁵lɔ³¹xɔ³¹mu³³thu⁵⁵lɛ⁵³thu⁵⁵/⁵³, ɔ⁵⁵khɛ³³tsɔ⁵⁵khɛŋ³¹mu³¹pa̠³³tsɔ⁵⁵la̠³¹.
他　何时　说只说　　却　　做肯　不帮　做（语助）
他任何时候都只是说，却不帮着做。

ɯ⁵⁵tʃhɣ³¹ɣɔ³¹pɯ⁵⁵tɛ³¹（=ta̠³³ɣɛ³¹）, ɔ⁵⁵khɛ³³xɔ³¹xɛ⁵⁵u⁵⁵ɕi³¹ɣo̠³¹phɛ̠³³
水　（话助）开上　（趋向）（语助）可是　别拿进还　蔬菜

mɔ³¹tɕhi³¹ʃɯ⁵⁵ɕi³¹.　锅都开了，可是菜还没洗好不能放进去。
没　洗　干净还

ʑi⁵⁵lɔ³¹su³¹ɣɔ³¹mɯ⁵⁵lɛ⁵³tsɿ⁵⁵tɕhe̠³³khɛ³³xɯ⁵⁵, ɔ⁵⁵khɛ³³ʐɔ³⁵ʐɔ³¹mɔ³¹
他　书　非常　读会　虽然　　　不过　自己　不

tʃɔ⁵⁵kv⁵⁵tɕhe̠³¹.　他虽然非常会读书，不过不会照顾自己。
照顾　会

nv⁵⁵tu³¹pɔ³¹nɔ⁵⁵xɔ³¹ŋɛ⁵³（=ŋɯ⁵⁵ɣɛ³¹）, mɔ³¹ŋɯ⁵⁵nɛ³³fv⁵⁵tʃɿ³¹mɔ³¹xɛ⁵⁵pi³³/³¹.
你　话　听　是　是（语助）不然　　钱　不拿给
你要听话，不然的话就不给你钱。

五　假设复句

假设复句由表假设和结果的分句构成。假设分句在前，结果分句居后。可分为以下两类。

（一）一致假设复句

常用的关联词语有借自汉语的tɕo⁵⁵“就”和nɛ³³“如果……的话”。例如：

u³¹ʑɛ⁵⁵ʑɛ⁵⁵kuɛ⁵³（＝ko³³ɣɔ³¹）ko⁵⁵mɔ³³, tɔ⁵⁵kɛ³¹kɛ³¹, tʃʰm̩³¹mɔ³¹ɕo³¹ɕiŋ³¹

雨　　下　出　　　出（结助）路　　滑　　（叠）　一点　不　小心

tɕo⁵⁵kɔ³³tɤ³³ŋɔ³¹.　雨后的路，滑滑的，一不小心就会跌倒。

就　跌　（趋向）（语助）

zɔ⁵⁵ʃ̩⁵⁵ʑi⁵⁵lo³¹xɔ⁵⁵lɯ³¹nɛ³³,　ʑi⁵⁵lo³¹xɔ³³mu³³nɛ³³nv³³ɣɔ³³thu⁵⁵pi³³⁄³¹ɣɔ³¹.

要是　他　　知道（连）他　几时　（连）你（话助）说　给　（语助）

如果他知道的话，他早告诉你了。

nv⁵⁵mɔ³¹lɔ⁵⁵⁄⁵³ŋɔ³³khɛ³³,　ŋɔ⁵⁵tɕo⁵⁵ʑi⁵⁵lɯ³³tɛ⁵⁵ʑi³¹ʑi⁵⁵⁄⁵³ŋɔ³¹.

你　不　来　　的话　　　我　就　他（宾格）找（助动）去　（语助）

你不来的话，我就去找他。

（二）让步假设复句

表示让步关系。表示让步的分句通常位于表示正意的分句之前，引出后一个表示正意的分句。常用的关联词语有xɔ⁵⁵mi⁵⁵nɛ³³xɯ⁵⁵、zɔ⁵⁵ʃ̩⁵⁵ti³³khɛ³³“如果……的话……”、xɔ⁵⁵mi⁵⁵khɛ³³xɯ⁵⁵“即使……也……”，以及借自汉语的tɕo⁵⁵ʃ̩⁵⁵“就是、即使”。

tɕo⁵⁵ʃ̩⁵⁵ḷu⁵⁵⁄⁵³nɛ³³xɯ⁵⁵,　ɔ⁵⁵xu³¹ma³¹ḷe³³.　即使热，我也不脱衣服。

就是　　热　（的话）　　衣服　不　脱

xɔ⁵⁵mi⁵⁵u³¹tʃ̩³¹tʃ̩³¹nɛ³³xɯ⁵⁵,　ŋɔ⁵⁵xɔ⁵⁵mi⁵⁵khɛ³³xɯ⁵⁵lɯ⁵⁵.

即使　雷　打　的话　　我　不管　也　来

即使打雷，我也会来。

nv⁵⁵xɔ⁵⁵mi⁵⁵fv⁵⁵tʃ̩³¹xɛ⁵⁵la³¹nɛ³³xɯ⁵⁵,　ŋɔ⁵⁵xɯ⁵⁵mɔ³¹ʑi⁵⁵.

你　即使　钱　拿（趋向）的话　　我也　不　去

即使你给钱，我也不去。

xɔ⁵⁵mi⁵⁵ti³³na³¹nɛ³³xɯ⁵⁵,　ŋɔ⁵⁵xɯ⁵⁵tso³³lɯ⁵⁵mu³³.

即使　（状助）难　的话　　我也　做　完（助动）

即使（有）再大的困难，我也要做完。

ʐɔ⁵⁵ʃi⁵⁵ɔ⁵⁵fv̩³¹tsɔ³¹pv̩³³ɣɛ³¹，ɔ³¹tɯ³³thɯ⁵⁵nɔ³¹khɛ⁵⁵tɯ⁵⁵tɕi⁵⁵！
要是　饭　吃　饱（语助）　咱们　　茶　喝（语助）
要是吃饱了，咱们就喝茶吧！

ʐɔ⁵⁵ʃi⁵⁵nv̩⁵⁵mɔ³¹thu⁵⁵ti³³khɛ³³，ʑi⁵⁵lɔ³¹tɕɔ⁵⁵nɯ³³mɔ³³mɔ³¹tsɿ⁵⁵ɣɔ³¹.
要是　你　不　说的话　　他　就　心脏　不　生气（语助）
要是你不说的话，他就不会生气。

ʐɔ⁵⁵ʃi⁵⁵fei³³tɕi³³tʃv̩³³ti³³khɛ³³，tɕhi³¹nv³³khɛ³³tɕɔ⁵⁵pv̩³¹tɕiŋ³³khɯ⁵⁵li³³ɣɔ³¹.
要是　飞机　坐的话　　　一　天（状助）　就　北京　到　　（趋向）（语助）
要是坐飞机，一天就可以到北京。

ʐɔ⁵⁵ʃi⁵⁵zɔ³¹mɯ⁵⁵ʃu³¹u³¹ɣɔ³¹ta̠³³ʑi⁵⁵ti³³khɛ³³，nv̩⁵⁵tsɛ⁵⁵ʑi⁵⁵lɯ³¹ʐɔ³¹mv̩⁵⁵pɛ⁵⁵
要是　现在　癸能（话助）上　去的话　　　　你　还　他（宾格）（前缀）看见（助动）
ɕi³¹.　要是马上去癸能的话，你还是能见到他的。
还

tɕɔ⁵⁵ʃi⁵⁵mɔ³¹thu⁵⁵nɛ³³xɯ⁵⁵，xɔ³³lɔ³¹xɯ⁵⁵xɔ⁵⁵lɯ³¹ʑi⁵⁵lɔ³¹ɔ³¹tʃhɯ³³ɕaŋ³³ti³³.
就是　　不　说的话　　大家　也　知道　他　什么　想（结助）
即使不说话，大家也知道他在想什么。

ʐɔ⁵⁵ʃi⁵⁵nɔ³¹khɛ⁵⁵tsɿ̠³³ma³¹tʃɯ³³ɣɛ³¹，ŋɔ⁵⁵tɕɔ⁵⁵nv³³thɯ⁵⁵ʐɯ⁵⁵pi³³⁄³¹
要是　茶叶　摘　不　有（语助）我　就　你们　　（宾助）给
xɯ³¹ʑi⁵⁵ŋɔ³¹.　要是没有茶叶可以摘了，我就让你们都回去。
回　去（语助）

六　目的复句

目的复句是表示行为与目的关系的复句。目的复句的偏句和正句位置
较为灵活，叙说目的的句子可以在前，也可以在后。常用的关联词语有
pɔ³¹tɔ⁵³ɣɔ³¹（ɣɛ³¹）nɛ³³ "为了……"、pɔ³¹tɔ⁵³ "为了"，位置在第一分句之
后。例如：

ʃeŋ³³thi³¹mɔ⁵³pɔ³¹tɔ⁵³ɣɔ³¹nɛ³³，ʑi⁵⁵lɔ³¹tɕhi³¹nv³³lɛ³³ȵu³¹nɛ³¹tɯ⁵⁵⁄⁵³.
身体　（方助）为了　　　　他　一　天　每　牛奶　喝
为了身体健康，他每天都喝牛奶。

ʐɿ̠³¹tsɿ̠³¹kɔ³³mɯ³¹mɔ³¹pɔ³¹tɔ⁵³ɣɔ³¹nɛ³³，fv⁵⁵tʃɿ³¹ɔ⁵⁵tsɛ³¹ʐa⁵⁵ʐa³³tʃuaŋ⁵⁵ʑi⁵⁵.
日子　过　好（语助）为了　　　　钱　必须　多多地　赚　去
为了生活好，必须多赚钱。

ɔ⁵⁵xu⁵⁵tsh̩³³mo³³pɔ³¹tɔ⁵³ɣɔ³¹nɛ³³，fv⁵⁵tʃɿ³¹ɔ⁵⁵tsɛ³¹tsaŋ³¹tɣ³³ɣɛ³¹nɛ³³ŋɔ³¹

房子　盖 (助动) 为了　　　　　　　　钱　必须　攒起 (语助)(连)(语助)

为了盖房子，必须多攒钱。

ɔ³¹xɔ⁵⁵tʃhɯ³¹ʑi⁵⁵mo³³pɔ³¹tɔ⁵³ɣɔ³¹nɛ³³，ʑi⁵⁵lɔ³¹tsha³¹v̩³¹tɕhi³¹mɔ⁵⁵v⁵⁵

地　挖 (趋向)(助动) 为了　　　　　　　他　锄头　一把　买

xɯ³¹la̩³¹. 为了挖地，他买来了一把锄头。

回 (趋向)

ʑi⁵⁵lɔ³¹tɣ³³lɔ³³mo³³pɔ³¹tɔ⁵³ɣɔ³¹nɛ³³，a³¹xa³³pa̩³³tsɿ̩³³ɣɛ³¹pɣ³¹.

它　出　来 (助动) 为了　　　　　　力气　最大地 (语助) 爬

它为了出来而努力爬。

前一分句说明采取的行为和措施，后一分句说明要达到的目的。例如：

ʑi⁵⁵lɔ³¹ɣɔ³¹tʃhɣ³³tsɿ̩³¹ʑi⁵⁵tʃaŋ⁵⁵v⁵⁵ɣɛ³¹，tɕo⁵⁵ʃɿ⁵⁵a⁵⁵pe³³su³¹ɣɔ³¹tsɿ⁵⁵

他 (话助) 车子　一辆　买 (语助)　就是　　孩子书　　读

faŋ³³peŋ⁵⁵mu³¹ti³³khɛ³³. 他买了一辆车，为的是孩子上学方便。

方便 为 (状助)(连)

ʑi⁵⁵lɔ³¹mɯ³¹lɔ⁵⁵ti³³su³¹ɣɔ³¹tsɿ⁵⁵ɣɔ³¹，tɕo⁵⁵ʃɿ⁵⁵ɔ³¹mɯ³³xɔ⁵⁵nɯ³³ta⁵⁵ço̩³¹

他　好好地　书　读 (话助)　就是　　以后　　　大学

tsɿ⁵⁵ʑi⁵⁵mu³¹ti³³khɛ³³. 他好好学习，是为了以后上大学。

读去为 (状助)(连)

nv⁵⁵pɔ³¹tɔ⁵³ɣɔ³¹nɛ³³khɛ³³，ŋɔ⁵⁵tshɛ³¹ʑi⁵⁵/⁵³. 为了你，我才去。

你　为了　　　　 (连)　我　才　去

pi³³fv̩³³sɔ⁵⁵mɔ⁵⁵pɔ³¹tɔ⁵³/⁵³ɣɛ³¹nɛ³³，ʑi⁵⁵lɔ³¹ɔ⁵⁵xu³¹ʒv³³ʃɣ³¹v⁵⁵ʑi⁵⁵.

给看好 (状助) 为了　　　　　她　衣服 (前缀) 新买去

为了漂亮，她去买新衣服。

pi³³tshɛ³³mɔ⁵⁵pɔ³¹tɔ⁵³ɣɛ³¹nɛ³³，ʑi⁵⁵lɔ³¹me³¹ʑi⁵⁵tu³³ɣɛ³¹.

给暖和 (状助) 为了　　　　　他　棉衣　穿 (语助)

为了暖和，他穿了棉衣。

a⁵⁵pe̩³³lɔ³¹pɔ³¹tɔ⁵³ɣɛ³¹nɛ³³，ŋɔ⁵⁵tɕhi³¹nv³³lɛ³³xɔ³³n̩i³¹kaŋ⁵⁵/⁵³.

孩子 (话助) 为了　　　　　我　一　天　每　劳动　干

为了孩子，我天天劳动。

有些目的复句可以不用关联词语连接，分句间的关系只能靠语义来判
定。例如：

ʑi⁵⁵lɔ³¹su³¹ɣɔ³¹mɔ³⁵ti³³v̥⁵⁵ɣɔ³¹, tɕi⁵⁵tsɛ³³fv̥³³pi³³ti³³.

他　　书　　多的　　买 (语助)　大家　　看 给 (状助)

他买了很多种书，以便大家看。

豪尼话里没有类似汉语"以免"所引导的"求免"（乞求避免某种结果）目的句。类似的句子只能用劝阻类祈使句来表达。例如：

nv⁵⁵ɔ⁵⁵xu⁵⁵ɣɔ³¹na̱³¹na̱³¹xɯ³³ʑi⁵⁵, mɛ³¹tɯ³³nv⁵⁵mɔ³³ʒɯ⁵⁵pi³³taŋ³³ɕiŋ³³.

你 家 (话助) 早　回 去　免得　你 妈 (宾助) 给 担心

你要早点回家，省得（免得）妈妈担心。

第九章　构词及词汇构成

词汇是词和固定短语的集合体，是一个立体交叉的系统。从词的音节数量分布来看，词可以分成单音节词、双音节词和多音节词。豪尼话的基本词汇以单音节词和双音节词为主，有少数多音节词。名词、形容词多为双音节词；动词多为单音节词；表示十以内的系数词以及十、百、千、万等位数词也都是单音节词，其余合成式数词是双音节词或者多音节词。

从词的语素分布和结构特点来看，可以把词分为单纯词和合成词两类。豪尼话单纯词由一个语素构成，包括绝大多数单音节词、双音节词和少量多音节词。合成词由两个或者以上的语素构成，绝大部分是双音节词和多音节词。豪尼话的单纯词主要分布在动词、形容词和少量数词中，合成词则主要分布在名词、形容词中。

可以从三个角度来分析豪尼话的词汇系统：一是从结构系统来分析豪尼话的构词法；二是从音义系统来分析豪尼话的同音词、同义词、近义词、反义词和多义词；三是从来源系统分析借词及借词对本语词汇的影响。

第一节　构词法

一　单纯词

从音节数量来看，豪尼话的单纯词可分为单音节单纯词、双音节单纯词和多音节单纯词三类。其中，单音节单纯词和双音节单纯词数量居多，多音节单纯词数量相对较少。

（一）单音节单纯词

单音节单纯词是指只用一个音节表示某种意义的词。豪尼话单音节单纯词主要分布在动词中，其余各个词类中也有，但数量少。例如：

ti^{31}	打	tsṇ^{55}	读	ɣ^{33}	孵	tɕhe^{31}	会
the^{55}	春	tshṃ^{33}	摘	tuɯ^{55}	喝	tso^{31}	吃
xɣ^{31}	大	mu^{55}	长	ḷu^{55}	热	ḷa^{31}	麻

t∫hɛ⁵⁵	酸	t∫m̩⁵⁵	甜	phɛ⁵⁵	涩	mɯ³¹	好
tɕhi³¹	一	su³¹	三	xɛ³¹	八	ɕi⁵⁵	万
li³¹	四	n̥ɛ³¹	二	thu⁵⁵	千	xɔ⁵⁵	百
l̥ɔ³¹	裤子	mɔ³¹	不	xɔ³³	哪	khɛ³³	和

（二）双音节单纯词

豪尼话双音节单纯词是由两个音节构成的词。构成豪尼话双音节单纯词的两个音节在语音上有谐音和非谐音两种情况。谐音是指两个音节具有双声、叠韵、叠音等韵律关系。豪尼话谐音双音节单纯词以事物名词、状态形容词、情状副词以及拟声词为主。非谐音是指两个音节在声、韵上不具有韵律关系，多数分布在名词中，其他词类中也有分布，相对于名词而言数量不大。

1. 谐音双音节单纯词

（1）双声

两个音节的声母相同，韵母不同。豪尼话双声现象相对较少。例如：

| pɣ⁵⁵pɛ³³ | 唠叨 | nɔ³¹nɯ⁵⁵ | 最后 |

（2）叠韵

豪尼话的叠韵是指两个音节的韵母相同，分两种情况。一种是两个音节的韵母完全相同；另一种是元音相同但声调不同。这两种情况都符合韵律节奏，因此都列入叠韵范围。例如：

t∫n̩³¹t∫n̩³¹	一点点	tɣ³¹xɣ³¹	草果	tɯ⁵⁵lɯ⁵⁵	锣
sɔ³¹lɔ³¹	棉花	xɔ⁵⁵sɔ³¹	草	khu⁵⁵phu³¹	线
ma³³∫a³¹	刀子				

（3）叠音

两个相同的音节重叠。多分布于名词和拟声词中。例如：

u³¹u³¹	天	xu³¹xu³¹	斑鸠	xu³¹xu³¹	鸽子
pɔ³¹pɔ³¹	脸	mɯ³¹mɯ³¹	木薯	tsn̩³¹tsn̩³¹	姜
∫ɳ³¹∫ɳ³¹	血	∫ɣ³¹∫ɣ³¹	锯子	fv⁵⁵fv⁵⁵	刺猬
tsɔ³¹tsɔ³¹	啧啧（咂嘴声）	xua³¹xua³¹	哗哗（雨声）		

叠音双音节单纯词中，有个别词的声调和元音松紧不同，但也属于此类。例如蚊子的叫声：pe³¹le³³pe³¹le³³ "哔哩哔哩"。单音节借词也能叠音构成重叠词，例如：phæ³¹ "牌"可以叠音构成phæ³¹phæ³¹ "牌牌"，phiŋ³¹ "瓶"可以叠音构成phiŋ³¹phiŋ³¹ "瓶瓶"，xo³¹ "盒子"可以叠音构成xo³¹xo³¹ "盒盒"。

2. 非谐音双音节单纯词

| lɣ⁵⁵t∫ɯ⁵⁵ | 小溪 | xɔ³¹l̥ɛ⁵⁵ | 火灰 |

pɔ⁵⁵tsɛ⁵⁵　　　旁边　　　　　　　thv³¹l̩ɔ³³　　　兔子

二　合成词

依据构成成分性质的不同，可把合成词分为复合式合成词和附加式合成词两类。二者之中以复合式合成词为多。

（一）复合式合成词

复合式合成词可分并列式、修饰式、主谓式、"动宾"支配式、附注式和双层修饰式等类。

1. 并列式合成词（即并列复合词）

（1）并列式合成词的音节数量

并列式合成词有两个音节的，也有四个音节的。

由两个音节构成，例如：

tʃm̩⁵⁵tʃhɛ⁵⁵　　酸甜　　　　　　xɣ³¹n̩i⁵⁵　　　　大小
甜　酸　　　　　　　　　　　　　大　小

由四个音节构成的，例如：

kɔ⁵⁵mɔ³³pɛŋ⁵⁵lu⁵⁵　　半路　　　　ɔ³¹pɛ⁵⁵kaŋ³³ʐa³¹　　　旱鸭子
路　　半路（汉借）　　　　　　　鸭子　干鸭子（汉借）

ɣ³¹fv⁵⁵ɣ³¹n̩i⁵⁵　　　薯类　　　　　tshɔ³¹mɔ⁵⁵l̩a³¹xo̞³³　　斗笠
白薯　红薯　　　　　　　　　　　草帽（汉借）斗笠

（2）并列式合成词的词素构成

豪尼话的并列复合词有名词性词素的并列、形容词性词素的并列、动词性词素的并列三种，以名词性词素的并列居多。

"名+名"式，例如：

v⁵⁵nv³¹ɔ³¹mu³¹　　牛马　　　　　ɔ³¹phɔ³¹ɔ³¹mɔ³³　　　父母
牛　　马　　　　　　　　　　　　父亲　　母亲

xu³¹zɔ³¹tɔ⁵⁵tɔ⁵⁵　碗筷　　　　　ɔ³¹phi³¹ɔ³¹pv⁵⁵　　　祖先
碗　　筷子　　　　　　　　　　　高祖　　爷爷

"形+形"式，例如：

xɣ³¹n̩i⁵⁵　　　　大小　　　　　mu⁵⁵nu⁵⁵　　　　　长短
大　小　　　　　　　　　　　　长　　短

v³³fv⁵⁵ʑv³³na̠³³　黑白
（前缀）白（前缀）黑

"动+动"式，例如：

ʑi⁵⁵lɔ⁵⁵　　往返　　　　　　　tsɔ³¹tɯ⁵⁵　　吃喝
去　来　　　　　　　　　　　　吃　喝

（3）并列式合成词的词义搭配关系

依据语义搭配关系，可分为两种方式：

①相关复合

并列的各个词素在意义上、类别上相关。例如：

ɔ³¹tɕhi³¹ɔ³¹tʃɛ⁵⁵	屎尿	mi⁵⁵nv³³ʃu³³mi⁵⁵	前几天
屎　尿		昨天　前天	
a⁵⁵ʒɤ³¹ɔ³¹ɳi⁵⁵	兄弟	ɔ³¹khɯ⁵⁵a³¹la̠³¹	四肢
哥哥　弟弟		脚　　手	

②反义复合

各并列词素的意义相对或相反。例如：

ʑi⁵⁵lɔ⁵⁵	往返	xɤ³¹ɳi⁵⁵	粗细
去　来		粗　细	
xa³³nu³¹	软硬	tʃm⁵⁵tʃhe⁵⁵	酸甜
硬　软		甜　酸	
l̩u⁵⁵ʹ⁵³ka̠³³	冷热	la̠³¹tʃhɔ³³la̠³¹mɔ³³	左右
热　冷		左　　右	

（4）并列式合成词的词素顺序

语音搭配是制约豪尼话并列复合词词序的主要因素，少量并列合成词的词序受语义因素的制约。

①语音搭配的制约

并列复合词的词素受韵律（韵母中主要元音的舌位高低）的限制。基本规律是：同一个词前后音节的主要元音，舌位高的居前，舌位低的居后。四个音节的词则按二、四音节的韵律搭配。例如：

ʑi⁵⁵lɔ⁵⁵	往返	tʃm⁵⁵tʃhe⁵⁵	酸甜
去　来		甜　酸	
ɔ³¹khɯ⁵⁵a³¹la̠³¹	四肢	ɔ³¹tɕhi³¹ɔ³¹tʃɛ⁵⁵	屎尿
脚　　手		屎　尿	

②语义因素制约

不受语音搭配制约而按语义来安排词素顺序，例如：

xa³³nu³¹	软硬	mi⁵⁵nv³³ʃu³³mi⁵⁵	前几天
硬　软		昨天　前天	

豪尼话中有部分并列复合词可以两读，但两读的使用频率不等。即一个常用，另一个不常用。通常情况下，语义相对重要的义项前置是制约可两读的并列复合词的主要因素。例如：

常用	不常用	
mu⁵⁵nu⁵⁵	nu⁵⁵mu⁵⁵	高矮
高　矮	矮　高	
mu⁵⁵nu⁵⁵	nu⁵⁵mu⁵⁵	长短
长　短	短　长	
xʏ̠³¹n̠i⁵⁵	n̠i⁵⁵xʏ̠³¹	大小
大　小	小　大	
ʒv³³tʃu³¹ʒv³³mu³³	ʒv³³mu³³ʒv³³tʃu³¹	生熟
(前缀)生(前缀)熟	(前缀)熟 (前缀)生	
ʑa̠³¹z̠³³zɔ³¹mi³¹	zɔ³¹mi³¹ʑa̠³¹z̠³³	儿女
儿子　女儿	女儿　儿子	
ɔ³¹pv⁵⁵ɔ⁵⁵ʒɔ³¹	ɔ⁵⁵ʒɔ³¹ɔ³¹pv⁵⁵	爷爷奶奶
爷爷　奶奶	奶奶　爷爷	
khɯ³¹phɔ³¹khɯ³¹mɔ³³	khɯ³¹mɔ³³khɯ³¹phɔ³¹	公狗母狗
公狗　　母狗	母狗　　公狗	

2. 修饰式合成词

名词、形容词、动词、数量词等都可以修饰名词，但这些词素修饰名词有两种不同的位置。

（1）名词修饰词素修饰名词中心语

名词词素修饰名词词素时，修饰性的名词词素均在前。例如：

u³¹/³³ʑɛ⁵⁵ɔ³¹pv⁵⁵	雷阵雨	kʏ³¹tʃɯ³¹ʏ³¹tɯ³¹	山顶
雨　爷爷		山　头	
u³¹tʃi³¹ɔ³¹pv⁵⁵	雷公	mɛ⁵⁵tshɔ³¹tɔ⁵⁵khu⁵⁵	土洞
雷　爷爷		土　洞	
l̠u³³mɔ³³ʑa³¹pa̠³¹	陡坡	v⁵⁵nv³¹l̠u³³pu³³	牛水塘
石头　斜坡		牛　水塘	
mɛ³³ɯ⁵⁵	口水	ma̠³³xo³³	眉毛
口　水		眼　毛	
nɔ⁵⁵tɕhi³¹	鼻屎	nv³¹ʃɔ³¹	牛肉
鼻　屎		牛　肉	
xa³³tsɔ⁵⁵	鸡食	ʃɔ⁵⁵tɯ³³tʃi⁵⁵pɔ³¹	玉米酒
鸡　食		玉米　酒	
pɔ³¹ɯ⁵⁵	蜂蜜	l̠ɔ³¹khɯ⁵⁵	裤腿
蜂　水		裤　脚	

tʃhɛ⁵⁵çi³¹tʃɿ⁵⁵pɔ³¹	米酒	tʃɿ⁵⁵pɔ³¹phiŋ³¹phiŋ³³	酒瓶
米　　酒		酒　　瓶子	
za̠³³xɔ³¹xo³¹xo³³	烟盒	xɔ³¹n̠i³¹tu³¹pɔ³¹	豪尼话
烟　　盒		豪尼　话	
xɣ³¹ʃɣ³¹pɔ³³l̩ɔ³³	春天	ɔ³¹tɕhi³¹/³³pi³¹tʃv³¹	蛆
新年　月		屎　　虫	
ɯ⁵⁵pe̠³³ɯ⁵⁵tʃhɣ³¹	泉水	ɣo³¹phe̠³³ɯ⁵⁵tshɔ⁵⁵	菜汤
泉　　水		菜　　汤	
n̠i³¹xɔ³¹fv⁵⁵tʃɿ³¹	纸钱	pe̠³³ʒv³¹/³³ɔ³¹pv⁵⁵	龙王
鬼　　钱		龙　　爷爷	

（2）形容词词素修饰名词词素

形容词词素修饰名词词素时，修饰性的形容词词素大多在中心词素后，也有少量在前。

在后的如：

n̠i⁵⁵fv⁵⁵	白猫	fv³¹zɔ³¹	小湖
猫　白		湖　小	
za̠³¹tsɿ⁵⁵	肥猪	tu³¹pɔ³¹xɣ³¹	大话
猪　肥		话　　大	
u³¹na̠³³	乌云	ɯ⁵⁵te̠³³	浑水
云　黑		水　浑	
tsɿ⁵⁵ku⁵⁵	聪明人		
人　聪明			

在前的如：

ɣo³¹l̩u⁵⁵pɔ³³l̩ɔ³³	夏天	ɣo³¹ka̠³³pɔ³³l̩ɔ³³	冬天
热　　　月		冷　　　月	

（3）动词修饰词素修饰名词中心词素

动词词素修饰名词词素时，修饰性的动词词素在名词中心词素之前。

例如：

ɣo̠³¹ʒu⁵⁵	卧室	ɣo̠³¹xɔ⁵⁵	床
睡　窝		睡　哪	
mɣ³³pu³¹	吹火筒	sa̠³¹pu³¹	蒸筒
吹　筒		蒸　筒	

3. 主谓式合成词

主谓式合成词只有"名词词素在前，动词词素在后"这一种形式。例如：

me⁵⁵l̥v³³ 　　　地震　　　　　　　lu⁵⁵pi³¹ti³³tsɔ³¹ 　　强盗
地 动 　　　　　　　　　　　　小偷 (状助) 吃

4.“动宾”支配式合成词

宾语素在前，动语素在名词中心词素后。例如：

la̠³¹taŋ³³ 　　手枕　　　　　　　tshu⁵⁵phe³¹ 　　　辫子
手 枕 　　　　　　　　　　　　发 编

ma̠³³pe̠³¹ 　　瞎子　　　　　　　nɔ³¹pv³¹ 　　　　聋子
眼 瞎 　　　　　　　　　　　　耳 聋

ɔ³¹khɯ⁵⁵khɯ⁵⁵nɯ³¹ 高跷
脚 (叠) 踩

5. 附注式合成词

名词词素在前，量词词素在后。量词词素起附注作用。例如：

tʃhɛ⁵⁵xo̠³³ 　　稗子　　　　　　　tʃhɛ⁵⁵ɕi³¹ 　　　谷粒
米 壳 　　　　　　　　　　　　米 粒

tɕhi³¹lu³³ 　　屎坨
屎 坨

6. 双层修饰式合成词

名词和动词组合，形成对名词中心词素的双层修饰关系。例如：

v⁵⁵nv³¹fv³¹ᐟ³³tsɔ³¹a⁵⁵pe̠³³ 牧童　　ɔ⁵⁵fv³¹ʃɔ⁵⁵tsɔ³¹tshɯ⁵⁵zɔ³¹ 　乞丐
牛 看 吃儿童 　　　　　饭 要 吃人

ɔ⁵⁵fv³¹tʃɛŋ³¹ᐟ³³tsɔ³¹xɔ⁵⁵ 厨房　　l̥u³³mɔ³¹la̠³¹tɕhe̠³¹ 　　　石匠
饭 整 吃地方 　　　　　石头 手 会

（二）附加式合成词

　　附加式合成词是在词根上加上形态成分从而派生出新词。豪尼话派生词的手段主要是在词根的前面和后面添加附加成分，即前缀或后缀。这些附加成分都不能独立成词或成词根，而只能依附于词根而存在。豪尼话的前缀没有实在意义，只起构词作用；后缀有表示某一共性的“类”或表示“大、小”“阴、阳”等附加意义。

1. 前缀

（1）构词功能强大的构词前缀a³¹ᐟ⁵⁵和ɔ³¹ᐟ⁵⁵

　　a³¹ᐟ⁵⁵和ɔ³¹ᐟ⁵⁵可加在表示亲属称谓、植物、动物、身体器官及排泄物以及事物等的名词词素之前构成双音节名词。此外，a³¹ᐟ⁵⁵和ɔ³¹ᐟ⁵⁵的前缀性质不太典型。一般不能与词根分离。如果分离开来，词根不能独立存在。但有的在构成新词时可以分离，如ɔ³¹phɔ³¹“父亲”和ɔ³¹mɔ³³“母亲”在构成新词“父母”时都可以省略ɔ³¹，构成phɔ³¹mɔ³³“父母”。以下是a³¹ᐟ⁵⁵

和ɔ³¹ᐟ⁵⁵都有出现的条件，与a³¹ᐟ⁵⁵结构的后一音节大多是紧元音，而与ɔ³¹ᐟ⁵⁵结合的后一音节则多为松元音。

前缀出现的各类名词举例：

a³¹ᐟ⁵⁵和ɔ³¹ᐟ⁵⁵构成亲属称谓及人称名词，例如：

a⁵⁵ʐɣ³¹	哥哥；姐姐	a⁵⁵tsn̩³³	表嫂
a⁵⁵pe̞³³	儿童	a⁵⁵xw̞³¹	姑夫
ɔ³¹phɔ³¹	父亲	ɔ³¹mɔ³³	母亲
ɔ³¹pv⁵⁵	爷爷	ɔ⁵⁵ʐɔ³¹	奶奶
ɔ⁵⁵tʃhɯ³¹	朋友	ɔ⁵⁵tsu³¹	曾祖父、母
ɔ⁵⁵u³³	舅父	ɔ⁵⁵mɯ³³	舅母
ɔ⁵⁵phi³¹	高祖父、母	ɔ³¹n̟i⁵⁵	后代；弟弟；妹妹

构成植物名词，例如：

ɔ⁵⁵tsŋ⁵⁵	树	a⁵⁵la̞³¹	树枝
ɔ⁵⁵nɛ³³	芽	a⁵⁵ʐe̞³³	花
ɔ⁵⁵tʃm̩⁵⁵	根	a⁵⁵pha̞³¹	叶子
ɔ⁵⁵ʑi³¹	种子	a⁵⁵nɯ³³	果核
ɔ⁵⁵pi³³	菠果	a³¹ʐe̞³¹	樱桃
ɔ⁵⁵xɛ³¹	蒿草	a³¹pa̞³¹	荞麦粑粑
ɔ⁵⁵ko³³	刺儿	ɔ³¹xɔ³¹	竹子
ɔ³¹ɕi³¹	水果	ɔ³¹ɣɛ⁵⁵	石林果

构成动物名词，例如：

a³¹tʃm̩³¹	山羊	a³¹ʐa̞³¹	猪
a³¹xa̞³³	鸡	a³¹tʃ̟i³¹	蝉
a³¹ɕe̞³¹	蚂蝗	a⁵⁵mv̞³¹	猴子
a⁵⁵na̞³³	乌鸦	a⁵⁵pha̞³³	蟑螂
a⁵⁵kha³³	螃蟹	ɔ³¹khɯ³¹	狗
ɔ³¹pɛ⁵⁵	鸭子	ɔ³¹ŋɔ⁵⁵	鹅
ɔ⁵⁵n̟i⁵⁵	猫	ɔ⁵⁵fv³³	蚂蚁
ɔ⁵⁵tɛ⁵⁵	蚱蜢	ɔ⁵⁵tu⁵⁵	翅膀

构成身体器官及排泄物名词，例如：

ɔ³¹ʑi⁵⁵	生命、寿命	ɔ³¹tʃɯ⁵⁵	牙齿
ɔ³¹l̩ɔ⁵⁵	舌头	ɔ³¹khɯ⁵⁵	脚、腿
ɔ³¹tshu³¹	肝脏	ɔ³¹v⁵⁵	肠子
ɔ³¹tɕhi³¹	屎、屁	ɔ³¹tʃɛ⁵⁵	尿

a³¹pho̠³¹　　肺　　　　　　　　a³¹la̠³¹　　　手

a⁵⁵tʃɯ³³　　乳房

构成用品或其他事物名词，例如：

ɔ³¹fv⁵⁵　　缎子　　　　　　　ɔ³¹l̩i⁵⁵　　　粉末

ɔ³¹phi³¹　　价格　　　　　　　ɔ³¹tɕhi⁵⁵　　声音

ɔ⁵⁵ʃ̩³¹　　树荫　　　　　　　ɔ⁵⁵kɯ⁵⁵　　果皮

ɔ⁵⁵xu⁵⁵　　房子；家　　　　　ɔ⁵⁵lu⁵⁵　　包布（包婴儿）

ɔ⁵⁵tɔ⁵⁵　　筷子　　　　　　　ɔ⁵⁵l̩ɔ⁵⁵　　灵魂

ɔ⁵⁵nɔ⁵⁵　　疾病　　　　　　　ɔ⁵⁵ti⁵⁵　　　肉

ɔ⁵⁵tʃ̩³³　　秋千　　　　　　　ɔ⁵⁵pɣ³³　　被子

ɔ⁵⁵tʃɔ³¹　　疹子　　　　　　　ɔ⁵⁵ɕi³¹　　疙瘩

ɔ⁵⁵fv³¹　　饭　　　　　　　　ɔ⁵⁵xu³¹　　衣服

a³¹xa̠³¹　　汉族　　　　　　　a³¹xa̠³³　　力气

a⁵⁵ɣo̠³³　　盖子　　　　　　　a⁵⁵tʃha̠³³　　绳子

a⁵⁵xo̠³³　　壳儿　　　　　　　a⁵⁵sa̠³¹　　气味

a⁵⁵n̠i³¹　　劳动

豪尼话前缀a³¹ᐟ⁵⁵和ɔ³¹ᐟ⁵⁵不仅在以上各类名词中出现，也出现在形容词中，例如：

ɔ³¹zɔ³³ti³³　　　　轻轻的　　　　　ɔ³¹tɕi⁵⁵tɕi⁵⁵　　累

a³¹pi⁵⁵tʃh̩³¹tʃ̩³¹　少、一点点

带a³¹ᐟ⁵⁵和ɔ³¹ᐟ⁵⁵前缀的双音节名词重叠后一音节与别的修饰语素或被修饰语素结合时，可以省去a³¹前缀，缩减成双音节名词。例如：

a³¹ʐa̠³¹ʐa̠³¹phɔ³¹　公猪　　→　　ʐa̠³¹phɔ³¹　　公猪
猪　　（叠）（阳性后缀）　　　　　　猪（阳性后缀）

ɔ⁵⁵tsɿ⁵⁵tsɿ⁵⁵tshu³¹　森林　　→　　tsɿ⁵⁵tshu³¹　　森林
树　　（叠）　丛　　　　　　　　　树　丛

a⁵⁵tʃɯ³³tʃɯ³³ɕi³¹　乳头　　→　　tʃɯ³³ɕi³¹ 乳头
乳房　（叠）果子　　　　　　　　乳房果子

部分四音节复合词中的a³¹ᐟ⁵⁵和ɔ³¹ᐟ⁵⁵前缀仍需保留，不能省略。例如：

ɔ³¹pv⁵⁵ɔ⁵⁵ʒɔ³¹　爷爷奶奶　　　ɔ³¹pho³¹ɔ³¹mo³³　父母
奶奶　爷爷　　　　　　　　　　父亲　母亲

a⁵⁵ko³³a⁵⁵ta⁵⁵　哥哥姐姐　　　a⁵⁵ʒɣ³¹a⁵⁵tsh̩³³　哥哥嫂嫂
哥哥　姐姐　　　　　　　　　　哥哥　嫂嫂

（2）具有构形功能的构词前缀ʒv³³

ʒv³³可以附加在形容词前使该形容词变为相应的名词。例如：

ȝv³³ʃɤ³¹ 新的　　　　ȝv³³kæ⁵⁵ 旧的　　　　ȝv³³tʃu³¹ 生的

（前缀）新　　　　　（前缀）旧　　　　　　（前缀）生

ȝv³³mu³³ 熟的　　　ȝv³³ʃv⁵⁵ 黄色　　　　ȝv³³fv⁵⁵ 白色

（前缀）熟　　　　　（前缀）黄　　　　　　（前缀）白

ȝv³³na̠³³ 黑色　　　ȝv³³n̠i⁵⁵ 红色　　　　ȝv³³phɯ⁵⁵　蓝色；灰色

（前缀）黑　　　　　（前缀）红　　　　　　（前缀）蓝；灰

由形容词加前缀ȝv³³构成的名词还可以构成并列复合词。例如：

ȝv³³ʃɤ³¹ ȝv³³kæ⁵⁵ 新的旧的　　　　　　ȝv³³tʃu³¹ȝv³³mu³³ 生的熟的

（前缀）新 （前缀）旧　　　　　　　　　　　（前缀）生 （前缀）熟

2. 后缀

豪尼话的后缀可以用于表示"大、小""阴、阳"义或表具有共性的"类"。不同的意义类型分述如下。

（1）后缀mɔ³³由名词"母亲"ɔ³¹mɔ³³语法化而来，表示两层含义。一是表体积或排行"大"义。例如：

la̠³¹mɔ³³　　　　　大拇指　　　ta⁵⁵mɔ³³ 大妈　　v³¹mɔ³³　大肠

ɔ⁵⁵tsʅ⁵⁵tsʅ⁵⁵mɔ³³　大树　　　tʃɔ³¹l̠i⁵⁵l̠i⁵⁵mɔ³³　大风

lu⁵⁵pɔ³¹pɔ³¹mɔ³³　大河　　　l̠u³³mɔ³³mɔ³³mɔ³³ 大石头

二是表示阴性，人物和家畜都普遍使用。例如：

ɔ³¹mɔ³³　　　　　母亲　　　n̠i⁵⁵nɯ⁵⁵mɔ³³　　大、小姑子

ȝɤ³¹mɔ³³　　　　岳母　　　tʃɔ⁵⁵l̠u³¹mɔ³³　　婆婆

tɕiŋ³³mɔ³³　　　干妈　　　mi³¹tʃm̠³¹mɔ³³　　寡妇

v⁵⁵nv³¹nv³¹mɔ³³ 母牛　　　ɔ³³mu³¹mu³¹mɔ³³　母马

牛　　（阴性后缀）　　　　马　　（叠）（阴性后缀）

a³¹tʃm̠³¹tʃm̠³¹mɔ³³ 母羊　　a³¹z̠a³¹z̠a³¹mɔ³³　母猪

羊　　　（叠）（阴性后缀）　　　猪　　（叠）（阴性后缀）

zɔ³¹mi³¹ᐟ³³khɯ³¹mɔ³³ 儿媳妇　ɔ³¹mɔ³³li⁵⁵li³³　　小姨

女儿　　　（阴性后缀）　　　（前缀）（阴性后缀）姨妈

（2）后缀zɔ³¹由"儿子"zɔ³¹语法化而来，表示"小"或"幼"义。例如：

xa̠³³zɔ³¹　　　小鸡　　z̠a³¹zɔ³¹　　猪崽　　tʃm̠³¹zɔ³¹　　羊羔

khɯ³¹zɔ³¹　　狗崽　　n̠i⁵⁵zɔ³¹　　小指　　fv³¹zɔ³¹　　　小湖

a⁵⁵pe̠³³pe̠³³zɔ³¹　小孩　　lu⁵⁵pɔ³¹pɔ³¹zɔ³¹　　小河

l̠u³³mɔ³³mɔ³³zɔ³¹ 石子儿　kɤ³¹tʃɯ³¹ᐟ³³tʃɯ³¹zɔ³¹ 小山包

（3）后缀phɔ³¹、phi⁵⁵、thu⁵⁵表阳性，多用于家畜。phɔ³¹是"父亲"ɔ³¹phɔ³¹的语法化。phi⁵⁵和thu⁵⁵的来源不明。例如：

v⁵⁵nv³¹nv³¹phɔ³¹　公牛　　ɔ³¹khɯ³¹khɯ³¹phɔ³¹　　公狗

牛　　(叠)(阳性词缀)　　　狗　　　(叠)(阳性词缀)

ɔ³³mu³¹mu³¹phi⁵⁵　公马　　a³¹xa̠³³xa̠³³phi⁵⁵　　公鸡

马　　(叠)(阳性词缀)　　　鸡　　(叠)(阳性词缀)

a³¹tʃn̩³¹tʃn̩³¹thu⁵⁵　公山羊　ɔ⁵⁵ɲi⁵⁵ɲi⁵⁵thu⁵⁵　　公猫

山羊　(叠)(阳性词缀)　　　猫　(叠)(阳性词缀)

（4）后缀thɯ⁵⁵′³³表复数"们""些"，可用于指人的名词、代词后表复
数。例如：

ɔ³³tɯ³³thɯ⁵⁵　咱们　　　ŋɔ³³thɯ⁵⁵　　　我们

a⁵⁵ko³³thɯ³³　哥哥们　　　ço³¹seŋ³³thɯ³³　学生们

第二节　词汇的语义关系分类

语义是个复杂系统，存在多种多样的关系。豪尼话比较常见的语义关
系有多义关系、同音关系、同义关系、反义关系和近义关系。这些语义关
系体现在词汇上就是多义词、同音词、同义词、反义词和近义词。

一　多义词

多义词指一个词具有不止一种相互有关联的含义，多义词中的不同义
项构成多义关系。各个意义之间有它历史和现实的联系。如：xu³¹xu³¹先是
表示野生的斑鸠，后来才用来表示家养的鸽子。豪尼话有丰富的多义词，
且广泛分布于名词、动词和形容词中，具体情况分述如下。

（一）名词中的多义词

例如：

ɣ³¹fv⁵⁵　　萝卜；白薯　　　xu³¹xu³¹　　斑鸠；鸽子

su³¹ɣɔ³¹　　书；本子；纸　　ɯ⁵⁵l̩u⁵⁵　　开水；温泉

ɔ⁵⁵nɛ³³　　嫩芽；竹篾　　　ma³³xo³³　　眉毛；睫毛

a⁵⁵tʃha̠³³　藤蔓；绳子；锁链　lɔ³¹khɛ⁵⁵　茶；茶叶；茶水

mɛ⁵⁵tshɔ³¹　土；土地　　　pi³¹ti⁵⁵　　蛔虫；蚯蚓

（二）动词中的多义词

例如：

nɔ⁵⁵　　　病；疼；伤　　　khɔ³¹　　　啃；咬

pi³¹　　　给（钱）；让；使　tɯ⁵⁵　　　喝；抽（烟）

（三）形容词中的多义词

例如：

tsɿ⁵⁵	胖；肥；壮	tɕhi⁵⁵	辣；（酒）烈
ȵi⁵⁵	小；窄	ku⁵⁵	聪明；机灵；狡猾
na̱³³	暗；黑；青	phɯ⁵⁵sɿ³¹	蓝；灰
ʃv⁵⁵	金；黄	xɔ³¹	咸；苦
lɛ⁵⁵lu³³	圆；凸	fv⁵⁵	银色；白
xɤ³¹	(体积)大；(官职)大；贪(心)；粗		

二　同音词

同音词是指不同的词的语音形式相同而词义不同，且词义之间没有历史的或现实的语义联系，各自独立而又互补相关。例如：

ȵi⁵⁵	哭；小	mɔ³¹	不；多
tsɿ̱³³	写；摘	a³¹xa̱³³	鸡；力气
xɤ³¹	年；大	na̱³¹	深；早
khɯ⁵⁵	焦；叫；到	lɯ⁵⁵	完；够

三　反义词

不同的词在意义上具有相反或者是相对的特点，彼此构成反义关系。豪尼话的反义词主要通过不同的词来表示。例如：

u³¹u³¹	天	mɛ⁵⁵tshɔ³¹	地	ɯ⁵⁵tʃhɤ³¹	水	mi³¹tsɔ³¹	火
mu⁵⁵	长	nu⁵⁵	短	sɛ⁵⁵mɔ⁵⁵	正	sɛ⁵⁵fv³³	反
kɯ³³	干	tʃɛ⁵⁵	湿	ʃɤ³¹	新	kaŋ³³	旧
na̱³³	早	phi³¹	晚	l̥u⁵⁵	烫	tɕhe̱³¹	凉
ȵi⁵⁵	哭	ɯ⁵⁵ʃi⁵⁵	笑	xɤ³¹	大	ɔ³¹pi⁵⁵	小
fɤ³³sɔ⁵⁵	美	fɤ³³ʃɔ³¹	丑	tɕi⁵⁵	借	xɛ⁵⁵xɯ³³pi³¹	还
l̥u⁵⁵	热	ka̱³³	冷	u⁵⁵lɔ⁵⁵	进	tɯ³³ʐi⁵⁵	出
mɔ³⁵ti³¹	多	ɔ³¹pi⁵⁵/⁵³tʃɿ̱³¹	少				

若是形容词还可在前面加否定副词，继而表示相反的词义。例如：

tsɿ⁵⁵	(肉)肥	mɔ³¹tsɿ⁵⁵	(肉)瘦

四　近义词

不同的词在意义上相近或者相似，彼此就可以构成近义关系。近义词在用法上同中有异，不能互相替代。例如：

ɕi³¹	磨（刀）	tshu³¹	戴（帽子）
ȵɔ³¹	磨（米）	ti⁵⁵	戴（包头）
mɤ³¹	拔（草）	tɔ̱³¹	戴（耳环；手镯）

fʋ³¹	拔（火罐）	tai⁵⁵	戴（手表）
ɣɯ³³	拔（秧苗）	ti³¹	撑（顶）
tʃɦ̩³³	拔（鸡毛）	tho³³	撑（伞）
çi³¹	生（疮）	tɔ³⁵	撑（船）
kha³¹	生（锈）	tʃʋ⁵⁵	生（孩子；小牛；跳蚤）
nɔ⁵⁵	生（病）	khɔ³³	生（蛋）
tu³³	穿（衣）	tʃɦɯ³¹	生（花骨朵）
tu³³	穿（裤子）		
nɯ³¹	穿（鞋）		
nɯ³¹	穿（袜子）		
çi⁵⁵	穿（针）		

第三节　借　词

豪尼话的词汇从来源上可分为固有词和借词两大类。借词是豪尼人长期与其他民族相互接触的反映，借词使豪尼话的词汇系统得以充实，丰富了豪尼话的表达能力，也在一定程度上改变了豪尼话的结构特点。豪尼话借词的特点包括以下两个方面的内容。

一　借词来源

豪尼话的借词绝大多数来源于汉语（汉语方言）。这与哈尼族历史性的迁徙、长期与汉族"大杂居"有关。豪尼人在新中国成立以前就长期与汉族接触，新中国成立以后，与汉族的接触更加频繁，在经济生活、文化生活上的互相学习、相互影响，使其语言也因民族接触而受到影响。因此，豪尼话吸收了大量的汉语词汇。豪尼话中借词的词性类别，以名词为主，也有部分动词、形容词、量词，以及少量的数词和副词。

（一）汉语借词式的名词

豪尼话的名词中，从自然、地理、房屋建筑、宗教、语言、文化、节日到人物、动物、植物，以及食物、衣着、用品等，都有借自汉语的词汇。

表示天文地理的借词，例如：

khuɛŋ³³miŋ³¹	昆明	sɿ³³mɔ³¹	思茅
çi³¹	锡	mei³¹	煤

表示房屋建筑的借词，例如：

tʃuɛŋ³³	砖	va̠³¹	瓦

ta⁵⁵liaŋ³¹	梁（横梁）	ʃui³¹n̩i³¹	水泥

表示与文化相关的借词，例如：

ɕaŋ³³tʃv̩⁵⁵	香	xo³¹ʒo³¹	火药
tsʅ⁵⁵	字	ɕiŋ⁵⁵	信
xua⁵⁵	画	pɛŋ³¹tsʅ³¹	本子
mɣ³¹	墨	mɣ³¹ʃui³¹	墨水
ɕaŋ⁵⁵phi³¹	橡皮	tʃaŋ³³	章；印
phɔ⁵⁵tʃaŋ³¹	鞭炮	ti³¹tsʅ³	笛子

表示人物的借词，例如：

taŋ³³ʃɛŋ³³xaŋ⁵⁵	单身汉	liu³¹laŋ³¹xɛ⁵⁵	流浪汉
ɕo³¹xo̦³¹tsʅ³¹	小伙子	loŋ³¹fɛŋ⁵⁵thɛ³³	龙凤胎
ɕo̦³¹sɛŋ³³	学生	the³¹tɕã⁵⁵	铁匠
tɕhiŋ⁵⁵tɕa³³	亲家	zi³³sɛŋ³³	医生
a⁵⁵n̩aŋ³³	姑妈	ʃv̩³ʃu³³	姨夫
ta⁵⁵tе̦³³	大爹	ta⁵⁵mo³³	大妈

表示动物的借词，例如：

mo³³li³³	毛驴	ta³³ua³¹ua⁵⁵	孔雀
ɣ³³kui³³	乌龟	tshaŋ³¹	蚕虫

表示植物的借词，例如：

phiŋ³¹ko̦³¹	苹果	ɕi³³kua³³	西瓜
phi³¹pha³³	枇杷	ɕaŋ³³tɕo³³	香蕉
po³³lo³¹	菠萝	to⁵⁵tshɔ³¹	稻草
zɛŋ³¹ɕi⁵⁵	香菜	wo³³suɛŋ³¹	莴笋

表示食物的借词，例如：

miɛ⁵⁵thiɔ³¹	面条	mi³¹ɕɛŋ⁵⁵	米线
po³³tsʅ³¹	包子	mɛŋ³¹thou³³	馒头
ɕaŋ³³z̩u³¹	香油	xui³¹ɕaŋ³³	茴香
to⁵⁵fv̩³¹	豆腐	tshu⁵⁵	醋
fv̩³¹tɕo³³	胡椒	pa̦³¹ko̦³¹	八角
pɣ³¹ʃa³³thaŋ³¹	白糖	xoŋ³¹thaŋ³¹	红糖

表示与衣着相关的借词，例如：

uɛ³¹tɕiŋ³³	围巾	tshɔ³¹xɛ³¹	草鞋
pei⁵⁵ɕiŋ³³	背心	khu⁵⁵tai⁵⁵	裤带

表示家具、农具等日常用品的借词，例如：

tɛŋ³³	灯	tiɛŋ⁵⁵tɛŋ³³	电灯

teŋ³³ɕiŋ³³	灯芯	tieŋ³³xua³³	电话
tʃoŋ³³	钟	ʃuɯ³¹pio³¹	手表
ʃuɯ³¹tɕi³³	手机	tieŋ⁵⁵ʃɿ⁵⁵	电视
tieŋ⁵⁵thoŋ³¹	电筒	xo³¹tɕi³³	打火机
la⁵⁵tʃv³¹	蜡烛	ɕaŋ³³tsɿ³¹	箱子
fei³¹tso⁵⁵	肥皂	ɕaŋ³³tso⁵⁵	香皂
tɕiŋ⁵⁵tsɿ³¹	镜子	phaŋ³¹tsɿ³¹	盘子
te̠³¹tsɿ³¹	碟子	taŋ³³tʃhɣ³³	自行车
mo³¹thaŋ³¹	毯子	mie³¹ɕi⁵⁵	棉絮；褥子

（二）汉语借词式的动词

从汉语中借入的动词。例如：

ai⁵⁵	爱（吃）	tʃɛŋ³¹	整、弄
tsho³¹	撮（嘴）	tho³¹	驮（货）
ɕaŋ³³ɕiŋ⁵⁵	相信	thoŋ³¹zi⁵⁵	同意

（三）汉语借词式的量词

汉语借词式的量词以货币、度量衡量词居多，个体量词较少。例如：

tho³¹	（一）团（泥巴）	khuɛ³¹	（一）块（钱）
tʃɿ̩³¹	（一）尺	mi³¹	（一）米
pu⁵⁵	（一）步	tshuɛŋ⁵⁵	（一）寸
feŋ³³	（一）分	mu³¹	（一）亩

（四）汉语借词式的形容词

从汉语中借入的形容词。例如：

pe̠³¹	扁；瘪	tʃɿ³¹	直
uɛ³³	歪；偏	tɕɛ³³	尖
ʃuɛŋ⁵⁵	顺	thu³¹	钝
tʃhei³¹	丑	tʃaŋ³³	粘
ko³³	高	tsaŋ³³	脏
peŋ³¹feŋ⁵⁵	老实	khɣ³¹tɕhi⁵⁵	客气
ɕo³³	狡猾	tɕo³³o⁵⁵	骄傲
xo³¹ʃɿ⁵⁵	合适		

（五）汉语借词式的数词

从汉语中借入了少量数词、副词。例如：

| zi⁵⁵ | 亿 | liŋ³¹ | 零 | taŋ³³ | 单 | ʃuaŋ³³ | 双 |

（六）汉语借词式的副词

| tɕo⁵⁵ | 就 | tsɛ⁵⁵ | 再 | zo⁵⁵mo⁵⁵ | 要么 |

二　借用方式

主要有以下两种。

（一）全词借入

豪尼话词汇系统中有大量的全词借入的汉语借词。例如：

湖	fv^{31}	海	xæ^{31}
坝子	pa^{33}tsṇ^{31}	锡	çi^{31}
煤	mei^{31}	铝	luε^{31}
锑	thi^{31}	碱	tçεŋ^{31}
汽油	tçhi^{55}ẓo^{31}	硫黄	liu^{31}xuaŋ^{31}
柴油	tʃhai^{31}ẓo^{31}	机油	tçi^{33}ẓo^{31}
玻璃	po^{33}li^{31}	石膏	ʃı^{31}kɔ^{33}
正月	tʃεŋ^{33}ẓi^{33}	二月	ε^{55}ẓε^{31}
三月	saŋ^{33}ẓε^{31}	四月	sı^{55}ẓε^{31}
五月	v^{31}ẓε^{31}	星期	çiŋ^{33}tçhi^{33}
生日	seŋ^{33}ʒ̣^{31}	小时	çɔ^{31}ʃı^{31}
点（时间）	tiεŋ^{31}	下午	ça^{55}v^{31}
分（时间）	fεŋ^{33}	秒（时间）	miɔ^{31}
星期一	çiŋ^{33}tçhi^{33}ẓi^{31}	星期二	çiŋ^{33}tçhi^{33}ε^{55}
星期三	çiŋ^{33}tçhi^{33}saŋ^{33}	星期四	çiŋ^{33}tçhi^{33}sı^{35}
星期五	çiŋ^{33}tçhi^{33}v^{31}	星期六	çiŋ^{33}tçhi^{33}lɯ^{31}
星期天	çiŋ^{33}tçhi^{33}thiεŋ^{33}	赶集天	kε^{55}tsṇ^{31}thiεŋ^{33}

（二）半借入加半固有

进入豪尼话词汇系统的汉语借词，有的已具有构词能力，能与豪尼话本语固有词一起构成新的词。例如：

kɔ^{55}mɔ^{33}peŋ^{55}lu^{55}	半路	ɔ^{31}pε^{55}kaŋ^{33}ẓa^{31}	旱鸭子
路（本语） 半路（汉借）		鸭子（本语） 干鸭子（汉借）	
çaŋ^{33}tçε^{33}ɔ^{55}tsṇ^{55}	香蕉树	pɯ^{31}tshε^{55}tshε^{55}zo^{31}	小白菜
香蕉（汉借）树（本语）		白菜（汉借）（叠）小（本语）	
ɔ^{31}khɯ^{55}xou^{55}kεŋ^{33}	脚后跟	maṇ^{33}tçẹ^{33}xua^{33}	老花眼
脚（本语）　后跟（汉借）		眼睛（本语）花（汉借）	
ɔ^{55}xu^{31}kua^{55}kua^{55}	短褂	tshɔ^{31}mɔ^{55}ḷaṇ^{31}xọ^{33}	斗笠
衣服（本语）褂褂（汉借）		草帽（汉借）斗笠（本语）	
to^{55}fv$^{31/33}$u^{31}tʃhε^{55}	腐乳	uaŋ^{33}tou^{55}tou^{55}nε^{33}	豌豆尖
豆腐（汉借）腌菜（本语）		豌豆（汉借）（叠）尖端（本语）	

ɔ³¹tʃɯ⁵⁵pu³¹ 　　补牙　　　　nv³³ xa̱³¹ 　　　　号 (阳历)

牙齿 (本语) 补 (汉借)　　　　　　　　天 (本) 号 (借)

kɔ⁵⁵mɔ³³tʃha⁵⁵lɯ⁵⁵ 　岔路　　　mɔ⁵⁵ pa³¹ 　　　伤疤

路 (本语) 岔路 (汉借)　　　　　　　伤 (本语) 疤 (汉借)

tʃi⁵⁵pɔ³¹phiŋ³¹phiŋ³³ 　酒瓶　　na̱³³tɕhi³¹phiŋ³¹phiŋ³³　药瓶

酒 (本语) 瓶子 (汉借)　　　　　　　药 (本语) 瓶瓶 (汉借)

ɕɔ³¹xo̱³¹mi̱³¹/³³ta̱³¹ 　未婚男青年　ʃɔ³¹kɯ⁵⁵phi³¹tɕhaŋ³³　弹弓

小伙 (汉借) 姑娘 (本语)　　　　　　皮 (本语) 皮 (汉借) 枪 (汉借)

tɛ³³mɔ³³khɛ³³xua³³ 　新开田　　ɔ⁵⁵fv³¹tʃɛŋ³¹/³³tsɔ³¹xɔ⁵⁵　厨房

田 (本语) 开荒 (汉借)　　　　　　　饭 (本语) 整 (汉借) 吃 (本语) 哪 (本语)

总而言之，在豪尼话词汇系统中，汉语借词的数量剧增，有些已经深入到豪尼话词汇系统的核心领域。汉语词汇进入豪尼话词汇，和豪尼话词汇并存并用，使用中此消彼长，但基本的趋势是借入的汉语词汇开始逐渐替代豪尼话词汇。

全书结语

通过对豪尼话语法进行全面、系统、深入的共时描写与分析，本书将豪尼话语法特点归为以下几点。

一　以分析性为主的特点

豪尼话主要借助语序和虚词来表现语法意义。豪尼话的基本语序类型是 S-O-V，即主语—宾语—谓语，这一语序为无标记的语序。但若是将宾语移至主语之前，则需在主语（通常是施事）后添加施事助词，表示对施事者的强调。这一语序是出于语用的需要而出现的，是有标记的语序。可见，语序是豪尼话表达语法意义的主要手段之一。此外，豪尼话还有丰富的虚词，特别是表达各种范畴的助词十分丰富，包括结构助词、格助词、体助词、语气助词、情态助词五大类，涵盖语法、语义、语用各个方面。用不同的虚词，所表达的意义就有所不同。

从语言使用的经济性原则来看，在满足表义需求和交际需求的前提下，不承载具体词汇意义的功能词数量越少其担负的功能越多，语言结构越高效。因而，在很多分析性强的语言中，功能词都属于封闭型的词类，数目往往不多，但承担着丰富复杂的语法功能。在豪尼话中，助词承担了重要的表达语法意义的任务，因为助词是熟语语法化程度很高的功能词，即一个助词往往具有多种语法功能，具有多功能性的特点。

二　一些重要的参项与其 SOV 语言类型相和谐

（一）使用后置词

格林伯格的 45 条语言共性中，第 4 条指出：采取 SOV 为常规语序的语言，在远远超过随机频率的多数情况下，使用后置词。豪尼话的各类助词都是后置词，使用时后置于中心词。例如：格助词后置于名词或代词，话题助词后置于话题成分，语气助词后置于小句等。

（二）领属语前置于名词

格林伯格的语言共性第 2 条指出：使用前置词的语言中，领属语几乎总是后置于中心名词，而使用后置词的语言，领属语几乎总是前置于中心名词。豪尼话的领属语一律前置于中心名词。如：$zi^{55}lo^{31}o^{33}$（他的）$u^{31}tshu^{31}$（帽子）"他的帽子"，$lo^{31}sn^{33}$（老师）o^{33}（的）$su^{31}\gamma o^{31}$（书）"老师的书"。

（三）动词所带的状语全都位于动词之前

格林伯格的语言共性第 7 条指出：在以 SOV 为优势语序的语言中，如果没有或仅有 OSV 为其替换性语序，那么动词所带的一切状语都处于动词之前。豪尼话以 SOV 为优势语序，且替换性语序只有 OSV，从其状语与中心语的语序来看，所有的状语全都位于中心语之前。

（四）疑问代词或疑问短语与其所替代的成分在句中的语序一致，而不会移至句首

格林伯格的语言共性第 12 条指出：陈述句中以 VSO 为优势语序的语言，其特指疑问句中总把疑问词或疑问短语放在句首。陈述句中以 SOV 为优势语序的语言，不会有这样的变换。

（五）差比句中，比较基准、比较标记和比较结果（形容词）的语序是"比较基准+比较标记 tha^{33} '上面'+比较结果（形容词）"，符合格林伯格第 22 条指出的后置词语言的共性

格林伯格的语言共性第 22 条指出：在形容词比较结构中，如果唯一的或可能交替的语序之一是基准—标记—形容词的话，那么该语言是后置词语言。如果唯一的语序是形容词—标记—基准，那么这种语言除了偶然出现的情况外，绝大多数是前置词语言。

附　录

附录一　长篇语料

长篇语料　一、竹鼠的眼睛为什么红红的

讲述者：唐六芳

时间：2013 年 4 月 25 日

fv³³phi³¹ma̱³³tɕe̱³³ɣɔ³¹xɔ⁵⁵mi⁵⁵khɛ³³n̠i⁵⁵tʃhɛ³¹pɔ³³tʃhɛ³¹/³³n̠i⁵⁵/⁵³
竹鼠　　眼睛　（话助）为什么　　　红红的

ti⁵⁵ɕoŋ³¹tɕi³¹ko³³za̱³¹thɛ³¹le³¹ʑi⁵⁵/⁵³，ɔ⁵⁵khɛ³³mɔ³¹feŋ⁵⁵tɕhi⁵⁵ne̱³³tɕhɔ³¹（＝
弟兄　几个　野猪　追去　　　但是　没　发现　　（结助）一个

tɕhi³¹ɣɔ³¹）lɯ⁵⁵，tɔ⁵⁵khu⁵⁵mɔ⁵³te̱³³u⁵⁵tʃha³¹pi³³/³¹，tse⁵⁵/⁵³fv³³phi³¹ɣɔ³¹ne̱³³．tɔ⁵⁵
一　个　完　土洞　（方助）平地 插 给　　（引词）竹鼠　（话助）（连）土

khu⁵⁵pa⁵⁵xɯ³¹thu⁵⁵ta̱³³xɛ⁵⁵pi³³/³¹，ta̱³³xɯ³¹lue⁵³（＝lɔ⁵⁵ɣɤ³¹）．tse⁵⁵ʑi⁵⁵lɔ³¹fv³³phi³¹
洞　（助动）回　说　上 拿 给　上 回 来了 来　（语助）（引词）他　竹鼠

mɔ⁵³thu⁵⁵pi³³/³¹："ŋɔ⁵⁵nv³³ɣɔ³¹xɛ⁵⁵pi³³/³¹，tse⁵⁵toŋ³³ɕi³³xɯ⁵⁵ma³¹tʃɯ³³，a⁵⁵mu³¹
（方助）说 给　　　我 你（话助）拿 给　　（引词）东西　也　没有　土哨子

pi³³ɕi³³tɕhi³¹mɔ⁵⁵xɛ⁵⁵la³¹ŋɯ⁵⁵"．
一　个 拿（趋向）（语助）

tse⁵⁵/⁵³fv³³phi³¹ɣɔ³¹tɕhi³¹nv³³le³¹a⁵⁵mu³¹pi³³ɕi³³my̱³³．tse⁵⁵/⁵³tʃhe⁵⁵pa̱³¹ʑi⁵⁵
（引词）竹鼠（话助）一 天 每 土哨子 吹 （引词）喜鹊 他

lɔ³¹tɕhi³¹la̱³¹pa³³my̱³³nɛ³³ti³³ʃɔ⁵⁵lo⁵³（＝lɔ⁵⁵ɣɔ³¹）．ɔ⁵⁵khɛ³³fv³³phi³¹ɣɔ³¹
一 次（助动）吹（施助）（状助）要 来了 来（语助）然后 竹鼠 （话助）

thu⁵⁵pi³¹："mu³³pi³³pa⁵⁵my̱³³nv⁵⁵pu⁵⁵ʑi⁵⁵"．ɔ⁵⁵khɛ³³fv³³phi³¹ɣɔ³¹thu⁵⁵
说 给 （助动）给（结助）吹 你 飞 去　接着 竹鼠 （话助）说

tʃhe⁵⁵pa̱³¹thu⁵⁵pi³¹："mɔ³¹pu⁵⁵ʑi⁵⁵"．pi³¹："ŋɔ⁵⁵nv³³ɔ⁵⁵tu⁵⁵mɔ⁵³ne̱³¹/³³
喜鹊 说 给 不 飞 去　给 我 你 翅膀（方助）捏

thɛ³¹nɛ³³"．
（补）（连）

tsɛ⁵⁵tʃhɛ⁵⁵pa̠³¹thu⁵⁵/⁵³: "ŋɔ⁵⁵ɔ⁵⁵tu⁵⁵ɔ³¹l̩ ɣ³³mu³³". fv³³phi³¹ɣɔ³¹tsɛ⁵⁵thu⁵⁵
（引词）喜鹊 说 我 翅膀（话助）动弹（助动） 竹鼠 （话助）又 说

pi³¹: "tɔ⁵⁵khɛ³³ŋɔ⁵⁵nv³³v̠³¹tu³¹mɔ⁵³n̠ɛ³¹/³³thɛ³¹khɛ³³ŋɯ⁵⁵".
给 那么 我 你 头 （方助）捏 （补）（状助）（语助）

tsɛ⁵⁵tʃhɛ⁵⁵pa̠³¹thu⁵⁵pi³¹: "ŋɔ⁵⁵v̠³¹tu³¹ɣɔ³¹ʐu³¹lu³¹ʐu³¹lu³¹ti³³ʐu³¹mu³³tɔ⁵⁵
（引词）喜鹊 说 给 我 头 （话助）摇晃 摇晃 （状助）摇（助动）那

khɛ³³, ŋɔ⁵⁵nv³³ɔ³¹khɯ⁵⁵mɔ⁵³n̠ɛ³¹/³³thɛ³¹ŋɯ⁵⁵". tʃhɛ⁵⁵pa̠³¹ʐɔ³¹thu⁵⁵: "ŋɔ⁵⁵
么 我 你 脚 （方助）捏 （补）（语助） 喜鹊 又 说 我

ɔ³¹khɯ⁵⁵ɣɔ³¹me⁵⁵mu³³".
脚 （话助）动（助动）

fv³³phi³¹thu⁵⁵: "nv⁵⁵ŋɔ³³ɔ³³tʃha³¹xo³³mɔ⁵³n̠ɛ³¹/³³thɛ³¹lɔ⁵⁵". fv³³phi³¹
竹鼠 说 你 我 的 毛 （方助）捏 （补）来 竹鼠

tɕo⁵⁵ɕiŋ⁵⁵ɣɔ³¹.
就 信 了

tsɛ⁵⁵ʐi⁵⁵lɔ³¹tʃha³¹xo³³mɔ⁵³n̠ɛ³¹/³³thɛ³¹ne³³, tʃhɛ⁵⁵pa̠³¹pu⁵⁵/⁵³ɣɛ³¹. tsɛ⁵⁵fv³³
（引词）他 毛 （方助）捏 （补）（连） 喜鹊 飞 （语助）（引词）竹

phi³¹ɣɔ³¹n̠i⁵⁵/⁵³, ma̠³³tɕɛ̠³³ɣɔ³¹n̠i⁵⁵tʃhɛ³¹pɔ³³tʃhɛ³¹/³³n̠i⁵⁵pe³³tɣ̠³³tɣ̠³³ɣɛ³¹.
鼠（话助）哭 眼睛 （话助）红红的 红（结助）出 （语助）

译文：

竹鼠的眼睛为什么红红的

几个兄弟去追赶野猪，其中一个人不服气地把另一个人塞到平地上的一个土洞里。有只竹鼠住在土洞里。竹鼠把洞挖宽后，把这个人救上来了。那个人很感激竹鼠，就跟它说："我什么也没有，我拿个东西给你吧，给你一个土哨子吧。"

竹鼠每天都吹土哨子。一次，喜鹊听见了竹鼠吹土哨子后也想吹（就问竹鼠要）。可是竹鼠却说："给你吹了的话，你会飞着带走的。"喜鹊就说："不会飞走的。"然后，竹鼠（跟它）说："那我捏着你翅膀。"喜鹊说："我吹的时候要动着翅膀吹。"竹鼠说："那么，我捏你头吧。"

喜鹊说："我要摇晃着头吹。"竹鼠说："那么，我捏你的脚吧。"喜鹊又说："我脚动了才能吹。"

喜鹊就说："那你抓着我的羽毛吧。"竹鼠就信了。

结果喜鹊扇了下翅膀就飞走了。竹鼠被骗了，伤心地哭了，把眼睛都哭得红红的了。

长篇语料　二、小姑子和蛇的故事

讲述者：唐六芳

时间：2013 年 4 月 24 日

ɯ⁵⁵tɯ⁵lɯ⁵⁵mɔ³³khɛ³³ɯ⁵̩lɯ⁵⁵ɔ³³kv³¹tɕiŋ³³

　　小姑子　　　和　蛇　的　故事

ko³³fv³¹xɔ⁵⁵ti⁵⁵ɣɔ³¹, zɔ³¹mi³¹/³³khɯ³¹mɔ³³thɯ³³ʒɯ⁵⁵kɯ³³mɔ³³mɔ³¹pi³³to³³

古时候　（话助）　儿媳妇　　　　　们　（宾助）粮仓　不　给　进

li³³la³¹. ŋɯ⁵⁵khɛ³³tʃhɛ⁵⁵thu³¹thu³¹mu³³ti³³khɛ³³, n̩i⁵⁵nɯ⁵⁵mɔ³³lɯ³³kɯ³³mɔ³³tʃhɛ³³

去（趋向）我　（连）春米　　　　（助助）（状助）（连）　小姑子　　　（宾格）粮仓　谷

ɕi³¹pi³³tʃm̩³¹li³³. tʃhɛ⁵⁵ɕi³¹mɔ⁵³tha̱³³ɯ⁵⁵l̩ɯ⁵⁵tɕhi³¹zɔ³¹ɣo³¹tʃa³³. zi⁵⁵lɔ³¹tʃhɛ⁵⁵ɕi³¹

子给拿去谷子　（方助）上　蛇　　一　只　睡觉　　她　谷子

tʃm̩³¹tɣ³³la³¹, ʒu³³ɣu⁵⁵mɔ⁵³tʃhɛ⁵⁵ɕi³¹pa̱³¹. ɔ⁵⁵khɛ³³zi³¹thɯ³³nɛ³³nɔ⁵⁵xɔ³¹pi³³ʒu³³

抬　出　（趋向）后背　（方助）谷子　粘　然后　他们　（连）问　　给　后

ɣu⁵⁵mɔ⁵³xɔ⁵⁵mi⁵⁵khɛ³³tʃhɛ⁵⁵ɕi³¹pa̱³¹. ɔ⁵⁵khɛ³³zi³¹lɔ³¹mɔ³¹thu⁵⁵la³¹, tse⁵⁵zɔ³¹mi³¹/³³

背　（方助）为什么　　谷子　粘　可是　她　没　告诉（趋向）（引词）儿

khɯ³¹mɔ³³lɔ³¹kɯ³³mɔ³³fv̩³¹fv̩³¹/³³li³³. tse⁵⁵kɯ³³mɔ³³ɯ⁵⁵l̩ɯ⁵⁵tɕhi³¹zɔ³¹tʃv⁵⁵/⁵³,

媳妇　　（话助）粮仓　看看　（趋向）（引词）粮仓　蛇　　一　条　有

tse⁵⁵zi⁵⁵thɯ³³xu³¹ʃaŋ³³liaŋ³³. tse⁵⁵n̩i⁵⁵nɯ⁵⁵mɔ³³lɯ³³za̱³¹tsɔ⁵⁵ya³¹zi⁵⁵mu³³ti³³tɕe³³

（引词）他们　偷　商量　（引词）小姑子　　（宾格）猪草　拿去（助动）（状助）骗

tɣ̩³³li³³. tse⁵⁵za̱³¹tsɔ⁵⁵pu³³ta̱³³lɔ⁵⁵/⁵³pu³³ta̱³³lɔ⁵⁵/⁵³ti³³khɛ³³, zi⁵⁵thɯ³³nɛ³³xu³¹xɛ⁵⁵

出（趋向）（引词）猪草　满上来　　满上来　　（状助）（连）　他们　（连）偷　拿

tɣ̩³³pi³³. tse⁵⁵zi⁵⁵thɯ³³nɛ³³ɯ⁵⁵l̩ɯ⁵⁵ɣɔ³¹mi³¹tsɔ³¹nɛ³³phɣ³³fv³³pi³³. tse⁵⁵zi⁵⁵lɔ³¹

出　给　（引词）他们　　（连）蛇　（话助）火　　（施助）烧　死给　（引词）她

xɯ³¹lɔ⁵⁵/⁵³nɛ³³, fv̩³³ɣɛ³³nɛ³³, po⁵⁵ti⁵⁵ta̱³³po⁵⁵ti⁵⁵ta̱³³mu³³ti³³thu⁵⁵/⁵³.

回　来　（连）看（语助）（连）　跳　上跳　上（助动）（状助）说

tse⁵⁵ɯ⁵⁵l̩ɯ⁵⁵ɣɔ³¹xua⁵⁵kui³¹, tse⁵⁵n̩i⁵⁵nɯ⁵⁵mɔ³³lɔ³¹xɯ⁵⁵thio⁵⁵mɔ³¹po⁵⁵ti⁵⁵te³³

（引词）蛇　（话助）融化　　（引词）小姑子　（话助）也　跳　没　跳　上去

（= ta̱³³ɣɛ³¹）. tsɛ⁵⁵phɣ³³fv³³ɣɛ³¹.

　上（语助）　（引词）烧　死（语助）

　　tse⁵⁵zi⁵⁵lɔ³¹ɔ³¹mɔ³³zi⁵⁵lɔ³¹zɔ³¹mi³¹ɕaŋ³¹lɔ⁵³/⁵³ti³³khɛ³³, u³¹u³¹ɣɔ³¹ fv̩³³ta̱³³.

　　（引词）他　妈妈　他　女儿　想　来　（状助）（连）　天　（话助）看上

tse⁵⁵ɣo³¹tsho⁵⁵u³¹zɛ⁵⁵kɔ³¹thɔ⁵⁵ɯ⁵⁵tɯ⁵⁵lɯ⁵⁵mɔ³³ɯ⁵⁵tʃhɣ³¹tɣ³³, n̩i⁵⁵ma̱³¹ti³³khɔ³¹

（引词）天空　雨　之后　彩虹　　　　　　　　出　绿色　（状助）（连）

zi⁵⁵ko³³tɕo⁵⁵zi⁵⁵lɔ³¹zɔ³¹mi³¹lɔ³¹. l̩ɣ⁵⁵tɕhi⁵⁵ɣɔ³¹thu⁵⁵lɯ⁵⁵ɣɛ³¹.

一个就他　女儿　（话助）　故事　（话助）说　完　（语助）

译文：

小姑子和蛇的故事

古时候，儿媳妇们不能进粮仓。春米的时候，让小姑子去粮仓去给（嫂子）拿谷子。有一次，小姑子去粮仓后，发现粮仓的谷子上有一条蛇在睡觉。（后来她和这条蛇成了夫妻。）她拿着谷子出来的时候，后背粘了谷子。（家人）问她为什么后背上有谷子，她也不回答。

后来家人去粮仓看了看，发现粮仓里有一条蛇。他们偷偷地商量（要弄死蛇）。他们骗小姑子让她去拿猪草（趁这个时候把蛇烧死）。然后，小姑子跑出去抱着满满一堆猪草，他们就把它拿走（为了拖延时间）。他们用火把蛇给烧死了。小姑子回来后发现了，就说她也要跳上去。然后跳到火堆里面去了。蛇听见这话就融化了。小姑子看见后，也跳进火海被烧死了。

临死的时候，她说："妈妈要是想女儿了就看看雨后的天空上的彩虹，那道绿色的光就是女儿了。"故事讲完了。

对话　一、买菜
时间：2012 年 11 月 24 日
A：买菜的唐晓梅 ；B：卖菜的小贩

A：$\text{zo}^{55}\text{ɯ}^{55}\text{ʃo}^{55}\text{lo}^{55}\text{nɯ}^{55}\text{xo}^{55}\text{tɕi}^{55}\text{tɕhi}^{31}\text{tɕiŋ}^{33}\text{mo}^{31}$？
　　这　鱼腥草　　　多少　　一　斤　(语助)
B：$\text{liaŋ}^{31}\text{khuɛ}^{31}\text{ʑi}^{55}\text{tɕiŋ}^{33}$.
　　两　块　一斤
A：$\text{ʑi}^{55}\text{khuɛ}^{31}\text{pa}^{31}$！$\text{u}^{31}\text{mo}^{55}\text{ʃi}^{55}\text{mo}^{31}\text{u}^{31}$？
　　一块　八　卖还是　不　卖
B：$\text{mo}^{31}\text{u}^{31}$，$\text{ʑi}^{55}\text{mo}^{31}\text{thieŋ}^{33}\text{mo}^{53}\text{tɕi}^{55}\text{tsɛ}^{33}\text{ʑi}^{55}\text{ti}^{33}\text{ŋa}^{53}$！
　　不　卖　这几天　　　(方助)　全都 (价格) 一样 (语助)
A：$\text{ŋo}^{55}\text{xo}^{31}\text{nv}^{33}\text{lɛ}^{33}\text{nv}^{55}\text{mo}^{53}\text{v}^{55}\text{lo}^{53}$（＝$\text{lo}^{55}\text{ɣo}^{31}$）.
　　我　每天　　　你 (方助) 买来了　来 (语助)
　　$\text{tsɛ}^{55}\text{ʃo}^{31}\text{pi}^{33}\text{lo}^{53}$（＝$\text{lo}^{55}\text{ɣo}^{31}$）.
　　(语助) 少 给 来了　来 (语助)
B：$\text{ɣo}^{31}\text{ɣo}^{31}$，$\text{xo}^{55}\text{tɕhi}^{55}\text{u}^{31}\text{mu}^{31}\text{ti}^{33}\text{mo}^{31}$，$\text{u}^{31}\text{la}^{31}\text{ŋɯ}^{55}$？
　　噢　噢　多少　　买 (助动)(状助)(语助)　买 (趋向)(语助)
A：$\text{saŋ}^{33}\text{tɕiŋ}^{33}\text{sa}^{33}\text{la}^{31}$，$\text{xɛ}^{55}\text{fv}^{55}\text{tʃ}^{31}\text{ɣo}^{31}$.
　　三　斤　称 (趋向) 拿 钱　　　(语助)

译文：

A：这鱼腥草多少钱一斤？

B：两块一斤。

A：一块八，卖还是不卖？

B：不卖，这几天全都一样的价格！

A：我每天都来买，你便宜点给我。

B：噢，噢，买多少？

A：称三斤，给你钱。

对话　二、看病

时间：2012 年 11 月 24 日

A：医生　B：病人

A：nv⁵⁵xɔ³³tʃv⁵⁵mɔ³¹tʃv⁵⁵sɔ⁵⁵mɔ³¹?
　　你 哪 在 不 在 好 (语助)

B：ŋɔ⁵⁵ɔ³¹khɯ⁵⁵no⁵⁵/⁵³（＝nɔ⁵⁵ɣɔ³¹）.
　　我 脚 疼 疼 (语助)

A：nv⁵⁵tʃɔ⁵⁵phiɛŋ³³ʑi³¹ko³³ko³³fv³¹tʃɔ⁵⁵liɛ³³（＝li³³ɣɛ³¹）fv̩³³fa³¹!
　　你 照片子 一个 先 照 去吧 去 (语助) 看 (补)

B：ɣɔ³¹, xɔ⁵⁵mi⁵⁵ti³³tʃɛŋ³¹ʑi⁵⁵/⁵³mɔ³¹?
　　噢 哪里 (状助) 整 去 (语助)

A：fv⁵⁵tʃ̩³¹kɔ³³fv³¹tɕɔ³³ʑi⁵⁵, tsɛ⁵⁵ɛ⁵⁵lɯ³¹mɔ⁵³tʃɔ⁵⁵li³³?
　　钱 先 交 去 再二楼 (方助) 照 (趋向)

B：ʑi³³sɛŋ³³, ŋɔ⁵⁵zɔ⁵⁵tɕhi³¹la̩³¹pɔ³³fv̩³³la³¹fa³¹.
　　医生 我 这 一会儿 (助动) 看 (趋向) (补)

A：nv⁵⁵zɔ⁵⁵ɔ³¹khɯ⁵⁵ʃɔ³¹ʑi³¹mɔ⁵³thɔ⁵⁵fa³¹zɛ³¹tʃɯ³³khɛ³³te³¹（＝ta̩³³ɣɛ³¹）.
　　你 这脚 骨头 (方助) 这 发炎 有 (结助) 上了 上 (语助)
　　tʃv⁵⁵zɛ⁵⁵khɛ³³nɛ³³fv̩³³fa³¹.
　　住院 (结助) (连) 看 (补)

B：xɔ⁵⁵mi⁵⁵thiɛŋ³³lɛ³¹ti³³zɔ⁵⁵tʃv⁵⁵/⁵³mɔ³¹?
　　多少 天 只 (状助) 要 住 (语助)

A：ɔ⁵⁵nɔ⁵⁵mɯ³¹fv̩³³fa³¹ŋɔ³³xɔ⁵⁵mɔ⁵⁵thiɛŋ³³zɔ⁵⁵tʃv⁵⁵/⁵³pɔ³³mɔ³¹xɔ⁵⁵lɯ³¹.
　　病 好 看 (补) 我 多少 天 要 住 (助动) 不 知道

B：ɕɛ³¹ɕɛ³¹ʑi³³sɛŋ³³.
　　谢谢 医生

译文：

A：你（身体）哪儿不舒服？

B：我脚疼。

A：你先去照（拍）个片子吧！

B：噢，去哪里整（拍）？

A：先去交钱，再去二楼照（拍）。

B：医生，我一会儿再回来找您。

A：你这脚上的骨头发炎了，得住院。

B：要住多少天啊？

A：（得）等到看好病啊，我也不知道要住多少天。

B：谢谢医生。

附录二　分类词汇表

（一）天文地理

汉义	豪尼哈尼语	汉义	豪尼哈尼语
天空	u³¹u³¹	太阳	nɯ⁵⁵mɔ³³
阳光	ɣo³¹tshɔ⁵⁵	日晕	nɯ⁵⁵mɔ³³nɯ⁵⁵khu⁵⁵
月亮	pɔ³³l̩ɔ³³	星星	pɛ³¹kɯ⁵⁵
彩虹	ɯ⁵⁵tɯ⁵⁵lɯ⁵⁵mɔ³³	云	u³¹tu⁵⁵
乌云	u³¹na̠³³	雷声	u³¹tʃi³¹
雷公	u³¹tʃi³¹ɔ³¹pv⁵⁵	雷震雨	u³¹ᐟ³³ʑɛ⁵⁵ɔ³¹pv⁵⁵
风	tʃɔ³¹l̩i⁵⁵	微风	tʃɔ³¹l̩i⁵⁵zɔ³¹
狂风	tʃɔ³¹l̩i⁵⁵l̩iɔ³³	旋风	tʃɔ³¹l̩i⁵⁵l̩i⁵⁵u³³
冰	n̠i⁵⁵	冰雹	xɣ⁵⁵ɕi³¹
雪	xɔ³¹ɯ⁵⁵ni⁵⁵ɯ⁵⁵	雨	u³¹ʑɛ⁵⁵
毛毛雨	u³¹ʑɛ⁵⁵ʑɛ⁵⁵sa³³	雨水	u³¹ʑɛ⁵⁵ʑɛ⁵⁵ɯ⁵⁵
暴雨	u³¹ʑɛ⁵⁵ʑɛ⁵⁵mɔ³³	露水	pi³¹xɔ³¹
水	ɯ⁵⁵tʃhɣ³¹	冷水	ɯ⁵⁵tɕhe̠³¹
浑水	ɯ⁵⁵te̠³³	开水；温泉	ɯ⁵⁵l̩u⁵⁵
凉开水	a⁵⁵tɕe̠³³tɕe̠³³ka̠³³；a⁵⁵tɕe̠³³	雾	tsɔ³¹xu³¹
闪电	u³¹kɯ⁵⁵tʃo³¹me̠³³me̠³³；pɛ³¹kɯ⁵⁵tʃo³¹me̠³³me̠³³	土地、土、地面	me⁵⁵tshɔ³¹
土丘	tshɔ³¹pv⁵⁵tɯ³³thɯ³³	土缝	me⁵⁵tshɔ³¹ta⁵⁵pe̠³¹；me⁵⁵tshɔ³¹tɔ⁵⁵khu⁵⁵
地上	me⁵⁵tshɔ³¹mɔ⁵⁵ᐟ⁵³tha̠³³	地下	me⁵⁵tshɔ³¹mɔ⁵⁵ᐟ⁵³vɔ³¹
地界	xɯ⁵⁵kho̠³³	荒地	xɔ⁵⁵phi³¹
山地	ɔ³¹xɔ⁵⁵	平地	tɛ³³u⁵⁵
山、土山	kɣ³¹tʃɯ³¹	小山包	kɣ³¹tʃɯ³¹□³³tʃɯ³³zɔ³¹

汉义	豪尼哈尼语	汉义	豪尼哈尼语
山顶	kɣ³¹tʃɯ³¹v̩³¹tɯ³¹	山坡	ka⁵⁵ta̩³³
山腰	kɣ³¹tʃɯ³¹yu⁵⁵tʃhɛ³³	山脚	kɣ³¹tʃɯ³¹ ⁄ ³³tu³¹phɛ³¹
石头	l̩u³³mɔ³³	石缝	l̩u³³mɔ³³ta⁵⁵pi̩³¹
石山	l̩u³³mɔ³³kɣ³¹tʃɯ³¹	岩石	l̩u³³mɔ³³za³¹tʃɛ⁵⁵
斜坡	za³¹pa̩³¹	石头坡	l̩u³³mɔ³³za³¹pa̩³¹
悬崖	za³¹pa̩³¹za³¹tɕhi⁵⁵	陡坡	kɔ⁵⁵ʃi³³
山洞	pa³³xu³¹	小溪	lɣ⁵⁵tʃɯ⁵⁵
坑	tɔ³¹xu³¹	小泥坑	ɯ⁵⁵tʃɛ³³tɔ³¹xu³¹
牛滚塘	v⁵⁵nv³¹l̩u³³pu³³	海	xæ³¹ (汉借)
湖	fv³¹ (汉借)	大湖	fv³¹phɔ³¹
小湖	fv³¹zɔ³¹	河	lu⁵⁵pɔ³¹
小河	lu⁵⁵pɔ³¹pɔ³¹zɔ³¹	大河	lu⁵⁵pɔ³¹pɔ³¹mɔ³³
河岸、河边	lu⁵⁵pɔ³¹ɔ⁵⁵tsɛ⁵⁵	池塘	thu³¹tɯ⁵⁵
人工渠入口	ɯ⁵⁵xɛ³¹	田间的水沟	ɯ⁵⁵kɔ⁵⁵
波浪	ɯ⁵⁵the³¹the³¹	旋涡	ɯ⁵⁵u³³u³³
龙潭	pe̩³³ʒu³¹tɔ⁵⁵khu⁵⁵	烂泥潭	nu³³pe̩³³nu³³na̩³³
水泡	phɔ⁵⁵phɔ⁵⁵	水源头	ɯ⁵⁵tʃhɣ³¹tɣ³³lɯ⁵⁵
水蒸气	sa̩³¹xu³¹	水井	ɯ⁵⁵tɯ³¹
泉	ɯ⁵⁵pe̩³³	泉水	ɯ⁵⁵pe̩³³ɯ⁵⁵tʃhɣ³¹
尘土	xɔ³¹l̩ɛ⁵⁵	干土	mɛ⁵⁵tshɔ³¹ʒɣ³³kɯ̩³³
沙土	mɛ⁵⁵tʃhɛ⁵⁵	黄土	mɛ⁵⁵tshɔ³¹tshɔ³¹ɲi⁵⁵
田地	tɛ³³mɔ³³	水田	ɯ⁵⁵pɣ³¹
旱田	xɔ⁵⁵fv⁵⁵fv⁵⁵xa³³	稻秧	u³³khɯ³¹
田埂	ta̩³³pu⁵⁵	旱谷山地	tu⁵⁵xɔ⁵⁵
庄稼旱地	xɔ⁵⁵fv⁵⁵	新开田	tɛ³³mɔ³³khɛ³³xua³³
烂泥田	nɯ³¹pi³³	坝子	pa³³tsɹ̩³¹ (汉借)

（二）矿物质及无生命自然物

汉义	豪尼哈尼语	汉义	豪尼哈尼语
金子	fv^{55}ʃv^{55}	银子	fv^{55}tʂ̩^{31}
黄铜	kɯ^{31}ʃv^{55}	白铜	kɯ^{31}fv^{55}
红铜	kɯ^{31}n̩i^{55}	铁	ʃu^{55}ʃu^{55}
锡	çi^{31}（汉借）	煤	mei^{31}（汉借）
水银	ɯ^{55}tʃhy^{31}a^{55}zɛ^{33}	铝	luɛ^{31}（汉借）
锑	thi^{31}（汉借）	硫黄	liu^{31}xuaŋ^{31}（汉借）
碱	tɕɛŋ^{31}（汉借）	铁锈	ʃɯ^{55}tʃa^{31}tʃa^{31}tɛ^{33}
火石（燧石）	mi^{31}ti^{31}	汽油	tɕhi^{55}ʐɔ^{31}（汉借）
机油	tɕi^{33}ʐɔ^{31}（汉借）	煤油	nɯ^{31}ɣɯ^{55}；mɛ^{31}ʐɔ^{31}（汉借）
柴油	tʃhai^{31}ʐɔ^{31}（汉借）	柴火	mi^{31}tsɔ^{31}
火	mi^{31}tsɔ^{31}	火炭	mi^{31}tʃ̩^{33}
木炭	tʃhɔ^{33}kɯ^{31}	火烟	u^{31}xu^{31}
火灰	xɔ^{31}l̩ɛ^{55}	火焰	mi^{31}pɔ^{33}
火星	mi^{31}ʃɛ^{55}	石膏	ʃ̩^{31}kɔ^{33}（汉借）
玻璃	po^{33}li^{31}（汉借）		

（三）方位、时间

汉义	豪尼哈尼语	汉义	豪尼哈尼语
方向	xɔ^{55}fɔ^{33}	东；东面	nɯ^{55}mɔ^{33}tɣ^{33}lɔ$^{55/53}$fɔ^{33}
西；西面	nɯ^{55}mɔ^{33}kɔ^{33}zi$^{55/53}$fɔ^{33}	南；南面	zi^{55}nɔ^{55}fɔ^{33}
北；北面	zi^{55}tha̩^{33}fɔ^{33}	上	zi^{55}tha̩^{33}
上面；以上	zi^{55}tha̩^{33}fɔ^{33}	下	zi^{55}ma^{33}
下面；以下	zi^{55}ma^{33}fɔ^{33}	外	xu^{55}tha̩^{33}
外面	xu^{55}tha̩^{33}fɔ^{33}	内、里	xu^{55}lɛ^{55}
里面	xu^{55}lɛ^{55}fɔ^{33}	前面	kɔ^{33}fɔ^{33}fɔ^{33}；lɔ^{31}thɯ^{33}fɔ^{33}

汉义	豪尼哈尼语	汉义	豪尼哈尼语
面前	ʃɿ³¹ʃɿ³³fɔ³³	后面	nɔ³¹nɯ⁵⁵fɔ³³
背面	nɔ³¹nɯ⁵⁵fɔ³³	背后	nɔ³¹nɯ⁵⁵fɔ³³
对面	zi⁵⁵fɔ³³fɔ³³	底部	zi⁵⁵ma³³fɔ³³
左	la̠³¹tʃhɔ⁵⁵	左边	la̠³¹tʃhɔ⁵⁵fɔ³³
右	la̠³¹mɔ⁵⁵	右边	la̠³¹mɔ⁵⁵fɔ³³
旁边	pɔ⁵⁵tsɛ⁵⁵	边（水边）	pɔ⁵⁵tsɛ⁵⁵tsɛ⁵⁵the³³
端（物体两端）	tu³¹tsɔ⁵⁵	尖端	ɣu³¹tsu³³；ɣu³¹tʃm³³
中间	u⁵⁵tʃhe³³	一半	tɕhi³¹pha̠³³
半路	kɔ⁵⁵mɔ³³pɛŋ⁵⁵lu⁵⁵	附近	kɔ⁵⁵tsɛ⁵⁵n̠i³¹me⁵⁵；kɔ⁵⁵tsɛ⁵⁵fɔ³³
周围	ʐɔ³³lɔ³³	到处	xɔ³¹tɣ⁵⁵
地方	me⁵⁵tshɔ³¹	角落	ɣo³¹le³³
时间	ʃɿ³¹tɕɛŋ³³	日子	nv³³xa̠³¹
从前、古时候	kɔ³³fv³¹xɔ⁵⁵ti⁵⁵	以前、早到	kɔ³³fv³¹；lɔ³¹thu̠³³
现在、目前	zɔ³¹mɯ⁵⁵	以后	nɔ³¹nɯ⁵⁵
后来	nɔ³¹nɯ⁵⁵fɔ³³	将来	ɔ³¹mɯ³³nɔ³¹nɯ⁵⁵
最初	ʐɔ⁵⁵tʃɯ³¹khɛ³³thɯ³³；ʐɔ⁵⁵na³¹khɛ³³thɯ³³	前边	kɔ³³fv³¹khɛ³³thu̠³³
结尾	nɔ³¹nɯ⁵⁵nɯ⁵⁵the³³；nɔ³¹nɯ⁵⁵nɯ⁵⁵pe³³	先	kɔ³³fv³¹
后	nɔ³¹nɯ⁵⁵	古代	kɔ³³fv³¹ʐa⁵⁵xa⁵⁵xɣ³¹
一会儿、一瞬间	tɕhi³¹la̠³¹	年、岁	xɣ³¹
岁数	sui⁵⁵sɿ⁵⁵	去年	mi⁵⁵na̠³³xɣ³¹
前年	ʃu³¹mi⁵⁵na̠³³xɣ³¹	大前年	ʃu³¹lɔ³¹na̠³³xɣ³¹
今年	tsha³¹na̠³³xɣ³¹	明年	ɔ³¹mɯ⁵⁵na̠³³xɣ³¹
后年	sɔ⁵⁵phɛ³¹xɣ³¹	大后年	ɔ³¹phɛ³¹xɣ³¹
大大后年	ɔ³¹xɔ⁵⁵xɣ³¹	月（月份）	lɔ̠³³
正月	tʃɛŋ³³zi³³（汉借）	月初	lɔ̠³³te̠³¹fɔ³³

汉义	豪尼哈尼语	汉义	豪尼哈尼语
二月	$ɛ^{55}ʑi^{33}$ (汉借)	三月	$saŋ^{33}ʑi^{33}$ (汉借)
四月	$sɿ^{55}ʑi^{33}$ (汉借)	五月	$v̩^{31}ʑi^{33}$ (汉借)
六月	$khɣ^{31}l̩ɔ^{33}$; $luɯ^{31}ʑi^{33}$ (汉借)	七月	$ʃi^{31}l̩ɔ^{33}$; $tɕhe^{31}ʑi^{33}$ (汉借)
八月	$xɛ^{31}l̩ɔ^{33}$; $pa^{31}ʑi^{33}$ (汉借)	九月	$yu^{31}l̩ɔ^{33}$; $tɕo^{31}ʑi^{33}$ (汉借)
十月	$tshe^{55}l̩ɔ^{33}$; $ʃi^{31}ʑi^{33}$ (汉借)	十一月	$ʒɯ^{31}n̩i^{55}pɔ^{33}l̩ɔ^{33}$; $ʃi^{31}ʑi^{55}ʑi^{33}$ (汉借)
腊月	$tʃo^{33}l̩ɔ^{33}$	春	$xɣ^{31}ʃɣ^{31}pɔ^{33}l̩ɔ^{33}$
夏	$yo^{31}l̩u^{55}pɔ^{33}l̩ɔ^{33}$	冬	$yo^{31}ka^{33}pɔ^{33}l̩ɔ^{33}$
天（日）	nv^{33}	十天	$tshe^{55}nv^{33}$
号（阳历）	nv^{33}; $xa̱^{31}$ (汉借)	今天	$zɔ^{31}nv^{33}$
昨天	$mi^{55}nv^{33}$	前天	$ʃu^{33}mi^{55}nv^{33}$
大前天	$ʃu^{31}l̩ɔ^{33}nv^{33}$	明天	$na̱^{33}ʃuɯ^{31}$
后天	$sɔ^{55}phe^{31}nv^{33}$	大后天	$ɔ^{31}phe^{31}nv^{33}$
大大后天	$ɔ^{31}xɔ^{55}nv^{33}$	星期	$ɕiŋ^{33}tɕhi^{33}$ (汉借)
星期一	$ɕiŋ^{33}tɕhi^{33}ʑi^{31}$ (汉借)	星期二	$ɕiŋ^{33}tɕhi^{33}ɛ^{55}$ (汉借)
星期三	$ɕiŋ^{33}tɕhi^{33}saŋ^{33}$ (汉借)	星期四	$ɕiŋ^{33}tɕhi^{33}sɿ^{35}$ (汉借)
星期五	$ɕiŋ^{33}tɕhi^{33}v^{31}$ (汉借)	星期六	$ɕiŋ^{33}tɕhi^{33}luɯ^{31}$ (汉借)
星期天	$ɕiŋ^{33}tɕhi^{33}thieŋ^{33}$ (汉借)	赶集日	$kɛ^{55}tsɿ̱^{31}thieŋ^{33}$ (汉借)
生日	$sɛŋ^{33}ʒ̩^{31}$ (汉借)	日夜	$yo^{31}tɕhe^{31}u^{31}nv^{33}$
早晨、上午	$u^{31}ʃuɯ^{31}$	中午、白天	$u^{31}nv^{33}$
下午	$ɕa^{55}v^{31}$ (汉借)	今晚	$zɔ^{31}mi^{55}$
晚上、夜里	$yo^{31}tɕhe^{31}$	半夜（午夜）	$yo^{31}tɕhe^{31}ʃɔ^{55}mi^{55}$
傍晚、黄昏	$nuɯ^{55}mɔ^{33}kɔ^{33}ʑi^{55/53}thuɯ^{33}$	小时	$ɕɔ^{31}ʃi^{31}$ (汉借)
点（时间）	$tieŋ^{31}$ (汉借)	分（时间）	$feŋ^{33}$ (汉借)
秒（时间）	$miɔ^{31}$ (汉借)	初一	$tshv^{33}ʑi^{31}$ (汉借)
初二	$tshv^{33}ɛ^{55}$ (汉借)	初三	$tshv^{33}saŋ^{33}$ (汉借)
初四	$tshv^{33}sɿ^{35}$ (汉借)	初五	$tshv^{33}v^{31}$ (汉借)

续表

汉义	豪尼哈尼语	汉义	豪尼哈尼语
初六	tshv³³lɯ³¹ (汉借)	初七	tshv³³tɕʰe³¹ (汉借)
初八	tshv³³pa̠³¹ (汉借)	初九	tshv³³tɕo³¹ (汉借)
初十	tshv³³ʃi³¹ (汉借)	十五（阴历）	ʃi³¹v³¹ (汉借)
十六（阴历）	ʃi³¹lɯ³¹ (汉借)	三十（阴历）	saŋ³³ʃi³¹ (汉借)
端午节	v³¹zi³³toŋ³³v³¹ (汉借)	中秋节	pa̠³¹zi³³ʃi³¹v³¹ (汉借)
祭龙节	fv³³mɔ³³thu⁵⁵	春节	xɣ³¹ʃɣ³¹tsɔ³¹
立春	li³¹tʃʰuŋ³³ (汉借)	冬至	ʒɯ³¹n̠i⁵⁵

（四）动物

汉义	豪尼哈尼语	汉义	豪尼哈尼语
牛	v⁵⁵nv³¹	牛犊	v⁵⁵nv³¹nv³¹zɔ³¹
生小牛	v⁵⁵nv³¹ʹ³³a⁵⁵pe̠³³tʃv⁵⁵ʹ⁵³	黄牛	v⁵⁵nv³¹nv³¹n̠i⁵⁵
水牛	v⁵⁵nv³¹ʹ³³nv³¹phɯ⁵⁵	公牛	v⁵⁵nv³¹nv³¹phɔ³¹
母牛	v⁵⁵nv³¹ʹ³³nv³¹mɔ³³	马	ɔ³³mu³¹
公马	ɔ³³mu³¹ʹ³³mu³¹phi⁵⁵； ɔ³³mu³¹ʹ³³mu³¹phɔ³¹	母马	ɔ³³mu³¹ʹ³³mu³¹mɔ³³
马群	ɔ³³mu³¹tɕhi³¹kɯ⁵⁵	纯黑色马	ɔ³³mu³¹ʹ³³mu³¹na̠³³
驴	mɔ³³li³³ (汉借)	山羊	a³¹tʃʰm̠³¹
公羊	a³¹tʃʰm̠³¹tʃʰm̠³¹thu⁵⁵	母羊	a³¹tʃʰm̠³¹tʃʰm̠³¹mɔ³³
羊羔	a³¹tʃʰm̠³¹tʃʰm̠³¹zɔ³¹	猪	a³¹za̠³¹
公猪	za̠³¹phɔ³¹	母猪	za̠³¹mɔ³³
狗	ɔ³¹khɯ³¹	公狗	khɯ³¹phɔ³¹
母狗	khɯ³¹mɔ³³	猎狗	ʃɔ³¹lɛ³¹ɔ³¹khɯ³¹
疯狗	khɯ³¹mɣ³³	猫	ɔ⁵⁵n̠i⁵⁵
公猫	n̠i⁵⁵thu⁵⁵	母猫	n̠i⁵⁵mɔ³³
野猫	kɣ³¹tʃʰɯ³¹ɔ⁵⁵n̠i⁵⁵	老虎	xɔ³¹zɿ³¹
公老虎	xɔ³¹zɿ³¹zɿ³¹phɔ³¹	母老虎	xɔ³¹zɿ³¹zɿ³¹mɔ³³

汉义	豪尼哈尼语	汉义	豪尼哈尼语
象	zɔ³³mɔ³³	熊	xɔ³¹v̩⁵⁵
豹子	xɔ³¹z̩³¹	猴子	a⁵⁵mv̩³¹
鹿	xa³¹tɕhe³³	麂子	tʃm⁵⁵zɔ³¹
野猪	za̱³¹the³¹	刺猬	fv⁵⁵fv⁵⁵
狼	ʃa³³mv̩³³ɔ⁵⁵lɛ³³	黄鼠狼	pe⁵⁵tu⁵⁵ɔ⁵⁵n̩i⁵⁵
水獭	ɯ⁵⁵ʃu⁵⁵	兔子	thv³¹l̩ɔ³³
家兔	ɔ⁵⁵xu⁵⁵thv³¹l̩ɔ³³	野兔	kɣ³¹tʃɯ³¹thv³¹l̩ɔ³³
穿山甲	thu³¹khɯ³¹	松鼠	ɔ⁵⁵tʃɔ⁵⁵mv³¹phi⁵⁵
老鼠（家鼠）	fv³³tʃha̱³¹	山鼠	kɣ³¹tʃɯ³¹/³³fv³³tʃha̱³¹
鸡	a³¹xa̱³³	公鸡	xa̱³³phi⁵⁵
小鸡	a³¹xa̱³³xa̱³³zɔ³¹	小公鸡	xa̱³³phi⁵⁵xa̱³³zɔ³¹
母鸡	xa̱³³mɔ³³	雉（野鸡）	kɣ³¹tʃɯ³¹a³¹xa̱³³
鹌鹑、秧鸡	ɔ³¹pe⁵⁵ʃu⁵⁵na̱³³	鸭子、水鸭	ɔ³¹pe⁵⁵
公鸭	pe⁵⁵phi⁵⁵	母鸭	pe⁵⁵mɔ³³
旱鸭	ɔ³¹pe⁵⁵kaŋ³³za̱³¹	鹅	ɔ³¹ŋɔ⁵⁵
公鹅	ŋɔ⁵⁵phi⁵⁵	母鹅	ŋɔ⁵⁵mɔ³³
鸟	xɔ³¹tʃi⁵⁵	雄鸟	xɔ³¹tʃi⁵⁵tʃi⁵⁵phi⁵⁵
雌鸟	xɔ³¹tʃi⁵⁵tʃi⁵⁵mɔ³³	鸽子；斑鸠	xu³¹xu³¹
老鹰	xɔ³¹tse⁵⁵	布谷鸟	khu⁵⁵pi³³tɔ⁵⁵ti³³
啄木鸟	kɯ³¹tʃhe³³xɔ³¹to³³	喜鹊	tʃhe⁵⁵pa̱³¹
乌鸦	a⁵⁵na̱³³	麻雀	xɔ³¹tʃɔ⁵⁵lu⁵⁵pi³¹
燕子	za³¹fa̱³¹za³¹mɔ³³tʃi⁵⁵kɔ³¹li⁵⁵	孔雀	ʃu⁵⁵ti³¹；ʃu⁵⁵ti³¹ɣɔ⁵⁵ɣɔ⁵⁵；ta³³ua³¹ua⁵⁵（汉借）
蝙蝠	ɔ⁵⁵pi⁵⁵lɔ⁵⁵ŋɔ³¹	猫头鹰	xɣ³¹pɣ³³
龙	pɛ³³ʒu³¹	壁虎	ɔ³¹tʃhɔ³¹lɔ³¹kɯ⁵⁵
蛇	ɯ⁵⁵l̩ɯ⁵⁵	蟒蛇	ɯ⁵⁵na̱³³
眼镜蛇	tshɔ³¹pv³³ɯ⁵⁵l̩ɯ⁵⁵	青竹蛇	sɿ³³li³¹

续表

汉义	豪尼哈尼语	汉义	豪尼哈尼语
白花蛇	ʃɯ³¹ɯ⁵⁵	红脖子蛇	xa̠³³mɔ³³nɔ⁵⁵n̠i⁵⁵
水蛇	ɯ⁵⁵tʃha̠³¹	四脚蛇	kɣ³¹tʃɯ³¹ ̷³³tɛ⁵⁵tʃʅ³³
昆虫	pi³¹tʃv³¹	蝴蝶	a⁵⁵pha⁵⁵la⁵⁵to³¹
蛾子	ɔ³¹tʃhɛ³³ɔ³¹mɔ³³	蜻蜓	ɔ⁵⁵po³¹tɕhi⁵⁵tɣ³³
蜘蛛	ɔ³¹ku³¹lu³¹mɔ³³tʃhɛ⁵⁵tʃhɛ⁵⁵	蟑螂	a⁵⁵pha³³; a⁵⁵pha³³lɔ⁵⁵mɔ³³
蜈蚣	ɯ⁵⁵ʃɛ⁵⁵tu⁵⁵ʃɛ⁵⁵	蟋蟀	ɔ⁵⁵tɛ⁵⁵fv⁵⁵tʃhɯ⁵⁵
萤火虫	pɛ³¹kɯ⁵⁵la̠³¹n̠e̠³	蚂蚁	ɔ⁵⁵fv³³
黑蚁	ɔ⁵⁵fv³³fv³³na̠³³	红蚁	ɔ⁵⁵fv³³fv³³n̠i⁵
白蚁	ɔ³¹ʑi³¹	蝉、知了	a³¹tʃʅ³¹
蚱蜢	ɔ⁵⁵tɛ⁵⁵	螳螂	mu³³tʃhɯ³¹ta⁵⁵tʃhɯ³¹; ɔ³¹mu³¹tɛ⁵⁵lɛ⁵⁵
蝗虫、蚂蚱	lɔ³¹pɯ³³ɔ⁵⁵tɛ⁵⁵	蚂蝗	a³¹çe̠³¹
蜜蜂	pɔ³¹tʃɦ⁵⁵	蜜蜂窝	pɔ³¹ʒu⁵⁵
蜜蜂刺	pɔ³¹ku³³	蜂王	uaŋ³¹tɕi³¹; pɔ³¹tɕi³¹
黄蜂（大、黑）	pɔ³¹	马蜂	pɔ³¹tɯ⁵⁵
苍蝇	xɔ⁵⁵ʃɯ⁵⁵	蚊子	xɔ⁵⁵ku³¹
牛虻	a⁵⁵ma̠³¹	屎壳郎	khɯ³¹pi³¹za̠³¹pi³¹
蝼蛄（土狗）	ɔ⁵⁵khɔ³¹lɔ⁵⁵ŋɔ³¹; khɯ³¹n̠ɔ³¹	蝽（臭大姐）	a⁵⁵xɣ³¹pi³¹tɕhi⁵⁵ɔ³¹tshɔ⁵⁵
蛀虫	pi³¹tʃv³¹	毛虫	pi³¹tʃv³¹pi³¹sa³³; pi³¹tʃv³¹ta⁵⁵sa³³
跳蚤	khɯ³¹ʃɛ⁵⁵	虱子	ʃɛ⁵⁵fv⁵⁵
头虱	ɣ̠³¹ʃɛ⁵⁵	鸡虱	xa̠³³ʃɛ⁵⁵
牛虱	nv³¹ʃɛ⁵⁵	蛆	ɔ³¹tɕhi³¹ ̷³³pi³¹tʃv³¹
蚕	tshaŋ³¹ (汉借)	蛔虫；蚯蚓	pi³¹ti⁵⁵
蜗牛	ɔ³¹pɛ⁵⁵lɔ³¹n̠ɔ̠³³	青蛙	xɔ³¹phɔ³¹
癞蛤蟆（蟾蜍）	xa̠³³zɔ³¹ ̷³³ɔ⁵⁵u³³	石蚌	phɔ³¹çi³¹ ̷³³la̠³¹tɯ³³
蝌蚪	xɔ³¹phɔ³¹ ̷³³lɔ³¹ ̷⁵⁵za̠³³	虾	pɛ³¹tse⁵⁵

汉义	豪尼哈尼语	汉义	豪尼哈尼语
螃蟹	a^{55}kha^{33}	螺蛳（田螺）	lo^{31}no^{33}
乌龟	ɣ^{33}kui^{33}（汉借）	鱼	ŋɔ^{31}ʃɔ^{31}
黄鳝	v^{31}nv^{55}	泥鳅	tɛ^{55}tʃ^{33}
江鳅	pa^{33}l̩ɯ^{55}	大头鱼	xa^{31}fv^{33}ŋɔ^{31}ʃɔ^{31}
犄角	ɣ^{31}tɕhi^{55}	牛皮	nv^{31}kɯ^{55}
黄牛皮	nv^{31}n̩i^{55}nv^{31}kɯ^{55}	水牛皮	nv^{31}phɯ^{55}nv^{31}kɯ^{55}
牛筋	ʃɔ^{31}kɯ^{31}	马蹄	ɔ^{33}mu^{3133}phɔ^{31}su^{31}
牛蹄	nv^{31}khɯ^{55}phɔ^{31}su^{31}	爪子	phɔ^{31}su^{31}
尾巴	tu^{31}mi^{31}	牛尾巴	nv^{31}mi^{31}
猪鬃	a^{31}z̩a$^{31/33}$tʃha^{31}xo^{33}	毛、羽毛	tʃha^{31}xo^{33}
牛毛	v^{55}nv^{31}tʃha^{31}xo^{33}	羊毛	a^{31}tʃm̩^{31}tʃha^{31}xo^{33}
翅膀	ɔ^{55}tu^{55}	鸡冠	a^{31}xa̩^{33}nɔ^{31}pɔ^{31}
鸡爪	xa̩^{33}khɯ^{55}	触角	u^{31}tɕhi^{55}
鱼鳞	ŋɔ^{31}ʃɔ^{31}ʃɔ^{31}ɣɔ^{31}	鱼刺	ŋɔ^{31}ʃɔ$^{31/33}$ɔ^{55}ku^{33}
蜘蛛网	ɔ^{55}ku^{31}lu^{31}mɔ^{33}ɔ^{55}xu^{55}	鸟巢	xɔ^{31}tʃ^{55}tʃ^{55}ʐu^{55}
牲畜	tsɛ^{31}zɔ^{31}	水牛	nv^{31}phɯ^{55}
黄牛	nv^{31}n̩i^{55}	鸡毛	xa̩^{33}tu^{55}
鸭毛	pe^{55}tu^{55}		

（五）植物

汉义	豪尼哈尼语	汉义	豪尼哈尼语
树	ɔ^{55}tsɿ^{55}	树枝	a^{55}la̩^{31}
树疙瘩（节眼）	ɔ^{55}tsɿ^{55}tv^{31}fv^{31}	树林	ɔ^{55}tsɿ^{55}tsɿ^{55}tshu^{31}
树桩	ɔ^{55}tsɿ^{55}tu^{31}mɛ^{33}； ɔ^{55}tsɿ^{55}tu^{31}mɔ^{33}	树皮	ɔ^{55}tsɿ^{55}tsɿ^{55}kɯ^{55}； ɔ^{55}tsɿ^{55}a^{33}xo^{33}
木头	ɔ^{55}tsɿ^{55}tsɿ^{55}thu^{33}	森林	tsɿ^{55}tshu^{31}
灌木丛	sɿ^{33}tshu^{31}	棕树（棕榈）	tshu^{31}tsɿ^{55}

汉义	豪尼哈尼语	汉义	豪尼哈尼语
棕树种子	tshu³¹tsɿ⁵⁵a³¹pa̠³³	棕皮	tsho³¹xo³³
棕叶	tsho³¹pha̠³¹	垂杨柳	ɯ⁵⁵mu³¹
香椿树	z̩³¹pv̠³¹	松树	thu³¹ʃu⁵⁵
松针	thu³¹ʃu⁵⁵ʃu⁵⁵pha̠³¹	松香	thu³¹ʃu⁵⁵ʃu⁵⁵tɕi³¹
松明	mi³¹ʃɯ³¹	松子	thu³¹ʃu⁵⁵ʃu⁵⁵ɕi³¹
根	ɔ⁵⁵tʃh̩⁵⁵	芽	ɔ⁵⁵ne³³
叶子	a⁵⁵pha̠³¹	果树	ɔ³¹ɕi³¹ɕi³¹tsɿ⁵⁵; ɔ³¹ɕi³¹ɔ⁵⁵tsɿ⁵⁵
果子	ɔ³¹ɕi³¹	果核	a⁵⁵nɯ³³
种子	ɔ⁵⁵ʑi³¹	葡萄	ɕi³¹pa³¹
野葡萄	kɣ³¹tʃɯ³¹ᐟ³³ɕi³¹pa³¹	野芭蕉	pɛ⁵⁵tu⁵⁵ŋa̠³³tsɿ⁵⁵
牛蕉（大种芭蕉）	ŋa̠³³fv³¹tɣ³¹lɯ⁵⁵	芭蕉树	ŋa̠³³tsɿ⁵⁵
芭蕉（果）	ŋa̠³³ɕi³¹	香蕉树	ɕaŋ³³tɕɔ³³ɔ⁵⁵tsɿ⁵⁵
香蕉（果）	ɕaŋ³³tɕɔ³³ ₍汉借₎	桃子	ɕi³¹u³¹
红桃	ɕi³¹u³¹ᐟ³³u³¹tʃɔ⁵⁵	白桃	ɕi³¹u³¹ᐟ³³u³¹phɔ³³
杨梅	ɕi³¹ʃɔ³³	柿子	pu⁵⁵l̥ɔ³¹
樱桃	a³¹ze̠³¹	李子	ɕi³¹tʃhɔ³¹
枇杷	phi³¹pha³³ ₍汉借₎	柚子	phɔ³³ko̠³¹ ₍汉借₎
橘子	tɕi³¹tsɿ³¹ ₍汉借₎	芒果	mɔ⁵⁵mv³³
石榴	ɕi⁵⁵l̥i⁵⁵mɔ⁵⁵tʃɯ³³	梨树	ɕi⁵⁵l̥i⁵⁵ɔ⁵⁵tsɿ⁵⁵
梨	ɕi⁵⁵l̥i⁵⁵	野梨果	ɕi³¹phe⁵⁵xa³³tɕhe̠³¹
鸡屎果	ɔ³¹kɔ³³ɔ³¹ɕi³¹	番石榴	tʃa⁵⁵tɕhi⁵⁵ko̠³¹ ₍汉借₎
石林果	ɔ³¹ɣɛ⁵⁵; ɔ³¹ɣɛ⁵⁵ɔ³¹ɕi³¹; tʃh̩³¹tɕhi³¹ᐟ³³tʃh̩³¹le⁵⁵	甘蔗	pi³¹tʃh̩⁵⁵
核桃	ɯ⁵⁵tɯ⁵⁵	野核桃	kɣ³¹tʃɯ³¹ᐟ³³ɯ⁵⁵tɯ⁵⁵; ɯ⁵⁵tɯ⁵⁵tɯ⁵⁵xa³³
薄皮核桃	ɔ⁵⁵xu⁵⁵ɯ⁵⁵tɯ⁵⁵; ɯ⁵⁵tɯ⁵⁵tɯ⁵⁵nu³¹	橄榄	tʃu³¹tʃhu³¹pɛ⁵⁵lɛ⁵⁵

汉义	豪尼哈尼语	汉义	豪尼哈尼语
菠果（总称）	ɔ⁵⁵pi³³	菠果（黄色）	ɔ⁵⁵pi³³pi³³ʃv⁵⁵
菠果（黑色）	ɔ⁵⁵pi³³pi³³na̠³³	菠果（红色）	ɔ⁵⁵pi³³pi³³n̠i⁵⁵
香茵果	ɕi³¹l̩i⁵⁵mɔ³¹kɤ³¹	羊奶果	fv³³pɔ³¹fv³³nɯ³³
多依果	ɕi³¹phi³¹	向日葵、瓜子	pɔ³³l̩ɔ³³a⁵⁵zɛ̠³³
浮萍	za̠³¹tsɔ⁵⁵ɣo³¹n̠i⁵⁵	小葫芦	xɤ⁵⁵fv³¹
草	xɔ⁵⁵sɔ³¹	杂草（旱地里）	mɤ³¹n̠i⁵⁵
野草	ʃu⁵⁵mɔ³³	杂草（水田里）	mɤ³¹ɕi³¹
水田白色杂草	mɤ³¹fv⁵⁵	水田黑色杂草	mɤ³¹na̠³³
草根	xɔ⁵⁵sɔ³¹ᐟ³³ɔ⁵⁵tʃm̩⁵⁵	草丛	xɔ⁵⁵sɔ³¹ᐟ³³sɔ³¹tshu³¹
蓖麻树	xa³¹tʃɔ⁵⁵	蓖麻籽	xa³¹tʃɔ⁵⁵a⁵⁵nɯ̠³³
白头草	mi³¹tɕhi⁵⁵	金刚爪（四棱仙人掌）	ku³¹tu³¹ᐟ³³tu³¹pa̠³³
菊花	ɔ⁵⁵xɛ³¹ᐟ³³a⁵⁵zɛ̠³³	凤仙花	la̠³¹su³¹la̠³¹mɔ⁵⁵n̠i⁵⁵
蓝靛草	mu³¹pha̠³¹	板蓝根	mu³¹pha̠³¹ɔ⁵⁵tʃm̩⁵⁵
解放草	mɤ³¹tsm̩³¹tsm̩³¹n̠i⁵⁵	葛根	tʃm̩⁵⁵kɯ³¹
蒿草	ɔ⁵⁵xɛ³¹	茜草（紫兰草）	ɔ⁵⁵n̠i⁵⁵a³¹na̠³³
黄糯米花	fv³¹nv³¹ɔ⁵⁵ʃv⁵⁵	草果	tɤ³¹xɤ³¹
八角	pa̠³¹kɔ̠³¹ (汉借)	薄荷	khɯ³¹ʃɔ⁵⁵nɔ⁵⁵nɯ⁵⁵
鱼腥草	ɯ⁵⁵ʃɔ⁵⁵lɔ⁵⁵nɯ⁵⁵；ɔ⁵⁵ʃɔ⁵⁵lɔ⁵⁵nɯ⁵⁵	刺五加	ɔ⁵⁵n̠i⁵⁵la̠³¹sɔ³³u³¹xɔ³¹
茴香	pu³¹xɔ³¹	韭菜	kɤ³¹tʃm̩³³
茎菜	kɤ³¹tʃm̩⁵⁵	茎菜根	kɤ³¹tʃm̩⁵⁵tu³¹mi³¹
木耳	tu³¹mɔ³³na̠³³pe̠³³	青头菌	xɔ³¹ɔ⁵⁵pv³¹tv⁵⁵
菌子（总称）、蘑菇	na̠³³tɕhi⁵⁵	红色菌子	xɔ³¹ɔ⁵⁵pv³¹tv⁵⁵tv⁵⁵n̠i⁵⁵
奶子菌	xu⁵⁵n̠i⁵⁵xu⁵⁵tʃ̩³³；xu⁵⁵tʃ̩³³xu⁵⁵n̠i⁵⁵；xu⁵⁵tʃ̩³³xu⁵⁵tɕhi⁵⁵	鸡枞	mɛ⁵⁵tshɔ³¹ᐟ³³na̠³³tɕhi⁵⁵
红鸡枞	mɛ⁵⁵tshɔ³¹na̠³³tɕhi⁵⁵tɕhi⁵⁵n̠i⁵⁵	羊肝菌	xɔ³¹phɔ³³thɤ³¹ti⁵⁵

续表

汉义	豪尼哈尼语	汉义	豪尼哈尼语
青苔	ɯ⁵⁵ɕe̠³³	竹子	ɔ³¹xɔ³¹
金竹	pɔ⁵⁵fv⁵⁵	刺竹	pɔ⁵⁵tʃhɣ³¹
薄皮竹	xɔ³¹sa³³	竹笋	xa³¹me̠³¹
甜笋	xa³¹me̠³¹ ⁄ ³³me̠³¹tʃm̠⁵⁵；me̠³¹tʃm̠⁵⁵	苦笋	me̠³¹xɔ³¹；xa³¹me̠³¹ ⁄ ³³me̠³¹xɔ³¹
酸笋	me̠³¹tʃhe⁵⁵	竹叶	xɔ³¹pha̠³¹
竹节	xɔ³¹tsm̠³¹	竹竿	pɔ⁵⁵mu⁵⁵
竹篾	ɔ⁵⁵ne³³	篾青	ne³³ ⁄ ³¹xo³³
篾黄	ne³³ ⁄ ³¹nɯ³³	刺（植物）	ɔ⁵⁵ko³³
稻子（带壳）	tʃhe⁵⁵ɕi³¹	稻谷（无壳）	tʃhe⁵⁵fv⁵⁵
谷壳、糠	xɔ³¹phɣ³¹	谷粒	tʃhe⁵⁵ɕi³¹
秧	u³³khɯ³¹	稻草	u⁵⁵ʑi⁵⁵ɔ³¹pɯ³¹；ɔ³¹pɯ³¹
稻蔸（稻根）	tʃhe⁵⁵tsn̠⁵⁵to³¹ne̠³¹	穗（稻穗、麦穗）	ɔ⁵⁵nɯ⁵⁵
稗子	tʃhe⁵⁵xo̠³³	小红米	ʃu⁵⁵mo³³
玉米	ʃɔ⁵⁵tɯ³³	玉米轴芯	ʃɔ⁵⁵tɯ³³tɯ³³phe̠³¹
玉米秆	ʃɔ⁵⁵tɯ³³tɯ³³tsn̠⁵⁵	玉米的雄花	ʃɔ⁵⁵tɯ³³a⁵⁵ʑe̠³³
玉米缨须	ʃɔ⁵⁵tɯ³³me̠³¹tʃhe³¹	麦子	mɯ³¹tsn̠³¹（汉借）
苦荞麦	a³¹pa̠³¹ ⁄ ³³pa̠³¹ ⁄ ³³xɔ³¹	甜荞麦	a³¹pa̠³¹ ⁄ ³³pa̠³¹ ⁄ ³³tʃm̠⁵⁵
高粱	kɔ³³liaŋ³³（汉借）	紫米	tʃhe⁵⁵na̠³³
麦芒	tʃhe⁵⁵khu⁵⁵；mɯ³¹tsn̠³¹ɔ⁵⁵ko³³	粑粑	a³¹pa̠³¹；xo³¹pa̠³¹
面、面粉	a³¹pa̠³¹ ⁄ ³³pa̠³¹ ⁄ ³³l̥i⁵⁵；a³¹pa̠³¹ ⁄ ³³a³¹l̥i⁵⁵；a³¹pa̠³¹ ⁄ ³³ɔ³¹l̥i⁵⁵	面条	mien⁵⁵thio³¹（汉借）
大米	tʃhɛ⁵⁵fv⁵⁵	豆子	nɯ̠³³pe̠³³
豆荚	nɯ̠³³pe̠³³a⁵⁵xo̠³³；nɯ̠³³pe̠³³pe̠³³xo̠³³	黄豆	nɯ̠³³pe̠³³pe̠³³ʃv⁵⁵
黑豆	nɯ̠³³pe̠³³pe̠³³na̠³³	红豆	nɯ̠³³pe̠³³pe̠³³ȵi⁵⁵

汉义	豪尼哈尼语	汉义	豪尼哈尼语
紫豆角	nɯ³³tɕhi⁵⁵tɔ⁵⁵tʃv³³	四季豆	kaŋ³³tou⁵⁵（汉借）
豌豆	uaŋ³³tou⁵⁵（汉借）	豌豆尖	uaŋ³³tou⁵⁵tou⁵⁵nɛ³³
蚕豆	tshaŋ³¹tou⁵⁵（汉借）	豆芽菜	nɯ³³pe̱³³nɯ³³tʃm̩³³
花生	mɛ⁵⁵tsha³³na̱³³pe̱³³	花生壳	mɛ⁵⁵tsha³³na̱³³pe̱³³a⁵⁵xo̱³³
花生皮	mɛ⁵⁵tsha³³na̱³³pe̱³³ɔ⁵⁵kɯ⁵⁵	蔬菜	ɣo³¹phe̱³³
卷心菜	tɕiŋ⁵⁵pɯ³¹tshe⁵⁵（汉借）	大白菜	pɯ³¹tshe⁵⁵（汉借）
小白菜	pɯ³¹tshe⁵⁵tshe⁵⁵zɔ³¹	芥菜	phi³¹laŋ³¹
菠菜	po⁵⁵tshe⁵⁵（汉借）	番茄	lɔ³¹le̱³¹xoŋ³¹（汉借）
茄子	kɔ⁵⁵tsŋ̍³¹	油菜	tshe⁵⁵tsŋ̍³¹
青菜	ɣo³¹tʃhu⁵⁵ɣo³¹phe̱³³	茼蒿	ɔ⁵⁵thi³¹u³¹xɔ³¹
香菜、芫荽	u⁵⁵tʃi⁵⁵	蒜头	kɯ³¹pu³¹
腌蒜头	kɯ³¹pu³¹/³³u³¹tʃhe⁵⁵	厚皮菜	xou⁵⁵phi³¹tshe⁵⁵（汉借）
泡菜	phɔ⁵⁵tshe⁵⁵（汉借）	苦凉菜	ɔ³¹mu³¹/³³u³¹xɔ³¹xɔ³¹/³³na̱³³
蒜	xɔ³¹sɛ⁵⁵	蒜薹	xɔ³¹sɛ⁵⁵sɛ⁵⁵pha̱³¹
姜	tshe̱³¹tshŋ̍³¹	葱	sɛ⁵⁵po³¹
辣椒	tɕhi⁵⁵tɕhi⁵⁵	灯笼辣椒	tɕhi⁵⁵tɕhi⁵⁵thɯ³¹xɣ³¹
小米椒	tɕhi⁵⁵tɕhi⁵⁵tɕhi⁵⁵fv⁵⁵	胡椒粉	tɕi³¹sŋ̍⁵⁵ɔ⁵⁵ḻi⁵⁵
花椒（人工种植）	tsa̱³¹ɕi³¹	野生花椒	tsa̱³¹khɯ⁵⁵
芝麻	nɯ³¹ʃɛ⁵⁵	冬瓜	sɔ⁵⁵phɯ⁵⁵
南瓜	thɯ³¹xɣ³¹	南瓜藤	thɯ³¹xɣ³¹xɣ³¹nɛ³³
南瓜叶	thɯ³¹xɣ³¹xɣ³¹pha̱³¹	黄瓜	ɕi³¹xɣ³¹
西瓜	ɕi³³kua³³（汉借）	丝瓜	ɔ⁵⁵pi⁵⁵tʃɔ⁵⁵lɔ⁵⁵
木瓜	ɔ⁵⁵tsŋ̍⁵⁵thɯ³¹xɣ³¹	木薯	mɯ³¹mɯ³¹
红薯（总称）	ɣ̍³¹n̩i⁵⁵la̱³¹ɣ̍³¹	薯类（总称）	ɣ̍³¹fv⁵⁵ɣ̍³¹n̩i⁵⁵
红薯藤	ɣ̍³¹n̩i⁵⁵la̱³¹ɣ̍³¹a⁵⁵tʃha̱³³	芋头	pe̱³¹ɕi³¹
马铃薯	zaŋ³¹ẕi⁵⁵（汉借）	萝卜（总称）	u³¹fv⁵⁵

汉义	豪尼哈尼语	汉义	豪尼哈尼语
白萝卜	u³¹fv⁵⁵	红萝卜	u³¹fv⁵⁵fv⁵⁵n̩i⁵⁵
胡萝卜	fv³¹lo³¹po³³ (汉借)	萝卜干	u³¹fv⁵⁵fv⁵⁵khɯ³³
魔芋（家芋）	ʒɯ³³ŋa³³	魔芋（野芋）	ɔ⁵⁵n̩i³¹ɔ⁵⁵lɛ⁵⁵
莴笋	ɣo³³suɛŋ³¹ (汉借)	茶	lo³¹khɛ⁵⁵
茶的叶子	lo³¹khɛ⁵⁵khɛ⁵⁵pha̱³¹	茶树苗	lo³¹khɛ⁵⁵khɛ⁵⁵zo³¹；khɛ⁵⁵z̩i³¹
茶籽	khɛ⁵⁵ɕi³¹	花	a⁵⁵z̩ɛ³³
杜鹃花	xɣ̩³¹ʃɣ̩³¹ᐟ³³a⁵⁵z̩ɛ³³；xɣ̩³¹ʃɣ̩³¹ᐟ³³ma̱³³z̩ɛ³³		

（六）身体、生理

汉义	豪尼哈尼语	汉义	豪尼哈尼语
生命、寿命	ɔ³¹ʑi⁵⁵	头	ɣ̩³¹tɯ³¹
额头	nɔ⁵⁵tɯ⁵⁵	头发	tshɛ⁵⁵khɯ⁵⁵
头顶	ɣ̩³¹lu⁵⁵lu⁵⁵pi³³	发旋（头旋）	ɕiŋ⁵⁵tʃaŋ⁵⁵ (汉借)
刘海	mv³³tsu³³	头屑	ɣ̩³¹ɣo³¹
脑髓	ɣ̩³¹nɣ̩³¹	囟门	ɣ̩³¹pe̱³³
太阳穴	nɔ³¹tʃh̩³¹；nɔ³¹phɛ³¹	鬓发	nɔ³¹tʃh̩³¹
脸	po³¹po³¹；ma̱³³fv³¹	脸蛋	po³¹tɕhi⁵⁵
酒窝	po³¹ɕe̱³¹ɕe̱³¹	颧骨	po³¹tɕhi⁵⁵
腮帮子	po³¹ɣo⁵⁵	下巴	mɛ³¹tɯ³¹
耳朵	nɔ³¹pv⁵⁵	耳垂	nɔ³¹pv⁵⁵pv⁵⁵ɣ̩³³
耳朵眼儿	nɔ³¹pv⁵⁵tɔ⁵⁵khu⁵⁵	眼睛	ma̱³³tɕe̱³³
眼皮	ma̱³³kɯ⁵⁵	眼珠	ma̱³³nɯ̱³³
白眼仁	ma̱³³fv⁵⁵	眼角	ma̱³³tɕe̱³³ma̱³³tse⁵⁵
眼睫毛、眉毛	ma̱³³xo³³	鼻子	nɔ⁵⁵mɛ⁵⁵
鼻尖	nɔ⁵⁵tsu³³	鼻孔	nɔ⁵⁵mɛ⁵⁵nɔ⁵⁵khu⁵⁵
鼻孔毛	nɔ⁵⁵mɛ⁵⁵tʃha³¹xo³³	鼻涕	nɔ³¹pɛ⁵⁵

汉义	豪尼哈尼语	汉义	豪尼哈尼语
清鼻涕	nɔ³¹pɛ⁵⁵tsho³¹phe̱³¹	鼻屎	nɔ⁵⁵tɕhi³¹
酒渣鼻	nɔ⁵⁵pi³¹tsɔ³¹	嘴	xɔ³¹mɛ³³
上嘴唇	mɛ³¹phi⁵⁵	下嘴唇	mɛ³¹pha̱³¹
胡子	mɛ³¹tʃhe³¹	络腮胡子	pɔ³¹ʃɛ⁵⁵
牙齿	ɔ³¹tʃɯ⁵⁵	牙根	ɔ³¹tʃɯ⁵⁵tʃɯ⁵⁵tʃm̩⁵⁵
大牙	ɔ³¹tʃɯ⁵⁵tu³¹phe³¹	犬牙	khɯ³¹tʃɯ⁵⁵
门牙	sɿ³¹pa³³the⁵⁵phi³¹	牙龈	ɔ³¹tʃɯ⁵⁵tu³¹phe³¹；ɔ³¹tʃɯ⁵⁵tu³¹mɛ⁵⁵
牙缝	ɔ³¹tʃɯ⁵⁵khɔ³¹l̩ɔ³¹	下巴	mɛ³¹tv³¹
舌头	ɔ³¹l̩ɔ⁵⁵	舌尖	ɔ³¹l̩ɔ⁵⁵ɔ⁵⁵tsu³³
小舌	ɔ³¹l̩ɔ⁵⁵ɔ⁵⁵zɔ³¹	舌苔	ɔ³¹l̩ɔ⁵⁵ɔ⁵⁵tɕhi³¹
喉咙	khɯ³¹mɔ³³	喉结	khɯ³¹tsh̩³¹
脖子	khɯ³¹l̩ɯ⁵⁵；khɯ³¹ɕi³¹	后颈窝	khɯ³¹ɕi³¹lu⁵⁵pi³³；u³¹khɔ³¹lɔ³¹n̩i⁵⁵tu³¹xu³¹
后脖颈	khɯ³¹l̩ɯ⁵⁵l̩ɯ⁵⁵tʃm̩⁵⁵	肩膀	la̱³¹pa̱³¹pa̱³¹tha̱³¹；pa̱³¹tha̱³¹
脊背、脊梁骨	ʒu³³ɣu⁵⁵	腋下	la̱³¹ɣ³³tu³¹xu³¹
腋毛	tʃha³¹xo³³	乳房	a⁵⁵tʃɯ³³
奶头	a⁵⁵tʃɯ³³tʃɯ³³ɕi³¹	肚子	u³¹mɔ³³
肚脐	u³¹mɔ³³tʃha³¹pe̱³³	肚腩	u³¹mɔ³³ʃɔ³¹kɯ⁵⁵
腰、腰椎	xu⁵⁵tsh̩³¹	上臂	la̱³¹pa³³
小臂	la̱³¹tɯ⁵⁵	肘	la̱³¹tsh̩³¹
手	a³¹la̱³¹	手掌	la̱³¹pha̱³¹
拍巴掌	la̱³¹pha̱³¹ᐟ³³ti³¹	手背	la̱³¹xo̱³³
手心	la̱³¹pha̱³³tɛ³³ɔ⁵⁵；la̱³¹fv⁵⁵	手纹	la̱³¹kho³³
手指	la̱³¹n̩i⁵⁵	拇指	la̱³¹mɔ³³
食指	xɔ³¹phɔ³¹n̩i⁵⁵thɯ⁵⁵	中指	n̩i⁵⁵mu⁵⁵

汉义	豪尼哈尼语	汉义	豪尼哈尼语
无名指	n̩i⁵⁵zɔ³¹	小指	la̠³¹n̩i⁵⁵kɛ⁵⁵tʃhɔ³¹；kɛ⁵⁵tʃhɔ³¹
指纹	la̠³¹mɔ³³pv⁵⁵u³³	枝指	la̠³¹n̩i⁵⁵pi⁵⁵kuɛ³¹
拇指枝指	la̠³¹mɔ³³pi⁵⁵kuɛ³¹	指甲	la̠³¹su³¹
肉刺	su³¹tɕi³³l̩ɯ³¹	箕状指纹	la̠³¹n̩i⁵⁵pu⁵⁵u³³u³³pha̠³³
斗状指纹	la̠³¹n̩i⁵⁵pu⁵⁵u³	指肚子	la̠³¹n̩i⁵⁵u³³lu³³
手指节	la̠³¹n̩i⁵⁵n̩i⁵⁵tʂh̩³¹；n̩i⁵⁵tʂh̩³¹	指叉（虎口）	la̠³¹n̩i⁵⁵la̠³¹khɔ³¹
拳头	la̠³¹thɣ³³	脚、腿	ɔ³¹khɯ⁵⁵
脚心、脚底	ɔ³¹khɯ⁵⁵pha̠³¹ɣ³¹	脚背	ɔ³¹khɯ⁵⁵pha̠³¹tha̠³¹
大腿	ʃɔ³¹phɔ³¹	小腿	ɔ³¹khɯ⁵⁵khɯ⁵⁵tɣ³³
胫前（小腿的前部）	ɔ³¹khɯ⁵⁵mu³¹xu⁵⁵	腿肚子	khɯ⁵⁵tɣ³³tɣ³³tɕɛ³³
脚趾、脚指头	phɔ³¹n̩i⁵⁵phɔ³¹mɔ³³	大脚趾	phɔ³¹mɔ³³
小脚趾	phɔ³¹n̩i⁵⁵	脚后跟	ɔ³¹khɯ⁵⁵tʃa̠³¹nɣ³¹；ɔ³¹khɯ⁵⁵xou⁵⁵kɛŋ³³
脚踝	ʃu⁵⁵n̩a³³phɔ³¹l̩ɯ³³	膝盖	pha̠³¹tʂh̩³¹
脚尖	phɔ³¹n̩i⁵⁵ɣ³¹tv³¹	胯下	phi³¹ma³³
屁股	tɣ³¹pɣ³³；tu³¹mɛ⁵⁵	肛门	tu³¹khu⁵⁵
睾丸	xɔ³¹tʃ̩⁵⁵tʃ̩⁵⁵ɣ³³	女性生殖器	tso³¹pe̠³¹
男性生殖器	xɔ³¹tʃ̩⁵⁵；pi⁵⁵li⁵⁵	心脏	u³¹ɕi³³nɯ³³mɔ³³
肺	a³¹pho̠³¹	肝脏	ɔ³¹tshu³¹
胆囊	phɛ³¹khɯ⁵⁵	肾脏	zo̠³³tʂ̩³¹（汉借）
脾脏	v⁵⁵phɛ⁵⁵	胃	pu³³mɔ³³
胃（鸡胃）	a³¹xa̠³³lo̠³¹le³³	鸡屁股	a³¹xa̠³³tu³¹mɛ⁵⁵
肠子	ɔ³¹v⁵⁵	大肠	ɔ³¹v⁵⁵v⁵⁵xɣ³¹；ɔ³¹v⁵⁵ta̠³¹tʃhaŋ³¹
小肠	ɔ³¹v⁵⁵v⁵⁵n̩i⁵⁵；ɔ³¹v⁵⁵v⁵⁵zɔ³¹	膀胱	ɕi³¹fv³¹
筋	ʃɔ³¹kɯ³¹	血	ʃɔ³¹ʃɔ³¹

汉义	豪尼哈尼语	汉义	豪尼哈尼语
血管	çẹ³¹kuaŋ³¹ (汉借)	皮	ʃɔ³¹kɯ⁵⁵
皮肤	ʃɔ³¹tsʰn̩⁵⁵	汗毛	tʃha³¹xo³³
骨头	ʃɔ³¹ʑi³¹	骨髓	fv⁵⁵thoŋ³¹
肋骨	paŋ³³tsɿ³¹ (汉借)	脂肪	ʒɯ³³tɕhi⁵⁵
乳汁	tʃɯ³³ɣɯ⁵⁵	眼泪	ma̠³³ɣɯ⁵⁵
口水	mɛ³¹ɣɯ⁵⁵	眼屎	ma̠³³tɕhi³¹
耳屎	pv⁵⁵tɕhi³¹	痰	tsho³¹pʰẹ³¹nɔ³¹pɛ⁵⁵
汗	khɯ³¹fv⁵⁵	汗渍、汗斑	khɯ³¹fv⁵⁵fv⁵⁵sa̠³³
屎、大便	ɔ³¹tɕhi³¹	屁	ɔ³¹tɕhi³¹
尿、小便	ɔ³¹tʃɛ⁵⁵	痣	tsʰn̩³¹tsʰn̩³¹mɛ⁵⁵na̠³³
雀斑	ʃɔ³¹pv̠³¹	大片的疤痕	mɔ⁵⁵pa̠³¹
划伤的疤痕	mɔ⁵⁵kɯ³¹	痘痕	mɔ⁵⁵nɔ⁵⁵nɔ⁵⁵pa̠³¹
胎记	ʃɔ³¹tɣ̠³¹/³³tɣ̠³¹/³³na̠³³	胞衣	a⁵⁵pẹ³³ɔ⁵⁵pɣ³³; tʃha³¹n̠i⁵⁵ɔ⁵⁵pɣ³³
水疱（脚、手摩擦而起的泡）	phɔ⁵⁵phɔ⁵⁵ (汉借)	皱纹	pɔ³¹pɛ⁵⁵tʃɯ³¹
头皮	ɣ³¹xɔ³³；v³¹tɯ³¹ʃɔ³¹kɯ⁵⁵	辫子	tshu⁵⁵pʰẹ³¹
子宫	zɔ³¹ʒu⁵⁵ɔ³¹mɔ³³	月经	pɔ³³l̠ɔ³³nɯ⁵⁵mɔ³³tʃhu³³; tsɿ³¹ʃi³¹
左手	la̠³¹tʃhɔ⁵⁵	右手	la̠³¹mɔ⁵⁵

（七）亲属及称谓

汉义	豪尼哈尼语	汉义	豪尼哈尼语
祖先	ɔ³¹phi³¹ɔ³¹pv⁵⁵	后代	ɔ³¹n̠i⁵⁵
高祖父母	ɔ⁵⁵phi³¹	曾祖父母	ɔ⁵⁵tsu³¹
祖父	ɔ³¹pv⁵⁵	祖母	ɔ⁵⁵ʒɔ³¹
父母	ɔ³¹phɔ³¹ɔ³¹mɔ³³	父亲	ɔ³¹phɔ³¹
母亲	ɔ³¹mɔ³³	继父	ɔ³¹phɔ³¹phɔ³¹n̠i⁵⁵

续表

汉义	豪尼哈尼语	汉义	豪尼哈尼语
后妈、继母	ɔ³¹mɔ³³mɔ³³n̩i⁵⁵	丈夫	ɣo³¹su⁵⁵
妻子、老婆、媳妇	xɔ³¹mi³¹	大小舅子	phɔ³¹mu⁵⁵
哥哥（尊称）	phɔ³¹mu⁵⁵	哥哥、表哥、堂哥	a⁵⁵ʒɤ³¹；a⁵⁵ko³³
嫂子、表嫂	a⁵⁵tsʰn̩³³	姐姐、表姐、堂姐	a⁵⁵ʒɤ³¹；a⁵⁵ta⁵⁵
弟弟、妹妹；表弟、表妹；堂弟、堂妹	ɔ³¹n̩i⁵⁵	弟媳	ɔ³¹n̩i⁵⁵lɔ³¹xɔ³¹mi³¹
妯娌	n̩i³¹ta⁵⁵zɔ³¹	兄弟	n̩i³¹ko³³zɔ³¹
姐妹、兄弟	a⁵⁵ʒɤ³¹ɔ³¹n̩i⁵⁵	姐夫	ɔ⁵⁵ʃu³¹
大、小姑子	n̩i⁵⁵nɯ⁵⁵mɔ³³	儿子	ẓa³¹ẓ̩³³
儿媳	zɔ³¹mi³¹/³³khɯ³¹mɔ³³	儿女	zɔ³¹
女儿	zɔ³¹mi³¹	伯父	ta⁵⁵tɛ³³（汉借）
伯母	ta⁵⁵mɔ³³（汉借）	叔父	ʃv³¹ʃv³³（汉借）
叔母	li⁵⁵li³³；ɔ⁵⁵mɔ³³li⁵⁵li³³	侄辈	phɔ³¹mu⁵⁵ɔ³¹n̩i⁵⁵
姑母（父之姐）	a⁵⁵n̩aŋ³³（汉借）	姑母（父之妹）	n̩aŋ³³n̩aŋ³³（汉借）
姑父	a⁵⁵xɯ³¹	姨母（母之姐）	ta⁵⁵mɔ³³（汉借）
姨母（母之妹）	ɔ³¹mɔ³³li⁵⁵li³³	叔父	ɔ³³phɔ³¹li⁵⁵li³³
小姨父	ɔ⁵⁵pɔ³¹ti³³	外祖父（外公）	ɔ³¹pv⁵⁵
外祖母（外婆）	pv³³lɔ³³	舅父（母兄）	ɔ⁵⁵u³³面称 ɔ⁵⁵u³³zɔ⁵⁵xɯ³¹lɔ³¹背称
舅父（母弟）	ɔ⁵⁵u³³zɔ⁵⁵n̩i⁵⁵	舅母（母兄之妻）	ɔ⁵⁵mɯ³³zɔ⁵⁵xɯ³¹面称 ɔ⁵⁵mɯ³³zɔ⁵⁵xɯ³¹背称
舅母（母弟之妻）	ɔ⁵⁵mɯ³³zɔ⁵⁵n̩i⁵⁵lɔ³¹面称 ɔ⁵⁵mɯ³³zɔ⁵⁵n̩i⁵⁵lɔ³¹背称	外甥、侄子；孙子、孙女	zɔ³¹zi⁵⁵
公公	tʃɔ⁵⁵l̩ɯ³¹phɔ³¹	婆婆	tʃɔ⁵⁵l̩ɯ³¹mɔ³³
岳父	ʒɤ³¹phɔ³¹	岳母	ʒɤ³¹mɔ³³
干爹	tɕhiŋ³³tɛ³³	干妈	tɕhiŋ³³mɔ³³
亲戚	a⁵⁵ʒɤ³¹n̩i⁵⁵	亲家	tɕhiŋ⁵⁵tɕa³³（汉借）

汉义	豪尼哈尼语	汉义	豪尼哈尼语
姑娘	mi̱³¹ta̠³¹	人	tsʰ̩⁵⁵zo³¹
男主人	ɔ⁵⁵xu⁵⁵ɣo³¹su⁵⁵	女主人	ɣo³¹su⁵⁵ɔ³¹mɔ³³
客人	ɔ⁵⁵mɯ³³to³¹xu³³	长辈	a⁵⁵ʒɤ³¹
平辈	tɕhi³¹zaŋ⁵⁵ (汉借)	晚辈	ɔ³¹ɲi⁵⁵
老爷爷	ɔ³¹pv⁵⁵ʒo³¹mu³¹	老奶奶	ɔ⁵⁵ʒɔ³¹ʒo³¹mu³¹
老人	zɔ³¹mu³¹（60—80 岁）ɔ³¹phi³¹zɔ³¹mu³¹（80 岁以上）	成年人	tsʰ̩⁵⁵xa̠³³
青年人	zɔ³¹nɯ⁵⁵nɯ⁵⁵zɔ³¹	男人、男孩子	za̠³¹z̩³³
女人、女孩子	zɔ³¹mi³¹	未婚男青年	ɕɔ³¹xo̠³¹mi³¹ ⁄ ³³ta³¹；ɕɔ³¹xo̠³¹tsɿ³³ (汉借)
未婚女青年	zɔ³¹mi³¹³³mi̠³¹ ⁄ ³³zɔ³¹；zɔ³¹mi³¹³³mi̠³¹ ⁄ ³³ta̠³¹	新郎	za̠³¹z̩³³a⁵⁵ʃɤ³¹
新娘	zɔ³¹mi³¹a⁵⁵ʃɤ³¹	男情人	zɔ³¹xɔ³¹
女情人	mi³¹pu⁵⁵	单身汉	taŋ³³ʃɛŋ³³xaŋ⁵⁵ (汉借)
婴儿	a⁵⁵pe̠³³tʃha³¹ɲi⁵⁵	儿童、小孩	a⁵⁵pe̠³³
养子	ʃɔ⁵⁵la³¹tʃɯ⁵⁵tʃhɯ³³za̠³¹z̩³³；zɔ³¹ʃɔ⁵⁵ʃɔ⁵⁵ ⁄ ⁵³la³¹	养女	ʃɔ⁵⁵la³¹tʃɯ⁵⁵tʃhɯ³³zɔ³¹mi³¹；zɔ³¹ʃɔ⁵⁵ʃɔ⁵⁵ ⁄ ⁵³mi³¹
双胞胎	zɔ³¹tsu³³	龙凤胎	loŋ³¹foŋ⁵⁵the³³ (汉借)
私生子	ti⁵⁵zɔ³¹	鳏夫	pu⁵⁵tu³¹
寡妇	mi³¹tʃʰm³¹mɔ³³	医生	na̠³³tɕhi³¹tɕhe̠³³
老师	lɔ³¹sɿ³³ (汉借)	学生	ɕo̠³¹sɛŋ³³ (汉借)
结拜过的兄弟/姐妹	ʒɤ³¹ɲi⁵⁵ɔ³¹pho³¹ (男性)；ʒɤ³¹ɲi⁵⁵ɔ³¹mɔ³³ (女性)	朋友、伙伴	ɔ⁵⁵tʃhɯ³¹
长工	za̠³³thɯ³³	短工、丫鬟	zɔ³¹xa̠³³
邻居	kɤ³¹pi³¹li³¹ʃɯ⁵⁵ (汉借)	匠人	la̠³¹tɕhe̠³¹
石匠	l̩u³³mo³³la̠³¹tɕhe̠³¹	木匠	ɔ⁵⁵tsɿ⁵⁵la̠³¹tɕhe̠³¹
铁匠	ʃu⁵⁵la̠³¹tɕhe̠³¹	皮匠	ʃɔ³¹kɯ⁵⁵la̠³¹tɕhe̠³¹
鞋匠	pha̠³¹no̠³³la̠³¹tɕhe̠³¹	裁缝匠	ɔ⁵⁵xu³¹kɯ³¹la̠³¹tɕhe̠³¹

汉义	豪尼哈尼语	汉义	豪尼哈尼语
房匠	ɔ⁵⁵xu⁵⁵tsʰ⁵⁵zɔ³¹la̱³¹tɕʰe̱³¹	吹鼓手	la̱³¹pa³³la̱³¹tɕʰe̱³¹
牧童	v⁵⁵nv³¹fv³¹ᐟ³³tsɔ³¹a⁵⁵pe̱³³	乞丐	ɔ⁵⁵fv³¹ʃɔ⁵⁵tsɔ³¹tsʰ⁵⁵zɔ³¹
瘫子	ma³¹l̥ɤ³³ʑi⁵⁵tɕʰi³¹	懒汉	ma³¹l̥ɤ³³kɔ̱³¹
跛子	kʰɯ⁵⁵xa̱³¹	哑巴、傻子	tsɿ³¹pʰɔ³¹（男性）; tsɿ³¹mɔ³³（女性）
结巴	l̥ɛ⁵⁵ŋa̱³¹	瞎子	ma̱³³pe̱³¹
聋子	nɔ³¹pv̠³¹	驼子	to⁵⁵ɣo³³（ɣo³³）
麻子	na̱³³pv̠³¹（pv̠³¹）	疯子	ʃa³³mv̠³³（mv̠³³）
秃子	v̠³¹tɛ³¹; tv⁵⁵tɛ³¹	好人	tsʰ⁵⁵mɯ³¹
坏人	tsʰ⁵⁵mi⁵⁵	土匪	tʰv³¹fei³¹（汉借）
贼；小偷；扒手	lu⁵⁵pi³¹	强盗	lu³³pi³¹ti³³tsɔ³¹
恶霸	tv̠³³ɣɯ³³	富翁	ʒɤ³³xa̱³³
穷人	ʃɔ³¹zɔ³¹	皇帝	tɕi³¹mu³¹
党员	taŋ³¹ʑɛŋ³¹（汉借）	干部	kaŋ³³pu³³（汉借）
人民	ʒɛŋ³¹miŋ³¹（汉借）	农民	nuŋ³¹miŋ³¹（汉借）
聪明人	tsʰ⁵⁵ku⁵⁵	胖	mɯ⁵⁵tsʰ⁵⁵tsʰ⁵⁵

（八）居所、建筑、交通

汉义	豪尼哈尼语	汉义	豪尼哈尼语
家、房屋、房子	ɔ⁵⁵xu⁵⁵	房顶、屋顶	tɔ³¹kɯ³³
睡觉的正房	ɔ⁵⁵xu⁵⁵ʒu⁵⁵mɔ³³	厢房	tsʰe³¹l̥v³¹
火塘	tsʰa³¹v³³xɔ³¹l̥ɛ⁵⁵	神龛（香火）	ɔ³¹pv⁵⁵tɯ⁵⁵tɯ⁵⁵
土掌房	l̥ɛ⁵⁵ka³¹ɔ⁵⁵xu⁵⁵	仓库	kɯ³³mɔ³³
磨坊	l̥ɯ⁵⁵tɕi³³tɕi³¹ʒu⁵⁵	舂米房	me̱³¹tsʰu⁵⁵tsʰu⁵⁵ʒu⁵⁵
地基	ʃi³¹tɕɔ³¹	巷子	kʰo³¹l̥a³¹
围墙；墙壁	kɯ⁵⁵fv̠³¹	墙缝	kɯ⁵⁵fv̠³¹ta⁵⁵pe̱³¹
角落	tu³¹pʰɛ³¹	篱笆	kʰu⁵⁵tʃʰ⁵⁵kʰu⁵⁵pʰe̱³¹

汉义	豪尼哈尼语	汉义	豪尼哈尼语
篱笆席子（晒谷子）	ɣ³¹sŋ³³；ɣo³¹sŋ³³	厨房	tʃhu³¹faŋ³¹ (汉借) ɔ⁵⁵fv³¹tʃɛŋ³¹/³³tsɔ³¹xɔ⁵⁵
厕所	ɔ³¹tɕhi³¹/³³tɕhi³¹ʒu⁵⁵	粮仓	kɯ³³mɔ³³
晒谷台	tɔ³¹kɯ³³	水井	ɯ⁵⁵tɤ³¹
菜园	xɔ⁵⁵khu⁵⁵	牛圈（牛栏）	v⁵⁵nv³¹/³³nv³¹ʒu⁵⁵
马厩	ɔ³³mu³¹/³³mu³¹ʒu⁵⁵	猪圈（猪栏）	a³¹za³¹/³³za³¹ʒu⁵⁵
鸡窝	xa̠³³ʒu⁵⁵	鸡笼	xa̠³³fv³¹
蜂房	pɔ³¹ʒu⁵⁵	蚂蚁窝	ɔ⁵⁵fv³³ɔ⁵⁵xu⁵⁵； ɔ⁵⁵fv³³fv³³ʒu⁵⁵
鸟窝	xɔ³¹tʃ̩⁵⁵tʃ̩⁵⁵ʒu⁵⁵	鸟笼	tʃ̩⁵⁵fv³¹
网	va³¹ (汉借)	屋檐	ta̠³³pu⁵⁵
屋脊	ɔ⁵⁵tsŋ⁵⁵leŋ⁵⁵tsŋ³¹	梁（横梁）	ta⁵⁵liaŋ³¹ (汉借)
柱子	xu⁵⁵z̩⁵⁵	栅栏	xa³¹za³¹
楼	tɔ³¹kɯ³³	楼梯	ta̠³³tsu⁵⁵
门	u³³xɛ³¹	门口	u³³xɛ³¹mɔ⁵⁵/⁵³
门扣	ta⁵⁵ço³³	门缝	u³³xɛ³¹ta⁵⁵pe̠³¹
窗户	pa̠³³ɣo³³	石灰	xu⁵⁵l̩i⁵⁵
油漆	tɕhi³¹ (汉借)	瓦	va̠³¹ (汉借)
砖	tʃuɛŋ³³ (汉借)	土坯	l̩e⁵⁵ka³¹
路	kɔ⁵⁵mɔ³³	公路	tʃhɤ³³lɯ⁵⁵ (汉借)
三岔路	kɔ⁵⁵mɔ³³kɔ⁵⁵tɕi⁵⁵；kɔ⁵⁵tɕi⁵⁵	岔路	kɔ⁵⁵mɔ³³tʃha⁵⁵lɯ⁵⁵
羊肠小道	ka⁵⁵phe̠³³	车子	tʃhɤ³³tsŋ³¹ (汉借)
火车	xo³¹tʃhɤ³³ (汉借)	汽车	tɕhi⁵⁵tʃhɤ³³ (汉借)
自行车	taŋ³³tʃhɤ³³ (汉借)	马车	ma³¹tʃhɤ³³ (汉借)
车票	tʃhɤ³³phiɔ⁵⁵ (汉借)	车轮子	luŋ³¹tsŋ³¹ (汉借)
飞机	fei³³tɕi³³ (汉借)	机器	tɕi³³tɕhi⁵⁵ (汉借)
粪坑	tʃɔ³¹khɯ³¹tu³¹xu³¹； tʃɔ³¹khɯ³¹lu³¹xu³¹	桥	pa̠³¹tsu³³

汉义	豪尼哈尼语	汉义	豪尼哈尼语
水泥	∫ui³¹n̪i̪³¹ (汉借)	碎石	l̪u³³mɔ³³mɔ³³l̪i⁵⁵；l̪u³³mɔ³³ɔ⁵⁵l̪i⁵⁵
泥巴	mɛ⁵⁵tɕhi³¹	锁	tʃa̪³¹kɯ⁵⁵
钥匙	tɕhe̪³¹tɯ⁵⁵	东西	mu³¹n̪i³¹

（九）服饰

汉义	豪尼哈尼语	汉义	豪尼哈尼语
衣服	ɔ⁵⁵xu³¹	棉衣	mɛŋ³¹ʑi³³ (汉借)
土布衣服	phɔ⁵⁵xa̪³³ɔ⁵⁵xu³¹	毛衣	mɔ³¹ʑi³³ (汉借)
大衣	ta⁵⁵ʑi³³ (汉借)	皮衣	phi³¹ʑi³³ (汉借)
短褂	ɔ⁵⁵xu³¹kua⁵⁵kua⁵⁵	背心	pei⁵⁵ɕiŋ³³ (汉借)
裹衣	ʒɛ⁵⁵kɯ⁵⁵	衣领	kɔ³³liŋ³¹ (汉借)；khɯ³¹ɕi³³lu³³u⁵⁵
衣摆	ɔ⁵⁵xu³¹xu³¹thu³³	大襟	ɔ⁵⁵xu³¹ɕi³¹phɯ⁵⁵
小襟	nɯ³³ta̪³³	衣兜	ɔ⁵⁵xu³¹phi⁵⁵phe̪³³；phi⁵⁵to³³
衣缝儿	ky̪³¹mu³¹	袖口	la³¹ty³¹
纽扣	phi⁵⁵ɕi³¹	扣眼	phi⁵⁵ɕi³¹tɔ⁵⁵khu⁵⁵；phi⁵⁵³¹ɕi³¹phi⁵⁵u³¹
布扣	nɔ³¹u³¹	裤兜	phi⁵⁵phe̪³³
裤子	l̪ɔ³¹	裤腰	l̪ɔ³¹xu⁵⁵
裤裆	l̪ɔ³¹xu³¹	裤管（裤筒；裤腿）	l̪ɔ³¹khu⁵⁵
裤脚	l̪ɔ³¹thu³³；khɯ⁵⁵tɕɔ³¹ (汉借)	短裤（不过膝）	tuaŋ³¹khu⁵⁵ (汉借)
开裆裤	khe̪³³taŋ³³khu⁵⁵ (汉借)	棉裤	mɛn³¹khu⁵⁵ (汉借)
裙子	tsa³¹me̪³¹	腰带	ty³¹tɕhe̪³¹
绣花的腰带	ty³¹tɕhe̪³¹/³³a̪³¹pa³¹	裹腿	khɯ⁵⁵tshu³¹
补丁	phɔ⁵⁵tshu⁵⁵kɯ³³tʃhy³¹	鞋子	pha̪³¹nɔ̪³³
鞋带	pha̪³¹nɔ̪³³a⁵⁵tʃha̪³³	皮鞋	phi³¹xe³¹ (汉借)

汉义	豪尼哈尼语	汉义	豪尼哈尼语
拖鞋	tho³³xɛ³¹ (汉借)	鞋垫	xɛ³¹tɛŋ⁵⁵ (汉借)
袜子	khɯ⁵⁵pu³¹	手套	a³¹la̠³¹ɣo³¹tsho³¹；la̠³¹pu³¹
布	xɔ³¹phɔ⁵⁵	花布	xua³³pv⁵⁵ (汉借)
纱布（蚊帐布）	ʃa³³pv⁵⁵ (汉借)	缎子	ɔ³¹fv⁵⁵
呢子	mɔ³¹ne̠³¹ (汉借)	被子、棉被	ɔ⁵⁵pɣ³³
棉絮（棉胎）	mɛn³¹çi⁵⁵ (汉借)	棉花	sɔ³¹lɔ³¹
被套	ɔ⁵⁵pɣ³³pɣ³³kɯ⁵⁵	毯子	mɔ³¹thaŋ³³ (汉借)
床单	tien⁵⁵taŋ³³ (汉借)	席子	tʃa³³z̠³³
枕头	u³³u³¹	儿童手枕	la̠³¹taŋ³³
枕套	tʃɛŋ³¹kho̠³¹	枕巾	tʃɛŋ³¹tɕiŋ³³ (汉借)
毛巾	phɔ⁵⁵thu³³	蚊帐	uɛŋ³¹tʃaŋ⁵⁵ (汉借)
帽子	ɣo³¹tsho³¹	斗笠	tshɔ³¹mɔ⁵⁵la̠³¹xo̠³³
手工斗笠	ne³¹pa̠³³la̠³¹xo̠³³	男用头巾、包头	ɣo³¹tho³³
女用头巾、包头	ɣ³¹ti⁵⁵	围巾	uɛ³¹tɕiŋ³³ (汉借)
戒指	n̠i⁵⁵pi̠³¹	头绳：老年人用	u³¹tɕhi⁵⁵lu⁵⁵tʃha̠³³
扎头戴	çan⁵⁵tɕiŋ³³ (汉借)	手镯	la̠³¹to̠³¹
手表	ʃɯ³¹piɔ³¹ (汉借)	项圈	l̠ɯ⁵⁵khɯ³¹
耳环	nɔ³¹tʃ̠³³	包布：包婴儿用	ɔ⁵⁵lu⁵⁵
皮带	phi³¹tɛ⁵⁵ (汉借)；khv⁵⁵tɛ⁵⁵ (汉借)	盒子	xo³¹xo³³ (汉借)

（十）生活、生产用具

汉义	豪尼哈尼语	汉义	豪尼哈尼语
灶台	fv³³tv³¹	烟囱	ʑɛŋ³³tʃhoŋ³³ (汉借)
火钳	tʃho³³no̠³³	碗	xu³¹zɔ³¹
大碗（海碗）	pɔ³³l̠ɯ⁵⁵	碗筐	xu³¹zɔ³¹ᐟ³³xo³³to³³
筷子	ɔ⁵⁵tɔ⁵⁵；tɔ⁵⁵tɔ⁵⁵；tʃɯ³³tɔ⁵⁵	筷子筒	ɔ⁵⁵tɔ⁵⁵tɔ⁵⁵pe̠³³

汉义	豪尼哈尼语	汉义	豪尼哈尼语
勺子、汤勺、饭勺	fv³¹tsʰa³³	锅铲	ko³³tʃʰaŋ³¹ (汉借)
铝锅	za̱³¹ko³³ (汉借)	厨房烟尘	u³¹xu³¹
灶灰	xɔ³¹l̩ɛ⁵⁵	酒罐	tsʰu³¹tɕʰi⁵⁵
腌菜罐子、坛子	pɣ³¹tʃʰɯ⁵⁵	缸	ɯ⁵⁵tʰɔ⁵⁵
锅架、铁三角架	ʃu⁵⁵xɯ⁵⁵	吹火筒	mɣ³³pu³¹
柴火	mi³¹tsɔ³¹	砍（柴）	mi³¹tsɔ³¹çɛ³¹
铁链子	ʃu⁵⁵tʃʰa³³	盖子	a⁵⁵ɣɔ³³
铁锅	ʃu⁵⁵ŋa³³	锅盖	ko³³kɛ⁵⁵ (汉借)
茶壶	tʃʰa³¹fv³¹ (汉借)	酒壶	tʃʰi⁵⁵pɔ³¹tsʰu³¹tɕʰi⁵⁵
杯子	pei³³tsɹ̩³¹ (汉借)	口盅	tʃoŋ³³tsɹ̩³¹ (汉借)
瓶子	pʰiŋ³¹pʰiŋ³³ (汉借)	酒瓶	tʃʰi⁵⁵pɔ³¹pʰiŋ³¹pʰiŋ³³
调羹	tɕʰiɔ³¹kɯ³³ (汉借)	瓢	xu⁵⁵pʰa̱³³
甑子（蒸桶）	sa̱³¹pu³¹	木盆（尿盆）	ɔ³¹tʃɛ⁵⁵xu³¹tʰu³³
水桶	ɯ⁵⁵pu³¹	脸盆	pɔ³¹tu³¹
大簸箕（晒谷）	ɣ³¹sɹ̩³³	簸箕（簸米）	ʒɔ⁵⁵mɔ³³
猪槽	za̱³¹tsɔ⁵⁵xu³¹tʰu³³	刀	ma̱³³ʃa³¹
尖刀（匕首）	ma̱³³ʃa³¹tʰu³³tʃʰi⁵⁵	小刀	ma̱³³ʃa³¹/³³ʃa³¹zɔ³¹
刀刃	ma̱³³ʃa³¹/³³kʰɯ³¹mɔ³³	刀尖	ma̱³³ʃa³¹u³¹tsu³³; ma̱³³ʃa³¹u³¹tʃm³³
砧板	pɔ³¹nv³³	桌子	tɔ⁵⁵tsɹ̩³³
凳子	tu³¹tʰɛ⁵⁵	柜子、箱子	pɣ³¹kʰɯ³³
家具	mu³¹ni³¹/³³mu³¹kɔ⁵⁵	床	ɣɔ³¹xɔ⁵⁵
床板	tʰɛ⁵⁵pa̱³¹	竹床垫	xɔ³¹tɕʰi⁵⁵
扫帚	za̱³³fv⁵⁵	袋子	pʰɔ⁵⁵nv⁵⁵
麻袋	ma̱³¹tai⁵⁵ (汉借); ma̱³¹pu⁵⁵kʰɯ³¹tai⁵⁵ (汉借)	梳子	pʰɛ³¹tʰu³¹
扇子	pɣ³³sɣ³³	雨伞	pɣ⁵⁵kʰɔ³¹

汉义	豪尼哈尼语	汉义	豪尼哈尼语
刷子	ʃua³¹tsɿ³¹ (汉借)	肥皂	fei³¹tsɔ⁵⁵ (汉借)
香皂	ɕaŋ³³tsɔ⁵⁵	针	ɣo³¹ɣo³¹
顶针	tiŋ³¹tʃɛŋ³³ (汉借)	线	khu⁵⁵phu³¹
剪刀	tɕe³¹tɔ⁵⁵ (汉借)	绳子、缰绳	a⁵⁵tʃha³³
烟斗	za̠³³ku⁵⁵	烟屎	za̠³³tɕhi³¹
水烟筒	za̠³³ku⁵⁵pɔ³¹l̩u³³	火柴	xo³¹tʃhai³¹ (汉借)
电筒	tieŋ⁵⁵thoŋ³¹ (汉借)	电池	tieŋ⁵⁵tʃʮ³¹ (汉借)
电灯	tieŋ⁵⁵teŋ³³ (汉借)	蜡烛	la̠³¹tʃu³¹ (汉借)
眼镜	ma̠³³khɔ⁵⁵	棍子	tɔ³¹tɯ⁵⁵
拐杖	tʃɔ³¹ŋɯ³¹	秤	sa̠³³tɕi⁵⁵
称东西	sa̠³³tɕi⁵⁵sa̠³³	秤砣	tɕi⁵⁵ɕi³¹
弹弓	ʃɔ³¹kɯ⁵⁵phi³¹tɕhaŋ³³	枪	tɕhaŋ³³ (汉借)
子弹	tsɿ³¹taŋ⁵⁵ (汉借)	大背篓	xa̠³³pe̠³³
小背篓	xa̠³³tʃʮ⁵⁵	采茶篓	tʃɔ⁵⁵lu⁵⁵
热水瓶	ʒɯ³¹ʃui³³fɣ³¹ (汉借)	大炮	ta⁵⁵phɔ⁵⁵ (汉借)
火药	xo³¹ʒo³¹ (汉借)	炸药	tʃa⁵⁵ʒo³¹ (汉借)
犁	nv³¹tshe³¹	牛轭	la̠³¹le̠³³
拖拉机	tho³³la³³tɕi³³ (汉借)	锄头	tsha³¹ɣ³¹
锄头把	tshe³¹tɯ⁵⁵	洋镐	za̠ŋ³¹tʃua³¹ (汉借)
大打谷桶	ti³¹l̩ɯ³¹	扇形挡谷工具	ti³¹pɔ⁵⁵
扁担	pieŋ³¹taŋ⁵⁵ (汉借)	粪箕	tʃʮ³¹khɔ⁵⁵
风车	foŋ³³tʃhɣ³³ (汉借)	铡刀	tʃa³¹tɔ³³ (汉借)
石磨	l̩ɯ³³tɕi̠³³	碓窝	me̠³³tɕi⁵⁵tɔ³¹xu³¹
梭子	tʃʅ³¹pu³¹ (汉借)	雀套	ʒu³³tʃu³³
大木锤	ta⁵⁵tʃhui³¹ (汉借)	夯	phɔ⁵⁵kaŋ³³
斧头	su⁵⁵tsu⁵⁵	大斧	su⁵⁵tsu⁵⁵tsu⁵⁵mɔ³³

汉义	豪尼哈尼语	汉义	豪尼哈尼语
锯子	ʃɤ⁵⁵ʃɤ⁵⁵	刨	thui³³pɔ⁵⁵ (汉借)
锉刀	tsho⁵⁵tsʅ³¹ (汉借)	木架子	ɔ³³mu³¹
小锤子	çɔ³¹tʃhui³¹ (汉借)	铁丝	thḛ³¹sʅ³³ (汉借)
钉子	tiŋ³³tsʅ³¹ (汉借)	木料	ɔ⁵⁵tsʅ⁵⁵tsʅ⁵⁵thu³³; ɔ⁵⁵tsʅ⁵⁵tu³¹lu³³
木板、板子	thḛ⁵⁵pa̱³¹	刨花	pha⁵⁵tʃhɻ̩³³
楔子	tɔ³¹tʃhu³¹	磨刀石	çi³¹l̥ɯ³³

（十一）经济、娱乐、教育

汉义	豪尼哈尼语	汉义	豪尼哈尼语
集市、街子	kɛ⁵⁵tsʅ³¹ (汉借)	钱	fv⁵⁵tʃɻ³¹
工分	koŋ³³fɛŋ³³ (汉借)	工资	koŋ³³tsʅ³³ (汉借)
生意	u⁵⁵la̱³¹u⁵⁵tsɔ³¹	价钱、价格	ɔ³¹phi³¹
银行	ʑiŋ³¹xaŋ³¹ (汉借)	利息	li⁵⁵çi³¹ (汉借)
买、采购	v⁵⁵	卖	u³¹
增加	xɛ⁵⁵ta̱³³	分配、分工	pi⁵⁵
减少	xɛ⁵⁵kɔ³³	值（值钱）	phi³¹
还	xɛ⁵⁵xɯ³¹pi³¹	赎	xɛ⁵⁵xɯ³¹la³¹
称、量	sa̱³³	合伙	tɕhi³¹kɔ⁵⁵
借	tɕi⁵⁵ (汉借)	租（地）	tsu³³ (汉借)
税	ʃui⁵⁵ (汉借)	笔	pi³¹ (汉借)
铅笔	tɕhɛŋ³³pi³¹ (汉借)	水笔、钢笔	ʃui³¹pi³¹ (汉借)
纸、书	su³¹ɣɔ³¹	墨汁	mo³¹tʃɻ³¹ (汉借)
墨水	mo³¹ʃui³¹ (汉借)	字	tsʅ⁵⁵ (汉借)
信	çiŋ⁵⁵ (汉借)	电话	tiɛŋ⁵⁵xua⁵⁵ (汉借)
电视	tiɛŋ⁵⁵ʃi⁵⁵ (汉借)	算盘	suan⁵⁵phaŋ³¹ (汉借)
尺子	tʃhɻ̩³¹tsʅ³¹ (汉借)	皮球	phi³¹tɕhiu³¹ (汉借)

汉义	豪尼哈尼语	汉义	豪尼哈尼语
扑克牌	phv³¹khɣ³¹ (汉借)	秋千	ɔ⁵⁵tʃ̩³³
旋转	u³³lu³³tʃuaŋ⁵⁵/⁵³	高跷	ɔ³¹khɯ⁵⁵khɯ⁵⁵nɯ³¹
铃铛（祭祀）	tɔ⁵⁵tʃhu⁵⁵	喇叭	la̠³¹pa̠³³ (汉借)
锣	tɯ³³lɯ³³	鼓	kɯ̠³¹tsɿ⁵⁵ (汉借)
二胡	ɛ⁵⁵fv³¹ (汉借)	笛子	ti³¹tsɿ³¹笛子
哨子	tʃo³¹phi⁵⁵	百货公司	pɯ³¹xo⁵⁵koŋ³³sɿ³³ (汉借)
饭馆、馆子	ʃĩ³¹kuaŋ³¹ (汉借)	挎包、书包	pe̠³³ʃa̠³¹；pɔ³³pɔ³³ (汉借)
钱包	za̠³³pe̠³³	书桌	tɔ⁵⁵tsɿ̠³³
对联	tui⁵⁵liŋ³¹ (汉借)	本子	su³¹ɣo³¹
毛笔	mɔ³¹pi³¹ (汉借)	圆珠笔	zɛ³¹tʃu³³pi³¹ (汉借)
粉笔	feŋ³¹pi³¹ (汉借)	信封	ɕiŋ⁵⁵foŋ³³ (汉借)
报纸	po⁵⁵tʃ̩³¹ (汉借)	胶水	tɕo³³ʃui³¹ (汉借)
胶布	tɕɔ³³pv⁵⁵ (汉借)	麻将	ma̠³¹tɕaŋ⁵⁵ (汉借)
玻璃珠子	tʃv³³tʃv³³ (汉借)	语言、话	tu³¹po³¹
豪尼话	xɔ³¹n̠i³¹/³³n̠i³¹tɯ³¹；xɔ³¹n̠i³¹/³³tu³¹po³¹	汉话	a³¹xa̠³¹/³³xa̠³¹tɯ³¹；xa̠³¹/³³tɯ³¹
学校	ɕo̠³¹ɕo⁵⁵ (汉借)	小学	ɕɔ³¹ɕo̠³¹ (汉借)
中学	tʃoŋ³³ɕo̠³¹ (汉借)	大学	ta⁵⁵ɕo̠³¹ (汉借)
教室	tɕɔ⁵⁵ʃĩ³¹ (汉借)	黑板	xɣ³¹paŋ³¹ (汉借)
地图	ti⁵⁵thv³¹ (汉借)		

（十二）行政区域、民族

汉义	豪尼哈尼语	汉义	豪尼哈尼语
世界	ʃĩ⁵⁵kɛ⁵⁵ (汉借)；ʃĩ⁵⁵tɕɛ⁵⁵ (汉借)	中央	tʃoŋ³³zaŋ³³ (汉借)
国家	ko̠³¹tɕa³³ (汉借)	中国	tʃoŋ³³ko̠³¹ (汉借)
北京	pɣ³¹tɕiŋ³³ (汉借)；pɛ³¹tɕiŋ³³	泰国	thɛ⁵⁵ko̠³¹ (汉借)
越南	ʑuɛ³³na̠³¹ (汉借)	老挝	lo³¹ɣo³³ (汉借)

续表

汉义	豪尼哈尼语	汉义	豪尼哈尼语
缅甸	mieŋ³¹tieŋ⁵⁵ (汉借)	云南	ʑuŋ³¹na³¹ (汉借)
昆明	khuɛŋ³³miŋ³¹ (汉借)	普洱（思茅）	sl³³mɔ³¹ (汉借)
墨江县	xu⁵⁵xu³¹ (汉借)	元江县	nɔ³³ʃɔ³³
龙坝乡	tʃɣ³¹pɯ³³；loŋ³¹pa⁵⁵ (汉借)	碧溪乡	pi⁵⁵ʃv³¹
癸能乡	ʃu³¹u³¹	村寨	fv̩³³ɕi³¹
豪尼支系	xɔ³¹n̯i³¹	白宏支系	pɔ³¹xu³¹
卡多支系	xɔ³¹tɯ⁵⁵	汉族	a³¹xa̯³¹
傣族	pi³¹tʃhu³¹	瑶族	zɔ³³tɕa³³ (汉借)
白族	pɯ³¹tsu³¹ (汉借)	碧约支系	pi³¹zɔ³¹ (汉借)
张姓	tʃaŋ³³ (汉借)	杨姓	ʑaŋ³¹ (汉借)
李姓	li³¹ (汉借)	白姓	pɯ³¹ (汉借)
赵姓	tʃɔ⁵⁵ (汉借)	刘姓	liu³¹ (汉借)
段姓	tuaŋ⁵⁵ (汉借)	周姓	tʃɯ³³ (汉借)
莫批、巫师	mu³¹phi⁵⁵	竜头	fv̩³³mɔ³¹ɔ³¹pv⁵⁵

（十三）宗教、民俗

汉义	豪尼哈尼语	汉义	豪尼哈尼语
土地神	mɛ⁵⁵tshɔ³¹ɕɔ³¹pv⁵⁵	鬼	n̯e̯³¹xɔ³¹
魂魄、灵魂	ɔ⁵⁵l̩ɔ⁵⁵	庙	ɔ³¹mɔ³³mɔ³³ʒu⁵⁵
碑	pɛ³³ (汉借)	咒语	n̯e̯³¹xɔ³¹tu³¹pɔ³¹
谜语	tshɔ³¹tshɔ³¹/³³tshɔ³¹	棺材	kuɛŋ³³tshæ³³ (汉借)
纸钱	n̯i³¹xɔ³¹fv⁵⁵tʃ̩³¹	香	ɕaŋ³³tʃv⁵⁵ (汉借)
蜡烛	la̯³¹tʃv³¹ (汉借)	爆竹	phɔ⁵⁵tʃa̯³¹ (汉借)
生辰八字	pa̯³¹tsl⁵⁵ (汉借)	龙王（河神）	pe̯³³ʒv³¹/³³ɔ³¹pv⁵⁵
山神	kɣ³¹tʃɯ³¹/³³ɔ³¹pv⁵⁵	天神	u³¹u³¹/³³ɔ³¹pv⁵⁵
火葬场	xɔ³¹xua⁵⁵tʃhaŋ³¹ (汉借)	骨灰	kv³¹xui³³ (汉借)

续表

汉义	豪尼哈尼语	汉义	豪尼哈尼语
坟墓	l̩ɔ³¹pu⁵⁵	坟地	l̩ɔ³¹pu⁵⁵pu⁵⁵tshu³¹
嫁	u⁵⁵tsɔ³¹	娶	ʃɯ³¹zi⁵⁵
怀孕	a⁵⁵pe̠³³phi³³	生（孩子）	a⁵⁵pe̠³³ tʃv⁵⁵tʃhv³³
接生	tɕe̠³¹sɛŋ³³ (汉借)	出世	tʃɯ⁵⁵tɤ³³ɤe³¹
坐月子	ɔ⁵⁵xu⁵⁵ʃu⁵⁵	满月	pɔ³³l̩ɔ³³tɕhi³¹ɕi³¹³³pu³³
磕头	ɤ³¹tɯ³¹the⁵⁵；ɤ³¹tɯ³¹thu³¹ mv³¹thu³¹thu³¹	招魂	ɔ⁵⁵l̩ɔ⁵⁵kɯ⁵⁵
驱魂	ne̠³¹xɔ³¹thɯ⁵⁵	放蛊	ne̠³¹xɔ³¹u⁵⁵
扫墓	l̩ɔ³¹pu⁵⁵taŋ³³tsɔ³¹	烧香	ɕaŋ³³tʃv⁵⁵ phɤ³³；ɕaŋ³³tʃv⁵⁵ tsho̠³³
烧纸	su³¹ɤɔ³¹phɤ³³	长大	xɤ³¹tɛ⁵³
点名	tsh̩⁵⁵mu⁵⁵kɯ⁵⁵	起（名字）	tsh̩⁵⁵mu⁵⁵mu⁵⁵

（十四）疾病、医疗

汉义	豪尼哈尼语	汉义	豪尼哈尼语
病（疾病）	ɔ⁵⁵nɔ⁵⁵	痢疾（拉肚子）	u³¹mɔ³³ ʃɤ³³
疮；伤口	mɔ⁵⁵nɔ⁵⁵	癫痫头（头癣）	ɤ³¹phɯ⁵⁵
疹子	ɔ⁵⁵tʃɔ³¹	疙瘩	ɔ⁵⁵ɕi³¹/³³ɕi³¹
瘊子	tsh̩³¹ɕi³¹ɕi³¹	龅牙	tʃv⁵⁵pe̠³¹
脓	pu⁵⁵ɤɯ⁵⁵	感冒	tɕhi³¹nɔ⁵⁵nɔ⁵⁵
风湿	foŋ³³ʃi³¹ (汉借)	癌症	ai³¹tʃɛŋ⁵⁵ (汉借)
草药	tshɔ³¹ʐo³¹ (汉借)	中药	tʃoŋ³³ʐo³¹ (汉借)
药瓶	na̠³³tɕhi³¹phiŋ³¹phiŋ³³	发烧	ɔ⁵⁵phɔ³¹phɔ³¹
发冷	ɤo³¹ka̠³³ka̠³³	发抖	sɔ³¹ts̩³¹/³³ts̩³¹；z̩³³sɔ³¹/³³ts̩³¹
疼痛	nɔ⁵⁵	咳嗽	tɕhi³¹
呕吐	phe³¹	婴儿吐奶	tʃɯ³³ɤɯ³¹ɤɯ³¹
头痛	ɤ³¹tɯ³¹nɔ⁵⁵	头晕	ɤo³¹ma̠³¹ma̠³¹

汉义	豪尼哈尼语	汉义	豪尼哈尼语
抽筋、肌肉痉挛	mv³³nv³¹nv³¹	肿	tsu³³
老花眼	ma̱³³tçe̱³³xua³³	伤疤	mɔ⁵⁵pa̱³¹
受伤	tʃɛŋ³¹nɔ⁵⁵ɣɛ³¹	发疯	ʃa³³mv̠³³mv̠³³
死	ʃi⁵⁵ɣɛ³¹	发痧	ʃa³³
逝世	mɔ³¹tʃv⁵⁵ɣɛ³¹	发病	ɔ⁵⁵nɔ⁵⁵nɔ⁵⁵
看（病）	ɔ⁵⁵nɔ⁵⁵fv̠³³	交费	fv⁵⁵tʃi³¹tçɔ³³
住院	tʃu⁵⁵ʑɛŋ⁵⁵khɛ³³ （汉借）	药	na̱³³tçhi³¹
取（药）	na̱³³tçhi³¹xɛ⁵⁵	煎（药）	na̱³³tçhi³¹tʃha³¹
吃（药）	na̱³³tçhi³¹tɯ⁵⁵；na̱³³tçhi³¹tsɔ³¹	打针	tʃɛŋ³³ti³¹ （汉借）
量（体温）	thi³¹uɛŋ³³liaŋ³¹ （汉借）	拔（火罐）	thɣ³¹fv̠³¹fv̠³¹
擦（药）	na̱³³tçhi³¹tsha³¹	贴（膏药）	na̱³³tçhi³¹the³¹
换（药）	na̱³³tçhi³¹xuan⁵⁵⁄⁵³ （汉借）	缝（伤口）	mɔ⁵⁵nɔ⁵⁵kɣ³¹
烫（伤）	thaŋ⁵⁵ （汉借）	消毒	çɔ³³tɯ³¹ （汉借）
补（牙）	ɔ³¹tʃɯ⁵⁵pu³¹	拔（牙）	ɣæ³¹
长（牙）	tsʰ̩³¹	输液	ʑɛŋ³¹ʃui³¹tiɔ⁵⁵⁄⁵³ （汉借）
动手术	ʃou³¹su³¹tsɔ⁵⁵ （汉借）	（皮肤）痒	tsʰ̩³³
恶心	phe̱³¹ʃi⁵⁵mv³³	淤血	ʃi³¹xa̱³¹tsu³³tɛ³¹
康复	mɯ³¹ta̱³³xɯ³¹ɣɛ³¹		

（十五）食品、饲料

汉义	豪尼哈尼语	汉义	豪尼哈尼语
米（大米）	tʃhɛ⁵⁵fv⁵⁵	蜂蜡	pɔ³¹tʃhɛ⁵⁵
糯米	tʃhɛ⁵⁵nɯ³¹	糯米饭	fv³¹nɯ³¹
爆玉米花	ʃɔ⁵⁵tɯ³³ta⁵⁵phɔ⁵⁵	米线	mi³¹çɛn⁵⁵ （汉借）
米干	mi³¹kan³³ （汉借）	谷子、稻谷	tʃhɛ⁵⁵çi³¹
锅巴	pa̱³³khɯ⁵⁵	粥	tʃhɛ⁵⁵phe³³；tʃhɛ⁵⁵tʃha³¹

汉义	豪尼哈尼语	汉义	豪尼哈尼语
粉末	ɔ³¹l̩i⁵⁵	粽子	tsoŋ⁵⁵pɔ³³（汉借）
汤圆	tʃɛ³³lɛ³³	汤	ɯ⁵⁵tshɔ⁵⁵
野菜	u³¹xɔ³¹	菜汤	ɣɔ³¹phe̤³³ɯ⁵⁵tshɔ⁵⁵
米汤	fv³¹ɯ⁵⁵	淘米水	tʃhe⁵⁵fv⁵⁵tɕhi³¹ɯ⁵⁵
肉	ɔ⁵⁵ti⁵⁵	牛肉	nv³¹ʃ³¹
猪肉	za̤³¹ʃɔ³¹	腊肉	la̤³¹ʒu³¹（汉借）
肥肉	ʃɔ³¹pv⁵⁵	瘦肉	ʃa³¹nṳ³¹
油	ʒɯ³³tɕhi⁵⁵	牛油	v⁵⁵nɯ³¹nɯ³¹tɕhi⁵⁵
猪板油	paŋ³¹zo³¹（汉借）	猪油	a³¹za̤³¹ᐟ³³ʒɯ³³tɕhi⁵⁵
酱油	tɕhiŋ³³tɕaŋ⁵⁵（汉借）	醋	tshu⁵⁵tɕiŋ³³（汉借）；suaŋ³³tshu⁵⁵（汉借）
盐	tsha³¹tɣ³¹	酒	tʃʅ⁵⁵pɔ³¹
酒糟	tɕu³¹tsɔ³³（汉借）	米酒	tʃhe⁵⁵ɕi³¹tʃʅ⁵⁵pɔ³¹
玉米酿的酒	ʃɔ⁵⁵tɯ³³tʃʅ⁵⁵pɔ³¹	糖	tʃm⁵⁵tɣ³¹
白糖	pɯ³¹ʃa⁵⁵thaŋ³¹（汉借）	红塘	xoŋ³¹thaŋ³¹（汉借）
冰糖	piŋ³³thaŋ³¹（汉借）	豆腐	to⁵⁵fv³¹（汉借）
豆渣	fv³³tɕhi³¹	豆豉	nṳ³³pv³¹
腐乳（霉豆腐）	to⁵⁵fv³¹ᐟ³³u³¹tʃhɛ⁵⁵	蛋	pe⁵⁵ɣ³³
蛋白	ɣ³³fv⁵⁵	蛋黄	ɣ³³n̩i⁵⁵
蛋壳	pe⁵⁵ɣ³³a⁵⁵xo̤³³	溏心蛋	ɣ³³tʃɯ³³
双黄蛋	ɣ³³tɕi³¹	软壳蛋	ɣ³³nu³¹
鹌鹑蛋	ɔ³¹pɛ⁵⁵ʃu⁵⁵na̤³³pe⁵⁵ɣ³³	烟、烟草	za̤³³xɔ³¹
烟叶	za̤³³xɔ³¹a⁵⁵pha̤³¹	烟杆	za̤³³xɔ³¹ɔ⁵⁵tɯ⁵⁵
烟树	za̤³³xɔ³¹ɔ⁵⁵tsɿ⁵⁵	猪屎	za̤³¹tɕhi³¹
猪食、猪潲、潲水	za̤³¹tsɔ⁵⁵	细糠	xɔ³¹phɯ³¹phɯ³¹l̩i⁵⁵；xɔ³¹phɯ³¹phɯ³¹nɣ³³
粗糠	xɔ³¹phɯ³¹phɯ³¹xa³³	粗玉米糠	za̤³¹kɯ³¹
玉米面（细的）	ʃɔ⁵⁵tɯ³³tɯ³³l̩i⁵⁵	荞麦面	pa̤³¹xɔ³¹³³ɔ⁵⁵l̩i⁵⁵

汉义	豪尼哈尼语	汉义	豪尼哈尼语
花生米	mε⁵⁵tsha³³na̠³³pe̠³³a⁵⁵nɣ³³	酒糟	tɕu³¹tsɔ³³（汉借）
酸汤	suaŋ³³thaŋ³³（汉借）	月饼	ʑɛ³¹piŋ³¹（汉借）
年糕	kɔ³³pa̠³³pa̠³³	冷饭	fv³¹ka̠³³； ɔ⁵⁵fv³¹fv³¹ka̠³³
冷菜	ɣo³¹phe̠³³phe̠³³ka̠³³； phe̠³³ka̠³³	馒头	maŋ³¹thɣ³³（汉借）
包子	pɔ³³tsʅ³¹（汉借）	饺子	tɕɔ³¹tsʅ³¹（汉借）
凉粉	liaŋ³¹fɛŋ³¹（汉借）	香肠	ɔ³¹v⁵⁵
鲜鱼	ŋɔ³¹ʃɔ³¹	干鱼	ŋɔ³¹ʃɔ³¹a³³khɯ³³； ŋɔ³¹ʃɔ³¹ᐟ³³ʃɔ³¹khɯ³³
腌鱼	ŋɔ³¹ʃɔ³¹ᐟ³³u³¹tʃhe⁵⁵	腌蛋	pe⁵⁵v̠³³ʃɔ³¹tʃhe⁵⁵
腌排骨	ʃɔ³¹ʑi³³u³¹tʃhe⁵⁵	猪排骨	a³¹za̠³¹ᐟ³³ʃɔ³¹ʑi³¹
油条	ʐou³¹thiɔ³¹（汉借）	粉丝	fɛŋ³¹sʅ³³（汉借）
肥料	tʃɔ³¹khɯ³¹	化肥	xua⁵⁵fei³¹（汉借）
粪（牲畜的）	ɔ³¹tɕhi³¹	灰（草木灰）	xɔ³¹l̥³³ɛ⁵⁵

（十六）抽象、新名词等

汉义	豪尼哈尼语	汉义	豪尼哈尼语
荫（树荫）	ɔ⁵⁵ʃi³¹	阴天	u³¹na̠³³na̠³³
影子	ɔ⁵⁵pi⁵⁵lɔ⁵⁵pɔ⁵⁵；ɔ⁵⁵pɔ⁵⁵	颜色	ʑɛŋ³¹sɣ³¹（汉借）
垃圾	ɔ³¹pɯ³¹tu³¹tʃm⁵⁵； a³¹phe³¹tu³¹tɕhi⁵⁵	壳儿、皮壳	a⁵⁵xo̠³³
水果皮	ɔ⁵⁵kɯ⁵⁵	脚印、足印	phɔ³¹xɔ⁵⁵
霉菌	fv⁵⁵tv̠³¹tv̠³¹	声音	ɔ³¹tɕhi⁵⁵
梦话	ma̠³³thɯ³³thɯ³³； thɯ⁵⁵ma̠³³ma̠³³	做梦	ŋe̠³¹xɔ³¹ᐟ³³ma̠³³
名字	tshɿ⁵⁵mu⁵⁵	命运	ɔ³¹ʑi⁵⁵
命好	ɔ³¹ʑi⁵⁵mɯ³¹	脚气	phi³¹tɕhi⁵⁵

汉义	豪尼哈尼语	汉义	豪尼哈尼语
力气	a³¹xa̠³³	头（起端）	ʐɔ⁵⁵tʃɯ³¹khe³³thɯ³³；kɔ³³fv³¹khe³³thɯ³³
末尾	nɔ³¹nɯ⁵⁵nɯ⁵⁵pe³³	气味	a⁵⁵sa̠³¹
共产党	koŋ⁵⁵tʃhaŋ³¹taŋ³¹	政府	tʃeŋ⁵⁵fv³¹ (汉借)
放假	faŋ⁵⁵tɕa⁵⁵ (汉借)	劳动	xɔ⁵⁵ni³¹u⁵⁵
牧羊人	a³¹tʃm̠³¹fɤ³³tsɔ³¹tshm̠⁵⁵zɔ³¹	神经病	ʃa³³mɤ³³
狐臭	la̠³¹ɣ³³tɔ³¹xu³¹khɯ⁵⁵nv⁵⁵	淘气	ɣ³¹vɛ⁵⁵
撒娇	a⁵⁵pe³³pe³³/³¹tsɔ³¹	闹腾	lɯ³¹
生气	nɯ³³mɔ³³tshm̠⁵⁵	正确	xo̠³¹
错误	ma³¹xo̠³¹	品质	phin³¹tʃʅ³¹ (汉借)

（十七）动作、行为、性质

汉义	豪尼哈尼语	汉义	豪尼哈尼语
天亮	u³¹pɔ³³pɔ³³	出（太阳）	nɯ⁵⁵mɔ³³tɤ³³lɔ⁵⁵/⁵³
晒（太阳）	ɣo³¹tshɔ⁵⁵ka³³tʃɯ⁵⁵/⁵³	（太阳）晒	ɣo³¹tshɔ⁵⁵phɤ³³
（太阳）落	nɯ⁵⁵mɔ³³kɔ³³ʑi⁵⁵	傍晚	ɣo³¹tɕhe³¹tɕhe³¹sl̩³³sl̩³³
天黑	ɣo³¹tɕhe³¹tɕhe̠³¹	晴	ɣo³¹tshɔ⁵⁵tshm̠³¹
阴	u³¹na̠³³na̠³³	打（雷）	u³¹tʃʅ³¹tʃʅ³¹
雷击	tshm̠³¹ti³¹	打闪	pɛ³¹kɯ⁵⁵tʃɔ³¹me̠³³me̠³³
下雨	u³¹ʐɛ⁵⁵ʐɛ⁵⁵	（风）吹	pv³³
吹（气）	mɤ³³	（雨）淋	ti³¹
刮（风）	pv³³	冒（雨）	u³¹ʐɛ⁵⁵ti³¹
（河水）涨	xɤ³¹ta̠³³	涨（价）	kɔ³³
（河水）退	xɯ³³	流（口水）	tɤ³³
冲洗	tɕhi³¹	洗手	a³¹la̠³¹tsn̠³¹；a³¹la̠³¹tɕhi³¹
洗脚	ɔ³¹khɯ⁵⁵tsn̠³¹；ɔ³¹khɯ⁵⁵tɕhi³¹	洗澡、洗脸	tsn̠³¹；tɕhi³¹

汉义	豪尼哈尼语	汉义	豪尼哈尼语
洗衣服	$\mathfrak{o}^{55}xu^{31}t\mathfrak{c}hi^{31}$	溢（出锅）	$x\mathfrak{o}^{55}$
唇腭裂	$m\varepsilon^{31}kh\gamma^{31}kh\gamma^{31}\mathfrak{z}\varepsilon^{55/53}$	（墙）裂开	$ku\mathfrak{w}^{55}f\gamma^{31}ta^{55}p\underline{e}^{31}p\underline{e}^{31}\mathfrak{z}\varepsilon^{55/53}$
用刀"破"开"圆的东西"	$\mathfrak{z}i^{33}pha^{55}$	破（竹子）	$t\gamma^{33}p\underline{e}^{31}$；$t\gamma^{33}pha^{55}$
（辫子）散开	$p\underline{e}^{31}\mathfrak{z}\varepsilon^{55/53}$	沾（泥巴）	$t\mathfrak{c}h\underline{e}^{33}pa^{31}\mathfrak{z}\varepsilon^{55/53}$
（阳光）刺眼	$nu\mathfrak{w}^{55}m\mathfrak{o}^{33}ma^{33}t\mathfrak{f}\mathfrak{m}^{33}khu^{31}lu\mathfrak{w}^{55}$	扎（手）	$tsho^{33}$
（皮肤）划破	$tsho^{33}ph\mathfrak{æ}^{31}$	滚动	lu^{33}
翻跟头	$m\gamma^{31}\mathfrak{c}i^{31}m\gamma^{31}tu\mathfrak{w}^{33}fa\eta^{33}$	（水牛）打滚	$\underset{\circ}{l}u^{33}pu^{33}lu^{33}$
山体滑坡	$to^{33}p\underline{a}^{33}p\underline{a}^{33}$	（房子）垮	$\mathfrak{o}^{55}xu^{55}p\underline{a}^{33}ku\varepsilon^{31}$
（树）倒	$\mathfrak{o}^{55}ts\mathfrak{n}^{55}k\mathfrak{o}^{33}f\gamma^{33}ku\varepsilon^{31}$	（人）摔倒	$tsh\mathfrak{n}^{55}z\mathfrak{o}^{31}k\mathfrak{o}^{33}t\gamma^{33}\gamma\varepsilon^{31}$
（犁头）坏	$p\underline{a}^{33}$	破（洞）	khu^{33}
（脚）断	$t\mathfrak{c}\underline{i}^{31}$	（杯子）坏	$p\underline{e}^{31}$
（扁担）断	thu^{33}	（绳子）断	$t\mathfrak{c}he^{33}$
（衣服）撕破	$\mathfrak{w}^{33}p\underline{a}^{33}$；$\mathfrak{w}^{33}khu\mathfrak{w}^{31}$	扶起	$\mathfrak{n}\underline{e}^{33}the^{31}$
飘	pu^{55}	（树叶）掉	$k\mathfrak{o}^{33}$
牙磕掉	the^{55}	（地）陷	xu^{31}
（车子）轧	$z\underline{a}^{31}$（汉借）	冒（烟）	$t\gamma^{33}$
着（火）	$t\gamma^{33}$	烧火	$t\mathfrak{f}v^{55}$
焚烧	$ph\gamma^{33}$	烧糊	$ph\gamma^{33}khu\mathfrak{w}^{55}$
烧荒山	$m\varepsilon^{55}\underset{\circ}{l}i^{55}ph\gamma^{33}$	（灯）灭	$\mathfrak{n}\underline{e}^{31}\mathfrak{f}i^{55}$
（火）熄灭	$\mathfrak{f}i^{55}$	（烟）熏	xu^{31}
呛（鼻子）	$t\mathfrak{c}ha\eta^{55}$（汉借）	（喝水）呛	$t\mathfrak{c}ha\eta^{55}$（汉借）
（鱼骨）卡（喉）	$u^{55}the^{31}$；$kha^{33}the^{31}$	脱（把子）	$\underset{\circ}{l}e^{33}$
（头发）脱落	$k\mathfrak{o}^{33}t\mathfrak{f}h\gamma^{33}$	（头）秃	$m\underline{a}^{31}ts\mathfrak{n}^{31}$
（水往下）滴	tsa^{33}	（水）沸腾	$pu\mathfrak{w}^{55}$
摆动	$\mathfrak{n}\underline{e}^{33}$	发霉	$mei^{31}tai^{53}$（汉借）
干燥	$ku\mathfrak{w}^{33}$	晒干	$\underset{\circ}{l}o^{31}ku\mathfrak{w}^{33}$

汉义	豪尼哈尼语	汉义	豪尼哈尼语
烤干	phʐ³³kɯ³³	风干	pv³³kɯ³³
下（冰雹）	kɔ³¹	起漩涡	ɯ⁵⁵u³³u³³
（尘土）飞扬	pu⁵⁵	凹下	xo³¹kɔ³³ʑi⁵⁵；xo³¹kuɛ³¹
糟（衣服）	phɯ³¹	生锈	ʃu⁵⁵tʃa̠³¹kha̠³¹
硌脚	tsho³³	刺痛	tɕhi⁵⁵
打架	ti³¹tɛ³³ʼ³¹khɛ³³；tʃɯ³¹tɛ³³ʼ³¹khɛ³³；pa̠³¹ʃa̠³¹thɛ⁵⁵	刀捅	tv³¹
追赶	le³¹	搀扶	tshm⁵⁵
生火	tʃv⁵⁵ʑi³¹；tʃi⁵⁵ʑi³¹	吹（火）	mʐ³³
埋	pa̠³³v³³；pa̠³³phi³¹	淘（米）	tɕhi³¹
煮、熬	tʃha̠³¹	蒸	sa̠³¹
炒	l̥ɯ⁵⁵	翻（粑粑）	ɣ³³fʐ³³
热（旧饭）	sa̠³¹	盛（饭）	zɛ³³ta̠³³
洗（菜）	tɕhi³¹	切（菜）	ʑi³¹
割（肉）	ʑi³¹	杀（鸡）	çɛ³¹
腌（菜）	tʃhɛ⁵⁵	劈（柴）	tʐ³³
烫（用开水烫）	l̥u⁵⁵	捞（饺子）	khɯ³¹
挑（面条）	no³³	捣、春（蒜）	thɛ⁵⁵
包（饺子）	pɔ³³ (汉借)	烧（开水）	kɔ³¹pɯ⁵⁵
冒（烟）	tʐ³³	烟熏	u³¹xu³¹xu³¹
拄拐	tɯ³¹	摁住	tɛ³¹
按住	ɲe̠³³the³¹	想、相思	çaŋ³¹ (汉借)
同样	tɕhi³¹zaŋ⁵⁵ (汉借)	站队	tʃaŋ⁵⁵tui⁵⁵ (汉借)
摔跤	kɔ³³tʐ³³	蔑视、看不起	mo³¹fʐ³³tɕho³¹
同吃	tɕhi³¹kɔ⁵⁵tsɔ³¹	同住	tɕhi³¹kɔ⁵⁵tʃu⁵⁵
同喝	tɕhi³¹kɔ⁵⁵tɯ⁵⁵	同睡	tɕhi³¹kɔ⁵⁵xa̠³¹

汉义	豪尼哈尼语	汉义	豪尼哈尼语
失败	ʃɯ³³ɣɛ³¹ (汉借)	开始	kɔ³³fɔ³³fɔ³³
破坏	tʃɛŋ³¹pa̱³³	红色	ʒv³³ɳi⁵⁵；ɳi⁵⁵tʃhɛ³¹ti³³
黄色	ʒv³³ʃv⁵⁵；ʃv⁵⁵nɯ³¹ti³³	白色	ʒv³³fv⁵⁵
亮色	ʒv³³pɔ³³；pɔ³³lɯ³¹ti³³	黑色	ʒv³³na̱³³；na̱³³ɣɯ³¹ti³³
（脸）脏黑	na̱³³tɕhi³¹na̱³³ɣɛ³³	亮（房子很亮）	pɔ³³lɯ³¹
黑暗（房子很暗）	na̱³³mu³¹xu³¹	绿色	ɳi⁵⁵ma̱³¹
灰色、蓝色	ʒv³³phɯ⁵⁵；phɯ⁵⁵sʅ³¹	味道、气味	a⁵⁵sa³¹
酸	tʃhɛ⁵⁵	甜	tʃm̩⁵⁵
苦、咸	xɔ³¹	麻	l̩a³¹
涩	phe⁵⁵	辣；（酒）烈	tɕhi⁵⁵
（酒）淡	phiŋ³¹	（茶）浓	ʑiŋ⁵⁵
（气味）臭	pe̱³¹nɯ⁵⁵	腥	ʃɔ⁵⁵nɯ⁵⁵
（羊）膻味	tʃm̩³¹nv⁵⁵mv⁵⁵nv⁵⁵	（尿）骚	ɕi⁵⁵nɯ⁵⁵
弯	tɣ³¹ɣ³¹ɣ³¹；tɣ³¹xɯ³¹xɯ³³	大	xɣ³¹
小	ɳi⁵⁵；ɔ³¹pi⁵⁵ti³³；ɔ³¹pi⁵⁵pi⁵⁵	少	ɔ³¹pi⁵⁵tʃm̩³¹tʃ̩³¹
长	mu⁵⁵	短	nu⁵⁵
圆（球状）	lɛ⁵⁵lu³³	衣服大	ɔ⁵⁵xu³¹xɣ³¹
窄（空间）	ɳi⁵⁵	窄（衣服）	ɳi⁵⁵；ɔ³¹pi⁵⁵pi⁵⁵
高（个子）	ɔ⁵⁵kɯ⁵⁵mu⁵⁵	矮（个子）	ɔ⁵⁵kɯ⁵⁵nu⁵⁵
平	phiŋ³¹ (汉借)	陡	ʑa³¹pa̱³¹pa̱³¹
光滑	ka̱³¹lɛ³³lɛ³³	尖	tɔ⁵⁵tʃm̩³³
歪	nɔ³¹xɔ⁵⁵	斜（竖物歪斜）	lɛ⁵⁵ʃi³³
斜（斜坡）	kɔ⁵⁵ʃi³³	（嘴）歪	xɔ³¹mɛ³³nɔ³¹xɔ⁵⁵
反（衣服穿反）、倒（筷子拿倒）	sɛ⁵⁵fɣ³³	满（溢出来）	pu³³tɛ³¹
瘪（气球瘪了）	ʃɯ³¹	碎	ɔ⁵⁵l̩i⁵⁵

汉义	豪尼哈尼语	汉义	豪尼哈尼语
硬	xa^{33}	软	nu^{31}so^{31}
干净	ʃɯ^{55}	脏	mɔ^{31}ʃɯ^{55}
结实	tɕhi^{55}（主语是物）；ɣɯŋ^{55}tʃa^{33}（主语是人动物）	（水）深	na̱^{31}
（水）浅	ma^{31}na̱^{31}	（水）清	tɕhiŋ^{33}（汉借）
（水）浑	te̱^{33}	锋利（快）	tha^{33}
钝	ma^{31}tha^{33}ma$^{31/33}$tu^{31}tu^{31}	紧	tɕiŋ^{31}（汉借）
绑紧	pha^{55}ne̱^{33}	粗	xɣ^{31}
细（面粉很细）	nɣ^{33}	稀（布织得稀）	khɔ^{55}
密	tɕi̱^{33}	焦（饭煮焦了）	khɯ^{55}
干（衣服、柴、口、天气）	ku̱^{33}	湿	tʃe^{55}
早（起床）	na̱^{31}	早起	na̱$^{31/33}$na̱^{31}thɯ^{55}lɔ^{55}
早早地	na̱^{31}na̱^{31}mɛ^{55}	慢慢地、轻轻地（动作）	ɔ^{31}zɔ^{33}ti^{33}
轻（东西质量）	mɔ^{31}tʃhɯ^{33}	重（东西质量）	tʃhɯ^{33}
多	mɔ^{33}	少、一点点	a^{31}pi^{55}tʃ̩^{31}tʂ̩^{31}
远	mu^{55}；ʑi^{55}kɔ^{55}ʐɔ^{31}	近	kɔ^{55}tse^{55}ni^{33}
晚（很晚才睡、迟到）	xɔ^{33}tɕhi^{55}ʃu^{31}xu^{55}	晚（夜深）	ɣo̱^{31}tɕhe̱$^{31/33}$ʃɔ^{55}mi^{55}
迟	phi̱^{31}	热	l̩u^{55}
冷	ɣo̱^{31}ka̱^{33}ka̱^{33}	凉	tɕhe̱^{31}kɯ^{55}kɯ^{55}
暖	tshe^{33}	饱	pɣ^{33}
饿；渴	me̱^{33}	腻、油腻	ze̱^{31}
困、瞌睡	ɣo̱^{31}ʃ̩^{55}	累、辛苦、疲倦	ɔ^{31}tɕi^{55}tɕi^{55}
舒服	tʃɯ^{55}so^{55}	聋	pɣ^{31}
瘸	to^{31}pæ^{33}	痛	nɔ^{55}
痒	tsɹ̩^{33}	浮肿	tsu^{33}

汉义	豪尼哈尼语	汉义	豪尼哈尼语
胀、撑	tshen^{33} (汉借)	好	mɯ^{31}
坏（坏人）	mɔ^{33}mɯ$^{31/33}$	坏（事或物坏）	pa̱^{33}ʑɛ^{53}
恶毒	tɯ^{35} (汉借)	善良	u^{31}ɕi^{33}nɯ^{33}mɔ^{33}mɯ^{31}
新	ʒv^{33}ʃɣ^{31}	旧（衣服）	ʒv^{33}kæ^{55}
生（肉）	ʒv^{33}tʃu^{31}	熟（肉）	ɔ^{33}ti^{33} ʒv^{33}mu^{33}
熟（芭蕉熟）	ŋa^{33}ɕi^{31}ɣo̱^{31}	假	tɕa̱^{31} (汉借)
便宜	ɕaŋ^{33}ʑiŋ^{33}	贵	phi^{33}
合适	xo^{33} (汉借)	够	lɯ^{31}
费力	ɔ^{31}tɕi^{55}tɣ̱^{33}	富	ʒv^{33}xa̱^{33}
穷	ʃɔ^{33}	忙	ma̱^{33} (汉借)
闲	a^{55}n̠i^{31}tʃv^{33}	贫穷、赤贫	tʃa^{33}
漂亮	tʃɔ^{31}ʃɛ^{55}	美丽	fɣ̱^{33}sɔ^{55}；ɕoŋ^{33}
丑、难看	fɣ̱^{33}ʃɔ^{31}	为难	u^{55}ʃɔ^{31}
难受、难过	tʃɯ^{55}ʃɔ^{31}	（菜）嫩	nɯ^{31}
（人）胖	tshɣ^{55}	（人）瘦	tɣ^{31}khɯ^{31}khɯ^{31}
（孩子）瘦	tʃɔ^{33}khɯ^{31}khɯ^{31}	肥（肉肥）	(ʃɔ^{31}pv^{55}pv^{55}) ʃv^{55}；(ʃɔ^{31}pv^{55}pv^{55}) mɔ^{33}
瘦（肉瘦）	(ʃa^{31}nɯ̱$^{31/33}$nɯ̱^{31}) ʃv^{55}	懒	laŋ^{33} (汉借)
贪心	u^{31}ɕi^{33}nɯ^{33}mɔ^{33}xɣ̱^{31}	唠叨	tu^{31}pɔ^{31}mɔ^{33}；pɣ^{55}pɛ^{33}
聪明	ku^{55}	倔强	kɯ^{33}
可怜	u^{31}ʃɔ^{31}ʃɔ$^{31/33}$lɯ^{55}	耐心	nɛ^{55}ɕiŋ^{33} (汉借)
勇敢（胆子大）	taŋ^{31}tsɣ̱^{33}xɣ^{31}	敢	phɣ^{31}
红艳艳	n̠i^{55}ti^{33}	臭烘烘	pe̱^{31}nɯ^{55}pɔ^{33}nɯ^{55}
硬邦邦	xa^{33}tʃhɯ̱^{31}pɔ^{33}tʃhɯ̱^{31}	冷冰冰	tɕhe̱^{31}kɯ^{55}pɔ^{33}kɯ^{55}
甜津津	tʃh^{55}ti^{33}	轻飘飘	phɔ^{55}sɿ^{31}sɿ^{33}
人说话（声大）	tɕhi^{55}xa^{33}pa̱^{33}tsɣ̱^{33}ɣɛ^{31}	香喷喷	ɕaŋ^{33}ɕaŋ^{33}mɛ^{55} (汉借)
黑漆漆、黑黝黝	n̠a^{33}ɯ^{31}pa̱^{33}ɣɛ^{33}	笑眯眯	ɯ^{55}sɿ^{31}pɔ^{33}se̱^{31}

续表

汉义	豪尼哈尼语	汉义	豪尼哈尼语
快快（去）	tshui^{31}tshui^{31}ti^{33}（ʑi^{55}）; tʃa^{33}ʑi^{55}ɣɔ^{31}	尖尖的	tɔ^{55}tʃɯ̃^{33}pɔ^{33}zɛ^{53}; tɔ^{55}tʃɯ̃^{33}pɔ^{33}tʃɯ̃^{33}
大大的	xɣ̱^{31}xɣ̱^{31}ti^{33}; zɔ^{55}xɣ̱^{31}pɔ^{33}xɣ̱$^{31/33}$	绿油油	ɲi^{55}ma̱^{31}pa^{33}me^{55}

（十八）数量

汉义	豪尼哈尼语	汉义	豪尼哈尼语
一	tɕhi^{31}	二	ɳe̱^{31}
三	su^{31}	四	li^{31}
五	ŋɔ^{31}	六	khɣ̱^{31}
七	ɕ̱^{31}	八	xɛ̱^{31}
九	ɣu^{31}	十	tshe^{55}
十一	tshe^{55}tɕhi^{31}	十二	tshe^{55}ɳe̱^{31}
十三	tshe^{55}su^{31}	十四	tshe^{55}li^{31}
十五	tshe^{55}ŋɔ^{31}	十六	tshe^{55}khɣ̱^{31}
十七	tshe^{55}ɕ̱^{31}	十八	tshe^{55}xɛ̱^{31}
十九	tshe^{55}ɣu^{31}	二十	ɳe̱^{31}tshe^{55}
二十二	ɳe̱^{31}tshe^{55}ɳe̱^{31}	二十五	ɳe̱^{31}tshe^{55}ŋɔ^{31}
五十	ŋɔ^{31}tshe^{55}	六十	khɣ̱^{31}tshe^{55}
八十	xɛ̱^{31}tshe^{55}	八十七	xɛ̱^{31}tshe^{55}ɕ̱^{31}
百	xɔ^{55}	千	thu^{55}
万	ɕi^{55}	亿	ʑi^{55}（汉借）
一万	tshe^{55}thu^{55}; tɕhi^{31}ɕi^{55}	十万	tshe^{55}ɕi^{55}
零	liŋ^{31}（汉借）	第一	ti^{55}ʑi^{31}（汉借）
第二	ti^{55}ɛ^{55}（汉借）	第三	ti^{55}san^{33}（汉借）
第四	ti^{55}sɿ^{55}（汉借）	第五	ti^{55}v^{31}（汉借）
第六	ti^{55}lɯ^{31}（汉借）	第七	ti^{55}tɕhe̱^{31}（汉借）
第八	ti^{55}pa̱^{31}（汉借）	第九	ti^{55}tɕo^{31}（汉借）

汉义	豪尼哈尼语	汉义	豪尼哈尼语
第十	ti^{55}ʃ̩^{53} (汉借)	一半	tɕhi^{31}phạ^{33}
半（半桶）	pɛŋ^{55}thoŋ^{31} (汉借)	半天	pɛŋ^{55}thiɛŋ^{33} (汉借)
半斤	pɛŋ^{55}tɕiŋ^{33} (汉借)	单	taŋ^{33} (汉借)
双	ʃuaŋ^{33} (汉借)	一点儿	tʃ̩^{31}tʃ̩^{31}
几个	xɔ^{31}mɔ^{33}mɔ^{55}	许多、很多	mɔ^{35}ti^{33}；xɔ^{55}thi^{55}mɔ^{33}；mɯ^{55}le^{53}mɔ^{33}
约五十岁	ŋɔ^{31}tshe^{55}xɯ^{31}lɔ^{55}	一百零一	tɕhi^{31}xɔ^{55}tɕhi^{31}
一百零二	tɕhi^{31}xɔ^{55}ȵe^{31}	亩	mu^{31} (汉借)
公里	koŋ^{33}li^{31} (汉借)	尺	tʃ̩^{31} (汉借)
寸	tshuŋ^{55} (汉借)	分（指面积）	fɛŋ^{33} (汉借)
拃	tʃa^{31} (汉借)	斗	tɤ^{31} (汉借)
升	tạ^{31}	两	lu^{31}
斤	tɕiŋ^{33} (汉借)	米（公尺）	mi^{31} (汉借)
元	khuɛ^{31} (汉借)	角	tɕio^{31} (汉借)
分（货币单位）	fɛŋ^{33} (汉借)	个（一个人）	ɣɔ^{31}
个（一个碗）	mɔ^{55}	个（一个字）	mɔ^{55}
只（表量词）	zɔ^{31}	头（一头牛）	khu^{55}；zɔ^{31}
匹（一匹马）	khu^{55}；zɔ^{31}	匹（一匹布）	thu^{33}
块（一块布）	khuɛ^{31} (汉借)	根（一根绳子）	tʃha^{33}；mɔ^{55}
根（一根筷子）	mɔ^{55}；thɛ^{31}	把（一把菜）	tsu^{31}
条（一条鱼）	mɔ^{55}；zɔ^{31}	把（一把扫帚）	pạ^{31} (汉借)
把（一把刀）	pạ^{31} (汉借)；mɔ^{55}	粒（一粒米）	ɕi^{31}
颗（一颗星）	mɔ^{55}；kho^{33} (汉借)	朵（一朵花）	zɛ^{33}；mɔ^{55}；to^{31} (汉借)
串（一串龙眼）	tʃhuaŋ^{55}；	块（一块手表）	mɔ^{55}；
棵（一棵树）	tsɿ^{55}；mɔ^{55}；kho^{33} (汉借)	处（一处田）	kɔ^{55}
块（一块豆腐）	khuɛ^{31} (汉借)	颗（一颗石头）	ɕi^{31}；mɔ^{55}
台（一台田）	tsh̩^{31}	块（一块肉）	mɔ^{55}

汉义	豪尼哈尼语	汉义	豪尼哈尼语
块（一块香皂）	mɔ⁵⁵	颗（一颗糖）	mɔ⁵⁵
块（一块糖）	khuɛ³¹ (汉借)	辆（一辆车）	mɔ⁵⁵；tʃaŋ³³ (汉借)
架（一架飞机）	mɔ⁵⁵	面（一面镜子）	mɔ⁵⁵
顶（一顶帽子）	mɔ⁵⁵	堵（一堵墙）	mɔ⁵⁵
座（一座山）	mɔ⁵⁵	扇（一扇门）	mɔ⁵⁵
支（一支笔）	mɔ⁵⁵	条（一条裤子）	mɔ⁵⁵
间（一间房子）	ʒu⁵⁵	件（一件衣服）	kha³³；mɔ⁵⁵
栋（一栋房子）	ʒu⁵⁵；mɔ⁵⁵	滴（一滴水）	tsa³³
间（一间客房）	tɕɛ³³ (汉借)	排（一排树）	phɛ³¹ (汉借)
层（一层台阶）	thɛ³¹ (汉借)	袋（一袋米）	tɛ⁵⁵ (汉借)
叠（一叠钞票）	tʃa³¹	根（一根木头）	mɔ⁵⁵
两件衣服	tsu³¹；kha³³；mɔ⁵⁵；	盏（一盏灯）	mɔ⁵⁵
张（一张桌子）	mɔ⁵⁵	段（一段木头）	thu³³
句（一句话）	xɛ³¹	段（一段路）	thu³³
张（一张纸）	tʃaŋ³³ (汉借)	床（一床被子）	mɔ⁵⁵；ʃhua³¹ (汉借)
条（一条路）	khu⁵⁵；mɔ⁵⁵	顿（一顿饭）	pɛ⁵⁵
片（一片肉）	khɣ³¹	种（一种草）	tʃoŋ³¹ (汉借)
泡（一泡尿）	phɔ³³ (汉借)	对（一对手镯）	tui⁵⁵ (汉借)
圈（一圈绳子）	lu³³	节（一节竹子）	thu³³
份儿（一份儿饭）	fɛŋ⁵⁵ (汉借)	副（一副扑克）	fv⁵⁵ (汉借)
张（一张扑克）	mɔ⁵⁵；tʃaŋ⁵⁵ (汉借)	只（一只鞋）	mɔ⁵⁵；the³¹
群（一群羊）	kɯ⁵⁵	团（一团线）	lu³³
家（一家人）	ɣo³¹	窝（一窝鸡）	kɯ⁵⁵
盒（竹编扁盒）	xo³¹ (汉借)	坨（一坨饭）	lu³³；tho³¹ (汉借)
桌（一桌菜）	tʃo³¹ (汉借)；tɔ⁵⁵tsɹ³³	种（一种菜）	mɔ⁵⁵
盘（一盘菜）	mɔ⁵⁵；phæ³¹ (汉借)	杯（一杯茶）	pei³³ (汉借)
瓶（一瓶酒）	phiŋ³¹ (汉借)	根（一根草）	mɔ⁵⁵

续表

汉义	豪尼哈尼语	汉义	豪尼哈尼语
滩（一滩水）	tɔ³¹xu³³	口（一口饭）	xɛ³¹
包（一包药）	pɔ³³（汉借）	挑（一挑米）	thiɔ³³（汉借）
捧（一捧米）	xo³³	把（一把米）	thɣ³³
捆（一捆柴）	khuɛŋ³¹（汉借）	捆（一捆草）	tsu³¹
斤（一斤酒）	tɕiŋ³³（汉借）	堆（一堆柴）	kɔ³¹
根（一根柴）	mɔ⁵⁵	拽（一拽芭蕉）	fɣ⁵⁵
根（一根芭蕉）	mɔ⁵⁵	串（一串鱼）	tʃhuaŋ⁵⁵（汉借）
点（一点时间）	tʃʅ³¹tʃʅ³¹	点（五点半）	tieŋ³¹（汉借）
天（一天）	nv³³	年（一年）	xɣ³¹
月（一个月）	xa̱³¹；çi³¹	柱（一炷香）	mɔ⁵⁵；kɛŋ³³（汉借）
次、回	xui³¹（汉借）	轮（一轮太阳）	mɔ⁵⁵；kɔ³³（汉借）
趟（去一趟）	la̱³¹	遍（遍布）	lɔ⁵⁵mɛ⁵⁵
遍（遍数）	pe⁵⁵（汉借）	睡一会儿	la̱³¹
步（一小步路）	thu³³；pu⁵⁵（汉借）；tɕɛ³¹（汉借）	拳（打一拳）	thuɪ³³
脚（踢一脚）	tʃua̱³¹（汉借）；poŋ³³；the⁵⁵	丛（一丛草）	phoŋ³¹（汉借）
顿（揍一顿）	ŋɯ⁵⁵	笼（一笼鸡）	xa̱³³fɣ³¹
坛（一坛酒）	fɣ³¹（汉借）	勺（一勺油）	fɣ³¹tsha³³；tɕhiɔ³¹kɯ³³（汉借）
桶（一桶水）	thoŋ³¹（汉借）	垛（一垛柴）	kɔ³¹
筐（一筐水果）	tʃɔ⁵⁵lu⁵⁵	夜（一夜）	mi⁵⁵
单股线	kɯ³¹（汉借）	束（一束谷穗）	nɯ⁵⁵
根（一根烟）	khu⁵⁵	把（一把锁）	mɔ⁵⁵；pa̱³¹（汉借）
把（一把伞）	mɔ⁵⁵	把（一把尺子）	mɔ⁵⁵；pa̱³¹（汉借）
把（拿一把）	pa̱³¹（汉借）	枚（一枚针）	mɔ⁵⁵
座（一座桥）	mɔ⁵⁵	服（一服药）	fɣ⁵⁵（汉借）
声（吼一声）	xɛ³¹	只（一只手）	fɣ³¹；mɔ⁵⁵
个（一个手指）	mɔ⁵⁵；ko³³（汉借）	张（一张嘴）	mɔ⁵⁵
边（一边儿）	fɔ³³		

（十九）名称、关系

汉义	豪尼哈尼语	汉义	豪尼哈尼语
我	ŋɔ⁵⁵；ŋa³³nɕ³³	你	nv⁵⁵；nɕ³³nɕ³³
他	ʑi⁵⁵lɔ³¹；ʑi⁵⁵lɯ³³	我们	ŋɔ³³thɯ⁵⁵（排除式）；ɔ³³tɯ³³thɯ⁵⁵（包括式）
你们	nv³³thɯ⁵⁵；nv⁵⁵thɯ³³	咱们家	ɔ³³tɯ³³tho³¹
他们	ʑi⁵⁵thɯ³³	别人	sɔ⁵⁵tʃɯ³¹thɯ³³；ʑi⁵⁵tɯ³³thɯ³³
自己	ʑɔ³⁵ʑɔ³¹	我们大家、咱们（三人以上）	ɔ³³tɯ³³thɯ⁵⁵
人家	xɔ³³mɔ³³ɣo³¹	那一家	ʑi⁵⁵tho³¹
我们俩	ŋɔ⁵⁵tɯ³³nɔ³¹	你们俩	nv⁵⁵nɔ³¹
他们俩	ʑi⁵⁵nɔ³¹	这	ʑɔ⁵⁵；thɔ⁵⁵
这个（人）	ʑi⁵⁵lɔ³¹；thɯ³³lɔ³¹	这个（物）	ʑi³³；thɯ³³
这样、这么样	ʑi³³ti³³	这么	ʑi³³ti³³
这里	ʑɔ³³	这些（人、物）	ʑi³³thɯ³³
那	ʑɔ³¹	那个（物）	ʑi⁵⁵tɯ³³；ʑɔ³¹tɯ³³
那、那个（近）	ʑi⁵⁵fɔ³³；ʑi⁵⁵thɯ³³	那、那个（中近）	ʑi⁵⁵kɔ³³fɔ³³
那、那个（远）	ʑi⁵⁵kɔ³³ʑɔ³¹	那样、那么样	ʑi³³ti³³
那么（多）	thɯ³³tɕhi⁵⁵	那里	thɔ³³
那些	thɯ³³（物）；thɯ³³thɯ³³（人）；ʑi⁵⁵thɯ³³（人）	各（各自）	ʑɔ³⁵ʑɔ³¹tsɔ³¹
谁	ɔ³¹s̩⁵⁵	哪个人	xɔ³³lɔ³¹；ɔ³¹s̩⁵⁵
甚、什么、事情	ɔ³¹tɕhi⁵⁵tɕ⁵⁵；ɔ³¹tʃhɯ³³；ɔ³³tʃhɛ³³	多少	xɔ⁵⁵tɕhi⁵⁵
为什么	xɔ⁵⁵mi⁵⁵khɛ³³；xɔ⁵⁵mi⁵⁵ti³³	几时	xɔ³¹mu³³
哪	xɔ³³	我们的	ŋɔ³³thɯ⁵⁵ᐟ⁵³
你们的	nv³³thɯ⁵⁵ᐟ⁵³	他们的	ʑi⁵⁵thɯ³³
一部分	tɕhi³¹mi³¹thɯ³³（人）；tɕhi³¹pha̲³³thɯ³³（物）	其他的	pɔ⁵⁵tsɛ⁵⁵thɯ³³

汉义	豪尼哈尼语	汉义	豪尼哈尼语
什么地方	xɔ⁵⁵	和	khɛ³³
很、非常、多么	xɔ⁵⁵tɕhi⁵⁵；mɯ⁵⁵lɛ⁵³	最后	nɔ³¹nɯ⁵⁵nɯ⁵⁵pɛ³³；nɔ³¹nɯ⁵⁵
一会儿	tɕhi³¹la̠³¹	渐渐地	tʃŋ̍³¹tɕ̬ŋ̍³¹tʃŋ̍³¹tɕ̬ŋ̍³¹ti³³
大概	zi³¹tɕhi⁵⁵lɔ⁵⁵	太多	mɔ³⁵ti³³
悄悄地	ɔ³¹zɔ³³ti³³	很早	na̠³¹ma̠³¹nɛ³³
连续	tɕhi³¹nv³³lɛ³³	一天到晚	tɕhi³¹nv³³mɔ³³kuɛ³³
也	xɯ⁵⁵	全部地	tɕi⁵⁵tsɛ³³；zi⁵⁵tsɛ³³
一起	tɕhi³¹kɔ⁵⁵	又、另外、还	tsɛ⁵⁵
又要、还要	tsɛ⁵⁵xɯ⁵⁵	一定、必定	xɔ⁵⁵mi⁵⁵khɛ³³xɯ⁵⁵
故意	tɛ³⁵	不	mɔ³¹
别	xɔ³¹	一边（面）…… 一边（面）……	zi³¹mɛ⁵⁵…zi³¹mɛ⁵⁵…（汉借）
差不多	tʃha³¹pu³³to³³（汉借）	差一点儿	tʃŋ̍³¹tɕ̬ŋ̍³¹ᐟ³³tɕ̬ŋ̍³¹ko̠³¹
独自地	tɕhɔ³¹lɛ⁵³	立即	tshui³¹ti³³
经常	xɔ³³mu⁵⁵lɛ³³	刚才	ʑa³¹sŋ̍³³
好像	tv⁵⁵lɯ⁵⁵	因为、所以	ɔ⁵⁵khɛ³³
如果…… 就……	ŋɔ³³khɛ³³…… tɕo⁵⁵（汉借）……	尽管	ɔ³³khɛ³³xɯ⁵⁵
不论	xɔ⁵⁵mi⁵⁵ti³³	虽然	khɛ³³xɯ⁵⁵
但是	ɔ⁵⁵khɛ³³xɯ⁵⁵		

（二十）动植物活动及生长变化

汉义	豪尼哈尼语	汉义	豪尼哈尼语
守（门）	ʃu⁵⁵	啃（骨头）	kho̠³¹
摆动（尾巴）	l̩ɣ³³	咬（泛指）	kho̠³¹
（螃蟹）咬、夹	tʃa̠³¹	（虫）蛀	tsɔ³¹
（老虎）咆哮	tɕi̠³¹	（狼）嚎	kɯ⁵⁵

汉义	豪尼哈尼语	汉义	豪尼哈尼语
（犬）吠	tɕhe̢³¹	（虫）爬、蠕动	tʃhu³³
（公鸡）啼； （鸟）鸣； （蟋蟀）叫	tɛ⁵⁵	（猫、鸡崽、鸭、 鹅、羊、虫）叫	mɯ⁵⁵
（蛇）爬行	tʃ̢³³	飞（虫、鸟）	pu⁵⁵
（鸟）盘旋	u³³lu³³pu⁵⁵tʃuaŋ⁵⁵	（鸟）栖息	ɣo̢³¹tʃa³³
（驴马）踢	the⁵⁵；tʃua̢³¹ (汉借)	（牛）打架	thu³¹tɛ³³ʹ³¹khe³³
（鸡）打架	tʃhɯ³¹tɛ³³ʹ³¹¹khe³³	（蜂）蜇	tɛ³¹
（毛虫）刺	ta⁵⁵sa³³sa³³	（蛇）蜕皮	a³³；to³³phɔ⁵⁵
（猪）拱（墙等）	tɕi̢³¹	（蜜蜂）酿（蜜）	pa̢³¹；tʃɛŋ³¹ (汉借)
（鸟、燕子）衔 泥做窝	pa̢³¹；tʃɛŋ³¹ (汉借)	（蛇）缠绕	ʒɔ⁵⁵pe³³
（蛇）缠绕成盘	ʒɔ⁵⁵lu³³	（马）驮（东西）	tho³¹ (汉借)
（鸡）啄	tʃhɯ³³	（蚊子）叮	kho̢³¹
（牛）反刍	kɯ³¹	下（蛋）	khɔ³³
（牲畜）生（崽）	tʃv⁵⁵	孵（小鸡）	ɣ³³
（种子）发芽	tʃm̩³¹	（树枝）发芽	ɔ⁵⁵nɛ³³nɛ³³
（花）开	a⁵⁵ʒɛ³³ʒɛ³³	（花）凋谢	pɛ⁵³ (汉借)；lo³³ (汉借)
结（芭蕉）	ŋa³³ɕi³¹ɕi³¹	（果子）未熟	ma³¹ɣo̢³¹
（果子）成熟	ɣo̢³¹	（植物）晒蔫	kɯ³³
（植物）干枯	khɯ³³tɛ³¹	（植物）枯萎	khɯ³³
（叶子）枯黄	ʃv⁵⁵	（叶子）飘落	kɔ³³tʃhɯ³³
（瓜果）腐烂	pv̩³¹ʑi⁵⁵ɣe³¹	（瓜果）坏了	pa̢³³ʑi⁵⁵ɣe³¹
生（根）	tʃhv³³；tsh̩³¹	坐蕾（长骨朵）	a⁵⁵tʃhɯ³¹tʃhɯ³¹
出（穗）	tɣ³³	（果实）垂下	tʃhɯ³³
（果皮）裂开	ti⁵⁵pe̢³¹	（叶子）飘飞	pu⁵⁵

续表

汉义	豪尼哈尼语	汉义	豪尼哈尼语
（树枝）断	thu³³	（木耳）干缩	khɯ³³
（茶叶）干	kṳ³³	（衣服）干	kṳ³³
（头发）干	kṳ³³		

（二十一）判断、存在、趋向、能愿动词等

汉义	豪尼哈尼语	汉义	豪尼哈尼语
是	ŋɯ⁵⁵	到	khɯ³³
有	tʃɯ³³（有生命） tʃa³³（无生命） tʃo³³（掺杂、容器内部、含有） tɛ̣³³（生长着） tɣ³³（液体或气体） tu⁵⁵（路、痕迹） v⁵⁵（昆虫）	在（有生命）	tʃv⁵⁵
没有	ma³¹tʃɯ³³	来	lɔ⁵⁵；la³¹
去	ʑi⁵⁵；li³³	回来	xɯ³¹lɔ⁵⁵
回去	xɯ³¹ʑi⁵⁵	出来	tɣ³³lɔ⁵⁵
出去	tɣ³³ʑi⁵⁵	进来	to³³lɔ⁵⁵
进去	to³³li³³；to³³ʑi⁵⁵	上（山）	tạ³³
上来	tạ³³lɔ⁵⁵	上去	tạ³³ʑi⁵⁵
下来	kɔ³³lɔ⁵⁵	下去	kɔ³³ʑi⁵⁵

（二十二）心理活动

汉义	豪尼哈尼语	汉义	豪尼哈尼语
懂、知道、认识	xɔ⁵⁵lɯ³¹	认为	kɔ³¹
记得	tɕi⁵⁵the³¹	忘记	ɲi⁵⁵pɔ⁵⁵ɣɛ³
（妈妈）疼（孩子）	ʃɔ³¹	心疼、可怜	u³¹ʃɔ³¹ʃɔ³¹

续表

汉义	豪尼哈尼语	汉义	豪尼哈尼语
舍不得	mɔ³¹ʃɯ⁵⁵	饱饱地（吃）	pɣ³³ti³³
满意、看中	fɣ³³zɿ³³	同意	thoŋ³¹zi⁵⁵（汉借）
相信	ɕaŋ³³ɕiŋ⁵⁵（汉借）	想（思考）	ɕaŋ³¹（汉借）
憎恨、厌恶	ʒ³¹tɕhi⁵⁵	害羞	ʃa³¹tɯ⁵⁵
后悔	xɯ⁵⁵xui³¹（汉借）	担心	taŋ³³ɕiŋ³³（汉借）
操心	tshɔ³³ɕiŋ³³（汉借）	着急	tɕi³¹（汉借）
撒娇	a⁵⁵pe̠³³pe̠³³tsɔ³¹	放心	faŋ⁵⁵ɕiŋ³³（汉借）
以为	ti³³kɔ³¹	失望	ʃi³¹uan⁵⁵（汉借）
歧视、看不起	mɔ³¹fɣ³³tɕhi³¹ɣɔ³¹； mɔ³¹fɣ³³tɕhi³¹pɛ³³	害怕、吓	kɣ³³lɯ⁵⁵
惦记、想出来	ɕaŋ³¹tɣ³³ɣɛ³¹	舍得	ʃɯ⁵⁵ɣo³³

（二十三）五官动作

汉义	豪尼哈尼语	汉义	豪尼哈尼语
闻（味儿）	xoŋ³¹	回头看	nɔ³¹nɯ⁵⁵fɔ³³fɣ³³xɯ³¹
哭	ȵi⁵⁵	笑	u⁵⁵ʃi⁵⁵；ɯ⁵⁵ʃi⁵⁵
说、劝	thu⁵⁵	抽泣	xɯ⁵⁵thɣ³¹thɣ³¹
问、听	nɔ⁵⁵xɔ³¹	偷听	xu³¹nɔ⁵⁵xɔ³¹
传（话）	pɔ⁵⁵thu⁵⁵pi³³ᐟ³¹	告诉（别人）	thu⁵⁵pi³³ᐟ³¹
叫、喊	kɯ⁵⁵	叫（他）	kɯ⁵⁵pi³³ᐟ³¹
哄（小孩睡觉）	tʃu³³	骗	tɕe̠³³
吵架	kaŋ⁵⁵tɛ³¹khɛ³³	听见	kɔ³¹
读、学习	tsɿ⁵⁵	骂	v³¹
吃	tsɔ³¹	好吃	mɛ⁵⁵
呼吸	sa³¹u⁵⁵	喝；抽（烟）	tɯ⁵⁵
嗑（瓜子）	thɯ³¹	咬（牙关）	kɣ³³
剥（瓜子）	l̥ɯ³¹	吞咽	kɔ⁵⁵u⁵⁵

汉义	豪尼哈尼语	汉义	豪尼哈尼语
含着	mv³³the³¹	嚼	kɯ³¹
吹	mɣ³³	吹（口哨）	tʃɔ³¹l̩ i⁵⁵l̩ i⁵⁵
剔（牙）	xɯ³¹	流（口水）	tɣ³³
擤（鼻涕）	çe̞³³	伸（舌头）	me³³
吐口水	xɔ³¹thi³¹thi³¹	打喷嚏	xa⁵⁵tʃhɯ³¹tʃhɯ³¹
打饱嗝	xɯ⁵⁵thɣ³¹thɣ³¹	噎着	u⁵⁵the³³
看	fv̩³³	看守	fv̩³³tɕhe̞³³
看见、见到	mv⁵⁵	睁（眼）	phe³³ta̞³³
窥探	xu³¹fv̩³³	眯眼、闭眼	me̞³³
抬（头）	tʃm⁵⁵kɯ⁵⁵ta̞³³		

（二十四）躯体动作

汉义	豪尼哈尼语	汉义	豪尼哈尼语
坐	tʃv⁵⁵	打（人）	ti³¹；tʃɯ³¹
坐下	tʃv⁵⁵kue³³	躺	khɔ⁵⁵kue³³
休息	ɔ³¹nɔ³¹nɔ³¹	生病	ɔ⁵⁵nɔ⁵⁵nɔ⁵⁵
纳凉	ɔ⁵⁵ʃi³¹liaŋ³¹	打瞌睡	ɣo̞³¹ʃi³³ne̞³³
睡觉	ɣo̞³¹tʃa³³	睡着	ɣo̞³¹thu³³
（睡时）磨牙	tʃɯ⁵⁵tɕe̞³¹tɕe̞³¹	睡醒	n̩i³¹lue⁵³
（酒）醒	ma̞³¹pɣ³³ɣe³¹	醉	tɯ⁵⁵pɣ³³ɣe³¹
起床	ɣo̞³¹sɿ⁵⁵thɯ⁵⁵lɔ⁵⁵	住	tʃv⁵⁵
等候	ʃu⁵⁵	躲避（在门后）	xu³³ʑi³¹
藏（东西）	xɛ⁵⁵tʃhu⁵⁵	（小孩）爬行	mu³¹tʃhu³³tʃhu³³
爬（树）	pɯ³¹ta̞³³li³³ɣe³¹	搭（车）	tɕhi⁵⁵tʃhɣ³³tʃɯ⁵⁵
过（河）	lu⁵⁵pɔ³³kɯ³¹li³³	玩耍	n̩ɔ⁵⁵
捉迷藏	xo³³ʑi³¹xo³³to³³pe̞³³	游泳	ɯ⁵⁵za̞³³za̞³³
跌倒	ko³³tɣ³³ɣe³¹	趴（在地上）	tʃhu³³

续表

汉义	豪尼哈尼语	汉义	豪尼哈尼语
把（尿）	$tʃu^{55}$；$ʃv^{31}$	出（汗）	$khɯ^{31}fv^{55}tɣ^{33}$
碰见、遇到	$tɯ^{55}fe^{31}$	离（家）	$tɣ^{33}ʑi^{55}$
守候	$ʃo̠^{31}tɣ^{33}ɣɛ^{31}$	陪伴	$pɔ^{55}pv̠^{33}pi^{33/31}$
（轻轻地）触碰	（$ɔ^{31}zɔ^{33}ti^{33}$）$the^{55}z̩^{33}$	留（客人）	$tʃɯ^{55}kɔ^{33}tʃha̠^{31}$
替（人做事）	$pɔ^{55}u^{55}pi^{33/31}$	讨（饭）	$ʃɔ^{55}$
摸黑	$ma̠^{33}so̠^{33}so̠^{33}$	照顾	$fv̠^{33}tɕhe^{33}$
放生	$pe^{33}pi^{33/31}$	杀生	$çe^{31}$
教	$mɛ^{31}$	学	$tsɿ^{55}$
遗失、丢失	$pu^{33}tsue^{31}$	寻找	$te^{55}ʑi^{31}$
追上	$tʃui^{33}ta̠^{33}li^{33}$	赶（路）	$lɛ^{31}$
挡（路）	$tʃa^{33}$	穿（针）	$çi^{55}$
穿（鞋）	$nɯ^{31}$	穿（衣服）	tu^{33}
戴（帽子）	$tsho^{31}$	戴（耳环）	$to̠^{31}$
戴（头巾）	$ɣ^{31}ti^{55}ti^{55}$	织（布）	$nɯ^{55}za̠^{31}za̠^{31}$
脱（衣服等）	$l̩e̠^{33}$	裸体	$ni^{55}kɯ^{31}pɔ^{33}kɛ^{33}$
扛着	$tʃm̩^{55}the^{31}$	抬、挑（担子）	$tʃm̩^{55}$
背（孩子）	te^{55}	背（枪、背篓）	phi^{33}
骑（马）	$tɕi̠^{31}$	守卫	$ʃu^{55}tɕhe^{33}$
烤（火）	$ka^{33}tʃɯ^{55}$	烧（废纸）	$phɣ^{33}$
点（火）	$tʃi^{55}ʑi^{31}$	熄（灯）	$n̠e̠^{31}ʃi^{55}$
要	u^{55}	给	$xe^{55}pi^{33/31}$
吹灭	$mɣ^{33}ʃi^{55}$	分家	$ɣo^{31}to^{33}pi^{55}$
分开、分散、分离	pi^{55}	挑选	$tshɛ^{55}$
晾（衣服）	$l̩o̠^{31}$	喂（小孩）	$pi^{33/31}tsɔ^{31}$
生、养	$tʃɯ^{55}tʃhɯ^{33}$	送	$soŋ^{55}$（汉借）；$ʃv^{33}$
搀（水）	$tʃo^{33}$	过滤	$li^{55}tɣ^{33}$

汉义	豪尼哈尼语	汉义	豪尼哈尼语
照（镜子）	fɣ³³	照（照明）	khɯ³¹
遮住	tʃɯ³³phe³³	堆（动词）	tui³³（汉借）
竖起来	xɛ⁵⁵thv⁵⁵ta̠³³	竖起汗毛	kv⁵⁵ta̠³³
埋葬	pa̠³³phi³¹	塞入（口袋）	te³¹u⁵⁵
装（袋）	ta³³u⁵⁵	铺（床）	xu³¹
动、动弹	l̥ɣ³³	拿到	xɛ⁵⁵ʒuɛ³¹

（二十五）手的动作（不用工具的）

汉义	豪尼哈尼语	汉义	豪尼哈尼语
伸（手）	tʃʅ³¹tɯ³³	举（手）	tʃʅ³¹te³³；tʃʅ³¹ta̠³³
抬（手）	tʃm̩⁵⁵tsɿ³¹tɛ³³	屈（指）	tɣ³¹ɣ³¹
捧（水）	xo̠³³	抱（孩子）以前	tʃm̩³¹；ʃv³¹
拿	xɛ⁵⁵	抱（柴火）	pa̠³¹
爬	tʃhu³³	扔	tsɛ³³
拍（尘土、手）	ti³¹	泼（水）	xo̠³³ʼ³¹tɛ³³tɛ³³
掩（耳）	lɛ³¹u³¹	扶（起来）	tsm̩⁵⁵；xɛ⁵⁵thɯ⁵⁵
扛、抬、搀扶	tsm̩⁵⁵	掀（被子）	tsm̩⁵⁵phu³³
提（水桶）	tsm̩⁵⁵；ɯ⁵⁵tʃhɣ³¹ɯ⁵⁵	托（腮）	tɛ³³the³³
按	te³¹	搔、挠	pha̠³³
端（碗）	tʃm̩³¹the³³	抱	pa⁵⁵the³³；ʃv³¹
递	xɛ⁵⁵	拧（毛巾）	zʅ³¹
揭（盖子）	xɛ⁵⁵phu³³	拉（手拉手）	tsm̩⁵⁵tshe³³；ɣɯ³³the³³
拉（拉长）	ɣɯ³³	卷（席子）	lɯ³³
卷（袖子）	ʃv³¹	拔（鸡毛）	tʃm̩³³
摘（果花）	tshm̩³³	抖	zʅ³³sɔ³¹tsʅ³¹；ɔ³¹sɔ³¹tsʅ³¹
开（门）	u³³xɛ³¹ u³³phu³³	敲（门）	ti³¹phu³³
关（门）	ti³¹ʼ³³phe³³	闩（门）	ɕɔ⁵⁵phe³³

续表

汉义	豪尼哈尼语	汉义	豪尼哈尼语
捉（鸡）	ne̤³¹	掐（用指甲掐）	tsh̩³¹
接住	tɔ³¹xu⁵⁵	连接（绳子）	tɕe⁵⁵tshe̤³³
编（辫子）	tshu⁵⁵phe̤³¹phe̤³¹	藏（东西）	xɛ⁵⁵tʃhu⁵⁵
扣（扣子）	ne̤³³phe³³；ne̤³³khɯ³³	揉（用掌揉）	le³¹
扇（扇子）	pɣ³³sɣ³³sɣ³³；pɣ³³sɣ³³pɣ³³	扇（用掌）	tʃɯ³¹

（二十六）手的动作（用工具的）

汉义	豪尼哈尼语	汉义	豪尼哈尼语
砍（用斧头）	tɣ³³	劈（垂直砍）	tʃhu³¹
砍断	tʃhu³¹thu³³；tɣ³³thu³³	剃、剪	nɔ³³；tʃhu³³
剖（鱼）	zi³¹pha̤³³	削、剥（果皮）	l̩ɣ³¹
磨（米）	tɕi³¹；nɔ³¹	磨（刀）	ɕi³¹
舂（米）	the̤⁵⁵；thu³¹	簸（米）	ɜɔ⁵⁵
量（布）	tʃm̩³¹	称（东西）	sa̤³³
夹（菜）	nɔ³³	夹（在中间）	tɕa³¹（汉借）
撑（伞）	tʃm̩⁵⁵	撬（石头）	xɣ³¹
梳（头发）	kha̤³³	插（在地上）	tsho³³
杀（牛）	ɕe³¹	砸碎、砸坏	tʃɯ³³pe³¹；tʃɯ³³l̩i⁵⁵
锁（箱子）	ne̤³³phe³³	射	pɣ³³
盖（瓦）	xɛ⁵⁵	盖（被子）	tsh̩³³
写	tsh̩³³	拉（开）	u⁵⁵
打（枪）	pɣ³³	打（电话）	ti³¹
打（算盘）	ti³¹	打（活结）	thu³¹ʃɯ³³ʃɯ³³
打（死结）	thu³¹ne̤³¹ne̤³¹	系（疙瘩）	tʃha̤³³ɕi³¹ɕi³¹
打（记号）	ti³¹	打（鼓）	ti³¹

汉义	豪尼哈尼语	汉义	豪尼哈尼语
打（用棍子打）	ti³¹；tʃɯ³¹	打（酒）	ti³¹
敲（锣）	ti³¹	拆（开）	ti³¹
打（渔）	nḛ³¹	捞（鱼）	lɔ³¹ (汉借)
擦（字）	tsha̱³¹ (汉借)	拆信	tshṳ³¹
揉（眼）	z̠³¹	推	tɛ³¹
涂	tsha̱³¹	扫	za̱³³
倒（水）	ɕ̥³³	舀	khṳ³¹
夺	lɯ³³	泼	xo³³
蘸	tsaŋ⁵⁵ (汉借)	洒	sa̱³¹ (汉借)

（二十七）脚的动作

汉义	豪尼哈尼语	汉义	豪尼哈尼语
站	ʃo̱³¹	踩	the⁵⁵
蹲	v̥³³ts̠⁵⁵	翘（腿）	mḛ³³；tʃɯ³¹pḛ³³
跳（起来）	ti⁵⁵	踩；蹬	nɯ³¹；tsɔ⁵⁵
跨	ti⁵⁵kɯ³¹	走	z̠³¹
跑	tsh³¹	跪	phu³¹kɣ³³kɣ³³
路过	ko⁵⁵z̠³³；z̠³¹z̠³³		

（二十八）手工业劳动

汉义	豪尼哈尼语	汉义	豪尼哈尼语
炸（石头）	ti³¹pḛ³¹	打（桩、夯、铁）	ti³¹
砌	tɕhi⁵⁵ (汉借)	糊（用泥巴糊墙壁）、泡（汤）	lḛ³¹
抹（石灰）	xu⁵⁵l̥i⁵⁵ lḛ³¹	粘	pa̱³¹
捏（泥菩萨）	nḛ³³ (汉借)	锯（木板）	ʃɣ⁵⁵
做（家具）	tʃɛŋ³¹ (汉借)	拉（风箱）	ɣɯ³³

汉义	豪尼哈尼语	汉义	豪尼哈尼语
锉	tsho⁵⁵ (汉借)	钉	ti³¹
织（布）	za̠³¹	缝（衣服）	kɣ³¹
补（衣服）	kɣ³¹ᐟ³³tʃhɯ³¹；kɣ³¹ᐟ³³pv³³	绣（花）	kɣ³¹
烤（酒）	sa̠³¹	破（篾）	tʃhɛ³¹
弯（用火弯竹条）	ɣ³¹uɛŋ³³	编（竹器）	tsʐ̠³¹

（二十九）农牧业劳动

汉义	豪尼哈尼语	汉义	豪尼哈尼语
劳动	xɔ⁵⁵ɲi³¹	开荒	khe³³xuaŋ³³ (汉借)
锄（地）	tʃhɯ³³	挖（洞）	tʃhɯ³³
撬土（用木棍）	xɯ̠³¹	挖（用手挖）	pɯ³¹
犁（地）	tshe³¹	选（种）	tshe⁵⁵
撒	se³¹	拔（草）	mɣ³¹
拔（秧）	ɣɯ³³	插（秧）	tshʐ̠³³
补（秧苗）	tsʐ̠³³pu³¹	补（玉米种）	khɔ³³pu³¹
栽种（菜秧、树）	khɔ³³	浇（水）	pa̠³³；khɯ³³
放（水进田）	pɛ³¹	除草（用手拔）	ɣɯ³³
除草（用锄头）	tʃhɯ³¹	拾（粪）	za̠³³
施肥	pɛ³¹	割（稻）	zi³¹
打（谷）	ti³¹	绑（谷草）	pha³³thu³³
脱（玉米粒）	ɲɛ³¹	掰（玉米）	ȶɛ³¹
晒（谷）	l̥ɔ³¹	烤（玉米）	phɣ³³
堵（田水）	pa̠³³ȶhi³¹	（稻捆）散开	pɛ³¹zɛ⁵³
鞭打（牛）	tʃɯ³¹	养（牛）	tʃɯ⁵⁵tʃhɯ³³
喂（鸡）	xa̠³³tsɔ³¹ᐟ⁵⁵pi³³tsɔ³¹	放牧	fɣ³³tsɔ³¹
赶（牛）	lɛ³¹	拴（马、狗等）	pha³³thu³¹
捆（好）	pha³³	拌（猪食）	paŋ⁵⁵ (汉借)
牵（牛）	tshʐ̠⁵⁵	割草（泛指）	zi³¹

参考文献

一 辞书

中国社会科学院语言研究所词典编辑室：《现代汉语词典》（第6版），商务印书馆2012年版。

中国大百科全书总编辑委员会《语言文字》编辑委员会：《中国大百科全书·语言文字》，中国大百科全书出版社1988年版。

［英］戴维·克里斯特尔（David Crystal）编：《现代语言学词典》，沈家煊译，商务印书馆2000年版。

蔡富有、郭龙生主编：《语言文字学常用辞典》，北京教育出版社2001年版。

二 中英文著作

［美］伯纳德·科姆里（Bernard Comrie）：《语言共性和语言类型》，沈家煊译，华夏出版社1989年版。

白碧波主编：《元江县因远镇语言使用现状及其演变》，商务印书馆2010年版。

戴庆厦：《藏缅语族语言研究》，云南民族出版社1990年版。

戴庆厦、黄布凡等：《藏缅语十五种》，北京燕山出版社1991年版。

戴庆厦、徐悉艰：《景颇语语法》，中央民族学院出版社1992年版。

戴庆厦：《语言和民族》，中央民族大学出版社1994年版。

戴庆厦、段贶乐编著：《哈尼语概论》，云南民族出版社1995年版。

戴庆厦、徐悉艰：《景颇语词汇学》，中央民族大学出版社1995年版。

戴庆厦：《藏缅语族语言研究（二）》，中央民族大学出版社1998年版。

戴庆厦等编著：《汉哈尼词典》，云南民族出版社2001年版。

戴庆厦：《藏缅语族语言研究（三）》，云南民族出版社2004年版。

戴庆厦：《浪速语研究》，民族出版社2005年版。

戴庆厦：《藏缅语族语言研究（四）》，中央民族大学出版社2006年版。

戴庆厦、何俊芳：《语言和民族（二）》，中央民族大学出版社2006年版。

戴庆厦主编，胡素华副主编：《汉语与少数民族语言语法比较》，民族出版社 2006 年版。

戴庆厦主编：《基诺族语言使用现状及其演变》，商务印书馆 2007 年版。

戴庆厦、李洁：《勒期语研究》，中央民族大学出版社 2007 年版。

戴庆厦、蒋颖等：《西摩洛语研究》，民族出版社 2009 年版。

戴庆厦主编：《西摩洛语语言使用现状及其演变》，商务印书馆 2009 年版。

戴庆厦主编：《元江县羊街乡语言使用现状及其演变》，商务印书馆 2009 年版。

戴庆厦主编：《泰国万伟乡阿卡族及其语言使用现状》，中国社会科学出版社 2009 年版。

戴庆夏主编：《云南绿春县哈尼族语言使用现状及其演变》，商务印书馆 2012 年版。

傅爱兰：《普米语动词的语法范畴》，中国文史出版社 1998 年版。

傅爱兰、李泽然：《哈尼语的名词性前缀》，《中央民族大学学报》1996 年语言文化增刊。

姜汝林：《浅谈哈尼族豪尼人的民俗》，载黄俊勇主编《墨江哈尼族文化论文选》，云南人民出版社 2009 年版。

红河哈尼族彝族自治州民族研究所编：《哈尼族研究文集》，云南大学出版社 1991 年版。

胡素华：《彝语结构助词研究》，民族出版社 2002 年版。

黄伯荣、廖序东主编：《现代汉语》（增订五版），高等教育出版社 2011 年版。

黄布凡主编：《藏缅语族语言词汇》，中央民族学院出版社 1992 年版。

黄布凡、周发成：《羌语研究》，四川出版集团·四川人民出版社 2006 年版。

雷兵：《哈尼族文化史》，云南民族出版社 2002 年版。

李大勤：《格曼语研究》，民族出版社 2002 年版。

李大勤：《苏龙语研究》，民族出版社 2004 年版。

刘丹青编著：《语法调查研究手册》，上海教育出版社 2008 年版。

李永燧、王尔松：《哈尼语简志》，民族出版社 1986 年版。

李永燧：《哈尼语语法》，民族出版社 1987 年版。

李永燧：《桑孔语研究》，中央民族大学出版社 2002 年版。

李云兵：《中国南方民族语言语序类型研究》，北京大学出版社 2008 年版。

李泽然：《哈尼语名词的双音节化》，载中央民族大学少数民族语言文学学院《中国民族语言论丛》编委会《中国民族语言论丛（2）》，云南民族出版社 1997 年版。

李泽然：《哈尼语实词的双音节化对语法、语义特点的影响》，载中央民族

大学哈尼学研究所编《中国哈尼学》（第一辑），云南民族出版社 2000
    年版。

李泽然：《哈尼语研究》，民族出版社 2001 年版。

李泽然：《哈尼语词汇学》，民族出版社 2013 年版。

李锦芳主编、胡素华副主编：《汉藏语系量词研究》，中央民族大学出版社
    2005 年版。

陆绍尊编著：《普米语简志》，民族出版社 1983 年版。

吕叔湘编：《现代汉语八百词》（增订本），商务印书馆 1999 年版。

陆俭明、沈阳：《汉语和汉语研究十五讲》，北京大学出版社 2003 年版。

刘丹青：《差比句的调查框架与研究思路》，载戴庆厦、顾阳主编《现代语
    言学理论与中国少数民族语言研究》，民族出版社 2003 年版。

墨江哈尼族自治县民族宗教事务局编：《墨江哈尼族自治县民族志（1950—
    2005)》，2007 年版。

《墨江哈尼族自治县概况》编写组：《墨江哈尼族自治县概况》，民族出版社
    2008 年版。

马学良主编：《汉藏语概论》，民族出版社 2003 年版。

马学良、胡坦、戴庆厦等：《藏缅语新论》，中央民族学院出版社 1994 年版。

木仕华：《卡卓语研究》，民族出版社 2003 年版。

欧阳觉亚、郑贻青编著：《黎语简志》，民族出版社 1980 年版。

沈家煊：《不对称和标记论》，江西教育出版社 1999 年版。

石毓智、李讷：《汉语语法化的历程——形态句法发展的动因和机制》，北
    京大学出版社 2001 年版。

孙宏开编著：《羌语简志》，民族出版社 1981 年版。

孙宏开、黄成龙、周毛草：《柔若语研究》，中央民族大学出版社 2002 年版。

孙艳：《汉藏语四音格词研究》，民族出版社 2005 年版。

史军超：《哈尼族文学史》，云南民族出版社 1998 年版。

王尔松：《哈尼语豪尼话的元音同化作用》，载王尔松《哈尼族文化研究》，
    中央民族大学出版社 1994 年版。

王尔松：《从哈尼语方言亲属称谓比较看哈尼族婚姻家庭形态的演变》，载
    王尔松《哈尼族文化研究》，中央民族大学出版社 1994 年版。

吴卸耀：《现代汉语存现句》，学林出版社 2006 年版。

徐世璇：《毕苏语研究》，上海远东出版社 1998 年版。

徐通锵：《历史语言学》，商务印书馆 1991 年版。

徐通锵：《语言论——语义型语言的结构原理和研究方法》，东北师范大学
    出版社 1997 年版。

许鲜明：《哈尼语话语分析》，澳大利亚拉特罗布大学出版社 2007 年版。

叶蜚声、徐通锵：《语言学纲要》，北京大学出版社 1981 年版。

杨光远、赵岩社主编：《云南少数民族语言文字概论》，云南民族出版社
　　2002 年版。

杨世华、白碧波主编：《玉溪哈尼族文化研究》，云南民族出版社 2003 年版。

中央民族大学哈尼学研究所编：《中国哈尼学（第二辑）》，民族出版社 2002
　　年版。

中央民族大学哈尼学研究所编：《中国哈尼学（第三辑）》，民族出版社 2005
　　年版。

张军：《汉藏语系语言判断句研究》，中央民族大学出版社 2005 年版。

赵敏、朱茂云：《墨江哈尼族卡多话参考语法》，中国社会科学出版社 2011
　　年版。

钱红、赵德文：《那雷豪尼文化实证探究》，云南出版集团公司云南美术出
　　版社 2013 年版。

Paul Newman, Martha Ratliff, *Linguistic Fieldwork,* Cambridge: Cambridge
　　University Press, 2001.

Timothy Shopen, *Language Typology and Syntactic Description,* Cambridge:
　　Cambridge University Press, 2001.

三　期刊论文

白碧波：《哈尼语存在动词初探》，《民族语文》1991 年第 5 期。

戴庆厦：《我国藏缅语族松紧元音来源初探》，《民族语文》1979 年第 1 期。

戴庆厦：《景颇语并列结构复合词的元音和谐》，《民族语文》1986 年第 5 期。

戴庆厦：《景颇语的结构助词"的"》，《语言教学与研究》1998 年第 4 期。

戴庆厦：《景颇语的话题》，《语言研究》2001 年第 1 期。

戴庆夏、刘菊黄、傅爱兰：《普及教育、开放经济是双语发展的重要因素——
　　基诺山双语现象调查》，《中国民族》1987 年第 9 期。

戴庆厦、胡素华：《凉山彝语的体词状语助词——兼论彝语语词类中有无介词
　　类问题》，《语言研究》1998 年第 1 期。

戴庆厦、李泽然：《哈尼语的"来、去"》，《民族语文》2000 年第 5 期。

戴庆厦、傅爱兰：《藏缅语的述宾结构——兼与汉语比较》，《方言》2001 年
　　第 4 期。

戴庆厦、李洁：《藏缅语的强调式施动句——兼与汉语被动句对比》，《语言
　　研究》2005 年第 3 期。

戴庆厦、蒋颖：《"参考语法"编写的几个问题》，《云南师范大学学报》（哲

学社会科学版）2007 年第 1 期。

戴庆厦、时建：《梁河阿昌语概况》，《汉藏语学报》（2007 年第 1 期），商务印书馆 2007 年版。

戴庆厦、田静：《语言的外部影响与内部机制》，《民族语文》2007 年第 4 期。

段贶乐：《哈尼文字方案中浊声母的表达问题》，《民族语文》1994 年第 3 期。

傅爱兰、李泽然：《哈尼语的 a 音节》，《中央民族大学学报》1995 年第 6 期。

傅爱兰、李泽然：《哈尼语的重叠式》，《语言研究》1996 年第 1 期。

傅爱兰、李泽然：《哈尼语的名词性前缀》，《中央民族大学学报》1996 年语言文化增刊。

盖兴之：《藏缅语的松紧元音》，《民族语文》1994 年第 5 期。

胡坦：《拉萨藏语中几种动词句式的分析》，《民族语文》1984 年第 1 期。

胡坦、戴庆厦：《哈尼语元音的松紧》，《中国语文》1964 年第 1 期。

胡素华：《凉山彝语的话题结构——兼论话题与语序的关系》，《民族语文》2004 年第 3 期。

胡素华：《凉山彝语的差比句》，《民族语文》2005 年第 5 期。

胡裕树、范晓：《动词形容词的"名物化"和"名词化"》，《中国语文》1994 年第 2 期。

孔江平：《哈尼语发声类型声学研究及音质概念的讨论》，《民族语文》1996 年第 1 期。

李洁：《拉祜语的并列结构复合词》，《民族语文》2004 年第 4 期。

李永燧：《试论哈尼语汉语动宾词序的异同》，《民族语文》1984 年第 3 期。

李永燧：《哈尼语和汉语的名词修饰语》，《民族语文》1985 年第 3 期。

李永燧：《哈尼语形容词的生动形式》，《民族语文》1986 年第 4 期。

李永燧：《哈尼语名、量、动词的同源现象研究》，《民族语文》1990 年第 3 期。

李批然：《哈尼语量词研究》，《民族语文》1992 年第 5 期。

李批然：《哈尼语结构助词研究》，《中央民族大学学报》1994 年第 3 期。

李泽然：《哈尼语文学语言的双音节化》，《中央民族大学学报》2001 年第 2 期。

李泽然：《哈尼语形容词修饰名词的语序》，《民族语文》2003 年第 2 期。

李泽然：《哈尼语的 ne³³》，《中央民族大学学报》2003 年第 4 期。

李泽然：《哈尼语动词的体和貌》，《语言研究》2004 年第 2 期。

李泽然：《哈尼语植物名词的语义分析》，《中央民族大学学报》2004 年第 3 期。

李泽然：《从语言学解释哈尼族的族称》，《中央民族大学学报》2005 年第 3 期。

李泽然：《哈尼语的宾语助词》，《语言研究》2005 年第 3 期。

李泽然：《论哈尼语的话题》，《中央民族大学学报》（哲学社会科学版）2007 年第 5 期。

刘丹青：《汉语给予类双及物结构的类型学考察》，《中国语文》2001 年第 5 期。

刘丹青：《汉藏语言的若干语序类型学课题》，《民族语文》2002 年第 5 期。

刘丹青：《语言类型学与汉语研究》，《世界汉语教学》2003 年第 4 期。

陆俭明：《述补结构的复杂性——〈现代汉语补语研究资料〉序》，《语言教学与研究》1990 年第 1 期。

陆俭明：《汉语句法成分特有的套叠现象》，《中国语文》1990 年第 2 期。

陆俭明：《再谈"吃了他三个苹果"一类结构的性质》，《中国语文》2002 年第 4 期。

陆俭明：《"句式语法"理论与汉语研究》，《中国语文》2004 年第 5 期。

陆俭明、郭锐：《汉语语法研究所面临的挑战》，《世界汉语教学》1998 年第 4 期。

沈家煊：《句法的象似性问题》，《外语教学与研究》1993 年第 1 期。

沈家煊：《"语用否定"考察》，《中国语文》1993 年第 5 期。

沈家煊：《"语法化"研究综观》，《外语教学与研究》1994 年第 4 期。

沈家煊：《"有界"与"无界"》，《中国语文》1995 年第 5 期。

沈家煊：《语言的"主观性"和"主观化"》，《外语教学与研究》2001 年第 4 期。

沈家煊：《现代汉语"动补结构"的类型学考察》，《世界汉语教学》2003 年第 3 期。

沈开木：《"不"字的否定范围和否定中心的探索》，《中国语文》1984 年第 6 期。

宋金兰：《汉藏语是非问句语法形式的历史演变》，《民族语文》1995 年第 1 期。

沙加尔、徐世璇：《哈尼语中汉语借词的历史层次》，《中国语文》2002 年第 1 期。

孙宏开：《我国藏缅语动词的人称范畴》，《民族语文》1983 年第 2 期。

孙宏开：《论藏缅语语法结构类型的历史演变》，《民族语文》1992 年第 5 期。

孙宏开：《藏缅语中的代词化问题》，《国外语言学》1994 年第 3 期。

孙宏开：《论藏缅语的语法形式》，《民族语文》1996 年第 2 期。

孙宏开：《论藏缅语动词的使动语法范畴》，《民族语文》1998 年第 6 期。

王跟国：《藏缅语处所助词的性质差异》，《中央民族大学学报》（哲学社会科学版）2012 年第 3 期。

王尔松：《哈尼族称初探》，《中央民族大学学报》1978 年第 4 期。

徐杰、李英哲：《焦点和两个非线性语法范畴：否定、疑问》，《中国语文》1993 年第 2 期。

袁家骅：《窝尼语音系》，《学原》1947 年第 11 期。

袁焱：《阿昌语的述宾结构》，《民族语文》2002 年第 4 期。

袁毓林：《现代汉语名词的配价研究》，《中国社会科学》1992 年第 3 期。

袁毓林：《一价名词的认知研究》，《中国语文》1994 年第 4 期。

袁毓林：《论否定句的焦点、预设和辖域歧义》，《中国语文》2000 年第 2 期。

张伯江：《关于动趋式带宾语的几种语序》，《中国语文》1991 年第 3 期。

张伯江：《动趋式里宾语位置的制约因素》，《汉语学习》1991 年第 6 期。

张伯江：《现代汉语的双及物结构式》，《中国语文》1999 年第 3 期。

张蓉兰：《拉祜语动词的语法范畴》，《民族语文》1987 年第 2 期。

朱晓农、周学文：《嘎裂化：哈尼语紧元音》，《民族语文》2008 年第 4 期。

朱艳华：《载瓦语宾动同形短语的特征及形成机制》，《民族语文》2013 年第 3 期。

四 学位论文

常俊之：《元江苦聪话参考语法》，博士学位论文，中央民族大学，2009 年。

邓凤民：《汉藏语系语言差比句研究》，博士学位论文，中央民族大学，2010 年。

黄平：《汉藏语数量名结构语序研究》，博士学位论文，中央民族大学，2012 年。

蒋颖：《汉藏语系名量词研究》，博士学位论文，中央民族大学，2006 年。

李春风：《邦朵拉祜语参考语法》，博士学位论文，中央民族大学，2012 年。

[泰] 刘玉兰：《泰国勉语参考语法》，博士学位论文，中央民族大学，2012 年。

田静：《藏缅语宾语比较研究》，博士学位论文，中央民族大学，2006 年。

闻静：《汉藏语系"的"字结构研究》，博士学位论文，中央民族大学，2007 年。

余金枝：《矮寨苗语参考语法》，博士学位论文，中央民族大学，2010 年。

余成林：《汉藏语系语言存在句研究》，博士学位论文，中央民族大学，2011 年。

张军：《汉藏语系语言判断句研究》，博士学位论文，中央民族大学，2005 年。

赵敏：《墨江哈尼族卡多话参考语法》，博士学位论文，中央民族大学，2009 年。

赵燕珍：《赵庄白语参考语法》，博士学位论文，中央民族大学，2009 年。

赵金灿：《云南鹤庆白语研究》，博士学位论文，中央民族大学，2010 年。

翟会锋：《三官寨彝语参考语法》，博士学位论文，中央民族大学，2011 年。

朱艳华：《载瓦语参考语法》，博士学位论文，中央民族大学，2011 年。

后　记

　　本书是在我的博士学位论文（曾获北京语言大学 2015 年度优秀博士学位论文奖）基础上修改和补充而成的，书中凝结着各种回忆和感动。

　　回想起在读期间的点点滴滴，正所谓"有喜、有忧、有笑、有泪、有花、有果"。喜的是我竟然幸运地成为著名语言学家、少数民族语言研究泰斗戴庆厦先生的弟子，感恩之心长存。忧的是自己在少数民族语言本体研究方面基础薄弱，没有学习过国际音标，非常担心能否跟得上。笑的、泪的是我这个乐天派总有贵人相助，导师、师母和同门经常鼓励我、帮助我。后来，我慢慢地学会了记音，也对少数民族语言研究产生了浓厚的兴趣，我立志要做下去。在学习过程中，我也曾含泪想要放弃，老师常常鼓励我，坚持下来后，我又经常笑着说："我是傻人有傻福。"在此，我真诚地感谢老师！感谢您的费心栽培，才能让我看到语言研究的快乐之花，才能品尝到田野调查后知识之果。感谢师母徐悉艰教授给了我家人般的关心和温暖！

　　感谢恩师李树新教授。是您领我进入了语言学的神奇之门，是您无私地帮助我克服了求学道路上的各种困难。有了您的助推，我才能走得更远！

　　感谢张博教授、蓝庆元教授、胡素华教授、余金枝教授、余成林教授，感谢王跟国、田静、张军、乔翔、朱艳华、蒋颖、李春风、戴宗杰、杨露等各位同门对我的偏爱与帮助！

　　感谢我的发音人唐晓梅、王梦颖两位豪尼亲人以及他们的家人，我们早已成了亲人。晓梅还特意请我为儿子起名，锦宸也成了我的干儿子，现在小家伙也常常用豪尼话给我打电话。

　　感谢母校也是我现在的工作单位内蒙古大学给予的出版资助。同时，感谢中国社会科学出版社的编校人员细致而高效的工作，使本书得以顺利出版。

　　感恩父母对我无私地支持。我有乐观、仁慈的父母，是他们多年的陪伴与支持才能让我在漫长的求学生涯中毫无后顾之忧，才能遇事积极面对。

　　说着感谢的心里话，我又回想起 2011 年的七八月间，第一次随老师及团队去云南省红河州绿春县调查哈尼族的语言使用现状。这期间，我们虽然熬夜加班赶进度，但根本没有疲倦之感，天天早晨一起下寨子，傍晚回到宾馆便是满载而归。调查过程都非常开心，走的时候哈尼同胞们专门为我们课题组准备了著名的哈尼长街宴会，大家和老乡们载歌载舞，把酒言欢，大家都笑在心里。也回忆起2012年开始做博士学位论文时在墨江县住了八个多月记录豪尼话的美好岁月，每一位豪尼同胞的笑脸和每一位哈尼亲人给予的帮助都时常浮现在眼前。至今，我的内心依旧充满了感谢、感动和感恩。

春夏轮回，花开结果，在今后的工作中，我会继续踏实努力。欢迎大家来草原明珠呼和浩特做客。衷心地感谢你们！

张　鑫
2023 年 8 月 24 日